XIV

COMENTÁRIOS AO CÓDIGO DE PROCESSO CIVIL

DOS PROCEDIMENTOS DE JURISDIÇÃO VOLUNTÁRIA

ROBSON RENAULT
GODINHO
Pós-Doutor pela Universidade Federal da Bahia (UFBA). Doutor e Mestre em Direito Processual Civil pela Faculdade de Direito da PUC-SP. Membro do Ministério Público do Estado do Rio de Janeiro (MPRJ).

COORDENADORES

JOSÉ ROBERTO F. GOUVÊA
LUIS GUILHERME A. BONDIOLI
JOÃO FRANCISCO N. DA FONSECA

XIV

COMENTÁRIOS AO CÓDIGO DE PROCESSO CIVIL

ARTS. 719 A 770

2018

saraiva jur

ISBN 978-85-53600-44-1

DADOS INTERNACIONAIS DE CATALOGAÇÃO NA PUBLICAÇÃO (CIP)
ANGÉLICA ILACQUA CRB-8/7057

Godinho, Robson Renault

Comentários ao Código de Processo Civil – volume XIV (arts. 719-770) : dos procedimentos de jurisdição voluntária / Robson Renault Godinho ; coordenação de José Roberto Ferreira Gouvêa, Luis Guilherme Aidar Bondioli, João Francisco Naves da Fonseca. – São Paulo : Saraiva Educação, 2018.

1. Processo civil 2. Processo civil - Leis e legislação - Brasil 3. Jurisdição voluntária I. Título II. Gouvêa, José Roberto Ferreira III. Bondioli, Luis Guilherme Aidar IV. Fonseca, João Francisco Naves da.

18-0757 CDU 347.9(81)(094.4)

Índice para catálogo sistemático:

1. Processo civil – Leis e legislação – Brasil 347.9(81)(094.4)

SOMOS EDUCAÇÃO | saraiva jur

Av. das Nações Unidas, 7.221, 1º andar, Setor B
Pinheiros – São Paulo – SP – CEP 05425-902

SAC
0800-0117875
De 2ª a 6ª, das 8h às 18h
www.editorasaraiva.com.br/contato

Diretoria executiva Flávia Alves Bravin
Diretoria editorial Renata Pascual Müller
Gerência editorial Roberto Navarro

Consultoria acadêmica Murilo Angeli Dias dos Santos

Edição Eveline Gonçalves Denardi (coord.)
Deborah Caetano de Freitas Viadana

Produção editorial Ana Cristina Garcia (coord.)
Luciana Cordeiro Shirakawa
Rosana Peroni Fazolari

Arte e digital Mônica Landi (coord.)
Claudirene de Moura Santos Silva
Fernanda Matajs
Guilherme H. M. Salvador
Tiago Dela Rosa
Verônica Pivisan Reis

Planejamento e processos Clarissa Boraschi Maria (coord.)
Juliana Bojczuk Fermino
Kelli Priscila Pinto
Marília Cordeiro

Fernando Penteado
Mônica Gonçalves Dias
Tatiana dos Santos Romão

Novos projetos Fernando Alves

Diagramação e revisão Markelangelo Design e Projetos Editoriais

Capa Aero Comunicação / Danilo Zanott
Produção gráfica Marli Rampim
Sergio Luiz Pereira Lopes
Impressão e acabamento Edições Loyola

Data de fechamento da edição: 4-7-2018

Dúvidas? Acesse www.editorasaraiva.com.br/direito

CL 605098 CAE 627829

Em memória dos Professores Alcides de Mendonça Lima,
Alfredo de Araújo Lopes da Costa, Edson Prata,
José Frederico Marques, José Olympio de Castro Filho,
Odilon de Andrade e Pontes de Miranda,
cujos estudos sobre jurisdição voluntária
possibilitaram a elaboração destes comentários.

Em memória do Professor José Carlos
Barbosa Moreira.

APRESENTAÇÃO

Nossa relação com a Editora Saraiva tornou-se conhecida em 1995, com a publicação da 26ª edição do *Código de Processo Civil e legislação processual em vigor* e da 14ª edição do *Código Civil e legislação civil em vigor*, ainda de autoria exclusiva de Theotonio Negrão, mas já com a colaboração do primeiro subscritor desta apresentação, revelada na nota daquelas edições. Atualmente, mais de 20 anos depois, essas obras estão na 47ª edição e na 34ª edição, respectivamente, o que é motivo de imensa alegria e satisfação para nós.

Outro momento marcante desta relação se deu em 2005, por ocasião do lançamento da Coleção Theotonio Negrão, destinada à publicação de dissertações de mestrado e teses de doutorado aprovadas nas melhores instituições de ensino jurídico do País, sob a coordenação do primeiro subscritor desta apresentação e com a participação, na condição de autores, dos outros dois subscritores.

Pouco depois de 2005, em nossas constantes conversas com a Editora Saraiva, surgiu a ideia de mais um projeto conjunto, qual seja, a edição de *Comentários ao Código de Processo Civil*, composto por volumes a serem escritos individualmente por estudiosos do direito processual civil brasileiro. A inspiração óbvia para essa iniciativa era a paradigmática coleção coordenada pelo Mestre José Carlos Barbosa Moreira em outra casa editorial. Quando esse projeto não passava ainda de uma simples conversa, a constituição de uma comissão de juristas para a elaboração de um anteprojeto de Código de Processo Civil em 2009 nos causou sensações mistas. De um lado, esse anteprojeto nos colocava em compasso de espera e adiava a concretização de tal ideia. De outro lado, referido anteprojeto nos deixava a certeza de que, um dia, o mencionado intento ganharia concretude e proporções maiores do que as imaginadas originalmente.

Entre 2009 e 2015, acompanhamos com atenção o processo legislativo que passou pela elaboração dos projetos de lei n. 166/2010 e 8.046/2010 e culminou com a publicação da Lei n. 13.105, de 16 de março de 2015, que trouxe para o Brasil um novo Código de Processo Civil. Nesse ínterim, nosso mais recente projeto conjunto com a Editora Saraiva foi tomando corpo. Conseguimos reunir um selecionado time de doutores, livres-docentes e professores das mais renomadas faculdades de direito do País, que se integrou ao nosso projeto e foi determinante para que ele se tornasse realidade. A todos os integrantes desse time, ficam aqui os nossos mais sinceros agradecimentos!

Com a chegada do ano de 2016, o Código de Processo Civil entrou em vigor, um ano após a sua publicação e já alterado pela Lei n. 13.256, de 4 de fevereiro de 2016. Foi o período de maior reflexão e estudo na história processual recente do País. E é um extrato dessa reflexão e desse estudo que pretendemos ver presente nesta coleção de *Comentários ao Código de Processo Civil*, elaborada em 23 volumes, que, esperamos, contribuam para a boa compreensão e aplicação da lei processual mais importante do Brasil.

São Paulo, julho de 2016.

José Roberto Ferreira Gouvêa
Luis Guilherme Aidar Bondioli
João Francisco Naves da Fonseca

SUMÁRIO

Seção II
Da Notificação e da Interpelação

Seção III
Da Alienação Judicial

Seção IV
Do Divórcio e da Separação Consensuais, da Extinção Consensual de União Estável e da Alteração do Regime de Bens do Matrimônio

Seção V

Dos Testamentos e dos Codicilos

Seção VI
Da Herança Jacente

Seção VII
Dos Bens dos Ausentes

Seção VIII
Das Coisas Vagas

Seção IX
Da Interdição

Seção X
Das Disposições Comuns à Tutela e à Curatela

Seção XI
Da Organização e da Fiscalização das Fundações

Seção XII
Da Ratificação dos Protestos Marítimos e dos Processos Testemunháveis Formados a Bordo

CAPÍTULO XV
DOS PROCEDIMENTOS DE JURISDIÇÃO VOLUNTÁRIA

Seção I
Disposições Gerais

Art. 719. Quando este Código não estabelecer procedimento especial, regem os procedimentos de jurisdição voluntária as disposições constantes desta Seção.

CPC de 1973 – art. 1.103

1. Introdução

A preocupação teórica com a jurisdição voluntária é inversamente proporcional à sua múltipla utilização no cotidiano forense.

Os procedimentos de jurisdição voluntária são de uso frequente na prática forense e não é incomum que constituam o único contato direto do jurisdicionado com a jurisdição estatal. Além disso, diversas situações que hoje são consideradas conquistas fundamentais e que representam avanços jurídicos relevantes decorreram precisamente de procedimentos de jurisdição voluntária, como a guarda compartilhada, a curatela parcial, a curatela compartilhada, o registro civil de multiparentaliadade, o registro civil de relações homoafetivas, o reconhecimento da importância do que se denomina "nome social", entre muitas outras decisões que se multiplicaram pelos fóruns e que posteriormente se tornaram leis ou simplesmente foram incorporadas no dia a dia forense e da sociedade como se fossem questões que não tiveram que ser conquistadas em algum momento e por meio de algum procedimento.

E é interessante notar que essas soluções que foram encontradas por meio da jurisdição voluntária em muitos momentos se deram em ambiente de absoluto consenso, sem qualquer controvérsia mais traumática e, por isso, sem que as pretensões fossem submetidas ao segundo grau de jurisdição, gerando três interessantes fenômenos.

1) O primeiro diz respeito à ampla negociação que sempre ocorreu no âmbito da jurisdição voluntária, inclusive com realização de negócios processuais, isso em um tempo em que parcela da doutrina brasileira sequer reconhecia a própria categoria "negócio processual", que era celebrado sem que os protagonistas se dessem conta tecnicamente do que faziam. E essa negociação se dava em um ambiente que tradicionalmente a doutrina considera como de "interesse público", com uma espécie de ínsita indisponibilidade (embora paradoxalmente se considere a jurisdição voluntária como o local do consenso, o que nem sempre corresponde à realidade e entra em choque com a anti-

ga e aparentemente desgastada a ideia de que a "supremacia do interesse público" inviabiliza a negociação). Exemplo: adolescente, assistido pelos genitores, pleiteia a mudança de seu pré-nome, alegando que lhe é vexatório, ainda que, por si só, não seja verificável essa alegação de modo objetivo; o membro do Ministério Público requer a realização de estudo psicológico; o juiz, antes de qualquer outra providência, designa audiência para oitiva informal do autor, quando, então todos concordam que será designada outra audiência para oitiva da psicóloga que acompanha o adolescente há alguns anos, de professores e do próprio menor; realizada essa audiência, todos os depoimentos são no sentido de que o adolescente sofre abalo psicológico em razão do pré-nome, manifestando-se o Ministério Público, na própria audiência, pelo acolhimento do pedido de modificação, com o juiz, também no mesmo ato, proferindo sentença constitutiva, com imediato encaminhamento de mandado para o registro civil, já que os interessados renunciaram aos recursos. Esse quadro descrito de maneira singela acontece com alguma frequência na prática e em variados procedimentos de jurisdição voluntária e nele verificamos a ocorrência de adaptação de procedimento, negócios processuais sobre a prova (com a ocorrência inclusive do autodepoimento pessoal) e sobre os recursos, com a participação de alguém relativamente incapaz e com base em alegação que não se encaixa precisamente nos rígidos termos em que é regulada a alteração do nome no direito brasileiro.

2) O segundo ponto a se destacar é o menor índice de recorribilidade na jurisdição voluntária, não porque inexista conflito ou não haja interesse em recorrer, mas, sim, porque alguns dos temas que se tornaram proeminentes após a edição do atual CPC, como a flexibilização do procedimento e o incentivo a soluções consensuais, sempre foram utilizados nesses procedimentos, com uma espécie de informalidade que acabou sendo extraída do não comprometimento com a legalidade estrita.

3) Por fim, o último ponto a se mencionar nesse contexto é a outra face do que foi exposto nos outros dois anteriores, isto é, o risco de a jurisdição voluntária se tornar um espaço de arbítrio e de solipsisimo, com subversão de regras balizadoras em prol de um nefasto voluntarismo.

Não deixa de ser curioso notar, a propósito, que os três pontos assinalados nas linhas anteriores mais aproximam do que afastam a jurisdição voluntária da jurisdição contenciosa, salvo no índice de recorribilidade, já que a adaptação e construção de soluções jurídicas em contraste com a lei vêm se tornando um fenômeno crescente da jurisdicionalização por que vem passando as relações sociais, bastando ver que as questões registrais antes mencionadas acabaram sendo ratificadas e até ampliadas por decisões dos tribunais superiores, o que será objeto de registro oportunamente.

Quando se aponta que essa relevância prática dos procedimentos de jurisdição voluntária não vem sendo acompanhada de uma preocupação teórica proporcional, não significa dizer que inexistem estudos fundamentais na doutrina brasileira, fato incontestável e que vem inclusive registrado na dedicatória deste volume à memória dos clássicos tratadistas do tema, que examinaram profundamente cada aspecto relevante e reconstruíram as discussões essenciais sobre a própria natureza jurídica da jurisdição voluntária.

Mas, se é motivo de constante celebração, a existência desses estudos também deve justificar uma preocupação, na medida em que poucos trabalhos foram produzidos após esses clássicos – propositalmente nesta introdução não faremos nenhuma referência bibliográfica, mas ao longo do livro serão feitos os devidos registros –, fazendo com que as discussões pouco avancem, com o evidente reflexo na jurisprudência, já que conceitos e ideias de outros tempos e às vezes dissociadas do direito positivo brasileiro atual se perpetuam e são reproduzidos acriticamente. É sintomático, nesse ponto, que as obras sistemáticas de direito processual raramente abordem os procedimentos de jurisdição voluntária, como se não integrassem o processo civil brasileiro e não tivessem qualquer particularidade teórica que justificasse seu estudo.

Com base em tudo isso que foi exposto, bem como em razão da finalidade eminentemente prática que se espera de um livro de comentários aos artigos do Código de Processo Civil, procuraremos apresentar os temas sob uma perspectiva crítica, sem descuidar da doutrina clássica e da jurisprudência, que a todo tempo serão referidas. Mas a preocupação primordial está em tratar o tema como um assunto atual, por mais que a legislação por vezes nos leve a uma espécie de túnel do tempo, com o enfoque teórico e prático que nos afigura mais consentâneo com o direito positivo brasileiro.

Nessa perspectiva, não será nossa preocupação reconstruir de modo minucioso todas as polêmicas de se que ocuparam os tratadistas no século passado sobre a natureza jurídica da jurisdição voluntária, se jurisdicional, administrativa ou um terceiro gênero. Sobre esse assunto – cuja importância teórica se reconhece, evidentemente – há estudos insuperáveis, de modo que seria um mero exercício de transcrição ou de jornalismo processual reproduzir todo esse debate, ainda que sejam inevitáveis as referências nos momentos oportunos.

Ainda nessa introdução, pretendemos esclarecer algumas premissas que serão adotadas durante todo o livro e que receberão o desenvolvimento teórico em seu devido tempo ao longo das páginas seguintes.

1) Os temas serão comentados de acordo com o direito positivo brasileiro, o que não significa qualquer xenofobismo teórico, claro, mas apenas visa-se a evitar a citação de posições doutrinárias ou dispositivos legais de outros países que so-

mente servem para perpetuar equívocos. De nada adianta, por exemplo, reproduzir CARNELUTTI e afirmar que a jurisdição voluntária é o espaço por excelência do Ministério Público, simplesmente porque isso não faz qualquer sentido normativo, ainda que tenha seu efeito retórico. Também não contribui em nada afirmar que determinados países não regulam a jurisdição voluntária dentro dos respectivos Códigos de Processo Civil, quando essa realidade simplesmente não é a nossa, ainda que tais dados sejam importantes para eventuais reformas legislativas e para quem pretende se aprofundar em determinado assunto muito delimitado e que, obrigatoriamente, deverá consultar a legislação estrangeira.

2) Como desdobramento da premissa anterior, há que se ter como critério relavante que os procedimentos de jurisdição voluntária dependem de opções de política legislativa, não havendo, a rigor, qualquer dimensão ontológica que os defina. Exatamente por ser uma questão jurídico-positiva – mesmo que se considere que o conceito em si de jurisdição voluntária possa atingir níveis abstratos, a disciplina dos procedimentos vincula-se ao direito positivo –, há alguns temas em que é possível a opção pela via judicial ou pela extrajudicial, assim como outros podem deixar de ser judiciais futuramente e passarem a ser apenas administrativos ou, ainda, há aqueles que somente podem ser obtidos judicialmente.

3) O fato de a jurisdição voluntária ser regulada por um sistema próprio não a isola das demais normas processuais e, evidentemente, constitucionais. É necessária a fixação dessa premissa, porque não é raro encontrarmos posicionamentos no sentido de que a jurisdição voluntária parece um mundo à parte – e, a depender do enfoque, até a um tempo à parte, ou seja, quase uma outra dimensão –, dissociado de outras normas fundamentais, como se pudesse haver algum microssistema autossuficiente. Todo regramento processual específico em alguma medida necessitará de uma comunicação com as demais normas do Código de Processo Civil, assim como todas essas normas deverão estar de acordo com a Constituição da República. Na jurisdição voluntária, por exemplo, não é possível elaborar uma petição inicial sem a utilização do regramento processual geral, assim como as causas de suspeição e impedimento, a disciplina dos recursos, a produção probatória etc., encontram seu regramento no próprio Código de Processo Civil. O mais relevante dessa terceira premissa, porém, não está nessa óbvia dependência de complementação procedimental, mas, sim, na necessária contextualização da jurisdição voluntária na fundamental transformação paradigmática por que vem passando o direito processual brasileiro. Considerar, por exemplo, que a jurisdição voluntária é o campo próprio para a "inquisitividade", para a exacerbação dos poderes jurisdicionais, para a exclusão das partes, para o afastamento irrestrito da legalidade estrita, para a inexistência do contraditório e outras considerações desse jaez é uma afronta a todo o sistema processual e vai de encontro exatamente à evolução trazida pelo Código de

Processo Civil. Apenas, para ficarmos com três dispositivos fundamentais, podemos ilustrar o que queremos dizer com o seguinte enunciado: os arts. 9º, 10 e 489, § 1º, CPC, aplicam-se aos procedimentos de jurisdição voluntária.

4) É famosa a frase que define a jurisdição voluntária como não sendo jurisdição nem volunária. Nossa premissa, entretanto, é outra: a jurisdição voluntária possui natureza jurisdicional e pode ser voluntária, de acordo com as escolhas legislativas acerca de determinado assunto. A desconstrução da famosa sentença antes mencionada, e que será referida novamente mais adiante, é um exemplo de como pode ser prejudicial a mera reprodução de ideias, sem qualquer filtro legislativo e doutrinário, independentemente da qualidade dos autores que elaboraram ou reproduziram a ideia e do valor retórico da frase. Simplesmente não serve mais e, salvo como registro de um pensamento delimitado no tempo e no espaço, esse tipo de repetição de ideias não contribui para a evolução do debate.

A natureza jurisdicional da jurisdição voluntária é ainda hoje um tema controvertido e relevante, mas a possibilidade de se tratar de procedimentos obrigatórios ou necessários, não. Há casos em que somente por via jurisdicional situações jurídicas podem ser efetivadas, como a constituição de curatela, mas há tantas outras que podem ser realizadas judicial ou extrajudicialmente, como a notificação e o divórcio consensual em que inexista filho incapaz ou nascituro. Ou seja: é critério de política legislativa e há mesmo a tendência de diversos temas serem desjudicializados, o que é salutar, já que somente o apego a tradições atávicas pode justificar a manutenção da exclusividade jurisdicional para o registro de testamentos ou a modificação de regime de bens de casamento. Sob a epígrafe "jurisdição voluntária" acomodam-se procedimentos e temas heterogêneos, que variam no tempo e no espaço e dificultam a elaboração de uma abordagem abstrata.

Nas próximas páginas serão desenvolvidas e aplicadas essas premissas, com as devidas contextualizações e referências bibliográficas e jurisprudenciais, sempre com o objetivo primordial de conferir aos dispositivos comentados a devida aplicação prática.

Antes, porém, é necessário fazer uma aproximação introdutória ao conceito de jurisdição para, então, apresentar nosso entendimento sobre a natureza jurisdicional da jurisdição voluntária e, assim, comentarmos os dispositivos legais do Código de Processo Civil.

2. Noções sobre jurisdição

Se nosso tempo possui vocação para a jurisdição,[1] é fundamental que

---

1 Aqui se faz referência expressa a um conhecido trabalho de NICOLA PICARDI: A vocação do nosso tempo para a jurisdição. *Jurisdição e processo*. CARLOS ALBERTO ALVARO

sejam traçadas algumas linhas conceituais básicas para que se compreenda o sentido contemporâneo da atividade jurisdicional.

O conceito de jurisdição na doutrina brasileira ainda recebe a influência estática da noção chiovendiana de atuação da lei no caso concreto e função estatal substitutiva da vontade das partes, olvidando-se, inclusive, que o controle de constitucionalidade abstrato de normas afasta o tradicional jargão de que a jurisdição somente incide no caso concreto.[2]

---

de Oliveira (org. e trad.). Rio de Janeiro: Forense, 2008. Nesse ensaio específico, Picardi trabalha com a ideia de Ennio Cortese sobre o movimento pendular nos ordenamentos jurídicos que se sucederam no tempo entre legislação e jurisdição. O século XIX seria caracterizado por uma vocação para a legislação e a ciência jurídica; o século XX oscilou entre a codificação e a descodificação; no século XXI, segundo Picardi, a situação é mais complexa e pode ser sintetizada na vocação para a jurisdição e a doutrina jurídica, p. 1 e 2. Com esse enfoque, Picardi também inicia seu vigoroso livro *La Giurisdizione all'Alba del Terzo Millenio* (Milano: Giuffrè, 2007), que será citado em outras oportunidades neste item). A bibliografia sobre o tema é vasta e complexa, mas um panorama sobre os problemas, desafios e conformações conceituais pode ser encontrado nos seguintes trabalhos, cada qual com referências doutrinárias complementares: Ingeborg Maus. *O Judiciário como superego da sociedade*. Geraldo de Carvalho e Gerceléia Batista de Oliveira Mendes (trad.). Rio de Janeiro: Lumen Juris, 2010; Luiz W. Vianna, Marcelo Burgos e Paula Salles, Dezessete anos de judicialização da política. *Tempo Social – Revista de Sociologia da USP*, v. 19, nº 2, novembro de 2007; Luigi Ferrajoli. *Las Fuentes de Legitimidad de la Jurisdicción*. Miguel Carbonell (trad.). México, DF: Instituto Nacional de Ciencias Penales, 2010; Mauro Cappelletti. *Juízes legisladores?* Carlos Alberto Alvaro de Oliveira (trad.). Porto Alegre: Sergio Antonio Fabris, 1993; Mônia Clarissa Henning Leal e Rogerio Gesta Leal (org.). *Ativismo judicial e déficit democráticos:* algumas experiências latino-americanas e europeias. Rio de Janeiro: Lumen Juris, 2011; Dierle José Coelho Nunes. Politização do Judiciário no direito comparado – algumas considerações. Felipe Machado e Marcelo Cattoni (org.). *Constituição e processo*: entre o direito e a política. Belo Horizonte: Editora Fórum, 2011; Dierle Nunes, Humberto Theodoro Jr. e Alexandre Bahia. Breves considerações sobre a politização do Judiciário e sobre o panorama de aplicação no direito brasileiro: análise da convergência entre o *civil law* e o *common law* e dos problemas da padronização decisória. *Revista de Processo, nº 189*, novembro de 2010; Marcelo Novelino e outros (org.). *As novas faces do ativismo judicial*. Salvador: JusPodivm, 2011; Elival da Silva Ramos. *Ativismo judicial*: parâmetros dogmáticos. São Paulo: Saraiva, 2010; Ada Pellegrini Grinover e Kazuo Watanabe (org.). *O controle jurisdicional de políticas públicas*. Rio de Janeiro: Forense, 2011; Clarissa Tassinari. *Jurisdição e ativismo judicial*: limites da atuação do Judiciário. Porto Alegre: Livraria do Advogado, 2013; Georges Abboud. *Jurisdição constitucional e direitos fundamentais*. São Paulo: RT, 2012. Para uma noção do tema nas fases do direito romano: Margarita Fuenteseca Degeneffe. *La Función Jurisdiccional en Roma*. Madrid: Fundación Registral, 2008; Antonio Fernández de Buján. *Jurisdicción y Arbitraje en Derecho Romano*. Madrid: Iustel, 2006. Diversas referências em: Vittorio Scialoja. *Procedimiento Civil Romano: ejercicio y defensa de los derechos*. Santiago Sentis Melendo e Marino Ayerra Redin (trad.). Buenos Aires: EJEA, 1954.

A evidente influência cultural que se dá em todos os institutos jurídicos afeta diretamente o conceito de jurisdição, cujos contornos decorrem da concepção de Estado Moderno.[3] A teoria de CHIOVENDA,[4] por exemplo, que influenciou[5] processualistas de diversos países, inclusive no Brasil, tem como

---

2 Cf. NELSON NERY JÚNIOR. *Princípios do processo na Constituição Federal.* 9ª ed. São Paulo: RT, 2009, p. 153-154. Sobre a jurisdição constitucional: GEORGES ABBOUD. *Jurisdição constitucional e direitos fundamentais.* São Paulo: RT, 2012. DIDIER JR. entende que a jurisdição sempre se vincula a um *problema concreto*, ainda que não relacionado a qualquer direito individual, como no caso do controle abstrato de constitucionalidade (*Curso de direito processual civil,* 18ª ed. Salvador: JusPodivm, 2016, p. 164, v. 1).

3 Sobre a evolução histórica do conceito de jurisdição e a umbilical relação com a concepção de Estado: PICARDI. *La Giurisdizione all'Alba del Terzo Milleni.* Milano: Giuffrè, 2007, *passim.* Ainda: MARINONI. *Teoria Geral do Processo.* São Paulo: RT, 2006, parte I. LUIZ GUILHERME MARINONI, SÉRGIO CRUZ ARENHART e DANIEL MITIDIERO. *Novo curso de processo* civil. São Paulo: RT, 2015, parte I, v. 1.

4 "Pode-se definir a jurisdição como função do Estado que tem por escopo a atuação da vontade concreta da lei por meio da substituição, pela atividade de órgãos públicos, da atividade de particulares ou de outros órgãos públicos, já no afirmar a existência da vontade da lei, já no torná-la, praticamente, efetiva" (GIUSEPPE CHIOVENDA. *Instituições de direito processual civil.* J. Guimarães Menegale (trad.). São Paulo: Saraiva, 1965, p. 3, v. II, nas páginas seguintes o autor decompõe os elementos de seu conceito e, nas p. 16-25, sustenta que a jurisdição voluntária é função administrativa). Registre-se que a leitura empreendida por FERNANDO ALBERTO CORRÊA HENNING dos pensamentos de WACH e CHIOVENDA sempre é precedida de uma contextualização histórica acerca dos "pressupostos interpretativos" em voga na época, porque "nenhuma teoria surge no vácuo: qualquer compreensão de um objeto encontra-se submersa em um mar de preconceitos, ditados pelo ambiente em que vive o autor. Por vezes, o ambiente determina o uso de certo método; por vezes, dita os conceitos disponíveis para a construção teórica" (*Ação concreta*: relendo Wach e Chiovenda. Porto Alegre: Sergio Antonio Fabris, 2000, p. 26).

5 GALENO LACERDA, sem indicar fontes, equipara a teoria de CHIOVENDA com a de ROCCO (*Teoria Geral do Processo.* Rio de Janeiro: Forense, 2006, p. 73-76). Vejam-se, para ilustrar, outros conceitos sobre jurisdição: "La attività com cui lo Stato, a traverso gli organi giurisdizionali, intervendo su richiesta dei privati, subietti di interessi giuridicamente protetti, si sostituisce ad essi nell'attuazione della norma Che quegli interessi tutela, accertando in loro vece, se e quale tutela uma norma conceda ad um determinato interesse, ingiungendo all'obligatio, in vece dell'avente diritto, l'osservanza della norma e realizzando mediante l'uso della sua forza collettiva, in vece dell'avente diritto, direttamente quegli interessi La cui tutela sai legalmente accertata". UGO ROCCO. *Trattato di Diritto Processuale Civile.* 2ª ed. Torino: UTET, 1966, p. 52, v. I; EDUARDO J. COUTURE: "Jurisdição é a função pública, realizada por órgãos competentes do Estado, com as formas previstas na lei, em virtude da qual, por ato jurisdicional, determina-se o direito das partes, com o objetivo de dirimir seus conflitos e controvérisas de relevância jurídica, mediante decisões com autoridade de coisa julgada, eventualmente executáveis" (*Fundamentos del Derecho Procesal Civil.* 3ª ed. Buenos Aires: Depalma, 1993, p. 40). FREDERICO JOSÉ MARQUES: "função que o Estado exerce para compor processualmente confli-

pressupostos doutrinários uma reação ao processo liberal e a adesão a ideias de substitutividade e realização concreta da lei.

Mesmo aqueles que elaboraram críticas à ideia de Chiovenda preocuparam-se com aspectos acidentais do conceito, sem reformular sua essência. A crítica de Galeno Lacerda à ideia de substitutividade, por exemplo, reside no fato de que há normas processuais que regulam a conduta do próprio juiz.[6] Para esse autor, jurisdição é o poder de declarar e aplicar o direito ao caso concreto, de coerção para executar a sentença e de documentação para investigar matéria fática.[7] Note-se que não se diferencia muito do que afirmava Adolf Wach, que, após definir a jurisdição como "poder estatal aplicado a conservar o ordenamento jurídico",[8] considerava que a função jurisdicional compreendia a faculdade de decretar, o direito de resolver, de ordenar, de julgar, de mandar, ditar a sentença e dirigir o processo e, também, o poder de executar coercitivamente.[9]

Encontra-se também vinculação entre jurisdição e coisa julgada, doutrina tradicionalmente atribuída a Enrico Allorio,[10] mas que anteriormente foi es-

---

tos litigiosos, dando a cada um o que é seu segundo o direito objetivo" (*Manual de direito processual civil.* 2ª ed. Campinas: Millenium, 2000, p. 145, v. I). "Jurisdição é a função do Estado de declarar e realizar, de forma prática, a vontade da lei diante de uma situação jurídica controvertida" (Humberto Theodoro Júnior. *Curso de direito processual civil.* 47ª ed. Rio de Janeiro: Forense, 2007, p. 40, v. I). "Jurisdição é a aplicação autoritativa da lei, mediante a substituição por uma atividade pública da atividade alheia" (Calmon de Passos. *Da jurisdição.* Publicações da Universidade da Bahia. 1957, p. 31). Em recente tese de titularidade, ainda se utiliza esse conceito de jurisdição, o que ilustra sua influência no tempo: Carmen Tiburcio. *Extensão e limites da jurisdição brasileira*: competência internacional e imunidade de jurisdição. Salvador: JusPodivm, 2016, p. 21.

6 *Teoria Geral do Processo.* Rio de Janeiro: Forense, 2006, p. 74.

7 *Teoria Geral do Processo.* Rio de Janeiro: Forense, 2006, p. 76-77; nas p. 91, 92 e 94 não fica bem explicada a dimensão desse "poder de documentação", já que é exposta posição resptritiva ao poder instrutório.

8 E, nesse ponto, mereceu críticas de Galeno Lacerda nas p. 70-71 da obra citada nas notas anteriores.

9 *Manual de Derecho Procesal Civil.* Tomás A. Banzhaf (trad.). Buenos Aires: EJEA, 1977, p. 3 e 8-9, v. II. Essa noção não difere muito do exposto modernamente, por exemplo, por Sergio La China (*Manuale di Diritto Processuale Civile.* Milano: Giuffrè, 2003, p. 37, v. I) e Juan Montero Aroca (*Derecho Jurisdiccional.* 17ª ed. Valencia: Tirant lo Blanch, 2009, p. 38, v. I). Veja-se, ainda, Cassio Scarpinella Bueno: "função do Estado destinada à solução imperativa, substitutiva e com ânimo de definitividade de conflitos intersubjetivos e exercida mediante a atuação do direito em casos concretos", acrescentando que tal função compreende a declaração *e* realização concretamente do direito, mesmo que uma tal realização seja *forçada* (*Curso sistematizado de direito processual civil.* São Paulo: Saraiva, 2007, p. 238 e 240, v. 1).

10 Que, aliás, valia-se desse argumento para negar à jurisdição voluntária a natureza

boçada por CALAMANDREI, e que contou com diversas adesões.[11] Entre as objeções normalmente opostas contra essa teoria, duas delas são irrespondíveis: a) não é correto definir um instituto por um de seus efeitos; b) há decisões jurisdicionais que não ensejam formação de coisa julgada material, por não examinarem o mérito. Entretanto, registre-se que a coisa julgada não é inerente à jurisdição, mas a atividade jurisdicional estatal é a única compatível com a coisa julgada.[12] Quanto à característica de produzir coisa julgada, cumpre assinalar que se excluiriam do conceito de jurisdição as tutelas executivas e cautelares, que, para grande parte da doutrina, não são aptas para a formação de coisa julgada material, mas são atividades jurisdicionais. Para DANIEL MITIDIERO e ALVARO DE OLIVEIRA, "a jurisdicionalidade de um ato é aferida na medida em que é fruto de um órgão estatal, dotado de império, investido em garantias funcionais que lhe outorguem imparcialidade e independência, cuja função é aplicar o direito (e não apenas a lei) de forma específica, dotado o seu pronunciamento de irreversibilidade externa".[13] Sobre a estatalidade, referidos autores entendem que se trata de manifestação de poder[14] e, portanto, somente decorre do Estado,[15] com o que não se concorda essencialmente em razão da arbitragem, mas a referência é relevante para o estudo da jurisdição voluntária.

---

jurisdicional: ENRICO ALLORIO. Ensayo polémico sobre la "jurisdicción" voluntaria. *Problemas de Derecho Procesal*. Santiago Sentis Melendo (trad.). Buenos Aires, 1963, p. 3-46, tomo II.

11 O próprio PIERO CALAMANDREI, em um de seus estudos, já alertava para a questão contingencial e relativa da conceituação de jurisdição e apontava para a artificialidade existente em algumas hipóteses de jurisdição voluntária em contraposição ao que ele designava de "verdadeira jurisdição" (*Instituiciones de Derecho Procesal Civil*. Santiago Sentís Melendo (trad.). Buenos Aires: El Foro, 1996, p. 113-196. Nesse estudo, a coisa julgada não aparece como nota distintiva fundamental, o que, contudo, é referido por OVÍDIO BAPTISTA DA SILVA como um critério primeiramente utilizado por CALAMANDREI (OVÍDIO BAPTISTA SILVA. *Curso de processo civil*. 7ª ed. Rio de Janeiro: Forense, 2005, p. 18-20, v. 1).

12 EDUARDO TALAMINI. *Coisa julgada e sua revisão*. São Paulo: RT, 2005, p. 48.

13 *Curso de processo civil*. São Paulo: Atlas, 2010, p. 125, v. 1.

14 Sobre a relação entre jurisdição e poder, vale conferir o capítulo III de *A instrumentalidade do processo*, de CÂNDIDO RANGEL DINAMARCO, inteiramente dedicado ao tema. DINAMARCO entende que a jurisdição é o centro da Teoria Geral do Processo. Sobre esse ponto, convém confrontar com o trabalho de FREDIE DIDIER JR., que dedica tópico específico para analisar o pensamento de DINAMARCO, dele se afastando por considerar o *processo* "o conceito fundamental primário da Teoria Geral do Processo" (*Sobre a Teoria Geral do Processo, essa desconhecida*. Salvador: JusPodivm, 2012, p. 66-67 e 95-98).

15 Cf., no mesmo sentido, WOLFGANG HEYDE. La jurisdicción. In: BENDA et al. *Manual de Derecho Constitucional*. Antonio López Pina (trad.). 2ª ed. Madrid: Marcial Pons, 2001, p. 771-774. Ainda sobre o tema:, FLÁVIO LUIZ YARSHELL. *Tutela jurisdicional*. 2ª ed. São Paulo: DPJ, 2006, p. 136-137.

A ideia de lide, entendida em sua dimensão pré-processual, como o "conflito de interesses qualificado pela pretensão de um dos interessados e pela resistência de outro"[16] também não contribui com o conceito, já que, além de apenas apontar uma das finalidades da jurisdição, não fornece critério distintivo, na medida em que não é exclusividade da atividade jurisdicional a "composição de conflitos".[17] Ao trabalhar com a plenitude do ordenamento jurídico, Chiovenda considerava que ao Judiciário somente restava a aplicação da lei ao caso concreto.[18] Também é criticável atribuir a finalidade precípua da jurisdição à aplicação do direito objetivo, na medida em que tal doutrina não explica a inércia jurisdicional e olvida a realização voluntária das normas jurídicas.[19]

Para Ovídio Baptista da Silva, após exame crítico de diversas teorias,[20] as notas esseciais para caracetrizar um ato jurisdicional deve atender a dois pressupostos: a) ser praticado por autoridade estatal como finalidade específica de seu agir; b) ser praticado por terceiro imparcial.[21] Percebe-se, entretanto, que a doutrina brasileira contemporânea, em linhas gerais, persiste na utilização do conceito tradicional.[22]

---

16 Francesco Carnelutti. *Sistema de Derecho Procesal Civil.* Niceto Alcalá-Zamora y Castillo y Santiago Sentís Melendo (trad.). Buenos Aires: UTEHA, 1944, p. 44, v. I. Para uma contextualização histórica desse conceito e o impacto que teve sobre o Código de Processo Civil de 1973: Cândido Rangel Dinamarco. O conceito de mérito em processo civil. *Fundamentos do processo civil moderno.* 3ª ed. São Paulo: Malheiros, 2000, p. 251-254, v. I; cf., também de sua autoria, *A instrumentalidade do processo.* 10ª ed. São Paulo: Malheiros, 2002, p. 259-262). Do próprio Buzaid: *Do agravo de petição do sistema do Código de Processo Civil.* 2ª ed. São Paulo: Saraiva, 1956, p. 91-114. Ainda: Enrico Tullio Liebman, O despacho saneador e o julgamento do mérito. *Estudos sobre o processo civil brasileiro.* São Paulo: Bushatsky, 1976, p. 112-122, para quem *lide* foi conceituada como o "conflito efetivo ou virtual de pedidos contraditórios, sobre o qual o juiz é convidado a decidir" (p. 122).

17 Oliveira e Mitidiero. *Curso...* cit., p. 123, v. 1.

18 Ovídio Baptista Silva. *Curso de processo civil.* 7ª ed. Rio de Janeiro: Forense, 2005, p. 17, v. 1.

19 Ovídio Baptista Silva. *Curso de processo civil.* 7ª ed. Rio de Janeiro: Forense, 2005, p. 17, v. 1.

20 Ovídio Baptista Silva. *Curso de processo civil.* 7ª ed. Rio de Janeiro: Forense, 2005, p. 11-27, v. 1.

21 Ovídio Baptista Silva. *Curso de processo civil*, 7ª ed. Rio de Janeiro: Forense, 2005, p. 27-28, v. 1.

22 Mesmo em obras como as *Instituições* de Cândido Rangel Dinamarco, para quem a jurisdição é a "função do Estado destinada à solução imperativa de conflitos e exercida mediante a atuação da vontade do direito em casos concretos" (*Instituições de direito processual civil.* 9ª ed. São Paulo: Malheiros, 2017, p. 453, v. I), ou, sinteticamente, a atuação concreta da vontade do direito (*A instrumentalidade do processo.* 10ª ed. São Paulo: Malheiros, 2002, p. 255-266). Não se quer aqui simplificar a relevantíssima contribuição que Dinamarco conferiu ao estudo do processo com sua tese, em que foram sistematizados os escopos da jurisdição, cujo estudo é o

Em tempos de profundas mudanças nas funções do Direito, como a insuficiência da dogmática tradicional, com o contemporâneo entendimento sobre os princípios como normas jurídicas, as teorias da argumentação jurídica, a existências de cláusulas gerais etc.,[23] não é mais suficiente aquela noção tradicional de jurisdição.[24]

As decisões judiciais possuem inegavelmente força normativa[25] e a ativi-

---

centro da teoria processual e simboliza a publicização do processo, como expõe o autor no capítulo III da referida obra. Ainda sobre as funções da jurisdição: ANTONIO DO PASSO CABRAL. O processo como superego social: um estudo sobre os fins sociais da jurisdição. *Revista de Processo nº 115*. São Paulo: RT, maio/junho de 2004. "Per un nuovo concetto di giurisdizione" (*Revista da Faculdade Mineira de Direito*, v. 18, nº 35. Belo Horizonte, PUC Minas, 2015 (disponível em: <periodicospucminas.com.br>).

23 Cf. FREDIE DIDIER JR. *Sobre a Teoria Geral do Processo, essa desconhecida*. Salvador: JusPodivm, 2012, capítulo 3. Especificamente sobre cláusulas gerais, com ampla bibliografia, citem-se outros trabalhos de DIDIER JR.: *Fundamentos do princípio da cooperação no direito processual civil português*. Coimbra: Wolters Kluwer/Coimbra, 2010, item 3.4. *Curso de direito processual civil*. 16ª ed. Salvador: JusPodivm, 2016, p. 155, v. 1, em que oferece a seguinte síntese conceitual de jurisdição: "função atribuída a terceiro imparcial de realizar o Direito de modo imperativo e criativo, reconhecendo/efetivando/protegendo situações jurídicas concretamente deduzidas, em decisão insuscetível de controle externo e com aptidão para tornar-se indiscutível", cujos contornos são desenvolvidos pelo autor até a p. 165.

24 Outro fenômeno que torna complexa a noção de jurisdição é a transnacionalização do direito, algo ainda que não atinge a jurisdição brasileira de forma contundente, mas já é uma realidade na Europa. Cf., por exemplo, NICOLÒ TROCKER. *La Formazione del Diritto Processuale Europeo*: studi. Torino: G. Giappichelli, 2011; ROBERTO MARTINO (coord.). *La Giurisdizione nell'Esperienza Giurisprudenziale Contemporanea*. Milano: Giuffrè, 2008.

25 "A constatação do papel normativo da jurisdição impõe que conceitos *lógico-jurídicos*, tais como os de jurisdição e decisão, sejam repensados. Embora não seja esse o momento adequado de reconstruí-los, é certo que não se pode ignorar o caráter criativo da atuação jurisdicional; assim, a elaboração dos conceitos de *jurisdição* e *decisão* não tem como prescindir dessa característica. Julgar não é simplesmente declarar a *vontade concreta da lei*, como afirmara CHIOVENDA. Ao decidir, o julgador *atribui sentido aos textos normativos, participando ativamente na construção do ordenamento jurídico*" (FREDIE DIDIER JR. *Sobre a Teoria Geral do Processo, essa desconhecida*. Salvador: JusPodivm, 2012, p. 165). Também por isso a nota da substitutividade é insuficiente, na medida em que não explica a atividade jurisdicional nas decisões sobre questões processuais, mas sobretudo porque tal característica pressupunha uma mera atividade subsuntiva do juiz, negando-se-lhe qualquer atividade normativa. Além disso, a atividade jurisdicional não pode ser equiparada a um simples substitutivo do comportamento devido pela parte, sob pena de se negar, de maneira oblíqua, a própria autonomia do direito processual. Confiram-se, ainda, para outras abordagens sobre essa dimensão normativa: THOMAS DA ROSA DE BUSTAMANTE. *Teoria do precedente judicial*: a justificação e a aplicação de regras jurisprudenciais. São Paulo: No-

dade jurisdicional assume uma função fundamental também na segurança jurídica e na previsibilidade dos jurisdicionados, inclusive com efeitos nas relações negociais extraterritoriais. Não bastasse essa transformação funcional, há que se dimensionar a existência de conflitos em massa, não raro ensejando uma tutela prestacional, urgente e preventiva, com inevitáveis e difíceis conflitos com as demais funções estatais. Dentro de todo esse contexto, avulta ainda a questão de a jurisdição necessariamente ser compatível com o Estado Democrático de Direito e inserida plenamente na estrutura dos direitos fundamentais.

Como já afirmado, o conceito de jurisdição é umbilicalmente ligado aos contornos estruturais do Estado a que se vincula. Entender a jurisdição como atividade estatal substitutiva da vontade das partes, com a finalidade de resolver um conflito de interesses definitivamente é continuar tratando do tema de forma abstrata e descolada do contexto histórico-cultural. A jurisdição não é uma criação meta-histórica; seu conceito representa, na realidade, o resultado das circunstâncias particulares em que opera a racionalidade humana.[26]

No Estado Constitucional a jurisdição não se vincula à legalidade, mas, sim, à juridicidade.[27] Isso significa que a jurisdição é exercida no processo, mas, para legitimá-la, deve-se observar o modelo traçado na Constituição brasileira, que consagra o direito fundamental ao processo devido, com todos os seus corolários, não bastando o processo para sua legitimação.[28]

Merece referência a abordagem de Luigi Ferrajoli, que se centra na função garantidora da jurisdição, responsável pela repressão de atos ilícitos (garantia secundária), por meio de juízo de constatação, por meio da afirmação e aplicação do direito, a partir da comprovação fática.[29] Nota-se, também aqui,

---

eses, 2012; Hermes Zaneti Jr. *O valor vinculante dos precedentes*. Salvador: JusPodivm, 2015.

26 Picardi. *La Giurisdizione*...cit., p. 155.

27 Nas palavras de Lourival Vilanova, "a decisão é ato que qualifica deonticamente a situação controvertida. O ato jurisdicional não se constitui como uma proposição declarativa (descritiva ou teorética), mas como uma proposição prescritiva. Uma controvérsia pede decisão, que se verte em norma. O juiz nem pronuncia juízo de realidade, nem puro juízo de valor. O existencial do fato e o critério de valor entram como componentes do juízo normativo. E esse juízo normativo não é de ordem moral, ou religiosa, ou atinente à etiqueta, ou aos usos e costumes. É especialmente jurídico. [...] A decisão judicial continua o processo de criação de normas: dinamicamente considerado, o sistema jurídico é completável" (*As estruturas lógicas e o sistema do direito positivo*. São Paulo: Max Limonad, 1997, p. 246 e 278).

28 Cf. Didier Jr. *Sobre a Teoria*... cit., p. 70. Com o mesmo ponto de vista, mas por meio de outra abordagem: Taruffo. *La Semplice Verità*: il giudice e la costruzione dei fatti. Bari: Laterza, 2009, p. 99-107.

29 *Principia Iuris:* teoria del derecho y de la democracia. Ibáñez, Bayón, Gascón, Sanchís

uma concepção conservadora do conceito de jurisdição, que não possuiria função criativa e se limitaria ao aspecto repressivo da lesão ao direito.[30] Na realidade, utilizou-se nessa conceituação a aglutinação entre a ideia de jurisdição como instrumento para a proteção de direitos subjetivos e como atuação concreta da lei.[31]

Por fim, resta mencionar a questão envolvendo o monopólio estatal da jurisdição, especialmente no contexto em que a arbitragem é reconhecida como, no mínimo, um equivalente jurisdicional.[32] Na discussão que se trava na doutrina sobre a natureza jurisdicional da arbitragem, parece-me que o único item que efetivamente ainda comporta discussão refere-se à estabilidade da decisão arbitral e a possibilidade de sua revisão externa.[33] Embora adira à tese de que a impossibilidade de controle externo é característica da jurisdição, FREDIE DIDIER JR. entende que a arbitragem possui natureza jurisdicional precisamente porque o eventual controle judicial possui limitação temporal e material, o que não impede a formação de coisa julgada material.[34] NELSON

---

e Miguel (trad.). Madrid: Trotta, 2011, p. 831-836, v. 1.

30 Analisando especificamente essa abordagem teórica, MICHELE TARUFFO, após identificar coincidências conceituais clássicas, observa a importância da vinculação realizada por FERRAJOLI entre jurisdição e descoberta da verdade, mas critica precisamente essa limitação conceitual que remete à ideia de aplicação do direito ao caso concreto, numa postura dedutivista ou mecanicista. Leyendo a Ferrajoli: consideraciones sobre la jurisdicción. *Páginas sobre Justicia Civil.* Maximiliano Aramburo Calle (trad.). Madrid: Marcial Pons, 2009, p. 21-29.

31 Para uma referência histórica das teorias: MARINONI. *Teoria Geral do Processo.* São Paulo: RT, 2006, capítulo 2.

32 No julgamento da SE 5206/01, o Supremo Tribunal Federal reconheceu a constitucionalidade da lei da arbitragem brasileira, mas não aprofundou a questão da prestação jurisdicional.

33 Ampla análise em: GEORGES ABBOUD. *Jurisdição constitucional e direitos fundamentais.* São Paulo: RT, 2012, capítulo 7. Jurisdição Constitucional *vs.* arbitragem: os reflexos do efeito vinculante na atividade do árbitro. *Revista de Processo*, nº 214. São Paulo: RT, dezembro de 2012. Cf., ainda, CÂNDIDO RANGEL DINAMARCO. *A arbitragem na Teoria Geral do Processo.* São Paulo: Malheiros, 2013. LUIZ GUILHERME MARINONI é enfático ao excluir a arbitragem da jurisdição, precisamente por conta da estatalidade decorrente da unidade jurisdicional (*Teoria Geral...* cit., p. 148-153; LUIZ GUILHERME MARINONI, SÉRGIO CRUZ ARENHART e DANIEL MITIDIERO. *Novo curso de processo civil.* São Paulo: RT, 2015, p. 174-180, v. 1). CARLOS ALBERTO ALVARO DE OLIVEIRA, em outro estudo, passou a conceituar a tutela jurisdicional como "resultado da atividade desenvolvida pelos órgãos do Estado que exercem a jurisdição ou a tanto autorizados, visando à proteção do patrimônio jurídico", precisamente para incluir a arbitragem (*Teoria e prática da tutela jurisdicional.* Rio de Janeiro: Forense, 2008, p. 108).

34 *Curso de direito processual civil.* 18ª ed. Salvador: JusPodivm, 2016, p. 173, v. 1. Acrescenta ainda em sua argumentação, em resposta aos argumentos expostos por MA-

Nery Junior, após considerar que "o compromisso arbitral é negócio jurídico celebrado entre partes capazes, que se obrigam a aceitar a sentença do juiz não togado por elas escolhido, para dirimir conflito de direito disponível que se formou entre elas", afirma não haver dúvidas de que o atual sistema de arbitragem brasileiro lhe conferiu caráter jurisdicional, que é típica, mas não exclusiva do Poder Judiciário. Além disso, o árbitro atua sob a confiança inerente ao negócio jurídico e sua decisão possui aptidão para formar coisa julgada material e recebe natureza de título executivo judicial.[35]

A discussão é tão complexa quanto interessante, mas, para os fins de um trabalho que se baseia na jurisdição estatal, as noções gerais não devem avançar muito mais linhas.

O importante é fixar que o conceito de jurisdição não pode ser considerado imutável e a complexidade das relações sociais e, reflexamente, das relações e regulações jurídicas demonstram isso a todo tempo.[36] A existência dos

---

rinoni e Mitidiero, em síntese: a) a opção pela arbitragem significa renúncia à jurisdição exercida pelo Estado; b) não há exclusividade no exercício da jurisdição pelo Poder Judiciário; c) o regramento privado e a obrigatória observância do devido processo legal asseguram a imparcialidade do árbitro; d) a impossibilidade de executar o decidido pelo árbitro é questão de competência e não de jurisdição; e) a disponibilidade dos direitos e o uso restrito pelos jurisdicionados não são fatos que se relacionem com o conceito de jurisdição; f) se o árbitro exerce jurisdição, a possibilidade de controle por meio de juiz estatal é questão de competência funcional (p. 173-176).

35 *Princípios...* cit., p. 152-164, com ampla indicação bibliográfica.

36 Ao estudarmos o presente e mirarmos o futuro, entretanto, nunca poderemos olvidar o passado, sobretudo porque "não há marco zero para o pensamento humano. Característica de uma cultura é o ser transmissível e efetivamente transmitida de geraçao a geraçao" (José Souto Maior Borges. *O contraditório no processo judicial*. São Paulo: Malheiros, 1996, p. 9). Prossegue o autor: "por isso a ruptura pressupõe o conhecimento anterior contra o qual ela se insurge, pela introdução de um novo paradigma do conhecimento científico. [...] Pensar, no fundo abissal de onde brota o pensamento, é rememorar: um ato de reconhecimento pelo que de grandioso antes de nós foi pensado. Mas esse reconhecimento não é um mero conhecimento que se restaura e renova; sequer apenas uma comemoração pensante. [...] A hostilidade ao passado é um ato de destruição do presente. Do passado, enquanto nos seus desdobramentos até o tempo presente e suas projeções para o futuro, não é lícito dizer-se que passou ou que ainda não passou. Ele simplesmente não passa: 'é o que fica do que passou'. Enquanto depositário da grandeza dos primeiros passos, ele secretamente nos governa: nada de novo sob o sol. Mas o presente prepara e antecede todo o futuro. A história das idéias – e pois a história do pensamento jurídico – pode ser representada por uma sucessão de camadas de tradição superpostas umas às outras. A longo prazo será também tradição o que nós – os modernos – pensamos, mas se e somente se digno, esse pensar, de questionamento profundo. Como poderemos esperar reconhecimento das gerações futuras se não somos, nós

processos coletivos, os processos repetitivos, os casos difíceis, a judicialização de temas que até então não eram submetidos ao processo jurisdicional, a ampliação do uso da arbitragem, o amplo espaço para a realização de negócios processuais, o impacto da inteligência artificial no processo, a trasnacionalização das relações, modulação temporal de decisões, sistema de precedentes, entre muitos outros fatores, indicam que o conceito de jurisdição não pode mais ser o mesmo formado na primeira metade do século passado.[37]

Em suma, após um século de evolução conceitual na doutrina processual civil, não é compatível com a atual quadra a mera reprodução da ideia de jurisdição como "atuação concreta da lei" ou "justa composição da lide". Se a ideia de jurisdição deve refletir sua época, não é possível que haja uma acomodação conceitual que perpetue conceitos que pertencem a outro contexto político-jurídico.[38]

3. Jurisdição voluntária

Como já assinalado na Introdução, não passaremos em revista os diversos posicionamentos doutrinários sobre jurisdição voluntária, em que pese a relevância teórica do debate. A reconstrução histórica dos diversos pensamentos fundamentais já foi realizada por diversas obras clássicas da doutrina brasileira,[39]

---

mesmos, digno do legado de nossos antepassados?" (p. 9-11). Evidentemente, portanto, em todas as passagens em que mencionamos a necessidade de se superar determinada concepção, deve-se conceder ao mesmo tempo todas as homenagens às construções realizadas por décadas por grandes estudiosos. Não é por outra razão, aliás, que este volume é dedicado a clássicos tratadistas da jurisdição voluntária.

37 Cf. ANTONIO DO PASSO CABRAL. Per un nuovo concetto di giurisdizione. *Revista da Faculdade Mineira de Direito*, v. 18, nº 35. Belo Horizonte, PUC Minas, 2015 (disponível em: <periodicospucminas.com.br>).

38 LUIZ GUILHERME MARINONI, SÉRGIO ARENHART e DANIEL MITIDIERO. *Curso de processo civil*, v. 1. São Paulo: RT, 2015, p. 27-28 e também capítulo 1. Interessante notar que também vem mudando, e não poderia ser diferente, o modo como se entende o processo administrativo, o que interessa para um estudo aprofundado sobre jurisdição, que necessariamente deve extremá-la da administração e da legislação (cf. RICARDO PERLINGEIRO. Uma perspectiva histórica da jurisdição administrativa na América Latina: tradição europeia-continental *versus* influência norte-americana. *Revista de Investigações Constitucionais*. Curitiba: UFPR, v. 2, p. 89-136, janeiro/abril de 2015; RICARDO PERLINGEIRO. O devido processo legal administrativo e a tutela judicial efetiva: um novo olhar?. *Revista de Processo nº 239*. São Paulo: RT, p. 293-331, janeiro de 2015).

39 Sem prejuízo de outras referências, os dois estudos fundamentais na doutrina brasileira são estes: FREDERICO MARQUES. *Ensaio sobre a jurisdição voluntária*. Campinas: Millenium, 2000; ALFREDO DE ARAÚJO LOPES DA COSTA. *A administração pública e a ordem jurídica privada (jurisdição voluntária)*. Belo Horizonte: Bernardo Álvares, 1961. Uma análise de diversos posicionamentos doutrinários pode ser encontrada com

e faremos referência às indicações bibliográficas no decorrer do texto, especialmente em relação à natureza jurídica.[40] A divisão entre jurisdição contenciosa e jurisdição voluntária hoje se revela ainda mais artificial, não sendo mais possível entender que a nota distintiva está no exercício de atividades administrativas pelo Judiciário. Na jurisdição voluntária, há interpretação/aplicação do direito e a decisão é apta para formar coisa julgada material.[41] Há doutrina recente que ainda entende que, do ponto de vista prático, na jurisdição contenciosa existe um conflito entre as partes, enquanto na jurisdição voluntária há consenso,[42] mas, como será visto, também aqui não reside a nota distintiva, já que é ínsita à jurisdição voluntária a potencialidade do conflito.[43]

---

proveito em: Edson Prata. *Jurisdição voluntária*. São Paulo: LEUD, 1979; João Paulo Lucena. *Natureza jurídica da jurisdição voluntária*. Porto Alegre: Livraria do Advogado, 1996. Abordagem original e também com descrição dos vários posicionamentos em: Willis Santiago Guerra Filho. *Revista de Processo nº 69*. São Paulo: RT, janeiro-março de 1993.

40 Sobre a concepção administrativista da jurisdição voluntária, é esclarecedor o seguinte trecho: "Segundo opinião dominante na literatura nacional, a atividade desempenhada pela autoridade judiciária nos feitos englobados na rubrica 'jurisdição voluntária' tem natureza administrativa. É o entendimento adotado em outros países. Essa concepção origina-se e floresce, compreensivelmente, nos ordenamentos que investem leigos nos órgãos encarregados de prestar semelhante serviço aos interessados. A este aspecto, acrescentam-se dados ideológicos, tendentes a toldar a clareza" (Araken de Assis. *Processo civil brasileiro*. São Paulo: RT, 2015, p. 578-579, v. I).

41 Luiz Guilherme Marinoni, Sérgio Arenhart e Daniel Mitidiero. *Curso de processo civil*. São Paulo: RT, 2015, p. 156, v. 1.

42 Luiz Guilherme Marinoni, Sérgio Arenhart e Daniel Mitidiero. *Curso de processo civil*. São Paulo: RT, 2015, p. 156, v. 1.

43 Como dito, mais adiante desenvolveremos esse argumento, mas, por ora, podemos ilustrar o afirmado com esta passagem: "Pode o devedor ou responsável, antes de ser intimado para o cumprimento de sentença, comparecer perante o juiz competente e oferecer em pagamento o valor que entender devido, de modo semelhante a uma ação de consignação em pagamento incidental, só que sem a recusa do credor em receber a prestação. Exatamente por não pressupor a resistência prévia do credor, trata-se de jurisdição voluntária incidental" (Fredie Didier Jr., Leonardo Carneiro da Cunha, Paula Sarno Braga e Rafael Alexandria de Oliveira. *Curso de direito processual civil*. 7ª ed. Salvador: JusPodivm, 2017, p. 530, v. 5). Acrescentam os autores com inteira razão: "como acontece em qualquer procedimento de jurisdição voluntária, pode dar ensejo a uma controvérsia, após a ouvida do interessado, que no caso é o credor". Há ainda quem considere a dispensabilidade do juiz como critério: "para saber se uma determinada atividade desenvolvida pelo juiz é de jurisdição contenciosa ou voluntária, basta que se indague se a presença do juiz é ou não dispensável para se alcançar o resultado pretendido" e em seguida afirme que no processo de inventário essa presença é indispensável porque esse procedimento "requer a proferição de uma decisão de mérito que irá julgar o cálculo de imposto e de uma sentença que decidirá sobre a partilha. Não importa indagar se existirá

Registre-se que a polêmica envolvendo a natureza jurídica da jurisdição voluntária serviu para estimular a ideia de que, nesse campo, haveria hipertrofia dos poderes judiciais e possibilidade de julgamento por equidade, de modo que a fixação de que se trata de atividade jurisdicional é essencial para que não se permita a continuidade da ideia de que a jurisdição voluntária é uma espécie de dimensão à parte do CPC e, portanto, não é alcançada por suas normas gerais.

A jurisdição estatal não é algo exclusivo de regimes democráticos – e a história é pródiga em exemplos que ilustram sistemas totalitários que se valem da jurisdição como componente de arbítrio e também de democracias que têm na jurisdição estatal um problema incômodo –,[44] mas, em um Estado constitucional democrático, não há dúvidas de que a atividade jurisdicional deve assumir uma feição compatível com seus fundamentos e a jurisdição voluntária não pode ser considerada uma espécie de universo paralelo em que se confere uma protagonismo jurisdicional[45] que não encontra mais espaço, de modo que a participação das partes[46] e interessados e sua comunicação com a Parte Geral do Código de Processo Civil são componentes fundamentais que decorrem do reconhecimento de sua natureza jurisdicional e da artificialidade nas notas distintivas em relação à jurisdição contenciosa tradicionalmente utilizadas.[47]

---

efetivamente conflito entre as partes e o Fisco, ou entre os próprios herdeiros, mas sim se esta possibilidade existe, como em qualquer processo jurisdicional de natureza contenciosa" (PAULO CEZAR PINHEIRO CARNEIRO. *Comentários ao Código de Processo Civil*. 3ª ed. Rio de Janeiro: Forense, 2006, p. 15-16, v. IX, tomo I). A própria legislação desconstruiu essa ideia, ao permitir o inventário extrajudicial, para ficarmos com o exemplo que sustentou tal posicionamento.

44 CF. TARUFFO. Democracia y jurisdicción. *Proceso y Decisión*: lecciones mexicanas de derecho procesal. Bochichio, Valle e Alfonzo (trad.). Madrid: Marcial Pons, 2012, p. 25-27.

45 A doutrina brasileira clássica sempre elencou entre os "princípios" da jurisdição voluntária a "inquisitoriedade", chegando a afirmar EDSON PRATA que "o princípio inquisitório atinge, nos procedimentos de jurisdição voluntária o seu clímax" (EDSON PRATA. *Comentários ao Código de Processo Civil*. Rio de Janeiro: Forense, 1978, p. 35, v. VII).

46 Um exemplo até certo ponto singelo da participação das partes na formação da prova, conferindo-lhe inegável valor democrático que repercute em sua legitimidade, está no art. 471, CPC, além, é claro, dos arts. 190, 191 e 357, todos também do CPC, e no esquecido art. 109, CC.

47 Na doutrina brasileira, defendem a natureza jurisdicional, exemplificativamente: J. J. CALMON DE PASSOS. *Da jurisdição*. Salvador: Publicações da Universidade da Bahia, 1957, p. 50-55; PONTES DE MIRANDA. *Comentários ao Código de Processo Civil*. 2ª ed. Rio de Janeiro: Forense, 2008, p. 4-10, tomo XVI; EDSON PRATA. *Jurisdição voluntária*. São Paulo: LEUD, 1979, p. 74-77; RONALDO CUNHA CAMPOS. *Comentários ao Código de Processo Civil*. Rio de Janeiro: Forense, 1979, p. 256-267, v. I, tomo I; WILLIS SANTIAGO GUERRA FILHO. *Revista de Processo nº 69*. São Paulo: RT, janeiro-

-março de 1993. José Maria Rosa Tesheiner, João Paulo Lucena. *Comentários ao Código de Processo* Civil. São Paulo: RT, 2000, p. 60, v. 15. *Jurisdição voluntária*. Rio de Janeiro: Aide, 1992, p. 40-41. *Natureza jurídica da jurisdição voluntária*. Porto Alegre: Livraria do Advogado, 1996, p. 127; Ovídio A. Baptista da Silva. *Curso de processo civil*. 7ª ed. Rio de Janeiro: Forense, 2005, p. 30-36, v. 1; Ovídio A. Baptista da Silva. *Comentários ao Código de Processo* Civil. São Paulo: 2000, p. 26-27, v. 1; Leonardo Greco. *Instituições de processo civil*. 5ª ed. Rio de Janeiro: Forense, 2015, p. 94-98, v. I; Cassio Scarpinella Bueno. *Manual de direito processual civil*. São Paulo: Saraiva, 2015, p. 460-461; Luiz Guilherme Marinoni, Sérgio Cruz Arenhart e Daniel Mitidiero. *Novo curso de processo* civil. São Paulo: RT, 2015, p. 155-156, v. 1; Alexandre Freitas Câmara. *O novo processo civil brasileiro*. São Paulo: Atlas, 2015, p. 33; Luiz Rodrigues Wambier e Eduardo Talamini. *Curso avançado de processo civil*. 16ª ed. São Paulo: RT, 2016, p. 112-114, v. 1. *Curso avançado de processo civil*. 16ª ed. São Paulo: RT, 2018, p. 346, v. 4; Daniel Amorim Assumpção Neves. *Manual de direito processual civil*. 9ª ed. Salvador: JusPodivm, 2017, p. 99-103; Cândido Rangel Dinamarco. Procedimentos especiais de jurisdição voluntária. *Fundamentos do processo civil moderno*. 3ª ed. São Paulo: Malheiros, 2000, p. 380-384, tomo I. *A instrumentalidade do processo*. 10ª ed. São Paulo: Malheiros, 2002, p. 146-152. *Instituições de direito processual civil*. 9ª ed. São Paulo: Malheiros, 2017, p. 464-469; Araken de Assis. *Processo civil brasileiro*. São Paulo: 2015, RT, p. 578-580, v. I; Didier Jr., *Curso de direito processual civil*. 18ª ed. Salvador: JusPodivm, 2016, p. 191-196, v. 1. Defendem a natureza não jurisdicional, também exemplificativamente: Alfredo de Araújo Lopes da Costa. *A administração pública e a ordem jurídica privada (jurisdição voluntária)*. Belo Horizonte: Bernardo Álvares, 1961, p. 63-70; Frederico Marques. *Ensaio sobre a jurisdição voluntária*. Campinas: Millenium, 2000, p. 63-72. *Manual de direito processual civil*. 2ª ed. Campinas: Millenium, 173-179, v. I; Alcides de Mendonça Lima. *Comentários ao Código de Processo Civil*. São Paulo: RT, 1982, p. 15-16, v. XII; Celso Agrícola Barbi. *Comentários ao Código de Processo* Civil. 9ª ed. Rio de Janeiro: Forense, 1994, p. 12, v. I; José Carlos Barbosa Moreira. *Estudos sobre o Novo Código de Processo Civil*. Rio de Janeiro: Liber Juris, 1974, p. 27 e 48. *Comentários ao Código de Processo Civil*. 12ª ed. Rio de Janeiro: Forense, 2005, p. 69 e 83, v. V; Arruda Alvim. *Tratado de direito processual civil*. São Paulo: RT, 1990, p. 239-243, v. 1; Humberto Theodoro Júnior. *Curso de direito processual civil*. 50ª ed. Rio de Janeiro: Forense, 2016, p. 438-439, v. II; Cristina Ferraz. *Jurisdição voluntária no processo civil*. Curitiba: Juruá, 2008, p. 102-124; Nelson Nery Junior e Rosa Maria de Andrade Nery. *Código de Processo Civil comentado*. 16ª ed. São Paulo: RT, 2016, p. 1668; Antonio Carlos Marcato. *Procedimentos especiais*. 16ª ed. São Paulo: Atlas, 2016, p. 305-307; Bruno Freire e Silva. *Comentários ao Código de Processo* Civil. Antonio do Passo Cabral e Ronaldo Cramer (coord.). 2ª ed. Rio de Janeiro: Forense, 2016, p. 1031. Zulmar Duarte de Oliveira Junior. *Comentários ao Código de Processo Civil*. Lenio Streck, Dierle Nunes, Leonardo Cunha e Alexandre Freire (coord.). São Paulo: Saraiva, 2016, p. 954. Para uma abordagem recente sobre a natureza administrativa ou não jurisdicional da jurisdição voluntária: Humberto Theodoro Júnior. Ainda a polêmica sobre a distinção entre a "jurisdição contenciosa" e a "jurisdição voluntária". *Revista de Processo nº 198*. São Paulo: RT, agosto de 2011. Para notícia de direito estrangeiro, além das referências nos próprios autores brasileiros antes citados, com a ressalva de que o nosso estudo deve ser realizado à luz dos sistemas de direito positivo do direito brasileiro: Enrico Allorio. Ensayo polémico sobre la "jurisdicción" voluntaria. *Problemas de Derecho Procesal*. Santiago Sentis Melendo (trad.). Buenos Aires, 1963, tomo II; Fran-

Em linhas gerais, tradicionalmente se considera a jurisdição voluntária como procedimento sem litigiosidade e com inexistência de partes com interesses inicialmente antagônicos,[48] mas isso não lhe confere uma espécie de

---

CESCO CARNELUTTI. *Diritto e Processo*. Napoli: Morano, 1958; nessa obra há mudança no pensamento do autor, que passa a defender a natureza jurisdicional da jurisdição voluntária; Othmar JAUERNIG. Problemas de qualificação da jurisdição voluntária: judicatura – administração; ato estatal – negócio jurídico privado. Wanderlei de Paula Barreto (trad.). *Revista de Processo nº 39*. São Paulo: RT, julho-setembro de 1985. JOSÉ LEBRE DE FREITAS. *Introdução ao processo civil*: conceito e princípios gerais. 2ª ed. Coimbra: Coimbra, 2006, item 4.5; VITTORIO DENTI. La giurisdidizione volontaria revisitata. *Rivista Trimestrale di Diritto e Procedura Civile*. Milano: Giuffrè, junho de 1987; NICETO ALCALÁ–ZAMORA Y CASTILLO. Premissas para determinar la índole de la llamada jurisdicción voluntaria. *Estudios de Teoría General e Historia del Proceso (1945–1972)*. Cidade do México: Universidad Nacional Autónoma de México, 1992, t. I; ANGELO JANNUZZI. *Manuale della Volontaria* Giurisdizione. 7ª ed. Milano: Giuffré, 1995; JUAN RAMÓN LIÉBANA ORTIZ. *Fundamentos Dogmáticos de la Jurisdicción Voluntaria*. Madrid: Iustel, 2012; ANTONIO FERNÁNDEZ DE BUJÁN. *Hacia una Teoría General de la Jurisdicción Voluntaria*. Madrid: Iustel, 1997, v. I. *La Reforma de la Jurisdicción Voluntaria*. Madrid: Dykinson, 2015; BUJÁN Y FERNÁNDEZ e FRANCISCO JAVIER GARCÍA MÁS (coord.). *La Jurisdicción Voluntaria: una apuesta por la eficácia*. Madrid: Dykinson, 2016; PIEDAD GONZÁLEZ GRANDA. ¿Quo Vadis, *Jurisdicción Voluntaria?*. Madrid: Reus, 2015; ÓSCAR MONJE BALMASEDA (coord.). FRANCISCO LLEDÓ e outros (dir.). *Estudio Sistemático de la Ley de Jurisdicción Voluntaria*: ley 15/2015, de 2 de julio. Madrid: Dyckinson, 2016. Lembre-se, ainda, do posicionamento particular e autonomista de ELIO FAZZALARI. *La Giurisdizione Volontaria*: profilo sistemático. Padova: CEDAM, 1953. *Instituições de direito processual*. Elaine Nassif (trad.). Campinas: Bookseller, 2006. Por fim, encerra-se esta nota exemplificativa com a referência à publicação eletrônica com os relatórios internacionais sobre jurisdição voluntária organizados por ALEXEY ARGUNOV: *Voluntary (Non-Contentious) Jurisdiction Around the World*. Trata-se de publicação eletrônica originada em Moscou e cuja consulta me foi gentilmente possibilitada pelo professor ALEXANDRE FREITAS CÂMARA, que foi o autor brasileiro convidado para integrar a obra. Trata-se de rico panorama em que fica clara a tendência de desjudicialização de temas afetos à jurisdição voluntária, o que não encontra exata correspondência no atual direito positivo brasileiro. Em seu texto, ALEXANDRE CÂMARA aponta sobre a escassez estatística acerca dos procedimentos de jurisdição voluntária na prática forense e assinala que a tendência da doutrina brasileira mais recente reconhece sua natureza jurisdicional.

48 Cf. LEONARDO GRECO. *Breves comentários ao Código de Processo Civil*. ALVIM WAMBIER, DIDIER JR., TALAMINI e DANTAS (coord.). 3ª ed. São Paulo: RT, 2016, p. 1851. Exemplifica o autor no livro e página citados: "Há na jurisdição voluntária procedimentos em que os únicos interessados no provimento jurisdicional pleiteado em comum são os próprios requerentes ou é o próprio requerente, como no divórcio consensual ou no pedido de alvará para venda de imóvel de incapaz. Há outros em que, embora haja outros interessados, que venham a ser destinatários do provimento jurisdicional, não é possível ou previsível que esse provimento venha a causar qualquer prejuízo aos seus interesses, como nas notificações ou retificações de re-

imunização em relação às normas gerais do CPC, sem contar que, não raro, haverá, sim, litígio e interesses antagônicos, ainda que não sejam essas as notas essenciais que caracterizam tais procedimentos, não devendo mais ser reproduzida a antiga ideia de que a jurisdição voluntária não é nem jurisdição nem voluntária,[49] diante do sistema legislativo brasileiro.

Uma repercussão importante da existência de litígio nesses casos, que pode até ser vislumbrado no início do procedimento, está na fixação de honorários advocatícios na jurisdição voluntária, que somente ocorrerá precisamente em caso de existência de conflito.[50]

---

gistros públicos". Cândido Rangel Dinamarco considera o juiz como administrador de interesses privados, criando situações novas capazes de ensejar proteção a um ou ambos os sujeitos, apesar de ressalvar que sempre estará presente, com maior ou menos intensidade, alguma situação conflituosa (Cândido Rangel Dinamarco. *Instituições de direito processual civil.* 9ª ed. São Paulo: Malheiros, 2017, p. 464 e 466, v. I).

49 Cândido Rangel Dinamarco diz que "no estado atual da ciência do processo a afirmação de que a jurisdição voluntária não é jurisdição nem voluntária não passa de um gracejo destoante dos conceitos hoje aceitos" (*Instituições de direito processual civil.* 9ª ed. São Paulo: Malheiros, 2017, p. 465, v. I).

50 "Recurso especial. Retificação de registro imobiliário. Artigo 213, inciso I, alíneas 'd' e 'e', da lei nº 6.015./1973. Súmula nº 284/STF. Incidência. Jurisdição voluntária. Ausência de litigiosidade. Honorários advocatícios. Não cabimento. 1. Cuida-se, na origem, de ação de retificação de matrícula de imóvel (jurisdição voluntária), objetivando a correta delimitação do bem registrado, em que foi equivocadamente indicada pessoa para ser citada como suposta proprietária de área confrontante. 2. Inviável o acolhimento do pleito exordial, em recurso especial, pois o dispositivo legal invocado (art. 216, I, alíneas 'd' e 'e', da Lei nº 6.015/1973) não garante automaticamente a retificação do registro, nem infirma o fundamento adotado no acórdão recorrido para rejeitar a pretensão inicial, qual seja, a insuficiência de prova da propriedade da área reclamada. Incidência da Súmula nº 284/STF. 2. Em procedimento de jurisdição voluntária, a existência de litigiosidade excepciona a regra de não cabimento de condenação em honorários advocatícios. Precedentes. 3. No caso, a mera alegação de ilegitimidade de parte citada como confrontante não torna litigiosa a demanda, não lhe cabendo, portanto, honorários sucumbenciais. 4. Recurso especial parcialmente provido" (REsp 1524634/RS, rel. Min. Ricardo Villas Bôas Cueva, Terceira Turma, j. 27/10/2015, DJe 3/11/2015). "Processual civil. Agravo regimental em agravo de instrumento. Procedimento especial de jurisdição voluntária. Contencioso. Honorários advocatícios. Verba cabível. 1. 'Nos procedimentos de jurisdição voluntária, em que há litigiosidade, não meros interessados, é cabível a condenação da parte vencida em honorários advocatícios. Precedentes do STJ: REsp n. 77.057-SP, Rel. Ministro Nilson Naves, DJ de 25/3/1996; AgRg no Ag n. 128.881-MG, relator Ministro Waldemar Zveiter, DJ de 25.2.1998' (Resp n. 283.222/RS, relator Ministro João Otávio de Noronha, 2ª Turma, unânime, DJ 6.3.2006). 2. Agravo regimental a que se nega provimento" (AgRg no Ag 1362095/SP, rel. Min. Maria Isabel Gallotti, Quarta Turma, j. 10/4/2012, DJe 18/4/2012).

De todo modo a inexistência de litígio não é uma característica própria da jurisdição voluntária, já que a potencialidade do conflito estará presente em diversas situações, assim como o efetivo litígio não ocorre em todas as hipóteses de jurisdição contenciosa. Mas, como a diferença entre as "jurisdições" é artificial e decorre de política legislativa, não parece ser correto considerar como ontológico o que depende do direito positivo.[51]

---

51 É relevante, nesse ponto, ter em mente a distinção entre conceito jurídico-positivo e conceito jurídico fundamental: "O conceito jurídico-positivo é construído a partir da observação de uma determinada realidade normativa e, por isso mesmo, apenas a ela é aplicável. Acrescentando que são conceitos contingentes, históricos: descrevem realidades criadas pelo homem em certo lugar, em certo momento. [...] Como se vê, trata-se de conceito que fica submetido às contingências das transformações do Direito positivo. A definição desses objetos variará conforme o tempo e o espaço. Não há, portanto, uma disciplina jurídica única e imutável para esses institutos. Não se pode pretender encontrar, nesses conceitos, elementos invariáveis, que compusessem uma espécie de essência imprescindível do objeto definido [...] O conceito jurídico fundamental (*lógico-jurídico*, jurídico próprio ou categorial) é aquele construído pela Filosofia do Direito (é uma das tarefas da *Epistemologia Jurídica*), com a pretensão de auxiliar a compreensão do fenômeno jurídico onde e quando ele ocorra. Tem pretensão de validez universal. Serve aos operadores do Direito para a compreensão de qualquer ordenamento jurídico determinado. É, verdadeiramente, um pressuposto indispensável de qualquer contato científico com o direito. É conceito *a priori*, alheio a qualquer experiência jurídica determinada, embora seja produto da experiência jurídica, o que não é paradoxal: não se consegue conceber produção do intelecto humano que não tenha por base alguma experiência. A partir da observação do fenômeno jurídico, criam-se esses conceitos, que funcionam como instrumentos indispensáveis à investigação empírica. Não expressam realidades contingenciais criadas pelo homem em dado momento histórico. São conceitos formais, lógicos, que 'nada adiantam sobre o conteúdo concreto das normas jurídicas'. Porque formais, são invariáveis; variável será o conteúdo normativo a ser extraído dos enunciados normativos do Direito positivo [...] Exatamente porque produzido pelo conhecimento humano, o conceito lógico-jurídico é também um produto cultural. O conceito é formulado a partir da observação do fenômeno jurídico, que também é manifestação cultural. Nada obstante tenha a pretensão de servir à compreensão de qualquer ordenamento jurídico (pretensão universalizante), nasce da observação do Direito como fato. Como todo conceito, procede da experiência. [...] A elaboração desse tipo de conceito determina-se pelas contingências do seu tempo: repertório teórico existente, ideologias predominantes, concepções filosóficas prevalecentes, peculiaridades dos objetos investigados, limitações materiais para pesquisa e desenvolvimento do método etc. Tais conceitos são convencionalmente construídos e, exatamente por isso, também por convenção podem ser revistos [...] Os conceitos lógico-jurídicos têm uma dupla função: servem de base à elaboração dos conceitos jurídico-positivos e auxiliam o operador do Direito na tarefa de compreender, interpretar e aplicar o ordenamento jurídico" (DIDIER JR. *Sobre a Teoria Geral do Processo, essa desconhecida*. Salvador: JusPodivm, 2012, p. 39-40, 42-44, 45-46 e 49).

Evidentemente, não é possível mais afirmar que inexiste contraditório em jurisdição voluntária, na medida em que no direito brasileiro inexiste processo ou procedimento sem contraditório.

Outro critério distintivo que caracterizaria a jurisdição voluntária seria a inaptidão para a formação de coisa julgada material. Há que se considerar, porém, que, ainda que isso fosse verdade, não seria suficiente para descaracterizar a natureza jurisdicional. Com efeito, a coisa julgada material não é elemento essencial da jurisdição,[52] mas somente o pronunciamento jurisdicional está apto a produzi-la. Em síntese, pode-se dizer que há jurisdição sem coisa julgada material, mas não há coisa julgada material[53] fora da jurisdição estatal.[54] E, ainda que o conceito de jurisdição não se vincule à coisa julgada, há uma correlação evidente entre ambos,[55] de modo que a definição da natureza ju-

---

52 Cf. Antonio do Passo Cabral. *Coisa julgada e preclusões dinâmicas*: entre continuidade, mudança e transição de posições processuais estáveis. Salvador: JusPodivm, 2013, p. 243-244 e 250-251.

53 Embora haja críticas à utilização do binômio coisa julgada formal/coisa julgada material, essa dicotomia será mantida neste texto por questões didáticas. Sobre a crítica à nomenclatura: Antonio do Passo Cabral *Coisa julgada e preclusões dinâmicas*: entre continuidade, mudança e transição de posições processuais estáveis. Salvador: JusPodivm, 2013, p. 59-61 e 254-266; Jordi Nieva-Fenoll. *Coisa julgada*. Antonio do Passo Cabral (trad.). São Paulo: RT, p. 93-102. De todo modo, a coisa julgada formal é uma categoria doutrinária e de pouca relevância para a discussão, já que, por se tratar de espécie de preclusão relacionada ao trânsito em julgado, é categoria comum a todas as decisões.

54 Eduardo Talamini. *Coisa julgada e sua revisão*. São Paulo: RT, 2005, p. 48. Cf., ainda, Jordi Nieva-Fenoll. *Coisa julgada*. Antonio do Passo Cabral (trad.). São Paulo: RT, p. 141-144. Apreciação crítica em: Antonio do Passo Cabral. *Coisa julgada e preclusões dinâmicas*: entre continuidade, mudança e transição de posições processuais estáveis. Salvador: JusPodivm, 2013, p. 249-251.

55 Por exemplo, confira-se o seguinte trecho que ilustra o afirmado: "A tese da coisa julgada como extinção da obrigação jurisdicional é defendida por Ugo Rocco e Guilherme Estellita. Segundo esta linha de pensamento, seria essencial à jurisdição uma decisão definitiva sobre o direito de ação exercido no processo. O Estado, ao assumir a exclusividade da resolução de conflitos, reprimindo a autotutela, tem a obrigação de prestar jurisdição aos indivíduos. A sentença seria o momento máximo desta atividade, e só poderíamos imaginar que o Estado exaure seu dever (*functus officio*) de ofertar jurisdição quando a sentença final tornar-se inimpugnável, e é nesta função extintiva que a coisa julgada buscaria seu fundamento. Assim, esta concepção parte de uma visão funcionalista da coisa julgada, que presta apenas para eximir o Estado de seu dever de "prover com imutabilidade". Em nosso sentir, esta maneira de pensar o instituto nada diz a respeito da coisa julgada em si, mas incorpora o instituto da res iudicata no conceito de jurisdição, como se a função jurisdicional só fosse completa nas decisões com força de coisa julgada. De certa forma, aderem a esta ideia, em alguma medida, todos os autores que admitem ser a coisa julgada um dos aspectos que diferenciam a jurisdição contenciosa da jurisdição

risdicional da jurisdição voluntária é uma premissa essencial para o desenvolvimento do tema – e, como se sabe, não há truísmo nisso, já que é comum dizer que a jurisdição voluntária não é nem jurisdição nem voluntária,[56] o que nos parece um equívoco, como já abordado. A imutabilidade e a indiscutibilidade do que é decidido judicialmente são atributos decorrentes de política legislativa e não são notas ontologicamente imprescindíveis da jurisdição. Trata-se, na realidade, de uma construção técnica para conferir estabilidade e, consequentemente, segurança a determinados pronunciamentos jurisdicionais. Essa inegável função prática[57] da coisa julgada material e sua necessária conformação legislativa igualmente devem servir como dados fundamentais para a análise do tema, assim como deve ser considerado o regime de formação da coisa julgada.

Por entender que na jurisdição voluntária prepondera a eficácia constitutiva em detrimento da declaratória, OVÍDIO A. BAPTISTA DA SILVA, apesar de reconhecer sua natureza jurisdicional, não admite a formação de coisa julgada material, tendo em vista seu entendimento particular acerca da vinculação entre declaração e imutabilidade.[58] Também CÂNDIDO RANGEL DINAMARCO atribui natureza jurisdicional à jurisdição voluntária, mas também entende não ser possível sustentar a existência de coisa julgada material diante da expressa adesão do legislador ao conceito de "lide", acrescentando, porém, que "isso não significa que as sentenças proferidas em sede de jurisdição voluntária sejam desprovidas de qualquer grau de imunização".[59] Em mais de uma passagem de suas densas reflexões sobre a jurisdição voluntária, LEONARDO GRECO também

---

voluntária, mesmo quando, no que se refere especificamente à natureza jurídica da *res iudicata*, manifestem sua preferência por outras teses" (ANTONIO DO PASSO CABRAL. *Coisa julgada e preclusões dinâmicas*: entre continuidade, mudança e transição de posições processuais estáveis. Salvador: JusPodivm, 2013, p. 73).

56 FREDERICO MARQUES. *Ensaio sobre a jurisdição voluntária*. Campinas: Millenium, 2000, p. 58.

57 JOSÉ CARLOS BARBOSA MOREIRA. Ainda e sempre a coisa julgada. *Direito processual civil (ensaios e pareceres)*. Rio de Janeiro: Borsoi, 1971, p. 135. Como afirma Liebman, "a coisa julgada torna impossível ou inoperante a demonstração da injustiça da sentença" (*Eficácia e autoridade da sentença*. 3ª ed. Trad. Alfredo Buzaid, Benvindo Aires e Ada Pellegini Grinover (textos posteriores). Rio de Janeiro: Forense, 1984, p. 182).

58 *Curso de processo civil*. 7ª ed. Rio de Janeiro: Forense, 2005, p. 35, v. 1.

59 Procedimentos especiais de jurisdição voluntária. *Fundamentos do processo civil moderno*. 3ª ed. São Paulo: Malheiros, 2000, p. 396, t. I. A posição de DINAMARCO nesse particular é melhor desenvolvida em: *A instrumentalidade do processo*. 10ª ed. São Paulo: Malheiros, 2002, p. 149-150; deve-se conferir, com proveito, para entender o pensamento de DINAMARCO, seu desenvolvimento para admitir a "coisa julgada arbitral": *A arbitragem na Teoria Geral do Processo*. São Paulo: Malheiros, 2013, p. 202-207.

entende não haver aptidão para a formação de coisa julgada material, salvo se houver litígio superveniente.[60] Em trabalho específico sobre jurisdição voluntária, Leonardo Greco observa que "dizer que na jurisdição voluntária não se forma coisa julgada não significa dizer que as decisões proferidas nesses procedimentos sejam absolutamente instáveis, revogáveis e modificáveis de qualquer modo a qualquer tempo", acrescentando que "varia muito a estabilidade das decisões na jurisdição voluntária. Há casos extremos, que dependem de expressa previsão legal, de absoluta instabilidade, em que o próprio juiz, de ofício, a qualquer tempo, pode revogar a medida anteriormente adotada, como na nomeação ou remoção de tutor ou curador, em que, em decorrência de um novo juízo, mesmo sobre fatos e provas já anteriormente apreciados, a respeito da conveniência da investidura, deve o juiz, em benefício do incapaz, rever a sua decisão anterior. Há outros cuja modificação depende da concorrência das vontades de todos os interessados, como as cláusulas patrimoniais dos acordos de separação ou divórcio consensual. Nas disposições sobre relações continuativas, como as cláusulas de pensionamento, de guarda e visitação de filhos dos acordos de separação ou divórcio, a modificação pode ser determinada para o futuro por sentença em processo contencioso, através de uma avaliação de haverem se alterado as circunstâncias existentes no momento da celebração".[61] E em outra obra, reconhecendo a natureza jurisdicional da jurisdição voluntária, acrescenta que "há muitas decisões na jurisdição voluntária que gozam de uma estabilidade quase igual à da coisa julgada".[62]

---

60 "Nos processos de jurisdição voluntária, por não haver contraditório, a cognição é insuficiente, uma vez que os sujeitos processuais (os interessados) não travam um embate dialético, não ocupam posições subjetivas antagônicas e não disputam com exclusividade um bem da vida. O contraditório formal, assegurado pela audiência bilateral estabelecida nos arts. 1.105 e 1.106 do Código de 1973 e 721 do Código de 2015, pela ausência de contrariedade efetiva, não assegura uma cognição exaustiva. Entretanto, se num procedimento de jurisdição voluntária surgir litígio, colocando-se os interessados em posições antagônicas, com ampla possibilidade de formular alegações, propor e produzir provas, se o procedimento for apropriado para uma adequada cognição de todas as questões de fato e de direito suscitadas, se aos interessados é assegurado o acesso a todas as instâncias recursais para a defesa dos seus interesses e se o juiz é competente, com base nas regras que fixam a competência absoluta, então, como já sustentei alhures, 'não há motivo para suprimir da decisão assim originada a eficácia inerente a um processo litigioso, com a transformação da jurisdição voluntária em contenciosa, evitando decisões contraditórias em sedes diversas e assegurando-se ao *decisum* a mesma estabilidade dos proferidos na jurisdição contenciosa, através da imutabilidade da coisa julgada'" (Leonardo Greco. *Instituições de processo civil.* 3ª ed. Rio de Janeiro: Forense, 2015, p. 324-325. Vol. II).

61 *Jurisdição voluntária moderna.* São Paulo: Dialética, 2003, p. 38-39.

62 *Instituições de processo civil.* 5ª ed. Rio de Janeiro: Forense, 2015, p. 96, v. I. Mais

Essa referência ao litígio como fator modificador da natureza do processo e causa da aptidão para a coisa julgada também é compartilhada por HUMBERTO THEODORO JÚNIOR.[63]

Como a escolha do legislador não segue qualquer padrão identificável abstratamente, não se pode estabelecer de antemão que a contenciosidade seja estranha à jurisdição voluntária e muito menos que o litígio seja essencial para a formação de coisa julgada material. Há situações, inclusive, em que o litígio na jurisdição voluntária é potencial (exemplo: interdição) ou até mesmo é pressuposto (exemplos: alienação e emancipação).

Na realidade, a existência ou não de litígio é simplesmente irrelevante para a formação de coisa julgada. Ainda que se entenda que o conflito transmuda a natureza da "jurisdição" não é essa a nota caracterizadora da coisa julgada material. Se assim não fosse, seria impossível explicar como o consenso – ou simplesmente a ausência de efetivo conflito – é suficiente para produzir decisões cobertas com coisa julgada material.

Há evidentemente imensa dificuldade em conceituar a jurisdição voluntária, já que, como bem observou LEONARDO GRECO, "todos esses critérios são imperfeitos, porque a jurisdição voluntária abrange uma variedade tão heterogênea de procedimentos, nos quais sempre vamos encontrar o desmentido de um ou de outro desses critérios".[64]

Em síntese, a partir de tudo o que foi exposto, consideramos a jurisdição

---

recentemente: "Portanto, apesar do desaparecimento do citado art. 1.111, não há suporte no Código de Processo Civil de 2015 para sustentar a coisa julgada nos procedimentos da jurisdição voluntária, por falta de cognição exaustiva, a não ser nos casos de conversão em jurisdição contenciosa, por ter efetivamente se instaurado o litígio, em que o procedimento específico não tenha sido óbice à mais ampla cognição e à mais ampla eficácia das garantias constitucionais do contraditório e da ampla defesa e desde que o juiz seja absolutamente competente para conhecer da matéria em sede contenciosa" (LEONARDO GRECO. *Breves comentários ao Novo Código de Processo Civil.* TERESA WAMBIER, EDUARDO TALAMINI, FREDIE DIDIER JR. e BRUNO DANTAS (coord.). 3ª ed. São Paulo: RT, 2016, p. 1863).

63 "não se pode deixar de observar que os procedimentos de jurisdição voluntária, embora se instaurem sempre sem a preexistência de um litígio, podem, em alguns casos, desviar, por incidente de percurso, para uma crise de litigiosidade. A partir do momento em que o requerimento do promovente encontre resistência de algum cointeressado, o procedimento iniciado administrativamente se tornará contencioso, e a sentença que afinal der solução a esse conflito incidental será, sem dúvida, uma sentença de mérito. Fará coisa julgada material e somente a ação rescisória poderá desconstituí-la" (Ainda a polêmica sobre a distinção entre a jurisdição contenciosa" e a "jurisdição voluntária". *Revista de Processo nº 198.* São Paulo: RT, agosto de 2011, p. 46).

64 LEONARDO GRECO. *Jurisdição voluntária moderna.* São Paulo: Dialética, 2003, p. 23.

voluntária como atividade jurisdicional[65] estatal, em que, em regra, inexistem partes com interesses antagônicos,[66] mas há potencialidade de litígio, que deve ser exercida em procedimento em contraditório e julgada por terceiro imparcial, com aptidão, em determinadas circunstâncias, para a formação de coisa

---

65 "As principais objeções à tese jurisdicional não resistem à mais breve análise: a) a predominância do caráter preventivo, e não repressivo, não serve para destituí-la da condição de jurisdição, porque a função cautelar é eminentemente preventiva; (b) a natureza constitutiva do provimento do juiz e não declarativa (apesar de o órgão judiciário realizar o direito objetivo na jurisdição voluntária) encontra-se em outras resoluções contenciosas; (c) há partes no processo de jurisdição voluntária, porque há pedido e figurantes na relação processual; (d) a ausência de coisa julgada, além de mostrar-se controversa ante o disposto no art. 1.111 do CPC/1973 – embora não reproduzida em termos genéricos, a disposição imunizava o provimento aos fatos supervenientes e tal sói ocorrer a qualquer sentença transitada em julgado –, verifica-se, por igual, em alguns processos de jurisdição contenciosa (*v. g.* na execução); e) o órgão judiciário atua imparcialmente e tem a palavra final no assunto. Essa última característica – a palavra final – basta para definir como jurisdicional o conjunto de atividades desenvolvidas na rubrica da jurisdição 'voluntária'. E convém acrescentar: nenhuma das características da jurisdição 'voluntária' acomodam-se à atividade administrativa" (Araken de Assis. *Processo civil brasileiro.* São Paulo: 2015, RT, p. 579-580, v. I).

66 Leonardo Greco. *Breves comentários ao Código de Processo Civil.* Alvim Wambier, Didier Jr., Talamini e Dantas (coord.). 2ª ed. São Paulo: RT, 2016, p. 1742. "Jurisdição voluntária é uma modalidade de atividade estatal ou judicial em que o órgão que a exerce tutela assistencialmente interesses particulares, concorrendo com o seu conhecimento ou com a sua vontade para o nascimento, a validade ou a eficácia de um ato da vida privada, para a formação, o desenvolvimento, a documentação ou a extinção de uma relação jurídica ou para a eficácia de uma situação fática ou jurídica" (Leonardo Greco. *Jurisdição voluntária moderna.* São Paulo: Dialética, 2003, p. 11. Ainda do mesmo autor: Leonardo Greco. *Instituições de processo civil.* 5ª ed. Rio de Janeiro: Forense, 2015, p. 91-98, v. I). Afirma Cândido Rangel Dinamarco que alguns atos são puramente administrativos, como aqueles de mera certificação ou pura recepção e publicidade, não se referindo a conflitos e não se enquadrando como atos de jurisdição voluntária. Vê como nota distintiva da jurisdição contenciosa o fato de que, na jurisdição voluntária, há uma "destinação a dar tutela jurisdicional a um dos sujeitos do processo, sabendo-se de início a qual deles ela poderá ser dada e excluindo-se que a outro o seja". E define: "atividade jurisdicional destinada a pacificar pessoas mediante a tutela de uma delas ou a ambas em casos de conflitos diante do juiz sem confronto entre possíveis direitos de uma ou de outra", apontando as seguintes características distintivas: a) é atividade jurisdicional e não administrativa, b) destina-se à tutela de pessoas em casos de conflito, c) não consiste em dirimir diretamente o conflito entre elas, d) consequentemente, não são julgadas pretensões antagônicas, e) destina-se a dar tutela a uma das partes, previamente determinada, ou a ambas, sem se colocar para o juiz a escolha entre tutelar uma delas ou a outra, f) apesar disso, deve sempre ser exercida pelo juiz com inteira imparcialidade" (*Instituições de direito processual civil.* 9ª ed. São Paulo: Malheiros, 2017, p. 467-469, v. I).

julgada material,[67] de acordo com os balizamentos postos pelo direito positivo.

67 "Prevalece na doutrina brasileira a concepção de que a jurisdição voluntária não é jurisdição, mas administração pública de interesses privados feita pelo Poder Judiciário. Síntese deste pensamento é a concepção de Frederico Marques, para quem a jurisdição voluntária seria materialmente administrativa e subjetivamente judiciária. Os ensaios de Frederico Marques e Lopes da Costa são fundamentais para a compreensão desta corrente. Essa construção doutrinária é um tanto tautológica. Partem da premissa de que a jurisdição voluntária não é jurisdição, porque não há lide a ser resolvida; sem lide, não se pode falar de jurisdição. Não haveria, também, *substitutividade*, pois o que acontece é que o magistrado se insere entre os participantes do negócio jurídico, não os substituindo. Porque não há lide, não há partes, só interessados; porque não há jurisdição, não seria correto falar de ação nem de processo, institutos correlatos à jurisdição: só haveria requerimento e procedimento. Porque não há jurisdição, não há coisa julgada, mas mera preclusão. Em primeiro lugar, uma premissa: não se pode dizer que não há lide em jurisdição voluntária. Basta citar os exemplos da interdição e da retificação de registro, procedimentos de jurisdição voluntária que normalmente dão ensejo a controvérsias. O que acontece é o seguinte: a jurisdição voluntária não pressupõe lide, a lide não precisa vir afirmada na petição inicial. Pouco importa, por exemplo, que o confinante aceite a retificação do registro imobiliário – e há inúmeros casos em que é realmente isso o que acontece. Os casos de jurisdição voluntária são potencialmente conflituosos e por isso mesmo são submetidos à apreciação do Poder Judiciário. É por isso que se impõe a citação dos possíveis interessados, que podem, é verdade, não opor qualquer resistência, mas não estão impedidos de fazê-lo. São frequentes os casos em que, em pleno domínio da jurisdição voluntária, surgem verdadeiras questões a demandar juízo do magistrado. Havendo divergências entre o pai e o menor que queira se emancipar, por exemplo, o juiz haverá de manifestar-se sobre esta controvérsia. Em segundo lugar, para Giovanni Verde, a única definição possível de jurisdição se baseia em seu aspecto subjetivo: jurisdição é a atividade exercida por juízes – juízes com todas as garantias constitucionais da magistratura, façam ou não parte do Poder Judiciário. Mas cabe acrescentar: jurisdição é a atividade exercida pelos juízes (órgão investidos nesta função), que aplicam o direito objetivo em última instância, dão a última palavra sobre a questão, proferindo decisão que não pode ser controlada por nenhuma outra função estatal. A jurisdição voluntária é, também, inevitável. Tudo isso acontece no âmbito da jurisdição voluntária, e parece que não há qualquer controvérsia neste sentido. Em terceiro lugar, processo é categoria que pertence à teoria geral do direito, e consiste no método de que o Direito se vale para produzir normas jurídicas; daí que se pode falar em processo legislativo, administrativo, negocial e jurisdicional. Assim, aqueles que defendem a natureza administrativa da jurisdição voluntária não podem, por coerência, negar a existência de um processo, ainda que processo administrativo. A jurisdição voluntária se exerce por meio das formas processuais (petição inicial; sentença; apelação etc.), além do que não seria razoável defender-se a inexistência de relação jurídica entre os interessados e o juiz. Devem estar presentes todos os pressupostos processuais. É procedimento em contraditório – garantido pela Constituição tanto para o processo jurisdicional, como para o administrativo. O pensamento tradicional baseava-se em Constituições passadas, que não garantiam o contraditório nos processos administrativos. Em quarto lugar, na jurisdição voluntária o juiz atua para atender inte-

Há outras especificidades e características acidentais vinculadas a questões procedimentais que serão objeto de comentários ao longo da exposição.[68]

---

resse privado, como terceiro imparcial. Enquanto a jurisdição voluntária é exercida por autoridade imparcial e desinteressada, a administração age no seu próprio interesse, no interesse do Estado, no interesse da coletividade como um todo, e não no interesse dos particulares que figuram como destinatários diretos da sua atuação. Em quinto lugar, se há processo e jurisdição, há ação, denominada por Pontes de Miranda de ação de jurisdição voluntária. Em sexto lugar, não se pode dizer que não há partes. Não se devem confundir noções de parte em sentido substancial, que é a parte do litígio, com parte em sentido processual, que é o sujeito parcial da relação jurídica processual. A partir do momento em que o processo surge, a situação jurídica dos postulantes e dos interessados se altera, assumindo o *status* jurídico de parte, com todos os direitos e deveres dela decorrentes. Dizer que porque não há litígio não há partes é desconhecer comezinha distinção dogmática. Por fim, a questão da coisa julgada. A decisão proferida em sede de jurisdição voluntária tem aptidão para a formação de coisa julgada. Nada no CPC aponta em sentido contrário. Se até mesmo decisões que não examinam o mérito se tornam indiscutíveis (art. 486, § 1º, CPC), muito mais razão haveria para que decisões de mérito proferidas em sede de jurisdição voluntária também se tornassem indiscutíveis pela coisa julgada material. [...] Não adianta dizer que não há coisa julgada e, ao mesmo tempo, impedir a rediscussão do tema. Há, inclusive, incoerência na argumentação. *Há coisa julgada, e por isso não se pode renovar o pedido*" (Didier Jr., *Curso de direito processual civil.* 18ª ed. Salvador: JusPodivm, 2016, p. 191-196, v. 1).

68 Segundo Araken de Assis, identificam-se quatro grupos de interesses privados afetos à jurisdição voluntária: a) tutela de pessoas incertas (como na herança jacente e nas coisas vagas); b) tutela de incapazes; c) tutela dos negócios privados; d) tutela da prova (exemplo: justificação) (Araken de Assis. *Processo civil brasileiro.* São Paulo: 2015, RT, p. 583, v. I). Para Leonardo Greco, há seis espécies procedimentais de acordo com a natureza da atividade do juiz (*Jurisdição voluntária moderna.* São Paulo: Dialética, 2003, p. 27-29: *a) receptícios:* a atividade judicial limita-se a registrar, documentar ou comunicar manifestações de vontade (exemplos: notificações, interpelações e protestos); *b) probatórios:* a atividade judicial limita-se à produção da prova (exemplo: justificação) ; *c) declaratórios:* o magistrado limita-se a declarar a existência ou inexistência de uma situação jurídica, como nos casos da extinção de usufruto (art. 725, VI, do CPC), na confirmação do testamento particular (arts. 735 e segs. do CPC); *d) constitutivos:* são aqueles em que a criação, modificação ou extinção de uma situação jurídica dependem da concorrência da vontade do juiz, por meio de autorizações, homologações, aprovações etc., exemplos: interdição (arts. 747 e segs., CPC); emancipação (art. 725, I, CPC); sub-rogação de gravames ou bens inalienáveis (art. 725, II, CPC); alienação, arrendamento ou oneração de bens de incapazes (art. 725, III, CPC); locação ou administração de coisa comum (art. 725, IV, CPC); dúvidas e retificações de registros públicos (arts. 109, 198, 204 e 213 da Lei de Registros Públicos); aprovação do estatuto das fundações (arts. 764 do CPC); divórcio consensual e separação consensuais, extinção consensual de união estável e alteração do regime de bens do matrimônio (arts. 731 e segs., CPC); homologação de transação sobre questão não posta em juízo (art. 515, § 2º, e art. 725, VIII, CPC); *e) executórios:* o juiz é demandado a exercer uma atividade prática que modifica o mundo exterior, exemplos: alienação de coisas

Não basta, porém, definir a natureza da jurisdição voluntária e suas características mínimas. É necessário reiterar e insistir que a jurisdição voluntária está inserida no contexto do processo civil brasileiro e suas especificidades procedimentais decorrem de política legislativa, mas não subvertem os paradigmas fundamentais postos pelo Código de Processo Civil, a partir, evidentemente, da Constituição da República.

Nessa linha, é fundamental considerar que a jurisdição voluntária está submetida às técnicas procedimentais previstas no CPC e que não sejam incompatíveis com os aspectos essenciais de suas especificidades, e igualmente deve observar as normas fundamentais ali previstas, como a boa-fé objetiva, o contraditório efetivo, o dever de fundamentação, a participação das partes, entre outras.

É necessário lembrar, também, que a jurisdição voluntária, de outro lado, constitui uma limitação de liberdade e, portanto, deve incidir nos estritos limites legais, não cabendo uma judicialização absoluta das relações privadas.[69]

(arts. 725, I, IV e V, 730, CPC); arrecadação da herança jacente (arts. 738 e segs., CPC); arrecadação dos bens dos ausentes (arts. 744 e segs., CPC); coisas vagas (art. 746, CPC); *f) tutelares:* são aqueles em que a proteção de interesses de determinadas pessoas que se encontram em situação de desamparo, como os incapazes, é confiada diretamente ao Poder Judiciário, que pode instaurar os procedimentos *ex officio* (exemplos: procedimentos do ECA). Essa classificação é expressamente acolhida por DIDIER JR. *Curso de direito processual civil.* 18ª ed. Salvador: JusPodivm, 2016, p. 190-191, v. 1.

69 "A intervenção do Estado nas relações jurídicas privadas somente pode efetivar-se nos casos, modos e limites prescritos em lei [...]. Desse modo, a função assistencial de tutela de interesses privados independentemente da existência de um litígio pelos juízes somente pode ser exercida nos casos previstos em lei. A utilização da via judicial sem previsão legal, como [...] a autorização ao médico para a cirurgia ou para a demolição pela prefeitura, aos quais outros poderiam ser acrescentados como o alvará exigido pelo estabelecimento bancário para levantamento de certos depósitos, são de autêntica jurisdição contenciosa [...]. Muitas vezes a previsão legal é muito genérica, como algumas atribuições que o Estatuto da Criança e do Adolescente confere no seu art. 148 ao juiz, e somente o exame de cada caso permitirá verificar se foi respeitado o princípio da legalidade, como garantia de respeito à liberdade individual e de não ingerência injustificada da autoridade pública na vida privada. [...] Também há casos em que a própria lei não prevê a intervenção judicial, mas em que o titular do direito pode exercê-lo livremente e, no entanto, temeroso de que o seu ato possa vir a ser contestado por outrem, preventivamente requer ao juiz autorização para praticá-lo. Exemplos: a prefeitura municipal requer alvará que a autorize a demolir prédio que ameaça ruir; o médico requer autorização para efetuar uma transfusão de sangue em uma testemunha de Jeová em iminente risco de vida. Nos dois casos, o requerente está autorizado pela lei a praticar o ato independentemente de autorização judicial e esta não o subtrai de eventual responsabilidade futura perante aqueles que sentirem prejudicados pelo seu ato. Se existe o

4. O procedimento de jurisdição voluntária

O CPC não se vale mais da designação "procedimentos especiais" ao se referir à jurisdição voluntária, embora sua disciplina esteja em um dos capítulos do Título III, que cuida exatamente dos procedimentos especiais, sem distinguir, para essa finalidade, entre os contenciosos e os de jurisdição voluntária, ao contrário do que ocorria no Código revogado.[70]

Na realidade, dentro da jurisdição voluntária há o procedimento padrão, como estabelece o art. 719, e há procedimentos especiais no próprio CPC e em legislação especial.[71]

---

justo receio de que o ato seja questionado, na verdade a pretensão do requerente deveria articular-se através de um pedido declaratório cumulado com condenação dos contrainteressados a tolerarem a prática do ato, constituindo o 'alvará medida preparatória de caráter cautelar ou incidente de tutela antecipada, cujo acerto somente se tornará definitivo através da sentença final em processo de conhecimento contencioso" (Leonardo Greco. *Jurisdição voluntária moderna*. São Paulo: Dialética, 2003, p. 42 e 44).

70 "É questionável, no entanto, a manutenção da classificação que põe, de um lado, procedimentos especiais de jurisdição contenciosa e, de outro lado, procedimentos especiais de jurisdição voluntária. A doutrina que entende não ter a jurisdição voluntária natureza jurisdicional é criticável. Realmente, no 'Brasil, principalmente, a inclusão de procedimentos de origem na chamada 'jurisdição voluntária' perturba a técnica classificatória e faz o Código de Processo Civil mestiçagem insólita de nada menos de dois milênios de civilização europeia' (PONTES DE MIRANDA. *Comentários ao Código de Processo Civil*, cit., v. 13, p. 3)" (Fredie Didier Jr., Antonio do Passo Cabral e Leonardo Carneiro da Cabral. *Por uma nova Teoria dos Procedimentos Especiais*: dos procedimentos às técnicas. Salvador: JusPodivm, 2018, p. 24, nota 21).

71 Fredie Didier Jr., Antonio do Passo Cabral e Leonardo Carneiro da Cabral. *Por uma nova Teoria dos Procedimentos Especiais*: dos procedimentos às técnicas. Salvador: JusPodivm, 2018, p. 23-24. Como bem observam os referidos autores, "não há uma razão clara para que o legislador estabeleça procedimentos especiais. Frequentemente, essa escolha legislativa é política, ou baseada em conveniência; às vezes, o que motiva a criação de procedimento especial é o simples peso da tradição; portanto, buscar as razões para a introdução ou manutenção de um procedimento especial na legislação tem pouca ou nenhuma utilidade dogmática. Veja o caso das "ações de família", procedimento especial previsto no CPC. A especialização procedimental, neste caso, é tão pequena que poderia ter sido incorporada, facilmente, como diferenciação no próprio procedimento comum. A criação do procedimento teve, claramente, uma razão de política legislativa, de valorização simbólica dos processos de família. Ademais, a doutrina mais contemporânea, analisando os procedimentos especiais, tem notado que o que leva o legislador a positivar um procedimento especial muitas vezes é a simples busca por mais celeridade, independentemente das peculiaridades do direito material, que deveria ser a razão subjacente mais importante para a previsão legal deste tipo de procedimento. Não são raros os casos, com efeito, em que o detalhe que caracteriza o procedimento especial vem, ao longo do tempo, a ser incorporado no procedimento comum, a fim de se lhe

O art. 719 reproduz quase que integralmente o art. 1.103 do CPC de 1973 e, assim, mantêm-se uma obviedade e um equívoco: a obviedade consiste no fato de que sempre uma regra especial se sobreporá sobre a geral ou, em outras palavras, somente se aplica o que é geral naquilo que for compatível com o que é especial; o equívoco está em uma redação que passa a ideia de que o sistema da jurisdição voluntária é fechado e que não se comunica com as demais disposições do CPC, notadamente de sua Parte Geral, o que de certa maneira é amenizado pelo disposto no art. 318, parágrafo único, CPC.

Diante a adoção claramente de uma flexibilidade procedimental no CPC,[72]

---

conferir mais eficiência ou duração razoável" (p. 29-31). Além disso, ainda segundo os mesmos autores no livro em conjunto, "os artigos 327, § 2º, e 1.049, parágrafo único, do CPC, somados à ampliação dos negócios jurídicos processuais, à necessidade de eficiência na atividade jurisdicional e à consolidação do modelo cooperativo de processo, permitem que se tenha um procedimento comum, com a inserção de técnicas especiais normalmente adotadas em procedimentos especiais" (p. 8).

72 "O CPC brasileiro de 2015 montou um procedimento padrão bem flexível e, portanto, adaptável a inúmeras situações concretas dignas de tutela diferenciada. O procedimento comum brasileiro: a) permite a concessão de tutela provisória, cautelar ou satisfativa, fundada em urgência ou em evidência, liminarmente ou durante o processo, na generalidade dos processos – a tutela provisória deixou de ser uma peculiaridade de um procedimento especial; b) possui diversos dispositivos que permitem a adaptação do processo, como os arts. 7º, 139, IV, 297, 300 e 536, § 1º; c) possui diversas regras de adaptação do processo, espalhadas no Código, que fazem com que se possa afirmar que há vários caminhos possíveis para o procedimento comum) intimação obrigatória do Ministério Público para atuar como fiscal da ordem jurídica em alguns casos apenas (art. 178, CPC); ii) as diversas prerrogativas processuais dos entes públicos alteram as regras do procedimento comum para atender a esses sujeitos; iii) como já se viu, se a ação for de usucapião imobiliária, o procedimento comum sofre algumas transformações etc.; d) já embute a possibilidade de tutela das questões de direito repetitivas, por meio do incidente de julgamento de casos repetitivos (art. 928, CPC); e) permite expressamente o fracionamento da resolução do mérito da causa (arts. 354, par. ún., e 356, CPC); f) prevê o saneamento e a organização do processo (art. 357, CPC), com a finalidade de 'justamente preparar a causa para que ela se desenvolva de modo eficiente, num prazo razoável e sem surpresas', assemelhando-se ao *case management conference* do Direito inglês e à *conférence du président* do Direito francês. Assim, é possível organizar todo o processo, adequando suas atividades às necessidades do caso concreto; g) estrutura-se no sentido de admitir quatro 'circuitos' ou 'rotas' procedimentais para o encerramento do processo com solução do pedido, o que lhe confere excelente carga de adaptabilidade: i) improcedência liminar do pedido – juízo de mérito sem a citação do réu (art. 332, CPC); ii) julgamento antecipado do mérito – juízo de mérito sem necessidade de complementação da atividade instrutória com prova oral ou técnica (arts. 355-356, CPC); iii) extinção do processo em razão da não impugnação de tutela provisória satisfativa de urgência concedida em caráter antecedente – juízo que, embora não seja de mérito, tem aptidão para gerar estabi-

há dois aspectos que devem ser observados em relação à jurisdição voluntária: 1) a possibilidade de aplicação de outras técnicas previstas no CPC aos procedimentos[73] de jurisdição voluntária, desde que não fulminem precisamente a especificidade fundamental prevista legalmente; 2) o segundo ponto decorre do que foi dito na parte final do primeiro, isto é, a necessidade de preservação daquilo que torna efetivamente "especial" determinado procedimento. Em relação ao procedimento comum, por exemplo, a jurisdição voluntária possui algumas regras de competência específicas, há a previsão da continuidade do processamento mesmo em período de férias forenses e há diferença no regime financeiro do processo, por exemplo; já nos procedimentos específicos, há alguns em que se preveem comunicações editalícias próprias, concentração de atos, efeito recursal específico, justa causa para o ajuizamento da ação, fases procedimentais bem separadas, realização de provas necessárias, audiências especiais, entre outras características que devem ser mantidas, sem prejuízo de haver uma constante comunicação de técnicas e procedimentos com o que está previsto nos demais dispositivos do CPC.

Art. 720. O procedimento terá início por provocação do interessado, do Ministério

---

lidade dos efeitos da decisão (arts. 303-304, CPC); iv) julgamento do mérito após a audiência de instrução" (Fredie Didier Jr., Antonio do Passo Cabral e Leonardo Carneiro da Cunha. *Por uma nova Teoria dos Procedimentos Especiais*: dos procedimentos às técnicas. Salvador: JusPodivm, 2018, p. 65-67).

73 "O § 2º do art. 327 do CPC é, na verdade, uma cláusula geral de flexibilização procedimental. É possível importar para o procedimento comum técnicas especiais de tutela jurisdicional, mas também é possível a via inversa: importar para o procedimento especial regra do procedimento comum, a fim de se concretizarem normas fundamentais. Nesse sentido, é possível que o juiz determine, por exemplo, apresentação de réplica pelo impetrante do mandado de segurança, fazendo aplicar ao procedimento daquela ação constitucional o disposto nos arts. 351 e 352 do CPC e reforçando, assim, o contraditório (arts. 9º e 10, CPC) e a possibilidade de correção de vícios processuais, em concretização ao princípio da primazia do julgamento do mérito (art. 4º, CPC). É possível, também, defender que uma técnica especial seja aplicada a outro procedimento especial, desde que com ele compatível. Desses dispositivos do CPC pode-se concluir que há uma espécie de livre trânsito das técnicas diferenciadas entre os procedimentos, exigida, apenas, a compatibilidade" (Fredie Didier Jr., Antonio do Passo Cabral e Leonardo Carneiro da Cunha. *Por uma nova Teoria dos Procedimentos Especiais*: dos procedimentos às técnicas. Salvador: JusPodivm, 2018, p. 73-74). Em razão disso, afirmam os autores que "a imensa maioria dos procedimentos especiais não são assim tão diferentes do comum" (p. 96), mas consideram a "preservação de alguns procedimentos especiais de jurisdição voluntária. Se, de um lado, há uma tendência de desjudicialização de certas questões, que passam a poder ser resolvidas fora do Poder Judiciário, as que, por outro lado, remanescem dentro da competência jurisdicional tendem a ser causas que necessitam de um procedimento diferenciado, em razão de suas peculiaridades, como são os casos da interdição e dos procedimentos relacionados à criança e ao adolescente" (p. 101).

Público ou da Defensoria Pública, cabendo-lhes formular o pedido devidamente instruído com os documentos necessários e com a indicação da providência judicial.

CPC de 1973 – art. 1.104

5. Legitimidade ativa

O art. 720 anuncia a regra geral de que o procedimento deve ser iniciado por quem afirma sua legitimidade, por meio de petição inicial que atendo aos requisitos de admissibilidade exigidos para qualquer providência jurisdicional.

Rigorosamente, não fossem as referências ao Ministério Público e à Defensoria Pública, o art. 720 seria mais um truísmo a incremental o rol da jurisdição voluntária.

Portanto, além da referência a "interessado", que é explicada pela tradição de designar assim a parte na jurisdição voluntária, a novidade desse artigo está na atribuição de legitimidade ativa para essas duas instituições, o que não significa uma autorização genérica e ilimitada para o ajuizamento das ações que ensejarão procedimentos de jurisdição voluntária, já que há limites óbvios decorrentes da própria pertinência com a finalidade instituição (art. 127 da Constituição da República, por exemplo), bem como pode haver limitações específicas em determinados procedimentos (exemplos: no procedimento envolvendo fundações privadas, há hipóteses de legitimidade exclusiva do Ministério Público; na ratificação dos protestos e dos processos testemunháveis formados a bordo, somente o capitão do navio possui legitimidade ativa; no processo de interdição, o Ministério Público é legitimado apenas para algumas hipóteses etc.).

Normalmente, porém, a legitimidade será daquele que a lei confere aptidão abstrata para solicitar a providência jurisdicional. Na jurisdição voluntária ainda se utiliza a palavra "interessados"[74] (arts. 88, 720, 721, entre outros, CPC), com

---

74 "Na jurisdição voluntária, contudo, a lei não utiliza a palavra *partes* para designar esses sujeitos, mas a palavra *interessados*. Isso porque há diversas hipóteses na jurisdição voluntária em que os sujeitos principais não ocupam posições antagônicas, sendo apenas sujeitos postulantes, como ocorre, por exemplo, no divórcio consensual, no qual os dois cônjuges, de comum acordo, se dirigem ao juiz formulando o mesmo pedido comum" (LEONARDO GRECO. *Instituições de processo civil*. 5ª ed. Rio de Janeiro: Forense, 2015, p. 244, v. 1). Interessante anotar que CÂNDIDO RANGEL DINAMARCO vale-se da noção de interessado precisamente para elaborar o "conceito puro de parte": partes são os sujeitos *interessados* da relação processual, ou os *sujeitos do contraditório instituído perante o juiz* (LIEBMAN). "Dizem-se *interessados* porque ali estão sempre em defesa de alguma pretensão própria ou alheia, em preparação para receberem os efeitos do provimento final do processo. [...] Esse é um *conceito puro de parte*, ou puramente processual. Apoia-se exclusivamente no fato objetivo

a doutrina clássica distinguindo entre "sujeitos" e "pessoas" do processo para justificar uma terminologia própria nessa seara,[75] o que em nada contribui para a compreensão do tema e ainda reforça a ideia de que se trata de um universo incomunicável com o do "processo contencioso".[76] A legitimidade das partes está vinculada ao disposto nos arts. 17 e 18. Também os demais legitimados possuem balizamentos essenciais,[77] como será exposto nos itens seguintes.

5.1. Iniciativa do juiz

A regra no processo civil brasileiro é a da iniciativa das partes, mas há algumas poucas exceções e a jurisdição voluntária é um terreno tradicionalmente utilizado para essa anômala função consistente em atribuir ao sujeito imparcial a legitimidade para iniciar algo sobre o qual decidirá.[78] Embora o art. 720 anuncie a manutenção da inércia do juiz, há algumas exceções que permitem o início do procedimento por iniciativa oficial, como os arts 730, 738, 744 e 746, CPC, além de outros dispositivos da legislação especial que permitem outras iniciativas de ofício, como o art. 87 do Estatuto da Pessoa com Deficiência. Mesmo com a previsão de algumas hipóteses de iniciativa do juiz, essa exceção à iniciativa das partes deve ser utilizada como última alternativa, cabendo ao julgador, dentro do possível a tarefa de instar os legitimados ordinários, intimando ou comunicando, se for o caso, os particulares ou os demais órgãos públicos legitimados.

---

de a pessoa estar incluída em uma relação processual como seu sujeito parcial e ali estar em defesa de alguma pretensão" (*Instituições de direito processual civil.* 4ª ed. São Paulo: Malheiros, 2004, p. 246-248, v. II).

75 Cf. Edson Prata. *Jurisdição voluntária.* São Paulo: LEUD, 1979, p. 185-188.

76 Não admitindo o uso de "sujeitos", mas apenas de "interessados": Edson Prata . *Jurisdição voluntária.* São Paulo: LEUD, 1979, p. 185-189. Essa concepção, largamente utilizada, decorre diretamente de Lopes da Costa, que, utilizando os mesmos argumentos, preferia utilizar "requerente e requerido": *A administração pública e a ordem jurídica privada (jurisdição voluntária).* Belo Horizonte: Bernardo Álvares, 1961, capítulo VII, especialmente p. 87.

77 Cf. Leonardo Greco. *Breves comentários ao Código de Processo Civil.* Alvim Wambier, Didier Jr., Talamini e Dantas (coord.). 2ª ed. São Paulo: RT, 2016, p. 1745-1747.

78 "Não se pode dizer que a jurisdição voluntária tenha como característica a possibilidade de ser exercida de ofício. Também nela vige o princípio da inércia, como garantia fundamental da liberdade individual e proibição da intervenção judicial nas relações jurídicas privadas, sem que um dos interessados tenha postulado essa intervenção. A iniciativa oficial não constitui apenas uma intervenção autoritária do Estado nas relações jurídicas privadas, mas sacrifica a própria imparcialidade do juiz. Por isso, toda vez que algum interesse público ou privado de relevância social necessitar de proteção jurisdicional, a lei deve investir outros sujeitos ou órgãos do Estado, e não o juiz, na legitimidade necessária à sua postulação" (Leonardo Greco. *Jurisdição voluntária moderna.* São Paulo: Dialética, 2003, p. 39-40).

5.2. Ministério Público

A previsão do Ministério Público como legitimado ativo – seja como legitimado ordinário, seja como extraordinário – é uma solução legislativa com que já se convive há bastante tempo e mais recentemente está recebendo em regra o adequado tratamento jurisprudencial no Superior Tribunal de Justiça na tutela de direitos individuais indisponíveis, após um período de confusa instabilidade jurisprudencial.[79] A legitimidade ativa para os processos coletivos,

---

79 Cf. ROBSON RENAULT GODINHO. O Ministério Público como substituto processual. *Revista da Ajuris v. 106*. Porto Alegre: Ajuris, junho de 2007, p. 179-200. Como ilustração dos julgados mais recentes sobre o tema no Superior Tribunal de Justiça: "Administrativo e processual civil. Recurso especial sob a sistemática dos repetitivos. Demandas de saúde com beneficiários individualizados interpostas contra entes federativos. Legitimidade do ministério público. Suposta afronta aos dispositivos dos arts. 1º, V, e 21 da lei n. 7.347/1985, bem como ao art. 6º do CPC/1973. Não ocorrência. Direito à saúde. Direito individual indisponível. Art. 1º da lei n. 8.625/1993 (Lei Orgânica Nacional do Ministério Público). Aplicabilidade. Recurso especial conhecido e não provido. Recurso julgado sob a sistemática do art. 1.036 e seguintes do CPC/2015, c/c o art. 256-N e seguintes do regimento interno do STJ. 1. Os dispositivos legais, cuja aplicação é questionada nos dois recursos especiais e a tramitação se dá pela sistemática dos repetitivos (REsp 1.681.690/SP e REsp 1.682.836/SP), terão sua resolução efetivada em conjunto, consoante determina a regra processual. 2. A discussão, neste feito, passa ao largo de qualquer consideração acerca da legitimidade ministerial para propor demandas, quando se tratar de direitos difusos, coletivos ou individuais homogêneos, até porque inexiste qualquer dúvida da sua legitimidade, nesse particular, seja por parte da legislação aplicável à espécie, seja por parte da jurisprudência. De outra parte, a discussão também não se refere à legitimidade de o Ministério Público postular em favor de interesses de menores, incapazes e de idosos em situação de vulnerabilidade. É que, em tais hipóteses, a legitimidade do órgão ministerial decorre da lei, em especial dos seguintes estatutos jurídicos: arts. 201, VIII, da Lei n. 8.069/1990 e 74, II e III, da Lei 10.741/2003. 3. A fronteira para se discernir a legitimidade do órgão ministerial diz respeito à disponibilidade, ou não, dos direitos individuais vindicados. É que, tratando-se de direitos individuais disponíveis e uma vez não havendo uma lei específica autorizando, de forma excepcional, a atuação do Ministério Público (como no caso da Lei n. 8.560/1992), não se pode falar em legitimidade de sua atuação. Todavia, se se tratar de direitos ou interesses indisponíveis, a legitimidade ministerial já decorreria da redação do próprio art. 1º da Lei n. 8.625/1993 (Lei Orgânica Nacional do Ministério Público). 4. Com efeito, a disciplina do direito à saúde encontra na jurisprudência pátria a correspondência com o próprio direito à vida, de forma que a característica da indisponibilidade do direito já decorreria dessa premissa firmada. 5. Assim, inexiste violação dos dispositivos dos arts. 1º, V, e 21 da Lei n. 7.347/1985, bem como do art. 6º do CPC/1973, uma vez que a atuação do Ministério Público, em demandas de saúde, assim como nas relativas à dignidade da pessoa humana, tem assento na indisponibilidade do direito individual, com fundamento no art. 1º da Lei n. 8.625/1993 (Lei Orgânica Nacional do Ministério Público). 6. Tese jurídica firmada: O Ministério Público é parte legíti-

embora seja fenômeno bem mais recente, é bastante estudada e trabalhada. Em relação à legitimidade na jurisdição voluntária, não há qualquer peculiaridade em relação ao Ministério Público, portanto, devendo guardar pertinência com o que consta no art. 127 da Constituição da República. Ou seja: especificamente em relação à jurisdição voluntária, sua legitimidade ordinária surgirá quando se tratar de direitos indisponíveis, como no caso da interdição. Ou seja: a legitimidade ativa do Ministério Público não é genérica, como se fosse possível uma espécie de ecumenismo temático por se tratar de jurisdição voluntária, mas, sim, limitada pelo art. 127 da Constituição da República. De todo modo, ainda que se reconheça a legitimidade ativa do Ministério Público para algumas hipóteses, sua atuação deverá ser limitada à completa omissão do particular legitimado, cabendo-lhe, salvo se a urgência não indicar tal providência, instá-los à tutela do próprio direito ou de direito alheio, quando autorizado pelo ordenamento jurídico. Sobre o Ministério Público será dedica maior detalhamento quando dos comentários ao art. 721, em que se abordarão também questões relacionadas à atuação como legitimado ativo, mas essencialmente são esses os pontos que devem ser assinalados nessa previsão de legitimidade genérica.

5.3. Defensoria Pública

A referência à Defensoria Pública poderá suscitar controvérsias sobre a

---

ma para pleitear tratamento médico ou entrega de medicamentos nas demandas de saúde propostas contra os entes federativos, mesmo quando se tratar de feitos contendo beneficiários individualizados, porque se refere a direitos individuais indisponíveis, na forma do art. 1º da Lei n. 8.625/1993 (Lei Orgânica Nacional do Ministério Público). 7. No caso concreto, o aresto prolatado pelo eg. Tribunal de origem está conforme o posicionamento desta Corte Superior, mormente quando, neste caso, o processo diz respeito a interesse de menor, em que a atuação do Ministério Público já se encontra legitimada com base nesse único aspecto de direito. 8. Recurso especial conhecido e não provido. 9. Recurso julgado sob a sistemática do art. 1.036 e seguintes do CPC/2015 e art. 256-N e seguintes do Regimento Interno deste STJ" (REsp 1682836/SP, rel. Min. Og Fernandes, Primeira Seção, j. 25/4/2018, DJe 30/4/2018). "Administrativo. Direito à saúde. Legitimidade do Ministério Público. Acórdão em confronto com a jurisprudência desta Corte. I - É entendimento assente nesta Corte de Justiça que o Ministério Público possui legitimidade para propositura de demandas de tal natureza, por configurar tutela de direito fundamental indisponível. No mesmo sentido: AgInt no REsp 1588315/MG, Rel. Ministra Regina Helena Costa, Primeira Turma, julgado em 27/09/2016, DJe 07/10/2016; REsp 1520824/ES, Rel. Ministro Herman Benjamin, Segunda Turma, julgado em 13/09/2016, DJe 07/10/2016; AgRg no REsp 1470167/MG, Rel. Ministro Mauro Campbell Marques, Segunda Turma, julgado em 25/11/2014, DJe 02/12/2014. II - Agravo interno improvido" (AgInt no REsp 1645716/MG, rel. Min. Francisco Falcão, Segunda Turma, j. 21/3/2018, DJe 26/3/2018).

possibilidade de sua legitimidade autônoma em procedimentos de jurisdição voluntária, em simetria à sua reconhecida legitimidade para processos coletivos.[80] A Defensoria Pública tradicionalmente atua em procedimentos de jurisdição voluntária prestando assistência jurídica aos necessitados, seja assistindo diretamente o interessado, seja na condição de curador especial (art. 72, parágrafo único, CPC). Como instituição vocacionada para a prestação de assistência jurídica gratuita, não se reconhece à Defensoria Pública a legitimidade ativa para a tutela autônoma de direitos individuais. Entretanto, diante da reação do art. 720, certamente surgirá essa discussão, especialmente nos casos envolvendo interdição e assuntos referentes à criança e ao adolescente, não tendo sido gratuita a aprovação do enunciado nº 56 da I Jornada de Processo Civil do Conselho da Justiça Federal: "A legitimidade

---

80 "Direito Processual Civil e Constitucional. Ação civil pública. Legitimidade da Defensoria Pública para ajuizar ação civil pública em defesa de interesses difusos. Interpretação do art. 134 da Constituição Federal. Discussão acerca da constitucionalidade do art. 5º, inciso II, da Lei nº 7.347/1985, com a redação dada pela Lei nº 11.448/07, e do art. 4º, incisos VII e VIII, da Lei Complementar nº 80/1994, com as modificações instituídas pela Lei Complementar nº 132/09. Repercussão geral reconhecida. Mantida a decisão objurgada, visto que comprovados os requisitos exigidos para a caracterização da legitimidade ativa. Negado provimento ao recurso extraordinário. Assentada a tese de que a Defensoria Pública tem legitimidade para a propositura de ação civil pública que vise a promover a tutela judicial de direitos difusos e coletivos de que sejam titulares, em tese, pessoas necessitadas" (RE 733433, rel. Min. DIAS TOFFOLI, Tribunal Pleno, j. 4/11/2015, Acórdão Eletrônico Repercussão Geral – Mérito DJe-063 – public. 7-4-2016). "Ação direta de inconstitucionalidade. Legitimidade ativa da Defensoria Pública para ajuizar ação civil pública (art. 5º, inc. II, da lei n. 7.347/1985, alterado pelo art. 2º da lei n. 11.448/2007). Tutela de interesses transindividuais (coletivos *stricto sensu* e difusos) e individuais homogêneos. Defensoria pública: instituição essencial à função jurisdicional. Acesso à justiça. Necessitado: definição segundo princípios hermenêuticos garantidores da força normativa da constituição e da máxima efetividade das normas constitucionais: art. 5º, incs. XXXV, LXXIV, LXXVIII, da Constituição da República. Inexistência de norma de exclusividade do Ministério Público para ajuizamento de ação civil pública. Ausência de prejuízo institucional do Ministério Público pelo reconhecimento da legitimidade da Defensoria Pública. Ação julgada improcedente" (ADI 3943, rel. Min. CÁRMEN LÚCIA, Tribunal Pleno, j. 7/5/2015, DJe-154 – public. 6-8-2015). "Agravo regimental no recurso especial. Ação civil pública. Legitimidade da Defensoria Pública. Decisão monocrática que deu provimento ao reclamo, reconhecendo a legitimidade ativa *ad causam*. Irresignação da ré. 1. A Defensoria Pública possui legitimidade ativa *ad causam* para propor ação civil pública em nome próprio com o objetivo de defender interesses difusos, coletivos em sentido estrito e individuais homogêneos de consumidores lesados em razão de relações firmadas com as instituições financeiras. Precedentes. STJ e STF. 2. Agravo regimental desprovido" (AgRg no REsp 1572699/MT, rel. Min. MARCO BUZZI, Quarta Turma, j. 17/5/2016, DJe 24/5/2016).

conferida à Defensoria Pública pelo art. 720 do CPC compreende as hipóteses de jurisdição voluntária previstas na legislação extravagante, notadamente no Estatuto da Criança e do Adolescente". Evidentemente, esse enunciado como orientação doutrinária pouco acrescenta ao art. 720, já que, se reconhecida a legitimidade ativa, será porque se trata de situação constitucionalmente autorizada e sua extensão não se limitará às balizas dos procedimentos previstos no CPC, que, por definição, são exemplificativos. Nesse contexto, ou se entende que os arts. 134 da Constituição da República e 185, CPC, quando se referem aos direitos individuais, outorgam legitimidade ativa autônoma à Defensoria Pública para a defesa dos necessitados, inserindo-se nesse sistema o art. 720, CPC, ou se considera que tais referências apenas reforçam a ideia de ampla assistência jurídica aos necessitados de forma integral e gratuita, incluindo a assistência extrajudicial.[81] De todo modo, deve ser reforçada a ideia já exposta nos itens antecedentes que o esforço dos órgãos públicos legitimados deve ser no sentido de orientar e estimular a legitimidade direta dos interessados, trazendo-os para o processo e não os excluindo. Por fim, assinale-se que, ao contrário do que ocorre com o Ministério Público, em que basta um órgão no processo para se considerar atendida a presença institucional, no caso da Defensoria Pública pode haver múltiplos representantes, já que o fato de um dos interessados estar assistido por um Defensor Público não impede que haja outro interessado assistido por outro Defensor Público e ainda pode ser que outro Defensor Público seja necessário para atuar como curador especial, por exemplo.

---

81 Contra a legitimidade genérica e autônoma da Defensoria Pública: Luiz Rodrigues Wambier e Eduardo Talamini. *Curso avançado de processo civil*. 16ª ed. São Paulo: RT, 2018, p. 346-347, v. 4. "Quando representa algum necessitado, a legitimidade não é propriamente da Defensoria, mas do sujeito em favor do qual atual, que deve ser devidamente qualificado e que figurará como sujeito ativo na instauração do procedimento de jurisdição voluntária. [...] No exercício do direito de ação ou na promoção de procedimento de jurisdição voluntária em benefício de pessoas determinadas ou de grupos específicos, ainda que compostos de pessoas de identidade não definida, deverá o defensor público identificá-los, para que o juiz e os demais sujeitos eventualmente interessados no procedimento possam constatar a caracterização da sua legitimidade" (Leonardo Greco. *Breves comentários ao Novo Código de Processo Civil*. Teresa Wambier, Eduardo Talamini, Fredie Didier Jr. e Bruno Dantas (coord.). 3ª ed. São Paulo: RT, 2016, p. 1856). Em todo caso, ainda que se acolha a legitimidade autônoma, o dever de identificação faz com que a iniciativa primeria seja trazer aos autos os próprios legitimados diretamente interessados na deflagração do procedimento. Além disso, tal legitimidade somente existirá, se admitida, repita-se, se não houver restrição específica no respectivo proceidmento: exemplo: mesmo em se reconhecendo legitimidade autônoma à Defensoria, jamais terá legitimidade específica para o processo de interdição, que possui rol taxativo de legitimados.

6. Petição inicial

Não só deve constar da petição inicial o que dispõe este artigo, mas o que está previsto nos arts. 319 e 320, CPC, incidindo também o art. 321, CPC. Na realidade, um imenso equívoco que se pode cometer no estudo da jurisdição voluntária é deixar de inseri-la no sistema do CPC, como se se tratasse de um instituto apartado e autossuficiente, quando não é nem uma coisa nem outra.

7. Cumulação de Pedidos

Os procedimentos de jurisdição voluntária em regra não comportam cumulação de pedidos, já que possuem objeto restrito e procedimento específico. Somente se demonstrado no caso concreto in existir incompatibilidade, será possível admitir a cumulação.[82] No caso de interdição, por exemplo, dadas as especificidades inerentes ao objeto e ao procedimento, é difícil cogitar da possibilidade de cumulação, mas o universo do que se considera jurisdição voluntária é amplo e não é limitado às hipóteses previstas no CPC, de modo que abstratamente é possível admitir a cumulação, inclusive por meio de reconvenção, como será visto no próximo item. Tema correlato à possibilidade da cumulação de pedidos é o da aplicação da regra do art. 327, § 2º, CPC, que somente incidirá se não houver incompatibilidade procedimental, tendo como referência o procedimento comum do CPC. Sendo assim, como na jurisdição voluntária os procedimentos especiais são obrigatórios, somente seria possível a aplicação de outras técnicas procedimentais se garantida a permanência daquilo que é especial, isto é, preservando-se um núcleo intangível que justifica a previsão daquele específico procedimento de jurisdição voluntária. Precisamente por isso, diz-se que o citado art. 327, § 2º, CPC, não é aplicável a procedimentos especiais obrigatórios, como a interdição.[83] Isso não se confunde,

---

82 LEONARDO GRECO. *Jurisdição voluntária moderna*. São Paulo: Dialética, 2003, p. 66.

83 "Os procedimentos especiais podem ser classificados em *obrigatórios* ou *opcionais*. A classificação é importante por conta da regra do art. 327, § 2º, CPC, que permite a conversão do procedimento especial em procedimento comum, examinada mais à frente. Por vezes, o legislador oferece ao autor mais de um procedimento apto a servir de meio para a tutela jurisdicional pleiteada. Há procedimentos que são criados como uma alternativa de tutela diferenciada ao autor, que se valerá deles conforme a sua conveniência. Nesse caso, determinada pretensão, que poderia ter sido proposta via procedimento especial, poderá ser formulada via procedimento comum. São os procedimentos especiais *não obrigatórios*, *opcionais*, pois podem ser dispensados pelo autor. A eles se aplica irrestritamente a regra da conversibilidade do procedimento em comum, em caso de cumulação de pedidos, prevista no art. 327, § 2º, CPC. [...] Apesar de uma maior disponibilidade sobre o procedimento, subsistem procedimentos especiais, no entanto, criados com objetivo de, ou atender a inte-

entretanto, com o isolamento e o confinamento da jurisdição voluntária, como se fosse um universo processual à parte. A comunicação com outras regras gerais do CPC, como as referentes ao contraditório, fundamentação das decisões, petição inicial etc., é fundamental e inafastável. Além disso, o uso de outras técnicas (como as que integram a tutela provisória) e regras (como as referentes à prova pericial) podem servir precisamente para a melhor tutela do direito a que se destina o procedimento de jurisdição voluntária.

7.1. Reconvenção

Decorre do item anterior a impossibilidade, em regra, do oferecimento de reconvenção.[84] Entretanto, caso se verifique no caso concreto a presença dos requisitos que ensejam a demanda reconvencional, não há problema em admiti-la, desde que preservado o núcleo procedimental previsto em lei, como

---

resse público, ou tutelar uma situação material extremamente peculiar ou, ainda, proteger o demandado, conforme anunciado acima (69). Esses procedimentos são *obrigatórios, inderrogáveis* pela vontade do demandante, que não pode abrir mão deles, optando pelo procedimento comum. São exemplos: inventário e partilha, interdição, desapropriação, ações de controle concentrado da constitucionalidade das leis (70). A esses procedimentos não se aplica a regra da conversibilidade antes mencionada. Aquela pretensão material tipicamente prevista para ser tutelada pela via desse procedimento especial não pode ser veiculada por qualquer outro procedimento, nem mesmo em cumulação de pedidos. Assim, não pode o autor cumular um pedido, que seria processado por um procedimento especial obrigatório, com outro, qualquer que seja o procedimento a ele pertinente. Quando o procedimento for especial como forma de proteção do demandado, as partes podem, por acordo, escolher o procedimento comum para a respectiva causa (71). No caso de o procedimento ser especial em razão de interesse público (caso da desapropriação) ou da peculiaríssima situação de direito material (falência, recuperação judicial, inventário etc.), a irredutibilidade ao procedimento comum é absoluta – nem mesmo convenção processual celebrada pelas partes, nos termos do art. 190 do CPC, estaria apta a autorizar a transformação total desses procedimentos especiais em procedimento comum" (Fredie Didier Jr., Antonio do Passo Cabral e Leonardo Carneiro da Cunha. *Por uma nova Teoria dos Procedimentos Especiais*: dos procedimentos às técnicas. Salvador: JusPodivm, 2018, p. 40-42).

84 Na doutrina, entendendo que não cabe reconvenção: Luis Guilherme Aidar Bondioli. *Reconvenção no processo civil*. São Paulo: Saraiva, 2009, p. 328-329. Na jurisprudência do Superior Tribunal de Justiça: "Procedimentos de jurisdição voluntaria. Alienação de coisa comum. Reconvenção. Não cabe reconvenção no procedimento de jurisdição voluntaria. Hipótese em que, ademais, ha necessidade de empregar-se ritos distintos. Recurso especial não conhecido" (REsp 33.457/SP, rel. Min. Barros Monteiro, Quarta Turma, j. 29/11/1993, DJ 28/2/1994, p. 2891). Mais recentemente, decidiu-se de modo diverso, com base na transmutação em procedimento litigioso, como se verá na nota a seguir. A favor em tese da reconvenção: Leonardo Greco. *Jurisdição voluntária moderna*. São Paulo: Dialética, 2003, p. 49.

apontado no item anterior. Nesse sentido foi proferida recente decisão do Superior Tribunal de Justiça, que, contudo, valeu-se da ocorrência da litigiosidade para admitir a reconvenção, como se, assim, estivesse superada a questão de se tratar de jurisdição voluntária.[85]

8. Competência

Não há regra genérica para todas as hipóteses de jurisdição voluntária, cabendo sua verificação em cada procedimento, se existente regra específica, incluindo a legislação especial, e, em alguns casos, a partir das circunstâncias do caso concreto, quando, por exemplo, incidir os critérios de melhor interesse dos menores ou do curatelado. O art. 49, CPC, por exemplo, incidirá naquelas causas arroladas, mas em outros casos incidirá o art. 48 e em outros o art. 53, CPC. Em cada procedimento específico, indicaremos o foro competente para a tramitação do procedimento, cabendo neste momento apenas registrar estas observações: 1) inexiste regra genérica que abranja todos os procedimentos; 2) em regra, será competente a Justiça Estadual,[86] mas não se

---

85 "Procedimentos de jurisdição voluntaria. Alienação de coisa comum. Reconvenção. Não cabe reconvenção no procedimento de jurisdição voluntaria. Hipótese em que, ademais, ha necessidade de empregar-se ritos distintos. Recurso especial não conhecido" (REsp 33.457/SP, rel. Min. BARROS MONTEIRO, Quarta Turma, j. 29/11/1993, DJ 28/2/1994, p. 2891). "Direito processual civil. Recurso especial. Ação de autorização judicial para alienação de imóvel. Procedimento de jurisdição voluntária. Reconvenção. Pretensão resistida configurada. Lide. Jurisdição contenciosa. 1. Ação ajuizada em 21/9/2007. Recurso especial concluso ao gabinete em 5/9/2016. Julgamento: CPC/73. 2. O propósito recursal é definir se é cabível a reconvenção na presente ação de autorização judicial para alienação de imóvel comum. 3. A presente ação, não obstante ajuizada com lastro em dispositivos legais que dispõem acerca de procedimento especial de jurisdição voluntária, converteu-se em processo de jurisdição contenciosa, constatada com o oferecimento de contestação e reconvenção, realização de audiência de conciliação, bem como de provas periciais para a avaliação do imóvel. 4. Inegável a transmutação do procedimento especial de jurisdição voluntária em verdadeiro processo de jurisdição contenciosa, motivo pelo qual a ele devem ser aplicados os seus princípios, admitindo-se a reconvenção apresentada. 5. Recurso especial conhecido e não provido" (REsp 1453193/DF, rel. Min. NANCY ANDRIGHI, Terceira Turma, j. 15/8/2017, DJe 22/8/2017).

86 "Conflito negativo de competência. Alvará para exumação, traslado e inumação requerido pelo DNOCS. Jurisdição voluntária. Competência da justiça estadual. 1. Trata-se na origem de pedido de alvará judicial pelo Departamento Nacional de Obras Contra as Secas – DNOCS, para que fosse autorizada a exumação, traslado e inumação de restos mortais localizados em cemitério situado em área de implantação do Projeto Tabuleiros Litorâneos de Parnaíba. 2. Em casos de pedido de expedição de alvará judicial, procedimento de jurisdição voluntária, é competente a Justiça estadual. Precedentes do STJ. 3. Conflito conhecido para declarar a com-

pode afirmar aprioristicamente que a Justiça Federal não terá competência,[87] incidindo, portanto, a regra geral sobre o tema; 3) decorre do item anterior o registro de que não se pode afirmar aprioristicamente que toda competência na jurisdição voluntária será absoluta ou relativa, dependendo do caso concreto essa definição; 4) por fim, com a ressalva em relação aos direitos indisponíveis, não é incompatível com a jurisdição voluntária o foro de eleição.[88]

9. Valor da causa

O valor da causa possui funções relevantes no processo civil, não só pari fins de cálculos de custas, mas também para fixação de competência, de honorários (art. 85, § 2º, CPC, entre outros critérios), entre outras situações, devendo ser veiculada expressamente na petição inicial (art. 319, V, CPC). O art. 291, CPC, determina que "a toda causa será atribuído um valor certo,

---

petência do juízo suscitado" (CC 117.499/PI, rel. Min. HERMAN BENJAMIN, Primeira Seção, j. 24/8/2011, DJe 6/9/2011). "Conflito negativo de competência. Alvará judicial. Pensão por morte. Jurisdição voluntária. Ausência de interesse federal. 1. Via de regra, os alvarás judiciais, que são processos de jurisdição graciosa, ainda que dirigidos às entidades mencionadas no art. 109, I, da CF/88, quando não houver litigiosidade, devem ser processados e decididos pela Justiça Comum dos Estados. Somente se houver oposição de ente federal haverá deslocamento de competência à Justiça Especializada. 2. Em se tratando de alvará de levantamento de importância devida a título de pensão por morte, requerimento submetido à jurisdição voluntária, compete à Justiça Estadual processar e autorizar a sua expedição, ainda que envolva o INSS. 3. Ausência, *prima facie*, de oposição por parte da autarquia, fato que justificaria o ingresso da União na lide e, consequentemente, o deslocamento da competência à Justiça Federal. 4. Conflito conhecido para declarar competente o Juízo de Direito suscitado" (CC 61.612/PR, rel. Min. CASTRO MEIRA, Primeira Seção, j. 23/8/2006, DJ 11/9/2006, p. 217).

87 "Processual civil. Conflito negativo de competência. Pedido de alvará judicial. Levantamento de verbas do FGTS. Resistência da CEF. Jurisdição contenciosa. Competência da justiça federal. 1. A jurisprudência da Primeira Seção do STJ firmou-se no sentido de que, sendo, em regra, de jurisdição voluntária a natureza dos feitos que visam à obtenção de alvarás judiciais para levantamento de importâncias relativas a FGTS, PIS/PASEP, seguro-desemprego e benefícios previdenciários, a competência para julgá-los é da Justiça Estadual. 2. Por outro lado, havendo resistência da CEF, competente para processar e julgar a causa é a Justiça Federal, tendo em vista o disposto no art. 109, I, da CF/1988. 3. *In casu*, verifico que houve obstáculo por parte da Caixa Econômica Federal quanto ao levantamento do FGTS requerido pelo autor, o que evidencia a competência da Justiça Federal para o julgamento da demanda, nos termos do art. 109, I, da Constituição da República. 4. Constatada a competência de um terceiro Juízo, estranho aos autos, admite-se-lhe a remessa do feito. 5. Conflito conhecido para declarar competente a Justiça Federal de Santos/SP, apesar de não integrar o presente conflito" (CC 105.206/SP, rel. Min. HERMAN BENJAMIN, Primeira Seção, j. 26/8/2009, DJe 28/8/2009).

88 *Jurisdição voluntária moderna*. São Paulo: Dialética, 2003, p. 47.

ainda que não tenha conteúdo econômico imediatamente aferível". Na medida em que o valor da causa deve corresponder ao conteúdo econômico da causa, somente quando não for possível essa aferição será autorizada a fixação por estimativa, como comumente se dá na jurisdição voluntária.[89]

10. Despesas e honorários

Dispõe o art. 88, CPC, que, "nos procedimentos de jurisdição voluntária, as despesas serão adiantadas pelo requerente e rateadas entre os interessados". Essa regra geral, que também constava no CPC revogado, não pode ser interpretada de modo genérico, já que as despesas devem ser adiantadas por quem as requereu. Em regra, é o autor que a requer, mas, se incidentalmente, algum outro sujeito processual requerer a prática de atos deverá custeá-lo.[90] Ao final, todas as despesas serão rateadas, salvo, segundo orientação tradicional e correntemente adotada, se houver litígio, quando, então, incidirá o critério da sucumbência,[91] inclusive para fixação de honorários advocatícios.[92] Se se tratar

---

89 JULIANA CORDEIRO DE FARIA. *Breves comentários ao Novo Código de Processo Civil.* TERESA WAMBIER, EDUARDO TALAMINI, FREDIE DIDIER JR. e BRUNO DANTAS (coord.). 3ª ed. São Paulo: RT, 2016, p. 845. "Processual civil. Cautelar de protesto. Jurisdição voluntária. Valor da causa. Estimativa. Controle da inicial de oficio 1. No controle da inicial, o Juiz pode conhecer de ofício irregularidades referentes ao valor da causa, por se tratar de questão de ordem pública. 2. Na Medida cautelar de protesto que objetiva a simples interrupção do prazo prescricional, o valor da causa é mera formalidade para fins fiscais, já que se trata de jurisdição voluntária apesar de ser impropriamente chamada de cautelar. 3. É razoável a estimativa do valor da causa em cautelar de protesto que vise à interrupção de prazo prescricional, como formalidade para fins fiscais, em razão da ausência de benefício econômico imediato e do fato de se tratar de jurisdição voluntária. 4. Recurso conhecido e parcialmente provido" (REsp 1078816/SC, rel. Min. ELIANA CALMON, Segunda Turma, j. 16/10/2008, DJe 11/11/2008).

90 LEONARDO GRECO. *Jurisdição voluntária moderna.* São Paulo: Dialética, 2003, p. 59.

91 LEONARDO GRECO. *Jurisdição voluntária moderna.* São Paulo: Dialética, 2003, p. 59; YUSSEF SAID CAHALI. *Honorários advocatícios.* 3ª ed. São Paulo: RT, 1997, p. 876-877.

92 "Recurso especial. Retificação de registro imobiliário. Artigo 213, inciso I, alíneas 'd' e 'e', da lei nº 6.015./1973. Súmula nº 284/STF. Incidência. Jurisdição voluntária. Ausência de litigiosidade. Honorários advocatícios. Não cabimento. 1. Cuida-se, na origem, de ação de retificação de matrícula de imóvel (jurisdição voluntária), objetivando a correta delimitação do bem registrado, em que foi equivocadamente indicada pessoa para ser citada como suposta proprietária de área confrontante. 2. Inviável o acolhimento do pleito exordial, em recurso especial, pois o dispositivo legal invocado (art. 216, I, alíneas 'd' e 'e', da Lei nº 6.015/1973) não garante automaticamente a retificação do registro, nem infirma o fundamento adotado no acórdão recorrido para rejeitar a pretensão inicial, qual seja, a insuficiência de prova da propriedade da área reclamada. Incidência da Súmula nº 284/STF. 2. Em procedimento de jurisdição voluntária, a existência de litigiosidade excepciona a

de órgão público, incidirá o art. 91, CPC, e não havendo como se falar em "vencido", deve-se entender que as despesas serão rateadas. Se for o caso, haverá assistência jurídica gratuita aos interessados, não havendo nada peculiar à jurisdição voluntária que a vede ou a recomende.

11. Processamento nas férias e prazos

Foi reproduzida a regra, no art. 215, I, CPC, que prevê que os procedimentos de jurisdição voluntária tramitam mesmo durante as férias forenses.[93] Trata-se de regra que não encontra qualquer justifica e que foi reproduzida provavelmente por inércia.[94] Não há especificidade inerente à jurisdição voluntária que justifique essa previsão, mas é regra expressa e que, portanto, deve ser aplicada integralmente, ainda que inexistam férias coletivas no primeiro e segundo graus, esvaziando sua incidência, que ocorrerá apenas em Tribunais superiores e durante o recesso forense. Quanto à contagem dos prazos, deve-se observar o disposto no art. 219, CPC, ou seja, devem ser computados apenas os dias úteis, quando se tratar de prazos processuais. O fato de os procedimentos de jurisdição voluntária não se submeterem à suspensão decorrente das férias forenses (art. 215, I, CPC) não significa que a contagem dos prazos deve ser contínua, mas apenas que qualquer dia útil deve ser computado, o que, tendo em vista o disposto no art. 93, XII, da Constituição da República, significa que somente nos finais de semana e feriados haverá suspensão do prazo.[95]

---

regra de não cabimento de condenação em honorários advocatícios. Precedentes. 3. No caso, a mera alegação de ilegitimidade de parte citada como confrontante não torna litigiosa a demanda, não lhe cabendo, portanto, honorários sucumbenciais. 4. Recurso especial parcialmente provido" (REsp 1524634/RS, rel. Min. Ricardo Villas Bôas Cueva, Terceira Turma, j. 27/10/2015, DJe 3/11/2015).

93 A ressalva final constante do art. 215, I, não se aplica à jurisdição voluntária, cujos procedimentos integralmente são abrangidos pela regra, independentemente do risco do adiamento. Sobre essa regra no CPC revogado, quando havia uma polêmica não mais existe sobre a eventual distinção entre atos de jurisdição voluntária e procedimentos de jurisdição voluntária: Eras Dirceu Moniz de Aragão. *Comentários ao Código de Processo Civil.* 10ª ed. Rio de Janeiro: Forense, 2005, p. 82-85, v. II. No atual CPC, mantén-se o entendimento de que todos os procedimentos de jurisdição voluntária são contínuos: Daniel Amorim Assumpção Neves. *Novo Código de Processo Civil comentado.* 2ª ed. Salvador: JusPodivm, 2017, p. 366. Entendendo que a parte final do inciso, quando delimita a prática do ato somente se houver risco no adiamento, aplica-se à jurisdição voluntária: Jefferson Carús Guedes. *Comentários ao Código de Processo Civil.* Marinoni, Arenhart e Mitidiero (coord.). São Paulo: RT, 2016, p. 128, v. 11.

94 Breve histórico da regra está em Moniz de Aragão e indica que efetivamente houve reproduções por inércia: Egas Dirceu Moniz de Aragão. *Comentários ao Código de Processo Civil.* 10ª ed. Rio de Janeiro: Forense, 2005, p. 83, v. II.

95 Se assim não se entender, todos os casos do art. 215 do CPC deverão ter os prazos

Art. 721. Serão citados todos os interessados, bem como intimado o Ministério Público, nos casos do art. 178, para que se manifestem, querendo, no prazo de 15 (quinze) dias.

CPC de 1973 – arts. 1.105 e 1.106

12. Legitimidade passiva e contraditório

Pelas características próprias da jurisdição voluntária, pode haver procedimentos em que seja desnecessária a citação de interessados, mas há outros em que forçosamente haverá polo passivo. Como sob a epígrafe "jurisdição voluntária" reúnem-se procedimentos heterogêneos e situações que não podem ser reduzidas e características essências comuns – além do fato em si mesmo relevante de se tratar de procedimentos de jurisdição voluntária –, não é possível extrair uma regra geral sobre os legitimados passivos. Entretanto, é possível e fundamental fixar uma regra que era para ser elementar, mas se mostra passível de constante explicitação: o contraditório[96] é inerente à jurisdição voluntária. Mesmo para quem entende que se trata de uma atividade administrativa, o respeito ao contraditório é inafastável pela singela razão de que nem mesmo em processos administrativos essa garantia constitucional pode ser afastada e deve ser observada mesmo no caso de não haver integração e polo passivo. No caso da jurisdição voluntária, há que se registrar que as normas gerais do CPC lhe são aplicáveis integralmente, de modo que, em relação ao contraditório, os arts. 9º e 10, por exemplo, devem ser observadas. Em síntese,

---

processuais contados em dias corridos. Note-se que, no caso do recesso forense, há mais dificuldade, por haver, a rigor, algo muito similar a férias coletivas, com sistema de plantões diários. Ainda assim, mesmo com multiplicidade de órgãos com competências alternadas, trata-se de situação equiparável às férias forenses (cf. EREsp 1517176/SP, rel. Min. João Otávio de Noronha, Corte Especial, j. 5/4/2017, DJe 9/5/2017).

96 Cf. Nicola Picardi. *Audiatur et altera pars*: as matrizes histórico-culturais do contraditório. *Jurisdição e Processo*. Carlos Alberto Alvaro de Oliveira (org.). Luís Alberto Reichelt (trad. do texto citado). Rio de Janeiro: Forense, 2008; Antonio do Passo Cabral. *Nulidades no processo moderno: contraditório, proteção da confiança e validade* prima facie *dos atos processuais*. Rio de Janeiro: Forense, 2009. Audiatur et Altera Pars: *Il contraddittorio fra principio e regola*. Maurizio Manzin e Federico Puppo (org.). Milano: Giuffrè, 2008. Confira-se também o trabalho de Humberto Theodoro Júnior e Dierle José Coelho Nunes. Uma dimensão que urge reconhecer ao contraditório no direito brasileiro: sua aplicação como garantia de influência, de não surpresa e de aproveitamento da atividade processual. *Revista de Processo nº 168*. São Paulo: RT, fevereiro de 2009. Mais recentemente, entre outras referências bibliográficas, especialmente após a vigência no novo CPC: Humberto Theodoro Júnior, Dierle Nunes, Alexandre Melo Franco Bahia e Flávio Quinaud Pedron. *Novo CPC*: fundamentos e sistematização. 2ª ed. Rio de Janeiro: Forense, 2015, itens 2.1 e 2.2.

havendo interessados, deve ser realizada a necessária citação, a fim de que possa ser efetivada a garantia do contraditório.

13. Citação dos interessados e respostas

A citação dos interessados deve seguir as regras comuns do CPC, não havendo regra específica por se tratar de jurisdição voluntária. Os interessados citados podem oferecer todos os tipos de respostas, desde que compatíveis com o respectivo procedimento. Há procedimentos que trazem limitações às manifestações dos interessados, como na justificação (art. 381) ou na notificação, o que se justifica pela reduzida cognição decorrente da natureza da atividade desenvolvida de documentação ou comunicação. Entretanto, ainda nessas hipóteses, ao menos a admissibilidade do procedimento pode ser questionada pelo citado. Em outros casos, não haverá formação do polo passivo, como no caso do divórcio consensual, e também não haverá, a rigor, resposta a ser oferecida, sem embargo da incidência dos arts. 9º e 10, CPC, como já assinalado. Já em outros, poderá haver resposta que deflagrará efetivo litígio, como na interdição, o que ilustra uma vez mais que não é possível fixar uma regra comum aos diversos procedimentos. Em todas as hipóteses, também poderá ser questionada a suspeição ou impedimento dos sujeitos processuais passíveis dessa arguição. Como já afirmado anteriormente, em tese é possível a reconvenção. O prazo fixado para o oferecimento de resposta é de quinze dias, cuja contagem deverá observar o disposto no art. 219, CPC. Há entendimento doutrinário no sentido de que, sempre que houver citação ficta, deve ser nomeado curador especial, para assegurar a ampla defesa.[97] Não há na jurisdição voluntária nenhuma particularidade que excepcione a regra do art. 72, CPC, de modo que a nomeação de curador especial observará naturalmente o citado dispositivo.[98]

14. Revelia

Sendo possível o oferecimento de resposta defensiva, isto é, contestação, pode haver revelia e, a depender do procedimento, incidirão seus efeitos, aplicando-se integralmente os arts. 344 a 346, CPC,[99] cabendo lembrar que o

97 Leonardo Greco. *Jurisdição voluntária moderna*. São Paulo: Dialética, 2003, p. 50.

98 No processo de interdição a nomeação de curador especial aparentemente foi reforçada pelo art. 752, § 2º, CPC, excepcionando as previsões do art. 72, mas mesmo essa hipótese pensamos que deva ser vista com temperamentos, como pode ser visto nos comentários ao citado dispositivo.

99 Leonardo Greco. *Jurisdição voluntária moderna*. São Paulo: Dialética, 2003, p. 49-50. Já Edson Prata entendia não haver os efeitos da revelia "diante do princípio inquisitivo", o que não é uma característica peculiar da jurisdição voluntária, o que

art. 341, parágrafo único, CPC, ampliou a não incidência da impugnação especificada.

15. Ministério Público

O Ministério Público, mesmo após a Constituição de 1988, ainda não é percebido como um personagem multifacetado no processo civil, com toda uma nova dimensão jurídica advinda de diversos textos normativos e da própria prática institucional. Anotávamos em trabalhos anteriores[100] que há certo silêncio da doutrina, que, em linhas gerais, persiste na análise do Ministério Público apenas na tradicional função de *custos legis* ou, na linguagem do novo CPC, fiscal da ordem jurídica,[101] salvo quando se abordam questões envolvendo a legitimidade para ações coletivas. Se houve evidente modificação do Ministério Público,[102] com necessárias repercussões processuais, a manutenção

---

fica ainda mais claro no atual CPC ao não ser reproduzido, felizmente, o art. 1.107 do CPC anterior, especialmente o heterodoxo trecho que permitir ao juiz "investigar livremente os fatos". Com base nesse trecho Castro Filho dizia haver "revelia atenuada". Cf. Edson Prata. *Comentários ao Código de Processo Civil*. Rio de Janeiro: Forense, 1978, p. 27, v. 7; José Olympio de Castro Filho. *Comentários ao Código de Processo* Civil. 4ª ed. Rio de Janeiro: Forense, 1995, p. 20, v. X. Em relação ao CPC atual, entende não haver efeitos da revelia na jurisdição voluntária Jefferson Carús Guedes. *Comentários ao Código de Processo Civil*. Marinoni, Arenhart e Mitidiero (coord.). São Paulo: RT, 2016, p. 139, v. 11.

100 Robson Renault Godinho. *A proteção processual dos direitos dos idosos*. 2ª ed. Rio de Janeiro: Lumen Juris, 2010; Fredie Didier, Jr. e Robson Renault Godinho. Questões atuais sobre as posições do Ministério Público no novo CPC. *Ministério Público*. Robson Renault Godinho e Susana Henriques da Costa (coord.). 2ª ed. Salvador: JusPodivm, 2017; Robson Renault Godinho. O Ministério Público no novo Código de Processo Civil: alguns tópicos. *Ministério Público*. Robson Renault Godinho e Susana Henriques da Costa (coord.). 2ª ed. Salvador: JusPodivm, 2017.

101 Guilherme Estellita. *O Ministério Público e o Processo Civil*. Rio de Janeiro: Freitas Bastos, 1956; Benedicto de Campos. *O Ministério Público e o Novo Código de Processo Civil*. São Paulo: RT, 1976; José Fernando da Silva Lopes. *O Ministério Público e o Processo Civil*. São Paulo: Saraiva, 1976; Antônio Cláudio da Costa Machado. *A intervenção do Ministério Público no processo civil brasileiro*. 2ª ed. São Paulo: Saraiva, 1998; Marcelo Zenkner. *Ministério Público e efetividade do processo civil*. São Paulo: RT, 2006; Fernando Antônio Negreiros Lima. *A intervenção do Ministério Público no processo civil brasileiro como* custos legis. São Paulo: Método, 2007; Jairo Cruz Moreira. *A intervenção do Ministério Público no Processo Civil à Luz da Constituição*. Belo Horizonte: Del Rey, 2009.

102 Para a formação histórica geral do Ministério Público e/ou para notícias de direito comparado, vale conferir os seguintes estudos, que também trazem outras referências bibliográficas sobre o tema: Emerson Garcia. *Ministério Público – organização, atribuições e regime jurídico*. 4ª ed. São Paulo: Saraiva, 2014; Hugo Nigro Mazzilli. *Regime jurídico do Ministério Público*. 7ª ed. São Paulo: Saraiva, 2013; Paulo Cezar

---

Pinheiro Carneiro. *O Ministério Público no processo civil e penal – promotor natural, atribuição e conflito*. 6ª ed. Rio de Janeiro: Forense, 2001; Roberto Lyra. *Teoria e prática da Promotoria Pública*. Reimpressão. Porto Alegre: Sergio Antonio Fabris, 2001; Mario Dias. *Ministério Público brasileiro* (dois volumes). 2ª ed. Rio de Janeiro: José Konfino, 1955; Eduardo Ritt. *O Ministério Público como instrumento de democracia e garantia constitucional*. Porto Alegre: Livraria do Advogado, 2002; João Francisco Sauwen Filho. *Ministério Público brasileiro e o Estado Democrático de Direito*. Rio de Janeiro: Renovar, 1999; José Eduardo Sabo Paes. *O Ministério Público na construção do Estado Democrático de Direito*. Brasília: Brasília Jurídica, 2003; Diaulas Costa Ribeiro. *Ministério Público – dimensão constitucional e repercussão no processo penal*. São Paulo: Saraiva, 2003; Rosa Maria de Andrade Nery. Notas sobre a justiça e o Ministério Público no direito da Alemanha ocidental. *Revista de Processo nº 47*. São Paulo: RT, julho/setembro de 1987; José Marcelo Menezes Vigliar. A participação do Ministério Público no processo civil. *Ministério Público – instituição e processo*. Antonio Augusto Mello de Camargo Ferraz (coord.). São Paulo: Atlas, 1997; Luis Roberto Proença. Participação do Ministério Público no processo civil nos Estados Unidos da América. *Ministério Público – instituição e processo*. Antonio Augusto Mello de Camargo Ferraz (coord.). São Paulo: Atlas, 1997; Antonio Augusto Mello de Camargo Ferraz. Anotações sobre os Ministérios Públicos brasileiro e americano. *Ministério Público e afirmação da cidadania*. São Paulo: s/ed., 1997; Eduardo Maia Costa. Ministério Público em Portugal. *Ministério Público II – democracia*. José Marcelo Menezes Vigliar e Ronaldo Porto Macedo Júnior (coord). São Paulo: Atlas, 1999; Carlos Alberto de Salles. *A legitimação do Ministério Público para defesa de direitos e garantias constitucionais*. Dissertação de mestrado. USP. 1992; Carlos Alberto de Salles. Entre a razão e a utopia: a formação histórica do Ministério Público. *Ministério Público II – democracia*. José Marcelo Menezes Vigliar e Ronaldo Porto Macedo Júnior (coord). São Paulo: Atlas, 1999; Ronaldo Porto Macedo Júnior. A evolução institucional do Ministério Público brasileiro. *Uma Introdução ao estudo da justiça*. Maria Tereza Sadek (org.). São Paulo: IDESP/Sumaré, 1995; Sérgio Gilberto Porto. *Sobre o Ministério Público no processo não criminal*. 2ª ed. Rio de Janeiro: Aide, 1998; Rogério Bastos Arantes. *Ministério Público e política no Brasil*. São Paulo: IDESP/EDUC/Sumaré, 2002; Alves, Rufino e Silva (org.). *Funções institucionais do Ministério Público*. São Paulo: Saraiva, 2001; Faria, Alves e Rosenvald (org.). *Temas Atuais do Ministério Público*. 3ª ed. Salvador: Jus Podivm, 2012; Carlos Roberto de C. Jatahy. *O Ministério Público e o Estado Democrático de Direito*: perspectivas constitucionais de atuação institucional. Rio de Janeiro: Lumen Juris, 2007; João Gaspar Rodrigues. *Ministério Público resolutivo*: um novo perfil institucional. Porto Alegre: Sergio Antonio Fabris, 2012; Ricardo Ferreira Sacco. *Constitucionalismo e Ministério Público*. Belo Horizonte: Mandamentos, 2008; Bruno Amaral Machado. *Ministério Público*: organização, representação e trajetórias. Curitiba: Juruá, 2007; Carlos Vinícius Alves Ribeiro (org.). *Ministério Público*: reflexões sobre princípios e funções institucionais. São Paulo: Atlas, 2009; Gregório Assagra Almeida e Jarbas Soares Júnior. *Teoria Geral do Ministério Público*. Belo Horizonte: Del Rey, 2013; Sabella, Pozzo e Burle Filho (coord.). *Ministério Público*: vinte e cinco anos do novo perfil constitucional. São Paulo: Malheiros, 2013; Marcelo Pedroso Goulart. *Elementos para uma Teoria Geral do Ministério Público*. Belo Horizonte: Arraes, 2013. Convém mencionar interessante livro que oferece um panorama comparado: Dias e Azevedo (coord.). *O papel do Ministério Público*: estudo comparado dos países latino-americanos. Coimbra: Almedina, 2008. Para uma visão crítica e interdisciplinar:

de uma interpretação "retrospectiva" é incompatível com uma realidade que, se não é exatamente nova, exige um tratamento condizente com tais transformações. BARBOSA MOREIRA chegou a afirmar que o silêncio da Instituição no processo civil teria sido interrompido exatamente em razão do processo coletivo, que ensejou a "revitalização do Ministério Público, arrancado à relativa quietude em que usualmente o mantinham, no tocante ao processo civil, as atribuições tradicionais".[103] Nessa relativa quietude, evidentemente, o autor incluía a jurisdição voluntária, tradicional campo de atuação do Ministério Público.

O novo CPC possui diversos dispositivos cuja finalidade é unicamente pedagógica, mas possuem também a simbólica função de evidenciar que o Ministério Público no processo civil é o mesmo delineado constitucionalmente para ser uma instituição moldada para a tutela dos interesses sociais. O CPC, nesse sentido, visou a reproduzir normas constitucionais a fim de que, paradoxalmente, a consagração infraconstitucional sirva à efetividade da Constituição, o que fez também em diversos outros dispositivos, bastando ter em conta a preocupação legislativa em explicar como se devem concretizar o princípio do contraditório e o devido processo legal, como nos arts. 9º, 10, 321, 373, § 1º, parte final, 489, § 1º, entre outros, para se constatar essa opção pela reprodução ou detalhamento de normas constitucionais. Por ser o primeiro Código debatido e editado em regime democrático, é natural essa opção pela expressa e didática constitucionalização das disposições processuais, sobretudo quando se revela cada vez mais necessária a afirmação insistente e reiterada, aproximando-se do truísmo, de normas constitucionais em um ambiente em que há um déficit de concretização de tais comandos.

Esse objetivo legislativo de adaptação do processo civil à Constituição abrange também o Ministério Público em sua disciplina específica nos arts. 176 e 177 do novo Código.

E aqui está a unidade hermenêutica que didaticamente o novo CPC impõe para a análise de qualquer tema relacionado ao Ministério Público no processo civil: sua atuação somente se justifica a partir do que está estabelecido no art. 127 da Constituição da República. Essa obviedade é necessária e deve ser repetida à exaustão, sob pena de o hábito atávico – que enseja a inércia da reflexão

---

ROGÉRIO BASTOS ARANTES. *Ministério Público e política no Brasil*. São Paulo: IDESP/EDUC/Sumaré, 2002; CÁTIA AIDA PEREIRA DA SILVA. *Justiça em jogo*: novas facetas da atuação dos Promotores de Justiça. São Paulo: Edusp, 2001; FÁBIO KERCHE. *Virtude e limites*: autonomia e atribuições do Ministério Público no Brasil. São Paulo: Edusp, 2009.

103 Os novos rumos do processo civil brasileiro. *Temas de direito processual* (Sexta Série). São Paulo: Saraiva, 1997, p. 73.

e a repetição automática de comportamentos – obnubilar qualquer avanço institucional, permanecendo o Ministério Público em sua "relativa quietude" no processo civil, afastando-se inexoravelmente dos balizamentos constitucionais.

Toda análise da atuação e da participação do Ministério Público no processo civil, seja como agente, seja como interveniente, necessariamente deverá partir dessa ideia básica de ser constitucionalmente autorizada,[104] o que possui especial relevância no exame do art. 721, CPC, em razão da carga tradicional que acompanha a jurisdição voluntária.

Isso significa que mesmo algumas funções tradicionais do Ministério Público, que há décadas são exercidas irrefletidamente, devem ser revistas sob essa perspectiva, não cabendo mais a mera repetição de atuações burocráticas que são normalmente atribuídas a uma tradição inventada e se perpetuam como se fossem situações ontológicas. Um exemplo: a intervenção do Ministério Público em atos de disposição de última vontade. É difícil encontrar um exemplo mais afastado do perfil constitucional do Ministério Público do que sua atuação em razão de um ato de vontade individual, patrimonial e disponível. Nada justifica a atuação do Ministério Público nessas situações, mas o fetiche legal e a obediência cega a hábitos arraigados fazem com que existam Promotorias especializadas em se manifestar no cumprimento de testamentos, sem que haja qualquer outra justificativa para essa atuação. Como o novo Código, fica evidente o que já era patente desde a promulgação da Constituição, mas que não era sequer cogitado – e não será surpreendente se houver resistências a essa "modificação" – por não haver intermediação legislativa.

Essa adaptação processual do Ministério Público à Constituição, portanto, é ao mesmo tempo óbvia e necessária, consistindo em traçar o parâmetro fundamental de atuação: o art. 127 da Constituição e seu espelho processual, o art. 176 do novo Código.

O novo CPC conta com uma Parte Geral que é inaugurada com a previsão de "normas fundamentais", que apresentam desde o início seu compromisso com a finalidade pedagógica da constitucionalização antes referida. Cabe ao Ministério Público a estrita observância das normas fundamentais do CPC em duas frentes, isto é, em sua própria atuação e também zelando para que sejam obedecidas pelos demais integrantes do processo.

O novo CPC estabelece a boa-fé objetiva e a cooperação[105] também para a

104 Cf. FREDIE DIDIER JR. e ROBSON RENAULT GODINHO. Questões atuais sobre as posições do Ministério Público no processo civil. *Revista de Processo, nº 237*. São Paulo: RT, novembro de 2014.

105 Sobre a boa-fé objetiva e a cooperação, FREDIE DIDIER JR. *Curso de direito processual civil*. 17ª ed. Salvador: JusPodivm, 2015, p. 104-113 e 120-132, v. 1; HUMBERTO THEODORO JÚNIOR, DIERLE NUNES, ALEXANDRE MELO FRANCO BAHIA e FLÁVIO

atuação do Ministério Público, o que significa que se lhe exigem deveres de conduta, como lealdade e esclarecimento (e a fase de saneamento é concebida definitivamente para que todos os sujeitos dela participem ativamente, incluindo o Ministério Público como fiscal da ordem jurídica). O efetivo contraditório previsto nos arts. 9º e 10 do novo CPC afeta o Ministério Público não apenas passivamente, mas também como causa ativa para sua atuação a fim de que seja estritamente observado. Ainda nas normas fundamentais, a conciliação, a mediação e outros métodos de solução consensual de conflitos mereceram especial atenção no novo CPC e o art. 3º dispõe que devem ser estimulados pelo Ministério Público, que, para tanto, deverá se capacitar. Nesse ponto, cabe registrar a repercussão da Lei 13.140 (Lei da Mediação), que, em seu art. 3º, § 2º, dispõe que "o consenso das partes envolvendo direitos indisponíveis, mas transigíveis, deve ser homologado em juízo, exigida a oitiva do Ministério Público". Ainda que se considere esse dispositivo integrante de lei especial e posterior ao novo CPC, não se pode extrair que o Ministério Público atuará em todas as mediações em que haja direitos indisponíveis,[106] mas transigíveis, caso se entenda que essas duas características estejam presentes nos casos de consenso envolvendo matéria de família e a Fazenda Pública, por exemplo. Essa conclusão deriva do fato de que, como já afirmado, a atuação do Ministério Público decorre do art. 127 da Constituição, cuja compreensão, nesse particular, está cristalizada nos arts. 178, parágrafo único, e 698 do novo CPC, o que significa que somente se houver incapazes[107] será obrigatória sua intervenção.

O novo CPC traz importantes modificações na atividade interventiva do Ministério Público no processo civil, a começar pela denominação "fiscal da

---

QUINAUD PEDRON. *Novo CPC*: fundamentos e sistematização. 2ª ed. Rio de Janeiro: Forense, 2015, p. 69-92 e 183-240.

106 A indisponibilidade do direito é um tema complexo e que não pode mais ser encarado pelos processualistas como se fosse um conceito pré-concebido e ontologicamente perene. Sobre o tema, que será abordado oportunamente com mais vagar, vale conferir: LUCIANO OLIVERO. *L'Indisponibilità dei Diritti: analisi di una categoria.* Torino: G. Giappichelli, 2008; OMBRETTA DESSÌ. *L'Indisponibilità dei Diritti del Lavoratore Secondo L'Art. 2113 C.C.* Torino: G. Giappichelli, 2011; ANTONIO GUIDARA. *Indisponibilità del Tributo e Accordi in Fase di Riscossione.* Milano: Giuffrè, 2010; LETÍCIA DE CAMPOS VELHO MARTEL. *Indisponibilidade dos direitos fundamentais: conceito lacônico, consequências duvidosas.* Espaço Jurídico, v. 11, p. 334-373, julho/dezembro de 2010; *Direitos fundamentais indisponíveis*: limites e padrões do consentimento para a autolimitação do direito fundamental à vida. UERJ: Tese de doutorado, 2010; LUÍSA NETO. *O direito fundamental à disposição sobre o próprio corpo (a relevância da vontade na configuração do seu regime).* Coimbra: Coimbra, 2004; PEDRO AUGUSTIN ADAMY. *Renúncia a direito fundamental.* São Paulo: Malheiros, 2011.

107 Registre-se que o art. 114 da Lei 13.146/2015, que instituiu o Estatuto da Pessoa com Deficiência, alterou os artigos do Código Civil que tratam das incapacidades.

ordem jurídica". Basicamente, são as seguintes as inovações mais relevantes: 1) reprodução do art. 127 da Constituição, tornando claramente didática a definição da regra-matriz que inspira a atuação do Ministério Público; 2) não repetição das referências às ações de estado, disposições de última vontade e à ausência; 3) intervenção em ações de família somente quando presentes incapazes; 4) expressa referência às hipóteses de intervenção do art. 178, quando se tratar também de jurisdição voluntária; 5) fixação de prazos próprios e modificação na forma de fixação e contagem de prazos; 6) previsão de responsabilidade por ilícito processual; 7) expressas disposições sobre a possibilidade de suscitar incompetência relativa e requerer desconsideração da personalidade jurídica; 8) clara definição do papel do Ministério Público como fiscal da ordem jurídica, sem qualquer similitude com a figura de curador especial; 9) necessidade de intervenção em caso de litígio coletivo pela posse rural ou urbana; 10) intervenção obrigatória em casos de incidente de resolução de demandas repetitivas e também no incidente de assunção de competência, por ser obrigatória sua intervenção na formação de precedentes obrigatórios; 11) procedimento específico para a citação de pessoas com deficiência;[108] 12) decretação de invalidade pela ausência de intervenção apenas após a intimação do Ministério Público, que se manifestará sobre a existência ou não de prejuízo.[109]

Em razão do perfil constitucional que indica uma atuação mais ativa, a intervenção do Ministério Público na condição de *custos legis* vem sendo fortemente questionada há anos, dando origem ao que se convencionou denominar "racionalização da intervenção no processo civil". Busca-se evitar que a função do membro do Ministério Público se resuma ao que foi denominado de "parecerismo", entendido como o "fenômeno pelo qual os promotores de justiça passam a elaborar pareceres cada vez mais em tudo semelhantes a sentenças judiciais, atendendo a todos requisitos formais de uma sentença e esquecendo-se, por vezes, da própria finalidade com que intervinham no feito".[110]

---

108 Todo tema referente a pessoa com deficiência sofreu grande impacto da Lei 13.146/2015, que, entre outras relevantes previsões, reduziu a incapacidade absoluta apenas aos menores de dezesseis anos.

109 Essas questões são bem desenvolvidas em: Alécio Silveira Nogueira. As posições do Ministério Público no novo CPC. *Reflexões sobre o novo Código de Processo Civil.* Cláudio Barros Silva. Luciano de Faria Brasil (org). Porto Alegre: Livraria do Advogado, 2016.

110 Ronaldo Porto Macedo Júnior. A evolução institucional do Ministério Público brasileiro. *Uma introdução ao estudo da justiça.* Maria Tereza Sadek (org.). São Paulo: IDESP/Sumaré, 1995, p. 44. Prossegue o autor: "Importa, todavia, apontar para um dado importante para a compreensão deste papel, de aparente 'assessor do juiz' no processo judicial (especialmente no cível). O Poder Judiciário de primeiro grau

Não há dúvidas de que a intervenção como *custos legis* deve ser redimensionada, mas nos parece que também há uma resistência injustificada a esse tipo de atuação, já que, inclusive por meio dela, é possível a tutela de direitos. Na realidade, exige-se uma nova compreensão de uma antiga função, não sendo mais compatível uma postura passiva e contemplativa do evolver processual.[111]

Não só as hipóteses que ensejam a intervenção do Ministério Público e o número de órgãos que possuam atribuição exclusivamente interveniente devem ser objeto de profunda reflexão, mas também o modo como se deve dar essa participação no processo. Também a aceitação irrefletida da fixação legal de hipóteses de intervenção não é compatível com o perfil constitucional do Ministério Público, devendo haver uma filtragem constitucional das normas legais que criam causas de intervenção.[112]

É necessária uma postura mais ativa também na função de interveniente,[113] com efetiva participação na instrução do processo, por exemplo, notadamente, quando se fizer necessária a prova técnica, como na interdição.[114] Além disso,

---

está organizado de tal modo que todo o poder da decisão repousa sobre a decisão de um juízo monocrático [...] Dentro dessa engenharia institucional, o promotor de justiça sempre representou um importante contrapeso contra a possível arbitrariedade do magistrado, situação particularmente verdadeira se lembrarmos que, em nosso sistema judicial, especialmente em cidades pequenas, os advogados contam com pouca possibilidade real de conflitarem com atitudes e decisões dos magistrados, sob pena de se indisporem e comprometerem sua própria sobrevivência profissional. Neste sentido, a atribuição de 'fiscal da lei' significa concreta e salutarmente ser o promotor de justiça um 'fiscal do juiz'" (p. 45).

111 Sobre a relação entre a atividade interventiva e a repercussão na legitimidade ativa do Ministério Público, vale conferir o REsp 1155793/DF, rel. Min. MARIA ISABEL GALLOTTI, Quarta Turma, j. 1º/10/2013, DJe 11/10/2013.

112 Cf. MARCELO ZENKNER. *Ministério Público e efetividade do processo civil*. São Paulo: RT, 2006, *passim*.

113 Em estudo publicado há mais de sessenta anos, ENRICO ALLORIO assim se pronunciou: "séame consentido expresar mi esperanza de que la intervención del Ministerio Público en el proceso civil, ya que no extenderse en superficie,mejorará cualitativamente: de manera que, en los procesos en que intervenga, el Ministerio Público preste a la causa una atención diligente, participando ya en la fase instructoria, concluyendo por escrito y motivadamente, desplegando, en suma, las iniciativas que puedan impedir que su participación en el juicio quede reducida a mera formalidad", afirmando ao final que, em tempos complexos, instituições como o Ministério Público "mantienen encendida, en las tempestades, la antorcha de la justicia como principio moral del Estado, para transmitirla resplandeciente a um futuro más sereno" (El Ministerio Público. *Problemas de Derecho Procesal*. Santiago Sentís Melendo (trad.). Buenos Aires: EJEA, 1963, p. 437, v. I).

114 Veja-se a crítica que já era formulada por CASTRO FILHO: "Compreenda-se que assim deva ser para que a atuação do Ministério Público possa ser eficaz, tão séria

nos casos envolvendo crianças, adolescentes, pessoas com deficiência e idosos vulneráveis, cabe ao Ministério Público a instauração de procedimentos administrativos próprios para o devido acompanhamento do caso, assumindo relevância a atuação extrajudicial mesmo em situações decorrentes de jurisdição voluntária ou que podem lhe dar origem. A atuação do Ministério Público não deve ser confundida com um enfoque voluntarista ou paternalista que privilegie uma fundação irregular em detrimento do interesse público, como se a razão para sua atuação estivesse no meio e não no fim, em evidente desvio de perspectiva e subversão de valores. Note-se que esse enfoque técnico decorre do próprio sistema e não se confunde com a prevalência de uma atuação repressiva,[115] já que a atuação extrajudicial e preventiva se mostra muitas vezes mais adequada para a tutela de direitos e evita a judicialização de questões que poderiam ter sido resolvidas por meio de uma recomendação, por exemplo, antecipando-se ao potencial conflito. Como já ressaltado, para a efetiva tutela de direitos a atuação repressiva é insuficiente, o que não significa que não possua imenso espaço e relevância funcional. O importante é assinalar que a atuação repressiva ou sancionatória não pode mais ser percebida como única possibilidade de atuação do Ministério Público, ainda que se mantenha como uma das várias possibilidades de atuação. Nesse sentido, utiliza-se doutrinariamente a terminologia *Ministério Público demandista* e *Ministério Público resolutivo*, sendo que o primeiro é aquele que entende que esgota e limita sua atuação com a propositura de ações judiciais e o segundo, que se preocupa com a efetividade do processo e a resolução dos direitos e se vale de todos os instrumentos de que dispõe para a tutela de direitos, vislumbrando a via judicial como um importante canal, mas não o único, nem o preponderante.[116]

---

e importante é a sua função, de que, infelizmente, nem sempre alguns de seus órgãos se são conta exata, e sobretudo quando sob o peso dos seus demais encargos, principalmente nas Comarcas ou Varas de maior movimento, acabam cedendo às pressões da rotina e da comodidade. O 'de acordo', ou o 'nada a opor', ou a mera declaração de que 'faça-se justiça'... são manifestações frequentes de preguiça, comodidade ou falta de exação no cumprimento do dever, encontradiços no foro, posto que, sem favor, na maioria das vezes, o Ministério Público assim não proceda" (JOSÉ OLYMPIO DE CASTRO FILHO. *Comentários ao Código de Processo Civil*. 4ª ed. Rio de Janeiro: Forense, 1995, p. 17, v. X).

115 A doutrina denomina de tutela repressiva ou sancionatória aquela que tradicionalmente se contrapõe semanticamente à preventiva (JOSÉ CARLOS BARBOSA MOREIRA. Tutela sancionatória e tutela preventiva. *Temas de direito processual (Segunda Série)*. São Paulo: Saraiva, 1980, p. 21-29).

116 Essa terminologia é proposta por MARCELO PEDROSO GOULART há anos e novamente referida em seu mais recente livro: *Elementos para uma Teoria Geral do Ministério Público*. Belo Horizonte: Arraes, 2013, p. 201-205 (sobre o tema, adotando expressamente a terminologia, GREGÓRIO ASSAGRA DE ALMEIDA em seu *Direito processual*

No que toca à alegação de incompetência relativa, é comum a afirmação de que cabe somente à parte interessada o ônus de opor a exceção específica,[117] em razão de sua conveniência acerca do local em que será demandado.

Afirmava-se que o Ministério Público não poderia suscitar a incompetência relativa quando atua como *custos legis* por não se tratar de matéria de ordem pública, mas, sim, de questão afeta à esfera da disponibilidade das partes de acordo com seus interesses particulares,[118-119] mas se a causa que legitima

---

coletivo: um novo ramo do direito processual. São Paulo: Saraiva, 2003, p. 510-512, e também no denso artigo: Direitos fundamentais e os principais fatores de legitimação social do Ministério Público no neoconstitucionalismo. *Teoria Geral do Ministério Público*. GREGÓRIO ASSAGRA DE ALMEIDA e JARBAS SOARES JÚNIOR (coord.). Belo Horizonte: Del Rey, 2013, item 3). A cientista política CÁTIA SILVA desenvolveu tese de doutoramento sobre o Ministério Público e trabalhou com os conceitos de "promotores de gabinete" e "promotores de fatos", nos seguintes termos: "Definirei o promotor de gabinete como aquele que, embora utilize procedimentos extrajudiciais no exercício de suas funções, dá tanta ou mais relevância à proposição de medidas judiciais e ao exame e parecer dos processos judiciais dos quais está encarregado. Mais importante, o promotor de gabinete não usa os procedimentos judiciais como meios de negociação, articulação e mobilização de organismos governamentais e não governamentais. Já o promotor de fatos, conquanto proponha medidas judiciais e realize atividades burocráticas ligadas às suas áreas, dá tanta ou mais importância ao uso de procedimentos extrajudiciais, mobilizando recursos da comunidade, acionando organismos governamentais e não governamentais e agindo como articulador político" (*Justiça em jogo*: novas facetas da atuação dos promotores de justiça. São Paulo: Edusp, 2001, p. 91).

117 Enunciado n° 33 da súmula de jurisprudência do Superior Tribunal de Justiça: "a incompetência relativa não pode ser declarada de ofício". Cf., na doutrina: BARBOSA MOREIRA. Pode o juiz declarar de ofício a incompetência relativa? *Temas de direito processual (Quinta Série)*. São Paulo: Saraiva, 1994; CÂNDIDO RANGEL DINAMARCO. Declaração *ex-officio* da incompetência relativa? *Fundamentos do processo civil moderno*. 3ª ed. São Paulo: Malheiros 2000, v. 1; NELSON NERY JUNIOR. Legitimidade para arguir incompetência relativa. *Revista de Processo n° 52*. São Paulo: RT, outubro/dezembro de 1988.

118 NERY JUNIOR. Legitimidade para arguir incompetência relativa. *Revista de Processo n° 52*. São Paulo: RT, outubro/dezembro de 1988, p. 217-218.

119 O Superior Tribunal de Justiça possui decisões nos dois sentidos: "Processo civil. Incompetência relativa. Legitimidade. Ministério Público. O Ministério Público, mesmo quando atua no processo como custos legis, tem legitimidade para argüir a incompetência relativa do Juízo". (RESP 223.142/MG, rel. Min. GARCIA VIEIRA, DJ 25/10/1999, p. 66). "Ministério Público, na qualidade de custos legis. Impossibilidade. Nulidade do acórdão embargado. Ausência de demonstração da divergência. 1. As regras de competência relativa são instituídas para a tutela de interesses privados. Consectariamente, é vedado ao juiz declarar *ex officio* a sua incompetência relativa (Súmula 33 do STJ), porquanto estar-se-ia admitindo inserção na esfera de disponibilidade das partes. 2. Deveras, eleito o foro pelo autor no momento da propositura da ação, e não lhe sendo lícito requerer alteração posterior deste, somente o réu tem

a intervenção do Ministério Público puder ser prejudicada pelo deslocamento da competência, sempre nos pareceu que lhe devia ser garantida a possibilidade de atuar no sentido do interesse pelo qual foi chamado a intervir.[120] O novo CPC, felizmente, encerra essa discussão ao dispor expressamente em seu art. 65, parágrafo único, que "a incompetência relativa pode ser alegada pelo Ministério Público nas causas em que atuar".[121]

Quanto ao conteúdo do pronunciamento do Ministério Público nas causas que exigem sua participação, é necessário abordar as hipóteses que ensejam sua intervenção no processo.

Na hipótese da intervenção em razão da existência de interesse público ou social, na dicção do art. 178, I,[122] do novo Código de Processo Civil, esta-

---

legitimidade para argüir a incompetência relativa. Pode ocorrer, entretanto, que haja concordância com o foro eleito para a causa, deixando o demandado de opor exceção, fato que acarreta a prorrogação da competência com a perpetuatio jurisdictionis prevista no art. 114 do Código de Processo Civil. 3. Consequentemente, tratando-se de competência territorial relativa, e não tendo sido oposta exceção declinatória do foro pela parte ré, falece ao Ministério Público legitimidade para, na qualidade de custos legis, argüir a incompetência. 4. Aliás, *in casu*, versando a ação, repetição de indébito tributário, relativo a direito individual patrimonial, não tem o Ministério Público legitimidade para intervir sequer como custos legis. 5. A finalidade dos embargos de divergência é a uniformização da jurisprudência interna da Corte, sendo requisito essencial à sua admissibilidade, a demonstração de que os órgãos colegiados deram interpretação diversa à mesma tese jurídica suscitada" (ERESP 222.006/MG, rel. Min. Luiz Fux, DJ 13/12/2004, p. 199).

120 Robson Renault Godinho. *A proteção processual dos direitos dos idosos*: Ministério Público, tutela de direitos individuais e coletivos e acesso à justiça. 2ª ed. Rio de Janeiro: Lumen Juris, 2010, p. 95-97.

121 Simetricamente, assim dispõe o art. 951, parágrafo único, do novo CPC: "o Ministério Público somente será ouvido nos conflitos de competência relativos aos processos previstos no art. 178, mas terá qualidade de parte nos conflitos que suscitar".

122 Sobre a discussão suscitada pela redação do art. 82, III, do Código de Processo Civil de 73, inclusive com abordagem histórica e de direito comparado, vale conferir o trabalho de Antônio Cláudio da Costa Machado antes citado, especialmente páginas 315-345, onde se encontram outras referências bibliográficas valiosas. Também merece ser mencionado, pela maneira peculiar com que examina a matéria, um estudo de Calmon de Passos: Intervenção do Ministério Público nas causas a que se refere o art. 82, III, do C. Pr. Civ. *Revista Forense,* v. 268. Rio de Janeiro: Forense, 1978. E ainda: Humberto Ávila, Repensando o "princípio da supremacia do interesse público sobre o particular". *Revista Trimestral de Direito Público,* nº 24. São Paulo: Malheiros, 1998, e Marçal Justen Filho. Conceito de interesse público e a "personalização" do direito administrativo. *Revista Trimestral de Direito Público,* nº 26. São Paulo: Malheiros, 1999, além de Antonio Augusto Mello de Ferraz. Considerações sobre interesse social e interesse difuso. *A ação civil pública após 20 anos*: efetividade e desafios. Edis Milaré (coord.). São Paulo: RT, 2005.

mos diante de um conceito jurídico indeterminado e, embora possam ser retiradas algumas regras abstratas sobre a atuação do Ministério Público – como, por exemplo, a de que não há interesse público nas ações patrimoniais envolvendo empresas públicas, nem em execuções fiscais,[123] chegando a afirmar CÂNDIDO RANGEL DINAMARCO que constitui aberração a intervenção do Ministério Público em causas nas quais é parte uma entidade estatal, só pela

---

123 Confiram-se os seguintes pronunciamentos do Superior Tribunal de Justiça: "Processual civil. Recurso especial. Intervenção do Ministério Público em ação reparatória de danos morais. Desnecessidade. 1. Tratando-se de ação indenizatória por danos morais promovida em face do Estado por abuso de autoridade em face de denúncia promovida pelo Ministério Público, não se impõe a atuação do Parquet como *custos legis*, consoante jurisprudência da E. Corte (RESP 327.288/DF, 4ª T., Rel. Min. Cesar Asfor Rocha, DJ 17/11/2003; AGRESP 449643/SC, Rel. Min. Francisco Falcão, DJ de 28.06.2004; AgRg no Resp 258.798, Rel. Min. Eliana Calmon, DJ de 11.11.2002; Resp 137.186, Rel. Min. José Delgado, DJ de 10/09/2001) 2. O artigo 82, inciso III, do CPC, dispõe que compete ao Ministério Público intervir: 'III - em todas as demais causas em que há interesse público, evidenciado pela natureza da lide ou qualidade da parte.' 3. A escorreita exegese da dicção legal impõe a distinção jusfilosófica entre o interesse público primário e o interesse da administração, cognominado "interesse público secundário". Lições de Carnelutti, Renato Alessi, Celso Antônio Bandeira de Mello e Min. Eros Roberto Grau. 3. O Estado, quando atestada a sua responsabilidade, revela-se tendente ao adimplemento da correspectiva indenização, coloca-se na posição de atendimento ao 'interesse público'. Ao revés, quando visa a evadir-se de sua responsabilidade no afã de minimizar os seus prejuízos patrimoniais, persegue nítido interesse secundário, subjetivamente pertinente ao aparelho estatal em subtrair-se de despesas, engendrando locupletamento à custa do dano alheio. 4. Deveras, é assente na doutrina e na jurisprudência que indisponível é o interesse público, e não o interesse da administração. Nessa última hipótese, não é necessária a atuação do Parquet no mister de *custos legis*, máxime porque a entidade pública empreende a sua defesa através de corpo próprio de profissionais da advocacia da União. Precedentes jurisprudenciais que se reforçam, na medida em que a atuação do Ministério Público não é exigível em várias ações movidas contra a administração, como, v.g., sói ocorrer, com a ação de desapropriação prevista no Decreto-lei n. 3.365/41 (Lei de Desapropriação). 5. *In genere*, as ações que visam ao ressarcimento pecuniário contêm interesses disponíveis das partes, não necessitando, portanto, de um órgão a fiscalizar a boa aplicação das leis em prol da defesa da sociedade. 6. Hipótese em que revela-se evidente a ausência de interesse público indisponível, haja vista tratar-se de litígio travado entre o Estado de Rondônia e INSS e o Procurador de Estado Beniamine Gegle de Oliveira Chaves, onde se questiona a reparação por danos morais, tendo em vista ter sido injustamente denunciado pelo crime tipificado no art. 89, da lei 8.666/93. 7. Ademais, a suposta nulidade somente pode ser decretada se comprovado o prejuízo para os fins de justiça do processo, em razão do Princípio de que 'não há nulidade sem prejuízo' *(pas des nullités sans grief)*. 8. Recurso especial desprovido" (REsp 303.806/RO, rel. Min. LUIZ FUX, DJ 25/4/2005, p. 224). Nos casos de execução fiscal, foi editado o Enunciado nº 189 da súmula da jurisprudência predominante: "é desnecessária a intervenção do Ministério Público nas execuções fiscais".

presença desta no processo,[124] apenas as circunstâncias do caso concreto indicarão se haverá necessidade de intervenção da Instituição. O novo CPC, no entanto, é expresso ao acolher orientação doutrinária[125] e jurisprudencial no sentido de que "a participação da Fazenda Pública não configura, por si só, hipótese de intervenção do Ministério Público" (art. 178, parágrafo único).

Há quem faça distinção acerca do conteúdo da intervenção Ministério Público, vinculando-o se a participação no processo se der em razão da qualidade da parte.

Em outra perspectiva, entende-se que o Ministério Público possui liberdade na atuação como *custos legis*, no que se refere ao mérito do processo, podendo se manifestar contrariamente à pretensão da parte que ensejou sua intervenção no processo, havendo limitação apenas ao seu interesse recursal. Ou seja: em uma ação ajuizada, por exemplo, por incapaz, pode o Ministério Público manifestar-se contrariamente à pretensão veiculada na petição inicial; entretanto, se o pedido for julgado procedente, não poderá recorrer por ausência de interesse recursal.[126]

Concordamos parcialmente com essa última opinião. Parece-me que a questão deve ser resolvida com base no art. 127 da Constituição da República, isto é, o Ministério Público só intervirá em processos individuais pela qualidade da parte se houver direitos indisponíveis em disputa, o que é reforçado pelo novo CPC nos arts. 178 e 698. Se não estiver presente o direito do incapaz, não haverá nenhuma indisponibilidade e simplesmente o Ministério Público não poderá atuar em seu favor por absoluta legitimidade. Também a questão recursal parece ser melhor situada no plano da legitimidade do que no do interesse recursal. Na hipótese de a sentença favorecer o titular de um direito indisponível, não poderá o Ministério Público recorrer contra a sentença por não ter legitimidade, já que, ao prolongar a relação processual, por via reflexa estará atuando como uma espécie de substituto processual de um titular de direito individual disponível, o que lhe é vedado

124 *Instituições de direito processual civil.* São Paulo: Malheiros, 2001, p. 679, v. I. No segundo volume de suas *Instituições,* Dinamarco afirma que o Ministério Público sempre será parte no processo, tanto quando atuar como assistente (parte auxiliar), quanto como *custos legis* (4ª ed., 2004, p. 427).

125 Cf. Dinamarco. *Instituições de direito processual civil.* 4ª ed. São Paulo: Malheiros, 2004, p. 428-430, v. II.

126 Paulo Cezar Pinheiro Carneiro. *O Ministério Público no processo civil e penal*: promotor natural, atribuição e conflito. 5ª ed. Rio de Janeiro: 1998, p. 12-14. No mesmo sentido: Mazzilli. *Regime*... cit., p. 215-216. Também no sentido da atuação desvinculada do Ministério Público temos a posição de José Fernando da Silva Lopes (*O Ministério Público e o processo civil.* São Paulo: Saraiva, 1976), que entende que o Ministério Público sempre atua em prol do interesse público. Ainda: Marcelo Zenkner. *Ministério Público e efetividade do processo civil.* São Paulo: RT, 2006, p. 123-130.

constitucionalmente. O interesse recursal sempre estará presente, mas a legitimidade, não. Note-se que são duas situações distintas: 1) antes da sentença, há uma relação processual instaurada por um titular de um direito afirmado, que, por razões variadas, o ordenamento considera indisponível. O Ministério Público não está obrigado a defender de modo automático a parte que se afirma titular de um direito indisponível,[127] mas, caso a senten-

---

127 Excelente síntese do problema, com original proposta de compatibilização das teses existentes em HERMES ZANETI JUNIOR, em seus comentários ao art. 178 no livro coletivo *Comentários ao Código de Processo Civil*. LENIO STRECK, DIERLE NUNES, LEONARDO CUNHA e ALEXANDRE FREIRE (coord.). São Paulo: Saraiva, 2016: "o problema surge quando, ao atuar, o Ministério Público encontra uma situação de perplexidade diante de um incapaz que pleiteia um direito contrário ao ordenamento jurídico, segundo o juízo do agente do MP oficiante nos autos. A questão relaciona-se com a correta interpretação da Constituição (Art. 127, *caput*), isto é, pergunta-se: se o incapaz não tem direito, deve o *parquet* manifestar-se contra sua pretensão para garantir a tutela do ordenamento jurídico? Existem três posições na doutrina: a) intervenção com poderes amplíssimos e obrigatoriedade de manifestação no mérito, inclusive recorrendo, mesmo contra os interesses dos incapazes (Nelson Nery Jr.); b) intervenção *ad coadjuvandum*, ou seja, apenas para beneficiar os interesses do incapaz, deixando de se manifestar no mérito, quando, no entendimento do *parquet,* o incapaz não possuir razão (Cândido Rangel Dinamarco); c) liberdade de opinião durante o processo de conhecimento, com manifestação obrigatória quanto ao mérito, vedada a recorribilidade quando a decisão de mérito for favorável ao incapaz, por falta de interesse processual, mesmo após parecer contrário do MP (MAZZILLI: 2011). Nos parece que nenhuma das teses está completamente correta quando iluminadas pela incorporação explícita dos vetores constitucionais ao texto a novo CPC (Art. 1º c/c Art. 176). Entendemos que o MP, quando intervém no processo civil apenas em razão da presença de incapaz, não pode se manifestar no mérito contra o interesse deste mesmo incapaz; portanto, adotamos, no ponto, a doutrina da intervenção *ad coadjuvandum*. Isso porque a opinião jurídica do MP, por mais relevante, culta e bem construída que seja, não tem pertinência para os direitos disponíveis das partes, nos quais falte relevância social. Nestes casos, deverá o membro do MP falar apenas sobre a regularidade processual. Contudo, quando, concorrer na causa um interesse contraposto com relevância social ou individual indisponível, combinado com as funções institucionais previstas no Art. 178 CPC e Art. 129 e incisos, CF/88, caberá ao Ministério Público, obrigatoriamente, manifestar-se no mérito e, inclusive, recorrer da sentença que decida contrariamente aos direitos fundamentais ali previstos. A legitimação para intervenção está presente por se tratar de *causa de intervenção autônoma*, independente do interesse do incapaz. Logo, entendemos por somar as três teses, tendo como vetor interpretativo o comando constitucional, ou seja, tratando-se de direito disponível e sem relevância social, não caberá ao MP zelar pelo ordenamento jurídico (intervenção *ad coadjuvandum*). Tratando-se, por outro lado, de direito indisponível ou com relevância social, caberá ao MP, não só tutelar o ordenamento jurídico, como inclusive recorrer, caso o incapaz que não tem direito, na visão do *parquet*, saia vencedor na fase de conhecimento. Em outras palavras, o MP não recorrerá sempre, atua em nome do incapaz e somente pode atuar contrariamente a pretensão

ça o favoreça, não poderá impugnar seu conteúdo, sob pena de prolongar a relação processual em favor de um direito disponível. Embora possa ter interesse na reforma da sentença, o Ministério Público não terá legitimidade para impugná-la; 2) caso a sentença seja contrária ao titular do direito indisponível, permanecerá o interesse recursal, ao qual será somada a legitimidade, autorizando a interposição do recurso.

A independência funcional garantida constitucionalmente ao Ministério Público assegura a liberdade de manifestação sobre o mérito do processo[128] e o Superior Tribunal de Justiça vem sufragando essa tese.[129]

De todo modo, merece ser registrado que ao Ministério Público caberá a valoração da existência do interesse público, de modo que é ilegítima a existência de uma ordem judicial cogente que obrigue sua intervenção, tendo em vista que a independência funcional garante à Instituição a verificação de quando e como exercer suas funções. Se o membro do Ministério Público entender que não é hipótese de sua intervenção e o juiz discordar, os autos deverão ser remetidos ao Procurador-Geral, que dará a interpretação definitiva sobre a situação. No caso de o membro do Ministério Público resolver atuar e o juiz entender que não é hipótese de intervenção por ausência de interesse público, a palavra final sobre a questão será do Judiciário, por meio da análise dos recursos interpostos.

Em síntese, sobre a atuação como fiscal da ordem jurídica na jurisdição voluntária, devem ser registrados os seguintes pontos que receberam alguma inovação no CPC: 1) a intervenção na jurisdição voluntária somente será necessária se estiver presente alguma hipótese do art. 178, não havendo mais lugar para a antiga discussão sobre a obrigatoriedade dessa intervenção independentemente do caso concreto (art. 721 do novo CPC);[130] 2) conse-

---

deste, inclusive recorrendo, quando visualizar interesse social ou direito individual indisponível na pretensão da parte contrária. A liberdade de opinião diz respeito à independência funcional e deve ser respeitada em qualquer dos casos, porém esta será controlada pelo dever de fundamentar adequadamente (disponibilidade mitigada)".

128 Cf. Emerson Garcia. *Ministério Público...*, cit., 4ª ed., p. 473.

129 REsp 135.744/SP, rel. Min. Barros Monteiro, DJ 22/9/2003, p. 327.

130 Alcides de Mendonça Lima. *Comentários ao Código de Processo Civil*. São Paulo: RT. 1982, p. 43, v. XII; José Olympio de Castro Filho. *Comentários ao Código de Processo Civil*. Vol. 4ª ed. Rio de Janeiro: Forense, 1995, p. 14-18, v. X. Lembre-se, também, da conhecida opinião do autor sobre a não obrigatoriedade de intervenção do Ministério Público em todos os processos de jurisdição voluntária (Ministério Público e jurisdição voluntária. *Fundamentos do processo civil moderno*. 3ª ed. São Paulo: Malheiros, 2000, p. 399-406, v. I). Como contraponto a esse posicionamen-

quentemente, não há mais intervenção obrigatória em casos de ausência ou de disposições de última vontade, não mais cabendo ao Ministério Público a proteção de patrimônio individual disponível, seja como interveniente ou como agente, sendo inconstitucional a legitimidade conferida pelo art. 22 do Código Civil e a previsão do art. 745, § 4º, do novo CPC. No caso dos testamentos, o art. 735, § 2º, do novo CPC aparentemente prevê a intervenção obrigatória do Ministério Público, o que somente se justificaria com base em uma tradição irrefletida. Diante do art. 127 da Constituição e dos arts. 176, 178 e 721 do novo CPC, é incabível sustentar a simples tutela de patrimônio individual disponível pelo Ministério Público, cabendo salientar que não há reprodução no referido art. 178 do vetusto rol do art. 82, II, do CPC de 1973;[131] 3) nas ações de família a intervenção somente se justifica se houver incapazes (art. 698, CPC); 4) como o recurso de apelação somente passará pelo juízo de admissibilidade no Tribunal competente (art. 1010, § 3º), também não haverá necessidade de qualquer pronunciamento como *custos legis* após a prolação da sentença do órgão que atua em primeiro grau, acabando, enfim, como que foi denominado de "parecer recursal", sem prejuízo de ser necessária a atuação nos casos em que for possível o juízo de retratação do juiz; 5) o art. 245 do novo CPC simplifica o procedimento peculiar para a citação de pessoa mentalmente incapaz ou que esteja impossibilitado de recebê-la, prevendo-se que o oficial de justiça descreva e certifique minuciosamente a ocorrência, devendo ser nomeado médico para examinar o citando, que apresentará laudo no prazo de cinco dias, salvo se pessoa da família apresentar declaração do médico do citando que ateste a

---

to acerca da jurisdição voluntária: NELSON NERY JÚNIOR. Intervenção do Ministério Público nos procedimentos especiais de jurisdição voluntária. *Revista de Processo nº 46*. São Paulo: RT, abril/junho de 1987. Síntese da controvérsia em: JOÃO PAULO LUCENA. *Comentários ao Código de Processo Civil*. São Paulo: RT, 2000, p. 68-72, v. 15.

131 A doutrina, buscando explicar a razão pela qual o Ministério Público deveria zelar pelas declarações de última vontade, afirma que se trata de observância de "normas de ordem pública" (FERNANDO ANTÔNIO NEGREIROS LIMA. *A intervenção do Ministério Público no processo civil brasileiro como* custos legis. São Paulo: Método, 2007, p. 143-144) ou ainda explica: "como o testador, porque falecido, não mais pode velar para que sua vontade seja obedecida, a lei coloca o Ministério Público na função de cuidar de que não se descumpra a vontade manifestada no testamento" (CELSO AGRÍCOLA BARBI. *Comentários ao Código de Processo Civil*. 9ª ed. Rio de Janeiro: Forense, 1994, p. 230, v. I) e, por fim, em virtude de um suposto "interesse indisponível do Estado (da sociedade) em ver realizada a vontade do falecido" (ANTÔNIO CLÁUDIO DA COSTA MACHADO, ob. cit., p. 302). O testamento é um negócio jurídico unilateral que tem a morte como causa relacionada à sua eficácia, de modo que não há nada que o vincule a "ordem pública" ou disponibilidade.

incapacidade deste, e, reconhecida a impossibilidade de receber o mandado, será nomeado curador ao citando especificamente para a causa, recebendo a citação e lhe incumbindo a defesa dos interesses do incapaz para o ato. Note-se que não se trata de procedimento de interdição, mas de verificação tópica da capacidade para a prática de atos processuais. Por haver incapacidade, será necessária a intervenção do Ministério Público na própria verificação prevista no art. 245[132] e, caso se constate que o citando é incapaz, nos demais atos do processo; 6) é possível suscitar a incompetência relativa (art. 65, parágrafo único, CPC); 7) o art. 190 do novo CPC permite a formação de negócios processuais atípicos e o Ministério Público como fiscal da ordem jurídica – e, com mais razão, quando atuar como parte – poderá propor ou participar dessas convenções, sendo potencialmente atingido por essa mudança paradigmática e devendo se preparar para explorar adequadamente suas potencialidades.[133]

Em relação ao Ministério Público, há dois avanços importantes no art. 721, CPC:[134] estabelece que se trata de intimação e não de citação e vincula a intervenção às hipóteses do art. 178[135] Em brevíssima recapitulação histórica,[136] a doutrina, inicialmente, pontuou, em caráter peremptório, a necessidade de intimação do MP para participar de todos os procedimentos de jurisdição voluntária, sob pena de nulidade.[137] Evoluiu-se, posteriormente, na interpretação da regra específica de intervenção, para se concluir que ela só se faz realmente indispensável, na jurisdição voluntária, se presente um dos fundamentos

---

132 Contra, entendendo que o Ministério Público só atua a partir da constatação da incapacidade para o ato: Andre Vasconcelos Roque. *Teoria Geral do Processo*: comentários ao CPC de 2015 – Parte Geral. Gajardoni, Dellore, Roque e Oliveira Jr. (coautores). São Paulo: Método, 2015, p. 748.

133 Cf. Antonio do Passo Cabral. A Resolução nº 118 do Conselho Nacional do Ministério Públicos e as convenções processuais. *Negócios processuais*. Antonio do Passo Cabral, Fredie Didier Jr. e Pedro Henrique Nogueira (coord.). Salvador: JusPodivm, 2015. Sobre os fundamentos para a admissibilidade dos negócios jurídicos processuais: Robson Godinho. *Negócios processuais sobre o ônus da prova no Novo Código de Processo Civil*. São Paulo: RT, 2015.

134 Sobre a discussão no sistema anterior: Antônio Cláudio da Costa Machado. *A intervenção do Ministério Público no processo civil brasileiro*. 2ª ed. São Paulo: Saraiva, 1998, p. 497-528. Em seu amplo exame do tema, o referido autor afastava a solução agora consagrada no CPC, considerando inaceitável a utilização do art. 82 do CPC revogado como critério para se interpretar o igualmente revogado art. 1.105 do CPC de 1973, concluindo que o critério interpretativo deveria ser a indisponibilidade do direito envolvido, o que, a rigor, não distancia muito da ideia daqueles que defendiam a aplicação conjunta do art. 82. O problema está na extensão conferida ao conceito de indisponibilidade que, para aquele autor, abrange quase a totalidade dos procedimentos de jurisdição voluntária.

gerais da atuação do MP, previstos no art. 82 do CPC de 1973,[138] o que agora foi consagrado no art. 721.

Já nos outros dispositivos de jurisdição voluntária, salvo naqueles referentes ao processo de interdição, em que houve significativo aperfeiçoamento técnico, e ao de fundações privadas, parece que estamos em uma espécie de túnel do tempo, com previsões de intimação que não guardam qualquer vinculação com o art. 178, CPC, e, consequentemente, com o art. 127 da Constituição da República. Entretanto, como cabe ao próprio Ministério Público a análise sobre a sua intervenção,[139] nas hipóteses em que há específica deter-

---

135 Lembre-se da conhecida divergência entre CÂNDIDO RANGEL DINAMARCO, no sentido da não obrigatoriedade de intervenção do Ministério Público em todos os processos de jurisdição voluntária (Ministério Público e jurisdição voluntária. *Fundamentos do processo civil moderno.* 3ª ed. São Paulo: Malheiros, 2000, p. 399-406, v. I), e NELSON NERY JÚNIOR, no sentido da obrigatoriedade em razão da ausência de qualquer ressalva no CPC anterior (Intervenção do Ministério Público nos procedimentos especiais de jurisdição voluntária. *Revista de Processo nº 46.* São Paulo: RT, abril/junho de 1987). Curiosamente, ao comentar o atual art. 721, NERY JUNIOR manteve o entendimento de que "há interesse público *de lege lata* e *de iure conditio* em todos os procedimentos de jurisdição voluntária" (NELSON NERY JUNIOR e ROSA MARIA DE ANDRADE NERY. *Código de Processo Civil comentado.* 16ª ed. São Paulo: RT, 2016, p. 1670). O Superior Tribunal de Justiça praticamente desde sua instalação já conjugava os dispositivos para fins de intervenção do Ministério Público: "Processo civil. Ministério Público. Jurisdição voluntária. Exegese do art. 1.105, CPC. Interpretação lógico-sistemática recomenda que se dê ao art. 1105, do Código de Processo Civil, inteligência que o compatibilize com as normas que regem a atuação do Ministério Público, especialmente as contempladas no artigo 82 do diploma codificado. A presença da instituição nos procedimentos de jurisdição voluntaria somente se da nas hipóteses explicitadas no respectivo título e no mencionado art. 82" (REsp 364/SP, rel. Min. SÁLVIO DE FIGUEIREDO TEIXEIRA, Quarta Turma, j. 5/9/1989, DJ 18/12/1989, p. 18476).

136 Cf. RICARDO DE BARROS LEONEL. Novo CPC: o Ministério Público e a jurisdição voluntária. *Ministério Público.* ROBSON RENAULT GODINHO e SUSANA HENRIQUES DA COSTA (coord.). 2ª ed. Salvador: JusPodivm, 2017.

137 Nesse sentido, exemplificativamente, JOSÉ OLYMPIO DE CASTRO FILHO (*Comentários ao CPC*, 2ª ed., Rio de Janeiro, Forense, 1980, p. 25, v. X), bem como PONTES DE MIRANDA (*Comentários ao CPC*, Rio de Janeiro, Forense, 1977, p. 19, tomo XVI).

138 Assim: CÂNDIDO RANGEL DINAMARCO (Ministério Público e jurisdição voluntária, *Fundamentos do processo civil moderno,* 3ª ed., São Paulo, Malheiros, 2000, p. 399 e segs.); ANTONIO CARLOS MARCATO (*Procedimentos especiais*, 10 ed., São Paulo, Atlas, 2004, p. 340); HUMBERTO THEODORO JÚNIOR (*Curso de direito processual civil*, v. III, 38ª ed., Rio de Janeiro, Forense, 2007, p. 379); JOÃO PAULO LUCENA (*Comentários ao CPC*, v. 15, São Paulo, RT, 2000, p. 69-72); entre outros.

139 "De todo modo, merece ser registrado que ao Ministério Público caberá a valoração da existência do interesse público, de modo que é ilegítima a existência de uma ordem judicial cogente que obrigue sua intervenção, tendo em vista que a independência funcional garante à Instituição a verificação de quando e como exercer suas

minação de intimação caberá ao juiz remeter os autos para análise do órgão, evitando-se, assim, qualquer irregularidade processual. Assim, nos arts. 734, § 1º, 735, § 2º, 737, § 2º, 739, § 1º, I, 740, § 6º, e 745, § 4º, somente ocorrerá intervenção do Ministério Público se presente alguma hipótese do art. 178, CPC. Ou seja: em todos os casos o art. 721 incidirá, mesmo que haja determinação específica de intervenção.

Esse nosso entendimento, contudo, não é aceito de modo tranquilo na doutrina, razão pela qual pontuamos expressamente a necessidade de intimação do órgão em todas essas hipóteses. Com efeito, como no *caput* do art. 178, CPC, há a ressalva de que o Ministério Público intervirá nas hipóteses previstas em lei, há entendimento no sentido de que em todas as referências expressas no CPC a intervenção será obrigatória. Essa interpretação, na realidade, esvazia a evolução do art. 721, CPC, e praticamente retorna com a situação anterior, em que se entendia que o Ministério Público sempre intervirá nos casos em que a lei determinar.[140] Entretanto, como há diferença entre intima-

---

funções. Se o membro do Ministério Público entender que não é hipótese de sua intervenção e o juiz discordar, os autos deverão ser remetidos ao Procurador-Geral, que dará a interpretação definitiva sobre a situação. No caso de o membro do Ministério Público resolver atuar e o juiz entender que não é hipótese de intervenção por ausência de interesse público, a palavra final sobre a questão será do Judiciário, por meio da análise dos recursos interpostos" (Robson Renault Godinho. *A proteção processual dos direitos dos idosos*: Ministério Público, tutela de direitos individuais e coletivos e acesso à justiça. 2ª ed. Rio de janeiro: Lumen Juris, 2010, p. 98-99. Emerson Garcia. *Ministério Público:* organização, atribuições e regime jurídico. 6ª ed. São Paulo: Saraiva, 2017, p. 501-503. Cf., p. 247. Confira-se, ainda, com exame da discussão envolvendo a intervenção na jurisdição voluntária sob a codificação anterior: Fernando Antônio Negreiros Lima. *A intervenção do Ministério Público no processo civil brasileiro como* custos legis. São Paulo: Método, 2007, p. 161-167.

140 Registre-se a interpretação no sentido de que a intervenção (*rectius*: intimação) será obrigatória em todas as hipóteses expressas em lei: "Com os olhos voltados à sistemática legal, há três interpretações possíveis a respeito da atuação do Ministério Público nos procedimentos de jurisdição voluntária, quais sejam: (1) somente deve intervir nos procedimentos que previram sua atuação quando a situação se enquadrar no art. 178; (2) deve intervir em todos os procedimentos de jurisdição voluntária, quer sua atuação tenha sido prevista, quer não, apenas nas hipóteses do art. 178; e (3) deve intervir em todos os procedimentos em que sua atuação foi prevista de maneira expressa e, nos demais, quando a situação se enquadrar no art. 178. A primeira interpretação parte da premissa de que a menção expressa à intervenção do Ministério Público em alguns dos procedimentos de jurisdição voluntária não seria suficiente para torná-la obrigatória, sendo ainda necessário avaliar a situação concreta à luz do art. 178. Essa tese, em rigor lógico, caminha em norte contrário à liberdade do legislador para realizar juízos de valor dessa natureza. Não é demais lembrar que todas as hipóteses que contemplam essa intervenção mostram-se teoricamente consentâneas com os fins institucionais do Ministério Público. O cuida-

ção e efetiva intervenção, para fins de regularidade processual, repita-se, basta o ato de comunicação.

Outro ponto relevante é a fixação de que há necessidade de atuação de apenas um órgão do Ministério Público no processo, o que significa dizer que, caso atue como legitimado ativo, não será necessária a atuação de outro na função de fiscal da ordem jurídica.[141]

O prazo para a manifestação do Ministério Público é fixado em quinze dias úteis, inexistindo prazo em dobro em razão da disposição expressa no art. 721, que deve ser combinado nesse particular com o art. 180, § 2º, CPC.

---

do, aliás, foi grande, bastando seja lembrada a atribuição para intervir na alteração do regime de bens do matrimônio (art. 734, § 1º), que está inserida na mesma seção que trata do divórcio e da separação consensuais e da extinção da união estável, expedientes nos quais o Ministério Público somente intervirá nas hipóteses do art. 178. Pelas mesmas razões, parece-nos incorreto afirmar que o Ministério Público deve intervir em todos os procedimentos de jurisdição voluntária, quer sua atuação tenha sido prevista, quer não, nas hipóteses do art. 178. Afinal, a lei pode determinar que a Instituição efetivamente o faça em situações consentâneas com suas atribuições. Por fim, a interpretação que nos parece mais adequada é a que apregoa que o Ministério Público deve intervir em todos os procedimentos em que sua atuação foi prevista de maneira expressa e, nos demais, quando a situação se enquadrar no art. 178. Não impressiona o argumento, *a contrario sensu*, no sentido de que a lei, ao enunciar os procedimentos em que o Ministério Público deveria atuar, afastou, *ipso iure*, a possibilidade dessa atuação nos demais. A conclusão mais razoável é a de que o silêncio preponderou naquelas situações em que a intervenção somente se justificaria nas hipóteses do art. 178, o que exigiria a análise caso a caso. É o que ocorreria, por exemplo, no procedimento de alienação judicial de bem pertencente a incapazes (art. 730), que atrairia a incidência do art. 178, II" (EMERSON GARCIA. *Ministério Público*: organização, atribuições e regime jurídico. 6ª ed. São Paulo: Saraiva, 2017, p. 518-519).

141 EMERSON GARCIA. *Ministério Público*: organização, atribuições e regime jurídico. 6ª ed. São Paulo: Saraiva, 2017, p. 503-506. "Agravo regimental no recurso especial. Processo civil. Código de defesa do consumidor. Ação civil pública. Ministério Público autor da ação coletiva. 1. A ausência de parecer de mérito do Ministério Público Federal, na condição de fiscal, acerca do recurso especial interposto pelo Ministério Público Estadual, na condição de parte, por si só, não gera nulidade da decisão denegatória de seguimento recursal. 2. Não demonstrado prejuízo à parte, não há falar em nulidade processual. Presente intimação ministerial da decisão denegatória. 3. 'O Ministério Público é uno como instituição, pelo que o fato de o mesmo ser parte do processo dispensa sua presença como fiscal da lei, porquanto defendendo os interesses da coletividade, através da ação civil pública, de igual modo atua na custódia da lei' (REsp 1042223/SC, Rel. Ministro Luiz Fux, Primeira Turma, julgado em 16/12/2008, DJe 19/02/2009). 4. Agravo regimental desprovido" (AgRg no REsp 1342655/RJ, rel. Min. PAULO DE TARSO SANSEVERINO, Terceira Turma, j. 28/4/2015, DJe 11/5/2015).

15.1. Ministério Público e a necessidade de curador especial

O novo CPC corretamente distingue de modo expresso a função do Ministério Público como fiscal da ordem jurídica e, dependendo da hipótese, a necessidade de nomeação de curador especial, eliminando equívocos conceituais, como no caso da interdição (confronte-se, por exemplo, o art. 752, §§ 1º e 2º, do novo CPC com o art. 1770 do Código Civil, que será revogado pelo art. 1.072, II, do novo CPC).[142]

A atuação do Ministério Público não elimina a necessidade de o incapaz ser assistido ou representado, na forma do art. 71 do novo CPC, já que sua participação se dará na condição de fiscal da ordem jurídica, cabendo-lhe, inclusive, por zelar pela adequada observância da atuação dos representantes legais. A intervenção do Ministério Público se dá precisamente em benefício do incapaz, não podendo significar em nenhum momento a diminuição de sua proteção jurídica. A mesma ideia deve incidir quando presente hipótese que justifique a nomeação de curador especial, que nunca será o próprio Ministério Público.

O art. 72 do CPC reproduz em essência o texto correspondente do Código anterior, com aperfeiçoamento redacional e correção técnica do parágrafo único. Trata-se de hipótese de suprimento de capacidade processual e não material, não dispensando a intervenção do Ministério Público, quando incidir o art. 178, aplicando-se aqui, como visto, o mesmo raciocínio utilizado na análise do art. 71, CPC. O Ministério Público não atua no processo para integrar a capacidade, mas, sim, como fiscal da ordem jurídica. Se uma das funções do curador especial está no reforço do contraditório e da proteção da esfera jurídica do incapaz, a subtração de sua atuação em virtude da atuação do Ministério Público na verdade levaria a um déficit protetivo.

O parágrafo único do art. 72, CPC, é uma adequação à evolução normativa após a edição do Código anterior, especialmente à disciplina constitucional do Ministério Público, afastando-o definitivamente da possibilidade de ser curador especial, e das Leis Complementares 80/1994 e 132/2009, que dispõem sobre a Defensoria Pública e a erigem à condição de curador especial por excelência. Nas localidades em que ainda não houver Defensoria Pública devidamente instalada, a curadoria especial recairá sobre advogado idôneo. Não há necessidade de o curador ser advogado, mas, como para praticar atos no

142 As revogações previstas no art. 1.072, II, do novo CPC sofreram uma espécie de constrangimento legislativo, na medida em que o art. 114 do Estatuto da Pessoa com Deficiência, editado após a aprovação do CPC e com período menor de vacância, altera dispositivos do Código Civil sem revogar a norma revogadora ou estabelecer alguma compatibilização sistemática.

processo é necessária a capacidade postulatória, não faz sentido prático que a nomeação recaia sobre outra pessoa que terá que contratar profissional habilitado, já que são inconfundíveis os graus de incapacidade e o curador especial somente supre a incapacidade processual.

O que deve ser bem compreendido é a impossibilidade de o Ministério Público exercer a função de curador especial após a Constituição da República de 1988. A função do Ministério Público no processo se dá apenas de três maneiras: como legitimado ordinário, nos casos em que defende situação jurídica própria, como legitimado extraordinário e como fiscal da ordem jurídica. O Ministério Público deve zelar pela nomeação de curador especial nos procedimentos em que intervier e tal providência for exigida, como corretamente dispõe o art. 74, II, do Estatuto do Idoso, mas não pode ele exercer essa função por ser ela incompatível com suas atividades institucionais e finalísticas. Nem mesmo na ausência da Defensoria Pública deverá o Ministério Público exercer a curadoria especial, devendo a nomeação recair sobre outra pessoa, preferencialmente um advogado dativo.[143] Se a curadoria especial tiver lugar em hipóteses previstas no art. 178, CPC, ou em alguma outra situação prevista legalmente, haverá necessidade de intervenção do Ministério Público na condição de fiscal da ordem jurídica, o que, como já afirmado, não exclui a necessidade de nomeação de curador especial, havendo, pois, uma dupla tutela do contraditório justificada por questões de política legislativa. Em suma, o Ministério Público, sendo o caso, deve conviver com o curador especial, mas não exerce essa função. O STJ cometeu grave equívoco nesse sentido, ao entender que era desnecessária a nomeação de curador especial ao interditando, por haver intervenção obrigatória do Ministério Público (REsp 1099458/PR, Rel. Min. MARIA ISABEL GALLOTTI, Quarta Turma, DJe 10/12/2014). Confundiu-se a atuação como fiscal da ordem jurídica com a integração de capacidade processual do curador especial. O art. 752, §§ 1º e 2º, CPC, corrige o equívoco.

Situação completamente distinta da foi exposta nas linhas anteriores consiste na atuação do Ministério Público como substituo processual e a desnecessidade de nomeação de curador especial. Não perceber essa diferença é o mesmo que não entender a distinção entre substituição processual e fiscalização da ordem jurídica. Não se nomeia curador especial sob o pretexto de equilibrar um contraditório que está plenamente estabelecido, sem que incida

143 Contra, entendendo que há possibilidade de nomeação subsidiária do Ministério Público: OVÍDIO BAPTISTA SILVA. *Comentários ao Código de Processo Civil*. São Paulo: RT, 2000, p. 86, v. I. Em sentido semelhante, já escrevendo sobre o novo CPC: DIDIER JR., *Curso...*, cit., p. 332-333.

nenhuma daquelas hipóteses antes mencionadas. Nesses casos, o Ministério Público é quem figura como autor, na tutela de direitos indisponíveis, não havendo necessidade de nomeação de curador especial. Essa controvérsia se instaurou em diversos casos envolvendo a destituição de poder familiar, em que a Defensoria Pública passou a atuar na condição de curador especial sem inclusive prévia nomeação judicial, incidindo em duplo equívoco. O CPC não possui regra expressa sobre o tema e a polêmica que se instaurou deveria ter sido suficiente para animar regramento específico. Mas esse entendimento sobre a desnecessidade de nomeação de curador especial decorre do sistema e vem sendo acolhido pelo STJ.[144]

Art. 722. A Fazenda Pública será sempre ouvida nos casos em que tiver interesse.

CPC de 1973 – art. 1.108

16. Fazenda Pública

A determinação de que a Fazenda Pública será sempre ouvida nos casos em que tiver interesse é regra desnecessária,[145] não só por conta do artigo anterior, que cuida da citação de todos os interessados, mas também pelo próprio regramento da Fazenda em juízo, que autoriza seu ingresso no processo quando houver interesse. O dispositivo cria, na realidade, um dever de prognose, isto é, a necessidade de provocação da Fazenda quando vislumbrado abstratamente seu interesse, o que somente será evidente se houver questões específicas envolvidas, comumente envolvendo o recolhimento de valores de tributos.[146]

---

144 AgRg no Ag 1369745/RJ, rel. Min. Paulo de Tarso Sanseverino, Terceira Turma, DJe 16/4/2012; AgRg no Ag 1415049/RJ, rel. Min. Maria Isabel Gallotti, Quarta Turma, DJe 17/5/2012; AgRg no Ag 1410673/RJ, rel. Min. Marco Buzzi, Quarta Turma, DJe 29/10/2014; AgRg no REsp 1478366/RJ, rel. Min. Luis Felipe Salomão, Quarta Turma, DJe 11/12/2014.

145 "Perfeitamente dispensável o artigo. [...] Ao que parece, a referência expressa à Fazenda só se compreende como destinada a chamar a atenção das partes, do Ministério Público e do juiz para o interesse dos Poderes Públicos" (José Olympio de Castro Filho. *Comentários ao Código de Processo Civil*. 4ª ed. Rio de Janeiro: Forense, 1995, p. 22, v. X).

146 Cf. Jefferson Carús Guedes. *Comentários ao Código de Processo Civil*. Marinoni, Arenhart e Mitidiero (coord.). São Paulo: RT, 2016, p. 722, v. 11. José Olympio de Castro Filho exemplificava essa intervenção arrolando os seguintes casos em que a Fazenda deveria ser intimada: separação judicial dos cônjuges, em que existir partilha de bens; arrecadação de herança jacente ou de bens de ausentes ou de coisas vagas (José Olympio de Castro Filho. *Comentários ao Código de Processo Civil*. 4ª ed. Rio de Janeiro: Forense, 1995, p. 23, v. X). Mendonça Lima aponta as seguintes situações em que deverá ocorrer a intimação da Fazenda: sub-rogação,

Nos comentários aos procedimentos especiais, mencionaremos os casos de intimação da Fazenda Pública. Registre-se que, para a regularidade procedimental, exige-se apenas a intimação do representante judicial (cf. art. 535, CPC) e não a efetiva participação da Fazenda no processo. Em havendo situação que a Fazenda seja parte em jurisdição voluntária, será citada, com todas as consequências decorrentes da integração do polo passivo.

Art. 723. O juiz decidirá o pedido no prazo de 10 (dez) dias.

Parágrafo único. O juiz não é obrigado a observar critério de legalidade estrita, podendo adotar em cada caso a solução que considerar mais conveniente ou oportuna.

CPC de 1973 – art. 1.109

17. Prazo

O prazo fixado no *caput* é diverso do estipulado no art. 226, III, CPC,[147] mas nada indica que sua contagem não deve observar o disposto no art. 219, CPC, ou seja, devem ser computados apenas os dias úteis, por se tratar de prazo processual. O fato de os procedimentos de jurisdição voluntária não se submeterem à suspensão decorrente das férias forenses (art. 215, I, CPC) não significa que a contagem dos prazos deve ser contínua, mas apenas que qualquer dia útil deve ser computado, o que, tendo em vista o disposto no art. 93, XII, da Constituição da República, significa que somente nos finais de semana e feriados haverá suspensão do prazo.[148] Trata-

herança jacente, pretensão de meeiro ou herdeiro sobre bem arrecadado, arrecadação de bens de ausentes, arrecadação de coisas vagas, separação ou divórcio com partilha (ALCIDES DE MENDONÇA LIMA. *Comentários ao Código de Processo Civil*. São Paulo: RT, 1982, p. 60, v. XII).

147 Note-se que, se for caso de decisão interlocutória, o art. 226, II, CPC, fixa o prazo de dez dias. Há, ainda, relevante distinção observada por LEONARDO GRECO: "Mas se o pedido for julgado por sentença final, parece-me que caberá fazer uma distinção. Se for resolvido isoladamente, o prazo será de dez dias, por exceção à regra de que o prazo para as sentenças é de trinta dias (art. 226, III). Se for resolvido em conjunto com outros pedidos de jurisdição contenciosa, sujeitos às regras do procedimento comum, prevalecerá o prazo de trinta dias, por força do disposto no § 2º do art. 327" (*Breves comentários ao Novo Código de Processo Civil*. TERESA WAMBIER, EDUARDO TALAMINI, FREDIE DIDIER JR., BRUNO DANTAS (coord.). 3ª ed. São Paulo: RT, 2016, p. 1861).

148 Se assim não se entender, todos os casos do art. 215 do CPC deverão ter os prazos processuais contados em dias corridos. Note-se que, no caso do recesso forense, há mais dificuldade, por haver, a rigor, algo muito similar a férias coletivas, com sistema de plantões diários. Ainda assim, mesmo com multiplicidade de órgãos com competências alternadas, trata-se de situação equiparável às férias forenses (cf. EREsp

-se do denominado prazo impróprio, não acarretando consequências processuais em caso de descumprimento.[149]

18. Decisões na jurisdição voluntária

No procedimento de jurisdição voluntária pode haver também decisões interlocutórias, que também observarão esse prazo específico, que acaba por coincidir, nesse ponto, com o prazo genérico do art. 226, II, CPC.

As sentenças proferidas em jurisdição voluntária não são excluídas da ordem cronológica preferencial prevista no art. 12, CPC, como se constata no parágrafo segundo do referido dispositivo, ainda que alguns casos possam ali ser enquadrados, o que não deixa de ser uma incongruência quando de tem em mira o disposto no art. 215, I, CPC.

Como já afirmado antes, as decisões proferidas em jurisdição voluntária, como quaisquer outras decisões judiciais, devem ser fundamentadas, observando-se o disposto no art. 489, § 1º, CPC. Corretamente, portanto, foi editado Enunciado 640 do Fórum Permanente de Processualistas Civis: "o disposto no parágrafo único do art. 723 não exime o juiz de observar o disposto nos §§ 1º e 2º do art. 489". Na realidade, a condição de aplicabilidade do disposto no parágrafo único é a observância de fundamentação, como se verá no item seguinte.

19. A não observância da legalidade estrita

O disposto no parágrafo único do art. 723 não pode significar uma porta aberta para o arbítrio judicial. A jurisdição voluntária, com o perdão do truísmo, mas que se mostra necessário diante da prática forense, está inserida no quando maior do devido processo legal e não constitui um mundo à parte.[150]

1517176/SP, rel. Min. João Otávio de Noronha, Corte Especial, j. 5/4/2017, DJe 9/5/2017).

149 Amorim Assumpção Daniel Neves. *Novo Código de Processo Civil comentado*. 2ª ed. Salvador: JusPodivm, 2017, p. 381 e 1170 (do mesmo autor, amplamente sobre o tema, vale conferir *Preclusões para o Juiz*: preclusão *pro iudicato* e preclusão judicial no processo civil. São Paulo: Método, 2004).

150 A propósito, podemos aplicar à jurisdição voluntária o que José Carlos Barbosa Moreira disse a respeito do mandado de segurança: "Não há porque enxergar no mandado de segurança uma extravagância legal, de impossível enquadramento nos cânones tradicionais do processo civil. As suas peculiaridades não o convertem numa aberração. Renunciam a explicá-lo em termos racionais, com o instrumental da técnica jurídica, os que, sob color de acentuar-lhe a singularidade, se contentam em pespegar-lhe epítetos mais ou menos pitorescos, como o de 'remédio heróico' e quejandos. Mas tal confissão de impotência de modo algum valoriza o instituto. Só faz reduzi-lo ao nível de curiosidade de feira. Em nada aproveita ao mandado de

Mesmo se se entender que a jurisdição voluntária possui natureza administrativa ou não jurisdicional – com o que não se concorda, reitere-se, o alcance da discricionariedade jamais pode se aproximar do arbítrio e do descontrole.

Deve ser registrado que toda flexibilização normativa pode dar azo a arbitrariedades variadas, de modo que a autorização legal para que não se observe a legalidade estrita na jurisdição voluntária deve ser recebida com o devido balizamento. Em relação a uma possível discricionariedade nesse contexto, lembre-se de que "a ideia de discricionariedade tende a reduzir-se de maneira considerável. Suas hipóteses tradicionais não são já identificadas com a ideia de isenção de controle; têm passado a ser unicamente hipóteses de 'dificuldade de controle'".[151]

Como bem observa LEONARDO GRECO, desse dispositivo "não se pode extrair uma ampla autorização para julgamentos contrários à lei com fundamento numa ilusória justiça do caso concreto ou de equidade. O respeito à lei pelos juízes, como por qualquer autoridade, é uma garantia inerente ao Estado

---

segurança, nem à ciência, nem afinal à Justiça, boquiabrirmo-nos diante dele, como diante de esfinge que ainda não houvesse encontrado seu Édipo. Há no instituto uma estrutura inteligível, e a originalidade deste ou daquele traço não tira à doutrina processual a aptidão para interpretá-la e traduzi-la conceptualmente com os recursos que lhe são próprios, e que muito bem se adaptam ao objeto investigado. Respeitemos-lhe a individualidade, sem expulsá-lo da sede natural: é a única atitude propícia à preservação do seu valor e ao aprimoramento que ele urgentemente reclama. Ao redor do mandado de segurança estendeu-se uma rede de equívocos, a que se acrescenta nova malha toda vez que se quer tratá-lo como instituto *sui generis*. Nenhum processo especial é instituto *sui generis*" (Mandado de segurança e condenação em honorários de advogado. *Direito processual civil (ensaios e pareceres)*. Rio de Janeiro: Borsoi, 1971, p. 246-247). Se substituirmos "mandado de segurança" por "jurisdição voluntária", com as devidas adaptações, o excerto ora transcrito se encaixa precisamente ao que pensamos, com a ressalva, de algum modo já registrada, que, até onde pudemos verificar na vasta obra de BARBOSA MOREIRA (cf., por exemplo, em seu livro *Estudos sobre o Novo Código de Processo Civil*. Rio de Janeiro: Liber Juris, 1974, p. 27 e 48), o grande processualista era simpático à ideia tradicional de que a jurisdição voluntária não é jurisdição, de modo que, evidentemente, a apropriação desse excerto decorre de nossa livre ilustração.

151 GARCIA DE ENTERRÍA e RAMÓN FERNANDEZ. *Curso de direito administrativo*. José Roberto Froes Cal (trad.). Carlos Ari Sundfeld (rev.). São Paulo: RT, p. 461-465, 2014, v. I. Após lembrar a clássica idéia de que "a discricionariedade é o cavalo de Troia do Estado de Direito" os autores espanhóis afirmam que "a discricionariedade é essencialmente uma liberdade de eleição entre alternativas igualmente justas" (idem). Para uma abordagem sobre a revisão da noção de discricionariedade no direito administrativo brasileiro: JUAREZ FREITAS. *O controle dos atos administrativos*. 5ª ed. São Pauulo: Malheiros, 2013, p. 328-367. GEORGES ABBOUD. *Discricionariedade administrativa e judicial*. São Paulo: RT, 2014, capítulo 2.

de Direito [...]. Sem dúvida, na jurisdição voluntária há muitas questões de direito material que comportam juízos de equidade, como as relativas à proteção de menores e incapazes, em que a própria lei recomenda que se adote a providência mais adequada e conveniente. Não se pode extrair daí uma exceção ao princípio da adstrição, muito menos que o abandono do critério da legalidade estrita seja uma regra geral na jurisdição voluntária. Há, por outro lado, muitas outras questões que devem ser apreciadas sob juízos de legalidade estrita, como, por exemplo, a extinção de usufruto ou fideicomisso. Ainda nas hipóteses em que o direito material faculta a formulação de juízos discricionários, deve o juiz explicitar as razões da sua decisão para evidenciar a sua causalidade adequada, velando que essas razões determinem em todos os casos idênticos soluções absolutamente uniformes [...]. Fica, portanto, afastada qualquer equiparação da equidade à ideia de que cada caso é um caso, podendo o juiz arbitrariamente e sem qualquer critério objetivo razoável adotar a decisão que lhe aprouver. [...] Já se discutiu na doutrina se a possível flexibilidade conferida ao juiz pela norma em comento seria de direito material ou de direito processual. Na verdade, a desejável flexibilização do procedimento, seja na jurisdição contenciosa, seja na jurisdição voluntária, é perfeitamente admissível, não com suporte nesse dispositivo, mas como consequência do princípio da instrumentalidade das formas, que inspira todo o regime das nulidades processuais. Assim, com todas as ressalvas feitas à redação do parágrafo, parece que a norma se refere ao direito material, mas como acima esclarecido, de aplicação mais ou menos extensa em função do regime jurídico a que esteja sujeita a relação jurídica de direito material".[152]

A noção de sentença determinativa pode contribui para a melhor compreensão desse dispositivo. Na doutrina brasileira, utiliza-se a sentença determinativa, por exemplo, para designar sentença que regula relação e trato continuado e também para designar a decisão que integra normas com sentido aberto ou que não possuem as consequências precisamente delimitadas na norma, quando então haveria discricionariedade judicial, figurando como exemplo precisamente as decisões proferidas em jurisdição voluntária.[153] Essa

---

152 Leonardo Greco. *Breves comentários ao Novo Código de Processo Civil.* Teresa Wambier, Eduardo Talamini, Fredie Didier Jr. e Bruno Dantas (coord.). 3ª ed. São Paulo: RT, 2016, p. 1861-1862. A flexibilidade procedimental, na realidade, encontra força nos arts. 139, VI, 190 e 191 do CPC, além do disposto no art. 327, § 2º, cujo potencial é bastante grande para a utilização de técnicas intercambiáveis.

153 Fredie Didier Jr., Paula Sarno Braga e Rafael Alexandria de Oliveira. *Curso de direito processual civil.* 13ª ed. Salvador: JusPodivm, 2018, p. 409-501, v. 2. Os referidos autores lembram que "a decisão determinativa não é mais um tipo de decisão judicial, além das já indicadas decisões que impõem prestação, constitutivas e declaratórias. Nada têm de peculiar quando ao conteúdo do preceito que estabe-

é a ideia clássica de sentença determinativa, desenvolvida na primeira metade do século passado, não podendo ter a mesma amplitude nos dias de hoje, sob pena se se coonestar o arbítrio do julgador.[154] Não se trata aqui de escolha por julgamento de equidade, como se estivéssemos em sede de arbitragem.[155] A ideia de sentença determinativa como decisão integrativa e garantidora dos direitos e garantias fundamentais relativiza a regra da congruência,[156] o que não significa que não se deva ouvir as partes a respeito. Na realidade, somente com a observância dos arts. 9º, 10 e 489, parágrafo único, CPC, a não observância da legalidade pode se legitimar.

Há divergência sobre o alcance do disposto no parágrafo único do art. 723, CPC, isto é, discute-se se a não observância da legalidade estrita se refere ao direito processual, ao direito material ou a ambos.[157] Se se entender que

---

lecem. São determinativas pelo fundamento em que se baseiam: a integração de norma jurídica que não define completamente a disciplina do caso concreto, exigindo uma atividade criadora e discricionária do juiz" (p. 500-501). Confira-se, ainda, CARMEN LÍGIA NERY. *Decisão judicial e discricionariedade*: a sentença determinativa no processo civil. São Paulo: RT, 2014, p. 31-35, 43 e 63-67. Essa autora, por sua vez, aprofundando a ideia de que a sentença determinativa não ocorre apenas na jurisdição voluntária, entende, sim, tratar-se de tipo autônomo de sentença (p. 41-55).

154 CARMEN LÍGIA NERY. *Decisão judicial e discricionariedade*: a sentença determinativa no processo civil. São Paulo: RT, 2014, item 1.3 e capítulos 2 e 3.

155 Cf. MARTIM DELLA VALLE. *Arbitragem e equidade:* uma abordagem internacional. São Paulo: Atlas, 2012. Note-se que a Lei 13.129/2015 acrescentou um parágrafo terceiro ao art. 2º da Lei de Arbitragem dispondo que "a arbitragem que envolva a administração pública será sempre de direito e respeitará o princípio da publicidade". O Superior Tribunal de Justiça já se valeu do argumento da equidade: "Em se tratando de procedimento de jurisdição voluntária, em que não há necessidade de se observar a legalidade estrita, podendo o juiz decidir por eqüidade (art. 1.109 do CPC), a expedição imediata de alvará, antes do término do prazo para a interposição de recurso, não configura ofensa à lei processual. (Precedente.) Recurso não conhecido" (REsp 251.693/GO, rel. Min. Felix Fischer, Quinta Turma, j. 19/2/2002, DJ 18/3/2002, p. 281). Como se vê, desnecessária a aplicação dessa regra para obter a conclusão desejada pelo Tribunal, na medida em que se tratava apenas da antecipação do trânsito em julgado para a obtenção do alvará ou mesmo o deferimento de medida de urgência, se fosse o caso.

156 CARMEN LÍGIA NERY. *Decisão judicial e discricionariedade*: a sentença determinativa no processo civil. São Paulo: RT, 2014, p. 157-159.

157 Categoricamente no sentido de que a legalidade estrita somente se refere ao aspecto procedimental: PONTES DE MIRANDA. *Comentários ao Código de Processo Civil.* 2ª ed. Rio de Janeiro: Forense, 2008, p. 20, tomo XVI. Assim também se manifestou EDSON PRATA (*Comentários ao Código de Processo Civil.* Rio de Janeiro: Forense, 1978, p. 37-40, v. VII). MENDONÇA LIMA inicialmente se mostra alinhado a essa ideia de PONTES DE MIRANDA, mas apresenta alguns temperamentos, especialmente acerca da inexistência de preclusão em sede de jurisdição voluntária (*Comentários ao Códi-*

se limita a questões processuais,[158] a regra será de pouca utilidade, já que o CPC permite flexibilização processual em diversas passagens, de modo que o citado dispositivo somente reforçaria uma orientação clara do Código. Já em relação ao direito material, efetivamente a história da jurisdição voluntária revela avanços e conquistas por meio do afastamento da legalidade estrita para a consecução da finalidade do procedimento, como o deferimento de guardas ou curatelas compartilhadas, quando não havia previsão legal nesse sentido, ou a alteração de nome de transexuais, por exemplo.[159] É bem verdade que também

---

go de Processo Civil. São Paulo: RT, 1982, p. 66-69, v. XII). Já Castro Filho, após longa exposição sobre os poderes do juiz, assinala que o dispositivo só incide onde houver espaço para a discricionariedade, fazendo paralelo com a conveniência e a oportunidade no campo administrativo (*Comentários ao Código de Processo Civil*. 4ª ed. Rio de Janeiro: Forense, 1995, p. 23, v. X.).

158 O Superior Tribunal de Justiça se vale dessa regra para questões procedimentais: "Processo civil. Recurso especial. Interdição. Supressão do prazo de impugnação previsto no art. 1.182 do CPC com fundamento no art. 1.109 do mesmo diploma legal. Inviabilidade. O art. 1.109 do CPC abre a possibilidade de não se obrigar o juiz, nos procedimentos de jurisdição voluntária, à observância do critério de legalidade estrita, abertura essa, contudo, limitada ao ato de decidir, por exemplo, com base na equidade e na adoção da solução mais conveniente e oportuna à situação concreta. Isso não quer dizer que a liberdade ofertada pela lei processual se aplique à prática de atos procedimentais, máxime quando se tratar daquele que representa o direito de defesa do interditando. Recurso especial provido" (REsp 623.047/RJ, rel. Min. Nancy Andrighi, Terceira Turma, j. 14/12/2004, DJ 7/3/2005, p. 250). Em seu voto, a relatora fundamentou da seguinte forma: "Não se hesita em aplicar o art. 1109 do CPC nas ações de jurisdição voluntária típicas quando se reputar mais conveniente ou oportuna. Todavia, intangíveis são as regras processuais que cuidam do direito de defesa da parte requerida, especialmente quando se trata de ação de interdição, de caráter indisponível e que privará o interditando da administração da sua vida. Ademais, o disposto no referido artigo é direcionado a modificação das regras para decidir o processo, isto é, permite, por exemplo, ao juiz julgar com base na equidade, que nada mais é do que a solução mais adequada à situação concreta, mesmo que haja regra legal aplicável à situação. Este é o limite da afirmação legal de que o juiz não está vinculado à legalidade estrita. Assim, não se extrai do art. 1.109 do CPC autorização para que o juiz deixe de praticar os atos processuais inerentes ao procedimento, máxime quando se tratar daquele que representa o direito de defesa da parte requerida". Como se vê, desnecessária a invocação dessa regra para que se obtenha a mesma conclusão.

159 "Como corretamente percebeu Fernando Gajardoni, o par. ún. do art. 723 do CPC (o autor referia-se ao art. 1.109 do CPC-1973, de conteúdo idêntico) estabelece uma regra geral de flexibilização procedimental, permitindo ao órgão jurisdicional a adaptação do procedimento da jurisdição voluntária às peculiaridades do caso concreto, como, por exemplo, a não realização de determinado ato que, no caso concreto, se revela desnecessário, como o interrogatório do interditando que se encontra em coma. Interessante, também, a menção a um exemplo prático de aplicação da regra na *decisão* em jurisdição voluntária. A *guarda compartilhada* dos filhos do

nesse abrandamento da legalidade vem seguindo a denominada jurisdição contenciosa, com base em variadas teorias, como neoconstitucionalismo, derrotabilidade da lei, utilização heterodoxa da mutação constitucional etc., fazendo com que esse parágrafo único não seja exatamente uma peculiaridade da jurisdição voluntária.

20. Jurisdição voluntária e negócios processuais

A história do estudo da autonomia científica do processo civil é também a história da hipertrofia dos poderes dos juízes e da atrofia da autonomia das partes, o que é ainda mais evidente na jurisdição voluntária.[160] Entretanto, a

---

casal foi regulamentada no Código Civil (arts. 1.583-1.584 do Código Civil, inicialmente em 2008, com alterações feitas pela Lei n. 13.058/2014). Não obstante isso, os magistrados sempre a admitiram, mesmo sem texto expresso de lei, na homologação de separações/divórcios consensuais que a contivessem, exatamente porque entendiam ser a solução mais justa do caso concreto. A jurisprudência antecipou-se à consagração legislativa da guarda compartilhada. O art. 1.109 do CPC-1973 exerceu, no particular, papel muito importante. Outro exemplo de possível aplicação da norma é a possibilidade de o juiz reconhecer o direito de uma pessoa a não ter, na sua certidão de nascimento, a identificação como mulher ou homem – a pessoa pertence a um *terceiro gênero*, já reconhecido em alguns países" (Didier Jr. *Curso de direito processual civil.* 18ª ed. Salvador: JusPodivm, 2016, p. 189, v. 1).

160 Desenvolvi o tema mais aprofundadamente em dois trabalhos: Robson Godinho. *Negócios processuais sobre o ônus da prova no Novo Código de Processo Civil.* São Paulo: RT, 2015. A autonomia das partes e os poderes do juiz entre o privatismo e o publicismo do processo civil brasileiro. *Ativismo judicial e garantismo processual.* Didier Jr., Nalini, Ramos, Levy (coord.). Salvador: JusPodivm, 2013. Além dos trabalhos constantes dessa obra coletiva antes citada, podem ainda ser apontadas como referências importantes sobre essa temática, entre outras: *Proceso civil e ideología*: un prefacio, una sentencia, dos cartas y quince ensayos. Juan Montero Aroca (coord.). Valencia: Tirant lo Blanch, 2006. Veja-se, ainda, uma introdução à visão "garantista" do processo em "Crônica da Primeira Jornada Internacional sobre Processo Civil e Garantia", subscrita por Adolfo Alvarado Velloso, Eugenia Ariano Deho, Franco Cipriani, Federico G. Dominguez, Luís Correia de Mendonça, Girolamo Monteleone e Juan Montero Aroca, publicada na *Revista de Processo nº 145.* São Paulo: RT, março de 2007; Leonardo Greco. Publicismo e privatismo no processo civil. *Revista de Processo nº 164.* São Paulo: RT, outubro de 2008; Michele Taruffo. *La Giustizia Civile in Italia dal' 700 a Oggi.* Bologna: Mulino, 1980; Franco Cipriani. *Ideologie e Modelli del Processo Civile: saggi.* Napoli: Edizioni Scientifiche Italiane, 2001; Giovanni Tarello. *Storia della Cultura Giuridica Moderna*: assolutismo e codificazione del diritto. Bologna: il Mulino, 2010 (1976). *Dottine del Processo Civile*: studi storici sulla formazione del diritto processuale civile. Bologna: Il Mulino, 1989; Paula Costa e Silva. *Acto e processo*: o dogma da irrelevância da vontade na interpretação e nos vícios do acto postulativo. Coimbra: Coimbra, 2003; Pedro Henrique Pedrosa Nogueira. *Negócios jurídicos processuais.* 2ª ed. Salvador: JusPodivm, 2017; Fredie Didier Jr. e Pedro Henrique Pedrosa

possibilidade de negociação processual é completamente possível em sede de jurisdição voluntária e integra o sistema de flexibilização procedimental antes referido, a partir da regra geral do art. 190, CPC. Mesmo em processos em que há discussão de direitos indisponíveis, há a possibilidade de convenções processuais, desde que se reforce a tutela da indisponibilidade (exemplo: previsão de prazo maior para a prática de atos processuais em favor de incapazes). Pode-se objetar que é desnecessária a negociação processual em um ambiente em que a legalidade estrita pode ser afastada. Entretanto, esse argumento revela a equivocada ideologia do protagonismo judicial em detrimento da autonomia das partes. Os negócios processuais integram um processo que leva a sério a participação de todos os interessados e sua utilização deve ser incentivada.

Art. 724. Da sentença caberá apelação.

CPC de 1973 – art. 1.110

21. Decisões e recursos na jurisdição voluntária

Trata-se de regra desnecessária, na medida em que o recurso cabível por excelência contra a sentença[161] no processo civil brasileiro é a apelação.[162] Seria justificável regra expressa sobre o recurso cabível, se houvesse alguma exceção ao disposto no art. 1.009, CPC, não havendo qualquer razão para que aquela regra geral aqui seja reproduzida. Na realidade, esse comportamento legislativo apenas serve para reforçar a ideia de que a jurisdição voluntária é um mundo à parte, sem comunicação com regras que, erroneamente, reputam-se como exclusivas do processo civil contencioso.

Em suma, havendo sentença, o recurso cabível é a apelação, normalmente recebida com efeito suspensivo, salvo se houver caso que verse sobre tutela

---

Nogueira. *Teoria dos fatos jurídicos processuais.* 2ª ed. Salvador: JusPodivm, 2012; Lorena Miranda Santos Barreiros. *Convenções processuais e poder público.* Salvador: JusPodivm, 2017; *Negócios Processuais.* Antonio do Passo Cabral, Fredie Didier Jr. e Pedro Henrique Nogueira (coord.). Salvador: JusPodivm, 2015; Antonio do Passo Cabral. *Convenções processuais.* 2ª ed. Salvador: JusPodivm, 2018; Fredie Didier Jr. *Ensaios sobre os negócios jurídicos processuais.* Salvador: JusPodivm, 2018.

161 Veja-se o contorcionismo argumentativo para inserir na jurisdição voluntária o conceito de sentença para fins recursais, ilustrando uma vez mais a necessidade de se superar essa fase de se considerá-la como atividade administrativa: "Processual

civil. Requerimento de homologação de cessão de precatórios e de substituição processual, formulado em procedimento de jurisdição voluntária. Decisão que defere, em parte o pedido, extinguindo o processo incidental. Recurso cabível: apelação (CPC, art. 1.110). 1. O procedimento de habilitação previsto na lei processual (arts. 1055-1062) inicia-se por um ato postulatório e se encerra por sentença. 2. A parte que requerer seu ingresso em feito em andamento, se indeferido o requerimento, pode interpor agravo; mas se o requereu em processo incidental autônomo, ainda que se conclua ser este desnecessário, a sua inutilidade é declarada por sentença terminativa, desafiando apelação. 3. Consoante a melhor doutrina, a apelação é o recurso cabível contra toda e qualquer sentença, entendido agora este termo, segundo a redação dada ao art. 162, § 1.º, pela Lei n.º 11.232, como 'o ato do juiz que implica alguma das situações previstas nos arts. 267 e 269', aos quais, por sinal, sempre remeteu expressis verbis o dispositivo sob exame. Não se distingue, pois, quanto ao cabimento do recurso, entre sentença definitiva e sentença meramente terminativa. [...] Não há distinguir, a este respeito, entre processos principais e acessórios, nem entre procedimentos de jurisdição contenciosa e procedimentos de jurisdição voluntária, podendo afirmar-se que nos últimos a apelação permaneceria cabível ainda que não existisse a regra específica do art. 1.110 (José Carlos Barbosa Moreira. *Comentários ao Código de Processo Civil*. Rio de Janeiro: Forense, v. V, 15.ª ed., 2010, n.º 231). E ainda: dentro dos princípios gerais que devem vigorar, parece-nos que, em princípio, dois critérios hão de servir, se se trata de sentença, assim denominada em certos procedimentos (arts. 1.110, 1.111, 1.124, 1.165, 1.169, parágrafo único, 1.184, 1.185, 1.186, § 2.º, 1.207), caberá apelação (art. 513). Também apelação quando se tratar de ato inominado do juiz, que constitua a decisão do pedido, concedendo ou denegando este, como, para exemplos, a decisão que determina as alienações judiciais (art. 1.113) e resolve acerca da preferência da alienação de coisa comum (arts. 1.117 e 1.119); homologa, ou deixa de homologar, a separação judicial por mútuo consentimento (art. 1.122); manda cumprir o testamento ou lhe nega cumprimento (arts. 1.126, 1.132 e 1.134); arbitra prêmio ao testamenteiro (art. 1.138); suspende ou deixa de suspender a arrecadação da herança jacente (art. 1.151); ou julga a habilitação do interessado, herdeiro, testamenteiro ou cônjuge (art. 1.153); ou declara a herança vacante (art. 1.157); manda entregar ou recusa a entrega, de coisa vaga (art. 1.172); ou adjudica ou deixa de adjudicar esta ao inventor (art. 1.174); resolve acerca de objetos deixados nos hotéis, oficinas e outros estabelecimentos (art. 1.175); decreta ou levanta a interdição (arts. 1.183, parágrafo único, 1.185 e 1.186); decide sobre nomeação, dispensa ou remoção de tutor ou curador (arts. 1.187, I, 1.193, 1.196 e 1.198); decide sobre organização e fiscalização das fundações (arts. 1.201, §§ 1.º e 2.º, 1.202 e 1.204); decide sobre a especialização da hipoteca legal (arts. 1.207 e 1.208). São casos, todos esses, em que a decisão, posto que não seja, rigorosamente, uma "sentença", a esta se há de equiparar no sentido de que é decisão final, que põe termo ao procedimento de jurisdição voluntária, ou resolve acerca deste, justificando-se, assim, a sua revisão pela instância superior, dentro do princípio informativo do duplo grau de jurisdição (José Olympio de Castro Filho. Idem, vol. X, 5.ª ed., 2004, n.º 21). 4. O ato que põe termo ao procedimento autônomo de jurisdição voluntária é sentença, desafiando recurso de apelação. Precedente: AgRg no Ag 51.419/GO, Rel. Ministro Sálvio de Figueiredo Teixeira, Quarta Turma, julgado em 31/08/1994, DJU de 26/09/1994. 5. *In casu*, a decisão proferida no âmbito do procedimento autônomo incidental de habilitação, ao qual pôs termo, tem o seguinte teor: 1. Considerando que os Decretos n.º 5154/2001 e n.º 5003/2001 restaram revogados, os quais, em tese, exigi-

provisória ou se constitua interdição (art. 1.012, § 1º, V e VI, CPC),[163] sem prejuízo de eventual requerimento de tutela de urgência em sede recursal.

Note-se, porém, que o fato de se identificar o recurso cabível não garante, por si só, sua admissibilidade, havendo que se atender aos demais requisitos de admissibilidade.

Nos casos de jurisdição voluntária, haverá situações em que simplesmente não haverá utilidade ou necessidade do recurso, inexistindo, pois, interesse de agir, mas não se pode aprioristicamente negar a recorribilidade da sentença apenas porque pretensamente não há litígios em procedimentos desse jaez.

---

ram a pretensão homologatória aqui buscada, interesse processual acerca deste pedido inexiste. Nesse sentido: 'Desnecessária a homologação de cessão de créditos para fins de compensação tributária, pelo advento da revogação dos Decretos Estaduais 5003, de 12.11.2001, e 5154, de 17.12.2001, pelo Decreto Estadual 418, de 28.3.2007' (5.ª Câmara Cível, relator: Mário Helton Jorge, Processo: 0438423-2, DJ: 7538). 2. Todavia, considerando a escritura pública de cessão de crédito de fl. 419/420 e 421/423, considerando a manifestação do Estado do Paraná à fl. 432/436 e, ainda, considerando a conta apresentada pelo Contador Judicial de fl. 428/430, proceda-se a substituição processual dos Requerentes nos autos de Ação Ordinária n.º 11229/73, na qualidade de detentores dos créditos expostos nas cessões aqui instrumentalizadas. 3. Apense aos autos principais, juntando ali cópia desta decisão, intimando-se, em seguida, o Estado do Paraná (fl. 35, e-STJ). 6. Tal decisão, contra a qual o Estado do Paraná interpôs a apelação, tem, à toda evidência, natureza de sentença terminativa do feito, uma vez que ela declara a falta de interesse processual dos requerentes quanto à pretensão homologatória da cessão dos precatórios, porquanto entende desnecessária a homologação, e, por outro lado, acolhe o pedido de substituição processual na ação principal, esta sim, o objetivo primeiro dos requerentes e verdadeiro objeto do feito incidental. 7. Recurso especial provido" (REsp 1154767/PR, rel. Min. Luiz Fux, Primeira Turma, j. 3/2/2011, DJe 22/2/2011).

162 Já se manifestava assim: José Carlos Barbosa Moreira. *Comentários ao Código de Processo Civil.* 12ª ed. Rio de Janeiro: Forense, 2005, p. 416, v. V. Note-se que no atual CPC a apelação passou a ser também o recurso cabível contra decisões interlocutórias não agraváveis, mas isso não afeta a regra de que toda sentença é apelável.

163 Sustentava de modo diverso Alcides de Mendonça Lima. *Comentários ao Código de Processo Civil.* São Paulo: RT, 1982, p. 72-76, v. XII. Para esse autor que todas as apelações em jurisdição voluntária deveriam ser recebidas apenas no efeito devolutivo. Registre-se que o art. 85 do Estatuto do Idoso possibilita a concessão de efeito suspensivo para evitar dano irreparável ao idoso (o CPC se vale de outra sistemática procedimental hoje, mas a ideia persiste e a concessão do efeito suspensivo será de competência do Tribunal. Nesse sentido, adaptando o art. 14 da Lei da Ação Civil Pública à nova sistemática recursal, mas mantendo exatamente a ideia de que, nesses casos, o efeito suspensivo da apelação não é automático, fugindo à regra geral do art. 1.012, CPC: Fredie Didier Jr. e Hermes Zaneti Jr. *Curso de direito processual civil*: processo coletivo. 11ª ed. Salvador: Juspodivm, 2017, p. 416-417).

O dispositivo só será aplicável, evidentemente, se houver pronunciamento judicial apto a ser objeto de recurso. Toda admissibilidade deve ser analisada no caso concreto e, em tese, toda sentença é passível de recurso.

Aplicam-se à apelação interposta contra sentença – ou decisão interlocutória não recorrível por agravo – as regras procedimentais previstas para o procedimento litigioso, não havendo qualquer regra específica que seja aplicada por se tratar de jurisdição voluntária nesse particular.

Caso no decorrer do procedimento haja decisão interlocutória,[164] a recorribilidade imediata dependerá da ocorrência de alguma das hipóteses previstas no art. 1.015, CPC, ou previsão específica em lei, como consta no parágrafo único do citado artigo.

Nos procedimentos de jurisdição voluntária, há, por exemplo, possibilidade de concessão de tutela antecipada, como na nomeação de curador provisório, o que autoriza a interposição de agravo com base no art. 1.015, I, CPC. Há também a possibilidade de ocorrer exame de mérito de alguma questão incidental, como na alienação de bens em certos casos que serão examinados no momento oportuno.[165]

Os embargos de declaração serão sempre cabíveis, já que são inerentes a qualquer decisão judicial.[166]

Também são cabíveis em tese os recursos especial e extraordinário, desde que observados os requisitos específicos de admissibilidade.[167]

---

164 Mesmo sem norma expressa, sempre foi tranquilo o entendimento de que a decisão interlocutória proferida em jurisdição voluntária é passível de recurso de agravo (assim: José Carlos Barbosa Moreira. *Comentários ao Código de Processo Civil.* 12ª ed. Rio de Janeiro: Forense, 2005, p. 493, v. V).

165 Sobre as discussões envolvendo a sistemática legal que disciplina o recurso de agravo, incluindo a polêmica sobre o mérito incidental, além do volume correspondente que integra esta Coleção, vale conferir o tema em: Fredie Didier Jr. e Leonardo Carneiro da Cunha. *Curso de direito processual civil.* 13ª ed. Salvador: JusPodivm, 2016, p. 205-212, v. 3.

166 "[...] qualquer decisão judicial comporta embargos de declaração: é inconcebível que fiquem sem remédio a obscuridade, a contradição ou a omissão existente no pronunciamento, não raro a comprometer até a possibilidade prática de cumpri-lo. Não tem a mínima relevância que se trate de decisão de grau inferior ou superior, proferida em processo de cognição (de procedimento comum ou especial), de execução ou cautelar. Tampouco importa que a decisão seja definitiva ou não, final ou interlocutória. Ainda quando o texto legal, *expressis verbis*, a qualifique de 'irrecorrível', há de entender-se que o faz com a ressalva implícita concernente aos embargos de declaração" (José Carlos Barbosa Moreira. *Comentários ao Código de Processo Civil.* 12ª ed. Rio de Janeiro: Forense, 2005, p. 548-549, v. V).

167 As dúvidas registrais são consideradas atividades administrativas, e o Superior Tribunal de Justiça não admite interposição de recurso especial, mesmo havendo litigiosidade, por não ser atividade jurisdicional. Havendo pronunciamento jurisdicio-

nal (jurisdição voluntária ou contenciosa) o recurso é em tese cabível: "Recurso especial. Direito administrativo. Civil. Processual civil. Procedimento de dúvida registral. Natureza administrativa. Impugnação por terceiro interessado. Irrelevância. Causa. Ausência. Não cabimento de recurso especial. 1. O procedimento de dúvida registral, previsto no art. 198 e seguintes da Lei de Registros Públicos, tem, por força de expressa previsão legal (LRP, art. 204), natureza administrativa, não qualificando prestação jurisdicional. 2. Não cabe recurso especial contra decisão proferida em procedimento administrativo, afigurando-se irrelevantes a existência de litigiosidade ou o fato de o julgamento emanar de órgão do Poder Judiciário, em função atípica. 3. Recurso especial não conhecido" (REsp 1570655/GO, rel. Min. Antonio Carlos Ferreira, Segunda Seção, j. em 23/11/2016, DJe 9/12/2016). "Recurso especial. Impugnações ao pedido de registro de loteamento. Decisão que as rejeita. Manejo de recurso de apelação pelos impugnantes. Apelo conhecido, pelas instâncias ordinárias, como recurso administrativo, remetendo-se o feito à corregedoria do tribunal de justiça. O julgamento da impugnação apresentada por terceiros, restrito à análise da presença de requisitos exigidos em lei para a consecução do registro (a ser proferido no âmbito do judiciário), não tem o condão de modificar a essência administrativa do correlato procedimento, notadamente porque se insere nas atribuições destinadas ao controle da regularidade e continuidade dos serviços delegados, a cargo dos juízes corregedores e pelas corregedorias dos tribunais, lastradas no § 1º do artigo 236 da constituição federal. recurso especial desprovido. Insurgência do Ministério Público do Distrito Federal e Territórios. Hipótese em que as instâncias precedentes, por reconhecer a natureza administrativa da impugnação ao registro de loteamento, receberam o recurso de apelação como recurso administrativo, a ser julgado pela Corregedoria do Tribunal de Justiça. 1. De acordo com o parágrafo primeiro do artigo 236 da Constituição Federal, incumbe ao Poder Judiciário, de modo atípico, exercer função correcional e regulatória sobre a atividade registral e notarial, a ser exercida, nos termos da Lei de Organização Judiciária e Regimento Interno de cada Estado, pelo Juiz Corregedor, Corregedorias dos Tribunais e Conselho Superior da Magistratura. 1.1. É justamente no desempenho desta função correcional que o Estado-juiz exerce, dentre outras atividades (como a de direção e a de disciplina), o controle de legalidade dos atos registrais e notariais, de modo a sanear eventuais irregularidades constatadas ou suscitadas, o que se dará por meio de processo administrativo. 2. No âmbito do procedimento administrativo de registro de loteamento urbano, o Estado-juiz cinge-se, justamente, a analisar a regularidade e a consonância do pretendido registro com a lei, tão somente. Nessa extensão, e, como decorrência da função correcional/fiscalizatória, o Poder Judiciário desempenha atividade puramente administrativa, consistente, portanto, no controle de legalidade do ato registral. 3. A atuação do Judiciário, ao solver a impugnação ao registro de loteamento urbano apresentada por terceiros, não exara provimento destinado a pôr fim a um suposto conflito de interesses (hipótese em que se estaria diante do exercício da jurisdição propriamente dita), ou mesmo, a possibilitar a consecução de determinado ato ou à produção válida dos efeitos jurídicos perseguidos (caso em que se estaria no âmbito da jurisdição voluntária). Como enfatizado, o Estado-juiz restringe-se a verificar a presença de requisitos exigidos em lei, para a realização do registro, tão-somente. 4. A própria lei de regência preconiza que, em havendo controvérsia de alta indagação, deve-se remeter o caso à via jurisdicional, depreendendo-se, por consectário lógico, que o 'juiz competente' referido na lei, ao solver a impugnação ao registro de loteamento, de modo algum exerce jurisdição, mas

22. Coisa julgada e jurisdição voluntária

Inicialmente deve ser observado que, por ser a jurisdição voluntária campo próprio, ao menos em tese, para flexibilizações normativas,[168] notadamente a fim de acompanhar a dinâmica das relações sociais ali refletidas, pode parecer artificial a até contraproducente tentar estudar a coisa julgada nesse contexto, por ser a expressão máxima de engessamento, ou melhor, da configuração estática do pronunciamento jurisdicional.[169] Entretanto, com essa

---

sim, atividade puramente administrativa de controle de legalidade do ato registral. 5. O julgamento da impugnação apresentada por terceiros, restrito à análise da presença de requisitos exigidos em lei para a realização do registro (a ser proferido no âmbito do Judiciário), não tem o condão de modificar a essência administrativa do procedimento, notadamente porque se insere nas atribuições destinadas ao controle da regularidade e continuidade dos serviços delegados, a cargo dos juízes corregedores e pelas corregedorias dos Tribunais, lastradas no § 1º do artigo 236 da Constituição Federal. 6. Devidamente delimitada a natureza da atividade estatal desempenhada pelo Poder Judiciário ao julgar o incidente sob comento, a via recursal deve, igualmente, observar os comandos legais pertinentes ao correlato procedimento administrativo. 6.1. Em se tratando de questão essencialmente administrativa, o conhecimento e julgamento do recurso administrativo acima referenciado integra, inarredavelmente, a competência das Corregedorias dos Tribunais ou do Conselho Superior da Magistratura (a depender do que dispõe o Regimento Interno e a Lei de Organização Judiciária do Estado), quando do desempenho, igualmente, da função fiscalizadora e correicional sobre as serventias e órgãos prestadores de serviços notariais e de registro. 7. Recurso Especial desprovido" (REsp 1370524/DF, rel. Min. MARCO BUZZI, Quarta Turma, j. 28/4/2015, DJe 27/10/2015).

168 A não observância da "legalidade estrita" na jurisdição voluntária é tema complexo e foi abordado no item próprio destes Comentários, ao qual nos remetemos.

169 Essa concepção clássica da coisa julgada, na realidade, vem recebendo estudos críticos fundamentais e no direito brasileiro contamos com uma contribuição especial sobre o tema: ANTONIO DO PASSO CABRAL. *Coisa julgada e preclusões dinâmicas*: entre continuidade, mudança e transição de posições processuais estáveis. Salvador: JusPodivm, 2013. Entre os vários problemas que aponta, ANTONIO CABRAL observa precisamente que a concepção clássica sobre coisa julgada trabalha com "um sistema que não lida com uma característica marcante contemporânea: a mudança. Pensamos que pode ser racionalmente sustentada uma guinada conceitual na sua disciplina, no sentido do que pretendemos ser um exame prospectivo das estabilidades. Com efeito, a estabilidade normativa, no Estado moderno, não deve apenas ser baseada no passado, mas numa análise conjunta entre as conquistas pretéritas, as exigências e expectativas do presente, bem assim as perspectivas e prognoses futuras. Neste diapasão, ao invés de trabalharmos com o conceito de 'segurança como imutabilidade', tentaremos fundar o modelo de estabilidades no conceito de continuidade jurídica, pelo qual a estabilidade atingida possui uma força *prima facie* que garante sua permanência, mas não impede sua modificação. Ainda que, desta forma, as alterações continuem sendo excepcionais, todos os atos processuais, e com eles todas as decisões judiciais, devem ser compreendidos como essencialmente mutáveis,

ressalva, o tema da coisa julgada em sede de jurisdição voluntária ainda se mostra útil para ser estudado em seus moldes clássicos, não só porque, pragmaticamente, as discussões na doutrina e jurisprudência mantêm-se presa a essa tradição, mas especialmente porque a partir desse exame revela-se, na realidade, o ponto central do próprio conceito de jurisdição voluntária. Como será visto no texto, a admissão ou não da coisa julgada material na jurisdição voluntária depende fundamentalmente da concepção conceitual adotada acerca do próprio instituto.

Como já salientado nos comentários ao art. 719, a coisa julgada material não é elemento essencial da jurisdição.[170] Pode-se dizer que há jurisdição sem coisa julgada material, mas não há coisa julgada material[171] fora da jurisdição estatal.[172] E, ainda que o conceito de jurisdição não se vincule à coisa julgada, há uma correlação evidente entre ambos,[173] de modo que a definição da natu-

---

isto é, estáveis *si et in quantum* mantidos os elementos e circunstâncias que levaram àquele resultado. Quando novos elementos ou posteriores circunstâncias demonstrem que não se deva manter a posição estável anterior, altera-se o conteúdo dos atos do processo. [...] Não obstante, um modelo de segurança como continuidade, com a consequente alterabilidade ínsita dos atos processuais, inclusive das sentenças de mérito finais, deve ser acompanhado de algum tipo de mecanismo compensatório para garantir a estabilidade e permanência das posições jurídicas pretéritas" (Antonio do Passo Cabral. *Coisa julgada e preclusões dinâmicas*: entre continuidade, mudança e transição de posições processuais estáveis. Salvador: JusPodivm, 2013, p. 38 e 43 – trata-se de estudo extremamente complexo e que aqui não encontra espaço sequer para ser minimamente explicado, de modo que a referência ora feita a partir da transcrição do excerto é apenas para anunciar um dos muitos problemas e que mais de perto podem impactar o exame da matéria na jurisdição voluntária).

170 Cf. Antonio do Passo Cabral. *Coisa julgada e preclusões dinâmicas*: entre continuidade, mudança e transição de posições processuais estáveis. Salvador: JusPodivm, 2013, p. 243-244 e 250-251.

171 Embora haja críticas à utilização do binômio coisa julgada formal/coisa julgada material, essa dicotomia será mantida neste texto por questões didáticas. Sobre a crítica à nomenclatura: Antonio do Passo Cabral. *Coisa julgada e preclusões dinâmicas*: entre continuidade, mudança e transição de posições processuais estáveis. Salvador: JusPodivm, 2013, p. 59-61 e 254-266; Jordi Nieva-Fenoll. *Coisa julgada*. Antonio do Passo Cabral (trad.). São Paulo: RT, p. 93-102. De todo modo, a coisa julgada formal é uma categoria doutrinária e de pouca relevância para a discussão, já que, por se tratar de espécie de preclusão relacionada ao trânsito em julgado, é categoria comum a todas as decisões.

172 Eduardo Talani. *Coisa julgada e sua revisão*. São Paulo: RT, 2005, p. 48. Cf., ainda, Jordi Nieva-Fenoll. *Coisa julgada*. Antonio do Passo Cabral (trad.). São Paulo: RT, p. 141-144. Apreciação crítica em Antonio do Passo Cabral. *Coisa julgada e preclusões dinâmicas*: entre continuidade, mudança e transição de posições processuais estáveis. Salvador: JusPodivm, 2013, p. 249-251.

173 Por exemplo, confira-se o seguinte trecho que ilustra o afirmado: "A tese da coisa julgada como extinção da obrigação jurisdicional é defendida por Ugo Rocco e

reza jurisdicional da jurisdição voluntária é uma premissa essencial para o desenvolvimento do tema – e, como se sabe, não há truísmo nisso, já que é comum dizer que a jurisdição voluntária não é nem jurisdição nem voluntária,[174] como já abordado no item próprio. A imutabilidade e a indiscutibilidade do que é decidido judicialmente são atributos decorrentes de política legislativa e não são notas ontologicamente imprescindíveis da jurisdição. Trata-se, na realidade, de uma construção técnica para conferir estabilidade e, consequentemente, segurança a determinados pronunciamentos jurisdicionais. Essa inegável função prática[175] da coisa julgada material e sua necessária conformação legislativa igualmente devem servir como dados fundamentais para a análise do tema, assim como deve ser considerado o regime de formação da coisa julgada.

Com efeito, como a coisa julgada material está relacionada com a decisão de mérito e esta, por sua vez, traz a ideia de certeza, o regime de formação da coisa julgada está intimamente relacionado com o grau de cognição do magistrado a respeito das questões submetidas a julgamento.[176] Em síntese, temos

---

GUILHERME ESTELLITA. Segundo esta linha de pensamento, seria essencial à jurisdição uma decisão definitiva sobre o direito de ação exercido no processo. O Estado, ao assumir a exclusividade da resolução de conflitos, reprimindo a autotutela, tem a obrigação de prestar jurisdição aos indivíduos. A sentença seria o momento máximo desta atividade, e só poderíamos imaginar que o Estado exaure seu dever (*functus officio*) de ofertar jurisdição quando a sentença final tornar-se inimpugnável, e é nesta função extintiva que a coisa julgada buscaria seu fundamento. Assim, esta concepção parte de uma visão funcionalista da coisa julgada, que presta apenas para eximir o Estado de seu dever de "prover com imutabilidade". Em nosso sentir, esta maneira de pensar o instituto nada diz a respeito da coisa julgada em si, mas incorpora o instituto da *res iudicata* no conceito de jurisdição, como se a função jurisdicional só fosse completa nas decisões com força de coisa julgada. De certa forma, aderem a esta ideia, em alguma medida, todos os autores que admitem ser a coisa julgada um dos aspectos que diferenciam a jurisdição contenciosa da jurisdição voluntária, mesmo quando, no que se refere especificamente à natureza jurídica da *res iudicata*, manifestem sua preferência por outras teses" (ANTONIO DO PASSO CABRAL. *Coisa julgada e preclusões dinâmicas*: entre continuidade, mudança e transição de posições processuais estáveis. Salvador: JusPodivm, 2013, p. 73).

174 FREDERICO MARQUES. *Ensaio sobre a jurisdição voluntária*. Campinas: Millenium, 2000, p. 58.

175 JOSÉ CARLOS BARBOSA MOREIRA. Ainda e sempre a coisa julgada. *Direito processual civil (ensaios e pareceres)*. Rio de Janeiro: Borsoi, 1971, p. 135. Como afirma LIEBMAN, "a coisa julgada torna impossível ou inoperante a demonstração da injustiça da sentença" (*Eficácia e autoridade da sentença*. 3ª ed. Trad. Alfredo Buzaid, Benvindo Aires e Ada Pellegini Grinover (textos posteriores). Rio de Janeiro: Forense, 1984, p. 182).

176 Para os limites deste texto, são utilizadas, em geral, noções gerais relativamente consolidadas sobre o conceito de coisa julgada material, mas que estão longe de

o seguinte quadro, no que interessa ao estudo da coisa julgada: a) somente os procedimentos que ensejam pronunciamentos fundados em cognição exauriente dão azo ao surgimento da coisa julgada material; b) a lei pode, caso a caso, estabelecer quando se considera completa (exauriente) a cognição, flexibilizando a produção da coisa julgada material; c) a regra é que, havendo contraditório e cognição exauriente, haverá aptidão para que se forme a coisa julgada material.

Apenas com a ressalva prevista no art. 503, § 2º, CPC, o legislador brasileiro considera o seguinte, em apertada síntese: encerrado o procedimento em contraditório, necessariamente terá o magistrado a possibilidade de um exame completo da causa, permitindo, assim, que sobre o seu pronunciamento de mérito incidam as qualidades da autoridade e da imutabilidade da decisão. Como regra, o exaurimento ou não das vias probatórias é irrelevante para que a imutabilidade opere sobre o julgado de mérito do qual não caiba mais recurso algum. O julgamento de improcedência por falta de provas, segundo tais regras, é tão apto à imutabilidade quanto um julgamento com o esgotamento de todos os meios de prova em direito permitidos, salvo em relação à questão prejudicial (art. 503, § 2º, CPC). A análise sobre a suficiência probatória é, portanto, irrelevante para fins de formação da coisa julgada material, salvo em hipótese excepcional do processo coletivo[177] ou envolvendo questão

serem pacíficas ou expressarem toda a complexidade do tema. Para aprofundamentos e refinamentos teóricos, há relevante bibliografia produzida, inclusive em língua brasileira. Especificamente sobre o "aspecto cognitivista do modelo clássico" e a "ligação da coisa julgada com o processo de conhecimento": Antonio do Passo Cabral. *Coisa julgada e preclusões dinâmicas*: entre continuidade, mudança e transição de posições processuais estáveis. Salvador: JusPodivm, 2013, p. 266-270. Acerca da cognição e a formação da coisa julgada: José Aurélio de Araújo. *Cognição sumária, cognição exaustiva e coisa julgada*. São Paulo: RT, 2017.

177 Como regime diferenciado, no que se refere às ações coletivas, desde a lei da ação popular, adotou o legislador, solução interessante: condicionou a formação da coisa julgada ao esgotamento das instâncias probatórias: a coisa julgada somente surge, a favor ou contra, se houver suficiência de prova. Nas demandas transindividuais, é correto afirmar, portanto, que pode haver sentença de improcedência de cognição não exauriente, ou melhor, sentença de improcedência com carga declaratória insuficiente para a produção de coisa julgada material. Nas ações coletivas que tutelam direitos transindividuais, a sentença de improcedência de cognição exauriente e a sua consequência, que é a formação de coisa julgada material, ocorrem *secundum eventum probationis*. Assim, podem ocorrer as seguintes situações: a) demanda procedente: faz coisa julgada material *erga omnes*; b) a demanda é julgada improcedente, por insuficiência de provas: não faz coisa julgada material *erga omnes*, autorizada nova propositura, fundada em novas provas, por qualquer legitimado, inclusive aquele que perdeu a causa originária; c) a demanda é julgada improcedente, com suficiência de provas: a demanda produz coisa julgada material *erga omnes*. Veja-se,

prejudicial. Enfim, para que determinado provimento esteja apto a adquirir a qualidade da coisa julgada, terá ele de preencher quatro requisitos: a) provimento há de ser jurisdicional (a coisa julgada é característica exclusiva desta espécie de ato estatal);[178] b) o provimento há que versar sobre o mérito da causa (objeto litigioso),[179] pouco importando se o mérito tem natureza material (regra) ou processual (rescisória, p. ex.), bem como se o provimento é sentença, acórdão ou decisão interlocutória; c) o mérito deve ser analisado em cognição exauriente; d) tenha havido coisa julgada formal, seja pelo esgotamento das vias recursais, seja pelo não uso delas. Há relação entre a cognição exauriente e a tutela definitiva, que, por se relacionar com o resultado do processo, pode ser cautelar ou satisfativa. A definitividade exige cognição exauriente e possibilita a formação de coisa julgada material, portanto. Ainda que haja divergências relevantes sobre o tema, adere-se ao entendimento de que a tutela jurisdicional cautelar obtida a partir de cognição exauriente é apta a formar coisa julgada material.[180] E é interessante notar que parte dos argumentos contrários à coisa julgada na jurisdição voluntária coincide com aqueles utilizados para negar a coisa julgada na seara cautelar, como se em ambas as situações inexistisse cognição suficiente para essa específica estabilidade.[181] Há

---

ainda, o disposto do art. 19 da Lei 12.016/2009, acerca do mandado de segurança individual e coletivo: "A sentença ou o acórdão que denegar mandado de segurança, sem decidir o mérito, não impedirá que o requerente, por ação própria, pleiteie os seus direitos e os respectivos efeitos patrimoniais".

178 Há quem se refira à "coisa julgada administrativa", mas, além da revisibilidade própria da administração, existe também a possibilidade de revisão jurisdicional dos atos administrativos, de modo que não há que se falar em coisa julgada material naquele campo, ainda que haja preclusão (cf. MARÇAL JUSTEN FILHO. *Curso de direito administrativo.* 9ª ed. Rio de Janeiro: RT, 2013, p. 380-385). EDUARDO TALAMINI. *Coisa julgada e sua revisão.* São Paulo: RT, 2005, p. 47-50. Apreciação crítica em: ANTONIO DO PASSO CABRAL. *Coisa julgada e preclusões dinâmicas*: entre continuidade, mudança e transição de posições processuais estáveis. Salvador: JusPodivm, 2013, p. 243 e segs.

179 Diante dos arts. 486, § 1º, e 966, § 2º, CPC, há quem passe a considerar a existência de coisa julgada sobre a admissibilidade do processo. Sobre o tema: FREDIE DIDIER JR., PAULA SARNO BRAGA e RAFAEL ALEXANDRIA DE OLIVEIRA. *Curso de direito processual civil.* 11ª ed. Salvador: JusPodivm, 2016, p. 543-545, v. 2; FREDIE DIDIER JR. e LEONARDO CARNEIRO DA CUNHA. *Curso de direito processual civil.* 13ª ed. Salvador: JusPodivm, 2016, p. 424-427, v. 3.

180 Cf. EDUARDO JOSÉ DA FONSECA COSTA. Sentença cautelar, cognição e coisa julgada: reflexões em homenagem à memória de Ovídio Baptista. *Revista de Processo.* São Paulo: RT, nº 191, p. 357-376, janeiro de 2011; DANIEL MITIDIERO. *Antecipação da tutela*: da tutela cautelar à técnica antecipatória. 3ª ed. São Paulo: RT, 2017, p. 51-65; FREDIE DIDIER JR., PAULA SARNO BRAGA e RAFAEL ALEXANDRIA DE OLIVEIRA. *Curso de direito processual civil.* 11ª ed. Salvador: JusPodivm, 2016, 577/580, v. 2.

181 Nesse sentido, por exemplo, JOSÉ AURÉLIO DE ARAÚJO. *Cognição sumária, cognição*

também a polêmica envolvendo aquilo que se denominou de "estabilização da tutela antecipada". Concedida a tutela antecipada satisfativa em caráter antecedente, a ausência de recurso por parte do réu torna estável a decisão, extinguindo-se o processo (art. 304, § 1º, CPC), o que não se confunde com a formação da coisa julgada material, por inexistir cognição exauriente, cuja incidência passa a ser eventual e dependente da iniciativa do réu. Na realidade, trata-se apenas de uma opção legislativa por uma estabilidade da cognição sumária, prestigiando-se a probabilidade diante do comportamento omissivo do réu. A preservação dos efeitos da tutela antecipada, com a extinção do processo, em virtude da inércia do réu, é uma opção político-legislativa de forma de estabilidade.[182]

Constata-se, portanto, que há mais de uma forma de estabilização de decisões judiciais. Na realidade, trânsito em julgado e coisa julgada não são sinônimos: se para a formação de coisa julgada é necessário o trânsito em julgado, na forma do art. 502, CPC, nem sempre a sentença transitada em julgado gerará coisa julgada material, como no caso do art. 304, CPC.[183]

Em relação à jurisdição voluntária, mesmo entre aqueles que reconhecem sua natureza jurisdicional,[184] afasta-se a formação de coisa julgada material

---

exaustiva e coisa julgada. São Paulo: RT, 2017, p. 212-217.

182 Entendendo que o legislador acaba por equiparar os efeitos da estabilização sem impugnação à coisa julgada e que tal quadro é inconstitucional, por ser inafastável a cognição exauriente para a formação da coisa julgada material: Daniel Mitidiero. *Breves comentários ao Novo Código de Processo Civil*. Teresa Wambier, Eduardo Talamini, Fredie Didier Jr. e Bruno Dantas (coord.). São Paulo: RT, 2015, p. 790-791. Também entendendo se tratar de coisa julgada material após os dois anos, mas sem vislumbrar inconstitucionalidade, Araken de Assis. *Processo civil brasileiro*. São Paulo: RT, 2015, p. 491, v. II, tomo II. Apreciação crítica sobre o tema: Roberto P. Campos Gouveia Filho, Ravi Peixoto e Eduardo José da Fonseca Costa. Estabilização, imutabilidade das eficácias antecipadas e eficácia de coisa julgada: uma versão aperfeiçoada. *Revista Eletrônica de Direito Processual – REDP*. Rio de Janeiro, v. 17, nº 2, julho a dezembro de 2016 – disponível em: <www.redp.uerj.br>.

183 Cf. Talamini. *Coisa julgada e sua revisão*. São Paulo: RT, 2005, p. 32. Amplamente: Cabral. *Coisa julgada e preclusões dinâmicas*: entre continuidade, mudança e transição de posições processuais estáveis. Salvador: JusPodivm, 2013, p. 250-270 e 298-308.

184 Por entender que na jurisdição voluntária prepondera a eficácia constitutiva em detrimento da declaratória, Ovídio A. Baptista da Silva, apesar de reconhecer sua natureza jurisdicional, não admite a formação de coisa julgada material, tendo em vista seu entendimento particular acerca da vinculação entre declaração e imutabilidade (*Curso de processo civil*. 7ª ed. Rio de Janeiro: Forense, 2005, p. 35, v. 1). Também Cândido Rangel Dinamarco atribui natureza jurisdicional à jurisdição voluntária, mas, ao menos sob o regime da codificação anterior, afirmou não ser possível sustentar a existência de coisa julgada material diante da expressa adesão do legislador ao conceito de "lide", acrescentando, porém, que "isso não significa que

porque não haveria precisamente essa cognição exauriente e também são invocados outros argumentos menos consistentes. Com efeito, para negar a existência de coisa julgada material na jurisdição voluntária, usam-se ideias fluidas como "o juiz não visa satisfazer um direito à modificação de uma situação jurídica, mas cumprir um dever que o Estado lhe impõe, no interesse público. [...] Na jurisdição contenciosa, o juiz, na sentença, tem a imediata finalidade de pôr termo a um conflito de interesses, cuja defesa incumbe às partes mais do que ao julgador. Na jurisdição voluntária, a decisão serve a um interesse público, procura a verdade real e tende a alcançar um resultado conveniente. Dar-lhe a força de coisa julgada seria deixar que perdurasse uma situação contrária à lei, pelo fato de o juiz haver errado e os interessados, por ignorância ou descuido, contra esse erro não haverem reclamado".[185] Ou, ainda, refere-se à coisa julgada como "peculiar ao processo contencioso" e, portanto, "excluída dos chamados processos de jurisdição voluntária, destinados à simples tutela de interesses indisponíveis".[186]

Além desses argumentos, há também a consideração de que a ação sempre poderá ser reproposta se houver situações supervenientes, conforme dispunha o art. 1.111 do CPC de 1973, cuja regra não foi reproduzida no Código atual.[187]

---

as sentenças proferidas em sede de jurisdição voluntária sejam desprovidas de qualquer grau de imunização" (Procedimentos especiais de jurisdição voluntária. *Fundamentos do processo civil moderno.* 3ª ed. São Paulo: Malheiros, 2000, p. 396, t. I. A posição de Dinamarco nesse particular é melhor desenvolvida em: *A instrumentalidade do processo.* 10ª ed. São Paulo: Malheiros, 2002, p. 149-150; deve-se conferir, com proveito, para entender o pensamento de Dinamarco, seu desenvolvimento para admitir a "coisa julgada arbitral": *A arbitragem na Teoria Geral do Processo.* São Paulo: Malheiros, 2013, p. 202-207). Sobre a concepção administrativista da jurisdição voluntária, é esclarecedor o seguinte trecho: "Segundo opinião dominante na literatura nacional, a atividade desempenhada pela autoridade judiciária nos feitos englobados na rubrica 'jurisdição voluntária' tem natureza administrativa. É o entendimento adotado em outros países. Essa concepção origina-se e floresce, compreensivelmente, nos ordenamentos que investem leigos nos órgãos encarregados de prestar semelhante serviço aos interessados. A este aspecto, acrescentam-se dados ideológicos, tendentes a toldar a clareza" (Araken de Assis. *Processo civil brasileiro.* São Paulo: 2015, RT, p. 578-579, v. I).

185 Alfredo de Araújo Lopes da Costa. *A administração pública e a ordem jurídica privada (jurisdição voluntária).* Belo Horizonte: Bernardo Álvares S. A., 1961, p. 144-145. Arruda Alvim adere expressamente ao entendimento de Lopes da Costa. *Tratado de direito processual civil.* 2ª ed. São Paulo: RT, 1990, p. 241-243, v. 1.

186 Celso Neves. *Coisa julgada civil.* São Paulo: RT, 1971, p. 469-470.

187 Entendendo haver coisa julgada material, especialmente após a não reprodução de dispositivo semelhante ao art. 1.111 do CPC-73: Daniel Amorim Assumpção Neves. *Manual de direito processual civil.* 9ª ed. Salvador: JusPodivm, 2017, p. 103. Em sentido contrário: Leonardo Greco. *Breves comentários ao Novo Código de Processo Civil.* Teresa Wambier, Eduardo Talamini, Fredie Didier Jr., Bruno Dantas

Confira-se o seguinte trecho ilustrativo: "agindo fora do contexto da litigiosidade, o juiz não provoca, com sua decisão, a coisa julgada material. Donde sua sentença não impede a revisão do ato constituído pelos interessados, sem prejuízo de terceiros. Aquilo que se decidir em sede de jurisdição voluntária admite modificação, sem prejuízo dos efeitos produzidos, sempre que ocorrerem circunstâncias supervenientes (*v.g.*, suspensão de interdição, restabelecimento da sociedade conjugal depois de homologada a separação etc.). Mesmo quando houver vício que torne nula ou anulável a sentença, não haverá necessidade de usar a ação rescisória contra ela. Tudo se resolverá por meio de ação comum (art. 966, § 4°), salvo se o procedimento de jurisdição voluntária converter-se em litigioso, em seu curso".[188]

Entretanto, a existência de situações supervenientes em nada contribui para o debate pela simples razão de que nesses casos simplesmente não haverá que se falar em coisa julgada material a impedir o ajuizamento da ação. Havendo novos fatos, não existirá o óbice da coisa julgada material. Portanto, os fatos supervenientes são incompatíveis logicamente com a reprodução da ação já julgada, não havendo qualquer relação com a coisa julgada já formada.[189]

(coord.). 3ª ed. São Paulo: RT, 2016, p. 1863.

188 HUMBERTO THEODORO JÚNIOR. *Curso de direito processual civil.* 50ª ed. Rio de Janeiro: Forense, 2016, p. 442, v. II. Mesmo entendimento em: CRISTINA FERRAZ. *Jurisdição voluntária no processo civil.* Curitiba: Juruá, 2008, p. 229-231, valendo-se, inclusive, de equivocado paralelo com a coisa julgada em ação de alimentos, o que já foi objeto de específico e esclarecedor estudo de ADROALDO FURTADO FABRÍCIO. A coisa julgada nas ações e alimentos. *Ensaios de direito processual.* Rio de Janeiro: Forense, 2003, p. 295-319 (o artigo foi publicado originalmente em 1989). Em texto específico, HUMBERTO THEODORO JÚNIOR esclarece que o antigo art. 1.111 do CPC de 1973 tratava da ação revisional, não se extraindo daí qualquer relação com a coisa julgada material (Ainda a polêmica sobre a distinção entre a "jurisdição contenciosa" e a "jurisdição voluntária". *Revista de Processo nº 198.* São Paulo: RT, agosto de 2011, p. 44).

189 "O provimento do juiz comporta modificação, sobrevindo fatos supervenientes, e, nesse sentido, não se distingue das demais resoluções de mérito da jurisdição contenciosa. Exibe a autoridade típica dos provimentos jurisdicionais. A possibilidade de modificação, em razão de fatos supervenientes, jamais negou ou amesquinhou a autoridade da coisa julgada" (ARAKEN DE ASSIS. *Processo civil brasileiro.* São Paulo: RT, 2015, p. 581, v. I). "De fato, às partes não é proibido que, por sua vontade, acordem a respeito do direito material e corrijam o conteúdo da sentença. Os litigantes podem sim alterar o que ficou decidido, assim como podem dispor livremente de seus direitos. Apesar da coisa julgada ou de qualquer estabilidade, a relação jurídica material continua na esfera de disposição das partes. E se assim é, abre-se espaço para admitir-se que lhes seja autorizado pretender do juiz um novo pronunciamento sobre um tema já coberto pela estabilidade, diante de novos elementos que justifiquem a mudança de seu conteúdo. Então, a inalterabilidade do julgado pela vontade das partes parece ficar restrita aos casos de indisponibilidade

Como bem observado, "ao refletirmos sobre o modelo clássico, vemos que os espaços de estabilidade são estritamente acompanhados pela dimensão temporal. Tomemos a coisa julgada: todos os fatos anteriores ao termo *a quo* dos limites temporais são abrangidos pela imutabilidade; os fatos posteriores (futuros, *causa superveniens*) ficam excluídos. Assim, se se pretender uma decisão sobre condutas ocorridas a partir da estabilização, não há qualquer impedimento à nova discussão. Mas, em se desejando rever a decisão proferida com base no panorama fático anterior, deverá ser empregado o meio típico de quebra ou superação da coisa julgada (a ação rescisória, p. ex.). [...] É o que ocorre por força dos arts. 303, 462 e 471 do CPC, para a jurisdição contenciosa, e do art.1111 do CPC para a jurisdição voluntária. O art. 1.111 declara modificável a sentença, preserva os efeitos já produzidos (*ex nunc*) e estabelece como condição para a modificação do *iudicatum* a observação de 'circunstâncias supervenientes'. Ou seja, as decisões em sede de jurisdição voluntária são estáveis e apenas excepcionalmente impugnáveis se diante de fatos novos, o que aproxima a disciplina do art. 1.111 daquela do art. 471 do CPC".[190]

O art. 1.111 do CPC de 1973 possuía redação bastante diversa e aperfeiçoada, mas, ainda assim, permaneceu a ideia de que não haveria coisa julgada material, normalmente citando-se doutrina formada sob a vigência do CPC de 1939.[191] Nesse contexto, PONTES DE MIRANDA já considerava que a redação

---

sobre o direito material decidido: a 'indisponibilidade' não está na coisa julgada em si, ou em qualquer forma de estabilidade, mas na norma atuada", como afirma textualmente o art. 850 do Código Civil. Assim, nos casos em que as partes não puderem resolver a questão por si mesmas, como na jurisdição voluntária ou nas ações constitutivas necessárias, não será possível a alteração do conteúdo estável da sentença porque ao juiz não é permitida a emissão de pronunciamento contrário. Por exemplo, certificada a filiação na sentença, o consenso posterior das partes não bastaria para que fi que "combinado" que a filiação não existe. Na hipótese contrária, o mesmo já não ocorreria: improcedente a investigação de paternidade, as partes poderão por acordo reconhecer a paternidade posteriormente, porque a legislação assim permite (CC, arts. 1609, II e III)" (CABRAL, *Coisa julgada e preclusões dinâmicas*: entre continuidade, mudança e transição de posições processuais estáveis. Salvador: JusPodivm, 2013, p. 319-320).

190 ANTONIO DO PASSO CABRAL. *Coisa julgada e preclusões dinâmicas: entre continuidade, mudança e transição de posições processuais estáveis*. Salvador: JusPodivm, 2013, p. 326-327 e nota de rodapé nº 6. Sobre o tema na jurisdição voluntária, vale conferir: SWARAI CERVONE DE OLIVEIRA. *Jurisdição voluntária:* perspectiva atual à luz da teoria geral e da instrumentalidade do processo civil – reflexos sobre o âmbito de aplicação da discricionariedade judicial. São Paulo: Universidade de São Paulo, Tese de doutorado, 2011, inédito, p. 71-73.

191 Resenha doutrinária e abordagem crítica, concluindo pela existência de coisa julgada material em jurisdição voluntária a partir da análise do art. 1.111 do CPC de 1973, em JOSÉ EDUARDO MARTINS CARDOSO. A jurisdição voluntária e a coisa jul-

do art. 1.111 do CPC de 1973 era suficiente para afirmar a formação de coisa julgada material e também para "repelir qualquer permanência das interpretações obsoletas".[192] No entanto, a doutrina majoritária caminhou no sentido da inexistência de coisa julgada material na jurisdição voluntária.[193] Com efeito, José Frederico Marques, incidindo no equivocado argumento do fato superveniente para afastar a imutabilidade, afirmou: "Entregando ao Judiciário os atos administrativos de jurisdição voluntária, o Estado os tornou tão irrevogáveis, em face dos outros poderes da soberania nacional, como os da jurisdição contenciosa. Se perante outros juízes, e diante de circunstâncias novas, o próprio Judiciário tem poderes para alterar ato de jurisdição voluntária, por não estarem cobertos pela coisa julgada, nenhuma intervenção, no entanto, podem ter, no tocante a esses atos, ou o Executivo, ou o Legislativo, sob pena de quebrantar-se o princípio da independência dos juízes".[194] Em seu clássico *Ensaio sobre a jurisdição voluntária,* Frederico Marques já considerava não haver coisa julgada em jurisdição voluntária por se tratar de ato administrativo, concluindo, portanto, que a revogabilidade seria ampla desde que promovida pelo próprio Judiciário e desde que haja fatos supervenientes.[195] Nesse sentido, igualmente: "Entende-se que em jurisdição voluntária a sentença tem força de coisa julgada (quando transitada em julgado) unicamente no sentido formal. A sentença transitada em julgado põe fim ao processo e não pode ser reexa-

---

gada. *Revista Justitia*, v. 49, n. 140, out./dez. de 1987, *passim*. Confira-se, ainda, Luiz Eduardo Ribeiro Mourão. *Coisa julgada*. Belo Horizonte: Fórum, 2008, p. 335-353. É preciso recordar que o art. 288 do CPC de 1939 dispunha que "não terão efeito de cousa julgada os despachos meramente interlocutórios e as sentenças proferidas em processos de jurisdição voluntária e graciosa, preventivos e preparatórios, e de desquite por mútuo consentimento".

192 *Comentários ao Código de Processo Civil*. 2ª ed. Rio de Janeiro: Forense, 2008, p. 22, tomo XVI.

193 "Tradicionalmente há muito se rejeita na jurisdição voluntária, quase majoritariamente, a inexistência de *sentença de mérito* e de *coisa julgada*: tudo, sempre, como consequência lógica da inexistência de partes, da inexistência de lide, inexistência de conflito franco, inexistência de efetivo contraditório, inexistência de decisão adjudicatória (substitutiva), inexistência de sentença sobre o mérito e, por fim, inexistência de coisa julgada suscetível de rescisão. Assim, pode-se dividir a compreensão do mesmo fenômeno: a) inexistência de *sentença de mérito:* embora exista um pedido; b) inexistência de *coisa julgada*: embora se revista da eficácia natural dos atos estatais, coisa julgada formal, sem ter os efeitos imutáveis da coisa julgada" (Jefferson Carús Guedes. *Comentários ao Código de Processo Civil*. Marinoni, Arenhart e Mitidiero (coord.). São Paulo: RT, 2016, p. 64 e 85, v. 11 – nas p. 152-153 o autor parece aderir ao posicionamento que não reconhece a existência de coisa julgada material na jurisdição voluntária).

194 José Frederico Marques. *Manual de direito processual civil*. 2ª ed. Campinas: Millennium, 2000, p. 177-178, v. I.

195 *Ensaio sobre a jurisdição voluntária*. Campinas: Millenium, 2000, p. 312-313.

minada nos mesmos autos com relação à causa finda. Pode, porém, surgir outro processo, com outra relação processual, a fim de que a questão seja novamente apreciada e decidida, ainda entre os mesmos interessados e até nos mesmos autos. Basta, para tanto, que surja circunstância superveniente".[196] Em outro estudo, EDSON PRATA examina amplamente a doutrina até então produzida e, após afirmar que "reina completa balbúrdia na literatura universal", encerra o item da seguinte forma: "a conclusão de tudo que expusemos não pode ser animadora: coisa julgada, coisa julgada material, preclusão, eficácia preclusiva, efeito análogo ao da coisa julgada, autoridade de coisa julgada, autoridade preclusiva, efeito 'sui generis' que substitui a coisa julgada, trânsito em julgado, eis uma linguagem fechada, quase diríamos cifrada, no terreno da jurisdição voluntária. Há tanta confusão doutrinária em torno deste tema, que dificulta sua compreensão até mesmo pelos doutos. O certo é que se alguém tentar deslindar o emaranhado doutrinário e jurisprudencial que se formou nos últimos tempos, terá que começar por definir sua própria linguagem, para depois submeter as exposições dos escritores a uma verdadeira camisa de força, senão jamais escreverá obra harmônica e inteligível".[197] JOSÉ OLYMPIO DE CASTRO FILHO, com base na doutrina de LOPES DA COSTA, igualmente entendia não haver coisa julgada diante da possibilidade de modificação da sentença, mas assim conclui sua interpretação: "não será, assim, modificação da decisão pelo simples e puro arbítrio do juiz senão, unicamente, rigorosamente um novo exame, diante novo pedido do interessado. Poder-se-ia até dizer que nem se trata de modificação da decisão, senão de nova decisão, ou eficácia da decisão, acerca de circunstância superveniente, que torna conveniente a alteração do pronunciamento judicial anterior".[198] MENDONÇA LIMA afirma que a ausência de coisa julgada material é inerente à jurisdição voluntária, havendo, segundo ele, consenso doutrinário sobre o tema. Entretanto, após esclarecer que a modificação da sentença não pode ser realizada de ofício pelo juiz, observa que "para que o juiz possa modificar a primeira sentença, é necessário que as circunstâncias supervenientes sejam muito sérias, convincentes e plausíveis". Mais adiante, MENDONÇA LIMA, em flagrante contradição, entende que, embora na jurisdição voluntária não exista "sentença de mérito no sentido rigoroso do termo técnico", é cabível a ação rescisória.[199]

Como já afirmado nos comentários ao art. 719, a doutrina faz referência

---

196 EDSON PRATA. *Comentários ao Código de Processo Civil*. Rio de Janeiro: Forense, 1978, p. 46, v. VII.

197 EDSON PRATA. *Jurisdição voluntária*. São Paulo: LEUD, 1979, p. 279 e 299-300.

198 *Comentários ao Código de Processo Civil*. 4ª ed. Rio de Janeiro: Forense, 1995, p. 39-42, v. X.

199 *Comentários ao Código de Processo Civil*. São Paulo: RT, 1982, p. 79-83, v. XII.

ao litígio como fator modificador da natureza do processo e causa da aptidão para a coisa julgada.[200] Esse posicionamento, que expressa entendimento bastante compartilhado na doutrina[201] e na jurisprudência, vincula a jurisdição voluntária à ausência de litígio preexistente, o que sem dúvida é o que comumente ocorre. Mas, como a diferença entre as "jurisdições" é artificial e decorre de política legislativa, não parece ser correto considerar como ontológico o que depende do direito positivo. Como a escolha do legislador não segue qualquer padrão identificável abstratamente, não se pode estabelecer de antemão que a contenciosidade seja estranha à jurisdição voluntária e muito menos que o litígio seja essencial para a formação de coisa julgada material. Há situações, inclusive, em que o litígio na jurisdição voluntária é potencial (exemplo: interdição) ou até mesmo é pressuposto (exemplos: alienação e emancipação).

Na realidade, a existência ou não de litígio é simplesmente irrelevante para a formação de coisa julgada. Ainda que se entenda que o conflito transmuda a natureza da "jurisdição" não é essa a nota caracterizadora da coisa julgada material. Se assim não fosse, seria impossível explicar como o consenso – ou simplesmente a ausência de efetivo conflito – é suficiente para produzir decisões cobertas com coisa julgada material.

Com efeito, mesmo que seja inegável que comumente os procedimentos de jurisdição voluntária não sejam previstos pelo legislador para a resolução de conflitos, não é esse o ponto principal para que se identifique eventual aptidão

---

200 Ainda a polêmica sobre a distinção entre a "jurisdição contenciosa" e a "jurisdição voluntária". *Revista de Processo nº 198*. São Paulo: RT, agosto de 2011, p. 46. "Portanto, apesar do desaparecimento do citado art. 1.111, não há suporte no Código de Processo Civil de 2015 para sustentar a coisa julgada nos procedimentos da jurisdição voluntária, por falta de cognição exaustiva, a não ser nos casos de conversão em jurisdição contenciosa, por ter efetivamente se instaurado o litígio, em que o procedimento específico não tenha sido óbice à mais ampla cognição e à mais ampla eficácia das garantias constitucionais do contraditório e da ampla defesa e desde que o juiz seja absolutamente competente para conhecer da matéria em sede contenciosa" (LEONARDO GRECO. *Breves comentários ao Novo Código de Processo Civil*. TERESA WAMBIER, EDUARDO TALAMINI, FREDIE DIDIER JR. e BRUNO DANTAS (coord.). 3ª ed. São Paulo: RT, 2016, p. 1863).

201 "Portanto, apesar do desaparecimento do citado art. 1.111, não há suporte no Código de Processo Civil de 2015 para sustentar a coisa julgada nos procedimentos da jurisdição voluntária, por falta de cognição exaustiva, a não ser nos casos de conversão em jurisdição contenciosa, por ter efetivamente se instaurado o litígio, em que o procedimento específico não tenha sido óbice à mais ampla cognição e à mais ampla eficácia das garantias constitucionais do contraditório e da ampla defesa e desde que o juiz seja absolutamente competente para conhecer da matéria em sede contenciosa" (LEONARDO GRECO. *Breves comentários ao Novo Código de Processo Civil*. TERESA WAMBIER, EDUARDO TALAMINI, FREDIE DIDIER JR. e BRUNO DANTAS (coord.). 3ª ed. São Paulo: RT, 2016, p. 1863).

para a formação de coisa julgada material, salvo se, simetricamente, for considerado de modo absoluto que a coisa julgada material somente pode incidir em situações de conflitos, o que, como se sabe, não encontra respaldo doutrinário ou normativo. Na realidade, cabe ao sistema legal a previsão do regramento atinente à coisa julgada material e toda teorização desprovida de exame do texto legal não possui consistência.[202] Antes do atual CPC, por exemplo, dizia-se que somente o que constava do dispositivo da decisão era acobertado pela coisa julgada material, mas essa afirmação só fazia sentido diante do direito positivo então vigente, como fica claro agora com a previsão do art. 503, §§ 1º e 2º, do CPC. Nesse dispositivo, a propósito, preveem-se limitações à formação da coisa julgada sobre as questões prejudiciais como forma de compensar precisamente déficits de cognição,[203] mas nada relacionada à ausência ou presença de conflito, evidentemente, já que a possibilidade de cognição e a potencialidade do contraditório[204] é que importam para a formação da coisa

---

202 Cf., ainda com base no CPC de 1973, JOSÉ EDUARDO MARTINS CARDOSO. A jurisdição voluntária e a coisa julgada. *Revista Justitia*, v. 49, n. 140, out./dez. de 1987, p. 57.

203 Excelentes considerações sobre os pressupostos para a extensão da coisa julgada às questões prejudiciais em: ANTONIO DO PASSO CABRAL. *Breves comentários ao Novo Código de Processo Civil.* TERESA WAMBIER, EDUARDO TALAMINI, FREDIE DIDIER JR., BRUNO DANTAS (coord.). 3ª ed. São Paulo: RT, 2016, p. 1432-1437.

204 Em relação às questões prejudiciais, o CPC impede a formação de coisa julgada material mesmo no caso de revelia, o que é visto como excesso protetivo do legislador. Para a questão principal não importa se houve revelia ou deficiência probatória, de acordo com o CPC. Sobre a revelia e o contraditório, convém transcrever o seguinte trecho: "Trata-se de uma postura excessivamente protetiva do legislador, pressupondo que, em caso de revelia, não terá havido contraditório efetivo. Assim não pensamos. É possível que, mesmo havendo revelia, o processo tenha transcorrido com o exercício de contraditório. É que o contraditório, no que se refere ao direito de expressão (um de seus consectários), é uma faculdade das partes. Por exemplo, a não apresentação da contestação é uma possibilidade aberta, legítima, de atuação processual, podendo ser vista como uma omissão voluntária do réu, que pode ser considerada sim exercício do contraditório. Nessa perspectiva, em tendo sido alegada de maneira detalhada e cuidadosa pelo autor (com ênfase), e considerada analiticamente pelo juiz na sentença, a prejudicial poderia ser atingida pela coisa julgada a despeito da revelia. Não obstante nosso entendimento pessoal, o CPC foi claro em vedar a extensão da *res iudicata* neste caso. Portanto, diante da proibição expressa da lei, devemos reconhecer *de lege lata* que, em caso de revelia, não poderá ser formada coisa julgada sobre prejudicial, o que não exclui que, nessa hipótese, possa formar-se sobre a prejudicial algum outro tipo de estabilidade mais fraca que a coisa julgada, como, por exemplo, a preclusão. Também devemos lembrar que, havendo revelia, a coisa julgada se forma normalmente em relação ao pedido (questão principal). A restrição do novo CPC, retirando a coisa julgada no caso de revelia, é apenas para a questão prejudicial. Esta diferenciação esta em sintonia com a lógica da previsibilidade da formação da estabilização e da vedação de

julgada material. Se houve consenso ou se não houve efetiva apresentação de defesa,[205] por exemplo, são situações irrelevantes para fins de formação da coisa julgada. Um procedimento rotulado como litigioso em que não há efetivo litígio e tão apto a formar coisa julgada quanto aquele em que há explícitos comportamentos processuais antagônicos. Não há como confundir conflituosidade com exercício do contraditório e consensualidade como ausência de contraditório.

Deve ser verificado, portanto, se os procedimentos de jurisdição voluntária são incompatíveis com o exercício do contraditório e com a cognição exauriente, para poder afirmar-se que não formação de coisa julgada material. Não se pode considerar que há mutabilidade perene do objeto de determinado processo alegando-se simplesmente a inexistência de litígio, salvo se houver regra válida no ordenamento jurídico nesse sentido. Caso não haja – e no CPC vigente não há –,[206] o regime de formação da coisa julgada será uniforme, de modo que, atendidos os pressupostos legais, todas as decisões jurisdicionais serão por ela acobertadas, independentemente de se tratar de ou não de jurisdição voluntária.

Ou seja: o que importa para verificar a ocorrência de coisa julgada material, essencialmente, é a presença do contraditório e da cognição exauriente. Se houver procedimento de jurisdição voluntária em que estejam presentes tais pressupostos, haverá formação de coisa julgada material. Evidentemente, há procedimentos em que não haverá formação de coisa julgada material, como notificações, protestos, interpelações ou processo testemunhável formado a bordo, em razão da própria natureza cartorária desses procedimentos, não havendo qualquer pronunciamento judicial sobre o mérito do processo.

Entretanto, há outros em que estarão presentes todos os pressupostos exigidos para a formação da coisa julgada material e não se pode deixar de denominar as situações pelos nomes técnicos apenas porque tradicionalmente não se enquadram como próprias daquele campo específico, sem qualquer consideração técnica que justifique a diferença de tratamento.

---

vinculações-surpresa" (Antonio do Passo Cabral. *Breves comentários ao Novo Código de Processo Civil.* Teresa Wambier, Eduardo Talamini, Fredie Didier Jr., Bruno Dantas (coord.). 3ª ed. São Paulo: RT, 2016, p. 1434).

205 Sobre revelia e coisa julgada, ver nota anterior.

206 "A decisão proferida em sede de jurisdição voluntária tem aptidão para a formação de coisa julgada. Nada no CPC aponta em sentido contrário. Se até mesmo decisões que não examinam o mérito se tornam indiscutíveis (art. 486, § 1º, CPC), muito mais razão haveria para que decisões de mérito proferidas em sede de jurisdição voluntária também se tornassem indiscutíveis pela coisa julgada material" (Fredie Didier Jr. *Curso de direito processual civil.* 18ª ed. Salvador: JusPodivm, 2016, p. 194, v. 1).

Quando se tratar, por exemplo, de processo de interdição, separação ou divórcio, extinção de fundação, modificação de regime de bens, mudança de nome,[207] entre outros, haverá formação de coisa julgada material, já que se

207 A imutabilidade do prenome ou do nome não é absoluta, mas a alteração deve ser jurisdicional e decorrer de prova da situação descrita na lei. Trata-se de procedimento que, além da evidente necessidade de estabilidade própria do estabelecimento da identidade, possibilita cognição exauriente e estabelece o contraditório: "Recurso especial. Civil. Registro público. Direito de família. Casamento. Alteração do nome. Atributo da personalidade. Acréscimo de sobrenome de um dos cônjuges posteriormente à data de celebração do casamento e da lavratura do respectivo registro civil. Via judicial. Possibilidade. Recurso desprovido. 1. O art. 1.565, § 1º, do Código Civil de 2002 autoriza a inclusão do sobrenome de um dos nubentes no nome do outro, o que se dá mediante solicitação durante o processo de habilitação, e, após a celebração do casamento, com a lavratura do respectivo registro. Nessa hipótese, a alteração do nome de um ou de ambos os noivos é realizada pelo oficial de registro civil de pessoas naturais, sem a necessidade de intervenção judicial. 2. Dada a multiplicidade de circunstâncias da vida humana, a opção conferida pela legislação de inclusão do sobrenome do outro cônjuge não pode ser limitada, de forma peremptória, à data da celebração do casamento. Podem surgir situações em que a mudança se faça conveniente ou necessária em período posterior, enquanto perdura o vínculo conjugal. Nesses casos, já não poderá a alteração de nome ser procedida diretamente pelo oficial de registro de pessoas naturais, que atua sempre limitado aos termos das autorizações legais, devendo ser motivada e requerida perante o Judiciário, com o ajuizamento da ação de retificação de registro civil prevista nos arts. 57 e 109 da Lei 6.015/73. Trata-se de procedimento judicial de jurisdição voluntária, com participação obrigatória do Ministério Público. 3. Recurso especial a que se nega provimento" (REsp 910.094/SC, rel. Min. Raul Araújo, Quarta Turma, j. 4/9/2012, DJe 19/6/2013). "Civil. Processual civil. Recurso especial. Nome. Alteração possibilidade. O nome da pessoa não é, pela legislação brasileira, fórmula imutável, podendo ocorrer em inúmeras situações, inclusive após o interessado atingir a maioridade civil, desde que se preserve os patronímicos dos ascendentes. A supressão de dois termos que não se confundem com os apelidos de família, e tampouco com o prenome (*stricto sensu*), não tem o condão de vulnerar a segurança e estabilidade das relações cíveis, mormente quando o autor é menor impúbere. Recurso especial provido" (REsp 1673048/RJ, rel. Min. Nancy Andrighi, Terceira Turma, julgado em 8/8/2017, DJe 25/8/2017). "Trata-se de ação de retificação de registro civil de nascimento, pela qual a autora pretende a alteração de seu prenome (Raimunda), ao argumento de que é conhecida por Danielle desde criança e a divergência entre o nome pelo qual é tratada daquele que consta do seu registro tem lhe causado constrangimentos. 1. O princípio da imutabilidade do nome não é absoluto no sistema jurídico brasileiro. 2. O nome civil, conforme as regras dos artigos 56 e 57 da Lei de Registros Públicos, pode ser alterado: a) no primeiro ano após atingida a maioridade, desde que não prejudique os apelidos de família; ou b) ultrapassado esse prazo, por justo motivo, mediante apreciação judicial e após ouvido o Ministério Público. 3. Caso concreto no qual se identifica justo motivo no pleito da recorrente de alteração do prenome, pois é conhecida no meio social em que vive, desde criança, por nome diverso

daquele constante do registro de nascimento, circunstância que tem lhe causado constrangimentos. 4. Recurso especial conhecido e provido" (REsp 1217166/MA, rel. Min. Marco Buzzi, Quarta Turma, j. 14/2/2017, DJe 24/3/2017). "Civil. Recurso especial. Retificação de assentamento no registro civil. Alteração do prenome. Produção de prova requerida. Impugnação do Ministério Público. Julgamento antecipado da lide. O princípio da imutabilidade do prenome, estabelecido no art. 58 da LRP, comporta exceções, que devem ser analisadas atentamente pelo julgador. O art. 57 da LRP admite a alteração de nome civil, por exceção e motivadamente, com a oitiva do Ministério Público e a devida apreciação Judicial, sem descurar das peculiaridades da hipótese em julgamento. Precedentes. Se o Ministério Público impugna o pedido de retificação no registro civil, deve o juiz determinar a produção da prova, nos termos do art. 109, § 1º da LRP, notadamente quando requerida na inicial. Recurso especial conhecido e provido" (REsp 729.429/MG, rel. Min. Nancy Andrighi, Terceira Turma, j. 10/11/2005, DJ 28/11/2005, p. 288). "Recurso especial. Ação de retificação de registro. Acréscimo de patronímico materno. Instâncias ordinárias que indeferiram o pedido porquanto deficiente a motivação delineada na inicial. Insurgência da autora. Hipótese: Discussão acerca da possibilidade de retificação do sobrenome, depois de atingida a maioridade, para acrescentar matronímico que não fora transmitido à filha, mas por ela adotado como sobrenome durante o tempo em que esteve casada. 1. O direito ao nome insere-se no campo dos direitos da personalidade, derivados do princípio fundamental da dignidade humana. Sob o aspecto público, exige-se o assento do nome e atribui-se imutabilidade relativa ao registro. Sob o aspecto privado, tem-se o direito à identidade e à transmissão do sobrenome aos descendentes. 2. O princípio da imutabilidade, que rege o registro do nome, não é absoluto, uma vez que o ordenamento pátrio contempla diversas hipóteses de retificação e alteração tanto para o prenome quanto para o sobrenome. A alteração do sobrenome exige a manutenção dos apelidos de família. 3. Na hipótese, verificam-se os requisitos de excepcionalidade e motivação, além das formalidades processuais exigidas para o acréscimo de apelido ao sobrenome. 3.1 Não consta do registro de nascimento da recorrente o sobrenome do pai e não há clareza quanto aos apelidos avoengos paternos, embora esteja claro o sobrenome materno e o apelido avoengo materno. 3.2 O apelido a ser acrescido foi utilizado pela recorrente durante a constância de seu casamento. 3.3 Higidez do procedimento verificada, constatada a apresentação de certidões negativas, citação de terceiros interessados e participação do Ministério Público no feito. 4. Retificação no registro que respeita a estirpe familiar e reflete a realidade da autora. Precedentes. 5. Recurso provido para determinar a retificação do assento de nascimento da recorrente" (REsp 1393195/MG, rel. Min. Marco Buzzi, Quarta Turma, j. 27/9/2016, DJe 7/11/2016). A mutabilidade do nome não é contrária à imutabilidade do julgado, mas antes a confirma, sem prejuízo de situações supervenientes ensejarem novas mudanças precisamente porque aí não se estará diante do óbice da coisa julgada por se tratar de nova situação fática. Em relação a vítimas de crimes e testemunhas ameaçadas, a Lei 9.807/1999, alterando a Lei de Registro Público, permite a alteração de nome e prenome como medida cautelar no âmbito penal. Ainda em matéria de alteração de nome e prenome, cumpre registrar a questão envolvendo a identidade de gênero, que envolveu recente e relevante pronunciamento do Superior Tribunal de Justiça: "Recurso especial. Ação de retificação de registro de nascimento para a troca de prenome e do sexo (gênero) masculino para o feminino. Pessoa transexual. Desnecessidade de cirurgia de transgenitalização. 1. À luz do disposto nos artigos 55, 57 e 58 da Lei 6.015/73

(Lei de Registros Públicos), infere-se que o princípio da imutabilidade do nome, conquanto de ordem pública, pode ser mitigado quando sobressair o interesse individual ou o benefício social da alteração, o que reclama, em todo caso, autorização judicial, devidamente motivada, após audiência do Ministério Público. 2. Nessa perspectiva, observada a necessidade de intervenção do Poder Judiciário, admite-se a mudança do nome ensejador de situação vexatória ou degradação social ao indivíduo, como ocorre com aqueles cujos prenomes são notoriamente enquadrados como pertencentes ao gênero masculino ou ao gênero feminino, mas que possuem aparência física e fenótipo comportamental em total desconformidade com o disposto no ato registral. 3. Contudo, em se tratando de pessoas transexuais, a mera alteração do prenome não alcança o escopo protetivo encartado na norma jurídica infralegal, além de descurar da imperiosa exigência de concretização do princípio constitucional da dignidade da pessoa humana, que traduz a máxima antiutilitarista segundo a qual cada ser humano deve ser compreendido como um fim em si mesmo e não como um meio para a realização de finalidades alheias ou de metas coletivas. 4. Isso porque, se a mudança do prenome configura alteração de gênero (masculino para feminino ou vice-versa), a manutenção do sexo constante no registro civil preservará a incongruência entre os dados assentados e a identidade de gênero da pessoa, a qual continuará suscetível a toda sorte de constrangimentos na vida civil, configurando-se flagrante atentado a direito existencial inerente à personalidade. 5. Assim, a segurança jurídica pretendida com a individualização da pessoa perante a família e a sociedade – *ratio essendi* do registro público, norteado pelos princípios da publicidade e da veracidade registral – deve ser compatibilizada com o princípio fundamental da dignidade da pessoa humana, que constitui vetor interpretativo de toda a ordem jurídico-constitucional. 6. Nessa compreensão, o STJ, ao apreciar casos de transexuais submetidos a cirurgias de transgenitalização, já vinha permitindo a alteração do nome e do sexo/gênero no registro civil (REsp 1.008.398/SP, Rel. Ministra Nancy Andrighi, Terceira Turma, julgado em 15.10.2009, DJe 18.11.2009; e REsp 737.993/MG, Rel. Ministro João Otávio de Noronha, Quarta Turma, julgado em 10.11.2009, DJe 18.12.2009). 7. A citada jurisprudência deve evoluir para alcançar também os transexuais não operados, conferindo-se, assim, a máxima efetividade ao princípio constitucional da promoção da dignidade da pessoa humana, cláusula geral de tutela dos direitos existenciais inerentes à personalidade, a qual, hodiernamente, é concebida como valor fundamental do ordenamento jurídico, o que implica o dever inarredável de respeito às diferenças. 8. Tal valor (e princípio normativo) supremo envolve um complexo de direitos e deveres fundamentais de todas as dimensões que protegem o indivíduo de qualquer tratamento degradante ou desumano, garantindo-lhe condições existenciais mínimas para uma vida digna e preservando-lhe a individualidade e a autonomia contra qualquer tipo de interferência estatal ou de terceiros (eficácias vertical e horizontal dos direitos fundamentais). 9. Sob essa ótica, devem ser resguardados os direitos fundamentais das pessoas transexuais não operadas à identidade (tratamento social de acordo com sua identidade de gênero), à liberdade de desenvolvimento e de expressão da personalidade humana (sem indevida intromissão estatal), ao reconhecimento perante a lei (independentemente da realização de procedimentos médicos), à intimidade e à privacidade (proteção das escolhas de vida), à igualdade e à não discriminação (eliminação de desigualdades fáticas que venham a colocá-los em situação de inferioridade), à saúde (garantia do bem-estar biopsicofísico) e à felicidade (bem-estar geral). 10. Consequentemente, à luz dos direitos fundamentais corolários do princípio fundamental da dignidade da pessoa humana, infere-se que o direito dos transexuais à retificação do sexo no registro civil não pode ficar condicionado à exigência de realização da cirurgia de transgenitalização, para muitos inatingível do ponto de vista financeiro (como parece ser o caso em exame) ou mesmo inviável do ponto de vista médico. 11. Ademais, o chamado sexo jurídico (aquele constante no registro civil de nascimento, atribuído, na primeira infância, com base no aspecto morfológico, gonádico ou cromossômico) não pode olvidar o aspecto psicossocial defluente da identidade de gênero autodefinido por cada indivíduo, o qual, tendo em vista a *ratio essendi* dos registros públicos, é o critério que deve, na hipótese, reger as relações do indivíduo perante a sociedade. 12. Exegese contrária revela-se incoerente diante da consagração jurisprudencial do direito de retificação do sexo registral conferido aos transexuais operados, que, nada obstante, continuam vinculados ao sexo biológico/cromossômico repudiado. Ou seja, independentemente da realidade biológica, o registro civil deve retratar a identidade de gênero psicossocial da pessoa transexual, de quem não se pode exigir a cirurgia de transgenitalização para o gozo de um direito. 13. Recurso especial provido a fim de julgar integralmente procedente a pretensão deduzida na inicial, autorizando a retificação do registro civil da autora, no qual deve ser averbado, além do prenome indicado, o sexo/gênero feminino, assinalada a existência de determinação judicial, sem menção à razão ou ao conteúdo das alterações procedidas, resguardando-se a publicidade dos registros e a intimidade da autora" (REsp 1626739/RS, rel. Min. Luis Felipe Salomão, Quarta Turma, j. 9/5/2017, DJe 1º/8/2017). ADI nº 4.275/DF, rel. para acórdão Min. Edson Fachin, j. 1º/3/2018, ainda pendente de publicação até o fechamento desta edição. Segundo o Informativo de Jurisprudência nº 692: "Transgêneros e direito a alteração no registro civil: O direito à igualdade sem discriminações abrange a identidade ou a expressão de gênero. A identidade de gênero é manifestação da própria personalidade da pessoa humana e, como tal, cabe ao Estado apenas o papel de reconhecê-la, nunca de constituí-la. A pessoa não deve provar o que é, e o Estado não deve condicionar a expressão da identidade a qualquer tipo de modelo, ainda que meramente procedimental. Com base nessas assertivas, o Plenário, por maioria, julgou procedente pedido formulado em ação direta de inconstitucionalidade para dar interpretação conforme a Constituição e o Pacto de São José da Costa Rica ao art. 58 da Lei 6.015/1973 (1). Reconheceu aos transgêneros, independentemente da cirurgia de transgenitalização, ou da realização de tratamentos hormonais ou patologizantes, o direito à alteração de prenome e gênero diretamente no registro civil. O Colegiado assentou seu entendimento nos princípios da dignidade da pessoa humana, da inviolabilidade da intimidade, da vida privada, da honra e da imagem, bem como no Pacto de São José da costa Rica. Considerou desnecessário qualquer requisito atinente à maioridade, ou outros que limitem a adequada e integral proteção da identidade de gênero autopercebida. Além disso, independentemente da natureza dos procedimentos para a mudança de nome, asseverou que a exigência da via jurisdicional constitui limitante incompatível com essa proteção. Ressaltou que os pedidos podem estar baseados unicamente no consentimento livre e informado pelo solicitante, sem a obrigatoriedade de comprovar requisitos tais como certificações médicas ou psicológicas, ou outros que possam resultar irrazoáveis ou patologizantes. Pontuou que os pedidos devem ser confidenciais, e os documentos não podem fazer remissão a eventuais alterações. Os procedimentos devem ser céleres e, na medida do possível, gratuitos. Por fim, concluiu pela inexigibilidade da realização de qualquer tipo de operação ou intervenção cirúrgica ou hormonal. Vencidos, em parte os ministros Marco Aurélio (relator), Alexandre de Moraes, Ricar-

estará diante de decisão jurisdicional, com a presença do contraditório e sem qualquer limitação cognitiva. No caso da separação ou do divórcio, especificamente, ainda que ajuizado unilateralmente (e, portanto, "litigioso"), ninguém sustentará que inexistirá coisa julgada material no caso de a outra parte aderir ao pedido inicial, assim como em nada interfere em relação à estabilidade da decisão o fato de desde o início haver o consenso. Além disso, a única justificativa para que permaneça vigente a opção jurisdicional para a separação ou o divórcio consensual sem a presença de incapazes é precisamente a formação de coisa julgada material.[208]

O procedimento jurisdicional para emancipação é outro exemplo em que se verifica a presença de conflito (ou entre os pais ou entre o menor e o tutor, por exemplo), há contraditório, inexiste limitação probatório, há pedido cer-

---

do Lewandowski e Gilmar Mendes. O relator assentou a possibilidade de mudança de prenome e gênero no registro civil, mediante averbação no registro original, condicionando-se a modificação, no caso de cidadão não submetido à cirurgia de transgenitalização, aos seguintes requisitos: a) idade mínima de 21 anos; e b) diagnóstico médico de transexualismo, presentes os critérios do art. 3º da Resolução 1.955/2010 (2), do Conselho Federal de Medicina, por equipe multidisciplinar constituída por médico psiquiatra, cirurgião, endocrinologista, psicólogo e assistente social, após, no mínimo, dois anos de acompanhamento conjunto. Considerou inconstitucional interpretação que encerre a necessidade de cirurgia para ter-se a alteração do registro quer em relação ao nome, quer no tocante ao sexo. Os ministros Alexandre de Moraes, Ricardo Lewandowski e Gilmar Mendes condicionaram a alteração no registro civil a ordem judicial e a averbação no registro civil de nascimento, resguardado sigilo no tocante à modificação". A "decisão de julgamento" foi redigida nos seguintes termos: "O Tribunal, por maioria, vencidos, em parte, os Ministros Marco Aurélio e, em menor extensão, os Ministros Alexandre de Moraes, Ricardo Lewandowski e Gilmar Mendes, julgou procedente a ação para dar interpretação conforme a Constituição e o Pacto de São José da Costa Rica ao art. 58 da Lei 6.015/73, de modo a reconhecer aos transgêneros que assim o desejarem, independentemente da cirurgia de transgenitalização, ou da realização de tratamentos hormonais ou patologizantes, o direito à substituição de prenome e sexo diretamente no registro civil. Impedido o Ministro Dias Toffoli. Redator para o acórdão o Ministro Edson Fachin".

208 "A homologação judicial confere às partes algo além daquilo que se pode obter pelo procedimento cartorário: a indiscutibilidade da decisão, a coisa julgada. O negócio jurídico é 'processualizado' (inserido no processo) e, após a homologação judicial, somente pode ser desconstituído por ação rescisória, como reflexo da rescisão da sentença homologatória. Não é razoável dizer que um negócio jurídico formalizado em cartório tem a mesma estabilidade de outro que passou pelo crivo do órgão jurisdicional. É preciso dar a situações díspares consequências jurídicas também diversas. Para compreender a 'facultatividade' do procedimento cartorário e a consequente permanência da opção judicial, é preciso superar o dogma da ausência de coisa julgada na jurisdição voluntária" (Fredie Didier Jr. *Curso de direito processual civil*. 18ª ed. Salvador: JusPodivm, 2016, p. 195, v. 1).

to, a sentença resolve o mérito e constitui uma nova situação jurídica referente à capacidade, ou seja, estão presentes todos os elementos para a formação de coisa julgada material. Mesmo em outros procedimentos menos utilizados, por assim dizer, faz-se presente a estabilidade própria da coisa julgada material.

Na herança jacente, após o aperfeiçoamento da vacância com o trânsito em julgado, somente será possível pleitear qualquer direito relacionado à herança por meio de outra "ação direta" (art. 743, § 2º, CPC), sendo que, o art. 1822, parágrafo único, CC, exclui definitivamente os colaterais da sucessão. Em síntese, são estes os efeitos da "declaração"[209] de vacância: a) exclusão dos colaterais da sucessão (art. 1.822, parágrafo único CC); b) os bens passam a integrar o patrimônio público; c) demais herdeiros e credores não poderão mais se habilitar no processo da arrecadação e deverão se valer de "ação direta" para reclamar seus direitos. Um ponto de extrema relevância precisa ser esclarecido: somente poderão se valer da "ação direta" aqueles sucessores que não foram objeto de decisão anterior indeferindo a habilitação.[210] No caso de decisão de mérito do incidente ou da sentença, há coisa julgada que impede a discussão na futura ação direta.[211]

Já em relação a coisas vagas, o fato de se tratar de procedimento editalício, há que se examinar se essa característica procedimental repercute sobre a formação da coisa julgada contra todos os fictamente citados, isto é, se eventual interessado que não tenho participado do processo não poderá posteriormen-

---

209 A lei usa o verbo "declarar", mas, a rigor, há cumulações objetivas no procedimento de herança jacente e constitui-se nova situação jurídica com a vacância. Sobre o tema, mas entendendo que se trata de sentença mandamental, Pontes de Miranda. *Comentários ao Código de Processo Civil*. 2ª ed. Rio de Janeiro: Forense, 2008, p. 254-256, tomo XVI.

210 "Processo civil. Recurso especial. Interposição sob a égide do CPC/1973. Direito sucessório. Ação de petição de herança. Anterior ajuizamento de ação de investigação de paternidade. Prescrição. Termo inicial. Falta de prequestionamento. Deficiência de fundamentação. 1. A petição de herança objeto dos arts. 1.824 a 1.828 do Código Civil é ação a ser proposta por herdeiro para o reconhecimento de direito sucessório ou a restituição da universalidade de bens ou de quota ideal da herança da qual não participou. 2. A teor do art.189 do Código Civil, o termo inicial para o ajuizamento da ação de petição de herança é a data do trânsito em julgado da ação de investigação de paternidade, quando, em síntese, confirma-se a condição de herdeiro. [...]" (REsp 1475759/DF, rel. Min. João Otávio de Noronha, Terceira Turma, j. 17/5/2016, DJe 20/5/2016).

211 "Aparentemente, pelo dispositivo em foco, os interessados indicados poderiam ser os mesmos que tentaram habilitar-se e não tiveram acolhido seus respectivos pedidos (menos, é claro, os credores). Entretanto, a sentença que rechaçou a pretensão faz coisa julgada material, obstando a renovação" (Alcides de Mendonça Lima. *Comentários ao Código de Processo Civil*. São Paulo: RT, 1982, p. 364, v. XII).

te, em ação própria, discutir a titularidade da coisa. Em suma, forma-se coisa julgada de que a coisa arrecadada não tem dono[212] ou, em caso contrário, poderá posteriormente ser discutida a propriedade do bem. Para a compreensão desse tema, há que se verificar, primeiramente, o objeto do procedimento, que visa à restituição do bem ao dono ou legítimo possuidor (art. 1.233, CC), recebendo o restituidor uma recompensa e, se houve despesas com a coisa, indenização, salvo se o dono não resolver abandoná-lo (art. 1.234, CC). Não integra o pedido, pois, a declaração de inexistência de dono do bem. Além disso, há o problema da legitimidade das partes para a configuração da coisa julgada e, ao menos na hipótese de o juiz instaurar de ofício o procedimento (para quem entende possível essa iniciativa), não se poderá falar em coisa julgada que impeça posterior reivindicação do bem. Por fim, ainda que o procedimento editalício não seja, por si só, incompatível com a formação da coisa julgada material, há a peculiaridade de a arrecadação das coisas vagas não permitir, por definição,[213] a individualização e identificação prévias do dono ou legítimo possuidor. Nesse contexto, o edital é, por assim dizer, *urbi et orbi*, sem destinatários definidos. Por tudo isso, há formação de coisa julgada material, sim, mas sobre a eventual restituição do bem, a exoneração das obrigações do descobridor e a condenação à recompensa e à indenização, e não sobre a absoluta existência de proprietário.[214]

Além desses procedimentos menos usuais, há que se refletir se efetivamente se pode afirmar não haver coisa julgada em relação a decisões que modificam o regime de bens de casamento, extinguem fundações, ensejam modificações registrais etc.[215]

---

212 Entendendo, assim, Roberto P. Campos Gouveia Filho. *Breves comentários ao Novo Código de Processo Civil*. Wambier, Didier Jr., Talamini e Dantas (coord.). 3ª ed. São Paulo: RT, 2016, p. 1920-1921.

213 No decorrer do procedimento, o dono pode vir a ser conhecido e, então, haverá chamamento de pessoa certa. Mas o procedimento é concebido essencialmente para situações em que se desconhece o dono ou legítimo possuidor. Afinal, se a coisa é vaga, o dono é desconhecido.

214 O abandono da coisa também pode ser objeto de pronunciamento judicial no procedimento de arrecadação de coisas vagas, podendo haver coisa julgada também nesse sentido.

215 Como bem observa Flávio Luiz Yarshell, "dizer que nesta não há partes, mas 'interessados', é desconsiderar que parte é todo aquele que se encontra em contraditório perante o juiz. E, ainda que os 'interessados' estejam todos concordes acerca do quanto levaram ao crivo da 'administração pública', há contraditório, na medida em que eles devem ter informação e possibilidade de reação, contribuindo para a formação da convicção de quem julga ou 'administra'). Dizer que, no âmbito tratado, não há lide não convence, especialmente quando se aceita que existe atividade jurisdicional típica sem lide, sabido que o conceito de 'lide' peca, entre

Em relação à presença do contraditório, é insustentável afirmar que na jurisdição voluntária não se faz presente essa garantia constitucional, cuja observância é obrigatória em todos os processos jurisdicionais ou administrativos. Simplesmente não é possível afirmar que exista processo sem a garantia do contraditório. Na realidade, o que pode ocorrer na prática é a inexistência concreta de efetivo contraditório, mas isso não pode ser confundido com uma heterodoxa imunidade em relação à garantia constitucional. O problema está em considerar que a ausência de litígio produz um contraditório insuficiente para possibilitar a cognição exauriente.[216]

Quanto a limitações probatórias por questões procedimentais, é interessante observar que tradicionalmente se considera a jurisdição voluntária como o campo próprio para ampla atividade instrutória do juiz, precisamente para que se obtenham todos os elementos de prova e, assim, seja tutelado o "interesse público".[217] Não deixa de ser interessante que a doutrina tradicional

---

outras coisas, pela limitação ao campo dos direitos indisponíveis. Dizer que na aludida seara não há processo, mas 'mero' procedimento, é desconsiderar que, como já ressaltado, ali está presente o contraditório, ou, sob ângulo diverso, que existe, sim, uma relação jurídica processual, de que resultam ônus, faculdades, poderes, sujeições e deveres para os respectivos sujeitos. Mais ainda: não se pode dizer que não exista mérito na dita jurisdição voluntária. O mérito, como sabido, é o objeto do processo, e seria despropositado dizer que existe processo (procedimento que fosse) sem objeto. Ainda que a jurisdição voluntária seja simples 'administração pública de interesses privados', existe a pretensão deduzida, e consistente em que se opere a intervenção estatal e, dessa forma, se libere a eficácia do ato praticado pelas partes. E, nessa linha de raciocínio, dizer que não há coisa julgada é desconsiderar que nova apreciação da situação substancial, pelo Judiciário, só pode ocorrer, nos termos do citado art. 1.111 do CPC, mediante alteração das circunstâncias de fato; o que, em termos técnicos, significa submeter ao Judiciário uma nova causa de pedir e, por consequência, um novo pedido, (afastando-se a identidade que normalmente está associada ao fenômeno da coisa julgada, e mesmo o efeito negativo que lhe é atribuído, porque na segunda oportunidade não se julga novamente a mesma situação, mas situação diversa" (Flávio Luiz Yarshell. *Ação rescisória*: juízos rescindente e rescisório. São Paulo: Malheiros, 2005, p. 176-179 – não escapou ao autor o registro de problemas que advêm do fato de que, em havendo sentença, há que se verificar a competência e o procedimento para sanar tais vícios, o que enseja o problema do cabimento da ação rescisória, que será mencionado mais adiante no texto).

216 "Contraditório não significa contenciosidade, luta efetiva de adversários em confronto, o que certamente contribui para uma cognição mais profunda, mas garantia de participação efetiva dos interessados, mesmo que concordantes, ou até de um só interessado" (Leonardo Greco. *Jurisdição voluntária moderna*. São Paulo: Dialética, 2003, p. 34).

217 "Tratando-se de direitos indisponíveis, onde vigora mais o princípio inquisitivo do que o dispositivo, são amplíssimos os poderes do juiz para a pesquisa da verdade. O juiz agirá livremente, investigando os fatos e ordenando de ofício a realização de

sempre tenha valorizada a possibilidade de ampla apuração dos fatos em sede de jurisdição voluntária[218] e, ao mesmo tempo, não tenha considerado que a cognição obtida seja apta a formar coisa julgada material. Entretanto, como já mencionado em linhas anteriores, o direito positivo não trabalha com a necessidade de efetivo confronto para se forme a coisa julgada material, de modo que essa vinculação ao litígio real e estabilidade da decisão não é um problema que impeça, por si só, afirmar que é possível haver coisa julgada material em sede de jurisdição voluntária.

Para caracterizar a cognição exauriente, LEONARDO GRECO, a partir de elaboração de PROTO PISANI, apresenta as seguintes características essenciais: 1) a predeterminação legal das formas dos atos processuais e dos prazos, assim como dos poderes, deveres e faculdades processuais das partes e do juiz; 2) a definição de uma sequência de atos que permita às partes propor fundamentadamente as suas demandas, exceções e argumentos, assim como demonstrar a sua procedência e a dos fatos que constituem o seu fundamento, em igualdade de condições; 3) a possibilidade de utilização de todos os meios de prova aptos a apurar a verdade dos fatos, tal como em qualquer outra área do conhecimento humano; 4) a predeterminação de um procedimento probatório apto a tornar efetiva essa possibilidade; 5) a predeterminação de prazos razoáveis de defesa das partes na fase introdutiva, no curso do processo e na fase decisória, assim como para a cognição adequada do juiz; 6) a realização plena do contraditório em forma antecipada, para que o provimento final do juiz somente seja proferido depois de que tenha sido garantida a ambas as partes a possibilidade de fazer valer todas as próprias defesas (exceções, proposições probatórias, demandas reconvencionais); 7) a efetiva possibilidade de pronunciamento conclusivo do juiz a respeito da verdade fática e do direito material das partes; 8) a possibilidade de completo reexame da cognição do juízo de primeiro grau por um tribunal de grau superior; e 9) o acesso a tribunais de

---

quaisquer provas" (EDSON PRATA. *Jurisdição voluntária*. São Paulo: LEUD,1979, p. 263). "O legislador, embora haja litígio, não vacila em incluir a ação entre as de jurisdição graciosa ou administrativa, para que o juiz possa utilizar-se de maiores poderes na descoberta da verdade material" (CLÓVIS DO COUTO E SILVA. *Comentários ao Código de Processo Civil*. São Paulo: RT, 1977, p. 5, v. XI, tomo I). No CPC de 1973 havia a regra do art. 1.107, não reproduzida no Código vigente: "Os interessados podem produzir as provas destinadas a demonstrar as suas alegações; mas ao juiz é lícito investigar livremente os fatos e ordenar de ofício a realização de quaisquer provas".

218 "Na jurisdição voluntária, busca-se, tanto quanto o permitam as forças humanas, encontrar a verdade real" (ALFREDO DE ARAÚJO LOPES DA COSTA. *A administração pública e a ordem jurídica privada (jurisdição voluntária)*. Belo Horizonte: Bernardo Álvares S. A., 1961, p. 99).

âmbito nacional para corrigir decisões contrárias à lei ou à Constituição.[219] Considerando-se que somente os itens 6 e 7 são aferíveis em concreto, já que os demais decorrem da previsão abstrata da lei,[220] não como se excluir de antemão a existência de cognição exauriente na jurisdição voluntária, nem mesmo se se considerar que, em havendo contestação, haveria transformação em jurisdição contenciosa, já que o consenso não é incompatível com a formação de coisa julgada, como ocorre no divórcio consensual, para lembrar exemplo clássico.

A jurisprudência acompanha a doutrina majoritária e entende também que não há coisa julgada material em jurisdição voluntária,[221] mas os julgados

---

219 Leonardo Greco. Cognição sumária e coisa julgada. *Revista Eletrônica de Direito Processual – REDP* (www.redp.com.br). Rio de Janeiro: UERJ, julho a dezembro 2012, p. 286, v. X. Nesse texto, além de analisar variadas possibilidades de sumarização, o autor também se dedica ao complexo tema dos atos de disposição das partes que de algum modo afetam a cognição do julgador (nesse contexto, surge também o complexo tema envolvendo os negócios processuais e coisa julgada, cujos delineamentos e problemas foram apontados por Fredie Didier Jr., Paula Sarno Braga e Rafael Alexandria de Oliveira em *Curso de direito processual civil.* 11ª ed. Salvador: JusPodivm, 2016, p. 534-536, v. 2). Por fim, o autor conclui no sentido de que a coisa julgada material não é essencial à pacificação dos conflitos, com o que estamos de pleno acordo, mas, ao mesmo tempo, quando determinado processo, à luz da legislação, possui aptidão para a produção daquela específica estabilidade, não há por que se buscar artificialmente critério distintivo que contribui para a insegurança dos jurisdicionados. E, como já observado, Leonardo Greco entende que não há cognição suficiente para formação da coisa julgada na jurisdição voluntária. Essa classificação de Leonardo Greco foi expressamente acatada em recente obra sobre o tema: José Aurélio de Araújo. *Cognição sumária, cognição exaustiva e coisa julgada.* São Paulo: RT, 2017, p. 128-129.

220 José Aurélio de Araújo. *Cognição sumária, cognição exaustiva e coisa julgada.* São Paulo: RT, 2017, p.129. Ressalve-se que o referido autor entende que não há coisa julgada material em procedimentos de jurisdição voluntária em razão de haver o que denomina de atividade cognitiva insuficiente, conforme páginas 216-217 do livro citado).

221 Com a consequência adicional de não se admitir a interposição de recurso especial para impugnar decisões em jurisdição voluntária: "Agravo interno. Agravo em recurso especial. Procedimento de dúvida registral. 1. O procedimento de dúvida suscitado pelo Oficial do Registro reveste-se de caráter administrativo, de modo que é inviável a impugnação por meio de recurso especial. Precedentes. 2. Agravo interno a que se nega provimento" (AgInt no AREsp 271.724/DF, rel. Min. Maria Isabel Gallotti, Quarta Turma, j. 16/2/2017, DJe 23/2/2017). "Recurso Especial. Impugnações ao pedido de registro de loteamento. Decisão que as rejeita. Manejo de recurso de apelação pelos impugnantes. Apelo conhecido, pelas instâncias ordinárias, como recurso administrativo, remetendo-se o feito à Corregedoria do Tribunal De Justiça. O julgamento da impugnação apresentada por terceiros, restrito à análise da presença de requisitos exigidos em lei para a consecução do registro (a ser proferido no âmbito do Judiciário), não tem o condão de modificar a

essência administrativa do correlato procedimento, notadamente porque se insere nas atribuições destinadas ao controle da regularidade e continuidade dos serviços delegados, a cargo dos juízes corregedores e pelas corregedorias dos tribunais, lastradas no § 1º do artigo 236 da Constituição Federal. Recurso Especial desprovido. Insurgência do Ministério Público do Distrito Federal e Territórios. Hipótese em que as instâncias precedentes, por reconhecer a natureza administrativa da impugnação ao registro de loteamento, receberam o recurso de apelação como recurso administrativo, a ser julgado pela Corregedoria do Tribunal de Justiça. 1. De acordo com o parágrafo primeiro do artigo 236 da Constituição Federal, incumbe ao Poder Judiciário, de modo atípico, exercer função correcional e regulatória sobre a atividade registral e notarial, a ser exercida, nos termos da Lei de Organização Judiciária e Regimento Interno de cada Estado, pelo Juiz Corregedor, Corregedorias dos Tribunais e Conselho Superior da Magistratura. 1.1. É justamente no desempenho desta função correcional que o Estado-juiz exerce, dentre outras atividades (como a de direção e a de disciplina), o controle de legalidade dos atos registrais e notariais, de modo a sanear eventuais irregularidades constatadas ou suscitadas, o que se dará por meio de processo administrativo. 2. No âmbito do procedimento administrativo de registro de loteamento urbano, o Estado-juiz cinge-se, justamente, a analisar a regularidade e a consonância do pretendido registro com a lei, tão somente. Nessa extensão, e, como decorrência da função correcional/fiscalizatória, o Poder Judiciário desempenha atividade puramente administrativa, consistente, portanto, no controle de legalidade do ato registral. 3. A atuação do Judiciário, ao solver a impugnação ao registro de loteamento urbano apresentada por terceiros, não exara provimento destinado a pôr fim a um suposto conflito de interesses (hipótese em que se estaria diante do exercício da jurisdição propriamente dita), ou mesmo, a possibilitar a consecução de determinado ato ou à produção válida dos efeitos jurídicos perseguidos (caso em que se estaria no âmbito da jurisdição voluntária). Como enfatizado, o Estado-juiz restringe-se a verificar a presença de requisitos exigidos em lei, para a realização do registro, tão-somente. 4. A própria lei de regência preconiza que, em havendo controvérsia de alta indagação, deve-se remeter o caso à via jurisdicional, depreendendo-se, por consectário lógico, que o 'juiz competente' referido na lei, ao solver a impugnação ao registro de loteamento, de modo algum exerce jurisdição, mas sim, atividade puramente administrativa de controle de legalidade do ato registral. 5. O julgamento da impugnação apresentada por terceiros, restrito à análise da presença de requisitos exigidos em lei para a realização do registro (a ser proferido no âmbito do Judiciário), não tem o condão de modificar a essência administrativa do procedimento, notadamente porque se insere nas atribuições destinadas ao controle da regularidade e continuidade dos serviços delegados, a cargo dos juízes corregedores e pelas corregedorias dos Tribunais, lastradas no § 1º do artigo 236 da Constituição Federal. 6. Devidamente delimitada a natureza da atividade estatal desempenhada pelo Poder Judiciário ao julgar o incidente sob comento, a via recursal deve, igualmente, observar os comandos legais pertinentes ao correlato procedimento administrativo. 6.1. Em se tratando de questão essencialmente administrativa, o conhecimento e julgamento do recurso administrativo acima referenciado integra, inarredavelmente, a competência das Corregedorias dos Tribunais ou do Conselho Superior da Magistratura (a depender do que dispõe o Regimento Interno e a Lei de Organização Judiciária do Estado), quando do desempenho, igualmente, da função fiscalizadora e correicional sobre as serventias e órgãos prestadores de serviços notariais e de registro. 7.

servem para ilustrar exatamente que há forte artificialidade ao tratar do tema de modo genérico, sem atenção ao direito positivo e às peculiaridades inerentes a cada tipo de procedimento.[222]

Recurso Especial desprovido" (REsp 1370524/DF, rel. Min. Marco Buzzi, Quarta Turma, j. 28/4/2015, DJe 27/10/2015). "Agravo regimental no Recurso Especial. Dúvida registral. Decisão monocrática que negou seguimento ao reclamo. Irresignação do Parquet. 1. A jurisprudência deste STJ se firmou no sentido de ser inviável a interposição de recurso especial em sede de dúvida registral, direta ou inversa, salvo quando o procedimento revestir-se de caráter contencioso, hipótese possível entre sujeitos que defendam interesses próprios, razão pela qual não pode ser reconhecida entre o apresentante do título a registro e o Oficial. Precedentes. 2. Agravo regimental desprovido" (AgRg no REsp 1078626/MG, rel. Min. Marco Buzzi, Quarta Turma, j. 1º/3/2016, DJe 10/03/2016).

222 Confira-se a seguinte ementa ilustrativa: "Direito civil. Recurso especial. Registros públicos. Retificação de registro civil. Nacionalidade portuguesa. Novo pedido. Retorno ao *statu quo ante*. Impossibilidade. Ausência de justo motivo. Violação à segurança jurídica. Artigos analisados: arts. 54; 56 e 57 da lei 6.015/73. 1. Ação de retificação de registro civil, ajuizada em 04.12.2008. Recurso especial concluso ao Gabinete em 24.06.2013. 2. Discussão relativa à possibilidade de alteração de registro civil de nascimento para restabelecimento no nome original das partes, já alterado por meio de outra ação judicial de retificação. 3. A regra geral, no direito brasileiro, é a da imutabilidade ou definitividade do nome civil, mas são admitidas exceções. Nesse sentido, a Lei de Registros Públicos prevê, (i) no art. 56, a alteração do prenome, pelo interessado, no primeiro ano após ter atingido a maioridade civil, desde que não haja prejuízo aos apelidos de família e (ii) no art. 57, a alteração do nome, excepcional e motivadamente, mediante apreciação judicial, e após oitiva do MP. 4. O respeito aos apelidos de família e a preservação da segurança jurídica são sempre considerados antes de se deferir qualquer pedido de alteração de nome. 5. O registro público é de extrema importância para as relações sociais. Aliás, o que motiva a existência de registros públicos é exatamente a necessidade de conferir aos terceiros a segurança jurídica quanto às relações neles refletidas. 6. Uma vez que foram os próprios recorrentes, na ação anterior, que pediram a alteração de seus nomes, com o objetivo de obter a nacionalidade portuguesa e tiveram seu pedido atendido na integralidade, não podem, agora, simplesmente pretender o restabelecimento do *statu quo ante*, alegando que houve equívoco no pedido e que os custos de alteração de todos os seus documentos são muito elevados. 7. Ainda que a ação de retificação de registro civil se trate de um procedimento de jurisdição voluntária, em que não há lide, partes e formação da coisa julgada material, permitir sucessivas alterações nos registros públicos, de acordo com a conveniência das partes implica grave insegurança. 8. Se naquele primeiro momento, a alteração do nome dos recorrentes – leia-se: a supressão da partícula 'DE' e inclusão da partícula 'DOS' – não representou qualquer ameaça ou mácula aos seus direitos de personalidade, ou prejuízo à sua individualidade e autodeterminação, tanto que o requereram expressamente, agora, também não se vislumbra esse risco. 9. Recurso especial desprovido" (REsp 1412260/SP, rel. Min. Nancy Andrighi, Terceira Turma, j. 15/5/2014, DJe 22/5/2014). Sobre esse julgado, confira-se a crítica e correta abordagem doutrinária: "O Superior Tribunal de Justiça possui um precedente muito interessante.

Intimamente relacionada com essa questão está, logicamente, a possibilidade ou não de a sentença de mérito em jurisdição voluntária poder ser rescindida ou não.[223] Parece-nos que assiste razão a FREDIE DIDIER JR. e LEONARDO CARNEIRO DA CUNHA: "No procedimento de jurisdição voluntária, há pedido, existindo, portanto, mérito. A sentença que o acolhe está a resolver o mérito, encaixando-se na hipótese do art. 487, I, CPC. A sentença de mérito, proferida em procedimento de jurisdição voluntária, torna-se imutável e indiscutível, produzindo coisa julgada. Desse modo, transitada em julgado uma sentença num procedimento de jurisdição voluntária, cabe ação rescisória com a finalidade de desconstituir a coisa julgada que se produzir, em razão de alguma das hipóteses previstas no art. 966 do CPC. Note que, de acordo com o CPC-2015, até mesmo decisões que não resolvem o mérito da causa podem ser objeto de ação rescisória. Nada há no texto do CPC que impeça a ação

---

Embora parta das premissas da concepção 'administrativista da jurisdição voluntária', com as quais esse *Curso* não concorda, chega a esse mesmo resultado: não é possível rever decisão em jurisdição voluntária, ressalvada a existência de fato superveniente, como em qualquer decisão. O caso envolvia decisão em processo de retificação de registro civil. Dois itens da ementa ajudam a compreendê-lo: '6. Uma vez que foram os próprios recorrentes, na ação anterior, que pediram a alteração de seus nomes, com o objetivo de obter a nacionalidade portuguesa e tiveram seu pedido atendido na integralidade, não podem, agora, simplesmente pretender o restabelecimento do *statu quo ante*, alegando que houve equívoco no pedido e que os custos de alteração de todos os seus documentos são muito elevados. 7. Ainda que a ação de retificação de registro civil se trate de um procedimento de jurisdição voluntária, em que não há lide, partes e formação da coisa julgada material, permitir sucessivas alterações nos registros públicos, de acordo com a conveniência das partes implica grave insegurança' (STJ, 3ª T., REsp n. 1.412.260-SP, rel. Mina. Nancy Andrighi, j. em 15.05.2014). Não adianta dizer que não há coisa julgada e, ao mesmo tempo, impedir a rediscussão do tema. Há, inclusive, incoerência na argumentação. *Há coisa julgada, e por isso não se pode renovar o pedido*" (FREDIE DIDIER JR. *Curso de direito processual civil.* 18ª ed. Salvador: JusPodivm, 2016, p. 196, v. 1 – itálico no original).

223 A doutrina majoritária inclina-se pela impossibilidade. Aparenta adesão a essa corrente JOSÉ CARLOS BARBOSA MOREIRA. *Comentários ao Código de Processo Civil.* 12ª ed. Rio de Janeiro: Forense, 2005, p. 111, v. V. Exposição do tema, com expressa adesão ao entendimento majoritário, em r. *Ação rescisória: decisões rescindíveis.* São Paulo: Saraiva, 2010, p. 302-306, basicamente com base nos argumentos de que não há conflitos de interesses, é possível a decisão por equidade e, por fim argumenta com base em exemplo decorrente do disposto no art. 1.577, CC. Como contraponto, vale conferir FLÁVIO LUIZ YARSHELL. *Ação rescisória*: juízos rescindente e rescisório. São Paulo: Malheiros, 2005, p. 176-180. Na jurisprudência, não admitindo rescisória em sentenças proferidas em jurisdição voluntária: REsp 1269544/MG, rel. Min. JOÃO OTÁVIO DE NORONHA, Terceira Turma, j. 26/5/2015, DJe 29/5/2015 REsp 1418189/RJ, rel. Min. SIDNEI BENETI, Terceira Turma, j. 10/6/2014, DJe 1º/7/2014.

rescisória de decisão proferida em jurisdição voluntária, que é decisão de mérito, proferida após contraditório".[224]

Em síntese, o simples fato de a decisão ser proferida em jurisdição voluntária é insuficiente por si só para fornecer elementos sobre a formação ou não de coisa julgada material. O fato de alguns procedimentos de jurisdição voluntária não possuírem aptidão para a coisa julgada material não autoriza que se elabore uma regra geral sobre o tema, sobretudo porque depende do exame do direito positivo. Não se deve considerar essencial aquilo que é apenas acidental, assim como não é correto ter como ontológico o que depende do direito posto. Toda decisão jurisdicional pode ou não ser coberta pela coisa julgada material, caso os requisitos postos pela legislação para essa especial estabilidade estejam presentes, sendo irrelevante o fato de se tratar de jurisdição voluntária. Caso se evite a denominar determinada situação pelo seu nome técnico, por puro apego à tradição, estaremos diante de um quadro de artificialidade verbal que em nada contribui para o entendimento do tema. Nesse ponto, cabe lembrar passagem escrita por Calmon de Passos sobre a coisa julgada material cautelar, mas inteiramente aplicável ao campo da jurisdição voluntária:[225] "Essa imutabilidade pode não ser batizada com o nome de coisa julgada, mas que é imutabilidade é. Como não chamá-la para não colocá-la na família nobre do processo de jurisdição contenciosa? É problema de preferência: Hermengarda, Febroniana, Ocridalina ou coisa parecida. Mas que é mulher como a outra é. Ou para ser específico: que é imutabilidade do decidido com repercussão fora do processo cautelar é. E temos dito".[226]

Art. 725. Processar-se-á na forma estabelecida nesta Seção o pedido de:

I – emancipação;

II – sub-rogação;

III – alienação, arrendamento ou oneração de bens de crianças ou adolescentes, de órfãos e de interditos;

IV – alienação, locação e administração da coisa comum;

V – alienação de quinhão em coisa comum;

VI – extinção de usufruto, quando não decorrer da morte do usufrutuário, do termo da sua duração ou da consolidação, e de fideicomisso, quando decorrer de renún-

224 Fredie Didier Jr. e Leonardo Carneiro da Cunha. *Curso de direito processual civil.* 13ª ed. Salvador: JusPodivm, 2016, p. 437.

225 Reitere-se que não é raro verificar que os argumentos utilizados para negar a produção de coisa julgada material na jurisdição voluntária são os mesmos de que se vale a doutrina também para negar a coisa julgada material no processo cautelar.

226 J. J. Calmon de Passos. *Comentários ao Código de Processo Civil.* São Paulo: RT, 1984, p. 237, v. X, tomo I.

cia ou quando ocorrer antes do evento que caracterizar a condição resolutória;

VII – expedição de alvará judicial;

VIII – homologação de autocomposição extrajudicial, de qualquer natureza ou valor.

Parágrafo único. As normas desta Seção aplicam-se, no que couber, aos procedimentos regulados nas seções seguintes.

CPC de 1973 – art. 1.112

23. Rol exemplificativo

Além de prever procedimentos especiais de jurisdição voluntária, o CPC optou por manter regra que veicula rol de providências que, embora sem procedimento específico, igualmente se encaixam no conceito normativo de jurisdição voluntária.[227] Como já mencionamos, a rigor inexiste um critério definidor ontológico da matéria que deve ser enquadrada como jurisdição voluntária, variando essa definição no tempo e no espaço de acordo com opções de política legislativa. Não é raro, a propósito, que uma matéria seja concomitantemente de jurisdição voluntária e possa ser tratada extrajudicialmente (exemplo: divórcio consensual), assim como determinado tema que tradicionalmente seja veiculado por meio de processo jurisdicional passe a ser tratado administrativamente (exemplo: reconhecimento de paternidade socioafetiva).[228] Outro ponto relevante é o

---

227 No sentido de que se trata de rol exemplificativo: José Frederico Frederico Marques. *Ensaio sobre a jurisdição voluntária.* Campinas: Millennium, 2000, p. 304-305); Alcides de Mendonça Lima. *Comentários ao Código de Processo Civil.* São Paulo: RT, 1982, p. 118, v. XII; José Olympio de Castro Filho. *Comentários ao Código de Processo Civil.* 4ª ed. Rio de Janeiro: Forense, 1995, p. 60-61, v. X; Pontes de Miranda. Comentários *ao Código de Processo Civil.* 2ª ed. Rio de Janeiro: Forense, 2008, p. 10 e 31, tomo XVI; João Paulo Lucena. *Comentários ao Código de Processo* Civil. São Paulo: RT, 2000, p. 98-99, v. 15; Antonio Carlos Marcato. *Procedimentos especiais.* 16ª ed. São Paulo: Atlas, 2016, p. 320; Leonardo Greco. *Breves comentários ao Novo Código de Processo Civil.* Teresa Wambier, Eduardo Talamini, Fredie Didier Jr. e Bruno Dantas (coord.). 3ª ed. São Paulo: RT, 2016, p. 1853; Jefferson Carús Guedes. *Comentários ao Código de Processo Civil.* Marinoni, Arenhart e Mitidiero (coord.). São Paulo: RT, 2016, p. 156-158, v. 11; Nelson Nery Junior, Rosa Maria de Andrade Nery. *Código de Processo Civil comentado.* 16ª ed. São Paulo: RT, 2016, p. 1673; Amorim Assumpção Daniel Neves. *Novo Código de Processo Civil comentado.* 2ª ed. Salvador: JusPodivm, 2017, p. 1172.

228 Cf. a Seção II do Provimento nº 63/2.017 do Conselho Nacional de Justiça. Esse reconhecimento administrativo da paternidade socioafetiva é no mínimo questionável, seja em razão da fonte infralegal, seja da singeleza procedimental se cotejado com as diversas e sérias consequências jurídicas, além da possibilidade mais frequente de fraudes. Interessante notar que a jurisprudência apresenta certo rigor na fixa-

---

ção da multipaternidade e até na própria paternidade afetiva e um ato administrativo flexibiliza tudo isso ao autorizar o reconhecimento diretamente em cartório. Confiram-se estes julgados do Superior Tribunal de Justiça: "Recurso especial. Ação declaratória de inexistência de filiação e anulatória de registro público. Duplo registro de paternidade. Multiparentalidade. Pai socioafetivo. Ausência de manifestação nos autos. Demonstração de interesse em figurar na certidão de nascimento do menor. Inocorrência. Disposição futura de bens. Possibilidade. Dispositivos constitucionais. Análise. Competência do STF. Legislação infraconstitucional não prequestionada. Incidência da súmula nº 211/STJ. Divergência jurisprudencial não demonstrada nos moldes legais. 1. Cinge-se a controvérsia a verificar a possibilidade de registro de dupla paternidade, requerido unicamente pelo Ministério Público estadual, na certidão de nascimento do menor para assegurar direito futuro de escolha do infante. 2. Esta Corte tem entendimento no sentido de ser possível o duplo registro na certidão de nascimento do filho nos casos de adoção por homoafetivos. Precedente. 3. Infere-se dos autos que o pai socioafetivo não tem interesse em figurar também na certidão de nascimento da criança. Ele poderá, a qualquer tempo, dispor do seu patrimônio, na forma da lei, por testamento ou doação em favor do menor. 5. Não se justifica o pedido do Parquet para registro de dupla paternidade quando não demonstrado prejuízo evidente ao interesse do menor. 6. É direito personalíssimo e indisponível do filho buscar, no futuro, o reconhecimento do vínculo socioafetivo. Precedentes. 7. Recurso especial parcialmente conhecido e, nesta parte, não provido" (REsp 1333086/RO, rel. Min. Ricardo Villas Bôas Cueva, Terceira Turma, j. 6/10/2015, DJe 15/10/2015). "Recurso especial. Ação declaratória de maternidade c/c petição de herança. Pretensão de reconhecimento *post mortem* de maternidade socioafetiva, com a manutenção, em seu assento de nascimento, da mãe registral. Alegação de que a mãe registral e a apontada mãe socioafetiva procederam, em conjunto, à denominada 'adoção à brasileira' da demandante, quando esta possuía apenas dez meses de vida. 1. Ausência de fundamentação suficiente. Não ocorrência. 2. Cerceamento de defesa. Verificação. Julgamento antecipado da lide, reconhecendo-se, ao final, não restar demonstrada a intenção da pretensa mãe socioafetiva de 'adotar' a autora. O estabelecimento da filiação socioafetiva requer a vontade clara e inequívoca da pretensa mãe socioafetiva, ao despender expressões de afeto, de ser reconhecida, voluntariamente, como tal, bem como a configuração da denominada 'posse de estado de filho', que, naturalmente, deve apresentar-se de forma sólida e duradoura. 3. Recurso especial provido, para anular a sentença, determinando-se o retorno dos autos à origem, a fim de viabilizar a instrução probatória. 1. A Corte de origem adentrou em todas as questões submetidas a sua análise, tendo apresentado fundamentação suficiente, segundo sua convicção. No ponto ora destacado, o Tribunal estadual deixou assente que, embora se afigure possível o reconhecimento do estado de filiação, estribada no estabelecimento de vínculo socioafetivo, inclusive em hipóteses em que os pais formem um casal homossexual, não restou demonstrado nos autos a intenção da pretensa mãe socioafetiva em, também, adotá-la, sendo certo, ainda, que a mãe registral e a suposta mãe socioafetiva não constituíram um casal homoafetivo, tanto que esta última, posteriormente, casou-se com o primeiro demandado. 2. A constituição da filiação socioafetiva perpassa, necessariamente, pela vontade e, mesmo, pela voluntariedade do apontado pai/mãe, ao despender afeto, de ser reconhecido juridicamente como tal. É dizer: as manifestações de afeto e carinho por parte de pessoa próxima à criança somente terão o condão de convolarem-se numa relação de filiação, se, além da caracterização do estado de posse de filho, houver, por parte daquele que despende o afeto, clara e inequívoca intenção de ser concebido como pai/mãe daquela criança. Tal comprovação, na hipótese dos autos, deve revestir-se de atenção especial, a considerar que a pretensa mãe socioafetiva já faleceu (trata-se, pois, de reconhecimento de filiação socioafetiva post mortem). 2.1. O Tribunal de origem, ao julgar o recurso de apelação, bem identificou a importância do aspecto sob comento, qual seja, a verificação da intenção da pretensa mãe de se ver reconhecida juridicamente como tal. Não obstante, olvidando-se que a sentença havia sido prolatada em julgamento antecipado (sem a concessão, portanto, de oportunidade à parte demandante de demonstrar os fatos alegados, por meio das provas oportunamente requeridas), a Corte local manteve a improcedência da ação, justamente porque o referido requisito (em seus dizeres, 'a intenção de adotar') não restou demonstrado nos autos. Tal proceder encerra, inequivocamente, cerceamento de defesa. 2.2. Efetivamente, o que se está em discussão, e pende de demonstração, é se houve ou não o estabelecimento de filiação socioafetiva entre a demandante e a apontada mãe socioafetiva, devendo-se perquirir, para tanto: i) a vontade clara e inequívoca da pretensa mãe socioafetiva, ao despender expressões de afeto, de ser reconhecida, voluntariamente, como mãe da autora; ii) a configuração da denominada 'posse de estado de filho', que, naturalmente, deve apresentar-se de forma sólida e duradoura. Todavia, em remanescendo dúvidas quanto à verificação dos referidos requisitos (em especial do primeiro, apontado pelo Tribunal de origem), após concedida oportunidade à parte de demonstrar os fatos alegados, há que se afastar, peremptoriamente, a configuração da filiação socioafetiva. É de se ressaltar, inclusive, que a robustez da prova, na hipótese dos autos, há de ser ainda mais contundente, a considerar que o pretendido reconhecimento de filiação socioafetiva refere-se à pessoa já falecida. De todo modo, não se pode subtrair da parte a oportunidade de comprovar suas alegações. 2.3. Em atenção às novas estruturas familiares, baseadas no princípio da afetividade jurídica (a permitir, em última análise, a realização do indivíduo como consectário da dignidade da pessoa humana), a coexistência de relações filiais ou a denominada multiplicidade parental, compreendida como expressão da realidade social, não pode passar despercebida pelo direito. Desse modo, há que se conferir à parte o direito de produzir as provas destinadas a comprovar o estabelecimento das alegadas relações socioafetivas, que pressupõem, como assinalado, a observância dos requisitos acima referidos. 3. Recurso especial provido, para anular a sentença, ante o reconhecimento de cerceamento de defesa, determinando-se o retorno dos autos à instância de origem, de modo a viabilizar a instrução probatória, tal como requerido oportunamente pelas partes" (REsp 1328380/MS, Rel. Min. MARCO AURÉLIO BELLIZZE, Terceira Turma, j. 21/10/2014, DJe 3/11/2014). "Recurso especial. Ação de investigação de paternidade c/c retificação de registro de nascimento. Filho havido de relação extraconjugal. Conflito entre paternidade socioafetiva e biológica. Multiplicidade de vínculos parentais. Reconhecimento concomitante. Possibilidade quando atender ao melhor interesse da criança. Aplicação da ratio essendi do precedente do supremo tribunal federal julgado com repercussão geral. Sobreposição do interesse da genitora sobre o da menor. Recurso desprovido. 1. O propósito recursal diz respeito à possibilidade de concomitância das paternidades socioafetiva e biológica (multiparentalidade). 2. O reconhecimento dos mais variados modelos de família veda a hierarquia ou a diferença de qualidade jurídica entre as formas de constituição de um novo e autonomizado núcleo doméstico (ADI n. 4.277/DF). 3. Da interpretação não reducionista do conceito de família surge o debate relacionada à multiparentalidade, rompendo com o modelo binário de família, haja vista a complexidade da vida moderna, sobre a qual o Direito ainda não conseguiu lidar satisfatoriamente. 4. Apreciando o tema e reconhecendo a repercussão geral, o Plenário do STF, no julgamento do RE n. 898.060/SC, Relator Ministro Luiz Fux, publicado no DJe de 24/8/2017, fixou a seguinte tese: 'a paternidade socioafetiva, declarada ou não em registro público, não impede o reconhecimento do vínculo de filiação concomitante baseado na origem biológica, com todas as suas consequências patrimoniais e extrapatrimoniais'. 5. O reconhecimento de vínculos concomitante de parentalidade é uma casuística, e não uma regra, pois, como bem salientado pelo STF naquele julgado, deve-se observar o princípio da paternidade responsável e primar pela busca do melhor interesse da criança, principalmente em um processo em que se discute, de um lado, o direito ao estabelecimento da verdade biológica e, de outro, o direito à manutenção dos vínculos que se estabeleceram, cotidianamente, a partir de uma relação de cuidado e afeto, representada pela posse do estado de filho. 6. As instâncias ordinárias afastaram a possibilidade de reconhecimento da multiparentalidade na hipótese em questão, pois, de acordo com as provas carreadas aos autos, notadamente o estudo social, o pai biológico não demonstra nenhum interesse em formar vínculo afetivo com a menor e, em contrapartida, o pai socioafetivo assiste (e pretende continuar assistindo) à filha afetiva e materialmente. Ficou comprovado, ainda, que a ação foi ajuizada exclusivamente no interesse da genitora, que se vale da criança para conseguir atingir suas pretensões. 7. Ressalva-se, contudo, o direito personalíssimo, indisponível e imprescritível, da menor pleitear a inclusão do nome do pai biológico em seu registro civil ao atingir a maioridade, momento em que poderá avaliar, de forma independente e autônoma, a conveniência do ato. 8. Recurso especial desprovido" (REsp 1674849/RS, rel. Min. Marco Aurélio Bellizze, Terceira Turma, j. 17/4/2018, DJe 23/4/2018). Registre-se, ainda, a tese fixada no Supremo Tribunal Federal: "Recurso Extraordinário. Repercussão Geral reconhecida. Direito Civil e Constitucional. Conflito entre paternidades socioafetiva e biológica. Paradigma do casamento. Superação pela Constituição de 1988. Eixo central do Direito de Família: deslocamento para o plano constitucional. Sobreprincípio da dignidade humana (art. 1º, III, da CRFB). Superação de óbices legais ao pleno desenvolvimento das famílias. Direito à busca da felicidade. Princípio constitucional implícito. Indivíduo como centro do ordenamento jurídico-político. Impossibilidade de redução das realidades familiares a modelos pré-concebidos. Atipicidade constitucional do conceito de entidades familiares. União estável (art. 226, § 3º, CRFB) e família monoparental (art. 226, § 4º, CRFB). Vedação à discriminação e hierarquização entre espécies de filiação (art. 227, § 6º, CRFB). Parentalidade presuntiva, biológica ou afetiva. Necessidade de tutela jurídica ampla. Multiplicidade de vínculos parentais. Reconhecimento concomitante. Possibilidade. Pluriparentalidade. Princípio da paternidade responsável (art. 226, § 7º, CRFB). Recurso a que se nega provimento. Fixação de tese para aplicação a casos semelhantes. 1. O prequestionamento revela-se autorizado quando as instâncias inferiores abordam a matéria jurídica invocada no Recurso Extraordinário na fundamentação do julgado recorrido, tanto mais que a Súmula n. 279 desta Egrégia Corte indica que o apelo extremo deve ser apreciado à luz das assertivas fáticas estabelecidas na origem. 2. A família, à luz dos preceitos constitucionais introduzidos pela Carta de 1988, apartou-se definitivamente da vetusta distinção entre filhos legítimos, legitimados e ilegítimos que informava o sistema do Código Civil de 1916, cujo paradigma em matéria de filiação, por adotar presunção baseada na centralidade do casamento, desconsiderava tanto o critério biológico quanto o afetivo. 3. A família, objeto do deslocamento do eixo central de seu regramento normativo para o plano constitucional, reclama a reformulação do tratamento jurídico dos vínculos parentais à luz do sobreprincípio da dignidade humana (art. 1º, III, da CRFB) e da busca da felicidade. 4. A dignidade humana compreende o ser humano como um ser intelectual e moral, capaz de determinar-se e desenvolver-se em liberdade, de modo que a eleição individual dos próprios objetivos de vida tem preferência absoluta em relação a eventuais formulações legais definidoras de modelos preconcebidos, destinados a resultados eleitos *a priori* pelo legislador. Jurisprudência do Tribunal Constitucional alemão (BVerfGE 45, 187). 5. A superação de óbices legais ao pleno desenvolvimento das famílias construídas pelas relações afetivas interpessoais dos próprios indivíduos é corolário do sobreprincípio da dignidade humana. 6. O direito à busca da felicidade, implícito ao art. 1º, III, da Constituição, ao tempo que eleva o indivíduo à centralidade do ordenamento jurídico-político, reconhece as suas capacidades de autodeterminação, autossuficiência e liberdade de escolha dos próprios objetivos, proibindo que o governo se imiscua nos meios eleitos pelos cidadãos para a persecução das vontades particulares. Precedentes da Suprema Corte dos Estados Unidos da América e deste Egrégio Supremo Tribunal Federal: RE 477.554-AgR, Rel. Min. Celso de Mello, DJe de 26/08/2011; ADPF 132, Rel. Min. Ayres Britto, DJe de 14/10/2011. 7. O indivíduo jamais pode ser reduzido a mero instrumento de consecução das vontades dos governantes, por isso que o direito à busca da felicidade protege o ser humano em face de tentativas do Estado de enquadrar a sua realidade familiar em modelos pré-concebidos pela lei. 8. A Constituição de 1988, em caráter meramente exemplificativo, reconhece como legítimos modelos de família independentes do casamento, como a união estável (art. 226, § 3º) e a comunidade formada por qualquer dos pais e seus descendentes, cognominada "família monoparental" (art. 226, § 4º), além de enfatizar que espécies de filiação dissociadas do matrimônio entre os pais merecem equivalente tutela diante da lei, sendo vedada discriminação e, portanto, qualquer tipo de hierarquia entre elas (art. 227, § 6º). 9. As uniões estáveis homoafetivas, consideradas pela jurisprudência desta Corte como entidade familiar, conduziram à imperiosidade da interpretação não-reducionista do conceito de família como instituição que também se forma por vias distintas do casamento civil (ADI nº. 4277, Relator(a): Min. Ayres Britto, Tribunal Pleno, julgado em 05/05/2011). 10. A compreensão jurídica cosmopolita das famílias exige a ampliação da tutela normativa a todas as formas pelas quais a parentalidade pode se manifestar, a saber: (i) pela presunção decorrente do casamento ou outras hipóteses legais, (ii) pela descendência biológica ou (iii) pela afetividade. 11. A evolução científica responsável pela popularização do exame de DNA conduziu ao reforço de importância do critério biológico, tanto para fins de filiação quanto para concretizar o direito fundamental à busca da identidade genética, como natural emanação do direito de personalidade de um ser. 12. A afetividade enquanto critério, por sua vez, gozava de aplicação por doutrina e jurisprudência desde o Código Civil de 1916 para evitar situações de extrema injustiça, reconhecendo-se a posse do estado de filho, e consequentemente o vínculo parental, em favor daquele utilizasse o nome da família (*nominatio*), fosse tratado como filho pelo pai (*tractatio*) e gozasse do reconhecimento da sua condição de descendente pela comunidade (*reputatio*). 13. A

caráter exemplificativo do rol previsto no art. 725, que, portanto, não esgota todas as matérias que devem ser incluídas como jurisdição voluntária,[229]

---

paternidade responsável, enunciada expressamente no art. 226, § 7º, da Constituição, na perspectiva da dignidade humana e da busca pela felicidade, impõe o acolhimento, no espectro legal, tanto dos vínculos de filiação construídos pela relação afetiva entre os envolvidos, quanto daqueles originados da ascendência biológica, sem que seja necessário decidir entre um ou outro vínculo quando o melhor interesse do descendente for o reconhecimento jurídico de ambos. 14. A pluriparentalidade, no Direito Comparado, pode ser exemplificada pelo conceito de 'dupla paternidade' (*dual paternity*), construído pela Suprema Corte do Estado da Louisiana, EUA, desde a década de 1980 para atender, ao mesmo tempo, ao melhor interesse da criança e ao direito do genitor à declaração da paternidade. Doutrina. 15. Os arranjos familiares alheios à regulação estatal, por omissão, não podem restar ao desabrigo da proteção a situações de pluriparentalidade, por isso que merecem tutela jurídica concomitante, para todos os fins de direito, os vínculos parentais de origem afetiva e biológica, a fim de prover a mais completa e adequada tutela aos sujeitos envolvidos, ante os princípios constitucionais da dignidade da pessoa humana (art. 1º, III) e da paternidade responsável (art. 226, § 7º). 16. Recurso Extraordinário a que se nega provimento, fixando-se a seguinte tese jurídica para aplicação a casos semelhantes: 'A paternidade socioafetiva, declarada ou não em registro público, não impede o reconhecimento do vínculo de filiação concomitante baseado na origem biológica, com os efeitos jurídicos próprios'" (RE 898060, rel. Min. LUIZ FUX, Tribunal Pleno, j. 21/9/2016, Repercussão Geral, DJe-187, public. 24-8-2017).

229 JEFFERSON CARÚS GUEDES. *Comentários ao Código de Processo Civil*. MARINONI, ARENHART e MITIDIERO (coord.). São Paulo: RT, 2016, p. 50, 110, 116 e 156-157, v. 11. "A todos os procedimentos de jurisdição voluntária instituídos em outras leis também se aplicam as disposições da presente Seção, se não contiverem regras próprias, a saber, sem pretender ser exaustivo: à opção de nacionalidade (CF/1988, art. 109, X), à nomeação de administrador provisório de pessoa jurídica (CC/2002, art. 49), à nomeação de gerente de empresa de titular incapaz pelo seu representante ou assistente (CC/2002, art. 975), ao suprimento de consentimento dos pais para casamento de menor (art. 1.519), à aprovação de casamento nuncupativo (CC/2002, art. 1.541) e à guarda de filhos requerida consensualmente pelos pais (CC/2002, art. 1.584, I). Em algumas leis especiais existem outros casos. Assim, por exemplo, na Lei dos Registros Públicos (lei 6.015/1973): o registro de filho de brasileiro nascido no exterior (art. 32, § 2º), a retificação, restauração ou suprimento do Registro Civil (art. 110), a dúvida de registro de nascimento fora do prazo legal (art. 53, § 2º), a alteração do nome (art. 57), o registro de casamento em iminente risco de vida (art. 76), a justificação para assento de óbito de pessoa desaparecida em naufrágio, inundação, incêndio ou catástrofe (art. 89) e a dúvida no Registro de Imóveis (arts. 198-204). No Estatuto da Criança e do Adolescente (lei 8.069/1990): a colocação em família substituta (arts. 28 e 165), os pedidos de adoção (art. 148, III, e 197-A a 197-E), os pedidos de guarda e tutela, suprimento de capacidade, consentimento para o casamento, designação de curador especial, cancelamento, retificação e suprimento dos registros de nascimento e óbito (art. 148, parágrafo único, *a*, *c*, *f* e *h*); o deferimento de guarda provisória e estágio de convivência (art. 167). Também na lei sobre mediação (lei 13.140/2015), se encontram a designação

como procedimentos previstos no ECA, no Código de Mineração, o registro tardio de nascimento[230] e outros casos da Lei de Registros Públicos (como a já mencionada alteração de nome), no Estatuto da Pessoa

---

de mediador pelo tribunal (art. 4º) e a homologação judicial da mediação extrajudicial ou pré-judicial (art. 20, parágrafo único). E na lei de inclusão da pessoa com deficiência (lei 13.146/2015) o procedimento sobre a denominada tomada de decisão apoiada, previsto no art. 116" (LEONARDO GRECO. *Breves comentários ao Novo Código de Processo Civil*. TERESA WAMBIER, EDUARDO TALAMINI, FREDIE DIDIER JR., BRUNO DANTAS (coord.). 3ª ed. São Paulo: RT, 2016, p. 1853-1854).

230 "Processual civil e registro público. Dispositivo legal. Ausência de prequestionamento. Súmula n. 282 do STF. Procedimento de jurisdição voluntária. Reconhecimento de nacionalidade. Registro civil tardio de nascimento. Arts. 9º, I, do Código Civil e 50 e 53 da Lei n. 6.015/73. Possibilidade jurídica. Lugar da declaração. Residência do interessado. Art. 46 da LRP (redação dada pela Lei n. 11.790/08). 1. É inviável o conhecimento do recurso especial em relação a dispositivo que não tenha sido objeto de prequestionamento (Súmula n. 282/STF). 2. O pedido de registro civil tardio de nascimento de avô materno, pessoa já falecida, atestado por declaração de batismo, certidão de óbito, como também por certidões de inexistência do registro emitidas por cartórios, revela-se juridicamente possível por ostentar a evidente necessidade de plena regularização de tal assento público e buscar a superação do sub-registro, prática usual em décadas passadas e que, atualmente, está a merecer a repulsa de toda a sociedade. 3. Mesmo envolvendo o objetivo mediato de confirmar a descendência de cidadãos originários da Itália, denota-se que a pretensão tem como principal escopo a emissão do registro público de nascimento de ascendente, por se tratar de documento unicamente capaz de atender as exigências das autoridades daquele país, para permitir a parte autora dar início ao processo de reconhecimento de sua nacionalidade, cidadania italiana. 4. O registro civil de nascimento após o decurso do prazo legal, ainda que de pessoa falecida, com base em dados comprobatórios hábeis a tal mister, não encontra vedação na Lei de Registro Públicos nem fere o ordenamento jurídico pátrio, pois, além de não acarretar nenhum prejuízo a terceiros, encontra abrigo na obrigatoriedade do registro prevista nos art. 9º, I, do atual Código Civil c/c arts. 50 e 53 da Lei n. 6.015/73. 5. Deter-se o julgador a uma codificação generalista, padronizada, implica retirar-lhe a possibilidade de dirimir a controvérsia de forma satisfatória e justa, condicionando-o a uma atuação judicante que não se apresenta como correta para promover a solução do caso concreto, quando indubitável que, mesmo inexistente um expresso preceito legal sobre ele, há que suprir as lacunas por meio dos processos de integração normativa, pois, atuando o juiz *supplendi causa*, deve adotar a decisão que melhor coadune com valores maiores do ordenamento jurídico, tais como o da dignidade das pessoas. 6. Tanto sob a égide das anteriores disposições do art. 46 da LRP como a partir da redação dada pela Lei n. 11.790/2008, não se verifica óbice de que a declaração de nascimento após o decurso do prazo legal seja realizada no lugar de residência do interessado. 7. Recurso especial conhecido em parte e provido" (REsp 715.989/MS, rel. Min. JOÃO OTÁVIO DE NORONHA, Quarta Turma, j. 3/11/2009, DJe 16/11/2009).

com Deficiência, na Lei de Mediação, averiguação oficiosa de paternidade,[231] entre outras hipóteses,[232] além de no CPC, como no suprimento da auto-

231 "Recurso especial. Processual civil. Direito de família. Registro civil. Art. 2º da Lei nº 8.560/1992. Averiguação oficiosa de paternidade. Procedimento administrativo. Jurisdição voluntária. Anuência da genitora. Ausência. Extinção. Possibilidade. Via judicial. 1. O procedimento de averiguação oficiosa de paternidade previsto na Lei nº 8.560/1992 não constitui condição para a propositura de ação judicial de investigação de paternidade por versar procedimento administrativo de jurisdição voluntária. 2. A lei prevê categoricamente, em seu art. 2º, que o oficial deve remeter ao juízo de registros públicos a certidão de nascimento de menor na qual conste apenas informações acerca da sua maternidade. 3. A averiguação oficiosa não está condicionada a informações da genitora, podendo o juízo extinguir o rito previsto no art. 2º, § 1º, da Lei nº 8.560/1992 por ausência de provas, remanescendo incólume a via judicial da investigação de paternidade. 4. Recurso especial não provido" (REsp 1376753/SC, rel. Min. Ricardo Villas Bôas Cueva, Terceira Turma, j. 1º/12/2016, DJe 19/12/2016). O procedimento da averiguação oficiosa da paternidade dói complementado pelo Provimento nº 16/2012 da Corregedoria Nacional de Justiça, por envolver atos obrigatórios de oficiais de registros. Entendendo se tratar apenas de procedimento administrativo presidido pelo juiz: J. M. Leoni Lopes de Oliveira. *Direito civil*: família. Rio de Janeiro: Forense, 2018, p. 364 (esse autor examina detidamente esse procedimento nas p. 360-369 do livro citado); Cristiano Chaves de Farias e Nelson Rosenvald. *Curso de direito civil*: famílias. 10ª ed. Salvador: JusPodivm, 2018, p. 647-649, v. 6.

232 "Exemplos atuais: a) Opção de nacionalidade é o procedimento pelo qual o estrangeiro busca nacionalidade brasileira utilizando a jurisdição voluntária; previsto no art. 3.º da Lei 818/1949, objetiva a homologação pelo juiz competente, unilateralmente, da pretensão do estrangeiro em tornar-se brasileiro; manifesta-se no procedimento o Ministério Público Federal. b) Homologação de sentença estrangeira ou de decisão interlocutória é o procedimento pelo qual se internaliza a decisão do Judiciário de outro país, para posterior cumprimento; a sentença que homologa a decisão parcial ou final estrangeira é sujeita a recurso de apelação (art. 724) e dele não se admite, em regra, ação impugnativa autônoma, anulatória e rescisória. c) Suprimento de outorga do cônjuge na separação de fato é o procedimento que objetiva substituir, na falta ocasional do outro cônjuge ou no caso de recusa ou de revogação de autorização existente de ato que deveria ser pelo ausente autorizado; são exemplos a venda de bens de titularidade exclusiva do requerente. d) Alvará de pesquisa mineral é o procedimento de jurisdição voluntária que objetiva a expedição da autorização minerária e avaliação do valor indenizatório ao proprietário do solo, com participação da União como interessada. e) Declaração de morte presumida geralmente proposta para fins previdenciários, segue a jurisdição voluntária; pode ter a intervenção do INSS, reveste-se de certa controvérsia quando insuficiente a prova que demonstra o desaparecimento pela extinção do processo. f) Autorização para cremação em mortes não naturais é o procedimento voltado a permitir que os parentes do falecido deem o destino ao corpo decidido pelo próprio morto ou por estes parentes remanescentes, sem embaraço de eventuais investigações da causa da morte; pode ser indeferido havendo suspeitas de que pode destruir provas ou ocultar crime. g) Depósito judicial e integral para fins de suspensão do crédito tributário é procedimento tido como de *jurisdição voluntária;* sem controvérsia, de-

rização do cônjuge ou companheiro (art. 74), no art. 381, § 5º,[233] no art. 526,[234] nos arts. 659/667,[235] e nos arts. 703/706,[236] todos do CPC.

Com efeito, há outros temas que o regramento legislativo faz com que se considerem como de jurisdição voluntária,[237] especialmente quando se trata de processo necessário, ou seja, a lei determina que determinada matéria seja judicializada e não se descortine potencial conflito entre os interessados. Esse não exaurimento da matéria é decorrência natural do fato de não haver abstratamente uma linha comum que defina todas as matérias típicas da jurisdição voluntária e a própria heterogeneidade do rol do art. 725 revela isso. O legislador, na verdade, procurou agrupar no art. 725 aquelas situações que tradicionalmente são mais tipicamente consideradas como de jurisdição voluntária, reunindo em seus incisos hipóteses heterogêneas consagradas na prática forense, reproduzindo quase que integralmente o art. 1.112 do CPC de 1973, com o acréscimo da expedição de alvará judicial, que é um caso

---

vendo o interessado se conformar com o comportamento da autoridade fiscal quanto ao montante que deverá ser depositado (Lei 6.858/1980). h) Modificação de registro é o procedimento para a correção de erro, restauração de cancelamentos, aditamento de registros omissos; tem como legitimadas as pessoas que aparecem nos registros; sendo competente a Vara de Registros Públicos, se houver; devem ser 'citados' todos os interessados que podem ser afetados pela decisão. i) Retificação de registro imobiliário é o procedimento mediante o qual se pede a alteração de dados registrais imobiliários; objetiva o ajuste documental à realidade fática, após georreferenciamento, por exemplo; pode ser unilateral ou com controvérsia; os interessados devem ser 'citados' para virem defender seus direitos reais, desejando; sendo competente o foro do local da coisa e também do registro, especialmente a Vara de Registros Públicos. j) Procedimento de dúvida é o pedido formulado pelo oficial do registro, voltado ao esclarecimento de questão posta a pedido do apresentante do título imobiliário, para que o juiz decida sobre a exigência feita, a qual o oficial entende não ter o dever de fazer no modo requerido e pretendido. k) Tomada de decisão apoiada é o procedimento previsto no *Estatuto da Pessoa com Deficiência* (Lei 13.146/2015), que permite à pessoa com deficiência, por não ter afetada a plena capacidade civil (art. 6.º do Estatuto), decidir, mediante a adoção de processo de tomada de decisão apoiada por duas pessoas que a acompanham (art. 84, § 2.º, do EPD c/c art. 1.783-A do CC/2002), ressalvando-se que nem os apoiadores, tampouco seus parentes, poderão ser beneficiados pelo ato. l) Posse em nome do nascituro é o procedimento que vinha arrolado dentre os cautelares no CPC/1973, é considerada jurisdição voluntária, mediante proposição da mãe grávida, com inicial e documentos que comprovem a gravidez e o risco do perecimento de direitos, objetiva a proteção dos interesses do nascituro, com intimação de interessados" (JEFFERSON CARÚS GUEDES. *Comentários ao Código de Processo Civil*. MARINONI, ARENHART e MITIDIERO (coord.). São Paulo: RT, 2016, p. 215-217, v. 11).

233 Fredie Didier Jr., Paula Sarno Braga e Rafael Alexandria de Oliveira entendem que, em qualquer de suas modalidades, o processo autônomo de produção antecipada de prova é de jurisdição voluntária (*Curso de direito processual civil.* 11ª ed. Salvador: JusPodivm, 2016, p. 141-142, v. 3). Em sentido contrário, entendendo ser medida com procedimento sumário e cognição sumária horizontal e vertical: Eduardo Talamini. Da produção antecipada da prova. *Comentários ao Novo Código de Processo Civil.* 2ª ed. Rio de Janeiro: Forense, 2016, p. 588-589.

234 "É lícito ao réu, antes de ser intimado para o cumprimento da sentença, comparecer em juízo e oferecer em pagamento o valor que entender devido, apresentando memória discriminada do cálculo". Para Fredie Didier Jr., Leonardo Carneiro da Cunha, Paula Sarno Braga e Rafael Alexandria de Oliveira, trata-se de ação do devedor contra o credor com o propósito de se liberar da obrigação e, "por não pressupor a recusa do credor, trata-se de um incidente de jurisdição voluntária – que, como acontece em qualquer procedimento de jurisdição voluntária, pode dar ensejo a uma controvérsia, após a ouvida do interessado, que no caso é o credor" (*Curso de direito processual civil.* 7ª ed. Salvador: JusPodivm, 2017, p. 530, v. 5).

235 Sobre esse ponto, Paulo Cezar Pinheiro Carneiro afirma que, "para saber se uma determinada atividade desenvolvida pelo juiz é de jurisdição contenciosa ou voluntária, basta que se indague se a presença do juiz é ou não dispensável para se alcançar o resultado pretendido" e, em seguida, diz que no processo de inventário essa presença é indispensável porque esse procedimento "requer a proferição de uma decisão de mérito que irá julgar o cálculo de imposto e de uma sentença que decidirá sobre a partilha. Não importa indagar se existirá efetivamente conflito entre as partes e o Fisco, ou entre os próprios herdeiros, mas sim se esta possibilidade existe, como em qualquer processo jurisdicional de natureza contenciosa" (Paulo Cezar Pinheiro Carneiro. *Comentários ao Código de Processo Civil.* 3ª ed. Rio de Janeiro: Forense, 2006, p. 15-16, v. IX, tomo I). Note-se que esse critério da presença indispensável do juiz se mostra insuficiente para caracterizar a jurisdição voluntária no atual ordenamento processual. Entretanto, o referido autor também considera o arrolamento como hipótese de jurisdição voluntária, ainda que com base no critério da ausência de conflito (p. 16 da obra antes citada).

236 Leonardo Greco. *Breves comentários ao Novo Código de Processo Civil.* Teresa Wambier, Eduardo Talamini, Fredie Didier Jr., Bruno Dantas (coord.). 3ª ed. São Paulo: RT, 2016, p. 1853. Sobre a discussão acerca da natureza cautelar da ação de homologação de penhor legal: Roberto P. Campos Gouveia Filho. *Breves comentários ao Novo Código de Processo Civil.* Teresa Wambier, Eduardo Talamini, Fredie Didier Jr., Bruno Dantas (coord.). 3ª ed. São Paulo: RT, 2016, p. 1813-1814.

237 Entre tantos exemplos, a Lei 13.467/2017, que promoveu o que se designou de "reforma trabalhista", passou a prever um "processo de jurisdição voluntária para homologação de acordo extrajudicial", com a peculiaridade de que os acordantes não poderão ser representados pelo mesmo advogado, o que se explica pelo caráter protetivo que, em tese, é subjacente àquele regramento, mas cuja regra não se aplica ao procedimento previsto no inciso ora comentado, sendo comum que se tenha um único advogado em nome de todos os interessados. Acrescentaram-se à Consolidação das Leis do Trabalho os seguintes artigos: "Art. 855-B. O processo de homologação de acordo extrajudicial terá início por petição conjunta, sendo obrigatória a representação das partes por advogado. § 1º As partes não poderão ser representadas por advogado comum. § 2º Faculta-se ao trabalhador ser assistido pelo advogado do sindicato de sua categoria. Art. 855-C. O disposto neste Capítulo não

clássico de jurisdição voluntária, e da homologação de autocomposição.[238]

24. Competência

Não há regra específica fixando a competência para os procedimentos de jurisdição voluntária, o que, em linhas gerais, significa que serão observadas as regras comuns previstas no CPC. No exame de procedimentos específicos, serão apontadas eventuais peculiaridades acerca do tema. Comumente a competência será da Justiça Estadual, mas não pode ser excluída de modo absoluto a competência da Justiça Federal, desde que haja interesse direto da União.[239]

---

prejudica o prazo estabelecido no § 6º do art. 477 desta Consolidação e não afasta a aplicação da multa prevista no § 8º art. 477 desta Consolidação. Art. 855-D. No prazo de quinze dias a contar da distribuição da petição, o juiz analisará o acordo, designará audiência se entender necessário e proferirá sentença. Art. 855-E. A petição de homologação de acordo extrajudicial suspende o prazo prescricional da ação quanto aos direitos nela especificados. Parágrafo único. O prazo prescricional voltará a fluir no dia útil seguinte ao do trânsito em julgado da decisão que negar a homologação do acordo".

238 Lopes da Costa já tratava a conciliação como hipótese de jurisdição voluntária: "A 'conciliação' é o ato pelo qual, com a discreta intervenção de um juiz de jurisdição voluntária ou de um juiz de jurisdição contenciosa, funcionando em sede de jurisdição voluntária, as partes amigavelmente compõem o conflito de interesse que as divide" (Alfredo de Araújo Lopes da Costa. *A administração pública e a ordem jurídica privada (jurisdição voluntária)*. Belo Horizonte: Bernardo Álvares, 1961, p. 344).

239 "Processual civil. Conflito negativo de competência. Pedido de alvará judicial. Levantamento de verbas do FGTS. Resistência da CEF. Jurisdição contenciosa. Competência da justiça federal. 1. A jurisprudência da Primeira Seção do STJ firmou-se no sentido de que, sendo, em regra, de jurisdição voluntária a natureza dos feitos que visam à obtenção de alvarás judiciais para levantamento de importâncias relativas a FGTS, PIS/PASEP, seguro-desemprego e benefícios previdenciários, a competência para julgá-los é da Justiça Estadual. 2. Por outro lado, havendo resistência da CEF, competente para processar e julgar a causa é a Justiça Federal, tendo em vista o disposto no art. 109, I, da CF/1988. 3. *In casu*, verifico que houve obstáculo por parte da Caixa Econômica Federal quanto ao levantamento do FGTS requerido pelo autor, o que evidencia a competência da Justiça Federal para o julgamento da demanda, nos termos do art. 109, I, da Constituição da República. 4. Constatada a competência de um terceiro Juízo, estranho aos autos, admite-se-lhe a remessa do feito. 5. Conflito conhecido para declarar competente a Justiça Federal de Santos/SP, apesar de não integrar o presente conflito" (CC 105.206/SP, rel. Min. Herman Benjamin, Primeira Seção, j. 26/8/2009, DJe 28/8/2009) "Processual civil. Conflito (negativo) de competência. FGTS. Alvará judicial. Resistência da cef. Competência da justiça federal. 1. A orientação da Primeira Seção desta Corte firmou-se no sentido de que, não havendo conflito de interesses, compete à Justiça Estadual autorizar o levantamento dos valores relativos ao FGTS e PIS/PASEP nos procedimentos de jurisdição voluntária. Contudo, havendo resistência da CEF, a competência para processar e julgar a causa é da Justiça Federal, tendo em vista o disposto no art. 109, I, da CF/88.2. Conflito conhecido para declarar a

Pode haver competência absoluta em sede de jurisdição voluntária, como em razão da pessoa, como visto, dependendo, portanto, de critérios legislativos que não podem ser definidos de antemão. Sempre em que houver incapaz, as regras de competência seguirão critérios protetivos,[240] de modo que necessa-

---

competência do Juízo Federal da 1ª Vara de Piracicaba – SJ/SP" (CC 90.044/SP, rel. Min. Denise Arruda, Primeira Seção, j. 28/5/2008, DJe 16/6/2008). Conflito negativo de competência. Justiça estadual e do trabalho. Alvará judicial. Autorização para trabalho de menor de idade. 1. O pedido de alvará para autorização de trabalho a menor de idade é de conteúdo nitidamente civil e se enquadra no procedimento de jurisdição voluntária, inexistindo debate sobre qualquer controvérsia decorrente de relação de trabalho, até porque a relação de trabalho somente será instaurada após a autorização judicial pretendida. 2. Conflito conhecido para declarar a competência do Juízo de Direito, suscitado" (CC 98.033/MG, rel. Min. Castro Meira, Primeira Seção, j. 12/11/2008, DJe 24/11/2008).

240 "Conflito negativo de competência interdição. Curatela. Ação de prestação de contas. Princípio do melhor interesse do incapaz. Mitigação do princípio da *perpetuatio jurisdictionis* (art. 87 do CPC). Inaplicabilidade. Hipótese em que a interdita já é falecida. Conflito conhecido. 1. O Superior Tribunal de Justiça firmou entendimento de que nos processos que envolvam curatela deve prevalecer o interesse da pessoa interditada em detrimento de quaisquer outras questões, podendo ser mitigado, inclusive, o princípio da *perpetuatio jurisdictionis*, previsto no art. 87 do CPC, segundo o qual a competência se define no momento da propositura da ação, sendo irrelevantes as modificações do estado de fato ou de direito ocorridas posteriormente, salvo quando suprimirem o órgão judiciário ou alterarem a competência em razão da matéria ou da hierarquia. 2. Referido entendimento tem como pressuposto o melhor acesso do juiz ao interdito, zelando por seus interesses, consoante dispõe o princípio do melhor interesse do incapaz. Em demandas desse jaez é recomendável, no curso da instrução probatória, o contato direto do magistrado com o curatelado, para que o julgador possa extrair de forma mais acurada conclusões acerca de toda situação que circunda o exercício do munus da curatela, salvaguardando toda e qualquer necessidade do interditado. 3. A hipótese comporta solução diversa, tendo em vista que a ação de prestação de contas pela curadora foi manejada após o falecimento da interdita, circunstância que recomenda a manutenção da regra de estabilização da lide insculpida no artigo 87 do CPC, e a observância do art. 919 do CPC. 4. Conflito conhecido para declarar competente o suscitado, o d. Juízo de Direito da Primeira Vara Cível, Família, Sucessões, Infância e Juventude de Itapaci – GO" (CC 134.097/DF, rel. Min. Raul Araújo, Segunda Seção, j. 28/10/2015, DJe 5/11/2015). "Processo civil. Conflito negativo de competência. Ação de interdição. Substituição do curador. Melhor interesse do incapaz. Princípio do juízo imediato. Foro de domicílio do interdito. Competência do juízo suscitado. 1. Irrelevante, na espécie, a discussão acerca da incidentalidade ou autonomia do pedido de substituição de curador, pois em ambos os casos a conclusão a que se chega é a mesma. 2. Em se tratando de hipótese de competência relativa, o art. 87 do CPC institui, com a finalidade de proteger a parte, a regra da estabilização da competência (*perpetuatio jurisdictionis*), evitando-se, assim, a alteração do lugar do processo, toda a vez que houver modificações supervenientes do estado de fato ou de direito. 3. Nos processos de curatela, as medidas devem ser tomadas no interes-

riamente as circunstâncias do caso concreto darão os balizamentos para sua definição. Desde que atendidos os demais requisitos exigidos por lei, os procedimentos de jurisdição voluntária podem tramitar perante Juizados Especiais.

25. Emancipação

A emancipação[241] confere capacidade civil para o adolescente com ao menos dezesseis anos e extingue o poder familiar (arts. 5º, parágrafo único, e 1.635, II, CC), ou seja, antecipa-se a capacidade que só se atingiria com a maioridade, incluindo-se o efeito da extinção do poder familiar que igualmente ocorreria pelo critério etário. A emancipação significa a aquisição an-

---

se da pessoa interditada, o qual deve prevalecer diante de quaisquer outras questões, devendo a regra da *perpetuatio jurisdictionis* ceder lugar à solução que se afigure mais condizente com os interesses do interditado e facilite o acesso do Juiz ao incapaz para a realização dos atos de fiscalização da curatela. Precedentes. 4. Conflito conhecido para o fim de declarar a competência do Juízo de Direito da 11ª Vara de Família e Sucessões de São Paulo-SP (juízo suscitado), foro de domicilio do interdito e da requerente" (CC 109.840/PE, rel. Min. NANCY ANDRIGHI, Segunda Seção, j. 9/2/2011, DJe 16/2/2011). "Conflito positivo de competência. Ações conexas de guarda, de adoção e de tutela de menor. Guarda exercida por terceiro sem relação de parentesco com o menor. Interesse no exercício da guarda manifestado pelos avós maternos da criança. Competência absoluta (Estatuto da Criança e do Adolescente, art. 147, I). Hipótese que recomenda solução diversa do entendimento consolidado na súmula 383/STJ. Atendimento do primado da preservação do interesse da criança. 1. A competência para dirimir as questões referentes à guarda e situação de menor é, em princípio, do Juízo do foro do domicílio de quem já a exerce legalmente, nos termos do que dispõe o art. 147, I, do Estatuto da Criança e do Adolescente e do enunciado da Súmula 383/STJ. 2. Em razão das peculiaridades do caso concreto, é recomendável solução diversa da preconizada pela Súmula 383/STJ, segundo a qual: 'A competência para processar e julgar as ações conexas de interesse de menor é, em princípio, do foro do domicílio do detentor de sua guarda'. 3. Na hipótese, o reconhecimento da competência do Juízo do foro do domicílio de quem exerce a guarda provisória, dificultaria a defesa dos avós da criança e poderia levar à perpetuação de situação de possível irregularidade na concessão da guarda provisória à suscitante, terceiro sem relação de parentesco com o menor. Isso poderá prejudicar sobremaneira o interesse da criança, que permaneceria alijada da convivência com seus avós maternos, pessoas de poucos recursos financeiros, que também pleiteiam judicialmente a guarda do infante. 4. Conflito de competência conhecido para declarar a competência do Juízo de Direito da 2ª Vara da Infância e da Juventude de Cacoal/RO" (CC 128.698/MT, rel. Min. RAUL ARAÚJO, Segunda Seção, j. 12/11/2014, DJe 19/12/2014).

241 A lei e a prática consagram o uso de "emancipação", mas deve ser registrada a crítica de PONTES DE MIRANDA, que lamentava o "erro de terminologia" e esclarecia que se trata, a rigor, de *suplemento* de idade (*Comentários ao Código de Processo Civil*. 2ª ed. Rio de Janeiro: Forense, 2008, p. 31-33, tomo XVI).

tecipada da capacidade civil plena.[242] Ou seja: por política legislativa, aquele que é relativamente capaz pode ser plenamente capaz, desde que atendidos os critérios legais.

A emancipação pode ser concedida por ato unilateral e irrevogável[243] dos pais, no exercício do poder familiar, por meio de escritura pública e registro em cartório, independentemente de homologação judicial, desde que o adolescente tenha dezesseis anos completos.[244]

O ato deve ser praticado por ambos os genitores, caso estejam no exercício do poder familiar; caso haja apenas um genitor, a ele caberá a prática do ato; caso ambos estejam presentes e no exercício do poder familiar, mas discordem acerca da emancipação, haverá necessidade de se buscar a via jurisdicional, já que a extrajudicialidade pressupõe o consenso.

Observe-se que a emancipação judicial se dá em caso de conflito de vontade entre os genitores no exercício do poder familiar ou na falta de ambos.[245] A emancipação tácita ou legal decorre do reconhecimento legislativo que a prática de determinados atos confere o grau de discernimento necessário para a aquisição da capacidade plena.[246]

---

242 Enunciado nº 530 das Jornadas de Direito Civil: "A emancipação, por si só, não elide a incidência do Estatuto da Criança e do Adolescente. Justificativa: A emancipação, em que pese assegurar a possibilidade de realizar pessoalmente os atos da vida civil por aqueles que não alcançaram a maioridade civil, não tem o condão, isoladamente considerada, de afastar as normas especiais de caráter protetivo, notadamente o Estatuto da Criança e do Adolescente. O Estatuto da Criança e do Adolescente insere-se em um contexto personalista, garantindo tutela jurídica diferenciada em razão da vulnerabilidade decorrente do grau de discernimento incompleto. Assim, a antecipação da aquisição da capacidade de fato pelo adolescente não significa que ele tenha alcançado necessariamente o desenvolvimento para afastar as regras especiais".

243 Cf. Gustavo Tepedino, Heloisa Helena Barboza e Maria Celina Bodin de Moraes. *Código Civil interpretado.* Rio de Janeiro: Renovar, 2004, p. 17, v. I. A rigor, toda emancipação é definitiva: Cf. Clóvis Beviláqua. *Código Civil dos Estados Unidos do Brasil.* Edição Histórica. Rio de Janeiro: Editora Rio, s. d., p. 200; Cristiano Chaves de Farias e Nelson Rosenvald. *Curso de direito civil*: parte geral. 15ª ed. Salvador: JusPodivm, 2017, p. 387 e 389, v. 1.

244 Embora dispensável a participação do menor no ato de emancipação, é recomendável sua intervenção como anuente (Cristiano Chaves de Farias e Nelson Rosenvald. *Curso de direito civil*: parte geral. 15ª ed. Salvador: JusPodivm, 2017, p. 387, v. 1).

245 "[...] o juiz não poderá emancipar o menor contra a vontade de ambos os genitores, o pai e a mãe, o que importaria, na prática, em verdadeira destituição do poder familiar, por vias transversas" (Cristiano Chaves de Farias e Nelson Rosenvald. *Curso de direito civil*: parte geral. 15ª ed. Salvador: JusPodivm, 2017, p. 387, v. 1).

246 "São atos, portanto, que colidem frontalmente com a incapacidade. Esses aconte-

A emancipação judicial (ou jurisdicional) ocorre, portanto, quando não há consenso entre os genitores (desde que ambos estejam no exercício do poder familiar), conforme art. 1.631, parágrafo único, CC, ou na falta de um deles (por morte, ausência ou destituição do poder familiar), ou, por fim, quando o adolescente está sob tutela.[247] A emancipação pode ser voluntária e extrajudicial, como expressão do poder familiar que, com esse ato, será extinto.

O procedimento judicial será necessário quando não estiver presente o consenso exigido no art. 5º, parágrafo único, I, primeira parte, CC, podendo inclusive ser requerida pelo próprio adolescente com dezesseis anos completos, hipótese em que, pela própria natureza do requerimento, haverá que se considerar – segundo doutrina majoritária, como será visto mais detidamente ao longo da exposição, com a qual não concordamos inteiramente – sua capacidade processual específica, sem necessidade de ser assistido para que pratique validamente atos processuais.[248]

A emancipação, portanto, possui duplo efeito: confere capacidade para o menor e extingue o poder familiar (arts. 5º, parágrafo único, I, e 1.635, II, CC – com a emancipação também cessa, claro, a tutela, conforme didaticamente expressam os arts. 1758 e 1763, I, CC), antecipando no tempo[249]

---

cimentos, que trazem consigo uma presunção implícita de amadurecimento psicológico, obviamente, estão taxativamente previstos em lei [...]" (Cristiano Chaves de Farias e Nelson Rosenvald. *Curso de direito civil*: parte geral. 15ª ed. Salvador: JusPodivm, 2017, p. 387-388, v. 1). José Olympio de Castro Filho entendia ser necessária a homologação judicial também no caso de alguma das hipóteses legais (hoje previstas no art. 5º, V, CC), por entender ser devida a comprovação da prática dessas atividades por meio de processo (*Comentários ao Código de Processo Civil.* 4ª ed. Rio de Janeiro: Forense, 1995, p. 44, v. X). Para Alcides de Mendonça Lima, "caso o oficial de registro não se convença da prova apresentada, deverá suscitar dúvida (*Comentários ao Código de Processo Civil.* São Paulo: RT, 1982, p. 93-94, v. XII). Corretamente, Pontes de Miranda já distinguia as hipóteses e já então considerava que os demais casos legais são "consequências de fatos e independem de processo judicial" (*Comentários ao Código de Processo Civil.* 2ª ed. Rio de Janeiro: Forense, 2008, p. 34, tomo XVI). Na realidade, como se extrai com clareza do art. 5º, I, CC, somente é necessário o processo judicial em caso de dissenso entre os genitores no exercício do poder familiar ou em caso de tutela.

247 Entendendo que somente a destituição do poder familiar ensejaria a emancipação pela via judicial, isto é, somente em caso de tutela incidiria a hipótese ora comentada: Mendonça Lima. *Comentários ao Código de Processo Civil.* São Paulo: RT, 1982, p. 91, v. XII.

248 Jefferson Carús Guedes. *Comentários ao Código de Processo Civil.* Marinoni, Arenhart e Mitidiero (coord.). São Paulo: RT, 2016, p. 164-165, v. 11.

249 A emancipação é a "aquisição da capacidade civil antes da idade legal" (Clóvis Beviláqua. *Código Civil dos Estados Unidos do Brasil.* Edição Histórica. Rio de Janeiro: Editora Rio, s. d., p. 200). Registre-se que, de acordo com o art. 73 da Lei 4.375/1.964, "para efeito do serviço militar, cessará a incapacidade civil do menor, na data em que completar 17 (dezessete) anos". Lembre-se, também, da disposição constitucional, no sentido do alistamento eleitoral e do voto facultativo para os

aquilo que ocorreria em decorrência da maioridade.

Trata-se de situação jurídica que pode ser obtida por meio de jurisdição voluntária ou extrajudicialmente, desde que o menor tenha dezesseis anos completos,[250] com o respectivo registro público (arts. 9º, II, CC, e 89/91 da Lei de Registros Públicos). A emancipação, dependendo de sua motivação, será voluntária, legal ou judicial.

A emancipação voluntária é concedida consensualmente por quem detém o poder familiar ao adolescente entre dezesseis e dezoito anos, mediante escritura pública.[251]

Já a emancipação legal decorre dos fatos previstos no art. 5.º, parágrafo único, II a V, CC, que, por critérios de política legislativa, foram considerados bastantes para antecipar a capacidade plena para a prática de atos da vida civil. Nessas situações, caso haja provas suficientes para a comprovação administrativa e a consequente lavratura da escritura junto ao Registro Civil, será desnecessário o ajuizamento da ação. Já a emancipação judicial propriamente dita é aquela que decorre do dissenso, isto é, do conflito de vontades entre o adolescente e quem detém o poder familiar ou o tutor.

A emancipação judicial pode ser requerida por um dos genitores, pelo tutor (já que a emancipação voluntária extrajudicial é exclusiva dos genitores que se encontrem no exercício do poder familiar) ou pelo próprio adolescente com dezesseis anos completos.

Como a emancipação voluntária extrajudicial não necessita da participação do adolescente, por decorrer de ato intrínseco ao poder familiar, entende-se também que o menor não precisa participar do processo judicial de emancipação, caso não seja ele o autor. Esse raciocínio se estende ao processo judicial, caso não seja possível a emancipação voluntária por inexistir consenso, e também o adolescente não integraria o processo. Ou seja: figurando no

maiores e dezesseis e menores de dezoito anos (art. 14, § 1º, II, *c*, CRFB).

250 Código Civil: "Art. 5º A menoridade cessa aos dezoito anos completos, quando a pessoa fica habilitada à prática de todos os atos da vida civil. Parágrafo único. Cessará, para os menores, a incapacidade: I – pela concessão dos pais, ou de um deles na falta do outro, mediante instrumento público, independentemente de homologação judicial, ou por sentença do juiz, ouvido o tutor, se o menor tiver dezesseis anos completos; II – pelo casamento; III – pelo exercício de emprego público efetivo; IV – pela colação de grau em curso de ensino superior; V – pelo estabelecimento civil ou comercial, ou pela existência de relação de emprego, desde que, em função deles, o menor com dezesseis anos completos tenha economia própria".

251 "[...] A emancipação voluntária, diversamente da operada por força de lei, não exclui a responsabilidade civil dos pais pelos atos praticados por seus filhos menores [...]" (AgRg no Ag 1239557/RJ, rel. Min. Maria Isabel Gallotti, Quarta Turma, j. 9/10/2012, DJe 17/10/2012).

polo ativo um dos genitores, como há divergência de vontade entre eles, o outro deverá ser citado,[252] mas o adolescente não integrará, em princípio, o processo.

Caso o tutor também seja o autor[253] – e o tutor somente poderá tratar da emancipação judicialmente, sendo-lhe vedada a emancipação extrajudicial por ser ato ínsito ao poder familiar que, claro, ele não exerce – em princípio o menor também não figuraria no processo e estaríamos diante de mais um caso de processo sem polo passivo por se tratar de situação de "jurisdição necessária".

Entretanto, em qualquer hipótese em que o adolescente não for o autor, parece-nos que necessariamente deverá ser ouvido pelo Juiz. Não se trata, a rigor, de considerá-lo como integrante do polo passivo, mas, sim, de ser fundamental para aferir a proteção de seus direitos, de modo que sua audiência nos parece imprescindível. Essa postura de entender que a emancipação é uma concessão a ser suportada indistintamente pelo menor é autoritária e vai de

---

252 Reitere-se uma vez mais que, sempre que se falar em emancipação decorrente de ato dos genitores, ainda que por meio de processo judicial, deverá estar presente o exercício do poder familiar. Caso tenha havido destituição do poder familiar de um dos genitores, caberá exclusivamente ao outro a decisão; caso a destituição atinja a ambos, evidentemente os genitores serão excluídos de qualquer decisão sobre os filhos e caso esteja suspenso o poder familiar de um deles, enquanto durar a suspensão não poderá se pronunciar sobre o tema e a emancipação deverá ser judicial, por cautela e por ser presumível o desacordo de vontades; caso a suspensão do poder familiar atinja ambos, não poderá ser concedida a emancipação pelos genitores enquanto durar a suspensão. Tanto a suspensão quanto a destituição do poder familiar dão ensejo à tutela (arts. 36, parágrafo único, do ECA e 1734 do CC), mas a irrevogabilidade da emancipação e a relevância dessa nova situação jurídica não recomendam que se antecipe a capacidade de um menor sem que antes esteja definida a questão envolvendo o poder familiar. Assim, embora não haja vedação expressa na lei, durante a suspensão do poder familiar idealmente não deve haver definição sobre emancipação, mas, caso haja, como existirá tutor nomeado, necessariamente será por meio de procedimento judicial, com a necessária intervenção do Ministério Público, e oitiva do menor.

253 JORGE AMERICANO, que igualmente entendia haver capacidade processual do menor, considerava que a iniciativa do procedimento era somente sua e não do tutor, afirmando que "dois argumentos se encontrarão, além da redação da lei, para negar a iniciativa ao tutor, e são o de que a iniciativa do menor já é um índice de capacidade, e o de que não convém dar iniciativa ao tutor para evitar que ele se liberte do encargo, por comodismo, ou que negocie com o menor a sua emancipação, mediante compromisso prévio de aprovação de contas" (*Comentários ao Código de Processo Civil do Brasil*. 2ª ed. São Paulo: Saraiva, 1959, p. 426, v. 2). Não se deve vedar, *a priori*, a iniciativa do tutor, mas é inegável que robustece a ideia de que o adolescente deverá ser formalmente ouvido, aí sim com nomeação de curador especial (art. 72, I, CPC), por haver potencial conflito de interesses, passando o adolescente a figurar no polo passivo do processo por não exercer o tutor o poder familiar.

encontro com as regras que estruturam a proteção integral de que goza todo menor. Aquele que terá sua esfera jurídica de modo direto deve sempre ser ouvido e participar do processo, não se podendo presumir que a emancipação sempre será uma situação vantajosa e protetiva para o menor.

Deve ser lembrado, nesse contexto, que o Estatuto da Criança e do Adolescente veicula regras no sentido da obrigatoriedade da oitiva do menor em processos de seu interesse[254] e nos parece plenamente aplicáveis esses dispositivos por analogia, cabendo aqui usar de modo positivo e participativo do art. 723, parágrafo único, CPC.

Há que se ver o instituto da emancipação, portanto, como inserido no sistema de proteção integral garantida constitucionalmente a crianças e adolescentes, não cabendo mais a pura exclusão do menor do processo, como se sua oitiva não assumisse especial relevância nesse contexto.[255]

---

254 "Art. 28. [...] § 1º Sempre que possível, a criança ou o adolescente será previamente ouvido por equipe interprofissional, respeitado seu estágio de desenvolvimento e grau de compreensão sobre as implicações da medida, e terá sua opinião devidamente considerada. § 2º Tratando-se de maior de 12 (doze) anos de idade, será necessário seu consentimento, colhido em audiência. [...] Art. 45. [...] § 2º Em se tratando de adotando maior de doze anos de idade, será também necessário o seu consentimento. [...] Art. 100. [...] XII – oitiva obrigatória e participação: a criança e o adolescente, em separado ou na companhia dos pais, de responsável ou de pessoa por si indicada, bem como os seus pais ou responsável, têm direito a ser ouvidos e a participar nos atos e na definição da medida de promoção dos direitos e de proteção, sendo sua opinião devidamente considerada pela autoridade judiciária competente, observado o disposto nos §§ 1º e 2º do art. 28 desta Lei".

255 Enunciado nº 530 das Jornadas de Direito Civil do Conselho da Justiça Federal: "A emancipação, por si só, não elide a incidência do Estatuto da Criança e do Adolescente. Justificativa: A emancipação, em que pese assegurar a possibilidade de realizar pessoalmente os atos da vida civil por aqueles que não alcançaram a maioridade civil, não tem o condão, isoladamente considerada, de afastar as normas especiais de caráter protetivo, notadamente o Estatuto da Criança e do Adolescente. O Estatuto da Criança e do Adolescente insere-se em um contexto personalista, garantindo tutela jurídica diferenciada em razão da vulnerabilidade decorrente do grau de discernimento incompleto. Assim, a antecipação da aquisição da capacidade de fato pelo adolescente não significa que ele tenha alcançado necessariamente o desenvolvimento para afastar as regras especiais". Na doutrina: "É problemática a harmonização da admissibilidade da emancipação dos menos entre dezesseis e dezoito anos com a doutrina de proteção integral da criança e do adolescente, consagrada na Convenção Internacional dos Direitos da Criança, no ECA e, sobretudo, no art. 227 da CF. A Convenção considera criança a pessoa até dezoito anos; até dezoito anos a pessoa é qualificada nesses diplomas legais como 'pessoa em formação'. Os pais que perderam o interesse afetivo pelo filho podem valer-se da emancipação, por ato exclusivo deles, sem homologação judicial ou audiência do filho, para desobrigar-se dele e liberar-se dos deveres materiais e morais do poder familiar (criação, educação e assistência). Estabelece o art. 227 da Constituição que é dever

Caso não seja o autor da ação, portanto, deverá o menor ser ouvido em juízo. Caso seja ele o autor da ação, o tutor deverá ser citado. Em todos os casos, haverá intervenção do Ministério Público.

Caso a emancipação decorra de pretensão veiculada pelo próprio adolescente, surge o problema da capacidade processual, na medida em que o art. 71, CPC, prevê a necessidade de assistência no caso de o relativamente incapaz estar em juízo. Com efeito, o art. 70, CPC, estabelece uma correspondência entre a pessoa no exercício de direitos e a capacidade processual. Entretanto, não há exata e estrita vinculação entre pessoa e capacidade, que é um conceito mais amplo do que a personalidade civil. Sujeito de direito é aquele que pode ser titular de situação jurídica, o que significa que nem todo sujeito de direito é uma pessoa. A personalidade leva à capacidade, mas não a esgota. Pode-se ter capacidade sem ter personalidade, mas sempre que houver personalidade haverá capacidade jurídica. Com efeito, a capacidade jurídica é a base sobre a qual se estruturam as demais capacidades específicas. Isso significa que é possível a existência integral da capacidade jurídica, atribuindo-se-lhe todas as capacidades específicas (como a pessoa física plenamente capaz), ou possuí-la parcialmente. Trata-se de uma questão de disciplina legislativa, de onde, aliás, decorrem todos os atributos e limitações das capacidades. A aquisição de direitos não implica necessariamente o seu

---

da família assegurar à criança e ao adolescente, 'com absoluta prioridade', o direito à vida, à saúde, à alimentação, à educação, ao lazer, à profissionalização, à cultura, à dignidade, ao respeito, à convivência familiar. Para que a norma do inciso I do parágrafo único do art. 5º do CC seja interpretada em conformidade com a Constituição e em harmonia com a Convenção e com o ECA, a emancipação do filho por ato dos pais deve ser admitida se realizar o melhor interesse do adolescente. Assim, cabe ao tabelião anotar na escritura a justificativa dos pais, para eventual averiguação judicial, inclusive por iniciativa do Ministério Público, que tem o dever constitucional de zelar pelos direitos indisponíveis das crianças e adolescentes; se a justificativa não for razoável, deve suscitar a dúvida ao juiz competente, antes da lavratura da escritura da emancipação. Não pode haver emancipação desmotivada" (PAULO LÔBO. *Direito civil*: parte geral. 6ª ed. São Paulo: Saraiva, 2017, p. 127). A preocupação de PAULO LÔBO é correta e, ainda que se dirija à emancipação extrajudicial, reforça nossa argumentação no sentido da participação do menor também no processo judicial. Entretanto, ao considerar o controle judicial do ato cartorário, inclusive a partir de dúvida suscitada pelo Ministério Público, não se pode considerar que todo o procedimento de emancipação voluntária passe a ser objeto de controle judicial, sob pena de extinguir essa modalidade legal e transformar toda emancipação decorrente do poder familiar como espécie de jurisdição voluntária. Não há dúvida de que pode haver controle jurisdicional da emancipação voluntária, mas isso se dará pontualmente, não havendo remessa obrigatória do ato para o juiz ou o promotor de justiça como condição de validade ou de eficácia, sem prejuízo da possibilidade de controle pontual e eventual do ato de emancipação extrajudicial.

exercício, que está relacionado com as capacidades específicas. A capacidade processual ou de estar em juízo se caracteriza, portanto, pela possibilidade de praticar ato no processo de modo direto e absoluto, sem necessidade de representação legal ou assistência. Dito de outro modo, a incapacidade processual implica a necessidade de representação ou assistência para a realização válida de atos processuais. Aquele que necessita ser representado ou assistido para praticar atos processuais é um incapaz processual. A leitura do art. 70 enseja uma relação de simetria entre a capacidade processual e o regramento do tema pelo direito material, notadamente o Código Civil. Se é inegável o paralelismo, inexiste uma vinculação absoluta entre as capacidades, não havendo necessária e automática relação de causa e efeito entre ambas. A regra é a incapacidade material gerar a incapacidade processual. Entretanto, a matéria deve ser entendida como de política legislativa, não podendo ser pensada abstraindo o direito positivo. Em consequência, é possível que haja o incapaz puramente processual ou uma incapacidade material com capacidade processual plena. Existe, portanto, autonomia entre as capacidades material e processual. Vejam-se, por exemplo, algumas situações que ensejam a nomeação de curador especial, o regramento para a atuação processual do cônjuge, o autor popular com idade entre dezesseis e dezoito anos,[256] entre outros. O art. 71, CPC, regula a participação válida no processo do incapaz. Trata-se de medida protetiva, como é característico das incapacidades, a partir de graus que presumidamente devem possuir os sujeitos para a prática consciente de atos processuais. O relativamente incapaz será assistido, quando os atos processuais serão praticados conjuntamente pelo incapaz e pelo assistente, e o absolutamente incapaz, representado, o que significa que apenas o representante praticará os atos processuais. Faz-se necessária essa integração em razão da incapacidade processual ou de estar em juízo em decorrência da incapacidade civil. Aquele que assistirá ou representará o incapaz dependerá da situação jurídica específica, recaindo sobre os representantes legais essa complementação da capacidade. Necessariamente a regra proces-

256 Há entendimento no sentido de que o adolescente eleitor adquire uma espécie de emancipação específica e, além da capacidade eleitoral ativa, passa também a possuir capacidade processual autônoma para o ajuizamento da ação popular, que seria um instrumento de participação decorrente do *status civitatis* (cf. Gregorio Assagra de Almeida. *Manual das ações constitucionais*. Belo Horizonte: Del Rey, 2007, p. 367; Daniel Amorim Assumpção Neves. *Manual de processo coletivo*. São Paulo: Método, 2012, p. 160). Em sentido contrário, por exemplo, entendendo ser necessária a assistência: Maria Cristina Vidotte Blanco Tarrega e Sergio Augusto Frederico. Ação popular no contexto democrático: aspectos processuais. *Ação popular*: aspectos relevantes e controvertidos. Luiz Manoel Gomes Junior e Ronaldo Fenelon Santos Filho (coord.). São Paulo: RCS, 2006, p. 311-312).

sual será complementada pela legislação material por expressa previsão e também porque naquela seara, especialmente no Código Civil e em microssistemas, são fixadas as situações em que há incapacidade e se indicam os representantes legais. Como já mencionado, há incapacidades que tocam de maneira específica a legislação processual. Nesse sentido, o curador especial (art. 72, CPC) é um representante processual *ad hoc* para suprimento de uma incapacidade processual, não guardando nenhuma relação com o direito material em disputa, e suas funções são protetivas, eminentemente defensivas. Os arts. 72, I, CPC e 142, parágrafo único, do Estatuto da Criança e do Adolescente preveem a nomeação de curador especial quando o menor não tiver representante legal ou seus interesses colidirem com aquele. A colisão de interesses entre o incapaz e seu representante legal deve ser apreciada no caso concreto, mas, em linhas gerais, ocorrerá sempre que o ganho da causa por parte do incapaz diminuiria, direta ou indiretamente, qualquer interesse econômico ou moral do pai, tutor ou curador. Vislumbrada a possibilidade de conflito de interesses, deve haver nomeação do curador especial.

No caso da emancipação, o adolescente não possui capacidade plena enquanto não houver a constituição da nova situação jurídica, de modo que, no decorrer do processo, ainda será relativamente incapaz. Assim como o ajuizamento da interdição não afeta, por si só, a capacidade do interditando,[257] o ajuizamento da emancipação não modifica a incapacidade do emancipando. Enquanto não consolidada a emancipação, portanto, permanece a necessidade de assistência ao adolescente (arts. 71 e 72, I, CPC e 1.690 e 1.747, I, CC). Essa situação somente ocorrerá no caso de tutela,[258] quando, então, o tutor deverá ser citado (art. 5º, I, segunda parte, CC), já que, no decorrer do exercício do poder familiar o filho não possui direito subjetivo à emancipação, não podendo ajuizar ação em face dos genitores.[259] Registre-se, porém,

257 Fredie Didier Jr. *Breves comentários ao Novo Código de Processo Civil.* Teresa Wambier, Eduardo Talamini, Fredie Didier Jr., Bruno Dantas (coord.). 3ª ed. São Paulo: RT, 2016, p. 1939.

258 A tutela é espécie de família substituta e pressupõe a prévia suspensão ou perda do poder familiar (arts. 28 e 36 do Estatuto da Criança e do Adolescente) ou com o falecimento ou decretação da ausência dos pais (arts. 1.728, I, e 1.734, CC). Consequentemente, mesmo com todos os deveres inerentes à tutela (cf. arts. 1.740/1.752, CC), o tutor não exerce poder familiar (cf. sobre a finalidade e os limites da tutela: Cristiano Chaves de Farias e Nelson Rosenvald. *Curso de direito civil*: famílias. 9ª ed. Salvador: JusPodivm, 2017, p. 873-875, v. 6), razão pela qual não pode conceder a emancipação extrajudicialmente.

259 Na outra hipótese de emancipação jurisdicional, há divergência entre pessoas no exercício do poder familiar, isto é, o adolescente não será o autor. Sobre o menor não poder requerer autonomamente sua emancipação em face dos pais: "Emancipação judicial – Pedido formulado pela menor interessada – Extinção do processo,

que a doutrina se inclina majoritariamente para a desnecessidade de assistência do adolescente que requer a própria emancipação.[260] Não se dispensa,

---

sem julgamento do mérito, por ilegitimidade de parte ativa – Emancipação voluntária que deve ser concedida pelos pais, não tendo a menor legitimidade para pleiteá-la em nome próprio – Sentença mantida – Recurso desprovido" (TJSP, Apelação 0002690-27.2015.8.26.0438, rel. JOSÉ ROBERTO FURQUIM CABELLA, Órgão Julgador: 6ª Câmara de Direito Privado, Foro de Penápolis – 2ª Vara; j. 29/6/2017, Data de Registro: 30/06/2017). "O menor sob pátrio poder não tem direito de requerer a emancipação, que é ato exclusivo dos pais, cabendo o indeferimento *in limine*, se, porventura, o pedido for tentado. Se, porém, o menor acusar o pai ou a mãe de fatos que possam justificar a perda por eles do pátrio poder, então compete ao juiz, após prova concludente, decretar a destituição e nomear um tutor. Após, sim, é que poderá ser provocada a emancipação judicial, cumpridas as formalidades legais. Assim sendo, as questões processuais giram, exclusivamente, a respeito da emancipação do menor tutelado, que exige ato judicial, qual seja a sentença" (ALCIDES DE MENDONÇA LIMA. *Comentários ao Código de Processo Civil.* São Paulo: RT, 1982, p. 91, v. XII). Sobre a perda, destituição ou extinção do poder familiar: Código Civil: "Art. 1.637. Se o pai, ou a mãe, abusar de sua autoridade, faltando aos deveres a eles inerentes ou arruinando os bens dos filhos, cabe ao juiz, requerendo algum parente, ou o Ministério Público, adotar a medida que lhe pareça reclamada pela segurança do menor e seus haveres, até suspendendo o poder familiar, quando convenha". Estatuto da Criança e do Adolescente: "Art. 155. O procedimento para a perda ou a suspensão do poder familiar terá início por provocação do Ministério Público ou de quem tenha legítimo interesse".

260 Para ALCIDES DE MENDONÇA LIMA, "ainda que sem norma expressa, mas por uma questão de bom senso, aquela formalidade é, no caso, dispensada, pois poderia tornar-se difícil ou, até, impossível de o menor conseguir a anuência do tutor, com recusa justa ou injusta. Por este motivo, faculta-se que o menor promova a emancipação, mesmo sem consentimento do tutor, que não o assistiu na outorga do mandato profissional" (*Comentários ao Código de Processo Civil.* São Paulo: RT, 1982, p. 91, v. XII). Assim também EDSON PRATA. *Comentários ao Código de Processo Civil.* Rio de Janeiro: Forense, 1978, p. 48, v. 7. No mesmo sentido da dispensa da assistência é o entendimento de PONTES DE MIRANDA, para quem o menor, desde que tenha alcançado a idade mínima de dezesseis anos, gozará de capacidade processual (*Comentários ao Código de Processo Civil.* 2ª ed. Rio de Janeiro: Forense, 2008, p. 34 e 37, tomo XVI; o autor, contudo, menciona a necessidade de nomeação de tutor *ad hoc*, caso não já lhe tenha sido nomeado, mas não há essa necessidade diante da atual sistematização legal). Também mencionando a nomeação de tutor *ad hoc*, JOÃO PAULO LUCENA. *Comentários ao Código de Processo Civil.* São Paulo: RT, 2000, p. 109, v. 15. JOSÉ OLYMPIO DE CASTRO FILHO menciona a ocorrência de "capacidade processual *sui generis*" (*Comentários ao Código de Processo Civil.* 4ª ed. Rio de Janeiro: Forense, 1995, p. 45, v. X), no que é acompanhado por JEFFERSON CARÚS GUEDES. *Comentários ao Código de Processo Civil.* MARINONI, ARENHART e MITIDIERO (coord.). São Paulo: RT, 2016, p. 165, v. 11. Na vigência do CPC de 1939, também se entendia ser desnecessário o menor ser assistido: ODILON DE ANDRADE. *Comentários ao Código de Processo Civil.* Rio de Janeiro: Forense, 1941, p. 277, v. VII; JORGE AMERICANO. *Comentários ao Código de Processo Civil do Brasil.* 2ª ed. São Paulo: Saraiva, 1959, p. 426, v. 2.

porém, a necessidade de capacidade postulatória, devendo o requerente estar assistido por advogado ou defensor público.

O juízo competente para o julgamento da emancipação será, em princípio, o estabelecido pela regra geral do CPC. Entretanto, em se tratando de competência para definição jurídica de incapaz, há dois fatores que devem ser considerados: primeiramente, há o critério protetivo para fixação de competência,[261] de modo que, à luz do caso concreto, o melhor interesse do adolescente deverá ser observado; em segundo lugar, o Estatuto da Criança e do Adolescente, no art. 147, I e II, veicula regras de competência cujos parâmetros indicam, em princípio, esse critério protetivo e se trata de competência absoluta,[262] mas não necessariamente será competen-

---

261 Exemplo de aplicação do critério do melhor interesse do adolescente: "Conflito negativo de competência. Ação de modificação de guarda de filhos menores. Instrução processual concluída perante o juízo inicialmente competente, do foro de quem exercia regularmente a guarda das crianças. Processo pronto para sentença. Posterior mudança provisória de domicílio da genitora que exercia a guarda. Competência absoluta (estatuto da criança e do adolescente, art. 147, I). Hipótese que recomenda solução diversa do entendimento consolidado na súmula 383/STJ. 1. A competência para dirimir as questões referentes à guarda de menor é, em princípio, do Juízo do foro do domicílio de quem já a exerce legalmente, nos termos do que dispõe o art. 147, I, do Estatuto da Criança e do Adolescente e do enunciado da Súmula 383/STJ. 2. A ação de modificação de guarda teve sua instrução devidamente concluída perante o d. Juízo do foro de quem exercia regularmente a guarda dos menores, após a realização de duas audiências de instrução, com o depoimento pessoal dos genitores das crianças, oitiva dos próprios menores, das testemunhas arroladas por ambas as partes, além da realização de todo o estudo psicossocial dos infantes, essencial para o devido julgamento de feitos dessa natureza. 3. Após a informação da mudança provisória do domicílio da mãe e dos menores exatamente no momento processual anterior à prolação da sentença, o d. Juízo originário da causa declinou da competência. 4. Em razão das peculiaridades do caso concreto, é recomendável solução diversa da preconizada pela Súmula 383/STJ, segundo a qual 'A competência para processar e julgar as ações conexas de interesse de menor é, em princípio, do foro do domicílio do detentor de sua guarda'. 5. Levando-se em consideração os interesses dos menores envolvidos na questão, não resta dúvida de que o juízo que presidiu toda a instrução processual possui melhores condições de avaliar e decidir a controvérsia, pois interagiu diretamente com as crianças, seus pais e testemunhas que conviviam com os menores. Esta conclusão atende melhor o primado da preservação dos interesses dos infantes. 6. Conflito de competência conhecido para declarar a competência do Juízo de Direito da 2ª Vara de Família de João Pessoa – PB" (CC 126.555/SP, rel. Min. RAUL ARAÚJO, Segunda Seção, j. 13/8/2014, DJe 4/9/2014).

262 "Processo civil. Conflito negativo de competência. Ação de destituição de poder familiar. Alteração de domicílio da criança e daqueles que detém sua guarda. Estatuto da criança e do adolescente. Princípio da *perpetuatio jurisdictiones* x juiz imediato. Prevalência deste último na hipótese concreta. 1. Conforme estabelece o art. 87 do CPC, a competência determina-se no momento da propositura da ação e, em se tratando de hipótese de competência relativa, não é possível de ser modificada

te o juízo especializado em criança e adolescente, nos locais em que há esse tipo de especialização, já que não se tratará, em regra, de menor em situação de risco (art. 148, VII, parágrafo único, *e*, ECA), devendo ser observados os critérios locais de repartição de competência. Entende-se, também, que haverá prorrogação de competência do juízo que deferiu a tutela, em analogia ao disposto no art. 756, CPC,[263] registrando-se, porém, que deve ser observada a situação concreta para assegurar, como já mencionado, que se resguarde o melhor interesse do adolescente.[264]

---

ex officio. Esse mencionado preceito de lei institui, com a finalidade de proteger a parte, a regra da estabilização da competência (*perpetuatio jurisdictionis*). 2. O princípio do juiz imediato vem estabelecido no art. 147, I e II, do ECA, segundo o qual o foro competente para apreciar e julgar as medidas, ações e procedimentos que tutelam interesses, direitos e garantias positivados no ECA, é determinado pelo lugar onde a criança ou o adolescente exerce, com regularidade, seu direito à convivência familiar e comunitária. 3. Embora seja compreendido como regra de competência territorial, o art. 147, I e II, do ECA apresenta natureza de competência absoluta, nomeadamente porque expressa norma cogente que, em certa medida, não admite prorrogação. 4. A jurisprudência do STJ, ao ser chamada a graduar a aplicação subsidiária do art. 87 do CPC frente à incidência do art. 147, I e II, do ECA, manifestou-se no sentido de que deve prevalecer a regra especial em face da geral, sempre guardadas as peculiaridades de cada processo. 5. Recurso não provido" (REsp 1404036/GO, rel. Min. Nancy Andrighi, Terceira Turma, j. 21/2/2017, DJe 24/2/2017).

263 Leonardo Greco. *Breves comentários ao Novo Código de Processo Civil*. Teresa Wambier, Eduardo Talamini, Fredie Didier Jr., Bruno Dantas (coord.). 3ª ed. São Paulo: RT, 2016, p. 1865.

264 "Conflito negativo de competência interdição. Curatela. Ação de prestação de contas. Princípio do melhor interesse do incapaz. Mitigação do princípio da *perpetuatio jurisdictionis* (art. 87 do CPC). Inaplicabilidade. Hipótese em que a interdita já é falecida. Conflito conhecido. 1. O Superior Tribunal de Justiça firmou entendimento de que nos processos que envolvam curatela deve prevalecer o interesse da pessoa interditada em detrimento de quaisquer outras questões, podendo ser mitigado, inclusive, o princípio da *perpetuatio jurisdictionis*, previsto no art. 87 do CPC, segundo o qual a competência se define no momento da propositura da ação, sendo irrelevantes as modificações do estado de fato ou de direito ocorridas posteriormente, salvo quando suprimirem o órgão judiciário ou alterarem a competência em razão da matéria ou da hierarquia. 2. Referido entendimento tem como pressuposto o melhor acesso do juiz ao interdito, zelando por seus interesses, consoante dispõe o princípio do melhor interesse do incapaz. Em demandas desse jaez é recomendável, no curso da instrução probatória, o contato direto do magistrado com o curatelado, para que o julgador possa extrair de forma mais acurada conclusões acerca de toda situação que circunda o exercício do munus da curatela, salvaguardando toda e qualquer necessidade do interditado. 3. A hipótese comporta solução diversa, tendo em vista que a ação de prestação de contas pela curadora foi manejada após o falecimento da interdita, circunstância que recomenda a manutenção da regra de estabilização da lide insculpida no artigo 87 do CPC, e a observância do art. 919 do CPC. 4. Conflito conhecido para declarar competente o suscitado, o d. Juízo de Direito da Primeira Vara Cível, Família, Sucessões, Infância e Juventude

Não há limitação probatória para os processos de emancipação e o que se mostrar lícito, relevante e pertinente deverá ser admitido. Há, porém, a obrigatoriedade de uma prova fundamental: deve ser comprovada documentalmente a idade do adolescente, já que a emancipação somente é possível com os dezesseis anos de idade completos até os dezoito anos incompletos. Além da prova documental acerca da idade do emancipando, será necessária a produção de prova sobre o discernimento para a prática dos atos da vida civil, o que indica, uma vez mais, a necessidade de oitiva do adolescente, ato que pode ser suficiente para essa finalidade, já que não se exige profunda investigação acerca da capacidade do emancipando, como se se tratasse de uma ação de interdição invertida. A oitiva do emancipando, como já salientado, será conveniente, não só para a compreensão das circunstâncias do caso, mas também porque a opinião do adolescente é relevante fática e juridicamente (cf., por exemplo, arts. 28, § 2º, e 100, XII, ECA). A sentença que constituir a emancipação deverá ser remetida para os respectivos registros (arts. 29, IV, 89, 90, 91 e 107, § 1º, da Lei de Registros Públicos). Será cabível, como em todos os casos em que há sentença, recurso de apelação.

26. Sub-rogação

O CC prevê hipóteses de sub-rogação subjetiva (art. 346) e objetivas (arts. 1.146, parágrafo único, 1.449, 1.455, 1.478, 1.659, I, 1.668, I, 1.674, I, 1.719 etc.). A sub-rogação de que trata o art. 725, II, CPC, é a objetiva ou real,[265] em que se transfere judicialmente para outro bem o gravame, o vínculo, a objeção negocial que recaía sobre determinado bem,[266] superando-se restrição anterior.[267] A sub-rogação, para fins do

---

de Itapaci – GO" (CC 134.097/DF, rel. Min. RAUL ARAÚJO, Segunda Seção, j. 28/10/2015, DJe 5/11/2015).

265 "O titular de direito real sobre bem imóvel que pretende sub-rogar-se em outro direito as cláusulas que gravam o primeiro deve se valer deste procedimento. A cláusula restritva do direito de propriedade pode decorrer da lei ou da vontade do testador ou do doador (NELSON NERY JUNIOR e ROSA MARIA DE ANDRADE NERY. *Código de Processo Civil comentado*. 16ª ed. São Paulo: RT, 2016, p. 1674).

266 "Subrogação, no caso de que trata este capítulo, é o instituto do qual um bem toma o lugar de outro e fica submetido ao mesmo regime do substituído" (ODILON DE ANDRADE. *Comentários ao Código de Processo Civil*. Rio de Janeiro: Forense, 1941, p. 291, v. VII). Após profundo exame da evolução conceitual, Pontes de Miranda sintetiza que, "na sub-rogação real, dá-se a substituição jurídica de um bem a outro, de modo que o adveniente – seja de crédito, seja indenização, seja imóvel ou móvel, que se substitui a bem da mesma ou de outra natureza – se submeta ao mesmo regime" (*Tratado de direito privado*: parte especial. 3ª ed. São Paulo: RT, 1984, p. 94).

267 JEFFERSON CARÚS GUEDES. *Comentários ao Código de Processo Civil*. MARINONI, ARE-

procedimento de jurisdição voluntária, é a transferência da inalienabilidade e, consequentemente,[268] da impenhorabilidade e incomunicabi-

---

nhart e Mitidiero (coord.). São Paulo: RT, 2016, p. 167, v. 11. Admite-se a sub-rogação de imóvel para bem móvel (cf. José Olympio de Castro Filho. *Comentários ao Código de Processo Civil.* 4ª ed. Rio de Janeiro: Forense, 1995, p. 48-50, v. X. Contra: Mendonça Lima. *Comentários ao Código de Processo Civil.* São Paulo: RT, 1982, p. 99, v. XII). Pontes de Miranda apontava que, dependendo das circunstâncias, poderia haver sub-rogação sobre bens gravados, autorizando-se a troca das respectivas clausulações, e também que haja autorização para venda, gravando-se o valor até a aquisição do bem a ser clausulado, o que, com as devidas adaptações, também ocorrerá com o valor da indenização no caso de sinistro ou desapropriação do bem gravado com a cláusula de inalienabilidade (*Comentários ao Código de Processo Civil.* 2ª ed. Rio de Janeiro: Forense, 2008, p. 41-44, tomo XVI), conforme art. 1.409, CC: "Administrativo. Desapropriação. Ações nominativas. Cia. Paulista de estradas de ferro. Cláusula de inalienabilidade e impenhorabilidade. Sub-rogação dos ônus no produto da alienação. Cód. Civil, arts. 1.676 e 1.677. I. É pacífico no Superior Tribunal de Justiça o entendimento de que a desapropriação de bens onerados com cláusula de inalienabilidade e impenhorabilidade – caso de ações nominativas da Cia. Paulista de Estradas de Ferro – não faz desaparecer a restrição imposta pelo instituidor, dando-se a sub-rogação do valor da indenização em substituição daqueles. II. Recurso especial não conhecido" (REsp 84.399/SP, rel. Min. Aldir Passarinho Junior, Segunda Turma, j. 13/4/1999, DJ 28/6/1999, p. 75). A doutrina divergia sobre a necessidade de nomeação da figura de um fiscal para auxiliar o juiz na verificação da nova compra do bem (a favor da figura do fiscal: Mendonça Lima. *Comentários ao Código de Processo Civil.* São Paulo: RT, 1982, p. 97-98, v. XII). Além das críticas apontadas por aqueles que entendiam inútil tal figura, o certo é que o CPC não prevê essa nomeação e seria um excesso de zelo patrimonialista a obrigatoriedade de nomear e custear uma espécie de curador de inalienabilidade, de modo que nos parece absolutamente desnecessária essa medida. De todo modo, convém reproduzir trecho sobre o tema, ainda com referência ao CPC revogado: "O novo Código não reproduziu a prescrição antiga, talvez porque, na prática, a experiência mostrou que muitas vezes não foi seguida, e quase sempre resultou ineficaz, já que o fiscal, via de regra o advogado do requerente ou outro advogado da confiança do juiz, se limitava a efetivar a vontade dos interessados, sem nada fiscalizar... Todavia, o fiscal no ato da escritura, se tem ele a exata noção da função que lhe cabe desempenhar, bem pode ser providência útil, pois muitas vezes fornecem ao juízo uma situação e depois acabam realizando negócio muito diverso, recebendo ou ajustando às ocultas, por fora do que foi declarado em juízo, bens ou valores por vezes apreciáveis" (José Olympio de Castro Filho. *Comentários ao Código de Processo Civil.* 4ª ed. Rio de Janeiro: Forense, 1995, p. 51, v. X).

268 Essa vinculação entre as cláusulas restritivas já era consagrada jurisprudencialmente (como na súmula nº 49 do Supremo Tribunal Federal) e o Código Civil a tornou expressa. Sobre o tema, com notícia histórica: Odilon de Andrade. *Comentários ao Código de Processo Civil.* Rio de Janeiro: Forense, 1941, p. 297-306, v. VII; Orosim-

lidade de um bem para outro (arts. 1.848, § 2º, e 1.911, CC).[269] Essas restrições podem ser impostas por doação,[270] testamento[271] ou bem de família e, de acordo com os arts. 1.719 e 1.911, CC, podem incidir sobre outros bens que não aqueles sobre os quais recaíram originalmente, mediante autorização judicial a ser obtida por meio de procedimento de jurisdição voluntária.

Por ser apenas exemplificativo o rol do art. 725, qualquer necessidade de procedimento que vise à sub-rogação[272] ou até mesmo se limite a ques-

---

bo Nonato. *Estudos sobre sucessão testamentária.* Rio de Janeiro: Forense, 1957, itens 625/644, abordando-se esse específico tema nas p. 332-333 e 343-348, v. II; Carlos Alberto Dabus Maluf. *Cláusulas de inalienabilidade, incomunicabilidade e impenhorabilidade.* 4ª ed. São Paulo: RT, 2006.

269 Pontes de Miranda empregava conceito mais elástico, afirmando que "no sentido da ação de jurisdição voluntária, sub-rogação é o princípio (ou o instituto que dele resulta) segundo o qual bem ou bens tomam o lugar de outro ou outros, em substituição jurídica, portanto – submetendo-se ao mesmo regime", salientando que "fala-se de sub-rogação de 'bens inalienáveis', para se frisar que os outros casos de sub-rogação se operam *ipso iure*; mas, havendo, como há, outros casos de sub-rogação pedida ao juiz, a referência é exemplificativa. Quanto às sub-rogações *ipso iure*, a lei processual nada tem com elas" (*Comentários ao Código de Processo Civil.* 2ª ed. Rio de Janeiro: Forense, 2008, p. 39-40, t. XVI).

270 "[...] III – A anuência expressa dos doadores concordando com a venda do bem e exigindo somente que o produto da venda seja aplicado em outro imóvel, sem qualquer menção a outro tipo de restrição, tem efeito de distrato ou revogação e impossibilita posterior pleito de sub-rogação automática das restrições que anteriormente gravavam o primeiro bem. IV – Se o gravame não mais subsistia, válida a partilha do imóvel por ocasião da separação judicial. V – Recurso Especial não conhecido" (REsp 779.947/DF, rel. Min. Massami Uyeda, Quarta Turma, j. 10/6/2008, DJe 3/8/2010).

271 Sobre as cláusulas restritivas em relação à legítima e em relação à sucessão testamentária: J. M. Leoni Lopes de Oliveira. *Direito civil*: sucessões. Rio de Janeiro: Forense, 2018, p. 431-436 e 591-600.

272 A sub-rogação relacionada à desapropriação, por exemplo, deve ser discutida naquele procedimento especial, já que se refere à fixação do preço: "Administrativo. Desapropriação. Ações nominativas. Cia. Paulista de estradas de ferro. Cláusula de inalienabilidade e impenhorabilidade. Sub-rogação dos ônus no produto da alienação. Cód. Civil, arts. 1.676 e 1.677. I. É pacífico no Superior Tribunal de Justiça o entendimento de que a desapropriação de bens onerados com cláusula de inalienabilidade e impenhorabilidade – caso de ações nominativas da Cia. Paulista de Estradas de Ferro – não faz desaparecer a

tionar cláusulas restritivas deve seguir o rito geral da jurisdição voluntária, não se limitando essa possibilidade, obviamente, a questões envolvendo sucessão ou doação. Entretanto, no mais das vezes, a prática forense se vê trabalhando com a sub-rogação de cláusulas restritivas relacionadas ao interesse do titular do bem e, por isso, é objeto de maior ênfase destes comentários.

Não se pode descartar a necessidade de produção de prova para demonstrar a necessidade ou conveniência[273] da sub-rogação e a aptidão do novo bem para receber a restrição.[274]

A vontade do proprietário não é suficiente para o deferimento da sub-rogação, devendo ser demonstrada, ainda, a justa causa,[275] isto é, conveniência do interessado[276] ou a necessidade da alienação[277] (art. 1.848, § 2º, CC).[278]

---

restrição imposta pelo instituidor, dando-se a sub-rogação do valor da indenização em substituição daqueles. II. Recurso especial não conhecido" (REsp 84.399/SP, rel. Min. Aldir Passarinho Junior, Segunda Turma, j. 13/4/1999, DJ 28/6/1999, p. 75).

273 "O que, na prática, muito comumente ocorre nas sub-rogações, assim como nos procedimentos relativos à venda de bens de menores ou incapazes, é que se verificam ora fatos ou circunstâncias supervenientes, que ultrapassam a visão do testador, ou tornaram inadequada a forma por este prevista quando dispôs a inalienabilidade, ou vieram a demonstrar como é muitas vezes vã e inútil a vontade de fazer perdurar o desejo individual após a morte, ora se manifesta a vontade dos beneficiários de burlar o desejo do testador" (José Olympio de Castro Filho. *Comentários ao Código de Processo Civil*. 4ª ed. Rio de Janeiro: Forense, 1995, p. 50, v. X). O art. 1.911, parágrafo único, do CC estabelece que, "no caso de desapropriação de bens clausulados, ou de sua alienação, por conveniência econômica do donatário ou do herdeiro, mediante autorização judicial, o produto da venda converter-se-á em outros bens, sobre os quais incidirão as restrições apostas aos primeiros".

274 "Esse rigor, que deve existir, torna indispensável, no procedimento de sub-rogações, que o interessado apresente prova cabal de que o bem em que se irá transferir a inalienabilidade se encontra livre e desembaraçado de quaisquer dúvidas, ou ônus. Daí, haverá que produzir a prova do domínio, no período máximo previsto na lei civil, certidões negativas de ônus reais, bem como de ações, ônus ou ações pessoais, e quitação fiscal, ou prevista na legislação da previdência social, esta quando se tratar de alienante a isso obrigado" (José Olympio de Castro Filho. *Comentários ao Código de Processo Civil*. 4ª ed. Rio de Janeiro: Forense, 1995, p. 49, v. X).

---

275 A justa causa também deve ser observada para a legitimidade da própria cláusula restritiva. Cf. ANA LUIZA MAIA NEVARES. *A função promocional do testamento*: tendências do direito sucessório. Rio de Janeiro: Renovar, 2009, p. 242-250.

276 OROSIMBO NONATO. *Estudos sobre sucessão testamentária*. Rio de Janeiro: Forense, 1957, p. 325, v. II.

277 "Recurso especial. Direito civil. Cláusula de incomunicabilidade. Pedido de cancelamento. 1 - Pedido de cancelamento de cláusula de inalienabilidade incidente sobre imóvel recebido pelo recorrente na condição de herdeiro. 2 - Necessidade de interpretação da regra do art. 1576 do CC/16 com ressalvas, devendo ser admitido o cancelamento da cláusula de inalienabilidade nas hipóteses em que a restrição, no lugar de cumprir sua função de garantia de patrimônio aos descendentes, representar lesão aos seus legítimos interesses. 3 - Doutrina e jurisprudência acerca do tema. 4 - Recurso especial provido por maioria, vencida a relatora". (REsp 1422946/MG, rel. Min. NANCY ANDRIGHI, rel. p/ Acórdão Min. PAULO DE TARSO SANSEVERINO, Terceira Turma, j. 25/11/2014, DJe 5/2/2015 – vale a leitura da íntegra do voto vencido que, sem tornar absoluta a cláusula de inalienabilidade, parece-nos que equacionou melhor a questão concreta). "Direito das sucessões. Revogação de cláusulas de inalienabilidade, incomunicabilidade e impenhorabilidade impostas por testamento. Função social da propriedade. Dignidade da pessoa humana. Situação excepcional de necessidade financeira. Flexibilização da vedação contida no art. 1.676 do CC/16. Possibilidade. 1. Se a alienação do imóvel gravado permite uma melhor adequação do patrimônio à sua função social e possibilita ao herdeiro sua sobrevivência e bem-estar, a comercialização do bem vai ao encontro do propósito do testador, que era, em princípio, o de amparar adequadamente o beneficiário das cláusulas de inalienabilidade, impenhorabilidade e incomunicabilidade. 2. A vedação contida no art. 1.676 do CC/16 poderá ser amenizada sempre que for verificada a presença de situação excepcional de necessidade financeira, apta a recomendar a liberação das restrições instituídas pelo testador. 3. Recurso especial a que se nega provimento" (REsp 1158679/MG, rel. Min. NANCY ANDRIGHI, Terceira Turma, j. 7/4/2011, DJe 15/4/2011). "Civil. Doação. Cláusula de inalienabilidade e impenhorabilidade. Pretensão de extinção das restrições pelos donatários. Alegação de mau estado do imóvel. Justificativa não admitida pelas instâncias ordinárias. Admissão de venda com sub-rogação da cláusula sobre outro bem a ser adquirido. Ausência de interesse a tanto demonstrada pelos donatários. Extinção do processo. CC, art. 1.676. I. Conquanto admissível temperar-se o disposto no art. 1.676 do Código Civil anterior, de modo a ser eventualmente possível, em circunstâncias excepcionais, atenuar as cláusulas de impenhorabilidade e inalienabilidade impostas pelo doador, para evitar prejuízo aos donatários, é necessário que as justificativas apresentadas convençam as instâncias ordinárias, o que, no caso, não ocorreu, porquanto se o imóvel é velho e necessita de reparos, impedindo a auferição de lucro, a solução aberta pelo Tribunal *a quo*, de autorização de venda vinculada à aquisição de outro, com sub-rogação da cláusula, se afigurou mais harmônica com a necessidade dos requerentes e a vontade do doador, mas aqueles por ela não se interessaram, resultando no indeferimento do pleito. II. 'A pretensão de simples reexame de prova não enseja recurso especial' – Súmula n. 7-STJ. III. Recurso especial não conhecido" (REsp 327.156/MG, rel. Min. ALDIR PASSARINHO JUNIOR, Quarta Turma, j. 7/10/2004, DJ 9/2/2005, p. 194).

278 "O modo de respeitar-se a vontade do testador não é, em casos como esse, impedir a substituição dos bens legados por outros de igual valor e boa renda. Tal substitui-

Sendo assim, vê-se que se trata de procedimento imprescindível para a constituição dessa situação jurídica.[279]

A competência será do local em que se situa o imóvel,[280] salvo se se tratar de inventário em andamento, quando incidirá o art. 48, CPC.[281]

O requerente deverá provar, além da propriedade do bem e da instituição do gravame, as razões que justificam a sub-rogação, não sendo imprescindível que indique desde logo o novo bem, ainda que seja conveniente que o faça logo na petição inicial.[282] Serão citados eventuais interessados (exemplo: doador).

ção é que satisfaria a vontade real do autor da herança, a qual não podia ser outra senão a de assegurar ao herdeiro um recurso permanente para sua manutenção. A cláusula de inalienabilidade foi a providência com que procurou ele garantir ao herdeiro uma renda estável; se essa providência, porém, não pode surtir o desejado efeito, deve ser tomada outra que o assegure" (Odilon de Andrade. *Comentários ao Código de Processo Civil.* Rio de Janeiro: Forense, 1941, p. 294, v. VII). Cf. Carlos Alberto Dabus Maluf. *Cláusulas de inalienabilidade, incomunicabilidade e impenhorabilidade.* 4ª ed. São Paulo: RT, 2006, p. 78-85.

279 A finalidade da sub-rogação judicial é a manutenção da simetria entre os valores, "para que não se burle a vontade do testador, que queria impor a inalienabilidade sobre um valor determinado, com o intuito de garantir certo rendimento para seu herdeiro ou legatário" (Carlos Alberto Dabus Maluf. *Cláusulas de inalienabilidade, incomunicabilidade e impenhorabilidade.* 4ª ed. São Paulo: RT, 2006, p. 81). Há que se verificar, também, a condição do herdeiro, já que a vontade do testador não pode sacrificar a condição do herdeiro, acabando por sacrificar aquele que se pretendia proteger, subvertendo a finalidade do testamento.

280 "Processual Civil. Competência. Alienação e sub-rogação de imóvel com cláusulas de inalienabilidade e impenhorabilidade. CPC, art. 1.112. I – Competente é o juízo do lugar onde o imóvel com cláusula de inalienabilidade e impenhorabilidade se localiza, para sub-rogação de vínculo pedida por quem é proprietário e assim se tornou em virtude de inventário já encerrado. II – Conflito de que se conhece, a fim de declarar-se a competência do MM Juízo suscitado" (CC 34.167/RS, rel. Min. Antônio De Pádua Ribeiro, Segunda Seção, j. 11/9/2002, DJ 11/11/2002, p. 145). Jefferson Carús Guedes entende de modo diverso, a partir da seguinte distinção: "deve-se definir a competência a partir da análise da origem do gravame a ser transferido para outro bem, a fim de que se possa determinar o foro competente. O bem pode ter sido gravado: a) por força de lei ou doação; b) por testamento. Na primeira hipótese, deve-se considerar o foro de domicílio do interessado, ainda que o bem esteja situado em outro Estado. Na segunda, será competente o foro do juízo do inventário onde foi cumprido o testamento" (*Comentários ao Código de Processo Civil.* Marinoni, Arenhart e Mitidiero (coord.). São Paulo: RT, 2016, p. 170, v. 11).

281 Cf. Mendonça Lima. *Comentários ao Código de Processo Civil.* São Paulo: RT, 1982, p. 88-90, v. XII.

282 Mendonça Lima. *Comentários ao Código de Processo Civil.* São Paulo: RT, 1982, p. 97, v. XII. Excepcionalmente, admite-se que o bem onerado seja vendido e o valor obtido seja aplicado até que se adquira o novo bem que será clausulado. Isso porque, não havendo bens disponíveis no momento da necessidade da liberação do bem

Ainda que o art. 1.719, CC, preveja a intervenção do Ministério Público, essa atuação não é obrigatória, conforme disposto no art. 721, CPC.

Também a Fazenda não integrará o processo necessariamente, por ser exigível o tributo sobre a transferência independentemente da consumação da sub-rogação.[283]

Em razão do objetivo do procedimento, será necessária a avaliação dos bens,[284] o que pode ser feito por meio de prova pericial a ser produzida em fase instrutória ou, se suficiente a documentação apresentada, pode o juiz valer-se de laudos e documentos apresentados pelos interessados.

A sentença que deferir ou não a sub-rogação está sujeita ao recurso de apelação. De todo modo, o pronunciamento jurisdicional, além de servir como autorização para a sub-rogação, deverá ser objeto de respectivo registro, a fim de gravar o novo bem e liberar o originário.

27. Alienação, arrendamento ou oneração de bens de crianças ou adolescentes, de órfãos e de interditos

Em relação ao CPC de 1973, foram excluídos o arrendamento e a oneração de bens dotais em razão da supressão ocorrida no Código Civil.[285]

Trata-se de procedimento judicial visando a atender requisito de validade do ato jurídico.

---

originário, pode haver a justa causa para sua liberação, com posterior aquisição do bem para que efetivamente ocorra a sub-rogação. Será, portanto, situação excepcional e temporária. Cf. Jefferson Carús Guedes. *Comentários ao Código de Processo Civil.* Marinoni, Arenhart e Mitidiero (coord.). São Paulo: RT, 2016, p. 173, v. 11.

283 Leonardo Greco. *Breves comentários ao Código de Processo Civil.* Alvim Wambier, Didier Jr., Talamini e Dantas (coord.). 3ª ed. São Paulo: RT, 2016, p. 1865.

284 Em regra, o valor do bem a ser sub-rogado deve ser igual ao do originário. Caso o valor seja superior, somente será possível a sub-rogação se se tratar de bem divisível, individualizando aquilo que será objeto da restrição e que contenha o valor igual ao bem que se pretende alienar (Jefferson Carús Guedes. *Comentários ao Código de Processo Civil.* Marinoni, Arenhart e Mitidiero (coord.). São Paulo: RT, 2016, p. 177, v. 11).

285 Por força do art. 2.039, CC, pode haver ainda algum casamento sob o regime do art. 293 do CC de 1.916, mas, ainda assim, a autorização judicial somente seria exigida para a alienação e oneração de imóveis e não para o arrendamento. Trata-se de caso excepcional e que, se necessário, será resolvido por meio de procedimento para obtenção de alvará judicial (cf. Leonardo Greco. *Breves comentários ao Código de Processo Civil.* Alvim Wambier, Didier Jr., Talamini e Dantas (coord.). 3ª ed. São Paulo: RT, 2016, p. 1865). Para ampla crítica sobre as hipóteses desse inciso no CPC anterior e que se aplicam ao atual e podem ser ampliadas: Mendonça Lima. *Comentários ao Código de Processo Civil.* São Paulo: RT, 1982, p. 100-104, v. XII.

Não prevê a legislação qualquer restrição abstrata que imponha a autorização judicial para arrendamento dos bens, de modo que a exigência prevista no inciso III somente incidirá, nesses casos, se houver prévia ordem judicial nesse sentido. Em relação à alienação e oneração de bens imóveis – e, no caso de tutela, dos bens móveis – há previsão legal exigindo a autorização judicial (arts. 1.691, 1.740, III, 1.748, IV, 1.750 e 1.774, CC).

No caso de tutela e curatela, há previsão na lei civil de prévia avaliação, não sendo obrigatória, porém, a alienação por hasta pública, observando-se as cautelas e o preço fixado judicialmente (art. 880, § 1º CPC),[286] incidindo, ainda, os impedimentos dos arts. 497, I, e 1.749, CC.

Já em relação aos menores sob o poder familiar,[287] sempre se entendeu[288] que basta a expedição de alvará – agora expressamente prevista no inciso VII do art. 725, CPC – para a alienação dos bens (art. 1.691, CC).

A intervenção do Ministério Público é obrigatória, por haver incapaz.

A depender do caso concreto, pode se mostrar necessária a nomeação de curador especial, ante o possível conflito de interesses entre o incapaz e seu representante. Em relação à necessidade de alienação judicial dos bens de incapazes decorre de previsão dos arts. 1.691, 1.750 e 1.774, CC,[289] nor-

---

286 Humberto Theodoro Júnior. *Curso de direito processual civil.* 50ª ed. Rio de Janeiro: Forense, 2016, p. 466, v. II. As condições fixadas pelo juiz podem ser flexibilizadas de acordo com as circunstâncias do caso concreto, sempre se exigindo controle jurisdicional acerca das alterações, com prévia manifestação do Ministério Público, nos casos de bens de incapazes (sobre as diretrizes fixadas judicialmente e a necessidade de flexibilização diante do caso concreto: Fredie Didier Jr., Leonardo Carneiro da Cunha, Paula Sarno Braga e Rafael Alexandria de Oliveira. *Curso de direito processual civil.* 7ª ed. Salvador: JusPodivm, 2017, p. 916-917.

287 É inexplicável que o CPC tenha mantido a referência a "órfãos", mesmo se a justificativa for o disposto no art. 1.754, mormente se se considerarmos que o art. 34 do Estatuto da Criança e do Adolescente foi alterado em 2009 para corrigir esse equívoco terminológico.

288 Humberto Theodoro Júnior. *Curso de direito processual civil.* 50ª ed. Rio de Janeiro: Forense, 2016, p. 466, v. II.

289 Há divergência no STJ nos casos em que o exercício do poder familiar abrange a administração dos bens do menor (a rigor, por força do art. 1689, II, CC, o poder familiar abrange a administração dos bens do filho): "Processual civil e civil. Tempestividade do recurso do ministério público. Alienação de bens de menor sujeito ao pátrio poder limitado. Excepcional coexistência entre pátrio poder e tutela. Necessidade de hasta pública e prévia avaliação dos bens. Aplicação do artigo 429 do código civil de 1916. 1. Malgrado o precedente contido no julgamento do HC 83.255/SP pelo Supremo Tribunal Federal, fixando a interpretação de que o prazo recursal do Ministério Público tem início com a data da entrada dos autos naquele órgão, esta Corte preconiza que, nos processos anteriores àquele julgamento paradigma, a fluência do prazo só corre após o ciente pelo representante do *parquet.* 2.

No caso dos autos, há um 'conselho administrador' nomeado pelo juízo do inventário, encarregado da administração dos bens de menor, não obstante a mãe manter a guarda do incapaz. 3. Embora, em regra, o pátrio poder seja exercido de maneira irrestrita, abrangendo a pessoa e os bens dos filhos, é possível que excepcionalmente seja de modo limitado. Em tal hipótese, há coexistência entre pátrio poder e tutela, subordinando-se o tutor especial às regras legais relativas à tutela. 4. O exercício do pátrio poder só dispensa a necessidade de hasta pública para venda de bens do incapaz quando os pais administram os bens dos filhos. Caso contrário, imperiosa a aplicação do artigo 429 do Código Civil de 1916, a exigir hasta pública e demonstração de manifesta vantagem ao menor, razão pela qual também é indispensável a prévia avaliação dos bens. 5. Recurso especial provido" (REsp 434.701/DF, rel. Min. Luis Felipe Salomão, Quarta Turma, j. 15/9/2009, DJe 2/2/2010). "Recurso Especial. Direito Civil. Indenização por dano material e moral. Acidente aéreo. Morte da vítima. Possibilidade de alienação ou gravar com ônus reais os bens imóveis dos filhos. Prequestionamento. Ausência. Incidência da Súmula 211/STJ. Administração dos bens dos filhos menores. Poder legal que não comporta o de disposição. O art. 1.689, II, do Código Civil deve ser interpretado em harmonia com outros diplomas legais. Indenização destinada aos filhos menores de idade. Movimentação dos recursos financeiros. Possibilidade, desde que comprovada a necessidade. Exigência de prévia autorização judicial para movimentação dos valores depositados. Cautela que não atinge o livre exercício do poder familiar. Recurso especial improvido. I – No que se refere à possibilidade de alienação ou gravar com ônus reais os imóveis dos filhos, constata-se que a matéria não foi objeto de debate ou deliberação no acórdão recorrido, não obstante a oposição de embargos declaratórios, o que torna inarredável a incidência do enunciado 211 da Súmula desta Corte Superior. II – O poder legal de administração dos bens dos filhos menores aos pais, conferido pela redação do art. 1.689, II, do Código Civil, não comporta o de disposição. Dessa forma, sendo as quantias expressivas, sua entrega incondicionada à genitora significaria, na verdade, a possibilidade de dispor das referidas importâncias como lhe aprouvesse, o que não está amparado pela Lei e não atende, sobretudo, aos interesses dos menores. III – A disposição do art. 1.689, II, do Código Civil, não pode ser interpretada de forma absoluta mas, sim, em harmonia com outros diplomas legais, que enfrentam o exercício do poder familiar, à luz de princípios que objetivam, em última análise, a proteção integral dos interesses dos filhos menores. IV – Em casos de recebimento de indenizações em favor de menores, é mister que convertam-se estas em pecúlio, a serem preservados até a maioridade, ou se levantado antes, seja comprovada a necessidade, mediante a evidente utilidade para o beneficiário. Ainda que adquiridos por direito próprio, a indenização devida aos menores, submete-se, igualmente, às disposições da Lei n.º 6.858/80. V – Tratando-se de numerário decorrente de indenização, não se percebe qualquer ilegalidade na determinação que pretendeu preservar o montante percebido desde logo, de forma a servir, em momento próprio e oportuno, aos próprios interesses dos menores, quiçá para estudos ou para a própria subsistência. VI – Tais cautelas não significam, de forma alguma, ingerência no poder familiar, sendo que o direito ao levantamento permanece e poderá ser exercido sempre que circunstâncias se apresentem, bastando, para tanto, a devida justificação. VII – Recurso especial improvido" (REsp 1110775/RJ, rel. Min. Massami Uyeda, Terceira Turma, j. 16/11/2010, DJe 1º/12/2010). "Os imóveis pertencentes aos menores só podem ser vendidos em hasta pública. Recurso especial conhecido e provido" (REsp 478.757/RJ, rel. Min. Nancy Andrighi, Terceira Turma, j. 4/8/2005, DJ

malmente por meio de simples requerimento de alvará, mediante prova do benefício ao incapaz,[290] e necessariamente contará com a participação do Ministério Público.

A administração dos bens dos menores recebe especial controle e limites, devendo ser revertida em proveito do incapaz, cabendo, inclusive, exigência de contas em face dos genitores.[291] Em relação às pessoas com deficiência, a

---

29/8/2005, p. 329). Em relação à alienação dos imóveis de incapazes, lembre-se da redação do art. 896, CPC.

290 "Agravo interno no agravo em recurso especial. Alvará judicial. 1. Procedimento de jurisdição voluntária. Necessidade de prova. Ausência de provas que demonstrassem a necessidade do incapaz. Alteração. Impossibilidade. Súmula n. 7 do STJ. 2. Arts. 22, 23 e 24 da Lei n. 8.906/1994. Ausência de prequestionamento. Súmulas n. 282 e 356 do STF. 3. Agravo interno improvido. 1. Rever as conclusões do acórdão recorrido acerca da impossibilidade da expedição de alvará para o levantamento de valores referentes a honorários de sucumbência demandaria o reexame de matéria fático-probatória, o que é vedado em recurso especial, nos termos da Súmula n. 7/STJ. 2. Se o conteúdo normativo contido nos dispositivos apresentados como violados não foi objeto de debate pelo Tribunal de origem, evidencia-se a ausência do prequestionamento, pressuposto específico do recurso especial. Incidem, na espécie, os rigores das Súmulas n. 282 e 356/STF. 3. Agravo interno improvido" (AgInt no AREsp 1070559/PR, Rel. Min. Marco Aurélio Bellizze, Terceira Turma, j. 17/10/2017, DJe 26/10/2017).

291 "Recurso especial. Ação de prestação de contas. Demanda ajuizada pelo filho em desfavor da mãe, referente à administração de seus bens, por ocasião de sua menoridade (CC, art. 1.689, I e II). Causa de pedir fundada em abuso de direito. Pedido juridicamente possível. Caráter excepcional. Inviabilidade de restrição do acesso ao judiciário. Recurso desprovido. 1. A questão controvertida neste feito consiste em saber se, à luz do CPC/1973, o pedido formulado pelo autor, ora recorrido, de exigir prestação de contas de sua mãe, na condição de administradora de seus bens por ocasião de sua menoridade, é juridicamente possível. 2. O pedido é juridicamente possível quando a pretensão deduzida se revelar compatível com o ordenamento jurídico, seja por existir dispositivo legal que o ampare, seja por não encontrar vedação legal. Precedente. 3. O pai e a mãe, enquanto no exercício do poder familiar, são usufrutuários dos bens dos filhos (usufruto legal), bem como têm a administração dos bens dos filhos menores sob sua autoridade, nos termos do art. 1.689, incisos I e II, do Código Civil. 4. Por essa razão, em regra, não existe o dever de prestar contas acerca dos valores recebidos pelos pais em nome do menor, durante o exercício do poder familiar, porquanto há presunção de que as verbas recebidas tenham sido utilizadas para a manutenção da comunidade familiar, abrangendo o custeio de moradia, alimentação, saúde, vestuário, educação, entre outros. 5. Ocorre que esse munus deve ser exercido sempre visando atender ao princípio do melhor interesse do menor, introduzido em nosso sistema jurídico como corolário da doutrina da proteção integral, consagrada pelo art. 227 da Constituição Federal, o qual deve orientar a atuação tanto do legislador quanto do aplicador da norma jurídica, vinculando-se o ordenamento infraconstitucional aos seus contornos. Assim, o fato de os pais serem usufrutuários e administradores dos bens dos

Lei 13.140/2015 assegura-lhes a capacidade negocial, de modo que será necessário verificar no caso concreto os termos em que foi concedida a curatela.

---

filhos menores, em razão do poder familiar, não lhes confere liberdade total para utilizar, como quiserem, o patrimônio de seus filhos, o qual, a rigor, não lhes pertence. 6. Partindo-se da premissa de que o poder dos pais, em relação ao usufruto e à administração dos bens de filhos menores, não é absoluto, deve-se permitir, em caráter excepcional, o ajuizamento de ação de prestação de contas pelo filho, sempre que a causa de pedir estiver fundada na suspeita de abuso de direito no exercício desse poder, como ocorrido na espécie. 7. Com efeito, inviabilizar, de plano, o ajuizamento de ação de prestação de contas nesse tipo de situação, sob o fundamento de impossibilidade jurídica do pedido para toda e qualquer hipótese, acabaria por cercear o direito do filho de questionar judicialmente eventual abuso de direito de seus pais, no exercício dos encargos previstos no art. 1.689 do Código Civil, contrariando a própria finalidade da norma em comento (preservação dos interesses do menor). 8. Recurso especial desprovido" (REsp 1623098/MG, rel. Min. MARCO AURÉLIO BELLIZZE, Terceira Turma, j. 13/3/2018, DJe 23/3/2018). A exigência de contas, aliás, não deve obrigatoriamente ser extinta em caso de falecimento do tutor ou curador: REsp 1480810/ES, rel. Min. NANCY ANDRIGHI, Terceira Turma, j. 20/3/2018, DJe 26/3/2018. Nesse sentido, o seguinte relevante precedente: "Processo civil. Recurso especial. Ação de prestação de contas. Segunda fase. Contrato de parceria pecuária. Morte do parceiro. Transmissão da obrigação aos herdeiros. Possibilidade. 1. A ação de prestação de contas (CPC, art. 914 e segs.) advém de relação jurídica da qual resulta a obrigação daquele que administra negócios ou interesses alheios, servindo para aclarar o resultado da gestão (saldo credor ou devedor), podendo ser proposta por quem tem o direito de exigi-las ou por quem tem o dever de prestá-las, tendo como característica seu caráter dúplice e predominante função condenatória. 2. 'Pode haver a transmissão entre vivos ou a causa de morte, no tocante à ação para exigir prestação de contas, como no tocante à ação para prestar contas. Pendente a 'ação', também pode ocorrer a sucessão, mesmo se concernente à execução forçada (art. 918)' (Pontes de Miranda. Comentários ao código de processo civil, tomo XIII. Rio de Janeiro: Forense, 2004, p. 101-102). 3. A premissa de ser intransmissível a obrigação principal do falecido em nada afeta a obrigação transmissível de prestação de contas, devendo a excepcionalidade ser avaliada caso a caso. Na hipótese, trata-se de negócio jurídico (contrato de parceria pecuária) cuja natureza é ínsita de ser voltada a esclarecimentos e acertamento de contas, já que os bens do proprietário ficam sob a guarda e administração de outrem (parceiro). 4. 'Não é empecilho à apresentação das contas a inexistência de prova documental para uma, algumas ou todas as parcelas arroladas. Outros meios probatórios podem existir ao alcance da parte, e o próprio Código, em mais de uma oportunidade, refere-se, por exemplo, à possibilidade de perícia contábil (arts. 915, §§ 1° e 3°, 916, § 2°)'. Aliás, no inventário, há a incumbência do inventariante em exibir em cartório, a qualquer tempo, para exame das partes, os documentos relativos ao espólio (CPC, art. 991, IV), incluindo-se aí, muito provavelmente, os documentos referentes à parceria e respectivas reses. Por fim, o próprio codex estabelece as consequências, na segunda fase, da apresentação ou não das contas por aquele que as deve prestar. 5. Recurso especial desprovido" (REsp 1203559/SP, rel. Min. LUIS FELIPE SALOMÃO, Quarta Turma, j. 25/2/2014, DJe 17/3/2014).

Caso não haja limitação negocial nos termos da curatela, evidentemente será desnecessária a intermediação estatal para a alienação do bem. Com a drástica modificação ocorrida no sistema jurídico das capacidades e, consequentemente, da curatela, há imediatos reflexos nas questões negociais envolvendo pessoas com deficiência, que, como já afirmado e será mais bem detalhado quando tratarmos da interdição, são absolutamente capazes. A interdição somente ensejará incapacidade relativa e, mesmo assim, deverá ser gradual e temporária, de modo que somente no caso específico será possível descortinar a necessidade de procedimento de jurisdição voluntária.

O procedimento de jurisdição voluntária deve ser inserido no sistema protetivo de direitos de incapazes, razão pela qual a cognição do juiz e a atuação do Ministério Público devem se preocupar com a necessidade e a conveniência da medida, ou, sob outro ângulo, com a ausência de prejuízo.

Diante desse quadro, será necessária a produção de prova apta a demonstrar a tutela do interesse do incapaz, como a avaliação dos bens, a oitiva do interessado etc.

Como em qualquer outro procedimento de jurisdição voluntária, a sentença está sujeita ao recurso de apelação, sendo possível a necessidade de medida de urgência no decorrer do procedimento, quando, então, pode ser interposto eventual recurso de agravo.

28. Alienação, locação e administração da coisa comum e alienação de quinhão em coisa comum

Trata-se de procedimento autônomo a fim de possibilitar a realização de negócio jurídico envolvendo coisa comum indivisível dentro de um quadro de dissenso[292] entre os proprietários. Conforme o art. 1.314, parágrafo único,

292 Como já visto, a possibilidade de conflito é inerente à jurisdição voluntária, de modo que a resistência à alienação de coisa comum, por exemplo, deveria ser vista como algo natural e compatível com o procedimento. Entretanto, grassa na doutrina e na jurisprudência a ideia de que há conversão para processo litigioso em caso de conflito efetivo, como se pode ver na ementa a seguir transcrita e já lembrada quando do exame do cabimento de reconvenção em sede de jurisdição voluntária [...] A presente ação, não obstante ajuizada com lastro em dispositivos legais que dispõem acerca de procedimento especial de jurisdição voluntária, converteu-se em processo de jurisdição contenciosa, constatada com o oferecimento de contestação e reconvenção, realização de audiência de conciliação, bem como de provas periciais para a avaliação do imóvel. 4. Inegável a transmutação do procedimento especial de jurisdição voluntária em verdadeiro processo de jurisdição contenciosa, motivo pelo qual a ele devem ser aplicados os seus princípios, admitindo-se a reconvenção apresentada. 5. Recurso especial conhecido e não provido" (REsp 1453193/DF, rel. Min. Nancy Andrighi, Terceira Turma, j. 15/8/2017, DJe 22/8/2017). Na reali-

CC, "nenhum dos condôminos pode alterar a destinação da coisa comum, nem dar posse, uso ou gozo dela a estranhos, sem o consenso dos outros", de modo que, em havendo dissenso, será necessária a intervenção judicial, como confirmam os arts. 1.320, § 3º, 1.322 e 1.325, § 2º, CC,[293] a fim de que seja exercido o direito potestativo do coproprietário de extinguir a comunhão, restando a alienação no caso de ser frustrada a adjudicação da coisa (cf. arts. 1.321 e 2.019, CC).

A alienação de coisa comum poderá se dar por meio de alienação particular, conforme arts. 879 e 880, CPC. Há que se considerar também a possibilidade de alienação de bens indivisíveis em inventário e partilha, isto é, aqueles insuscetíveis de divisão cômoda e cuja destinação não encontre consenso entre os herdeiros, conforme dispõe o art. 649, CPC.[294] O pressuposto

---

dade, examinando-se a íntegra desse julgado, verifica-se que não se tratava de jurisdição voluntária, mas, sim, de execução de título executivo judicial e a reconvenção cuidava da cobrança de despesas referentes ao imóvel que se pretendia alienar, tal como avençado em prévia sentença que homologou acordo de dissolução de união estável. O que interessa observar, no entanto, é que, se o dissenso justifica a intervenção judicial, não deveria causar qualquer espécie a resistência oferecida por algum dos interessados.

293 "A extinção normal do condomínio é a que se opera pela partilha física da coisa comum, operação que a todo tempo qualquer condômino pode exigir (CC, art. 1.320). Sendo contrária à índole exclusivista do direito de propriedade, nenhuma comunhão pode, em princípio, ser imposta indefinidamente aos condôminos, de modo que, mesmo nos casos de condomínio sobre bens física e juridicamente indivisíveis, há sempre uma forma de fazer cessar a incômoda situação reinante entre os comunheiros. [...] Instituiu, portanto, o direito material um mecanismo especial para fazer cessar o condomínio indesejável, sobre as coisas que não se podem partir de forma física. Em primeiro lugar, prevê a lei a adjudicação como forma de solução amigável, que consiste em um só dos comunheiros haver para sai totalidade da propriedade, pagando o valor da cota aos demais condôminos. Isto pode ser feito por meio de escritura pública de compra e venda, sem depender de autorização ou intervenção judicial, se todos forem maiores e capazes. Havendo, contudo, litígio ou resistência entre os consortes, a medida aplicável será a alienação judicial forçada do imóvel em hasta pública, com preferência para os condôminos em relação aos estranhos" (HUMBERTO THEODORO JÚNIOR. *Curso de direito processual civil.* 50ª ed. Rio de Janeiro: Forense, 2016, p. 467, v. II). "Civil. Recurso especial. Condomínio. Extinção. Possibilidade. Cláusula de inalienabilidade que incide sobre fração ideal. A existência de cláusula de inalienabilidade recaindo sobre uma fração de bem imóvel, não impede a extinção do condomínio. Na hipótese, haverá sub-rogação da cláusula de inalienabilidade, que incidirá sobre o produto da alienação do bem, no percentual correspondente a fração gravada. Recurso não conhecido" (REsp 729.701/SP, rel. Min. NANCY ANDRIGHI, Terceira Turma, j. 15/12/2005, DJ 1º/2/2006, p. 553).

294 Com a ressalva de que a necessidade de alienação judicial de coisas indivisíveis pode atingir bens imóveis e também os móveis (HUMBERTO THEODORO JÚNIOR. *Curso de*

dessa hipótese de jurisdição voluntária, portanto, é o desacordo entre os interessados, confirmando assim a potencialidade de conflito como nota característica de alguns desses procedimentos, como já registrado anteriormente.

Em consequência, formulado o requerimento pelo interessado, deverão ser citados os demais, podendo o condômino, se quiser, exercer a preferência legal.[295] Assim também se dará caso não incida o art. 1.322, CC, no que toca à extinção do condomínio, por haver dissenso entre os condôminos, observando-se, porém, no leilão, a ordem legal de preferência prevista naquele dispositivo legal.[296]

---

direito processual civil. 50ª ed. Rio de Janeiro: Forense, 2016, p. 466, v. II).

295 "Direito civil. Condomínio. Art. 504 do Código Civil. Direito de preferência dos demais condôminos na venda de coisa indivisível. Imóvel em estado de indivisão, mas passível de divisão. Manutenção do entendimento exarado pela segunda seção tomado à luz do art. 1.139 do Código Civil de 1916.1. O condômino que desejar alhear a fração ideal de bem em estado de indivisão, seja ele divisível ou indivisível, deverá dar preferência ao comunheiro da sua aquisição. Interpretação do art. 504 do CC/2002 em consonância com o precedente da Segunda Seção do STJ (REsp n. 489.860/SP, Rel. Ministra Nancy Andrighi), exarado ainda sob a égide do CC/1916. 2. De fato, a comparação do art. 504 do CC/2002 com o antigo art. 1.139 do CC/1916 permite esclarecer que a única alteração substancial foi a relativa ao prazo decadencial, que – de seis meses – passou a ser de cento e oitenta dias e, como sabido, a contagem em meses e em dias ocorre de forma diversa; sendo que o STJ, como Corte responsável pela uniformização da interpretação da lei federal, um vez definida tese sobre determinada matéria, deve prestigiá-la, mantendo sua coesão. 3. Ademais, ao conceder o direito de preferência aos demais condôminos, pretendeu o legislador conciliar os objetivos particulares do vendedor com o intuito da comunidade de coproprietários. Certamente, a função social recomenda ser mais cômodo manter a propriedade entre os titulares originários, evitando desentendimento com a entrada de um estranho no grupo. 4. Deve-se levar em conta, ainda, o sistema jurídico como um todo, notadamente o parágrafo único do art. 1.314 do CC/2002, que veda ao condômino, sem prévia aquiescência dos outros, dar posse, uso ou gozo da propriedade a estranhos (que são um minus em relação à transferência de propriedade), somado ao art. 504 do mesmo diploma, que proíbe que o condômino em coisa indivisível venda a sua parte a estranhos, se outro consorte a quiser, tanto por tanto. 5. Não se pode olvidar que, muitas vezes, na prática, mostra-se extremamente difícil a prova da indivisibilidade. Precedente: REsp 9.934/SP, Rel. Ministro Sálvio de Figueiredo Teixeira, Quarta Turma. 6. Na hipótese, como o próprio acórdão reconhece que o imóvel sub judice se encontra em estado de indivisão, apesar de ser ele divisível, há de se reconhecer o direito de preferência do condômino que pretenda adquirir o quinhão do comunheiro, uma vez preenchidos os demais requisitos legais. 7. Recurso especial provido" (REsp 1207129/MG, rel. Min. Luis Felipe Salomão, Quarta Turma, j. 16/6/2015, DJe 26/6/2015). "O direito de preferência do condômino deve ser exercido no momento oportuno, qual seja, no dia em que se deu a praça ou leilão" (AgRg na MC 17.571/DF, rel. Min. Luis Felipe Salomão, Quarta Turma, j. 3/3/2011, DJe 10/3/2011).

296 Art. 1.322, CC: "Quando a coisa for indivisível, e os consortes não quiserem adju-

Para essa alienação judicial, portanto, todos os condôminos serão citados e, também, intimados para exercer o direito de preferência[297] no leilão.[298]

A petição inicial, além dos elementos essenciais do ato postulatório, deverá ser instruída com prova documental da propriedade, delimitando-se a quota-parte.

Os condôminos deverão ser citados (assim, como os respectivos cônjuges ou companheiros, se for o caso), inclusive para possibilitar o exercício do direito de preferência. Em relação ao quinhão em coisa comum,[299] não há dife-

---

dicá-la a um só, indenizando os outros, será vendida e repartido o apurado, preferindo-se, na venda, em condições iguais de oferta, o condômino ao estranho, e entre os condôminos aquele que tiver na coisa benfeitorias mais valiosas, e, não as havendo, o de quinhão maior. Parágrafo único. Se nenhum dos condôminos tem benfeitorias na coisa comum e participam todos do condomínio em partes iguais, realizar-se-á licitação entre estranhos e, antes de adjudicada a coisa àquele que ofereceu maior lanço, proceder-se-á à licitação entre os condôminos, a fim de que a coisa seja adjudicada a quem afinal oferecer melhor lanço, preferindo, em condições iguais, o condômino ao estranho".

297 "Processual civil. Arrematação. Imóvel em regime de condomínio. Intimação do condômino. Necessidade. Estado de indivisão do imóvel. Matéria de prova. Súmula 7/STJ. Análise de eventual infringência de preceitos constitucionais. Impossibilidade. 1. Não viola o art. 535 do CPC, tampouco nega prestação jurisdicional, o acórdão que, mesmo sem ter examinado individualmente cada um dos argumentos trazidos pelo vencido, adotou, entretanto, fundamentação suficiente para decidir de modo integral a controvérsia. 2. Tratando-se de arrematação de imóvel em regime de condomínio, que se encontra em estado de indivisão, deve-se intimar o co-proprietário para que se manifeste a respeito do eventual exercício de seu direito de preferência. 3. O exame relativo à divisibilidade do imóvel, por ensejar o reexame do contexto fático-probatório dos autos, encontra óbice no enunciado da Súmula 7/STJ. 4. É inviável a análise de suposta infringência de preceito constitucional em sede de recurso especial. 5. Recurso especial parcialmente conhecido e, nessa parte, desprovido" (REsp 899.092/RS, rel. Min. DENISE ARRUDA, Primeira Turma, j. 15/2/2007, DJ 22/3/2007, p. 320)

298 HUMBERTO THEODORO JÚNIOR. *Curso de direito processual civil.* 50ª ed. Rio de Janeiro: Forense, 2016, p. 468, v. II. No STJ: "Direito processual civil. Recurso especial. Imóvel comum indivisível. Direito de preferência. Momento. Presente interesse de menor. O direito de preferência do condômino deve ser exercido no momento oportuno, qual seja, no dia em que se deu a praça ou leilão. Pretendendo o condômino gozar de preferência na alienação de coisa comum haverá de comparecer ao leilão e ali exercitar seu direito, tendo em vista o valor concretamente oferecido. Os imóveis pertencentes aos menores só podem ser vendidos em hasta pública. Recurso especial conhecido e provido" (REsp 478.757/RJ, rel. Min. NANCY ANDRIGHI, Terceira Turma, j. 4/8/2005, DJ 29/8/2005, p. 329).

299 CC, art. 504: "Não pode um condômino em coisa indivisível vender a sua parte a estranhos, se outro consorte a quiser, tanto por tanto. O condômino, a quem não se der conhecimento da venda, poderá, depositando o preço, haver para si a parte vendida a estranhos, se o requerer no prazo de cento e oitenta dias, sob pena de

rença procedimental,[300] demonstrando-se a existência do condomínio e a indivisibilidade do bem, sendo conveniente, ainda, exigir que se demonstre a existência de oferta séria feira por terceiro, a fim de evitar simulação.[301]

Somente haverá intervenção do Ministério Público nessas hipóteses no caso de alguma situação prevista no art. 178, CPC, estar presente.

---

decadência. Parágrafo único. Sendo muitos os condôminos, preferirá o que tiver benfeitorias de maior valor e, na falta de benfeitorias, o de quinhão maior. Se as partes forem iguais, haverão a parte vendida os comproprietários, que a quiserem, depositando previamente o preço". CC, art. 1.510-D: "Em caso de alienação de qualquer das unidades sobrepostas, terão direito de preferência, em igualdade de condições com terceiros, os titulares da construção-base e da laje, nessa ordem, que serão cientificados por escrito para que se manifestem no prazo de trinta dias, salvo se o contrato dispuser de modo diverso. § 1º O titular da construção-base ou da laje a quem não se der conhecimento da alienação poderá, mediante depósito do respectivo preço, haver para si a parte alienada a terceiros, se o requerer no prazo decadencial de cento e oitenta dias, contado da data de alienação. § 2º Se houver mais de uma laje, terá preferência, sucessivamente, o titular das lajes ascendentes e o titular das lajes descendentes, assegurada a prioridade para a laje mais próxima à unidade sobreposta a ser alienada".

300 "Assim, pode-se concluir que o dispositivo tem como finalidade garantir o exercício por qualquer condômino, desde que verificada a indivisibilidade do bem, de seu direito de preferência (preempção) na aquisição do quinhão, bem como o direito do proprietário em *aliená-lo* (venda, troca ou doação), de forma que só terá cabimento, caso se verifique terceiro pretendente. Cumpre ressaltar que os incs. IV e V, embora tratem do direito de condomínio, se diferem na medida em que: a) no primeiro, o pedido de venda é em relação a todo o imóvel, com fulcro no art. 1.322 do CC/2002; b) no segundo, o interessado deseja alienar apenas a sua *cota parte* (quinhão) do bem comum a terceiro pretendente, sem que haja, de forma alguma, a necessidade de o ato abranger a totalidade da coisa, nem há possibilidade de aplicação das demais modalidades: locação e administração [...] O art. 504 do CC/2002 dispõe que um condômino, em coisa indivisível, não pode vender a sua parte a estranhos se outro consorte a quiser, tanto por tanto. O condômino, a quem não se der conhecimento da venda, poderá, depositando o preço, haver para si a parte vendida a estranhos, se o requerer no prazo de cento e oitenta dias, sob pena de decadência. Dessa forma, caso tenha interesse em alienar seu quinhão, o condômino alienante deverá comunicar os demais coproprietários sobre a venda. Não há qualquer exigência para que a comunicação feita seja apenas por via do presente procedimento, podendo se dar por qualquer meio particular [...] O alienante, portanto, poderá efetivar o negócio jurídico sem a necessidade de intervenção judicial, desde que, cumprindo as condições citadas, nenhum dos demais coproprietários manifestem desejo em adquirir sua parte ideal. Entretanto, se manifestarem tal desejo, este ou estes (condôminos) terão, conforme exaustivamente mencionado, direito de preempção em relação ao terceiro" (Jefferson Carús Guedes. *Comentários ao Código de Processo Civil*. Marinoni, Arenhart e Mitidiero (coord.). São Paulo: RT, 2016, p. 187 e 190, v. 11).

301 Jefferson Carús Guedes. *Comentários ao Código de Processo Civil*. Marinoni, Arenhart e Mitidiero (coord.). São Paulo: RT, 2016, p. 188, v. 11.

A Fazenda deverá ser intimada se presente alguma repercussão fiscal. Contra a sentença, será cabível o recurso de apelação.

29. Extinção de usufruto, quando não decorrer da morte do usufrutuário, do termo da sua duração ou da consolidação, e de fideicomisso, quando decorrer de renúncia ou quando ocorrer antes do evento que caracterizar a condição resolutória

O usufruto é um direito real sobre coisa alheia em que o usufrutuário extrai o proveito econômico da coisa, por meio do uso e da fruição, sem alterar sua substância, mantendo o nu-proprietário o domínio.[302] Igualmente no fideicomisso[303] há fruição do bem sem se ter o domínio, distinguindo-se do usufruto pela nota temporal,[304] já que se trata de disposição negocial pela qual se transfere a propriedade a sucessivas pessoas.[305] No usufruto, há simultanei-

---

302 "O usufruto é o direito real temporário de desfrutar um bem alheio como se fosse próprio, sem alterar, contudo, sua substância. Esse direito é exercido na coisa alheira, de modo que o titular, o usufrutuário, não tem sua propriedade. Pertence esta a outrem, que se se nomeia nu-proprietário" (ORLANDO GOMES. *Direitos reais*. 21ª ed. Rio de Janeiro: Forense, 2012, p. 312).

303 "O fideicomisso resulta de uma disposição pela qual alguém – o fideicomitente – institui herdeiros ou legatários, impondo a um deles – o fiduciário – a obrigação de, sob termo ou condição, transmitir ao outro, que se chama fideicomissário, a herança ou o legado" (ORLANDO GOMES. *Direitos reais*. 21ª ed. Rio de Janeiro: Forense, 2012, p. 312).

304 "No fideicomisso, há duas figuras titulares de direito, partindo-se, no tempo, a propriedade, em vez de se partir nos elementos do direito de propriedade (nua propriedade; uso e fruto). A subjetividade é dupla em toda a extensão dos elementos, menos a sucessão temporal. Há o fiduciário, que recebe e guarda a herança; e o fideicomissário, que a 'terá' depois. Mas são herdeiros da mesma herança. Materialmente, as duas sucessões ligam-se ao mesmo instante, o da abertura de sucessão, o da morte do testador. Temporalmente, uma se sobrepõe à outra, começa onde a outra acaba, o fim de uma é começo da outra" (PONTES DE MIRANDA. *Comentários ao Código de Processo Civil*. 2ª ed. Rio de Janeiro: Forense, 2008, p. 65, tomo XVI). Note-se que o usufruto é temporário, mas não no mesmo sentido empregado no fideicomisso. Como explica ORLANDO GOMES, "o usufruto é direito real na coisa alheia; e é direito temporário. Como direito real, assegura ao titular o poder de utilizar a coisa alheia diretamente, *erga omnes*. Como direito temporário, não pode se prolongar além da vida do usufrutuário, sendo admitida, porém, duração menor" (*Direitos reais*. 21ª ed. Rio de Janeiro: Forense, 2012, p. 311). A diferença entre ambos ainda abrange outras situações, mas não é aqui a sede apropriada para esse aprofundamento, sobretudo diante do pouco uso do fideicomisso no direito brasileiro, cuja incidência ficou ainda mais restrita no atual CC (cf. FLÁVIO TARTUCE. *Direito civil*: direito das sucessões. 11ª ed. Rio de Janeiro: Forense, 2018, p. 509-510, v. 6).

305 Cf. CRISTIANO CHAVES DE FARIAS e NELSON ROSENVALD. *Curso de direito civil*: sucessões. 2ª ed. Salvador: JusPodivm, 2016, p. 486, v. 7.

dade no exercício de direitos entre o usufrutuário e o nu-proprietário, enquanto no fideicomisso os direitos são exercidos de modo sucessivo[306] (art.

306 Cristiano Chaves de Farias e Nelson Rosenvald. *Curso de direito civil*: sucessões. 2ª ed. Salvador: JusPodivm, 2016, p. 486, v. 7. Cf., ainda, J. M. Leoni Lopes de Oliveira. *Direito civil*: sucessões. Rio de Janeiro: Forense, 2018, p. 665. "O fideicomisso consiste em instituição testamentária de herdeiros ou legatários sucessivos, propiciando que, em razão da morte do testador – também denominado fideicomitente –, a herança ou o legado sejam automaticamente transmitidos ao fiduciário, cujo direito venha a ser resolvido por ocasião de sua própria morte, a certo tempo ou sob certa condição, ocasião em que a herança testamentária ou o legado serão transmitidos ao fideicomissário (CC, art. 1.951). O instituto envolve três sujeitos: o fideicomitente, que é o testador que, para assim dispor em testamento de modo a instituir o fideicomisso, deve ser dotado de capacidade testamentária ativa; b) o fiduciário (também denominado gravado), que é o primeiro herdeiro testamentário ou legatário, cujo direito de propriedade adquirido venha a ser resolvido com sua morte, advento do termo ou o implemento de condição, tal como estatuído pelo testador na cédula testamentária, a ensejar a transmissão da herança ou do legado ao outro instituído; c) o fideicomissário, que é o segundo instituído no testamento de maneira sucessiva, destinatário final da herança testamentária ou do legado após a verificação da ocorrência do evento previsto pelo testador para transmitir a herança ou o legado. A respeito do evento futuro que pode se verificar de modo a gerar a transmissão sucessiva da herança testamentária ou do legado há três possibilidades: a) a morte do fiduciário que, nesse caso, reveste-se da natureza jurídica de condição porquanto relacionada à sua verificação em momento anterior à morte do fideicomissário; b) o implemento de certa condição, diferente da morte do testador e do advento do termo final de duração da titularidade da herança ou do legado, de modo a gerar a transmissão deste; c) a chegada do termo final previsto no testamento, normalmente levando em conta o início do prazo. O fideicomisso se caracteriza por ensejar a instituição e concretização de duas liberalidades sucessivas: a primeira em favor do fiduciário que, assim, terá titularidade temporária sobre a herança ou o legado; a segunda em favor do fideicomissário que, uma vez recebendo a herança ou o legado, terá titularidade definitiva sobre o benefício sucessório, na hipótese em que se verificar a ocorrência do evento futuro previsto no testamento. O fideicomisso apresenta os seguintes elementos constitutivos: a) dupla vocação de herdeiros ou legatários, o que exige duas liberalidades pelo testador: uma direta em favor do fiduciário; e outra indireta, em favor do fideicomissário; b) ordem sucessiva, eis que o segundo herdeiro ou legatário somente será concretamente chamado para suceder quando ocorrer o evento necessário e previsto no testamento para a resolução do seu direito; c) ônus de conservar o legado ou a herança de modo a ensejar sua transmissão automática para o fideicomissário, sendo o caso, no momento próprio" (Guilherme Calmon Nogueira da Gama. *Herança legítima* ad tempus*:* tutela sucessória no âmbito da filiação resultante de reprodução assistida póstuma. São Paulo: RT, 2018, p. 128-129). Acrescenta esse autor que, em matéria de substituição fideicomissária, o filho eventual de pessoa indicada pelo testador somente poderá ser beneficiado se ainda não concebido quando da elaboração do testamento; se já concebido, deverá ser designado como herdeiro ou testamentário diretamente (ob. cit., p. 131).

1.951, CC).[307] O CPC limita a intervenção judicial às hipóteses expressas no inciso VI, isso porque, em havendo morte do usufrutuário, termo de duração do usufruto, morte do fideicomissário antes do fiduciário ou antes de se realizar a condição resolutória do direito do fiduciário ou antes da morte do testador, a extinção do usufruto e do fideicomisso não dependem de pronunciamento jurisdicional. Também a extinção da pessoa jurídica usufrutuária, a consolidação do usufruto, bem como a renúncia[308] à herança ou legado pelo fideicomissário, não necessitam de intervenção judicial. O procedimento jurisdicional, portanto, fica restrito[309] a hipóteses em que o fato extintivo neces-

---

307 Registrem-se as diferenças entre usufruto e fideicomisso expostas por ORLANDO GOMES, que advertia, porém, que "difícil não é distingui-los através de análise comparativa das respectivas estruturas e dos efeitos que a ordem jurídica atribui a cada qual. A dificuldade reside no diagnóstico, tendo-se em vista constituir usufruto ou fideicomisso é emitida, quase sempre, em termos que fazem o intérprete hesitar na captação do verdadeiro intento do declarante": 1) o usufrutuário tem direito rela na coisa alheia e o fiduciário tem direito real na coisa própria (é proprietário, embora a propriedade seja restrita e resolúvel, conforme art. 1.953, CC); 2) o usufrutuário não pode dispor da coisa e o fiduciário pode; 3) o nu-proprietário é dono da coisa dada em usufruto e o fideicomissário possui apenas expectativa de direito; 4) os direitos do usufrutuário e do nu-proprietário são adquiridos simultaneamente, enquanto os do fiduciário e do fideicomissário se adquirem sucessivamente, ou seja, "o direito do usufrutuário coexiste com o do nu-proprietário; o do fideicomissário surge quando se extingue o do fiduciário" (*Direitos reais*. 21ª ed. Rio de Janeiro: Forense, 2012, p. 311-312). Em sentido semelhante, ZENO VELOSO. *Comentários ao Código Civil*. São Paulo: Saraiva, 2003, p. 299-300, v. 21.

308 A renúncia é forma de extinção do usufruto e do fideicomisso, havendo entendimento doutrinário no sentido de que sempre será necessário o procedimento jurisdicional nesse caso, ainda que haja escritura pública (JEFFERSON CARÚS GUEDES. *Comentários ao Código de Processo Civil*. MARINONI, ARENHART e MITIDIERO (coord.). São Paulo: RT, 2016, p. 197, v. 11).

309 "a nova redação dividiu as hipóteses de cabimento em: a) negativa, não sendo mais cabível ação de extinção de usufruto para os incs. I (morte), II e VI, do art. 1.410 do CC/2002, mas permanecendo o cabimento quanto aos demais incisos (I (renúncia), incs. III, IV, V, VII e VIII); b) positiva, sendo cabível apenas, no que diz respeito ao fideicomisso, quando decorrer de renúncia – art. 1.955 do CC/2002 ou quando a morte do fideicomissário ocorrer antes de se realizar a condição resolutória do direito deste último – art. 1.958 do CC/2002. Não se verifica mais a necessidade de intervenção judicial nos casos em que há a morte do fiduciário (forma mais comum de extinção do fideicomisso) ou do usufrutuário, pois a apresentação da certidão de óbito em Cartório para averbação do registro, se bem imóvel (art. 1.391 do CC/2002), é bastante para a extinção dos institutos" (JEFFERSON CARÚS GUEDES. *Comentários ao Código de Processo Civil*. MARINONI, ARENHART e MITIDIERO (coord.). São Paulo: RT, 2016, p. 196-197, v. 11). Sobre a discussão no Código anterior, concluindo corretamente sobre a não obrigatoriedade do procedimento em qualquer hipótese: LEONARDO GRECO. *Jurisdição voluntária moderna*. São Paulo: Dialética, 2003, p. 72-73.

sitar de produção de prova em juízo,[310] como no caso de perecimento da coisa objeto do fideicomisso, a cessação do motivo que deu origem ao usufruto ou a destruição da coisa.[311] Em relação ao usufruto, portanto, apenas as hipóteses previstas no art. 1.410,[312] IV, V, VII e VIII, CC, exigem procedimento de jurisdição voluntária;[313] nos demais casos, a extinção decorre automaticamente com a ocorrência da hipótese normativa, salvo se, excepcionalmente, houver necessidade de produção de alguma prova em juízo. No fideicomisso, as hipóteses dos arts. 1.955 e 1.958, CC, igualmente dispensam pronunciamento jurisdicional.

Caso haja outros interessados além do requerente, necessariamente serão

---

310 A redação desse inciso decorreu de emenda parlamentar que apresentou a seguinte justificativa: "A presente emenda visa simplificar e dar celeridade à prática de atos para os quais não é necessária a intervenção do Judiciário, alinhando-se à simplificação introduzida pela Lei nº 11.441, de 2007, que permite sejam efetivados por meio extrajudicial o inventário, a partilha, a separação e o divórcio consensual. Do mesmo modo, o usufruto e o fideicomisso são atos passíveis de serem implementados diretamente pelo oficial do Registro de Imóveis, só demandando a intervenção do Judiciário nas hipóteses em que houver necessidade de prova de circunstâncias especiais, como ensina Serpa Lopes (Tratado dos Registros Públicos. Rio de Janeiro: Livraria Freitas Bastos, 1955, 3. ed., v. III, p. 167), de modo que, fora desses casos especiais, "bastará a mera averbação do documento legal comprobatório de tais fatos no Registro de Imóveis em que está inscrito o usufruto. (...) também no fideicomisso as duas primeiras hipóteses decorrem de acontecimentos físicos, e, por isso mesmo, para a sua extinção nem é necessária a intervenção judicial, que, todavia, se justificará nas demais hipóteses" (José Olympio de Castro Filho, Comentários ao Código de Processo Civil. Rio de Janeiro: Forense. 1983. 3. ed., v. X, p. 69-70). Nesse sentido, coerentemente com o propósito de simplificação e de aumento da eficiência do Judiciário, é oportuna a alteração da redação ora proposta, para que sejam apreciados pelo Judiciário somente os casos de extinção de usufruto que não decorrerem da morte do usufrutuário, do termo da sua duração ou da consolidação, bem como a extinção do fideicomisso decorrer de renúncia ou quando ocorrer antes de realizar-se a condição resolutória, pois esses são, como na concepção de Serpa Lopes, casos em que há prova de circunstâncias especiais, não havendo qualquer razão para que os demais casos sejam levados ao Judiciário, sobrecarregando-o ainda mais e onerando desnecessariamente seu orçamento" (disponível em: <http://www.camara.gov.br/proposicoesWeb/prop_emendas?idProposicao=490267>).

311 Cf. Leonardo Greco. *Breves comentários ao Código de Processo Civil.* Alvim Wambier, Didier Jr., Talamini e Dantas (coord.). 3ª ed. São Paulo: RT, 2016, p. 1866.

312 Em relação aos bens imóveis, "não basta a concorrência das causas indicadas, sendo indispensável o cancelamento do Registro de Imóveis, o que enseja a publicidade" (Marco Aurelio S. Viana. *Comentários ao Novo Código Civil.* 4ª ed. Rio de Janeiro: Forense, 2013, p. 788, v. XVI).

313 Há quem sustente haver situações em que na verdade será caso de jurisdição contenciosa: cf. Leonardo Greco. *Jurisdição voluntária moderna.* São Paulo: Dialética, 2003, p. 74.

citados, o que em regra ocorrerá nos casos referentes ao art. 1.410, VII e VIII, CPC.

O Ministério Público em regra não intervirá, salvo se presente alguma hipótese prevista no art. 178, CPC.

A Fazenda também não integrará o processo necessariamente, incidindo aqui, analogicamente, o previsto no art. 662, CPC.[314]

A competência será vinculada à origem do instituto:[315] se for testamentária, competente será o juízo do inventário, conforme art. 48 do CPC/2015; se por ato entre vivos, será competente o foro do domicílio do requerido (se houver) ou do autor, se se tratar de bem móvel, nos termos do art. 46, *caput* e parágrafos, CPC, ou, se for imóvel, o da situação do bem, conforme art. 47, 1.ª parte, CPC.

Em síntese, deverão ser citados eventuais interessados, não havendo participação do Ministério Público, salvo se presente alguma hipótese do art. 178, CPC, intimando-se a Fazenda apenas se houver repercussão fiscal. Se houver necessidade, deverá ser realizada a avaliação do bem, especialmente para fins tributários, se incidentes. O procedimento se encerra por sentença, que, como sempre, será apelável.

30. Alvará judicial

A previsão expressa de expedição de alvará como hipótese típica de jurisdição voluntária é novidade legislativa, embora fosse a mais conhecida hipótese prática por meio do qual se pleiteavam medidas judiciais "atípicas", sempre que alguma situação exigisse prévio pronunciamento jurisdicional.[316]

O alvará é a autorização ou integração judicial, incidental ou autônoma, para a prática de determinado ato, em regra constituindo-se em requisito para

---

314 Leonardo Greco. *Breves comentários ao Código de Processo Civil.* Alvim Wambier, Didier Jr., Talamini e Dantas (coord.). 3ª ed. São Paulo: RT, 2016, p. 1866.

315 Jefferson Carús Guedes. *Comentários ao Código de Processo Civil.* Marinoni, Arenhart e Mitidiero (coord.). São Paulo: RT, 2016, p.197, v. 11.

316 "Conflito negativo de competência. Alvará para exumação, traslado e inumação requerido pelo DNOCS. Jurisdição voluntária. Competência da justiça estadual. 1. Trata-se na origem de pedido de alvará judicial pelo Departamento Nacional de Obras Contra as Secas – DNOCS, para que fosse autorizada a exumação, traslado e inumação de restos mortais localizados em cemitério situado em área de implantação do Projeto Tabuleiros Litorâneos de Parnaíba. 2. Em casos de pedido de expedição de alvará judicial, procedimento de jurisdição voluntária, é competente a Justiça estadual. Precedentes do STJ. 3. Conflito conhecido para declarar a competência do juízo suscitado" (CC 117.499/PI, rel. Min. Herman Benjamin, Primeira Seção, j. 24/8/2011, DJe 6/9/2011).

sua validade. O alvará é a formalização do pronunciamento jurisdicional necessário para a prática de determinado ato, sem o qual o interessado não obterá sua pretensão.

Como bem anotado por Leonardo Greco, o alvará judicial não obriga a prática do ato nem o substitui, cabendo ao interessado praticá-lo ou, se assim preferir, deixar de praticá-lo, lembrando ainda o referido autor que há casos em que o pedido de alvará "penetra na jurisdição contenciosa", como no pedido de autorização para se realize cirurgia ante o iminente risco do paciente, sem que haja autorização do próprio ou de familiares, para que a administração pública possa demolir construção irregular, para levantamento de depósitos bancários, entre outros.

No CC há alguns exemplos: arts. 1.519, 1.520, 1.523, 1.639, § 2º, 1.748, 1.750, 1.753, § 1º, 1.754, 1.774, 1.781, entre outros, e no CPC o art. 666 veicula a hipótese largamente utilizada na prática, decorrente da Lei 6.858/1.980. Nem toda necessidade de "autorização judicial" significa jurisdição voluntária[317] ou mesmo procedimento para expedição de alvará, entendido como modalidade específica do art. 725, VII, CPC. Não raro, a questão se referirá à tutela provisória relacionada à jurisdição contenciosa. Duas questões aqui devem ser registradas: 1) por meio de requerimentos de alvarás, a jurisdição pode ser utilizada como espécie de álibi, isto é, ser utilizado para antecipadamente se excluir eventual responsabilidade; 2) a jurisdição pode servir como refúgio do jurisdi-

---

317 "Processual civil. Pedido de alvará judicial. Jurisdição voluntária. Inadequação entre a via eleita e o provimento jurisdicional pretendido. Deficiência na fundamentação. Súmula 284 do STF. 1. Hipótese em que a agravante deseja levantar valores em conta-corrente de militar falecido, sob a alegação de que foram erroneamente depositados a título de remuneração após a morte do servidor. 2. Ocorre que a via eleita não comporta a pretensão da União – uma vez que o Pedido de Alvará Judicial não se presta ao levantamento de valores sobre os quais possam residir controvérsia e interesse de terceiros não citados (a exemplo de eventuais herdeiros) –, tampouco o recebimento dos valores corrigidos e o pagamento de honorários. 3. A deficiência na fundamentação de Recurso Especial que impeça a exata compreensão da controvérsia atrai, por analogia, a incidência da Súmula 284/STF. 4. Agravo Regimental não provido" (AgRg no REsp 1203009/RJ, rel. Min. Herman Benjamin, Segunda Turma, j. 4/11/2010, DJe 2/2/2011). "Direito público – Procedimento de jurisdição voluntária – Alvará judicial – Extinção sem resolução do mérito – Apelação do requerente – Inadequação da via eleita – Venda de veículo sem a devida comunicação ao órgão de trânsito – Pretensão de bloqueio e comunicação da venda pela via judicial – Ato a ser praticado perante a autoridade de trânsito (art. 134 do C.T.B.) e que prescinde de alvará – Resistência da Administração Pública a exigir o ajuizamento de medida judicial contenciosa, com citação e observância do contraditório e da ampla defesa – Sentença mantida – Recurso não provido" (TJSP – Apelação nº 1000053-96.2017.8.26.0412, rel. Des. Antonio Tadeu Ottoni, j. 5/7/2017, public. 6/7/2017).

cionado contra burocracia opressora, fazendo com que se busquem alvará desnecessários.[318] A competência em regra é estadual,[319] no local do domicílio do requerente. A Fazenda Pública deverá ser intimada em caso de interesse tributário, como no levantamento de valores, por exemplo. A intervenção do Ministério Público se dará apenas se presente alguma hipótese do art. 178, CPC. O cabimento dos recursos seguirá o regramento comum do CPC.

---

318 "Pedido de internação voluntária – Transtornos mentais decorrentes do uso de drogas e álcool – Indicação de médico da rede pública não contestada pelo CAPS – Art. 6º, inciso II, e art. 8º da Lei nº 10.216/01 – Dever de assistência da municipalidade nos termos do art. 4º da Lei nº 8.080/90 – Medida sujeita exclusivamente à conjugação da vontade do paciente e do médico – Alta médica autoexecutável – Art. 7º, parágrafo único, da Lei nº 10.210/01 – Desnecessidade de alvará judicial de liberação – Ilegalidade da manutenção do paciente no estabelecimento de saúde além da alta médica – Exclusão da exigência ora determinada – Medida a ser cumprida exclusivamente no sistema SUS conforme as políticas públicas fixadas – Inexistência de direito ao custeio em estabelecimento privado – Proibição de destinação de recursos públicos para o setor privado de saúde – Art. 199 da CF – Exclusão da medida ora determinada – Recursos, oficial e voluntário, parcialmente providos" (TJSP, Apelação nº 0004215-43.2014.8.26.0288, rel. Des. LUIS FERNANDO CAMARGO DE BARROS VIDAL, j. 14/3/2016, public. 21/3/2016).

319 "É da competência da justiça estadual autorizar o levantamento dos valores relativos ao PIS/PASEP e FGTS, em decorrência do falecimento do titular da conta" (STJ, Súmula 161, Primeira Seção, j. 12/6/1996, DJ 19/6/1996, p. 21940). "Processual civil. Conflito negativo de competência. Pedido de alvará judicial. Levantamento de verbas do FGTS. Resistência da CEF. jurisdição contenciosa. Competência da justiça federal. 1. A jurisprudência da Primeira Seção do STJ firmou-se no sentido de que, sendo, em regra, de jurisdição voluntária a natureza dos feitos que visam à obtenção de alvarás judiciais para levantamento de importâncias relativas a FGTS, PIS/PASEP, seguro-desemprego e benefícios previdenciários, a competência para julgá-los é da Justiça Estadual. 2. Por outro lado, havendo resistência da CEF, competente para processar e julgar a causa é a Justiça Federal, tendo em vista o disposto no art. 109, I, da CF/1988. 3. *In casu*, verifico que houve obstáculo por parte da Caixa Econômica Federal quanto ao levantamento do FGTS requerido pelo autor, o que evidencia a competência da Justiça Federal para o julgamento da demanda, nos termos do art. 109, I, da Constituição da República. 4. Constatada a competência de um terceiro Juízo, estranho aos autos, admite-se-lhe a remessa do feito. 5. Conflito conhecido para declarar competente a Justiça Federal de Santos/SP, apesar de não integrar o presente conflito" (CC 105.206/SP, rel. Min. HERMAN BENJAMIN, Primeira Seção, j. 26/8/2009, DJe 28/8/2009). "Conflito negativo de competência. Justiça estadual e do trabalho. Alvará judicial. Autorização para trabalho de menor de idade. 1. O pedido de alvará para autorização de trabalho a menor de idade é de conteúdo nitidamente civil e se enquadra no procedimento de jurisdição voluntária, inexistindo debate sobre qualquer controvérsia decorrente de relação de trabalho, até porque a relação de trabalho somente será instaurada após a autorização judicial pretendida. 2. Conflito conhecido para declarar a competência do Juízo de Direito, suscitado" (CC 98.033/MG, rel. Min. CASTRO MEIRA, Primeira Seção, j. 12/11/2008, DJe 24/11/2008).

31. Homologação de autocomposição extrajudicial, de qualquer natureza ou valor

A homologação de autocomposição extrajudicial, de qualquer natureza ou valor, também é uma inovação como hipótese típica de jurisdição voluntária, não constando no rol equivalente na codificação revogada, ainda que já fosse assim compreendida nos casos em que, inexistindo processo pendente, permitia-se a homologação judicial de transação realizada extraprocessualmente.[320]

A homologação de transação constitui título executivo judicial, na forma do art. 515, II e III, CPC, o que pode ocorrer ou não na pendência de um processo. Em se tratando de homologação de autocomposição extrajudicial (art. 515, III, CPC), a atividade jurisdicional se limitará a conferir ao acordo de vontades essa natureza de título executivo judicial,[321] examinando o pre-

---

320 Leonardo Greco. *Breves comentários ao Código de Processo Civil.* Alvim Wambier, Didier Jr., Talamini e Dantas (coord.). 3ª ed. São Paulo: RT, 2016, p. 1867.

321 Assinala Heitor Sica que "o procedimento homologatório, além de encerrar atividade cognitiva limitadíssima, representa exercício de jurisdição voluntária. Em função desse enquadramento, poder-se-ia argumentar que nesse procedimento não haveria objeto litigioso. Entretanto, consideramos não ser esse o entendimento correto. Quando o sujeito celebra uma autocomposição extrajudicial por meio da qual é atribuído o direito a algum bem da vida, e à leva à homologação judicial, mesmo que por meio de um procedimento de jurisdição voluntária, é evidente o seu interesse em promover eventual execução, caso o outro sujeito celebrante não honre o avençado. Há, nesse procedimento judicial de homologação, ao menos um objeto potencialmente litigioso. Na hipótese de descumprimento, passa a existir o litígio e o procedimento prossegue para a execução da autocomposição homologada e passando a ser de jurisdição contenciosa. Aliás, essa transformação constitui fenômeno bem aceito pelos estudiosos e pelos tribunais. De todo modo, em ambos os momentos – antes ou depois do descumprimento da autocomposição – o processo dizia respeito ao mesmo bem da vida e à mesma relação jurídica substancial subjacente. A eclosão do litígio decorrente do inadimplemento do avençado apenas implica a conversão de um objeto potencialmente litigioso nem objeto propriamente litigioso. Assim, o fato de o procedimento que culmina na formação do título executivo judicial ora examinado ser animado pelo exercício de jurisdição voluntária não impede que se reconheça a aplicabilidade da mesma conclusão atingida nos itens precedentes, isto é, a subsistência do objeto litigioso da fase cognitiva na fase cognitiva. Mesmo que se entenda que o pedido imediato tenha relevância para a caracterização do objeto litigioso – repita-se não ser esse o entendimento aqui adotado –, ainda assim se chegaria à mesma conclusão. No procedimento de homologação da autocomposição extrajudicial identificam-se dois pedidos imediatos, encadeados sucessivamente: o primeiro, como é óbvio, de homologação, e o segundo, ínsito ao primeiro, de eventual realização de atividade executiva no caso de descumprimento do avençado" (Heitor Vitor Mendonça Sica. *Cognição do juiz na execução civil.* São Paulo: RT, 2017, p. 115-116). Veja-se que o autor demonstra uma vez mais que a jurisdição voluntária é compatível com a potencialidade de

enchimento dos pressupostos e requisitos para a celebração do negócio jurídico.[322] Note-se que, nos casos previstos no art. 784, III e IV, CPC, o instru-

---

litígio e, mesmo trabalhando com a ideia de que haverá conversão para jurisdição litigiosa, ilustra com suas considerações o caráter jurisdicional da jurisdição voluntária, embora na p. 161 desse mesmo livro o autor a considere como exemplo de fenômeno judicial não jurisdicional, ainda que com base em citações bastante heterogêneas na nota 86 da página citada.

322 Cf. Fredie Didier Jr., Leonardo Carneiro da Cunha, Paula Sarno Braga e Rafael Alexandria de Oliveira. *Curso de direito processual civil.* 7ª ed. Salvador: JusPodivm, 2017, p. 274, v. 5. Lembram os referidos autores que foi generalizada a regra constante do art. 57 da Lei 9.099/1995. Registre-se, porém, que antes do atual CPC o Superior Tribunal de Justiça não admitia essa homologação, conforme a ementa a seguir transcrita e que, agora, é incompatível com a lei processual: "Processo civil. Transação extrajudicial. Homologação. Lei 9.099/95. Art. 57. Impossibilidade. 1. É imprescindível preservar o escopo da Lei 9.099/95, criada para facilitação de acesso ao Poder Judiciário pelos titulares de direitos relacionados a lides de menor complexidade, com procedimento simplificado e julgamento célere, desafogando-se, com isso, os Tribunais em causas de procedimento ordinário ou sumário. 2. O art. 57 da Lei 9.099/95 tem, em princípio, eficácia transcendente à Lei dos Juizados Especiais. Essa norma, contudo, teria o papel de regular provisoriamente a matéria, até que ela encontrasse regulação específica nos diplomas adequados, a saber, o Código de Processo Civil e o Código Civil. 3. O CPC, nas sucessivas reformas ocorridas desde meados dos anos 90, vem tendo alterada a redação de seu art. 584, III, de modo a contemplar, com maior ou menor extensão, a possibilidade de homologação de acordos extrajudiciais. 4. Na última alteração a que se sujeitou o código, contudo, incluiu-se o art. 475-N, que em lugar de atribuir eficácia de título executivo judicial à sentença que homologue acordo que verse sobre matéria não posta em juízo, passou a falar em transações que incluam matéria não posta em juízo. 5. Uma transação que inclua matéria não posta em juízo está claramente a exigir que a transação, para ser homologável, tem de se referir a uma lide previamente existente, ainda que tenha conteúdo mais amplo que o dessa lide posta. Assim, a transação para ser homologada teria de ser levada a efeito em uma ação já ajuizada. 6. É necessário romper com a ideia de que todas as lides devem passar pela chancela do Poder Judiciário, ainda que solucionadas extrajudicialmente. Deve-se valorizar a eficácia dos documentos produzidos pelas partes, fortalecendo-se a negociação, sem que seja necessário, sempre e para tudo, uma chancela judicial. 7. A evolução geral do direito, num panorama mundial, caminha nesse sentido. Tanto que há, hoje, na Europa, hipóteses em que ações judiciais somente podem ser ajuizadas depois de já terem as partes submetido sua pretensão a uma Câmara Extrajudicial de Mediação, como corre, por exemplo, na Itália, a partir da promulgação do Decreto Legislativo nº 28/2010. 8. Ao homologar acordos extrajudiciais, o Poder Judiciário promove meramente um juízo de delibação sobre a causa. Equiparar tal juízo, do ponto de vista substancial, a uma sentença judicial seria algo utópico e pouco conveniente. Atribuir eficácia de coisa julgada a tal atividade implicaria conferir um definitivo e real a um juízo meramente sumário, quando não, muitas vezes, ficto. Admitir que o judiciário seja utilizado para esse fim é diminuir-lhe a importância, é equipará-lo a um mero cartório, função para a qual ele não foi concebido. 9. Recurso especial não provido" (REsp 1184151/MS,

mento de transação já constitui título executivo extrajudicial, mas nada impede que os interessados requeiram também sua homologação judicial, assim como, por força do art. 785, "a existência de título executivo extrajudicial não impede a parte de optar pelo processo de conhecimento, a fim de obter título executivo judicial". O interesse na formação de título executivo judicial está precisamente na limitação cognitiva em sede de execução, o que não ocorre quando se trata de execução de título executivo extrajudicial (cf. arts. 525, § 1º, e 917, CPC).[323] Caso o requerimento não seja formulado por todos os que participaram da autocomposição, os faltantes deverão ser citados. O Ministério Público somente intervirá no caso do art. 178, CPC.[324] É possível a solução consensual envolvendo o Poder Público,[325] de modo que a Fazenda poderá figurar no processo como parte. Em relação ao recurso, será cabível apelação, não sendo ocioso, porém, assinalar que a natureza da "decisão homologatória" desperta antiga controvérsia, havendo quem considere que não há efetiva decisão nesse tipo de pronunciamento.[326] Observe-se, por fim, que a Lei 13.467/2017, que promoveu o que se designou de "reforma trabalhista", passou a prever um "processo de jurisdição voluntária para homologação de acordo extrajudicial", com a peculiaridade de que os acordantes não poderão ser representados pelo mesmo advogado,[327] o que se explica pelo caráter protetivo

---

rel. Min. Massami Uyeda, rel. p/ Acórdão Min. Nancy Andrighi, Terceira Turma, j. 15/12/2011, DJe 9/2/2012).

323 "Qual o fundamento para a diferença de tratamento? A coisa julgada, atributo das decisões judiciais, mesmo homologatórias, mesmo em jurisdição voluntária, impede a rediscussão do que foi decidido (no caso, decisão das partes interessadas homologadas pelo juiz). Para compreender a diferença de tratamento entre o negócio jurídico homologado judicialmente e aquele não submetido a essa confirmação, é preciso superar o dogma da ausência de coisa julgada na jurisdição voluntária" (Fredie Didier Jr., Leonardo Carneiro da Cunha, Paula Sarno Braga e Rafael Alexandria de Oliveira. *Curso de direito processual civil.* 7ª ed. Salvador: JusPodivm, 2017, p. 275).

324 Registre-se o disposto no art. 3º, § 2º, da Lei 13.140/2015: "Art. 3º Pode ser objeto de mediação o conflito que verse sobre direitos disponíveis ou sobre direitos indisponíveis que admitam transação. [...] § 2º O consenso das partes envolvendo direitos indisponíveis, mas transigíveis, deve ser homologado em juízo, exigida a oitiva do Ministério Público".

325 Cf. Lei 13.140/2.015. Na doutrina, com ampla pesquisa bibliográfica, Lorena Miranda Santos Barreiros. *Convenções processuais e poder público.* Salvador: JusPodivm, 2017.

326 A discussão do tema passa necessariamente sobre o art. 966, § 4º, do CPC, cuja análise pode ser devidamente consultada no volume específico desta coleção, bem como em: Fredie Didier Jr. e Leonardo Carneiro da Cunha. *Curso de direito processual civil.* 13ª ed. Salvador: JusPodivm, 2016, p. 441-446, v. 3.

327 Acrescentaram-se à Consolidação das Leis do Trabalho os seguintes artigos: "Art. 855-B. O processo de homologação de acordo extrajudicial terá início por petição

que, em tese, é subjacente àquele regramento, mas cuja regra não se aplica ao procedimento previsto no inciso ora comentado, sendo comum que se tenha um único advogado em nome de todos os interessados.

Seção II
Da Notificação e da Interpelação

Art. 726. Quem tiver interesse em manifestar formalmente sua vontade a outrem sobre assunto juridicamente relevante poderá notificar pessoas participantes da mesma relação jurídica para dar-lhes ciência de seu propósito.

§ 1º Se a pretensão for a de dar conhecimento geral ao público, mediante edital, o juiz só a deferirá se a tiver por fundada e necessária ao resguardo de direito.

§ 2º Aplica-se o disposto nesta Seção, no que couber, ao protesto judicial.

CPC de 1973 – arts. 867 e 870, I

32. Noções gerais

Corrigiu-se no novo Código de Processo Civil o equívoco de inserir a notificação, a interpelação e também o protesto, como procedimentos cautelares específicos.[328] Trata-se de procedimento de jurisdição voluntária em que

conjunta, sendo obrigatória a representação das partes por advogado. § 1º As partes não poderão ser representadas por advogado comum. § 2º Faculta-se ao trabalhador ser assistido pelo advogado do sindicato de sua categoria. Art. 855-C. O disposto neste Capítulo não prejudica o prazo estabelecido no § 6º do art. 477 desta Consolidação e não afasta a aplicação da multa prevista no § 8º art. 477 desta Consolidação. Art. 855-D. No prazo de quinze dias a contar da distribuição da petição, o juiz analisará o acordo, designará audiência se entender necessário e proferirá sentença. Art. 855-E. A petição de homologação de acordo extrajudicial suspende o prazo prescricional da ação quanto aos direitos nela especificados. Parágrafo único. O prazo prescricional voltará a fluir no dia útil seguinte ao do trânsito em julgado da decisão que negar a homologação do acordo".

328 Em relação à atual disciplina do processo cautelar, sob a denominação de "tutela provisória" o novo CPC reúne institutos distintos e não mais reserva um livro exclusivo ao processo cautelar, cuja tutela, agora, também está prevista em conjunto com técnicas processuais que possuem como substrato a urgência ou a evidência. O fato de o processo cautelar não receber mais uma previsão extensa como no CPC de 1973 não significa qualquer diminuição de sua relevância prática e muito menos de sua eficácia. O novo CPC, portanto, reserva a expressão "tutela provisória" para disciplinar a tutela jurisdicional cautelar, a técnica da antecipação da tutela e a tutela da evidência, o que já demonstra por si só a infelicidade da denominação genérica, como será visto no próximo item. Não será surpreendente se a prática forense não assimilar as novas expressões e prosseguir nominando suas postulações por meio de metonímias consagradas, como nos casos das cautelares típicas, o que

o juiz, em linhas gerais, funciona como uma espécie de transmissor qualificado de comunicação de vontade, cabendo-lhe o juízo de admissibilidade e de cabimento da medida pleiteada.[329]

A notificação[330] é o ato pelo qual se cientifica terceiros da ocorrência de

---

não mudará a natureza das coisas, mas indicará a dificuldade de se imporem a fórceps, legislativamente, preferências doutrinárias que não comportam todas as características dos institutos regulados. De todo modo, independentemente dessa questão da extinção do livro próprio para o processo cautelar, o certo é que topograficamente o novo CPC enquadrou corretamente a interpelação, a notificação e o protesto. Ilustra-se esse ponto com a transcrição de uma ementa do Superior Tribunal de Justiça em que a interpelação foi considerada medida cautelar no primeiro item e jurisdição voluntária no segundo: "Agravo regimental em interpelação judicial. Direito processual civil. Competência e natureza jurídica. Pretensão de revisão de julgado e uniformização de jurisprudência. Incabimento. 1. A interpelação judicial destina-se a prevenir responsabilidade, prover a conservação e a ressalva de direitos, ou manifestar intenção do interpelante de modo formal, e tem natureza cautelar preparatória para ajuizamento de futura ação, cuja competência, quando cabível, somente pode ser afirmada dentro nos limites da competência desta Corte Superior de Justiça para o julgamento da ação principal. 2. É manifestamente incabível o recebimento de interpelação judicial, procedimento preparatório de jurisdição voluntária, como uniformização de jurisprudência ou ação rescisória, em face de absoluta falta de adequação, ainda mais quando já ultrapassado o prazo bienal decadencial. 3. Agravo regimental improvido" (AgRg na IJ 114/SP, rel. Min. Hamilton Carvalhido, Corte Especial, j. 12/4/2010, DJe 12/5/2010).

329 "Os protestos, as notificações e interpelações constituem atos da chamada jurisdição voluntária, nos quais exerce o juiz, de regra, função de mero agente transmissor de comunicação de vontade – algo do telegrafista que envia a mensagem passada por outrem, investido, porém, de autoridade para vetar, em certos casos, a transmissão [...] Se o interessado erra na denominação da medida, apelidando de notificação o que era interpelação ou protesto, ou por outro motivo se equivoca quanto à designação, nada disso importa à validade ou eficácia do ato. Cuida-se de questão meramente terminológica, e o nome é o que menos importa se a atividade preencheu a sua finalidade essencial de comunicar" (Carlos Alberto Alvaro de Oliveira e Galeno Lacerda. *Comentários ao Código de Processo Civil.* 4ª ed. Rio de Janeiro: Forense, 1999, p. 324-325, v. VIII, tomo II). "As notificações, interpelações e protestos judiciais consistem em medidas que têm genérica função de meramente possibilitar à parte manifestar a outrem qualquer notícia de fato ou pretensão ou ainda qualquer intenção ou discordância em face de pretensão alheia – para assim prevenir responsabilidades, ressalvar direitos, constituir em mora, impedir futura alegação de ignorância etc." (Luiz Rodrigues Wambier e Eduardo Talamini. *Curso avançado de processo civil.* 16ª ed. São Paulo: RT, 2018, p. 249, v. 4).

330 "Características da notificação são o ser ato processual que contém exteriorização de acontecimento do espírito (vontade, representação) e o produzir-se o seu efeito *ex lege*, ou *ex voluntate*. A notificação, encarada do plano do direito material, não é negócio jurídico, posto que seja ato jurídico e semelhante àquele, tal como acontece à constituição de domicílio; encarado do plano do direito processual, é negócio jurídico, de eficácia *ex voluntate*, criador da relação jurídica processual entre o no-

determinado fato ou, na linguagem normativa, dar ciência do propósito do requerente a pessoas que participem de uma mesma relação jurídica. Por meio da notificação, comprova-se formal ou solenemente uma declaração de vontade para atingir finalidade de direito material.[331]

A lei pode exigir, em algumas hipóteses, que a notificação judicial seja obrigatória para determinadas situações[332] ou condição de validade

---

tificante e o Estado. Muitas vezes tais atos são praticados para que os seus efeitos se produzam, de modo que o elemento intencional dessa finalidade obriga a serem tratados como se fossem declarações de vontade. A notificação supõe 'nota', que se leva ao conhecimento de alguém, e não, de regra, declaração de vontade. Não há, pois, confundirem-se protesto e notificação" (PONTES DE MIRANDA. *Comentários ao Código de Processo Civil.* 2ª ed. Rio de Janeiro: Forense, 2003, p. 233, tomo XII).

331 "Processual civil. Ministério público federal. Interesse processual. Ação cautelar de notificação. Existência. Procedimento administrativo. Recomendação. Autoridade municipal. 1. O Ministério Público Federal, cumprindo o seu mister, oficiou às autoridades municipais gestoras do SUS para que prestassem contas trimestrais em audiências públicas no recinto das Câmaras Municipais. Não obstante, as irregularidades com o dinheiro público continuaram, como, por exemplo, transferência de recursos para outras contas não vinculadas ao convênio. Em seguida, o Parquet ajuizou Notificação Judicial com o escopo de melhor embasar futura demanda contra os gestores municipais. 2. O membro do Ministério Público possui o dever/poder de ajuizar a Ação Civil competente contra gestores que, apesar de cientificados, continuarem praticando atos ilícitos. Ocorre a necessidade/utilidade de propor Ação Cautelar de Notificação Judicial, que possui escopo e efeitos diferentes do procedimento administrativo da Recomendação. 3. Recurso Especial provido" (REsp 1495738/PB, rel. Min. HERMAN BENJAMIN, Segunda Turma, j. 1º/12/2015, DJe 18/5/2016).

332 "Recurso especial. Obrigação de fazer e reparação civil. Danos morais e materiais. Provedor de serviços de internet. Rede social 'orkut'. Responsabilidade subjetiva. Controle editorial. Inexistência. Apreciação e notificação judicial. Necessidade. Art. 19, § 1º, da Lei nº 12.965/2014 (marco civil da internet). Indicação da URL. Monitoramento da rede. Censura prévia. Impossibilidade. Ressarcimento dos honorários contratuais. Não cabimento. 1.Cuida-se de ação de obrigação de fazer cumulada com indenização por danos morais e materiais, decorrentes de disponibilização, em rede social, de material considerado ofensivo à honra do autor. 2. A responsabilidade dos provedores de conteúdo de internet em geral depende da existência ou não do controle editorial do material disponibilizado na rede. Não havendo esse controle, a responsabilização somente é devida se, após notificação judicial para a retirada do material, mantiver-se inerte. Se houver o controle, o provedor de conteúdo torna-se responsável pelo material publicado independentemente de notificação. Precedentes do STJ. 3. Cabe ao Poder Judiciário ponderar os elementos da responsabilidade civil dos indivíduos, nos casos de manifestações de pensamento na internet, em conjunto com o princípio constitucional de liberdade de expressão (art. 220, § 2º, da Constituição Federal). 4. A jurisprudência do STJ, em harmonia com o art. 19, § 1º, da Lei nº 12.965/2014 (Marco Civil da Internet), entende necessária a notificação judicial ao provedor de conteúdo ou de

de determinado ato, como no art. 562, CC, em que se permite a revogação de doação onerosa por inexecução de encargo sem prazo preestabelecido, desde que, por meio de notificação judicial, seja o donatário cientificado da fixação de prazo razoável para o cumprimento da obrigação, ou no art. 1501, CC, acerca da notificação judicial de credores hipotecários.[333] Em regra, porém, o procedimento ora comentado não é obrigatório.

A interpelação[334] é modo de comunicação de vontade que não produz efeitos automaticamente, dependendo de ato ou omissão do interpelado para produção de efeitos, como na constituição de mora, na forma dos arts. 397, parágrafo único, e 525, CC, e na incidência da cláusula resolutiva tácita, na forma do art. 474, CC; trata-se, portanto, de espécie de convocação ou exortação para que o requerido faça ou deixe de fazer algo.

Na classificação antes exposta sobre as modalidades de procedimentos de jurisdição voluntária, a notificação, a interpelação e o protesto são

---

hospedagem para retirada de material apontado como infringente, com a indicação clara e específica da *URL - Universal Resource Locator*. 5. Não se pode impor ao provedor de internet que monitore o conteúdo produzido pelos usuários da rede, de modo a impedir, ou censurar previamente, a divulgação de futuras manifestações ofensivas contra determinado indivíduo. 6. A Segunda Seção do STJ já se pronunciou no sentido de ser incabível a condenação da parte sucumbente aos honorários contratuais despendidos pela vencedora. 7. Recurso especial provido" (REsp 1568935/RJ, rel. Min. Ricardo Villas Bôas Cueva, Terceira Turma, j. 5/4/2016, DJe 13/4/2016). A notificação extrajudicial igualmente pode ser obrigatória: "A jurisprudência desta Corte consolidou o entendimento de que, para a comprovação da mora nos contratos de alienação fiduciária, é necessária a notificação extrajudicial, por meio de cartório de títulos e documentos, entregue no endereço do devedor, dispensada a notificação pessoal" (AgInt no AREsp 928.565/MS, rel. Min. Antonio Carlos Ferreira, Quarta Turma, j. 18/10/2016, DJe 24/10/2016).

333 A notificação judicial obrigatória é exceção que deve ser expressamente prevista em lei. Normalmente, é uma faculdade do autor a opção pela via judicial. A Lei 8.245/1991 é didática nesse particular: "Art. 27. No caso de venda, promessa de venda, cessão ou promessa de cessão de direitos ou dação em pagamento, o locatário tem preferência para adquirir o imóvel locado, em igualdade de condições com terceiros, devendo o locador dar-lhe conhecimento do negócio mediante notificação judicial, extrajudicial ou outro meio de ciência inequívoca".

334 "Característica da interpelação é constituir em exteriorização de vontade que não tem consequências jurídicas *per se*. A eficácia depende do ato ou omissão do interpelado [...] Com a interpelação comunica-se que se exerce a pretensão. Há a *efflagitatio*. Não se criam direitos, nem pretensões, no plano do direito material, salvo o que resulta da constituição em mora, se essa ainda não se produziu, ou se a eficácia da cláusula penal depende de interpelação" (Pontes de Miranda. *Comentários ao Código de Processo Civil*. 2ª ed. Rio de Janeiro: Forense, 2003, p. 233 e 235, tomo XII).

exemplos clássicos de providências conservativas ou receptícias[335] e, como já anotado, são bastantes em si mesmas, razão pela qual era reconhecido erro considerá-las como medidas cautelares. Nessas hipóteses, o procedimento judicial se limita a receber, documentar e veicular manifestações de vontade.[336]

A justificativa para a realização judicial de tais pretensões baseia-se na segurança jurídica,[337] o que motiva, por vezes, a imposição legal da ação de tais procedimentos, ainda que a atuação jurisdicional seja, em regra, apenas cartorária, de mera documentação, sem que haja encampação pelo juiz da manifestação de vontade expressada pelo requerente, isto é, inexistindo qualquer juízo acerca da pretensão material veiculada por meio do protesto, notificação ou interpelação.[338] Salvo exigências legais que imponham a via judicial, normalmente a comunicação da vontade pode se dar extrajudicialmente[339] e a escolha pelo procedimento de jurisdição voluntária está precisamente na solenidade e na segurança conferidas pela via judicial,[340] sem dúvida como expressão de uma reminiscência cultural burocrática.

A redação do dispositivo indica que a manifestação de vontade expressada pelo requerente veicule assunto juridicamente relevante, mas há entendimento

---

335 "Os protestos, as notificações e interpelações não têm caráter contencioso, no sentido de constituir uma lide. Exaurem-se em suas peculiares exteriorizações de vontades receptícias" (Ovídio A. Baptista Silva. *Do processo cautelar.* 3ª ed. Rio de Janeiro: Forense, 2001, p. 490).

336 "O que importa, na interpelação, na notificação e no protesto é a manifestação de vontade ou de conhecimento que faz o interpelante, notificante ou protestante, e a recepção dela pelo interpelado, pelo notificado ou pelo destinatário do protesto. Não é o juiz quem comunica, é o interessado; o juízo manda apenas que se transmita o que foi dito (Pontes de Miranda. *Comentários ao Código de Processo Civil.* 2ª ed. Rio de Janeiro: Forense, 2003, p. 233, tomo XII).

337 "Nas notificações, interpelações e protestos a atuação do Judiciário limita-se, no mais das vezes, à mera documentação do pleito do autor, sem sequer manifestação de parte adversa. Isso não significa que se pode menosprezar tais procedimentos ou as garantias constitucionais, pelo que deve ser garantido amplo acesso à justiça, porquanto se trata de prestação que tutela interesses privados, o que deve ser feito efetivamente. A sua realização por processo judicial justifica-se no incremento de segurança jurídica que a participação judicial garante" (Gustavo Henrique Trajano de Azevedo e Lucas Buril de Macêdo. Protesto de decisão judicial. *Revista de Processo nº 244.* São Paulo: RT, junho de 2015, p. 330).

338 Lucas Buril de Macêdo. *Comentários ao Código de Processo Civil.* Streck, Nunes e Cunha (coord.). São Paulo: Saraiva, 2016, p. 959.

339 O protesto extrajudicial de títulos e de outros documentos de dívidas, por exemplo, é disciplinado pela Lei nº 9.492/2007.

340 Leonardo Greco. *Jurisdição voluntária moderna.* São Paulo: Dialética, 2003, p. 62-63.

doutrinário no sentido de que, ainda que não se destinem a produzir qualquer efeito jurídico, devem ser deferidos os requerimentos de protesto, notificação ou interpelação, desde que seja lícita a manifestação ou a finalidade que se busca com ela alcançar. Nesse sentido, o interesse de agir consiste na faculdade atribuída a qualquer pessoa de documentar e comunicar judicialmente manifestação de vontade lícita.[341]

33. Petição inicial

O requerente, em petição subscrita por quem tenha capacidade postulatória para o ato, deverá expor a o fundamento para a medida pleiteada e requerer a intimação de quem apontar como requerido. O valor da causa não pode ser o equivalente à repercussão econômica da situação jurídica material subjacente, já que, como visto, não se vincula este procedimento com a efetiva existência do direito material.[342] A competência observará as regras gerais do CPC, podendo o procedimento tramitar tanto na Justiça Estadual quando na Federal,[343] não gerando, contudo, prevenção para eventuais ações subsequentes.[344]

34. Edital

A autorização para o uso do edital é restrita e somente deve ser utilizada quando não for possível sua intimação pessoal ou que seja da essência do ato que se quer praticar a ampla divulgação ao público, como na hipótese do art. 686, primeira parte, CC. Na primeira hipótese, isto é, na impossibilidade de intimação pessoal, a aferição da situação deve se dar a partir dos parâmetros do art. 256, CPC. O uso do edital não pode ser a regra e, por isso, não é mera opção do autor, mas, sim, um expediente que, por suas conhecidas limitações de efetiva comunicação, deve ser utilizado excepcional e justificadamente. A possibilidade de publicação de edital expressa uma espécie de duplicidade de cognição[345] a partir de uma escalada de relevância: 1) se a finalidade for de simples comunicação ao requerido, como já adiantado, a admissibilidade da medida será mais ampla e tolerante, desde que não haja

---

341 Leonardo Greco. *Breves comentários ao Novo Código de Processo Civil*. Wambier, Talamini, Didier Jr. e Dantas (coord.). 2ª ed. São Paulo: RT, 2016, p. 1759. "Basta que o requerente demonstre interesse em judicializar essas manifestações de vontade e convença o juiz de sua hipotética legitimidade" (Ovídio A. Baptista Silva. *Do processo cautelar*. 3ª ed. Rio de Janeiro: Forense, 2001, p. 490).

342 Lucas Buril de Macêdo. *Comentários ao Código de Processo Civil*. Streck, Nunes e Cunha (coord.). São Paulo: Saraiva, 2016, p. 960.

ilicitude; 2) no caso de publicação de edital, diante de sua potencialidade abstrata de comunicação, será necessária a análise da essencialidade da medida, não bastando mera alegação de sua necessidade, podendo ensejar, inclusive, dilação probatória. Ou seja: a publicação editalícia torna a admissibilidade mais rigorosa.

35. Protesto

O protesto[346] visa a constituir prova a partir da demonstração da vontade

---

343 "Conflito negativo de competência. Medida cautelar. Interpelação judicial. Tenente coronel do exército brasileiro. Pedido e causa de pedir. Competência da justiça federal. 1. O conflito de competência deve ser decidido a partir da análise da causa de pedir apresentada e do pedido formulado. 2. No caso dos autos, verifica-se que os questionamentos dirigidos ao interpelado são de ordem exclusivamente profissional e relacionam-se aos critérios por ele utilizados para selecionar os praças que comporiam as unidades militares que participariam da referida missão. 3. Portanto, o pedido e a causa de pedir decorrem de ato praticado por Tenente Coronel do Exército Brasileiro no exercício da função de agente da Administração Pública, e não como pessoa física, o que atrai a competência da Justiça Federal. 4. Conflito conhecido para declarar competente o Juízo Federal da 4ª Vara de Santos – SJ/SP, suscitante" (CC 105.642/SP, rel. Min. JORGE MUSSI, Terceira Seção, j. 23/9/2009, DJe 30/9/2009). "Conflito de competência. Ação de protesto ajuizada por empresa pública federal. Ausência de litigiosidade. Irrelevância. Art. 109, I, da Carta Magna. Competência do juízo federal, o suscitante. 1. A ação de protesto (CPC, arts. 867 e seguintes), está inserida no livro que trata do Processo Cautelar, não fazendo parte do título referente aos Procedimentos Especiais de Jurisdição Voluntária (CPC, arts. 1.103 e seguintes). Não obstante isso, certo é que a ação de protesto não possui natureza litigiosa, servindo tão somente para que o Poder Judiciário providencie, mediante pedido do interessado, a intimação de quem de direito, com o escopo de prevenir responsabilidade, prover a conservação e ressalva de direitos ou manifestar qualquer intenção de modo formal. 2. Entretanto, a ausência de caráter contencioso na ação de protesto não afasta a competência da Justiça Federal para apreciar a demanda, pois o art. 109, I, da Carta Magna, ao dispor sobre a competência dos juízes federais, refere-se às causas em que a União, entidade autárquica ou empresa pública federal forem interessadas na condição de autoras, rés, assistentes ou oponentes. Registre-se que o vocábulo "causas" engloba tanto as ações que seguem procedimentos de jurisdição contenciosa quanto de jurisdição voluntária. Entendimento doutrinário e precedentes desta Corte Superior. 3. Tratando-se de ação de protesto ajuizada pela Caixa Econômica Federal – CEF –, empresa pública federal, evidencia-se a competência da Justiça Federal para apreciar a ação de protesto em questão, nos termos do art. 109, I, da Constituição da República. 4. Conflito conhecido para declarar a competência do Juízo Suscitante. Juízo Federal da 1ª Vara de Jaú – SJ/SP" (CC 41.790/SP, rel. Min. DENISE ARRUDA, Primeira Seção, j. 10/8/2005, DJ 5/9/2005, p. 198).

344 JEFFERSON CARÚS GUEDES. *Comentários ao Código de Processo Civil*. MARINONI, ARENHART e MITIDIERO (coord.). São Paulo: RT, 2016, p. 226, v. 11.

345 LEONARDO GRECO. *Breves comentários ao Novo Código de Processo Civil*. WAMBIER, TALAMINI, DIDIER JR. e DANTAS (coord.). 2ª ed. São Paulo: RT, 2016, p. 1759.

346 "Característica do protesto (judicial) é ato processual que supõe ter o protestante

do agente e é eficaz por si mesmo,[347] independentemente de qualquer ato da outra parte, possuindo o condão de interromper a prescrição,[348] na forma do

---

declarado o direito a respeito de si próprio, ou a emissão de manifestação de vontade complementar de outra, ou delimitadora da esfera jurídica do protestante, ou manifestação de vontade, ou comunicação de vontade de exercer alguma pretensão. Não tem efeitos que dependam de atos de outrem; são seus. Tem por fim constituir a prova (*pro-testar*) da intenção do agente, ou conservar algo com ela: preventivo ou não, preparatório ou não preparatório, incidente ou não incidente, o protesto também pode ser principal, autônomo, e assim estar fora da relação com outro processo" (Pontes de Miranda. *Comentários ao Código de Processo Civil.* 2ª ed. Rio de Janeiro: Forense, 2003, p. 232-233, tomo XII).

347 Segundo Pontes de Miranda, o protesto é "ato processual que supõe ter o protestante declarado o direito a respeito de si próprio, ou a emissão de manifestação de vontade complementar de outra, ou delimitadora da esfera jurídica do protestante, ou manifestação de vontade, ou comunicação de vontade de exercer alguma pretensão. Não tem efeitos que dependam de outrem; são seus. Tem por fim constituir para a prova da intenção do agente, ou conservar algo com ela"; já a notificação "supõe 'nota', que se leva ao conhecimento de alguém, e não, de regra, declaração de vontade. Não há, pois, confundirem-se protesto e notificação" (*Comentários ao Código de Processo Civil.* 2ª ed. Rio de Janeiro: Forense, 2003, p. 232-233, tomo XII).

348 "Na hipótese dos autos, os autores, ora agravantes, aduzem que, à luz do disposto *in fine* do parágrafo único do art. 202 do Código Civil, depois de interrompida a prescrição com a propositura da ação de protesto, somente voltaria a correr o prazo prescricional após o último ato praticado no referido feito, que, no seu entender, 'é a disponibilização dos autos em cartório e não o ato da cientificação do notificado, como entendeu as decisões guerreadas'. 5. Consoante precedentes, a interrupção da prescrição ocorre pelo próprio ajuizamento do protesto, de modo que a 'notificação' (= citação) configura o marco que reinicia a contagem prescricional, correndo pela metade, a teor do disposto no art. 9º do Decreto 20.910/32.6. 'A notificação tem também o efeito de interromper a prescrição (art. 202, II, CC/2002) e, por extensão, impedir que se consume a decadência. Constitui também em mora o devedor, nas obrigações sem prazo (art. 397, parágrafo único, do CC/2002)' (WAMBIER, Luiz Rodrigues; TALAMINI, Eduardo. Processo cautelar e procedimentos especiais. São Paulo: Revista dos Tribunais, 2010, pg. 161.). 7. Outrossim, consoante entendimento jurisprudencial do STJ, a citação válida interrompe a prescrição, que retroagirá à data da propositura da ação, a teor do disposto no art. 219, § 1º, do CPC. 8. Assim, o termo inicial da recontagem do prazo prescricional seria, em verdade, a data do ajuizamento da cautelar de protesto, em 13/12/2004, de modo que a prescrição, observado o prazo pela metade previsto no art. 9º do Decreto 20.910/32, findaria em 13/6/2007. O Tribunal de origem, ao declarar a prescrição, considerou prazo final posterior a este (18/7/2007), o que corrobora a prescrição da ação ajuizada somente em 20/8/2007.Agravo interno improvido" (AgInt no AREsp 882.919/SP, rel. Min. Humberto Martins, Segunda Turma, j. 21/6/2016, DJe 28/6/2016). "No caso de protesto interruptivo de prescrição, só recomeça a contar da data do último ato praticado no processo" (AgRg no AREsp 326.331/PR, rel. Min. Nancy Andrighi, Terceira Turma, j. 18/3/2014, DJe 24/3/2014). "Processual civil. Tributário. Interrupção da prescrição para a ação de repetição de indébito por medida

cautelar de protesto judicial do art. 867, do CPC. Possibilidade. Arts. 108, 165, *caput*, e 173, parágrafo único, ii, do CTN. Marco interruptivo do art. 219, §1 º, do CPC. Impossibilidade de aplicação dos artigos 3º e 4º da Lei Complementar n. 118/2005 às ações cautelares de protesto judicial ajuizadas em e antes de 08.06.2005.1. O Código Tributário Nacional, se não prevê expressamente a ação cautelar de protesto para o contribuinte, parte do pressuposto de sua existência e possibilidade, ao disciplinar no seu art. 165, caput, que tanto o pedido administrativo de repetição de indébito quanto a ação para a repetição de indébito independem de prévio protesto. 2. O fato de o art. 165, do CTN mencionar o protesto significa que ele é uma faculdade posta ao contribuinte, que a fazenda pública não pode exigir o protesto como condição da repetição. Em resgate histórico, observo que a inserção do dispositivo no CTN, inclusive, foi feita em razão de existir anteriormente a sua vigência interpretação fazendária no sentido de que o protesto judicial do contribuinte (na época feito na forma do art. 720, do CPC/39 – Decreto-Lei n. 1.608/39) era obrigatório para ressalvar seus direitos quando do pagamento que entendeu indevido (cf. Aliomar Baleeiro in "Direito Tributário Brasileiro", 11ª ed. Rio de Janeiro, Forense: 2000, p. 877). 3. Quanto à força interruptiva da prescrição pelo protesto feito pelo contribuinte, aplica-se, por analogia permitida pelo art. 108, I, do CTN, o disposto no art. 174, parágrafo único, II, que admite o protesto judicial como forma de interromper a prescrição para a cobrança do crédito tributário. 4. Em se tratando o CTN de norma geral, o seu complemento se dá com a identificação precisa do marco interruptivo da prescrição que é feito por norma específica e conformadora dos direitos processuais, qual seja o art. 219, § 1º, do CPC e os dispositivos pertinentes que regulam a ação cautelar de protesto (arts. 867 a 873, do CPC), como toda e qualquer ação judicial. 5. Com relação à vigência dos arts. 3º e 4º da Lei Complementar n. 118/2002, a interpretação do RE n. 566.621/RS, julgado em repercussão geral pelo STF, e do recurso representativo da controvérsia REsp 1.269.570/MG, proveniente deste STJ, leva à conclusão que o ajuizamento da ação de protesto em e antes de 08.06.2005 dá a todas as parcelas referentes aos dez anos anteriores à interrupção da prescrição (tese dos 5+5 então vigente) o tratamento de parcela única fazendo um só o termo inicial do prazo prescricional para a repetição de indébito desse conjunto de parcelas, termo que é fixado na data do ajuizamento da ação de protesto. 6. Caso concreto em que o ajuizamento da ação de protesto judicial pelo contribuinte se deu em 08.06.2005 (um dia antes da vigência da Lei Complementar n. 118/2005). Sendo assim, houve a interrupção da prescrição de todas as parcelas dos dez anos antecedentes (tese dos 5+5 então vigente), de modo a resguardar todos os pagamentos efetuados a partir de 08.06.1995. Desta forma, a subsequente ação de repetição de indébito ajuizada no dia seguinte em 09.06.2005 poderia abarcar todas as parcelas referentes aos créditos tributários extintos nos últimos 5 (cinco) anos, incluindo-se aí todas as parcelas referentes à mencionada ação cautelar de protesto judicial cuja citação se deu dentro desses mesmos 5 (cinco) anos. 7. Recurso especial não provido" (REsp 1329901/RS, rel. Min. Mauro Campbell Marques, Segunda Turma, julgado em 23/04/2013, DJe 29/04/2013). "Direito processual civil. Recurso especial. Medida cautelar de protesto interruptivo de prazo prescricional. Ausência de legítimo interesse. Medida cautelar de protesto ajuizada para interromper prazo prescricional referente a contrato de financiamento habitacional. Deve ser indeferido por falta de legítimo interesse o protesto formulado por quem não demonstra vínculo com a relação jurídica invocada. Negado provimento ao recurso especial" (REsp 1200075/RJ, rel. Min. Nancy Andrighi, Terceira Turma, j. 23/10/2012, DJe 13/11/2012).

art. 202, II, CC. É um modo de documentação residual que o CPC oferece a quem pretende demonstrar formalmente sua intenção, a fim de prevenir responsabilidade, prover a conservação ou a ressalva de seu direito, cientificando-se o destinatário, sem que haja acréscimo ou diminuição de direitos.[349]

Não se reproduziu de modo expresso a regra anterior sobre o protesto contra alienação de bens (cf. art. 301, CPC), mas, com base no art. 728, I, CPC, deve-se ouvir o requerido para evitar o uso abusivo dessa medida, sendo possível também a publicação de editais, fixando-se prazo para eventuais manifestações.[350]

Note-se que o art. 301 do CPC elenca o protesto contra alienação de bens como medida cautelar, o que configura um equívoco que pode ensejar consequências procedimentais indesejáveis e que podem trazer uma complicação desnecessária para o tema. Com efeito, o protesto serve para constituir prova da ciência de eventual fraude, servindo, por exemplo, como alerta ao alienante e ao adquirente de que se está diante de situação em que posterior alegação de boa-fé não será considerada como argumento sério. Se essa providência for considerada cautelar, será exigida a posterior a propositura de ação principal.[351] Entretanto, o protesto basta em si mesmo[352] e nem sequer precisa ser por via jurisdicional, por ser mera comunicação para alertar terceiros.[353] Como bem

---

349 Humberto Theodoro Júnior. *Curso de direito processual civil.* 50ª ed. Rio de Janeiro: Forense, 2016, p. 450, v. II.

350 Ovídio A. Baptista da Silva. *Do processo cautelar.* 3ª ed. Rio de Janeiro: Forense, 2001, p. 499-501; Jefferson Carús Guedes. *Comentários ao Código de Processo Civil.* Marinoni, Arenhart e Mitidiero (coord.). São Paulo: RT, 2016, p. 235, v. 11; Luiz Rodrigues Wambier e Eduardo Talamini. *Curso avançado de processo civil.* 16ª ed. São Paulo: RT, 2018, p. 253, v. 4.

351 No sentido de que o pedido de averbação do protesto no registro imobiliário é medida cautelar: Luiz Rodrigues Wambier e Eduardo Talamini. *Curso avançado de processo civil.* 16ª ed. São Paulo: RT, 2018, p. 254, v. 4.

352 "O exercício de quaisquer das pretensões conservativas vale *per se*. Se acessoriedade existe é à pretensão ou à obrigação de direito material" (Pontes de Miranda. *Comentários ao Código de Processo Civil.* 2ª ed. Rio de Janeiro: Forense, 2003, p. 231, tomo XII).

353 Cf., por exemplo, os "documentos de dívidas", conforme a Lei 9.492/1997, cuja base é o protesto cambiário, e o art. 517, CPC (sobre o tema, vale conferir: Gustavo Henrique Trajano de Azevedo e Lucas Buril de Macêdo. Protesto de decisão judicial. *Revista de Processo nº 244.* São Paulo: RT, junho de 2015, p. 323-344). Comentando o referido art. 517, lembra Heitor Vitor Mendonça Sica que "o protesto constitui um eficaz instrumento de coerção extraprocessual, que atinge o devedor onde que ele esteja, e mesmo que o credor não saiba de seu paradeiro. [...] Note-se que o protesto, ainda que ostente essa força coercitiva sobre o devedor, não configura ato executivo propriamente dito, mas sim um mecanismo para dar publicidade acerca de uma obrigação imposta por decisão transitada em julgado e que

anota doutrina clássica, "os protestos, notificações e interpelações não chegam a ser verdadeiras medidas cautelares, correspondendo a simples medidas conservativas de direitos, que prescindem da existência de *periculum in mora*. Pode ocasionalmente introduzir-se em qualquer deles algum conteúdo cautelar, mas este não chega a ser relevante a ponto de qualificar a medida como tal".[354] Ainda que se entenda que a prevenção do dano pode assumir caráter preponderante em protesto contra alienação de bens, trata-se de situação excepcional[355] que não é suficiente para modificar sua natureza. Deve ser reservado o procedimento de jurisdição voluntária também para o protesto contra alienação de bens,[356] ainda que, por questões procedimentais, seja possível requerer tal medida incidentalmente em processo que veicule relação litigiosa, o que é bastante frequente na prática forense e não desnatura a medida pleiteada (cf. art. 327, § 2º, CPC).

Art. 727. Também poderá o interessado interpelar o requerido, no caso do art. 726, para que faça ou deixe de fazer o que o requerente entenda ser de seu direito.

CPC de 1973 – sem dispositivo correspondente

36. Cabimento do procedimento para fazer ou deixar de fazer

Permite o art. 727, CPC, que o interessado se valha da interpelação ou da notificação, que não se distinguem procedimentalmente, para a efetivação de obrigação de fazer ou não fazer. Trata-se de regra nova e que deliberadamente confronta orientação doutrinária e jurisprudencial em sentido contrário[357] e, corretamente, impede a assimetria entre as modali-

não foi adimplida depois de iniciado seu cumprimento definitivo" (*Comentários ao Novo Código de Processo Civil*. 2ª ed. Rio de Janeiro: Forense, 2016, p. 811). Note-se que no art. 528, § 1º, CPC, prevê-se hipótese de protesto de ofício pelo juiz.

354 Ovídio A. Baptista da Silva. *Do processo cautelar*. 3ª ed. Rio de Janeiro: Forense, 2001, p. 490.

355 Cf. Carlos Alberto Alvaro de Oliveira e Galeno Lacerda. *Comentários ao Código de Processo Civil*. 4ª ed. Rio de Janeiro: Forense, 1999, p. 324 e 337, v. VIII, tomo II.

356 Cf. Fabio Caldas de Araújo. *Curso de processo civil*: procedimentos especiais. São Paulo: Malheiros, 2018, p. 479, tomo III.

357 Cf. Carlos Alberto Alvaro de Oliveira e Galeno Lacerda. *Comentários ao Código de Processo Civil*. 4ª ed. Rio de Janeiro: Forense, 1999, p. 330, v. VIII, tomo II. "Revenda de automóveis (contrato de concessão comercial). Pretensão de resolver o contrato, devido ao seu descumprimento pela revendedora. Procedência. 1. Interpelação judicial (desnecessidade). Conforme o acórdão estadual, era desnecessária a interpelação, ou notificação, 'porque se de um lado a infração atinge a essência do contrato, não se tratando de infração leve que pode ser relevada se não mais praticada, de outro não envolve prestação de natureza econômica'. Segundo a sen-

dades de obrigações e as respectivas técnicas de efetivação. Além disso, a interpelação ou a notificação pode referir-se a alguma ação ou omissão que não necessariamente beneficie o requerente,[358] servindo, então, para comunicar formalmente ao requerido das consequências que podem decorrer caso mantenha comportamento em desacordo com o objeto da comunicação, o que, por exemplo, pode ser bastante útil para futura comprovação de um agir doloso.

Art. 728. O requerido será previamente ouvido antes do deferimento da notificação ou do respectivo edital:

I – se houver suspeita de que o requerente, por meio da notificação ou do edital, pretende alcançar fim ilícito;

II – se tiver sido requerida a averbação da notificação em registro público.

CPC de 1973 – sem dispositivo correspondente

---

tença, 'independentemente de notificação porquanto aqui ocorreram atos ilícitos oriundos de obrigações negativas, como por exemplo a abstenção do desvio de clientela'. Ora, na lição de Bevilaqua, 'Na obrigação negativa não há interpelação. Praticado o ato de que o devedor se devia abster, já foi a obrigação infringida'. Caso em que se não ofendeu o disposto no art. 119, parágrafo único do Cód. Civil. 2. Inexistência de dissídio jurisprudencial com acórdãos fundados no Decreto-lei nº 745/69. 3. Recurso especial não conhecido" (REsp 101.467/SP, rel. Min. Nilson Naves, Terceira Turma, j. 5/8/1999, DJ 15/5/2000, p. 155).

358 Em sentido diverso: "A interpelação consiste na comunicação por meio da qual o sujeito que se entende titular de um direito exorta o suposto devedor e/ou responsável ao cumprimento do que lhe toca. Assim, ao menos alegadamente o interpelante é sujeito ativo e o interpelado é sujeito passivo de determinada relação jurídica. Diversamente, Leonardo Greco defende que 'não se pode dizer, como pode induzir a redação do artigo, que a interpelação somente possa pretender uma ação ou omissão do requerido a que o requerente afirme ter direito. A interpelação pode se referir à prática ou omissão do requerido não necessariamente em benefício do requerente, mas para conscientizá-lo de possíveis consequências jurídicas ou práticas que possam decorrer para ele ou para outrem caso não se comporte como recomendado pelo requerente'. Sem razão, porém. Primeiro, porque a lei é clara no sentido de que o interpelante deve se afirmar titular de direito e o interpelado ser o sujeito passivo desse mesmo direito, de modo que os seus precisos limites semânticos devem ser respeitados à míngua de qualquer inconstitucionalidade, interpretação conforme e declaração de nulidade parcial com ou sem redução de texto, de resto sequer sugerida por nosso autor. Segundo, porque tal decorre naturalmente da imprescindível exigência de 'interesse legítimo' na comunicação. Assim, a restrição contida no art. 727 deve ser respeitada" (Diego Crevelin de Sousa. *Novo Código de Processo Civil comentado*. Ribeiro, Gouveia Filho, Pantaleão e Gouveia (coord.). São Paulo: Lualri, 2017, p. 530, tomo II.

37. Oitiva do requerido

Por não criar, extinguir ou modificar direitos, o procedimento de notificação, interpelação ou protesto em regra não enseja o efetivo estabelecimento de contraditório, já que haverá mera cientificação e documentação de manifestação de vontade do requerente, razão pela qual, inclusive, pode haver desistência em qualquer tempo antes da efetivação da medida.[359]

Entretanto, diante do inevitável compromisso do CPC com a Constituição, não é possível alijar a possibilidade de contraditório em quaisquer procedimentos, de modo, que, dentro dos limites de cognição, o requerido deve ter assegurado seu direito de participação,[360] ressalvando-se, uma vez mais, que não será possível discutir a relação jurídica material subjacente.[361]

Mesmo que outras situações jurídicas sejam mencionadas na inicial, o procedimento ora analisado limita-se, necessariamente, aos requisitos de admissibilidade da providência requerida e seu resultado atém-se à formalização da manifestação de vontade, sem lhe agregar qualquer eficácia outra. A manifestação jurisdicional é meramente conservativa, razão pela qual, a rigor, não será cabível rigorosamente manifestação defensiva do requerido, sobretudo porque não há discussão de relação jurídica material neste procedimento, ainda que na inicial ela seja exposta, por razões de lógica narrativa. Sendo assim, mesmo que o requerido repute que haja considerações equivocadas ou falsas sobre a relação material controvertida, não será cabível o oferecimento de defesa[362] simplesmente porque não se trata de matéria submetida à cognição judicial. Como não se deve tolerar a prática de atos irre-

---

359 LUIZ RODRIGUES WAMBIER e EDUARDO TALAMINI. *Curso avançado de processo civil.* 16ª ed. São Paulo: RT, 2018, p. 251, v. 4.

360 Diante do que dispunha o art. 871 do CPC de 1973, afirmava-se que "apesar de não poder o protestado defender-se, caberá ao juiz indeferir a medida, pois o magistrado não se transforma, nem nestes procedimentos contenciosos – e precisamente por isto – em instrumento passivo do autor, para toda sorte de procedimentos abusivos e inúteis" (OVÍDIO A. BAPTISTA SILVA. *Do processo cautelar.* 3ª ed. Rio de Janeiro: Forense, 2001, p. 502). Está correta a conclusão transcrita, mas não se pode concordar com o absoluto alijamento da parte requerida, sob o argumento de que não há "lide".

361 Veja-se, nesse particular, a diferença de redação desse dispositivo e do que dispunham o art. 721 do CPC de 1.939 e o art. 869 do CPC de 1973, reservando apenas ao "critério pessoal" do magistrado a análise do indeferimento do pedido (cf. OVÍDIO A. BAPTISTA SILVA. *Do processo cautelar.* 3ª ed. Rio de Janeiro: Forense, 2001, p. 493).

362 Entende-se, inclusive, que não será cabível arguição de competência, reservando-se para processo futuro a discussão de quaisquer vícios ocorridos no decorrer deste procedimento (LEONARDO GRECO. *Breves comentários ao Novo Código de Processo Civil.* WAMBIER, TALAMINI, DIDIER JR. e DANTAS (coord.). 2ª ed. São Paulo: RT, 2016, p. 1759).

levantes no processo, também alegações defensivas tecnicamente impertinentes não devem ser admitidas.

Nesse contexto, a oitiva do requerido se dará obrigatoriamente em hipóteses excepcionais previstas neste artigo, por meio de citação,[363] a fim de possibilitar que o juiz obtenha as informações suficientes para se certificar da admissibilidade e da licitude do pleito. Ou seja: caso haja suspeita do juiz ou, se for o caso, do membro do Ministério Público, de que a providência pleiteada visa a um fim ilícito e, no caso, o procedimento jurisdicional está sendo utilizado para conferir ao ato uma aparência de licitude e regularidade,[364] deve intimar o requerido e também o requerente para esclarecimentos e, assim, compreender plenamente a situação que lhe é submetida. Somente após essa análise é que efetivamente se deferirá a comunicação.

Este dispositivo destina-se, portanto, a combater o uso de notificações ou interpelações para constranger o requerido, ainda que por via oblíqua, aproveitando-se de redações engenhosas e maliciosas. Para evitar que o procedimento judicial seja utilizado para coonestar[365] comunicações ilícitas, permite-se a ampliação cognitiva do juiz a partir da oitiva do requerido. Na realidade, mesmo que não houvesse essa autorização normativa, o esclarecimento da situação judicializada seria permitido com base nas normas gerais do CPC, notadamente a cooperação, cabendo registrar que o pedido de esclarecimentos complementares ao próprio requerente também é uma providência bastante recomendável em situações como as descritas no dispositivo ora comentado. Nesse contexto, registre-se que,

---

363 LEONARDO GRECO. *Breves Comentários ao Novo Código de Processo Civil*. WAMBIER, TALAMINI, DIDIER JR. e DANTAS (coord.). 2ª ed. São Paulo: RT, 2016, p. 1761.

364 Nesse sentido, LUCAS BURIL DE MACÊDO afirma que a oitiva do requerido "deve se dar quando a manifestação de vontade aparentar não corresponder à vontade em si ou aos fatos (*non valet protestatio facto contraria*), bem como quando se perceber o propósito emulativo ou extorsivo – ou seja, a utilização do Judiciário com o fito de dar uma aparência oficial ou condenatória ao ato, o que certamente pode vir a impressionar ou constranger algumas pessoas" (*Comentários ao Código de Processo Civil*. STRECK, NUNES e CUNHA (coord.). São Paulo: Saraiva, 2016, p. 961).

365 "A doutrina sempre condenou a redação maliciosa de notificações e interpelações que pretendem constranger ilegalmente o requerido a determinado comportamento, criando a falsa impressão de que o deferimento judicial da comunicação implicou a aprovação da manifestação do requerente e em eventual censura à conduta anterior ou posterior do requerido ou em criação de obstáculo prático ou jurídico à prática por ele de algum ato jurídico" (LEONARDO GRECO. *Breves comentários ao Novo Código de Processo Civil*. WAMBIER, TALAMINI, DIDIER JR. e DANTAS (coord.). 2ª ed. São Paulo: RT, 2016, p. 1760).

ainda que a lei não exija expressamente a demonstração do "legítimo interesse" para a admissibilidade da notificação, interpelação ou protesto, não se pode considerar que o processo jurisdicional seja utilizado como cheque em branco e instrumento de caprichou ou má-fé do particular, de modo que é passível de controle a finalidade pretendida pelo requerente.[366]

A outra hipótese prevista para oitiva obrigatória do requerido se tiver sido requerida a averbação da notificação em registro público, a fim de evitar possíveis fraudes no sistema registral. Permite-se, pois, a averbação em registro público de protesto[367] ou notificação, precedida, se for o caso, de oitiva do requerido e de produção de prova.

---

366 Cf. Diego Crevelin de Sousa. *Novo Código de Processo Civil comentado*. Ribeiro, Gouveia Filho, Pantaleão e Gouveia (coord.). São Paulo: Lualri, 2017, p. 526-529, tomo II. Já afirmavam Luiz Guilherme Marinoni e Sérgio Cruz Arenhart que "a recusa em proceder ao protesto, à notificação ou à interpelação em razão da falta de legítimo interesse deve ser tomada no sentido de inadequação evidente da medida para o fim pretendido. Por outras palavras, é indicação de que o Judiciário – ainda quando se trata de jurisdição voluntária – não deve ser utilizado para veicular manifestações de vontade que certamente não atingirão o objetivo almejado pelo requerente. Assim, sempre que o protesto, a notificação ou a interpelação exigir a participação judicial para dar eficácia à manifestação de vontade, as medidas se tornam inviáveis – já que não compete ao magistrado contribuir com a autoridade estatal nessa espécie de providência. Identicamente, não se pode utilizar dos protestos, notificações ou interpelações para o exercício de pretensão manifestamente ilícita – a exemplo de ameaças ou de constrangimento ilegal, tipificadas pelo Código Penal (arts. 147 e 146, respectivamente). Enfim, a análise de interesse legítimo repercute em uma apuração, ainda que superficial, feita pelo magistrado sobre a idoneidade e juridicidade do pedido formulado pelo requerente. Não havendo essa aparente legitimidade, o pedido deve ser de pronto indeferido. De outro lado, também deve o magistrado recusar o protesto, a notificação ou a interpelação quando a medida der causa a dúvidas e incertezas, que possam inviabilizar a formação de contratou ou a realização de negócio lícito. Substancialmente, essa hipótese não é muito diferente da anterior. O importante é que o processo judicial – mesmo o de jurisdição voluntária – não seja utilizado como veículo para atemorizar terceiros, criando obstáculos à legítima realização de relações jurídicas. Não deve o juiz admitir, assim, protesto para o público em geral que tenha o manifesto e único propósito de criar opinião pública negativa de certa empresa ou de incutir na população a falsa (não comprovada) sensação de que há irregularidades que afetam o requerido ou certa relação jurídica. Enfim, a proibição é de que se use do Poder Judiciário – com sua imanente credibilidade – como veículo para abalar a confiança nas relações interpessoais ou para emprestar falsa impressão de força estatal a certo comunicado" (*Processo cautelar*. 2ª ed. São Paulo: RT, 2010, p. 303).

367 Superando-se, pois, a controvérsia existente diante do silêncio da Lei de Registros Públicos. Cf. Humberto Theodoro Júnior. *Curso de direito processual civil*. 50ª ed.

Art. 729. Deferida e realizada a notificação ou interpelação, os autos serão entregues ao requerente.

CPC de 1973 – art. 872

38. Término do procedimento

Superada a fase de admissibilidade do procedimento, deve ser deferida notificação, interpelação ou o protesto[368] e, efetivada a realização da medi-

---

Rio de Janeiro: Forense, 2016, p. 451, v. II. O Superior Tribunal de Justiça decidiu no sentido da averbação valendo-se da invocação ao "poder geral de cautela": "Agravo regimental em recurso ordinário em mandado de segurança. Ação cautelar de protesto de alienação de bens. Art. 869 do CPC. Poder geral de cautela. Art. 798 do CPC. Legítimo interesse e não nocividade. Requisitos autorizadores satisfeitos. Agravo regimental não provido. 1. O protesto contra a alienação de bens, calcado no art. 869 do Código de Processo Civil, reclama a presença de dois requisitos: legítimo interesse e não prejudicialidade efetiva da medida. 2. 'O primeiro requisito – legítimo interesse – se traduz na necessidade ou utilidade da medida para assegurar ao promovente o fim colimado. Assim, devem ser sumariamente indeferidos por falta de legítimo interesse os protestos formulados por quem não demonstra vínculo com a relação jurídica invocada ou que se mostrem desnecessários frente aos próprios fatos descritos na petição inicial. O segundo requisito – não nocividade da medida – exige que o protesto não atente contra a liberdade de contratar ou de agir juridicamente, ou seja, o seu deferimento não deve dar causa a dúvidas e incertezas que possam impedir a formação de contrato ou a realização de negócio lícito. Esse impedimento, porém, é de natureza psicológica, porque o protesto não tem a força de direito de impedir qualquer negócio jurídico. Na prática, portanto, o Juiz deve tolher o uso abusivo da medida, como meio de suscitar suspeitas infundadas ou exageradas sobre o bem ou direito objeto do protesto, a ponto de afastar indevidamente o possível interesse de terceiros em firmar negócio jurídico envolvendo o mencionado bem ou direito' (RMS 35.481/SP, Rel. p/ Acórdão Ministra Nancy Andrighi, Terceira Turma, julgado em 28/08/2012, DJe 10/09/2012) 3. Ademais, esta Corte pacificou o entendimento quanto à legalidade do protesto contra alienação de imóvel, no julgamento dos Embargos de Divergência em Recurso Especial n. 440.837/RS, relator p/ acórdão o Ministro Barros Monteiro, DJ de 28/5/2007, que uniformizou a jurisprudência no sentido de se permitir a averbação dentro dos limites do poder geral de cautela do juiz. 4. Na espécie, o protesto foi postulado como forma de preservar parte do patrimônio dos impetrantes a fim de garantir o cumprimento de eventual condenação em outra ação judicial, sob o argumento de que os impetrantes estavam procurando alienar ou mesmo transferir bens de sua titularidade a terceiros. Desse modo, ressoa inequívoco o legítimo interesse e a não nocividade da medida. 5. Agravo regimental não provido" (AgRg no RMS 48.140/GO, rel. Min. Luis Felipe Salomão, Quarta Turma, j. 3/12/2015, DJe 11/12/2015).

368 "Agravo regimental em recurso ordinário em mandado de segurança. Ação cautelar de protesto de alienação de bens. Art. 869 do CPC. Poder geral de cautela. Art. 798 do CPC. Legítimo interesse e não nocividade. Requisitos autorizadores satis-

da pleiteada, extingue-se o processo por meio de sentença e os autos são entregues ao requerente como forma de documentação de sua manifestação de vontade,[369] após o pagamento de custas, se devidas.

---

feitos. Agravo regimental não provido. 1. O protesto contra a alienação de bens, calcado no art. 869 do Código de Processo Civil, reclama a presença de dois requisitos: legítimo interesse e não prejudicialidade efetiva da medida. 2. 'O primeiro requisito – legítimo interesse – se traduz na necessidade ou utilidade da medida para assegurar ao promovente o fim colimado. Assim, devem ser sumariamente indeferidos por falta de legítimo interesse os protestos formulados por quem não demonstra vínculo com a relação jurídica invocada ou que se mostrem desnecessários frente aos próprios fatos descritos na petição inicial. O segundo requisito – não nocividade da medida – exige que o protesto não atente contra a liberdade de contratar ou de agir juridicamente, ou seja, o seu deferimento não deve dar causa a dúvidas e incertezas que possam impedir a formação de contrato ou a realização de negócio lícito. Esse impedimento, porém, é de natureza psicológica, porque o protesto não tem a força de direito de impedir qualquer negócio jurídico. Na prática, portanto, o Juiz deve tolher o uso abusivo da medida, como meio de suscitar suspeitas infundadas ou exageradas sobre o bem ou direito objeto do protesto, a ponto de afastar indevidamente o possível interesse de terceiros em firmar negócio jurídico envolvendo o mencionado bem ou direito' (RMS 35.481/SP, Rel. p/ Acórdão Ministra Nancy Andrighi, Terceira Turma, julgado em 28/08/2012, DJe 10/09/2012) 3. Ademais, esta Corte pacificou o entendimento quanto à legalidade do protesto contra alienação de imóvel, no julgamento dos Embargos de Divergência em Recurso Especial n. 440.837/RS, relator p/ acórdão o Ministro Barros Monteiro, DJ de 28/5/2007, que uniformizou a jurisprudência no sentido de se permitir a averbação dentro dos limites do poder geral de cautela do juiz. 4. Na espécie, o protesto foi postulado como forma de preservar parte do patrimônio dos impetrantes a fim de garantir o cumprimento de eventual condenação em outra ação judicial, sob o argumento de que os impetrantes estavam procurando alienar ou mesmo transferir bens de sua titularidade a terceiros. Desse modo, ressoa inequívoco o legítimo interesse e a não nocividade da medida. 5. Agravo regimental não provido" (AgRg no RMS 48.140/GO, rel. Min. LUIS FELIPE SALOMÃO, Quarta Turma, j. 3/12/2015, DJe 11/12/2015). "Direito processual civil. Sistema financeiro da habitação. Condições da ação. Interesse de agir. Ação cautelar de protesto interruptivo da prescrição. Falta de elementos demonstrativos da necessidade. Possibilidade, ademais, de desde já mover a ação. I – A ação cautelar de protesto visando a interromper a prescrição está sujeita não apenas às condições da ação, como ainda se lhe exige, de forma específica, a comprovação de interesse jurídico legítimo (artigo 869 do CPC). II – É de se rejeitar, portanto, a ação cautelar de protesto que tem por objetivo interromper o prazo prescricional da ação executiva quando não demonstrada nem a iminência dessa prescrição nem a impossibilidade de já ingressar com execução direta, de modo que a pretendida ação cautelar reclamaria em inútil duplicação da invocação da atividade jurisdicional. Recurso Especial a que se nega provimento" (REsp 1188778/BA, rel. Min. SIDNEI BENETI, Terceira Turma, j. 7/4/2011, DJe 19/4/2011).

369 Na correta síntese de LUCAS BURIL DE MACÊDO, "requerida a medida, há o juízo de

Antes da entrega dos autos ao requerente, porém, deve ser conferida ao requerido a oportunidade de consulta aos autos e, se for o caso, a obtenção de cópia ou certidão, semelhante ao que dispõe o art. 383, CPC, mas com prazo razoável a ser fixado pelo juiz. Caso o próprio requerido ou algum terceiro necessite posteriormente de algum documento que esteja nos autos já entregues ao requerente, poderá pleitear judicialmente a exibição de documentos, se necessário.

Caso os autos sejam eletrônicos, não haverá efetiva entrega dos documentos, que poderão ser consultados por meio do respectivo portal do Tribunal e podem ser objeto de cópias ou de emissão de certidão.

Extinto o procedimento por inadmissibilidade ou por indeferimento da medida pleiteada, será cabível o recurso de apelação.[370] Igualmente será recorrível a decisão que indeferir a publicação de edital, caso o requerente o considere indispensável para a eficácia da medida, assim como o requerido poderá recorrer do deferimento da publicação do edital. Diante da concentração procedimental, que resolve o pleito com seu indeferimento ou não, o recurso cabível será a apelação. A rigor, caso haja indeferimento da providência requerida, será por meio de sentença, logo ensejará a interposição de recurso de apelação; caso haja deferimento, igualmente será sentença e também poderá ser interposta a apelação pelo requerido, caso presente alguma hipótese do art. 728, CPC; se houver deferimento da comunicação, mas indeferimento da publicação por edital ou do registro, em tese haveria decisão interlocutória insuscetível de recorribilidade imediata por meio de agravo de instrumento, por não haver tal previsão no rol do art. 1.015, CPC;[371] entretanto, como há a referida concentração procedi-

---

admissibilidade, basicamente voltado aos requisitos da petição inicial e à presença de interesse e legitimidade, que, sendo positivo e restando deferida a medida, enseja a tomada de atos para que se dê conhecimento ao requerido. Sendo certificado que o requerido tomou ciência do ato, cumpre ao juiz proferir despacho que extingue o procedimento e determina a entrega dos autos ao requerente", garantindo-se "a tutela da certeza jurídica que busca o requerente, bem como sua possibilidade de provar o ato quando, e se, necessário" (*Comentários ao Código de Processo Civil.* Streck, Nunes e Cunha (coord.). São Paulo: Saraiva, 2016, p. 962).

370 Em geral a doutrina aponta inexistir interesse recursal, por não haver efetivo exame de direito material, havendo mesmo quem considere não haver decisão no procedimento (cf., por exemplo, Fabio Caldas de Araújo. *Curso de processo civil*: procedimentos especiais. São Paulo: Malheiros, 2018, p. 480, tomo III). Entretanto, há, sim, possibilidade de prejuízo jurídico nessas medidas e, em tese, é possível haver interesse recursal (cf., sobre o tema, com resenha doutrinária, Jefferson Carús Guedes. *Comentários ao Código de Processo Civil.* Marinoni, Arenhart e Mitidiero (coord.). São Paulo: RT, 2016, p. 227-230, v. 11).

371 Sustenta a aplicação analógica do art. 1015, I, do CPC, nesse particular, José Car-

mental, em regra caberá desde logo o recurso de apelação.[372]

Note-se que, embora tecnicamente em regra não haja defesa por parte do requerido, não se deve excluir peremptoriamente a interposição de recurso de apelação. A regra será sem dúvida a existência de hipótese antes prevista no art. 871 do CPC de 1973, no sentido de que o procedimento de notificação, interpelação ou protesto não admite defesa nem "contraprotesto" nos próprios autos, devendo eventual impugnação ser discutida em processo distinto. Entretanto, não se pode excluir de modo absoluto a possibilidade de o requerido demonstrar interesse em recorrer, já que o art. 728, CPC, cuida expressamente da possibilidade de sua participação para

---

LOS BAPTISTA PUOLI (*Comentários ao Código de Processo Civil*. CASSIO SCARPINELLA BUENO (coord.). São Paulo: Saraiva, 2017, p. 391-392, v. 3). Entretanto, surge aqui o problema envolvendo a taxatividade das hipóteses de agravo de instrumento e as possíveis soluções diante da nova sistemática recursal, razão pela qual se remete à abordagem do tema realizada no volume específico desta Coleção em que se comenta o referido art. 1.015, com o registro de que o Superior Tribunal de Justiça afetou o tema à Corte Especial para definição da controvérsia (REsp 1.704.520, pendente de julgamento até a conclusão deste livro). Sustentando o cabimento de agravo de instrumento por se tratar de tutela provisória ou ser caso de mandado de segurança, se se entender irrecorrível imediatamente: LUIZ RODRIGUES WAMBIER e EDUARDO TALAMINI. *Curso avançado de processo civil*. 16ª ed. São Paulo: RT, 2018, p. 253, v. 4.

372 Entende DANIEL AMORIM ASSUMPÇÃO NEVES que seria cabível recurso de agravo de instrumento nesse caso: "A decisão que defere o pedido do requerente tem natureza de decisão interlocutória, não estando no rol do art. 1.015, Novo CPC, que prevê a recorribilidade das decisões interlocutórias por agravo de instrumento. Entendo, entretanto, cabível tal recurso, porque a *ratio* do art. 1.015, do Novo CPC, não é tornar a decisão interlocutória irrecorrível, mas postergar sua impugnação para a apelação ou contrarrazões desse recurso, nos termos do art. 1.009, § 1º, do Novo CPC. Como na notificação, no protesto e na interpelação não haverá prolação de sentença, inadmitir o agravo de instrumento da decisão interlocutória que defere o pedido do requerente é tornar tal decisão irrecorrível, o que viola o princípio da ampla defesa. O requerido terá dificuldade em demonstrar interesse recursal, mas esse é outro pressuposto de admissibilidade do recurso, não se confundindo com o cabimento. É possível que o juiz defira o pedido do requerente para a realização da notificação, da interpelação ou do protesto mas indefira o pedido de publicação de edital. Nesse caso, o requerido será citado, mas não serão publicados os editais conforme pretendido pelo requerente. Será um fim parcialmente anômalo, porque embora seja realização a notificação do requerido, o pedido do requerente não será admitido em sua plenitude. Trata-se de decisão interlocutória não prevista no rol do art. 1.105, do Novo CPC, mas recorrível por agravo de instrumento, sob pena de tornar-se uma decisão interlocutória irrecorrível em razão de ausência de sentença na notificação, na interpelação e no protesto. Nesse caso o interesse recursal do requerente é manifesto diante de sua sucumbência (frustração, ainda que parcial, de sua expectativa inicial" (*Novo Código de Processo Civil comentado*. 2ª ed. Salvador: JusPodivm, 2017, p. 1176-1177).

demonstrar a existência de prática ilícita, o que pode autorizar a interposição do respectivo recurso[373] caso deferida a medida inicialmente requerida.

Esse procedimento não gera prevenção de juízo para futuros processos relacionados com a notificação, interpelação ou protesto efetivados.[374]

Seção III
Da Alienação Judicial

Art. 730. Nos casos expressos em lei, não havendo acordo entre os interessados sobre o modo como se deve realizar a alienação do bem, o juiz, de ofício ou a requerimento dos interessados ou do depositário, mandará aliená-lo em leilão, observando-se o disposto na Seção I deste Capítulo e, no que couber, o disposto nos arts. 879 a 903.

CPC de 1973 – art. 1.113

39. Noções gerais

Optou-se no novo CPC por regular de modo sintético – e com genérico requisito de admissibilidade – a disciplina da alienação judicial, com meras remissões às regras gerais dos procedimentos de jurisdição voluntária e ao procedimento do leilão judicial na execução por quantia certa, distinguindo-se, assim, da disciplina que foi dedicada às alienações judiciais no CPC de 1973.[375]

---

373 Mesmo no regime do CPC de 1973 havia manifestação doutrinária sobre o cabimento de recurso (no caso, admitia-se agravo de instrumento por se entender que não haveria sentença nesses procedimentos: Ovídio A. Baptista Silva. *Do processo cautelar.* 3ª ed. Rio de Janeiro: Forense, 2001, p. 504-505).

374 "O acórdão recorrido posicionou-se em conformidade com o entendimento desta egrégia Corte, de que, em regra, os procedimentos judiciais meramente conservativos de direito – tais como as medidas cautelares de notificação, interpelação, protesto e produção antecipada de provas –, por não ostentarem natureza contenciosa, não acarretam prevenção com a ação principal. Precedentes" (AgInt no AREsp 105.177/SP, rel. Min. Raul Araújo, Quarta Turma, j. 9/3/2017, DJe 22/3/2017). Cf., Luiz Rodrigues Wambier e Eduardo Talamini. *Curso avançado de processo civil.* 16ª ed. São Paulo: RT, 2018, p. 255, v. 4.

375 Sobre o sistema anterior, entre outros: José Olympio de Castro Filho. *Comentários ao Código de Processo Civil.* 4ª ed. Rio de Janeiro: Forense, 1995, p. 63-81, v. X. Mendonça Lima. *Comentários ao Código de Processo Civil*, v. XII. São Paulo: RT, 1982, p. 119-149. Sobre a aplicação das regras do processo de execução à alienação no sistema anterior: "Processual civil. Recurso especial. Procedimento especial de jurisdição voluntária. Alienação judicial. Arrematação. Nulidades. Aplicação de normas do processo executivo. Possibilidade. Inexistência de legalidade estrita. 1.

Trata-se de procedimento tipicamente executório – razão pela qual se remete aos arts. 879 a 903, CPC[376] – em que as atividades judiciais se destinam a transformar em pecúnia o bem, a fim de satisfazer a pretensão de direito material subjacente.[377]

Distingue-se das alienações previstas no art. 725, III, IV e V, CPC, que visam à formação de sentença que as aprove ou as autorize, ensejando, então, a alienação extrajudicial particular ou a instauração deste procedimento.[378]

Entre as alienações judiciais mais comuns, temos (a) os bens indivisíveis em inventário e partilha, (b) os bens de incapazes, (c) bem indivisível como forma de extinção de condomínio e (d) alienações irregulares de quinhões em coisa comum. Nos casos de indivisibilidade jurídica ou econômica do bem, a necessidade de alienação decorre dessa própria característica e, no caso da partilha, por impedir a conclusão do inventário, pode ser necessária a alienação

---

Nos procedimentos de jurisdição voluntária, é possível que surjam controvérsias entre as partes que exijam do julgador o efetivo exercício da função pública de compor litígios. 2. A teor do art. 1.109 do CPC, não está o juiz vinculado a critério de legalidade estrita, podendo aceitar a invocação de nulidade na forma como feita pela parte. 3. Constatadas nulidades na arrematação, o julgador, no procedimento de alienação judicial em jurisdição voluntária, pode utilizar-se da legislação aplicável ao processo executivo. 4. Recurso especial desprovido" (REsp 1273104/PR, rel. Min. João Otávio de Noronha, Terceira Turma, j. 24/3/2015, DJe 31/3/2015).

376 A alienação prevista nos arts. 879 a 903 ocorre para converter forçadamente em dinheiro o bem penhorado não adjudicado pelo credor-exequente. A alienação judicial por iniciativa particular ou por leilão é um meio para a obtenção do dinheiro a que tem direito o exequente (cf. Fredie Didier Jr., Leonardo Carneiro da Cunha, Paula Sarno Braga e Rafael Alexandria de Oliveira. *Curso de direito processual civil.* 7ª ed. Salvador: JusPodivm, 2017, capítulo 27, v. 5). Sobre o uso de regras do processo de execução em caso de alienação judicial por meio de jurisdição voluntária ainda sob a vigência do CPC de 1973: "Processual civil. Recurso especial. Procedimento especial de jurisdição voluntária. Alienação judicial. Arrematação. Nulidades. Aplicação de normas do processo executivo. Possibilidade. Inexistência de legalidade estrita. 1. Nos procedimentos de jurisdição voluntária, é possível que surjam controvérsias entre as partes que exijam do julgador o efetivo exercício da função pública de compor litígios. 2. A teor do art. 1.109 do CPC, não está o juiz vinculado a critério de legalidade estrita, podendo aceitar a invocação de nulidade na forma como feita pela parte. 3. Constatadas nulidades na arrematação, o julgador, no procedimento de alienação judicial em jurisdição voluntária, pode utilizar-se da legislação aplicável ao processo executivo. 4. Recurso especial desprovido" (REsp 1273104/PR, rel. Min. João Otávio de Noronha, Terceira Turma, j. 24/3/2015, DJe 31/3/2015).

377 Exemplo clássico de alienação judicial está na concretização do direito potestativo do coprietário de extinguir o condomínio.

378 Leonardo Greco. *Breves comentários ao Novo Código de Processo Civil.* Wambier, Talamini, Didier Jr. e Dantas (coord.). 2ª ed. São Paulo: RT, 2016, p. 1764.

judicial, caso não se realize a partilha por consenso acerca da adjudicação do bem indivisível (art. 649, CPC), seja imóvel ou móvel.[379] Assim também se dará caso não incida o art. 1.322, CC, no que toca à extinção do condomínio, por haver dissenso entre os condôminos, observando-se, porém, no leilão, a ordem legal de preferência prevista naquele dispositivo legal.[380] Para essa alienação judicial, portanto, todos os condôminos serão citados e, também, intimados para exercer o direito de preferência[381] no leilão.[382] Em relação à necessidade de alienação judicial dos bens de incapazes decorre de previsão dos arts.

---

379 Humberto Theodoro Júnior. *Curso de direito processual civil.* 50ª ed. Rio de Janeiro: Forense, 2016, p. 465, v. II.

380 Art. 1.322, CC: "Quando a coisa for indivisível, e os consortes não quiserem adjudicá-la a um só, indenizando os outros, será vendida e repartido o apurado, preferindo-se, na venda, em condições iguais de oferta, o condômino ao estranho, e entre os condôminos aquele que tiver na coisa benfeitorias mais valiosas, e, não as havendo, o de quinhão maior. Parágrafo único. Se nenhum dos condôminos tem benfeitorias na coisa comum e participam todos do condomínio em partes iguais, realizar-se-á licitação entre estranhos e, antes de adjudicada a coisa àquele que ofereceu maior lanço, proceder-se-á à licitação entre os condôminos, a fim de que a coisa seja adjudicada a quem afinal oferecer melhor lanço, preferindo, em condições iguais, o condômino ao estranho".

381 "Processual civil. Arrematação. Imóvel em regime de condomínio. Intimação do condômino. Necessidade. Estado de indivisão do imóvel. Matéria de prova. Súmula 7/STJ. Análise de eventual infringência de preceitos constitucionais. Impossibilidade. 1. Não viola o art. 535 do CPC, tampouco nega prestação jurisdicional, o acórdão que, mesmo sem ter examinado individualmente cada um dos argumentos trazidos pelo vencido, adotou, entretanto, fundamentação suficiente para decidir de modo integral a controvérsia. 2. Tratando-se de arrematação de imóvel em regime de condomínio, que se encontra em estado de indivisão, deve-se intimar o coproprietário para que se manifeste a respeito do eventual exercício de seu direito de preferência. 3. O exame relativo à divisibilidade do imóvel, por ensejar o reexame do contexto fático-probatório dos autos, encontra óbice no enunciado da Súmula 7/STJ. 4. É inviável a análise de suposta infringência de preceito constitucional em sede de recurso especial. 5. Recurso especial parcialmente conhecido e, nessa parte, desprovido" (REsp 899.092/RS, rel. Min. Denise Arruda, Primeira Turma, j. 15/2/2007, DJ 22/3/2007, p. 320).

382 Humberto Theodoro Júnior. *Curso de direito processual civil.* 50ª ed. Rio de Janeiro: Forense, 2016, p. 468, v. II. No STJ: "Direito processual civil. Recurso especial. Imóvel comum indivisível. Direito de preferência. Momento. Presente interesse de menor. O direito de preferência do condômino deve ser exercido no momento oportuno, qual seja, no dia em que se deu a praça ou leilão. Pretendendo o condômino gozar de preferência na alienação de coisa comum haverá de comparecer ao leilão e ali exercitar seu direito, tendo em vista o valor concretamente oferecido. Os imóveis pertencentes aos menores só podem ser vendidos em hasta pública. Recurso especial conhecido e provido" (REsp 478.757/RJ, rel. Min. Nancy Andrighi, Terceira Turma, j. 4/8/2005, DJ 29/8/2005, p. 329).

1.691, 1.750 e 1.774, CC,[383] normalmente por meio de simples requerimento

383 Há divergência no STJ nos casos em que o exercício do poder familiar abrange a administração dos bens do menor (a rigor, por força do art. 1.689, II, CC, o poder familiar abrange a administração dos bens do filho): "Processual civil e civil. Tempestividade do recurso do ministério público. Alienação de bens de menor sujeito ao pátrio poder limitado. Excepcional coexistência entre pátrio poder e tutela. Necessidade de hasta pública e prévia avaliação dos bens. Aplicação do artigo 429 do código civil de 1916. 1. Malgrado o precedente contido no julgamento do HC 83.255/SP pelo Supremo Tribunal Federal, fixando a interpretação de que o prazo recursal do Ministério Público tem início com a data da entrada dos autos naquele órgão, esta Corte preconiza que, nos processos anteriores àquele julgamento paradigma, a fluência do prazo só corre após o ciente pelo representante do *parquet*. 2. No caso dos autos, há um 'conselho administrador' nomeado pelo juízo do inventário, encarregado da administração dos bens de menor, não obstante a mãe manter a guarda do incapaz. 3. Embora, em regra, o pátrio poder seja exercido de maneira irrestrita, abrangendo a pessoa e os bens dos filhos, é possível que excepcionalmente seja de modo limitado. Em tal hipótese, há coexistência entre pátrio poder e tutela, subordinando-se o tutor especial às regras legais relativas à tutela. 4. O exercício do pátrio poder só dispensa a necessidade de hasta pública para venda de bens do incapaz quando os pais administram os bens dos filhos. Caso contrário, imperiosa a aplicação do artigo 429 do Código Civil de 1916, a exigir hasta pública e demonstração de manifesta vantagem ao menor, razão pela qual também é indispensável a prévia avaliação dos bens. 5. Recurso especial provido" (REsp 434.701/DF, rel. Min. LUIS FELIPE SALOMÃO, Quarta Turma, j. 15/9/2009, DJe 2/2/2010). "Recurso Especial. Direito Civil. Indenização por dano material e moral. Acidente aéreo. Morte da vítima. Possibilidade de alienação ou gravar com ônus reais os bens imóveis dos filhos. Prequestionamento. Ausência. Incidência da Súmula 211/STJ. Administração dos bens dos filhos menores. Poder legal que não comporta o de disposição. O art. 1.689, II, do Código Civil deve ser interpretado em harmonia com outros diplomas legais. Indenização destinada aos filhos menores de idade. Movimentação dos recursos financeiros. Possibilidade, desde que comprovada a necessidade. Exigência de prévia autorização judicial para movimentação dos valores depositados. Cautela que não atinge o livre exercício do poder familiar. Recurso especial improvido. I – No que se refere à possibilidade de alienação ou gravar com ônus reais os imóveis dos filhos, constata-se que a matéria não foi objeto de debate ou deliberação no acórdão recorrido, não obstante a oposição de embargos declaratórios, o que torna inarredável a incidência do enunciado 211 da Súmula desta Corte Superior. II – O poder legal de administração dos bens dos filhos menores aos pais, conferido pela redação do art. 1.689, II, do Código Civil, não comporta o de disposição. Dessa forma, sendo as quantias expressivas, sua entrega incondicionada à genitora significaria, na verdade, a possibilidade de dispor das referidas importâncias como lhe aprouvesse, o que não está amparado pela Lei e não atende, sobretudo, aos interesses dos menores. III – A disposição do art. 1.689, II, do Código Civil, não pode ser interpretada de forma absoluta mas, sim, em harmonia com outros diplomas legais, que enfrentam o exercício do poder familiar, à luz de princípios que objetivam, em última análise, a proteção integral dos interesses dos filhos menores. IV – Em casos de recebimento de indenizações em favor de menores, é mister que convertam-se estas em pecúlio, a serem preservados até a

de alvará, e necessariamente contará com a participação do Ministério Público. Em relação às pessoas com deficiência, a Lei 13.140/2015 assegura-lhes a capacidade negocial, de modo que será necessário verificar no caso concreto os termos em que foi concedida a curatela. Caso não haja limitação negocial nos termos da curatela, evidentemente será desnecessária a intermediação estatal para a alienação do bem.

40. Alienação judicial como hipótese de jurisdição voluntária

A hipótese prevista no art. 730, CPC, portanto, é apenas uma das modalidades de alienação judicial, não abrangendo, assim, todos os demais casos, como aquelas alienações realizadas em procedimentos expropriatórios executivos[384] ou em arrematação de bens.

Como jurisdição voluntária, a alienação judicial em regra será medida incidental para a validade da transferência de um bem, em hipóteses previstas em lei para preservá-lo ou garantir seu proveito econômico, por meio de controle jurisdicional, como os bens imóveis do menor tutelado (arts. 1.748, IV, e 1.750, CC) e do curatelado (art. 1.774, CC), os bens vagos (arts. 746, § 3º, e 1.237, CC), os bens condominiais (art. 504, CC), os bens imóveis de herança que não sejam passíveis de divisão cômoda (arts. 649, CPC, e 2.019, CC), o bem alienado com reserva de domínio (art. 1.070, CC), arrecadação de herança jacente (arts. 746, § 3º, CPC, e 1.237, CC), regulação de avaria gros-

---

maioridade, ou se levantado antes, seja comprovada a necessidade, mediante a evidente utilidade para o beneficiário. Ainda que adquiridos por direito próprio, a indenização devida aos menores, submete-se, igualmente, às disposições da Lei n.º 6.858/80. V – Tratando-se de numerário decorrente de indenização, não se percebe qualquer ilegalidade na determinação que pretendeu preservar o montante percebido desde logo, de forma a servir, em momento próprio e oportuno, aos próprios interesses dos menores, quiçá para estudos ou para a própria subsistência. VI – Tais cautelas não significam, de forma alguma, ingerência no poder familiar, sendo que o direito ao levantamento permanece e poderá ser exercido sempre que circunstâncias se apresentem, bastando, para tanto, a devida justificação. VII – Recurso especial improvido" (REsp 1110775/RJ, rel. Min. Massami Uyeda, Terceira Turma, j. 16/11/2010, DJe 1º/12/2010). "Os imóveis pertencentes aos menores só podem ser vendidos em hasta pública. Recurso especial conhecido e provido" (REsp 478.757/RJ, rel. Min. Nancy Andrighi, Terceira Turma, j. 4/8/2005, DJ 29/8/2005, p. 329). Em relação à alienação dos imóveis de incapazes, lembre-se da redação do art. 896, CPC.

384 A alienação prevista nos arts. 879 a 903 ocorre para converter forçadamente em dinheiro o bem penhorado não adjudicado pelo credor-exequente. A alienação judicial por iniciativa particular ou por leilão é um meio para a obtenção do dinheiro a que tem direito o exequente (cf. Fredie Didier Jr., Leonardo Carneiro da Cunha, Paula Sarno Braga e Rafael Alexandria de Oliveira. *Curso de direito processual civil.* 7ª ed. Salvador: JusPodivm, 2017, capítulo 27, v. 5).

sa, quando o consignatário se recusar a prestar caução (art. 708, § 3º, CPC).

As hipóteses previstas no art. 725, III, IV e V, CPC, referem-se a alienações autônomas; já no caso do art. 730, CPC, a alienação é incidental.[385]

Há, entretanto, regime comum mínimo entre todas elas, não só em virtude da equivalência de fundamentos, mas também da aplicação das regras comuns ao procedimento de execução, como será visto de modo mais detido no item próprio, quando do exame dos aspectos procedimentais.[386]

41. Hipóteses de cabimento: dissenso ou previsão legal

A redação do dispositivo limita sua incidência à hipótese de não haver acordo entre os interessados sobre o modo em que se deve realizar a alienação do bem, mas, caso haja outra disposição legal que exija essa forma de alienação para realização do negócio, necessariamente será caso também de jurisdição voluntária do art. 730, CPC.

Ou seja: além do dissenso, também a exigência legal expressa de forma de

---

385 Cf. Nelson Nery Junior e Rosa Maria de Andrade Nery. *Código de Processo Civil comentado*. 16ª ed. São Paulo: RT, p. 1679, 2016.

386 "Parte da doutrina se esforça para tentar uma classificação que possa iluminar a separação entre os procedimentos do art. 725, III a V, e do art. 730 do CPC. Os procedimentos do art. 725, III a V, seriam autônomos, enquanto os regidos pelo art. 730 seriam relativos a procedimentos em curso, o que lhes traria feição incidental. Há quem também classifique os procedimentos de alienação judicial em incidentes e consequentes. Desta forma, seriam incidentes as alienações vinculadas a processos pendentes, nos quais a consumação da alienação não esgotaria o procedimento, visto sua acessoriedade. Como consequentes restariam os procedimentos em que as alienações são desenvolvidas com autonomia e sem vinculação necessária a outro processo. Estas classificações são insuficientes e desnecessárias, porque a diversidade e a variedade das alienações judiciais decorrem do regime de tratamento do direito material. Não há como classificar, por exemplo, o bem comum derivado da separação ou divórcio do casal como incidental. A experiência na judicatura já revelou inúmeras situações em que o casal preserva a copropriedade sobre bens mesmo após o processo de divórcio, formando uma comunhão, como em relação aos bens alugados comercialmente. Quando surge a necessidade de alienação futura abre-se procedimento autônomo, com relação aos bens sobre os quais se deseja o fim da copropriedade e sem a necessidade de que o procedimento seja realizado no processo de divórcio, porque a sentença já foi averbada na matrícula do imóvel (art. 731, parágrafo único, CPC). Isso demonstra a necessidade de conjugação do direito material com o processual. A simplificação operada pelo legislador foi correta, uma vez que todos os procedimentos de alienação obedecerão ao rito geral do art. 719, com aplicação suplementar das regras da alienação judicial do art. 879 do CPC, orientadas sempre pelo art. 723, parágrafo único" (Fabio Caldas de Araújo. *Curso de processo civil*: procedimentos especiais. São Paulo: Malheiros, 2018, p. 481, tomo III).

alienação judicial do bem, mesmo que haja consenso, deve ser considerada como hipótese de incidência deste específico procedimento de jurisdição voluntária.[387]

Note-se que a redação do dispositivo limita a hipótese à inexistência de acordo sobre o "modo como se deve realizar a alienação do bem", o que pressupõe que haja consenso sobre a própria alienação.

Entretanto, caso haja expressa determinação legal sobre a necessidade de alienação judicial, incidirá o procedimento ainda que haja consenso. Houve, pois, evidente simplificação para o cabimento do procedimento, bastando a ocorrência do dissenso ou de determinação legal, sem especificação prévia das hipóteses cabíveis.[388] A propósito, a forma em que se dará a alienação judicial pode ser objeto de consenso entre os interessados, que, por exemplo, podem estabelecer a venda a particular como a modalidade mais interessante para o caso.[389] Entretanto, permanecendo o dissenso, a forma será a do leilão disciplinado nos arts. 879 a 903/CPC.[390]

---

387 Jefferson Carús Guedes. *Comentários ao Código de Processo Civil.* Marinoni, Arenhart e Mitidiero (coord.). São Paulo: RT, 2016, p. 264-265, v. 11.

388 No regime do CPC de 1973 eram descritas três situações que ensejavam a alienação judicial: quando os bens afetados por constrição judicial estivessem deteriorados ou fossem de fácil deterioração ou exigissem despesas desproporcionais para sua guarda, assumindo a alienação uma função mais próxima de expediente cautelar; quando houvesse necessidade de resguardar interesses especificamente expressos em lei, como o dos incapazes; quando fosse necessário para a extinção de condomínio sobre coisas indivisíveis (cf. Humberto Theodoro Júnior. *Curso de direito processual civil.* 50ª ed. Rio de Janeiro: Forense, 2016, p. 459, v. II). O art. 1.117 daquele Código especificava algumas hipóteses que não mais são reproduzidas, exatamente por não exaurirem as possibilidades de alienação judicial, mas que podem configurar exemplos de casos que se enquadrem no atual art. 730, CPC. Ou seja: a simplificação para o cabimento do procedimento não significa seu acanhamento, mas, sim, uma potencial ampliação.

389 Humberto Theodoro Júnior. *Curso de direito processual civil.* 50ª ed. Rio de Janeiro: Forense, 2016, p. 462, v. II; Jefferson Carús Guedes. *Comentários ao Código de Processo Civil.* Marinoni, Arenhart e Mitidiero (coord.). São Paulo: RT, 2016, p. 265, v. 11. Cf. Marco Paulo Denucci Di Spirito. A calendarização convencional e unilateral na alienação judicial mediante iniciativa particular para extinção de copropriedade. *Revista Brasileira de Direito Processual nº 99.* Belo Horizonte: Fórum, julho/setembro de 2017.

390 "No caso da jurisdição voluntária não se descarta, *prima facie,* a possibilidade de se adjudicar o objeto que, inicialmente, se pretendia alienar. Embora o art. 730 remeta o aplicador do direito apenas aos arts. 879 a 903, não se ignora que outros dispositivos do CPC/2015 hão de comunicar-se com aqueles frequentemente. Assim, afigura-se válida e aplicável também nas alienações judiciais em procedimento de jurisdição voluntária o art. 878, segundo o qual frustradas as tentativas de alienação do bem, será "reaberta" oportunidade para requerimento de adjudicação, caso em que também se poderá pleitear a realização de nova avaliação. Afinal, é possível que no curso do procedimento os interessados alcancem um consenso quanto à conveniência na adjudicação da coisa, embora quando do ajuizamento da demanda dis-

42. Finalidade do procedimento

A finalidade do procedimento é a alienação controlada judicialmente do bem, de modo que não é de sua essência a forma como se dará a alienação em si.

Isso significa que o leilão é apenas a modalidade subsidiária prevista em lei, caso não haja consenso entre os interessados, o juiz e, se for o caso, o membro do Ministério Público, podendo, inclusive, haver outros meios de alienação mais ágeis e também seguros no caso concreto.

Desde que o negócio jurídico tenha o devido controle judicial – e todos os interessados sejam citados –, estará satisfeita a finalidade do procedimento, ainda que sem a realização do leilão.[391] É admissível, ainda, que no decorrer do procedimento, o bem que se pretendia alienar seja adjudicado, sobrevindo um consenso que originalmente não existia.[392]

De todo modo, seja por iniciativa particular (cf. art. 880, CPC), seja por leilão, deverá haver avaliação[393] antecedente à alienação, a partir dos parâmetros dos arts. 870/875, CPC,[394] além da devida divulgação.

43. Aspectos procedimentais

Além do que dispõe o art. 730, CPC, incidem as normas procedimentais constantes das disposições gerais da jurisdição voluntária, bem como os dispositivos pertinentes da jurisdição contenciosa, notadamente aqueles referentes à petição inicial – que, no caso de alienação incidental, será simples petição requerendo a alienação – e às regras de competência, além dos parâmetros para fixação do valor da causa.

Deve-se atentar para o que dispõe o art. 889, CPC, acerca daqueles que devem ser cientificados, adaptando-se aquele rol ao que couber no específico procedimento de alienação por meio de jurisdição voluntária, incluindo a que

---

sentissem sobre tal possibilidade" (JEFFERSON CARÚS GUEDES. *Comentários ao Código de Processo Civil*. MARINONI, ARENHART e MITIDIERO (coord.). São Paulo: RT, 2016, p. 280, v. 11).

391 "A importância do procedimento não está na realização do leilão, mas sim na fiscalização judicial do negócio jurídico, que o ordenamento jurídico impõe como forma de tutela de interesses reputados relevantes. Inclusive, é plausível que a utilização de algum meio outro que não o leilão venha a assegurar de forma mais efetiva o interesse que se busca tutelar com o procedimento da alienação judicial" (LUCAS BURIL DE MACÊDO. *Comentários ao Código de Processo Civil*. STRECK, NUNES e CUNHA (coord.). São Paulo: Saraiva, 2016, p. 963).

392 JEFFERSON CARÚS GUEDES. *Comentários ao Código de Processo Civil*. MARINONI, ARENHART e MITIDIERO (coord.). São Paulo: RT, 2016, p. 280, v. 11.

ocorrer por iniciativa particular, podendo se dar a comunicação por meio do edital de leilão, caso a cientificação pessoal não se mostre possível.[395]

O contraditório é relevante sobretudo para se verificar a admissibilidade do procedimento, mas também para evitar que haja desvio de finalidade na alienação e também a fim de que se resguardem os direitos de terceiros. O interessado que se opuser à forma de alienação ou à própria alienação poderá produzir as provas relevantes e pertinentes.

---

393 Enunciado nº 193 do Fórum Permanente de Processualistas Civis: "Não justifica o adiamento do leilão, nem é causa de nulidade da arrematação, a falta de fixação, pelo juiz, do preço mínimo para a arrematação". Como observa Jefferson Carús Guedes, "as regras gerais da avaliação de bens estão previstas nos arts. 870 a 875, que tratam da execução por quantia certa. A despeito da falta de remissão expressa a esses dispositivos no art. 730, tem-se que sua aplicação às alienações judiciais em jurisdição voluntária é plenamente admissível e necessária. Com base nessa nova disciplina e como bem considerou José Olympio de Castro Filho ainda quando analisava o regramento posto no CPC/1973, 'nem sempre será de se fazer avaliação'. Não será realizada quando: a) um interessado aceitar a estimativa feita por outro; b) se tratar de títulos ou de mercadorias que tenham cotação em bolsa, comprovada por certidão ou publicação no órgão oficial; c) se tratar de títulos da dívida pública, de ações de sociedades e de títulos de crédito negociáveis em bolsa, cujo valor será o da cotação oficial do dia, comprovada por certidão ou publicação no órgão oficial; d) se tratar de veículos automotores ou de outros bens cujo preço médio de mercado possa ser conhecido por meio de pesquisas realizadas por órgãos oficiais ou de anúncios de venda divulgados em meios de comunicação, caso em que caberá a quem fizer a nomeação o encargo de comprovar a cotação de mercado (art. 871). Embora os interessados tenham consenso quanto à estimativa feita por qualquer deles, a avaliação poderá ser realizada quando houver fundada dúvida do juiz quanto ao real valor do bem (art. 871, parágrafo único)" (*Comentários ao Código de Processo Civil*. Marinoni, Arenhart e Mitidiero (coord.). São Paulo: RT, 2016, p. 291, v. 11). "A alienação deverá ser feita de acordo com as diretrizes estabelecidas pelo juiz. As peculiaridades do mercado e as vicissitudes de qualquer negociação podem impor, contudo, que a venda seja feita em desconformidade com o quanto estabelecido, desde que o juiz assim o permita em decisão posterior, contando com prévia concordância do exequente e executado" (Fredie Didier Jr., Leonardo Carneiro da Cunha, Paula Sarno Braga e Rafael Alexandria de Oliveira. *Curso de direito processual civil*. 7ª ed. Salvador: JusPodivm, 2017, p. 916, v. 5).

394 Assinalam Wambier e Talamini que "a avaliação não tem a finalidade igual à que tem na execução, de impedir a arrematação por preço inferior ao da avaliação, na primeira licitação, ou de servir de base para a adjudicação ou para a alienação por iniciativa privada. Em princípio, o bem será vendido pelo preço que alcançar. A avaliação e, ainda assim, relevante para evitar abusos e distorções" (Luiz Rodrigues Wambier e Eduardo Talamini. *Curso avançado de processo civil*. 16ª ed. São Paulo: RT, 2018, p. 264, v. 4).

395 Jefferson Carús Guedes. *Comentários ao Código de Processo Civil*. Marinoni, Arenhart e Mitidiero (coord.). São Paulo: RT, 2016, p. 287, v. 11.

A alienação judicial pode ser incidente (exemplos: arrecadação de herança jacente de bens vagos e alienações no decorrer de processo de inventário, sobretudo os bens insuscetíveis de divisão cômoda), consequente (resultante de procedimento cognitivo para sua deliberação ou autorização, como nas hipóteses dos arts. 725, III, IV e V, e 731, parágrafo único, CPC) e autônoma (como na divisão de condomínio do art. 1.321, CC),[396] o que possui importância especialmente nas exigências formais para a provocação da atuação jurisdicional, que serão bastante simplificadas quando incidental.

Com a simplificação procedimental do art. 730, CPC, poderá haver insuficiência normativa para alguma situação específica e, além das normas fundamentais do próprio CPC e as disposições gerais dos procedimentos de jurisdição voluntária, há que se verificar, no caso concreto, a legislação de direito material, que possuem peculiar importância para o correto diálogo em se tratando de procedimentos especiais. Entre as normas gerais dos procedimentos de jurisdição voluntária, encontram-se referências a alienações judiciais no art. 725, III, IV e V, assim como constava no art. 1.112 do CPC de 1973.

Em relação à codificação anterior, já se assinalava que as normas gerais constituíam o "procedimento ordinário" (ou procedimento comum) no âmbito da jurisdição voluntária,[397] mas que a localização daquelas hipóteses era "imperfeita", residindo a diferença entre eles no fato de ser autônomo ou incidental o procedimento.[398] Nesse contexto, o art. 730, CPC, remete-se a procedimento incidental, com forte eficácia executória.[399] Há que se registrar

---

396 LEONARDO GRECO. *Breves comentários ao Novo Código de Processo Civil.* WAMBIER, DIDIER JR., TALAMINI e DANTAS (coord.). 3ª ed. São Paulo: RT, 2016, p. 1875.

397 EDSON PRATA. *Comentários ao Código de Processo Civil.* Rio de Janeiro: Forense, 1978, p. 62, v. 7.

398 MENDONÇA LIMA. *Comentários ao Código de Processo Civil.* São Paulo: RT, 1982, p. 120, v. XII; NELSON NERY JUNIOR e ROSA MARIA DE ANDRADE NERY. *Código de Processo Civil comentado.* 16ª ed. São Paulo: RT, p. 1679, 2016. Sobre os problemas procedimentais decorrentes da redação do art. 730: MARCO PAULO DENUCCI DI SPIRITO. A calendarização convencional e unilateral na alienação judicial mediante iniciativa particular para extinção de copropriedade. *Revista Brasileira de Direito Processual nº 99.* Belo Horizonte: Fórum, julho/setembro de 2017.

399 "Este procedimento é tipicamente executório, consistindo na prática sob supervisão judicial de atos necessários a transformar um bem em dinheiro para que a este seja dado o destino estabelecido pelo direito material. Não se confunde, portanto, com as alienações previstas nos incisos III, IV e V do art. 725, procedimentos tipicamente cognitivos, que visam a uma sentença que aprove ou autorize a alienação, do qual poderá resultar, conforme o caso, uma alienação particular extrajudicial ou a instauração de um procedimento executório para efetivá-lo, nos termos do artigo aqui comentado" (LEONARDO GRECO. *Breves comentários ao Novo Código de Processo Civil.* WAMBIER, DIDIER JR., TALAMINI e DANTAS (coord.). 3ª ed. São Paulo: RT, 2016, p. 1875).

que o art. 725, parágrafo único, CPC, dispõe sobre a aplicação das disposições gerais aos demais procedimentos especiais "no que couber"; já o art. 730, CPC, prevê-se que deve ser observado "o disposto na Seção I deste Capítulo e, no que couber, o disposto nos arts. 879 a 903". Vê-se, pois, que em relação à alienação judicial a aplicação das disposições gerais não é meramente supletiva e, com isso, há aparente conflito com a aplicação das normas referentes à alienação como modalidade de expropriação de bens, que serão aplicadas "no que couber".

Isso se deve à insuficiência das normas procedimentais especiais para a alienação judicial de jurisdição voluntária, de modo que houve tentativa de uniformizar o procedimento em dois momentos: o primeiro, até a fase que antecede a alienação propriamente dita, quando serão observadas as disposições gerais da jurisdição voluntária; o segundo, quanto à realização efetiva da alienação, quando serão observadas as disposições referentes à alienação no processo de execução, naquilo que for compatível no caso concreto. Isso não significa, como já apontado, que a realização do leilão judicial é obrigatória, mas, sim, que, caso seja realizado, incidirão as normas pertinentes.[400]

A alienação judicial deve receber a devida publicidade, devendo o edital do leilão observa o disposto nos arts. 886 e 887, CPC.[401] Deve-se atentar para as restrições previstas no art. 890, CPC, que podem ser ampliadas no caso concreto.[402]

---

400 Enunciado nº 192 do Fórum Permanente de Processualistas Civis: "Alienação por iniciativa particular realizada por corretor ou leiloeiro não credenciado perante o órgão judiciário não invalida o negócio jurídico, salvo se o executado comprovar prejuízo".

401 Sobre o regime jurídico do leilão, bem como da alienação no processo de execução, conferir o volume próprio dos Comentários que integram esta coleção, bem como Fredie Didier Jr., Leonardo Carneiro da Cunha, Paula Sarno Braga e Rafael Alexandria de Oliveira. *Curso de direito processual civil.* 7ª ed. Salvador: JusPodivm, 2017, p. 924-947.

402 "Processual civil. Art. 690-A do CPC. Rol de impedimento passível de interpretação não restritiva. Possibilidade de o depositário fiel de bem penhorado, enquanto representante de outra pessoa jurídica do mesmo grupo empresarial da executada, fazer lanço em leilão. Impossibilidade. Fraude. Arrematação considerada pelo tribunal de origem. 1. Discute-se nos autos a possibilidade de o depositário fiel de Bem penhorado, enquanto representante de outra pessoa jurídica do mesmo grupo empresarial da executada, fazer lanço de Bem colocado a leilão. 2. O art. 690-A do CPC, com a redação que lhe foi dada Lei n. 11.382, de 2006, admite o lanço a todo aquele que estiver na livre administração de seus bens, com exceção: 'I – dos tutores, curadores, testamenteiros, administradores, síndicos ou liquidantes, quanto aos bens confiados a sua guarda e responsabilidade; II – dos mandatários, quanto aos bens de cuja administração ou alienação estejam encarregados; e III – do juiz, membro do Ministério Público e da Defensoria Pública, escrivão e demais servi-

44. Intervenção do Ministério Público

A atuação do Ministério Público como fiscal da ordem jurídica observará o disposto no art. 721, CPC, isto é, dependerá da ocorrência de alguma das hipóteses previstas no art. 178, CPC. Em tese, é possível vislumbrar sua legitimidade para provocar a alienação, caso se trate de processo envolvendo incapaz, pessoa sob curatela ou idoso em situação de risco, por exemplo, ou direitos transindividuais.

45. Atuação de ofício do juiz

O art. 730, CPC, parece ser uma raríssima exceção ao disposto no art. 2º do mesmo Código, ao permitir que o procedimento seja instaurado de ofício pelo juiz. Essa iniciativa, contudo, diante da excepcionalidade desse tipo de atividade jurisdicional, deve se restringir a duas hipóteses:[403] 1) nos casos em que a lei confia ao juiz a guarda do bem e, para evitar sua deterioração, a alienação se mostra adequada; 2) como medida incidente no decorrer de processo em que a alienação do bem se mostre recomendável para a tutela da pessoa vulnerável ou da coletividade.

Note-se que, por não ser o juiz substituto processual, essa atuação de ofício deve ser excepcionalíssima e, evidentemente, dotada de fundamentação específica que a particularize e justifique.

As duas hipóteses antes descritas não se darão em processos em que inexistem interessados, o que mostra que, na prática, a atuação subsidiária do juiz não terá lugar, já que a proeminência da ação é de algum interessado ou, se for o caso, do Ministério Público ou da Defensoria Pública.

Ainda que nenhum interessado tenha tomado a inciativa, deve o juiz intimá-lo previamente, na forma do art. 10, CPC, salvo se caracterizada alguma situação de urgência que justifique a postergação do contraditório.

---

dores e auxiliares da Justiça'. 3. A perquirição acerca da taxatividade do rol de impedimento estampado nos incisos I a III do art. 690-A do CPC denota que doutrina e jurisprudência permitem interpretação e adequação pelo aplicador do direito, em homenagem à intenção do legislador. 4. O Tribunal de origem decidiu que o depositário fiel do bem penhorado, enquanto representante de outra pessoa jurídica do mesmo grupo empresarial da executada, seja enquadrado nas hipóteses impeditivas de arrematação. 5. Nos termos do art. 131 do CPC, cabe ao magistrado decidir a questão de acordo com o seu livre convencimento, utilizando-se dos fatos, provas, jurisprudência, aspectos pertinentes ao tema e da legislação que entender aplicável ao caso, como ocorreu, para evitar fraude à arrematação. Recurso especial improvido" (REsp 1368249/RN, rel. Min. HUMBERTO MARTINS, Segunda Turma, j. 16/4/2013, DJe 25/4/2013).

403 LUCAS BURIL DE MACÊDO. *Comentários ao Código de Processo Civil*. STRECK, NUNES e CUNHA (coord.). São Paulo: Saraiva, 2016, p. 964.

Espera-se, pois, que essas possibilidades aqui mencionadas não passem de especulação teórica, não se vislumbrando lugar, em um processo civil de efetiva participação das partes, para que o juiz atue como protagonista onipotente. De todo modo, nas alienações incidentes, a atuação de ofício pode decorrer da própria atividade de direção do processo. Já no caso de alienação autônoma, como na divisão de condomínio, em que há necessidade de instauração de procedimento original com a citação dos demais condôminos, e mesmo na alienação de bem de incapaz, por exemplo, já se afigura heterodoxa a inicial judicial.

46. Recursos

A possibilidade de interposição de recursos seguirá a disciplina comum do CPC, não havendo maiores problemas acerca do cabimento genérico dos embargos de declaração e da apelação no caso de alienação autônoma. Quanto à possibilidade de interposição do recurso de agravo, o que pode ser relevante especialmente no caso de alienação incidental, a discussão passa pela previsão legal do cabimento do recurso.[404] No caso da decisão sobre a admissibilidade da alienação, o recurso de agravo de instrumento será cabível com base no art. 1.015, II, CPC, na medida em que se trata de mérito do incidente. Também é cabível esse recurso com base no parágrafo único do art. 1015, CPC, por se tratar de procedimento com força executiva e ao qual se aplicam disposições próprias do processo de execução.

Seção IV
Do Divórcio e da Separação Consensuais, da Extinção Consensual de União Estável e da Alteração do Regime de Bens do Matrimônio

Art. 731. A homologação do divórcio ou da separação consensuais, observados os requisitos legais, poderá ser requerida em petição assinada por ambos os cônjuges, da qual constarão:

I – as disposições relativas à descrição e à partilha dos bens comuns;

II – as disposições relativas à pensão alimentícia entre os cônjuges;

III – o acordo relativo à guarda dos filhos incapazes e ao regime de visitas; e

IV – o valor da contribuição para criar e educar os filhos.

Parágrafo único. Se os cônjuges não acordarem sobre a partilha dos bens, far-

---

404 Sobre as discussões envolvendo a sistemática legal que disciplina o recurso de agravo, além do volume correspondente que integra esta Coleção, vale conferir o tema em Fredie Didier Jr. e Leonardo Carneiro da Cunha. *Curso de direito processual civil*. 13ª ed. Salvador: JusPodivm, 2016, p. 205-212, v. 3.

-se-á esta depois de homologado o divórcio, na forma estabelecida nos arts. 647 a 658.

CPC de 1973 – arts. 1.120 e 1.121

47. Separação judicial

A partir do momento em que o ordenamento jurídico brasileiro passou a reconhecer o divórcio,[405] a justificativa para a permanência da separação judicial, decorrente sobretudo de razões culturais e religiosas, dá-se pela intensidade de graus: a separação apenas termina com a sociedade conjugal, enquanto o divórcio dissolve o vínculo (art. 1.571, § 1º, CC); entretanto, por não dissolver o casamento, a separação não autoriza novo casamento com outro cônjuge, mas possibilita o restabelecimento do casamento "terminado" (art. 1.577, CC), além de outras pequenas diferenças formais entre ambas as situações. Com a Emenda Constitucional nº 66/2.010, dando nova redação ao art. 226, § 6º, da Constituição da República, passou a existir controvérsia sobre a manutenção da dualidade no sistema de término e dissolução da sociedade conjugal, com forte adesão doutrinária no sentido de que inexiste a separação judicial no ordenamento jurídico brasileiro.[406]

---

405 No CPC de 1973, em sua redação original, não se falava em divórcio e muito menos em união estável. Breve histórico sobre o tratamento do divórcio no direito brasileiro em Yussef Said Cahali. *Divórcio e separação.* 11ª ed. São Paulo: RT, 2005, p. 38-42 e 48-52. Igualmente na referida obra de Cahali, encontra-se completo estudo sobre as controvérsias decorrentes da Lei do Divórcio. No plano processual, afiguram-se insuperáveis os comentários de Alcides de Mendonça Lima acerca da legislação anterior (*Comentários ao Código de Processo Civil.* São Paulo: RT, 1982, p. 150-214, v. XII). Na atual quadra, especialmente em comentários a um novo Código de Processo Civil que deve estar de acordo com outro contexto em relação ao direito de família, não se afigura útil qualquer reconstrução histórica daquelas controvérsias.

406 Rodrigo da Cunha Pereira. *Divórcio*: teoria e prática. 4ª ed. São Paulo: Saraiva, 2013, p. 46-57; Cristiano Chaves de Farias e Nelson Rosenvald. *Curso de direito civil*: famílias. 10ª ed. Salvador: JusPodivm, 2018, p. 384-401, v. 6; Sérgio Barradas Carneiro. Separação judicial não existe mais. *Família e sucessões.* Coleção Repercussões do Novo CPC. Fernanda Tartuce, Rodrigo Mazzei e Sérgio Barradas Carneiro (coord.). Salvador: JusPodivm, 2016, p. 371-397; Rodrigo Cunha Pereira. Separação judicial no CPC/2015: o lobo em pele de cordeiro. *Família e sucessões.* Coleção Repercussões do Novo CPC. Fernanda Tartuce, Rodrigo Mazzei e Sérgio Barradas Carneiro (coord.). Salvador: JusPodivm, 2016, p. 399-417; Rolf Madaleno. O fantasma processual da separação. *Família e sucessões.* Coleção Repercussões do Novo CPC. Fernanda Tartuce, Rodrigo Mazzei e Sérgio Barradas Carneiro (coord.). Salvador: JusPodivm, 2016, p. 419-436; Paulo Lôbo. *Direito civil*: famílias. 7ª ed. São Paulo: Saraiva, 2017, p. 139-143; Fernanda Tartuce. *Processo civil no direito de família.* 2ª ed. São Paulo: Método,

Entendemos, entretanto, que a separação ainda subsiste, sem mais o requisito do lapso temporal.

Nesse ponto há uma situação curiosa de assimetria normativa: o art. 1574, CC, exige o lapso temporal de um ano para que seja possível a separação consensual;[407] já para o divórcio, não se exige prazo para seu requerimento, já que, antes da Emenda Constitucional nº 66/2010, a separação prévia era obrigatória e o lapso temporal era automático e também exigido normativamente.[408] Diante desse quadro, somente se mostra adequado entender que inexiste tal lapso temporal, na medida em que a incongruência normativa apenas pode ser resolvida no sentido de se conferir ao texto interpretação logicamente sustentável.[409]

Como a separação põe fim à sociedade conjugal, extinguindo os deveres do casamento, mas não dissolve o vínculo, pode existir interesse apenas em formular uma pretensão que possuirá o efeito prático do restabelecimento da sociedade conjugal, sem a necessidade de novo casamento com o ex-cônjuge.

A partir do momento em que há justificativa de direito material para a acolhida de uma pretensão, deve ser reconhecida a possibilidade de tutela jurisdicional. Subtrair essa opção das partes, especialmente em um tema com peculiar dimensão cultural, parece indevida intromissão na esfera subjetiva. Há, portanto, efeito prático na opção pela separação, tendo havido apenas

---

2017, p. 264-270; Fernanda Tartuce. *Comentários ao Código de Processo Civil*. Cassio Scarpinella Bueno (coord.). São Paulo: Saraiva, 2017, p. 395-396, v. 3; Flávio Tartuce. *Direito civil*: direito de família. 13ª ed. São Paulo: Método, 2018, p. 229-230, v. 5; J. M. Leoni Lopes de Oliveira. *Direito civil*: família. Rio de Janeiro: Forense, 2018, p. 209-212; Anderson Schreiber. *Manual de direito civil contemporâneo*. São Paulo: Saraiva, 2018, p. 904. Cf., ainda, ampla contextualização em Rolf Madaleno. *Direito de família*. 8ª ed. Rio de Janeiro: Forense, 2018, p. 199-213.

407 Esse "período de prova" seria reservado para que o "casal assimile a conjuntura conjugal e busque superar os percalços naturais da nova família constituída" (Yussef Said Cahali. *Divórcio e separação*. 11ª ed. São Paulo: RT, 2005, p. 110).

408 Além da exigência temporal da Lei 6.515/1977, a redação original do art. 226, § 6º, da Constituição da República previa que o casamento poderia ser dissolvido pelo divórcio, após prévia separação judicial por mais de um ano ou após dois anos de comprovada separação de fato. Falava-se, então, em "divórcio conversão" e "divórcio direto"; agora, por força da mudança de redação do texto constitucional, há somente "divórcio", sem qualquer adjetivação, inexistindo mais aquele regime diferenciado.

409 Gustavo Tepedino, Heloisa Helena Barboza e Maria Celina Bodin de Moraes. *Código Civil interpretado*. Rio de Janeiro: Renovar, 2014, p. 143, v. IV. Enunciado nº 515 das Jornadas de Direito Civil: "Pela interpretação teleológica da Emenda Constitucional n. 66/2010, não há prazo mínimo de casamento para a separação consensual".

derrogação da Lei 6.515/1977 e do Código Civil. Facilitou-se o divórcio, mas não se eliminou a separação; excluiu-se uma etapa, mas não se eliminou uma pretensão. Entender que, quando a Constituição, no art. 226, § 6º, dispõe que "o casamento civil pode ser dissolvido pelo divórcio", está extinta a possibilidade de separação parece ser uma leitura que se distancia do texto normativo. A Constituição da República, por questão de política legislativa que aqui não merece apreciação axiológica, fez uma opção pela proeminência do casamento entre as entidades familiares e, nesse contexto, afigura-se um tanto heterodoxo eliminar uma forma que facilita o restabelecimento da sociedade conjugal. E não é raro encontrarmos pedido de restabelecimento conjugal na prática. Deve ser considerada, ainda, a peculiaridade de que o direito de família possui uma dimensão cultural que não pode ser ignorada e não se pode afastar o dado fático de que há pessoas que se sentirão confortáveis no meio social ao se separarem, mas não pretendem assumir o divórcio. Essa é uma alternativa amparada pelo direito e que é circunscrita à esfera subjetiva das partes, ainda que na avaliação pessoal de muitos isso não seja considerada como uma opção razoável. Entretanto, poucos comportamentos são mais autoritários do que aqueles que pretendem impor sua individual visão do mundo. Soa arbitrário impedir que as pessoas se separem e, além dos aspectos culturais, religiosos, ou qualquer outra justificativa metajurídica que inspire o comportamento dos cônjuges, não se pode afastar o efeito prático da possibilidade do restabelecimento da sociedade conjugal, como se fosse autorizado ao intérprete excluir a fórceps uma opção que cabe à parte e que é autorizada juridicamente e não é incompatível com a Constituição da República.[410] Não deixa de ser interessante anotar que antes da Emenda Constitucional nº 66/2010 alegava-se que exigir a separação antes do divórcio era uma postura autoritária e que invadia a autonomia privada. E agora, contraditoriamente, pretende-se considerar que a liberdade é impedir uma escolha. Considerar que o divórcio é o único meio de se terminar a sociedade conjugal é impor às partes uma

---

410 Walsir Edson Rodrigues Júnior e Dierle Nunes. Emenda Constitucional nº 66 e a possibilidade jurídica do pedido de separação judicial e de separação extrajudicial. Disponível em: <www.diritto.it>. Acesso em 12/2/2017; Gustavo Tepedino, Heloisa Helena Barboza e Maria Celina Bodin de Moraes. *Código Civil interpretado*. Rio de Janeiro: Renovar, 2014, p. 129-130, v. IV; Thiago Rodovalho. *Novo Código de Processo Civil comentado*. Ribeiro, Gouveia Filho, Pantaleão e Gouveia (coord.). São Paulo: Lualri, 2017, p. 537-540, tomo II. O Enunciado nº 514 das Jornadas de Direito Civil considera que "a Emenda Constitucional nº 66/2010 não extinguiu o instituto da separação judicial e extrajudicial". Nesse mesmo sentido: Fabio Caldas de Araújo. *Curso de processo civil*: procedimentos especiais. São Paulo: Malheiros, 2018, p. 489, tomo III; Luiz Rodrigues Wambier e Eduardo Talamini. *Curso avançado de processo civil*. 16ª ed. São Paulo: RT, 2018, p. 270, v. 4.

solução autoritária em um assunto em que a autonomia privada deve sempre ser resguardada. A Emenda Constitucional nº 66/2010 foi um inegável avanço, especialmente ao simplificar a possibilidade de divórcio e não fazer referência à culpa,[411] mas a interpretação de que foi extinta a separação é um retrocesso, exatamente por significar a exclusão da autonomia da parte e atingir a dimensão da liberdade no conteúdo do "direito de não permanecer casado".[412] Se é verdade que na prática não haverá pedidos de separação por conta de seu desuso social, como se lê em diversos textos pródigos em adjetivações sobre essa modalidade de término da sociedade conjugal, então a discussão sequer se imporá e teremos, por assim dizer, a "revogação doutrinária" do dispositivo nessa parte, prevalecendo a opinião dos autores que advogam tal tese. Preocupa-nos, entretanto, o fato de que se inadmita o pedido de separação consensual sob o argumento de que inexiste interesse (ou, ainda, de que há "impossibilidade jurídica do pedido"), razão pela qual é relevante firmar a posição de que a disposição normativa é totalmente compatível com a Constituição da República em na realidade, a separação nunca deixou de existir como opção para a parte. A separação, portanto, deixa de ser uma etapa obrigatória para a obtenção do divórcio, mas persiste no direito brasileiro como opção,[413] judicial ou extrajudicial (art. 733, CPC).[414]

---

411 A discussão sobre a culpa na separação e no divórcio é outro tema que desperta polêmica e a bibliografia citada na nota anterior também serve como referência para a discussão mais ampla do tema. No Superior Tribunal de Justiça já se considerou que "é possível ser decretada a separação judicial do casal sem imputação de causa às partes, quando ficar patente a insustentabilidade da vida em comum, ainda que a pretensão tenha fundamento na existência de culpa. Incidência da Súmula 83 do STJ" (EDcl no AREsp 78.716/RJ, rel. Min. Maria Isabel Gallotti, Quarta Turma, j. 17/9/2013, DJe 30/9/2013); entretanto, sob o argumento de que envolve questão de fato nos casos em que a culpa é alegada, normalmente aquele Tribunal não examina essa matéria. De todo modo, para fins de jurisdição voluntária, não é necessário examinar esse tema, já que apenas os casos consensuais são abrangidos pelo procedimento ora comentado.

412 Cf. Cristiano Chaves de Farias e Nelson Rosenvald. *Curso de direito civil*: famílias. 10ª ed. Salvador: JusPodivm, 2018, p. 384, v. 6. Com a ressalva, como já anotado, que os autores ora referidos não concordam com a manutenção da separação no ordenamento brasileiro.

413 Para aqueles que entendem que há incompatibilidade do texto do CPC com a o art. 226, § 6º, da Constituição da República, os dispositivos desta Seção deverão ser lidos ignorando a referência à separação.

414 Em recente julgado no Superior Tribunal de Justiça, por maioria de votos, entendeu-se nesse mesmo sentido: "Recurso especial. Direito civil. Família. Emenda Constitucional nº 66/10. Divórcio direto. Separação judicial. Subsistência. 1. A separação é modalidade de extinção da sociedade conjugal, pondo fim aos deveres de coabitação e fidelidade, bem como ao regime de bens, podendo, todavia, ser revertida a qualquer momento pelos cônjuges (Código Civil, arts. 1571, III e 1.577). O

divórcio, por outro lado, é forma de dissolução do vínculo conjugal e extingue o casamento, permitindo que os ex-cônjuges celebrem novo matrimônio (Código Civil, arts. 1571, IV e 1.580). São institutos diversos, com consequências e regramentos jurídicos distintos. 2. A Emenda Constitucional n° 66/2010 não revogou os artigos do Código Civil que tratam da separação judicial. 3. Recurso especial provido" (REsp 1247098/MS, rel. Min. MARIA ISABEL GALLOTTI, Quarta Turma, j. 14/3/2017, DJe 16/5/2017). Colhem-se do voto da relatora os seguintes trechos: "Após essa alteração, muito se questionou se a separação extrajudicial ou judicial, seja consensual, seja litigiosa, continuaria existente no nosso ordenamento pátrio ante a supressão de sua menção no texto constitucional. Examinando detidamente os dois institutos envolvidos, o divórcio e a separação, parece-me que não, senão vejamos. Primeiramente, analisando a literalidade do artigo previsto na Constituição, a única alteração ocorrida foi a supressão do requisito temporal, bem como do sistema bifásico, para que o casamento seja dissolvido pelo divórcio. Ocorreu, portanto, facilitação ao divórcio, constituindo verdadeiro direito potestativo dos cônjuges. Ainda, o texto constitucional dispõe que o casamento civil pode ser dissolvido pelo divórcio, imprimindo faculdade aos cônjuges, e não extinguindo a possibilidade de separação judicial. Ademais, sendo o divórcio permitido sem qualquer restrição, forçoso concluir pela possibilidade da separação ainda subsistente no Código Civil, pois quem pode o mais, pode o menos também. Entender que tal alteração suprimiu a existência da separação extrajudicial ou judicial levaria à interpretação de que qualquer assunto que não fosse mais tratado no texto constitucional por desconstitucionalização estaria extinto, a exemplo também do que ocorreu com a separação de fato, cuja existência não é objeto de dúvida. [...] Poderia se cogitar, ainda, sobre a existência de um conflito implícito entre a nova redação e a legislação infraconstitucional, apto a gerar a sua revogação tácita. Como salientado anteriormente, essa acontece quando uma norma posterior é incompatível com a anterior ou regula toda a matéria anteriormente tratada, o que não se verifica tendo em vista tratar-se de institutos diversos, com disciplinas e consequências jurídicas distintas. A separação, nos termos do artigo 1.571, III, do Código Civil, é modalidade de extinção da sociedade conjugal, pondo fim aos deveres de coabitação e fidelidade, bem como ao regime de bens. O divórcio, por outro lado, é forma de dissolução do vínculo conjugal e extingue o próprio vínculo conjugal, pondo termo ao casamento, à luz do disposto em seu § 1°, refletindo diretamente sobre o estado civil da pessoa e permitindo que os ex-cônjuges celebrem novo casamento, o que não ocorre com a separação. Ainda, a separação é uma medida temporária e de escolha pessoal dos envolvidos, que podem optar, a qualquer tempo, por restabelecer a sociedade conjugal ou pela sua conversão definitiva em divórcio para dissolução do casamento, nos termos dos artigos 1.577 e 1.580, do CC. [...] Percebe-se, portanto, que em muito se assemelha a separação extrajudicial ou judicial à separação de fato no tocante às consequências jurídicas, tendo em vista que ambas põem fim ao regime de bens e aos deveres de coabitação e fidelidade, permitindo, inclusive, a formação de união estável, entidade familiar constitucionalmente prevista. [...] Dessa forma, não me parece correto o entendimento de que a separação de fato é fenômeno ao qual atribuídas consequências jurídicas, mas aqueles cônjuges que querem formalizar a separação, a fim de resguardar legalmente seus direitos patrimoniais e da personalidade, inclusive para um futuro entendimento entre o casal, estariam impedidos de fazê-lo. Não há que se cogitar, portanto, na intervenção do Estado-Juiz na liberdade de escolha permitida em lei, conforme ficou estabelecido na V Jornada de Direito Civil, cujos enunciados transcrevo a seguir: 514 – Art. 1.571: A Emenda Constitucional n. 66/2010 não extinguiu o instituto da separação judicial e extrajudicial. 515 – Art. 1.574, caput: Pela interpretação teleológica da Emenda Constitucional n. 66/2010, não há prazo mínimo de casamento para a separação consensual. 516 – Art. 1.574, parágrafo único: Na separação judicial por mútuo consentimento, o juiz só poderá intervir no limite da preservação do interesse dos incapazes ou de um dos cônjuges, permitida a cindibilidade dos pedidos com a concordância das partes, aplicando-se esse entendimento também ao divórcio. 517 – Art. 1.580: A Emenda Constitucional n. 66/2010 extinguiu os prazos previstos no art. 1.580 do Código Civil, mantido o divórcio por conversão. Imperioso concluir, portanto, que não ocorreu a revogação tácita da legislação infraconstitucional que versa sobre a separação, dado que a EC nº 66 não tratou em momento algum sobre a separação, bem como não dispôs sobre matéria com ela incompatível. [...] O que foi feito, repise-se, foi a supressão de qualquer requisito referente à separação prévia para requerer o divórcio, e não a supressão do instituto em si. Não há conflito, portanto, entre o disposto na Constituição Federal e o prescrito na legislação infraconstitucional. O intuito da referida Emenda Constitucional foi, justamente, diminuir a interferência estatal na família de maneira a possibilitar a efetivação do princípio da liberdade familiar, possibilitando aos cônjuges o exercício pleno de sua autonomia privada. Por fim, anoto que o novo Código de Processo Civil, Lei nº 13.105/2015, em vigor no dia 18 de março do corrente ano, manteve em diversos dispositivos referências ao instituto da separação judicial, inclusive regulando-o no capítulo que trata das ações de família, artigo 693 e seguintes, e constando no próprio título da seção IV do capítulo XV, que trata dos procedimentos de jurisdição voluntária (artigo 731 e seguintes), demonstrando, novamente e de forma indiscutível, a mens legis em manter a figura da separação no ordenamento jurídico pátrio. É o que se verifica da simples leitura dos artigos 23, III, 53, I, 189, II e § 2º, 693, 732 e 733, do mencionado diploma processual". Também a Terceira Turma decidiu no mesmo sentido: "Recurso especial. Direito civil. Direito de família. Emenda Constitucional nº 66/2010. Divórcio direto. Requisito temporal. Extinção. Separação judicial ou extrajudicial. Coexistência. Institutos distintos. Princípio da autonomia da vontade. Preservação. Legislação infraconstitucional. Observância. 1. A dissolução da sociedade conjugal pela separação não se confunde com a dissolução definitiva do casamento pelo divórcio, pois versam acerca de institutos autônomos e distintos. 2. A Emenda à Constituição nº 66/2010 apenas excluiu os requisitos temporais para facilitar o divórcio. 3. O constituinte derivado reformador não revogou, expressa ou tacitamente, a legislação ordinária que cuida da separação judicial, que remanesce incólume no ordenamento pátrio, conforme previsto pelo Código de Processo Civil de 2015 (arts. 693, 731, 732 e 733 da Lei nº 13.105/2015). 4. A opção pela separação faculta às partes uma futura reconciliação e permite discussões subjacentes e laterais ao rompimento da relação. 5. A possibilidade de eventual arrependimento durante o período de separação preserva, indubitavelmente, a autonomia da vontade das partes, princípio basilar do direito privado. 6. O atual sistema brasileiro se amolda ao sistema dualista opcional que não condiciona o divórcio à prévia separação judicial ou de fato.7. Recurso especial não provido" (REsp 1431370/SP, rel. Min. Ricardo Villas Bôas Cueva, Terceira Turma, j. em 15/8/2017, DJe 22/8/2017).

48. Divórcio

Verificada a existência do sistema dual facultativo no direito brasileiro, o divórcio pode ser obtido sem a necessidade de prévia separação fática[415] ou jurídica ou de exigência de algum lapso temporal. Trata-se de medida que aprofunda a situação jurídica de término da sociedade conjugal, rompendo o vínculo que foi formado com o casamento que é dissolvido com o divórcio. Também o divórcio pode ser obtido judicial ou extrajudicialmente, sem a exigência de qualquer etapa prévia.

49. Procedimento

Exige-se a iniciativa conjunta das partes,[416] não havendo espaço para atuação de ofício do juiz ou de terceiros, sendo a consensualidade a nota essencial do procedimento. Como já visto, não se exige qualquer lapso temporal prévio para a admissibilidade do procedimento, a fim de compatibilizar o disposto no art. 1.574, CC, com o art. 226, § 6º, da Constituição da República. Basta, portanto, que as partes manifestem vontade conjunta para que haja o pronunciamento jurisdicional constituindo a separação ou o divórcio.

O juízo competente será fixado de acordo com as regras previstas no art. 53, I, CPC.

A petição inicial deve ser subscrita por advogado por ambos os cônjuges, sem necessidade da antiga cautela de se ratificar pessoalmente a pretensão em juízo ou de haver reconhecimento de firma,[417] por inexistir regra legal nesse sentido no CPC.[418]

Como se trata de conjugação de vontades, nem sequer é necessário discutir a permanência ou não da culpa nessas hipóteses, bastando que conste na inicial a afirmação de que um casamento válido será encerrado ou dissolvido, sem qualquer referência sobre a razão da medida adotada.

---

415 A separação de fato possui relevante eficácia jurídica no direito brasileiro. Sobre o tema: CRISTIANO CHAVES DE FARIAS e NELSON ROSENVALD. *Curso de direito civil*: famílias. 10ª ed. Salvador: JusPodivm, 2018, p. 406-409, v. 6.

416 Registre-se que os arts. 1.576, parágrafo único, e 1.582, parágrafo único, CC, devem ser lidos a partir das disposições do Estatuto da Pessoa com Deficiência que alteraram o regime das capacidades no direito brasileiro, notadamente o art. 6º. Caso haja regime de curatela ou situação em que não seja possível exprimir a vontade, incidirá por analogia o art. 1.550, § 2º, CC, que teve sua redação modificado pelo referido Estatuto e aperfeiçoa os textos dos arts. 1.576, parágrafo único, e 1.582, parágrafo único, CC, preservando-lhes o sentido.

417 A exigência de reconhecimento de firma já era fortemente combatida por JOSÉ OLYMPIO DE CASTRO FILHO. *Comentários ao Código de Processo Civil*. 4ª ed. Rio de Janeiro: Forense, 1995, p. 88, v. X.

418 Registre-se que, não havendo controvérsia, reputa-se autêntico o documento (art. 411, III, CPC).

A regulamentação da guarda,[419] visitação e "contribuição para criar e educar"[420] os filhos, bem como eventuais alimentos entre os cônjuges,[421] também

---

419 Por ser procedimento consensual, todas as questões evidentemente decorrerão de ajuste de vontade, mas convém registrar que o regime de guarda que hoje preferencial no direito brasileiro é o compartilhado, conforme dispõem os arts. 1.583 e 1.584, CC. Note-se que o art. 1584, § 2º, CC, dispõe que, "quando não houver acordo entre a mãe e o pai quanto à guarda do filho, encontrando-se ambos os genitores aptos a exercer o poder familiar, será aplicada a guarda compartilhada, salvo se um dos genitores declarar ao magistrado que não deseja a guarda do menor". Prevê, portanto, que o dissenso ensejará a guarda compartilhada, havendo aptidão de ambos, mas evidentemente o consenso igualmente pode levar ao compartilhamento, de modo que deve haver expressa referência dos cônjuges sobre o acordo de vontades na petição inicial ou no decorrer do procedimento.

420 "Processual civil. Civil. Recurso especial. Ação de alimentos. Litisconsórcio passivo necessário. Existência. Curso superior concluído. Realização de pós-graduação. Necessidade/possibilidade. Os alimentos devidos em razão do poder familiar ou do parentesco, são instituídos, sempre, *intuitu personae*, para atender os ditames do art. 1.694 do Código Civil que exige a verificação da necessidade de cada alimentado e a possibilidade do alimentante, razão pela qual, quando fixados globalmente, ainda assim, consistem em obrigações divisíveis, com a presunção – salvo estipulação da sentença em sentido contrário – que as dívidas são iguais. 2. O advento da maioridade não extingue, de forma automática, o direito à percepção de alimentos, mas esses deixam de ser devidos em face do Poder Familiar e passam a ter fundamento nas relações de parentesco, em que se exige a prova da necessidade do alimentado. 3. O estímulo à qualificação profissional dos filhos não pode ser imposto aos pais de forma perene, sob pena de subverter o instituto da obrigação alimentar oriunda das relações de parentesco, que tem por objetivo, tão só, preservar as condições mínimas de sobrevida do alimentado. 4. Em rigor, a formação profissional se completa com a graduação, que, de regra, permite ao bacharel o exercício da profissão para a qual se graduou, independentemente de posterior especialização, podendo assim, em tese, prover o próprio sustento, circunstância que afasta, por si só, a presunção *iuris tantum* de necessidade do filho estudante. 5. Persistem, a partir de então, as relações de parentesco, que ainda possibilitam a percepção de alimentos, tanto de descendentes quanto de ascendentes, porém desde que haja prova de efetiva necessidade do alimentado. 6. Recurso especial não provido" (REsp 1505079/MG, rel. Min. Nancy Andrighi, Terceira Turma, j. 13/12/2016, DJe 1º/2/2017). "Direito de família e processual civil. Recurso especial. Omissão e contradição. Inexistência. Alimentos. Decorrem da necessidade do alimentando e possibilidade do alimentante. Dever que, em regra, subsiste até a maioridade do filho ou conclusão do curso técnico ou superior. Moldura fática, apurada pela corte local, apontando que a alimentanda tem curso superior, 25 anos de idade, nada havendo nos autos que infirme sua saúde mental e física. Decisão que, em que pese o apurado, reforma a sentença, para reconhecer a subsistência do dever alimentar. Descabimento. 1. Os alimentos decorrem da solidariedade que deve haver entre os membros da família ou parentes, visando garantir a subsistência do alimentando, observadas sua necessidade e a possibilidade do alimentante. Com efeito, durante a menoridade, quando os filhos estão sujeitos ao poder familiar – na verdade, conjunto de deveres dos pais, inclusive o de sustento – há presunção de dependência dos filhos, que

subsiste caso o alimentando, por ocasião da extinção do poder familiar, esteja frequentando regularmente curso superior ou técnico, todavia passa a ter fundamento na relação de parentesco, nos moldes do artigo 1.694 e seguintes do Código Civil. Precedentes do STJ. 2. 'Os filhos civilmente capazes e graduados podem e devem gerir suas próprias vidas, inclusive buscando meios de manter sua própria subsistência e limitando seus sonhos – aí incluídos a pós-graduação ou qualquer outro aperfeiçoamento técnico-educacional - à própria capacidade financeira' (REsp 1218510/SP, Rel. Ministra Nancy Andrighi, Terceira Turma, julgado em 27/09/2011, DJe 03/10/2011). 3. Portanto, em linha de princípio, havendo a conclusão do curso superior ou técnico, cabe à alimentanda – que, conforme a moldura fática, por ocasião do julgamento da apelação, contava 25 (vinte e cinco) anos de idade, 'nada havendo nos autos que deponha contra a sua saúde física e mental, com formação superior' – buscar o seu imediato ingresso no mercado de trabalho, não mais subsistindo obrigação (jurídica) de seus genitores de lhe proverem alimentos. 4. Recurso especial provido para restabelecer a sentença" (REsp 1312706/AL, rel. Min. LUIS FELIPE SALOMÃO, Quarta Turma, j. 21/2/2013, DJe 12/4/2013).

421 Sobre a renúncia consensual a alimentos: "Consoante entendimento pacificado desta Corte, após a homologação do divórcio, não pode o ex-cônjuge pleitear alimentos se deles desistiu expressamente por ocasião do acordo de separação consensual. Precedentes da 2ª Seção" (STJ, AgRg no Ag 1044922/SP, rel. Min. RAUL ARAÚJO, Quarta Turma, j. 22/6/2010, DJe 2/8/2010). Enunciado nº 263 das Jornadas de Direito Civil: "O art. 1.707 do Código Civil não impede seja reconhecida válida e eficaz a renúncia manifestada por ocasião do divórcio (direto ou indireto) ou da dissolução da 'união estável'. A irrenunciabilidade do direito a alimentos somente é admitida enquanto subsistir vínculo de Direito de Família". Sobre a possibilidade de fixação de alimentos transitórios e também acerca da excepcionalidade que vem assumindo o pensionamento entre ex-cônjuges: "Alimentos transitórios – de cunho resolúvel – são obrigações prestadas, notadamente entre ex-cônjuges ou ex-companheiros, em que o credor, em regra pessoa com idade apta para o trabalho, necessita dos alimentos apenas até que se projete determinada condição ou ao final de certo tempo, circunstância em que a obrigação extinguir-se-á automaticamente" (STJ, REsp 1388955/RS, rel. Min. NANCY ANDRIGHI, Terceira Turma, j. 19/11/2013, DJe 29/11/2013). "Recurso especial. Direito civil. Família. Alimentos. Exoneração. Obrigação alimentar prolongada. Ociosidade. Possibilidade. Parentesco. Solidariedade. Artigos 1.694 e 1.695 do Código Civil. Novo pedido. 1. Cinge-se a controvérsia a definir se é possível a fixação indefinida de alimentos a ex-cônjuge, que, à época da decretação dos alimentos, possuía condições para sua inserção no mercado de trabalho. 2. O fim do casamento deve estimular a independência de vidas e não o ócio, pois não constitui garantia material perpétua. 3. O dever de prestar alimentos entre ex-cônjuges é regra excepcional que desafia interpretação restritiva, ressalvadas as peculiariedades do caso concreto, tais como a impossibilidade do beneficiário em laborar ou eventual acometimento de doença invalidante. 4. A obrigação que perdura por quase duas décadas retrata tempo suficiente e razoável para que a alimentanda possa se restabelecer e seguir a vida sem o apoio financeiro do ex-cônjuge. 5. No caso dos autos, não restou demonstrada a plena incapacidade da recorrida para trabalhar, impondo-se a exoneração da obrigação alimentar tendo em vista que há inúmeras atividades laborais compatíveis com a situação de saúde explicitada em atestados médicos, que não impedem todo e qualquer labor. 6. O ordenamento pátrio prevê o dever de solidariedade alimentar decorrente do parentesco (arts. 1.694 e 1.695 do Código Civil), remanescendo

devem constar expressamente da inicial, assim como a descrição e partilha dos bens, caso haja, e se opte por regular esse ponto nesse momento. Essas questões que devem ser objeto de convenção entre as partes apresentam diversas peculiaridades técnicas e não raro resultam em controvérsias.

Entretanto, como o procedimento de jurisdição voluntária exige o consenso, não há lugar para o litígio, de modo que, a rigor, o controle jurisdicional somente se cingirá à observância dos contornos legais das cláusulas avençadas.

A petição deverá ser acompanhada ao menos da certidão de casamento e, caso exista, do pacto antenupcial,[422] além da procuração conferida ao advogado.

à alimentanda a possibilidade de formular novo pedido de alimentos direcionado a seus familiares se de fato ficar demonstrado não possuir condições de prover, parcial ou totalmente, a própria subsistência. 7. Recurso especial provido" (REsp 1608413/MG, rel. Min. Ricardo Villas Bôas Cueva, Terceira Turma, j. em 2/5/2017, DJe 5/5/2017). "Civil e processo civil. Alimentos devidos ao ex-cônjuge. Pedido de exoneração. Possibilidade. 1. Cinge-se a controvérsia a determinar se o recorrente deve ser exonerado da pensão paga a sua ex-cônjuge, desde a época da separação, ocorrida há quase dez anos, tendo em vista que a recorrida exerce já tinha formação profissional à época da separação. 2. Os alimentos devidos entre ex-cônjuges devem ser fixados por prazo certo, suficiente para, levando-se em conta as condições próprias do alimentado, permitir-lhe uma potencial inserção no mercado de trabalho em igualdade de condições com o alimentante. 3. Particularmente, impõe-se a exoneração da obrigação alimentar tendo em vista que a alimentada tem condições de exercer sua profissão, tem uma fonte de renda e recebeu pensão alimentícia por nove anos, tempo esse suficiente e além do razoável para que ela pudesse se restabelecer e seguir a vida sem o apoio financeiro do ex-cônjuge. 4. Recurso especial conhecido e provido" (REsp 1616889/RJ, rel. Min. Nancy Andrighi, Terceira Turma, j. 13/12/2016, DJe 1º/2/2017).

422 Recentemente o Superior Tribunal de Justiça considerou válida e exigível a promessa de doação celebrada por meio de pacto antenupcial: "Recurso Especial. Direito de família. Ação cominatória. Outorga de escritura da nua propriedade de imóvel objeto de promessa de doação celebrada mediante pacto ntenupcial. Exigibilidade da obrigação. Transação posterior. Efeitos. Súmula 05/STJ. 1. Controvérsia em torno da validade e eficácia de negócio jurídico celebrado entre partes, mediante escritura pública de pacto antenupcial, na qual o réu assumiu o compromisso de doar imóvel à autora, posteriormente substituído por outro bem imóvel (apartamento). 2. As questões submetidas ao Tribunal de origem foram adequadamente apreciadas, não se evidenciado afronta ao art. 535 do CPC/1973. 3. Impossibilidade de revisão das conclusões da Corte local referentes à validade e eficácia da transação efetivada entre as partes por exigir análise de matéria fático-probatória e nova interpretação de cláusulas contratuais. Incidência dos enunciados das Súmulas n.º 05 e 07/STJ. 4. Hipótese dos autos em que a liberalidade não animou o pacto firmado pelas partes, mas sim as vantagens recíprocas e simultâneas que buscaram alcançar a aquiescência de ambos ao matrimônio e ao regime de separação total de bens, estabelecendo o compromisso de doação de um determinado bem à esposa para o acertamento do patrimônio do casal. 5. Aplicação analógica da tese pacificada pela Segunda Seção no sentido da validade e eficácia do compromisso

Os documentos referentes aos quatro incisos do art. 731, CPC, também devem acompanhar a inicial, como a certidão de nascimento dos filhos, comprovação dos bens, fontes de renda, despesas com os filhos, entre outras, dentro das peculiaridades do caso, podendo, inclusive, não se tratar da partilha dos bens, que, assim, permanecerão em condomínio,[423] conforme o parágrafo único do citado dispositivo, se houver bens a partilhar.

O dispositivo não exige que os cônjuges se manifestem sobre eventuais alterações nos nomes,[424] mas nada impede que na inicial haja disposição sobre o tema, na

---

de transferência de bens assumidos pelos cônjuges na separação judicial, pois, nestes casos, não se trataria de mera promessa de liberalidade, mas de promessa de um fato futuro que entrou na composição do acordo de partilha dos bens do casal (EREsp n.º 125859/RJ, Rel. Ministro Ruy Rosado de Aguiar, Segunda Seção, DJ 24/03/2003). 6. Precedentes específicos desta Corte. 7. Recurso Especial desprovido" (REsp 1355007/SP, rel. Min. PAULO DE TARSO SANSEVERINO, Terceira Turma, j. 27/6/2017, DJe 10/8/2017).

423 "Recurso especial. Direito de família. Patrimônio comum do casal. Posse exclusiva. De um dos ex-cônjuges. Aluguéis. Pendência de partilha. Indenização afastada. Dever de prestação de contas. Locupletamento ilícito. Vedação. Momento processual oportuno. 1. O arbitramento de aluguel, bem como o ressarcimento pelo uso exclusivo de bem integrante do patrimônio comum do casal, somente é possível nas hipóteses em que, decretada a separação ou o divórcio e efetuada a partilha, um dos cônjuges permaneça residindo no imóvel. 2. A ruptura do estado condominial pelo fim da convivência impõe a realização imediata da partilha, que, uma vez procrastinada, enseja a obrigação de prestar contas ao outro cônjuge alijado do direito de propriedade no momento processual oportuno. 3. A administração do patrimônio comum da família compete a ambos os cônjuges (arts. 1.663 e 1.720 do CC), sendo certo que o administrador dos bens em estado de mancomunhão tem o dever de preservar os bens amealhados no transcurso da relação conjugal, sob pena de locupletamento ilícito. 4. Recurso especial conhecido e provido" (REsp 1470906/SP, rel. Min. RICARDO VILLAS BÔAS CUEVA, Terceira Turma, j. 6/10/2015, DJe 15/10/2015). "Agravo regimental no agravo em recurso especial. Família. Divórcio. Imóvel. Utilização por um dos cônjuges. Arbitramento de aluguel. Cobrança. Impossibilidade. Inexistência de partilha de bens. Precedentes do STJ. 1. A jurisprudência desta Corte admite o arbitramento de aluguel a um dos cônjuges por uso exclusivo de bem imóvel comum do casal somente na hipótese em que, efetuada a partilha do bem, um dos cônjuges permaneça residindo no imóvel. 2. Agravo regimental não provido" (AgRg no AREsp 380.473/RJ, rel. Min. RICARDO VILLAS BÔAS CUEVA, Terceira Turma, j. em 5/6/2014, DJe 13/06/2014).

424 Sobre a alteração do nome na união estável, confira-se este julgado do Superior Tribunal de Justiça: "Civil. Processual civil. Recurso especial. União estável. Alteração do assento registral de nascimento. Inclusão do patronímico do companheiro. Possibilidade. Pedido de alteração do registro de nascimento para a adoção, pela companheira, do sobrenome de companheiro, com quem mantém união estável há mais de 30 anos. A redação do o art. 57, § 2º, da Lei 6.015/73 outorgava, nas situações de concubinato, tão somente à mulher, a possibilidade de averbação do patronímico do companheiro, sem prejuízo dos apelidos próprios, desde que houves-

forma do art. 1.571, § 2º, CC, assim como é lícito que outras questões sejam objeto de acordo no procedimento, dependendo das circunstâncias próprias de cada caso.[425]

Os incisos previstos no art. 731, CPC, expressam, na realidade, uma pauta mínima e não necessariamente obrigatória: trata-se de pauta mínima, na medida em que outras questões consensuais relacionadas à separação ou ao divórcio sejam apresentadas judicialmente, de acordo com o caso concreto; não é necessariamente obrigatória essa pauta mínima, por depender da incidência de situações ali relacionadas, como a existência de filhos.

Caso estejam presentes todas as situações contempladas nos incisos do art. 731, a legislação só dispensa expressamente a disciplina sobre a partilha,[426] conforme o disposto no parágrafo único do referido dispositivo. Há entendimentos, porém, no sentido de que apenas a separação ou o divórcio pode ser objeto específico do procedimento, reservando-se outros momentos para as demais questões em que houver dissensos.[427]

---

se impedimento legal para o casamento, situação explicada pela indissolubilidade do casamento, então vigente. A imprestabilidade desse dispositivo legal para balizar os pedidos de adoção de sobrenome dentro de uma união estável, situação completamente distinta daquela para qual foi destinada a referida norma, reclama a aplicação analógica das disposições específicas do Código Civil relativas à adoção de sobrenome dentro do casamento, porquanto se mostra claro o elemento de identidade entre os institutos e a parelha ratio legis relativa à união estável, com aquela que orientou o legislador na fixação, dentro do casamento, da possibilidade de acréscimo do sobrenome de um dos cônjuges, pelo outro. Assim, possível o pleito de adoção do sobrenome dentro de uma união estável, em aplicação analógica do art. 1.565, § 1º, do CC-02, devendo-se, contudo, em atenção às peculiaridades dessa relação familiar, ser feita sua prova documental, por instrumento público, com anuência do companheiro cujo nome será adotado. Recurso especial provido" (REsp 1206656/GO, rel. Min. Nancy Andrighi, Terceira Turma, j. 16/10/2012, DJe 11/12/2012).

425 Cristiano Chaves de Farias e Nelson Rosenvald. *Curso de direito civil*: famílias. 10ª ed. Salvador: JusPodivm, 2018, p. 426-427, v. 6.

426 Registre-se que, se realizada a partilha, eventual promessa de doação torna-se exigível, podendo-se registrar a homologação mediante a expedição de alvará: "Recurso especial. Direito civil. Direito de família. Divórcio consensual. Partilha de bens. Acordo. Doação aos filhos. Homologação judicial. Sentença com eficácia de escritura pública. Formal de partilha. Registro no cartório de imóveis. Possibilidade. 1. Não constitui ato de mera liberalidade a promessa de doação aos filhos como condição para a realização de acordo referente à partilha de bens em processo de separação ou divórcio dos pais, razão pela qual pode ser exigida pelos beneficiários do respectivo ato. 2. A sentença homologatória de acordo celebrado por ex-casal, com a doação de imóvel aos filhos comuns, possui idêntica eficácia da escritura pública. 3. Possibilidade de expedição de alvará judicial para o fim de se proceder ao registro do formal de partilha. 4. Recurso especial provido" (REsp 1537287/SP, rel. Min. Ricardo Villas Bôas Cueva, Terceira Turma, j. 18/10/2016, DJe 28/10/2016).

427 Cf. Fernanda Tartuce. *Comentários ao Código de Processo Civil*. Cassio Scarpinella

Pela leitura do parágrafo único, como já referido, somente a falta de consenso sobre a partilha autoriza a homologação, o que significa dizer que os outros pontos arrolados nos incisos do art. 731, CPC, devem ser objeto de consenso, ainda que sejam temas comumente geradores de conflitos, como a guarda, visitação e alimentos. Trata-se, porém, de decisão de política legislativa e a homologação da separação ou do divórcio somente ocorrerá nesse amplo quadro de consenso, excluindo-se o dissenso relacionado à partilha.

Não mais está prevista em lei a anacrônica "audiência de ratificação", que, na prática, já era ignorada em muitas oportunidades.[428] O CPC, em

---

BUENO (coord.). São Paulo: Saraiva, 2017, p. 397-398, v. 3.

428 "Processual civil. Civil. Recurso especial. Família. Ação de divórcio consensual direto. Audiência para tentativa de reconciliação ou ratificação. Inexistência. Divórcio homologado de plano. Possibilidade. Recurso desprovido. 1. Em razão da modificação do art. 226, § 6º, da CF, com a nova redação dada pela EC 66/10, descabe falar em requisitos para a concessão de divórcio. 2. Inexistindo requisitos a serem comprovados, cabe, caso o magistrado entenda ser a hipótese de concessão de plano do divórcio, a sua homologação. 3. A audiência de conciliação ou ratificação passou a ter apenas cunho eminentemente formal, sem nada produzir, e não havendo nenhuma questão relevante de direito a se decidir, nada justifica na sua ausência, a anulação do processo. 4. Ainda que a CF/88, na redação original do art. 226, tenha mantido em seu texto as figuras anteriores do divórcio e da separação e o CPC tenha regulamentado tal estrutura, com a nova redação do art. 226 da CF/88, modificada pela EC 66/2010, deverá também haver nova interpretação dos arts. 1.122 do CPC e 40 da Lei do Divórcio, que não mais poderá ficar à margem da substancial alteração. Há que se observar e relembrar que a nova ordem constitucional prevista no art. 226 da Carta Maior alterou os requisitos necessários à concessão do Divórcio Consensual Direto. 5. Não cabe, in casu, falar em inobservância do Princípio da Reserva de Plenário, previsto no art. 97 da Constituição Federal, notadamente porque não se procedeu qualquer declaração de inconstitucionalidade, mas sim apenas e somente interpretação sistemática dos dispositivos legais versados acerca da matéria. 6. Recurso especial a que se nega provimento" (REsp 1483841/RS, rel. Min. MOURA RIBEIRO, terceira turma, j. 17/3/2015, DJe 27/3/2015). "Recurso Especial. Processual Civil. Direito Civil. Família. Ação de divórcio direto consensual. Inexistência de audiência de ratificação. Divórcio homologado de plano. Possibilidade. Desprovimento do apelo extremo. Insurgência recursal do Parquet estadual. Hipótese: Trata-se de ação de divórcio direto consensual, cujo acordo foi homologado de plano pelo juízo sentenciante, que considerou desnecessária a realização de audiência de ratificação. 1. Esta Corte já decidiu inexistir obrigatoriedade de realização de audiência de ratificação, em caso de divórcio direto consensual, quando o juiz sentenciante entender apta a sua concessão de imediato, tendo condições de aferir a firme disposição dos cônjuges em se divorciarem, bem como de atestar que as formalidades foram atendidas. Precedentes. 2. No caso em apreço, não se evidencia hipótese a justificar a anulação do julgado diante da homologação de plano do divórcio direto consensual, sem realização de audiência de ratificação, tendo em vista que o juiz sentenciante teve condições de aferir a efetiva convergência de vontade das partes em dissolverem o vínculo conjugal,

eloquente omissão, não mais reproduz a vetusta regra.

Recebida a petição inicial, não há necessidade de designação de qualquer audiência[429] e, salvo a necessidade de algum esclarecimento dos cônjuges, o juiz homologará os pedidos.

Basicamente, caberá ao juiz o estrito controle da admissibilidade da petição inicial, verificando a presença das formalidades legais, como assinatura dos cônjuges[430] e cláusulas exigidas por lei, além da juntada dos documentos necessários para apreciação do caso.

Havendo necessidade de alguma complementação, incidirá o disposto no art. 321, CPC, indicando-se com previsão o que deve ser esclarecido ou complementado. A recusa da homologação pelo juiz, além da imperiosa necessidade de fundamentação, deve se limitar ao exame de formalidades legais e à eventual identificação de alguma invalidade ou ilicitude do negócio estabelecido entre os cônjuges. Isso significa que não cabe ao juiz o papel de interventor nos termos da convenção estabelecida entre os cônjuges, como se fosse uma espécie de curador da vontade manifestada, ou de assumir uma posição de titular do direito em jogo, em uma heterodoxa substituição processual.

De todo modo, identificando alguma irregularidade ou remanescendo alguma dúvida, não há que se falar em recusa *prima facie* da homologação, cabendo intimar os requerentes para que esclareçam as pretensões, bem como lhes dando a oportunidade para se manifestar sobre as questões que parecerem relevantes, sempre nos moldes das normas fundamentais do CPC.[431] Nesse

---

atestou, ainda, que as demais formalidades foram atendidas, bem como observado os interesses da menor. 3. Recurso especial desprovido" (REsp 1554316/MG, rel. Min. MARCO BUZZI, Quarta Turma, j. 15/3/2016, DJe 21/3/2016).

429 Não mais há previsão da anacrônica audiência de ratificação, como visto. Além disso, a consensualidade ínsita ao procedimento torna absolutamente desnecessária a audiência de conciliação. Também em virtude da consensualidade e da prevalência da prova documental para comprovar o necessário para os fins do art. 731, CPC, não se afigura plausível a realização de audiência para a produção de prova oral. Entretanto, se for necessário ato instrutório perante o juiz cuja causa não fulmine o necessário consenso será possível a realização excepcional do ato.

430 Críticas a essa exigência já eram fortemente formuladas por JOSÉ OLYMPIO DE CASTRO FILHO. *Comentários ao Código de Processo Civil*. 4ª ed. Rio de Janeiro: Forense, 1995, p. 87, v. X. Ao menos no novo CPC não se previu a necessidade de autenticação das assinaturas quando não realizadas na frente do juiz. Caso um dos cônjuges (ou ambos) não saiba escrever, deve ser permitida a assinatura a rogo, ainda que não conste dispositivo específico nesse sentido no CPC (cf. DANIEL AMORIM ASSUMPÇÃO NEVES. *Novo Código de Processo Civil comentado*. 2ª ed. Salvador: JusPodivm, 2017, p. 1180, lembrando o art. 34, § 3º, da Lei 6.515/1977).

431 Lembre-se aqui do Enunciado nº 516 das Jornadas de Direito Civil, interpretando o art. 1.574, parágrafo único, CC: "Na separação judicial por mútuo consentimen-

contexto, caso haja omissão sobre alguma matéria que deve ser objeto de consenso, como guarda ou alimentos, cabe ao juiz a provocação expressa dos requerentes, a fim de que se pronunciem expressamente[432] sobre as cláusulas do acordo, eventual renúncia e, evidentemente, também esclareçam, se for o caso, que não se faz presente aquela específica situação no caso concreto. No procedimento, logo após o recebimento da petição inicial, haverá intervenção do Ministério Público no caso de haver interesses de incapazes. A homologação da separação ou do divórcio se dá por sentença, que abrangerá também os demais itens[433] constantes do acordo submetido à apreciação jurisdicional e será

---

to, o juiz só poderá intervir no limite da preservação do interesse dos incapazes ou de um dos cônjuges, permitida a cindibilidade dos pedidos com a concordância das partes, aplicando-se esse entendimento também ao divórcio".

432 "Recurso especial. Ação de alimentos deduzida em face de ex-cônjuge. Ausência de pedido de fixação do encargo no divórcio litigioso. Impossibilidade jurídica e renúncia tácita reconhecidas na sentença de primeiro grau. Manutenção da extinção do feito, sem resolução do mérito (art. 267, VI, do CPC, pelo acórdão local. Insurgência da alimentanda. 1. Tese de violação ao art. 1.704 do Código Civil. Acolhimento. Alimentos não pleiteados por ocasião do divórcio litigioso. Requerimento realizado posteriormente. Viabilidade. Impossibilidade jurídica afastada. Renúncia tácita não caracterizada. 2. Não há falar-se em renúncia do direito aos alimentos ante a simples inércia de seu exercício, porquanto o ato abdicativo do direito deve ser expresso e inequívoco. 3. Em atenção ao princípio da mútua assistência, mesmo após o divórcio, não tendo ocorrido a renúncia aos alimentos por parte do cônjuge que, em razão dos longos anos de duração do matrimônio, não exercera atividade econômica, se vier a padecer de recursos materiais, por não dispor de meios para suprir as próprias necessidades vitais (alimentos necessários), seja por incapacidade laborativa, seja por insuficiência de bens, poderá requerê-la de seu ex-consorte, desde que preenchidos os requisitos legais. 4. Recurso especial provido, a fim de afastar a impossibilidade jurídica do pedido e determinar que o magistrado de primeiro grau dê curso ao processo" (REsp 1073052/SC, rel. Min. MARCO BUZZI, Quarta Turma, j. 11/6/2013, DJe 2/9/2013).

433 Todos os itens do acordo serão objeto da homologação judicial, isto é, serão objeto de sentença. O fato de haver posteriores modificações de cláusulas, como na guarda, visitação e alimentos, em nada interfere nessa afirmação e não impede a formação de coisa julgada. É equivocado afirmar que tais matérias "não fazem coisa julgada" porque podem ser modificadas. Na realidade, alterando-se o quadro fático, não há mais coisa julgada; sem identidade estrita, não há coisa julgada. Trata-se de discussão que já devia estar superada há décadas – se é que deveria ter existido –, mas se percebe que ainda persiste o equívoco. Sobre o tema, entre tantos: JOSÉ CARLOS BARBOSA MOREIRA. Ainda e sempre a coisa julgada. *Direito processual civil (ensaios e pareceres)*. Rio de Janeiro: Borsoi, 1971, especialmente p. 144-145. ADROALDO FURTADO FABRÍCIO. A coisa julgada na ação de alimentos. *Ensaios de direito processual*. Rio de Janeiro: Forense, 2003, p. 295-322. Convém ressalvar que ANTONIO DO PASSO CABRAL apresenta algumas críticas a essa compreensão do denominado limite temporal da coisa julgada; entretanto, a discussão por ele situada não é a mesma que anima aqueles que consideram não haver coisa julgada em matérias

averbada no registro público (arts. 10, I, CC, e 29 e 167 da Lei 6.015/1977). Em tese, é possível, portanto, a interposição de recurso de apelação, se presentes os requisitos de admissibilidade, especialmente o interesse recursal. A sentença que homologa o acordo é inegavelmente uma decisão de mérito,[434] com formação de coisa julgada material, e, portanto, rescindível.[435] Na forma do art. 189, II, CPC, o processo tramitará em segredo de justiça.

50. Ministério Público

A intervenção do Ministério Público só ocorrerá se houver presença de incapaz, por força do art. 698, CPC, que restringe as hipóteses do art. 178, CPC, apenas por uma questão prática, já que em ações de família inexiste outro interesse que justifique a atuação interventiva como fiscal da ordem jurídica.

Art. 732. As disposições relativas ao processo de homologação judicial de divórcio ou de separação consensuais aplicam-se, no que couber, ao processo de homologação da extinção consensual de união estável.

CPC de 1973 – sem dispositivo correspondente

51. União estável

Após longa e lenta evolução no direito brasileiro, o reconhecimento da união estável como entidade familiar[436] foi consagrado no art. 226, § 3º, da Constituição da República, com uma disciplina um tanto quanto fragmenta-

---

que ensejam relações continuativas (cf. ANTONIO DO PASSO CABRAL. *Coisa julgada e preclusões dinâmicas*: entre continuidade, mudança e transição de posições processuais estáveis. Salvador: JusPodivm, 2013, p. 95-98, 160-161 e capítulo 6).

434 Por ser título executivo judicial (art. 515, II, CPC) submete-se inclusive ao efeito preclusivo decorrente do disposto no art. 525, § 1º, CPC.

435 Sobre o tema, lembrando a polêmica anterior e considerando a nova disciplina legal, FREDIE DIDIER JR., LEONARDO CARNEIRO DA CUNHA. *Curso de direito processual civil*. 13ª ed. Salvador: JusPodivm, 2016, p. 429-430, v. 3. Acrescentam os referidos autores, no mesmo livro citado, que o art. 966, § 4º, CPC, restringe-se aos casos de invalidação de atos processuais não decisórios, isto é, atos das partes ou dos auxiliares da justiça (p. 441-445).

436 Sempre que nos referimos à união estável e ao casamento civil, estaremos considerando indistintamente as uniões hétero e homoafetivas. Sobre o tema, além de importantes manifestações doutrinárias, vale conferir: ADPF 132, rel. Min. AYRES BRITTO, Tribunal Pleno, j. 5/5/2011, DJe-198 public 14-10-2011; ADI 4277, rel. Min. AYRES BRITTO, Tribunal Pleno, j. 5/5/2011, DJe-198 public 14-10-2011; REsp 1183378/RS, rel. Min. LUIS FELIPE SALOMÃO, Quarta Turma, j. 25/10/2011, DJe 1º/02/2012; Resolução CNJ nº 175/2013.

da e incompleta na legislação infraconstitucional,[437] e historicamente sempre dependeu de esforço jurisprudencial[438] para que fossem delineados seus contornos jurídicos, configurando um eloquente exemplo de situações fáticas que se sobrepuseram à resistência do legislador. Nesse contexto, um Código de Processo Civil editado na atual quadra histórica não poderia deixar de contemplar a união estável, ainda que se conheçam os persistentes limites e barreiras do processo legislativo.

O art. 732, CPC, menciona apenas a "homologação da extinção", mas nada impede que também haja requerimento de homologação do reconhecimento[439] consensual da união estável, conforme, aliás, menção expressa no

---

437 O que motivou a edição do Provimento nº 37/2014 da Corregedoria Nacional de Justiça.

438 Histórico acerca do tema em CRISTIANO CHAVES DE FARIAS e NELSON ROSENVALD. *Curso de direito civil*: famílias. 10ª ed. Salvador: JusPodivm, 2018, p. 464-470, v. 6. Registre-se recente decisão do Supremo Tribunal Federal: "Direito constitucional e civil. Recurso extraordinário. Repercussão geral. Aplicação do artigo 1.790 do Código Civil à sucessão em união estável homoafetiva. Inconstitucionalidade da distinção de regime sucessório entre cônjuges e companheiros. 1. A Constituição brasileira contempla diferentes formas de família legítima, além da que resulta do casamento. Nesse rol incluem-se as famílias formadas mediante união estável, hetero ou homoafetivas. O STF já reconheceu a 'inexistência de hierarquia ou diferença de qualidade jurídica entre as duas formas de constituição de um novo e autonomizado núcleo doméstico', aplicando-se a união estável entre pessoas do mesmo sexo as mesmas regras e mesas consequências da união estável heteroafetiva (ADI 4277 e ADPF 132, Rel. Min. Ayres Britto, j. 05.05.2011). 2. Não é legítimo desequiparar, para fins sucessórios, os cônjuges e os companheiros, isto é, a família formada pelo casamento e a formada por união estável. Tal hierarquização entre entidades familiares é incompatível com a Constituição de 1988. Assim sendo, o art. 1790 do Código Civil, ao revogar as Leis nº 8.971/1994 e nº 9.278/1996 e discriminar a companheira (ou o companheiro), dando-lhe direitos sucessórios bem inferiores aos conferidos à esposa (ou ao marido), entra em contraste com os princípios da igualdade, da dignidade humana, da proporcionalidade como vedação à proteção deficiente e da vedação do retrocesso. 3. Com a finalidade de preservar a segurança jurídica, o entendimento ora firmado é aplicável apenas aos inventários judiciais em que não tenha havido trânsito em julgado da sentença de partilha e às partilhas extrajudiciais em que ainda não haja escritura pública. 4. Provimento do recurso extraordinário. Afirmação, em repercussão geral, da seguinte tese: 'No sistema constitucional vigente, é inconstitucional a distinção de regimes sucessórios entre cônjuges e companheiros, devendo ser aplicado, em ambos os casos, o regime estabelecido no art. 1.829 do CC/2002' (RE 646721, rel. Min. MARCO AURÉLIO, rel. p/ Acórdão Min. ROBERTO BARROSO, Tribunal Pleno, j. 10/5/2017, Acórdão Eletrônico – Repercussão Geral – Mérito DJe-204, divulg. 8-9-2017, public. 11-9-2017).

439 Cf. CRISTIANO CHAVES DE FARIAS e NELSON ROSENVALD. *Curso de direito civil*: famílias. 10ª ed. Salvador: JusPodivm, 2018, p. 540, v. 6. Provimento nº 37/2014 da Corregedoria Nacional de Justiça: "Art. 7º. Não é exigível o prévio registro da

dispositivo que fixa a competência para a respectiva ação (cf. art. 53, I, CPC),[440] ainda que seja comum o requerimento conjunto de "reconhecimento e dissolução" da união estável. O CPC considera a união estável, inclusive, para questões de capacidade (art. 73, § 3º),[441] devendo também constar na petição

---

união estável para que seja registrada a sua dissolução, devendo, nessa hipótese, constar do registro somente a data da escritura pública de dissolução. § 1º. Se existente o prévio registro da união estável, a sua dissolução será averbada à margem daquele ato. § 2º. Contendo a sentença em que declarada a dissolução da união estável a menção ao período em que foi mantida, deverá ser promovido o registro da referida união estável e, na sequência, a averbação de sua dissolução". Podem os conviventes vislumbrar interesse nessa homologação judicial, mas isso não se confunde com a eficácia jurídica decorrente da situação fática configuradora de união estável: "Independe, assim, da lavratura de qualquer escritura pública ou do ajuizamento de qualquer ação declaratória para fins da sua constituição legal, pois é categoria de entidade familiar que se aperfeiçoa na própria convivência. Nesse sentido, o Superior Tribunal de Justiça já decidiu que a Administração Pública não pode exigir prévia decisão judicial reconhecendo a existência de união estável, para a concessão de benefício administrativo. Logo, sendo a união estável uma entidade familiar de natureza fática, de grande sensibilidade foi o legislador ao não prescrever, no CPC/2015, nenhum procedimento para seu 'reconhecimento' ou 'constituição', evitando, assim, contribuir com a posição equivocada de que a união estável de um casal só está apta a produzir efeitos jurídicos após seu reconhecimento por sentença declaratória. Não obstante, sendo vontade do casal, a lavratura de uma escritura pública ou o próprio ajuizamento de uma ação declaratória não são recursos vedados, daí por que o CPC/2015 fez inserir no ordenamento o instrumento da ação de extinção consensual de união estável" (Jefferson Carús Guedes. *Comentários ao Código de Processo Civil.* Marinoni, Arenhart e Mitidiero (coord.). São Paulo: RT, 2016, p. 313, v. 11).

440 "Art. 53. É competente o foro: I – para a ação de divórcio, separação, anulação de casamento e reconhecimento ou dissolução de união estável: a) de domicílio do guardião de filho incapaz; b) do último domicílio do casal, caso não haja filho incapaz; c) de domicílio do réu, se nenhuma das partes residir no antigo domicílio do casal; [...]".

441 Sobre o tema, anotamos o seguinte: "A aplicação dos dispositivos do art. 73 na união estável já era uma questão polêmica diante da codificação anterior e o novo CPC expressamente fez sua opção: aplicam-se aquelas regras à união estável. Essa foi a decisão legislativa e, ainda que se possa criticar, não há como ignorá-la ou contorná-la. Como já adiantado, no decorrer do processe legislativo, esse foi um ponto bastante polêmico e o texto aprovado na Câmara dos Deputados era no sentido oposto, excluindo também expressamente sua aplicação na união estável. A opção pela extensão das regras à união estável se baseia no mesmo fundamento que justifica a necessidade da participação do cônjuge, ou seja, a tutela do patrimônio familiar. Acrescente-se que essa união estável poderá ser hétero ou homoafetiva. Caso haja contrato escrito estabelecendo a separação absoluta de bens na união estável, evidentemente incidirá a mesma exceção agora expressamente consagrada para o casamento. Dois problemas mais relevantes decorrem da previsão do art. 73, § 3º, CPC: 1) o terceiro que desconhece a união estável, em virtude da ausência de re-

gistro, pode ser surpreendido e ficar desprotegido, restando-lhe, porém, a possibilidade de pleitear o direito de regresso contra aquele que contratou sem consentimento; 2) há que se registrar que também o companheiro que não foi chamado para consentir teve sua boa-fé violada, de modo que deve ser resguardado o patrimônio familiar, assim como há que se garantir o ressarcimento do terceiro prejudicado. Convém aos contratantes, portanto, a fim de assegurar a boa-fé, incluir de antemão uma declaração sobre a existência de união estável no instrumento do negócio jurídico. A inovação constante do art. 319, II, CPC, determinando que a parte expressamente se manifeste sobre a existência de união estável na petição inicial, sem dúvida possui especial importância nesse contexto. No plano processual, pode ocorrer, então, alguma das seguintes situações exemplificativas: a) o autor formula demanda que verse sobre direito real imobiliário sem o consentimento do companheiro, omitindo tal fato na inicial: faltar-lhe-á capacidade processual, com todas as consequências que isso pode gerar sobre a validade e a eficácia de atos processuais; após a formação de coisa julgada, caberá também ação rescisória; b) o autor ingressa em juízo sem o consentimento, mas declara na inicial a existência de união estável ou esse fato é suscitado e admitido no decorrer do processo: o juiz determinará a integração da capacidade, com a invalidade de atos praticados até então, se for o caso; c) no polo passivo, as consequências podem ser mais graves, já que, em se tratando de litisconsorte necessário, admite-se inclusive o questionamento de vício transrescisório (REsp 977.662/DF, Rel. Ministro Luis Felipe Salomão, Quarta Turma, DJe 01/06/2012); evidentemente, em relação ao que não integrou o processo a sentença será ineficaz; d) há que se pensar, ainda, na situação em que o autor desconhecia a necessidade de citar o companheiro, por não saber da existência de união estável; ou pode ocorrer que o réu afirme não viver em união estável, por entender realmente que não se configura tal fato ou por má-fé; é possível, também, que o companheiro citado venha aos autos e descaracterize a união estável, o que ao menos suprirá a dificuldade do autor, mas pode surgir daí a controvérsia, interessando ao réu originário a presença de quem reputa seu companheiro, em virtude da comunhão patrimonial. Todas essas dificuldades na identificação da união estável advêm de sua informalidade e repercutem na questão probatória, que será abordada a seguir; 2) a dificuldade de provar a existência de união estável, especialmente seus limites temporais, poderá ensejar diversas dificuldades práticas, fazendo com que haja um complexo debate probatório ou com que se abra a possibilidade da completa insegurança por meio inclusive de questionamentos sobre eventual coisa julgada, por ausência de integração de capacidade ou de litisconsorte necessário. Note-se que o parágrafo terceiro dispõe que a união estável deve estar 'comprovada nos autos'. Evidentemente, se não estiver comprovada nos autos, não impedirá questionamento futuro do companheiro enganado, já que não se lhe pode opor algo cujo conhecimento lhe foi subtraído. Nem sempre a união estável será comprovada documentalmente e não é raro que as circunstâncias relevantes para sua configuração decorram de prova oral. Diante desse quando, abrem-se três possibilidades: a) permite-se uma ampla dilação probatória incidental, para fins de controle de admissibilidade da demanda; b) admite-se apenas prova documental, como contrato ou sentença anterior, simetricamente ao disposto no art. 612, segunda parte, CPC; c) limita-se somente à prova pré-constituída, sem qualquer abertura de incidente probatório, ainda que sobre prova documental posterior. Evidentemente, qualquer que seja a solução adotada, inexistirá pronunciamento judicial sobre a existência ou não de união estável, não se formando coisa julgada a seu respeito (o tema se torna mais complexo diante dos termos do art. 503, CPC). A

inicial a existência dessa modalidade de entidade familiar (art. 319, II, CPC). O processo de dissolução consensual de união estável, na forma do art. 189, II, CPC, tramitará em segredo de justiça.

Os requisitos para a configuração de união estável decorrem normativamente do art. 1.723, §§ 1º e 2º CC, combinado com art. 1.727, CC, mas, salvo os impedimentos legais,[442] não se deve aferir indicadores objetivos estáticos diante de uma situação jurídica essencialmente informal, inclusive tempo mínimo de convivência,[443] por mais que as leis lhe venham conferindo uma potencialidade de formalização.

---

questão aqui será tomada como fato apenas para fins de validade e eficácia de processo específico, sem qualquer efeito sobre a caracterização em si da união, que, passe o truísmo, não é objeto do processo. Entre as três possibilidades descritas, parece-nos que a segunda é a mais adequada para o sistema do Código, já que não subtrai aprioristicamente a possibilidade de ampla produção de prova documental nem permite a instalação de um incidente que pode obnubilar as questões efetivamente discutidas no processo. Como se sabe, a Corregedoria do CNJ, em um afã legiferante, houve por bem editar o Provimento nº 37/2014, disciplinando o registro formal de união estável hétero ou homossexual. Uma interpretação possível para o dispositivo pode se basear, portanto, nessa formalização para considerar a união estável 'comprovada nos autos', como forma de eliminar ou amenizar os problemas antes apontados. Sem dúvida essa opção prestigia a segurança, mas acaba por tornar obrigatória uma forma que é facultativa, sacrificando a proteção patrimonial daqueles que vivem em união estável" (Robson Renault Godinho. *Comentários ao Novo Código de Processo Civil*. Antonio do Passo Cabral e Ronaldo Cramer (coord.). 2ª ed. Rio de Janeiro: Forense, 2016, p. 132-133).

442 "Agravo regimental. Embargos de declaração. Agravo em recurso especial. Alegação de violação ao art. 535 do CDC. Não ocorrência. Reconhecimento de união estável paralela ao casamento. Impossibilidade. Súmula 83/STJ.1. Se as questões trazidas à discussão foram dirimidas, pelo Tribunal de origem, de forma suficientemente ampla, fundamentada e sem omissões deve ser afastada a alegada violação ao art. 535 do Código de Processo Civil. 2. A jurisprudência do Superior Tribunal de Justiça possui entendimento no sentido de que não é possível o reconhecimento de uniões simultâneas, de modo que a caracterização da união estável pressupõe a ausência de impedimento para o casamento ou, pelo menos, a necessidade de haver separação de fato ou judicial entre os casados. Incidência da Súmula 83/STJ.3. Agravo regimental a que se nega provimento" (AgRg nos EDcl no AREsp 514.772/SP, rel. Min. Maria Isabel Gallotti, Quarta Turma, j. 9/12/2014, DJe 15/12/2014). "O entendimento desta Corte é no sentido de admitir o reconhecimento da união estável mesmo que ainda vigente o casamento, desde que haja comprovação da separação de fato dos casados, havendo, assim, distinção entre concubinato e união estável, tal como reconhecido no caso dos autos. Precedentes. Súmula 83/STJ" (AgRg no AREsp 597.471/RS, rel. Min. Humberto Martins, Segunda Turma, j. 9/12/2014, DJe 15/12/2014).

443 Cf. Cristiano Chaves de Farias e Nelson Rosenvald. *Curso de direito civil*: famílias. 10ª ed. Salvador: JusPodivm, 2018, p. 482-483, v. 6.

Não há, pois, requisitos objetivos rígidos para se configurar uma união estável, bastando que haja elementos suficientes para caracterizar o descrito no *caput* do art. 1.723, CC, sempre de acordo com o caso concreto.[444]

Deve ser ressaltado que toda menção à união estável no CPC inclui indistintamente a união homoafetiva.[445]

---

444 "A coabitação, por exemplo, não é considerado um requisito essencial, mas vem sido levada em consideração para constatar, no caso concreto, o elemento subjetivo de constituição de família: processual civil. Agravo no agravo de instrumento. Ação de reconhecimento de união estável *post mortem*. O reexame de fatos e provas em recurso especial é inadmissível. Embora a coabitação não seja requisito necessário para o reconhecimento da união estável, sua existência é relevante para demonstrar a real intenção de constituir-se uma família, de modo a configurar-se a *affectio maritalis*. Agravo não provido" (AgRg no Ag 1318322/RS, rel. Min. NANCY ANDRIGHI, Terceira Turma, j. 7/4/2011, DJe 13/4/2011). Assim como a coabitação não indica, por si só, a existência de união estável: "Agravo regimental no agravo em recurso especial. União estável. 1. Ausência de provas do intuito de constituir família. Revisão. Impossibilidade. Súmula 7/STJ. 2. Agravo improvido. 1. Nos termos do artigo 1º da Lei n. 9.278/96, bem assim da jurisprudência desta Casa, a coabitação não constitui requisito necessário para a configuração da união estável, devendo encontrarem-se presentes, obrigatoriamente, outros relevantes elementos que denotem o imprescindível intuito de constituir uma família. Precedentes. 2. Na espécie, concluíram as instâncias de origem não se encontrarem presentes os requisitos necessários para a configuração de união estável. A coabitação foi reconhecida como ato de mera conveniência, ostentando as partes apenas um relacionamento de namoro. Para derruir as premissas firmadas necessário o reexame de fatos e provas, providência vedada nos termos do enunciado n. 7 da Súmula do Superior Tribunal de Justiça. Precedentes. 3. Agravo regimental a que se nega provimento" (AgRg no AREsp 649.786/GO, rel. Min. MARCO AURÉLIO BELLIZZE, Terceira Turma, j. 4/8/2015, DJe 18/8/2015). Sobre os requisitos caracterizadores da união estável: CRISTIANO CHAVES DE FARIAS e NELSON ROSENVALD. *Curso de direito civil*: famílias. 10ª ed. Salvador: JusPodivm, 2018, p. 482-496, v. 6.

445 "1. Arguição de descumprimento de preceito fundamental (ADPF). Perda parcial de objeto. Recebimento, na parte remanescente, como ação direta de inconstitucionalidade. União homoafetiva e seu reconhecimento como instituto jurídico. Convergência de objetos entre ações de natureza abstrata. Julgamento conjunto. Encampação dos fundamentos da ADPF nº 132-RJ pela ADI nº 4.277-DF, com a finalidade de conferir 'interpretação conforme à Constituição' ao art. 1.723 do Código Civil. Atendimento das condições da ação. 2. Proibição de discriminação das pessoas em razão do sexo, seja no plano da dicotomia homem/mulher (gênero), seja no plano da orientação sexual de cada qual deles. A proibição do preconceito como capítulo do constitucionalismo fraternal. Homenagem ao pluralismo como valor sócio-político-cultural. Liberdade para dispor da própria sexualidade, inserida na categoria dos direitos fundamentais do indivíduo, expressão que é da autonomia de vontade. Direito à intimidade e à vida privada. Cláusula pétrea. O sexo das pessoas, salvo disposição constitucional expressa ou implícita em sentido contrário, não se presta como fator de desigualação jurídica. Proibição de preconceito, à luz do inciso IV do art. 3º da Constituição Federal, por colidir frontalmente com

o objetivo constitucional de 'promover o bem de todos'. Silêncio normativo da Carta Magna a respeito do concreto uso do sexo dos indivíduos como saque da kelseniana 'norma geral negativa', segundo a qual 'o que não estiver juridicamente proibido, ou obrigado, está juridicamente permitido'. Reconhecimento do direito à preferência sexual como direta emanação do princípio da 'dignidade da pessoa humana': direito a autoestima no mais elevado ponto da consciência do indivíduo. Direito à busca da felicidade. Salto normativo da proibição do preconceito para a proclamação do direito à liberdade sexual. O concreto uso da sexualidade faz parte da autonomia da vontade das pessoas naturais. Empírico uso da sexualidade nos planos da intimidade e da privacidade constitucionalmente tuteladas. Autonomia da vontade. Cláusula pétrea. 3. Tratamento constitucional da instituição da família. Reconhecimento de que a constituição federal não empresta ao substantivo 'família' nenhum significado ortodoxo ou da própria técnica jurídica. A família como categoria sociocultural e princípio espiritual. Direito subjetivo de constituir família. Interpretação não reducionista. O *caput* do art. 226 confere à família, base da sociedade, especial proteção do Estado. Ênfase constitucional à instituição da família. Família em seu coloquial ou proverbial significado de núcleo doméstico, pouco importando se formal ou informalmente constituída, ou se integrada por casais heteroafetivos ou por pares homoafetivos. A Constituição de 1988, ao utilizar-se da expressão 'família', não limita sua formação a casais heteroafetivos nem a formalidade cartorária, celebração civil ou liturgia religiosa. Família como instituição privada que, voluntariamente constituída entre pessoas adultas, mantém com o Estado e a sociedade civil uma necessária relação tricotômica. Núcleo familiar que é o principal lócus institucional de concreção dos direitos fundamentais que a própria Constituição designa por 'intimidade e vida privada' (inciso X do art. 5º). Isonomia entre casais heteroafetivos e pares homoafetivos que somente ganha plenitude de sentido se desembocar no igual direito subjetivo à formação de uma autonomizada família. Família como figura central ou continente, de que tudo o mais é conteúdo. Imperiosidade da interpretação não reducionista do conceito de família como instituição que também se forma por vias distintas do casamento civil. Avanço da Constituição Federal de 1988 no plano dos costumes. Caminhada na direção do pluralismo como categoria sócio-político-cultural. Competência do Supremo Tribunal Federal para manter, interpretativamente, o Texto Magno na posse do seu fundamental atributo da coerência, o que passa pela eliminação de preconceito quanto à orientação sexual das pessoas. 4. União estável. Normação constitucional referida a homem e mulher, mas apenas para especial proteção desta última. Focado propósito constitucional de estabelecer relações jurídicas horizontais ou sem hierarquia entre as duas tipologias do gênero humano. Identidade constitucional dos conceitos de 'entidade familiar' e 'família'. A referência constitucional à dualidade básica homem/mulher, no § 3º do seu art. 226, deve-se ao centrado intuito de não se perder a menor oportunidade para favorecer relações jurídicas horizontais ou sem hierarquia no âmbito das sociedades domésticas. Reforço normativo a um mais eficiente combate à renitência patriarcal dos costumes brasileiros. Impossibilidade de uso da letra da Constituição para ressuscitar o art. 175 da Carta de 1967/1969. Não há como fazer rolar a cabeça do art. 226 no patíbulo do seu parágrafo terceiro. Dispositivo que, ao utilizar da terminologia 'entidade familiar', não pretendeu diferenciá-la da 'família'. Inexistência de hierarquia ou diferença de qualidade jurídica entre as duas formas de constituição de um novo e autonomizado núcleo doméstico. Emprego do fraseado 'entidade familiar' como sinônimo perfeito de família. A Constituição não interdita a formação de família por pessoas

Assim como ocorre com o casamento, a dissolução consensual da união estável é uma expressão da vontade dos conviventes, de modo que não há que se perquirir a motivação subjetiva para o término. Entretanto, como pode não haver registro formal do início da união estável,[446] será necessário que a inicial seja acompanhada de documentos que indiquem a existência de união estável, como comprovantes de residência, certidão de nascimento de filho em comum, entre outros. É possível que o juiz determine a produção de outras provas, incluindo a oitiva dos requerentes ou de testemunhas.[447] Sobre a produção de

---

do mesmo sexo. Consagração do juízo de que não se proíbe nada a ninguém senão em face de um direito ou de proteção de um legítimo interesse de outrem, ou de toda a sociedade, o que não se dá na hipótese *sub judice*. Inexistência do direito dos indivíduos heteroafetivos à sua não equiparação jurídica com os indivíduos homoafetivos. Aplicabilidade do § 2º do art. 5º da Constituição Federal, a evidenciar que outros direitos e garantias, não expressamente listados na Constituição, emergem 'do regime e dos princípios por ela adotados', *verbis*: 'Os direitos e garantias expressos nesta Constituição não excluem outros decorrentes do regime e dos princípios por ela adotados, ou dos tratados internacionais em que a República Federativa do Brasil seja parte'. 5. Divergências laterais quanto à fundamentação do acórdão. Anotação de que os Ministros Ricardo Lewandowski, Gilmar Mendes e Cezar Peluso convergiram no particular entendimento da impossibilidade de ortodoxo enquadramento da união homoafetiva nas espécies de família constitucionalmente estabelecidas. Sem embargo, reconheceram a união entre parceiros do mesmo sexo como uma nova forma de entidade familiar. Matéria aberta à conformação legislativa, sem prejuízo do reconhecimento da imediata autoaplicabilidade da Constituição. 6. Interpretação do art. 1.723 do Código Civil em conformidade com a Constituição Federal (técnica da 'interpretação conforme'). Reconhecimento da união homoafetiva como família. Procedência das ações. Ante a possibilidade de interpretação em sentido preconceituoso ou discriminatório do art. 1.723 do Código Civil, não resolúvel à luz dele próprio, faz-se necessária a utilização da técnica de 'interpretação conforme à Constituição'. Isso para excluir do dispositivo em causa qualquer significado que impeça o reconhecimento da união contínua, pública e duradoura entre pessoas do mesmo sexo como família. Reconhecimento que é de ser feito segundo as mesmas regras e com as mesmas consequências da união estável heteroafetiva" (ADPF 132, rel. Min. Ayres Britto, Tribunal Pleno, j. 5/5/2011, DJe-198). "No Superior Tribunal de Justiça e no Supremo Tribunal Federal, são reiterados os julgados dando conta da viabilidade jurídica de uniões estáveis formadas por companheiros do mesmo sexo. No âmbito desta Casa, reconheceu-se, inclusive, a juridicidade do casamento entre pessoas do mesmo sexo (REsp 1.1833.78/RS, Rel. Ministro Luis Felipe Salomão, Quarta Turma, julgado em 25/10/2011), tendo sido essa orientação incorporada pelo Conselho Nacional de Justiça na Resolução n. 175/2013" (REsp 1204425/MG, rel. Min. Luis Felipe Salomão, Quarta Turma, j. 11/2/2014, DJe 5/5/2014).

446 Nos moldes, por exemplo, do disciplinado no Provimento nº 37/2014 da Corregedoria Nacional de Justiça, que, evidentemente, é de uso facultativo pelos conviventes.

447 A comprovação da união estável pode ser dar de modo exclusivamente documental,

prova testemunhal, em particular, é comum verificar na prática a juntada na inicial de depoimentos escritos sobre a existência da união estável, o que, em princípio, está em desacordo com as regras que disciplinam a produção da prova testemunhal. Com o novo CPC, porém, essa prática forense se mostra compatível com a possibilidade de haver prova negocial atípica, o que possibilita, sem maiores problemas técnicos, a admissão dos depoimentos escritos[448]. Em relação à legitimidade, competência, requisitos da petição inicial, sentença, meios de impugnação e ao segredo de justiça, o procedimento segue as diretrizes mencionadas nos comentários ao art. 731 e seu parágrafo único, CPC, inclusive sobre a desnecessidade de disposição contemporânea sobre a partilha. A sentença de reconhecimento ou dissolução da união estável pode ser objeto de registro público, conforme consta nos arts. 1º e 2º do Provimento nº 37/2014 da Corregedoria Nacional de Justiça.

Art. 733. O divórcio consensual, a separação consensual e a extinção consensual de união estável, não havendo nascituro ou filhos incapazes e observados os requisitos legais, poderão ser realizados por escritura pública, da qual constarão as disposições de que trata o art. 731.

---

não passando de tradição irrefletida a suposta necessidade de se produzir prova testemunhal nesses casos. A propósito, admitindo reconhecimento de união estável em processo de inventário diante a suficiência de prova documental: "Processual civil e civil. Ação de abertura de inventário. Reconhecimento incidental de união estável. Comprovação documental. Possibilidade. Não fixação de termo inicial. Prejuízo não demonstrado. O reconhecimento de união estável em sede de inventário é possível quando esta puder ser comprovada por documentos incontestes juntados aos autos do processo. Em sede de inventário, a falta de determinação do marco inicial da União Estável só importa na anulação de seu reconhecimento se houver demonstração concreta de que a partilha será prejudicada pela indefinição da duração do relacionamento marital. Na inexistência de demonstração de prejuízo, mantem-se o reconhecimento. Recurso especial conhecido e desprovido" (REsp 1685935/AM, rel. Min. Nancy Andrighi, Terceira Turma, j. 17/8/2017, DJe 21/8/2017).

448 "Uma das mais significativas inovações do novo CPC está na relevância que confere à autonomia das partes, estabelecendo, entre outras relevantes previsões, uma cláusula geral de negócio jurídico atípico (art. 190, CPC). Trata-se de uma modificação profunda e paradigmática. No campo da prova testemunhal, abre o caminho para a formalização convencional de oferecimento de depoimentos por escrito, em lugar da colheita oral da prova testemunhal. Não se permitia essa possibilidade na codificação anterior e, agora, torna-se plenamente possível essa alternativa, desde que atendidos os requisitos do citado dispositivo. Pode-se, pois, de maneira bem mais ampla do que o disposto no art. 639.º, 1, do CPC de Portugal, apresentar por meio de documentos o depoimento de pessoas físicas, caso as partes convencionem nesse sentido. Também na Itália possibilitou-se o testemunho por escrito no art. 257-*bis*, daquele CPC" (Robson Renault Godinho. *Breves comentários ao Novo Código de Processo Civil.* 3ª ed. Wambier, Didier Jr., Talamini e Dantas (coord.). São Paulo: RT, 2016, p. 1273).

§ 1º A escritura não depende de homologação judicial e constitui título hábil para qualquer ato de registro, bem como para levantamento de importância depositada em instituições financeiras.

§ 2º O tabelião somente lavrará a escritura se os interessados estiverem assistidos por advogado ou por defensor público, cuja qualificação e assinatura constarão do ato notarial.

CPC de 1973 – art. 1.124-A

52. Procedimento extrajudicial

A possibilidade de se obter consensualmente a separação, o divórcio e a extinção (e, claro, o reconhecimento) de união estável por meio extrajudicial constitui interessante exemplo de como a jurisdição voluntária é uma questão de política legislativa e que a conjugação do interesse público com o interesse privado não exige o controle jurisdicional prévio e imprescindível. A partir do momento em que se faculta aos cônjuges e conviventes a opção[449] pela via administrativa, conclui-se que a via judicial somente se justifica, tecnicamente, em virtude da aptidão para formação da coisa julgada[450]. A Lei 11.441/2007 já havia previsto a via extrajudicial para alguns desses procedimentos, e ainda é aplicável no que não for incompatível com o novo regramento, mas o art. 733, CPC, traz algumas inovações, especialmente ao incluir expressamente a extinção consensual de união estável.

---

449 Resolução nº 35/2007 do Conselho Nacional de Justiça: "Art. 2º É facultada aos interessados a opção pela via judicial ou extrajudicial; podendo ser solicitada, a qualquer momento, a suspensão, pelo prazo de 30 dias, ou a desistência da via judicial, para promoção da via extrajudicial". Também por meio de procedimento de jurisdição voluntária, poderá ser convertida a união estável em casamento, não havendo obrigatoriedade de que se busque a via extrajudicial: "Processual civil e civil. Família. Ação de conversão de união estável em casamento. Obrigatoriedade de formulação exclusivamente pela via administrativa. Inexistência. Conversão pela via judicial. Possibilidade. O propósito recursal é reconhecer a existência de interesse de agir para a propositura de ação de conversão de união estável em casamento, considerando a possibilidade de tal procedimento ser efetuado extrajudicialmente. Os arts. 1726, do CC e 8º, da Lei 9278/96 não impõem a obrigatoriedade de que se formule pedido de conversão de união estável em casamento exclusivamente pela via administrativa. A interpretação sistemática dos dispositivos à luz do art. 226 § 3º da Constituição Federal confere a possibilidade de que as partes elejam a via mais conveniente para o pedido de conversão de união estável em casamento. Recurso especial conhecido e provido" (REsp 1685937/RJ, rel. Min. NANCY ANDRIGHI, Terceira Turma, j. 17/8/2017, DJe 22/8/2017).

450 FREDIE DIDIER JR. *Curso de direito processual civil.* 18ª ed. Salvador: JusPodivm, 2016, p. 194-195, v. 1.

53. Filhos incapazes e nascituro

As limitações objetivas que vedam a opção extrajudicial são os filhos incapazes[451] e a existência de nascituro,[452] em razão da indisponibilidade de seus direitos e também da exigência, por política legislativa sobre a configuração de interesse público, de mais intensa intervenção estatal, com atuação do Ministério Público.

Como se trata de procedimento relacionado a ambos os cônjuges, somente se pode entender como empecilho para que se lavre a escritura pública a existência de filhos incapazes ou nascituro em comum, isto é, do casal. Ou seja: caso haja filho incapaz de apenas um deles, não haverá esse empecilho, na medida em que não será afetado diretamente pelos termos do acordo extrajudicial.[453]

Há na doutrina quem defenda que, se as questões envolvendo filhos menores já estiverem previamente resolvidas, assim como se o menor estiver emancipado, nada impede que se proceda à separação ou divórcio extrajudicial.[454]

A inovação está principalmente na previsão do nascituro como causa impeditiva. Ainda que a personalidade não encerre toda a categoria de sujeitos de direitos, cabendo à legislação a atribuição de capacidades também a outros entes, não há dúvida de sua importância, razão pela qual se deve precisar o início e fim especificamente da pessoa física. Diz-se que a personalidade inicia-se a partir do nascimento com vida e termina com a morte, natural ou presumida. Reserva-se, assim, à concepção apenas o papel de fato jurídico que assegura os direitos do nascituro.[455] Essa é uma decorrência da interpretação restritiva do art. 2º do CC, cuja redação não resolve definitivamente a polêmica da origem da personalidade, mormente em relação ao nascituro. Além dessa concepção natalista,[456] há ainda quem sustente a personalidade do nasci-

---

451 Resolução nº 35/2007 do Conselho Nacional de Justiça: “Art. 34. As partes devem declarar ao tabelião, no ato da lavratura da escritura, que não têm filhos comuns ou, havendo, que são absolutamente capazes, indicando seus nomes e as datas de nascimento. Parágrafo único. As partes devem, ainda, declarar ao tabelião, na mesma ocasião, que o cônjuge virago não se encontra em estado gravídico, ou ao menos, que não tenha conhecimento sobre esta condição”.

452 Crítica em Cristiano Chaves de Farias e Nelson Rosenvald. *Curso de direito civil*: famílias. 10ª ed. Salvador: JusPodivm, 2018, p. 432-433, v. 6.

453 Christiano Cassettari. *Divórcio, extinção de união estável e inventário por escritura pública*. 8ª ed. São Paulo: Atlas, 2017, p. 37-38.

454 Sobre essas questões: J. M. Leoni Lopes de Oliveira. *Direito civil*: família. Rio de Janeiro: Forense, 2018, p. 222-223.

455 Marcos Bernardes de Mello. *Teoria do fato jurídico*: plano da eficácia – primeira parte. São Paulo: Saraiva, 2003, p. 147-149.

456 Apontam-se na doutrina três teorias: natalista (a personalidade só é adquirida com o nascimento com vida), condicionalista (o nascimento com vida seria uma condi-

turo (cf. REsp 1415727/SC, rel. Min. LUIS FELIPE SALOMÃO, Quarta Turma, DJe 29/9/2014). Note-se que grassa na doutrina intensa polêmica inclusive sobre o conceito de nascituro, notadamente sobre a inclusão do embrião no âmbito da proteção jurídica, mesmo antes da implantação uterina.[457]

Como as hipóteses de incapacidades devem ser excepcionais, sobretudo a incapacidade de ser parte, por se tratar de decorrência direta da garantia de acesso à tutela jurisdicional, é mais apropriado tratar o tema a partir da situação jurídica que se quer protegida, não se afastando aprioristicamente a capacidade de ser parte do embrião e, evidentemente, do nascituro em seu conceito mais tradicional.[458] Embora o nascituro seja sem dúvida um incapaz processual, parece-nos mais adequado atribuir-lhe personalidade,[459] mas, inegavelmente, não se lhe pode negar a capacidade de ser parte. Problema que pode ser de complexa solução é o que decorre de sua evidente incapacidade processual, isto é, quem deverá representá-lo em juízo, considerando-se as possibilidades decorrentes de métodos de reprodução e das espécies de filiação, o que pode, por exemplo, abalar o critério preponderante da "mãe grávida", que é utilizado pela Lei 11.804/2008,[460] mas, para fins desse procedimento extrajudicial, essa questão não se fará presente.

54. Incapacidade dos cônjuges

Com as devidas ressalvas sobre a disciplina da incapacidade de pessoas maiores decorrente do Estatuto da Pessoa com Deficiência, especialmente para situações existenciais, não se pode excluir a possibilidade de ao menos um dos cônjuges apresentar causa transitória ou permanente que o impeça de expressar sua vontade.

ção para que o nascituro seja sujeito de direito) e concepcionista (o nascituro possui personalidade jurídica). Cf. CRISTIANO CHAVES DE FARIAS e NELSON ROSENVALD. *Curso de direito civil*: parte geral. 15ª ed. Salvador: JusPodivm, 2017, p. 318-322, v. 1.

457 Predomina no direito brasileiro que o embrião laboratorial não recebe a mesma proteção jurídica que o nascituro (CRISTIANO CHAVES DE FARIAS e NELSON ROSENVALD. *Curso de direito civil*: parte geral. 15ª ed. Salvador: JusPodivm, 2017, p. 327-329, v. 1.

458 Como dizem CRISTIANO CHAVES DE FARIAS e NELSON ROSENVALD, "enquanto o nascituro é o filho que alguém já concebeu, mas ainda não nasceu, o concepturo é o filho que alguém ainda vai conceber" (*Curso de direito civil*: parte geral. 15ª ed. Salvador: JusPodivm, 2017, p. 317, v. 1).

459 CRISTIANO CHAVES DE FARIAS e NELSON ROSENVALD. *Curso de direito civil*: parte geral. 15ª ed. Salvador: JusPodivm, 2017, p. 320-326, v. 1.

460 Cf. GUILHERME CALMON NOGUEIRA DA GAMA. *A nova filiação*: o biodireito e as relações parentais. Rio de Janeiro: Renovar, 2003. GUILHERME DE OLIVEIRA. *Critério jurídico da paternidade*. Coimbra: Almedina, 2003. Mesmo na adoção pode haver particularidades advindas da filiação socioafetiva: REsp 1448969/SC, rel. Min. MOURA RIBEIRO, Terceira Turma, DJe 3/11/2014.

Em hipótese assim, também não será possível a via extrajudicial, pelas mesmas razões pelas quais se impede o procedimento cartorário em havendo filhos incapazes, fazendo incidir o sistema estatal protetivo que inclui a intervenção do Ministério Público. A ciência do ato praticado, a compreensão das consequências e a manifestação de vontade são da essência do negócio jurídico a ser praticado, de modo que a capacidade dos cônjuges integra a essência do ato, devendo o tabelião suscitar a dúvida e remeter o caso para procedimento judicial.

55. Gratuidade

O CPC não reproduziu da regra da gratuidade constante da Lei 11.441/2007, o que certamente ensejará discussões acerca da questão da gratuidade.[461] Previu-se, de todo modo, a atuação da Defensoria Pública, o que necessariamente se dará em caso de hipossuficiência econômica. A vedação da gratuidade significará evidentemente a maior concentração judicial desses procedimentos, mas a referência à atuação da Defensoria Pública no procedimento extrajudicial indica que a gratuidade lhe é ínsita.[462]

56. Procedimento

Os requerentes escolherão livremente o tabelionato em que se dará o procedimento,[463] que não observará o sigilo que recai sobre os procedimentos judiciais.[464]

---

461 Cf. contundentes críticas em DANIEL AMORIM ASSUMPÇÃO NEVES. *Novo Código de Processo Civil comentado*. 2ª ed. Salvador: JusPodivm, 2017, p. 1183-1184. Ao julgar a Consulta nº 000604202.2017.2.00.0000, o Conselho Nacional de Justiça manteve os efeitos de sua Resolução nº 35, especialmente em relação à gratuidade dos atos mesmo após o novo CPC (julgado na 33ª sessão do plenário virtual do CNJ, entre os dias 10 e 20 de abril de 2018, sob a relatoria do Conselheiro Arnaldo Hossepian – disponível em: <http://www.cnj.jus.br/plenario-virtual>).

462 "Administrativo. Recurso ordinário em mandado de segurança. Atos registrais e notariais extrajudiciais. Assistência judiciária gratuita. Extensão. Possibilidade. Efetividade do direito de acesso à justiça e do provimento judicial em si. 1. Esta Corte Superior firmou sua orientação no sentido de que, da cláusula constitucional vertida no art. 5º, inc. LXXVII, retira-se a validade de determinação administrativa ou legal de extensão de gratuidade a atos registrais e notariais que sejam consequência do próprio provimento judicial àqueles que tiveram reconhecido o direito à assistência judiciária gratuita, pois se trata, assim, de garantir não só a efetividade do provimento judicial como também o exercício efetivo do acesso à Justiça. Precedentes. 2. Recurso ordinário em mandado de segurança não provido" (RMS 29.429/RS, rel. Min. Mauro Campbell Marques, Segunda Turma, j. 4/11/2010, DJe 12/11/2010).

463 Resolução nº 35/2007 do Conselho Nacional de Justiça: "Art. 1º Para a lavratura dos atos notariais de que trata a Lei nº 11.441/07, é livre a escolha do tabelião de notas, não se aplicando as regras de competência do Código de Processo Civil".

464 Resolução nº 35/2007 do Conselho Nacional de Justiça: "Art. 42. Não há sigilo nas

A rigor, como não pode haver disposição sobre interesses de incapazes nesse procedimento extrajudicial, somente incidirão as hipóteses previstas nos incisos do art. 731, CPC, que não os atingirem, isto é, partilha de bens e alimentos entre os requerentes. Assim como no procedimento jurisdicional para separação, divórcio ou dissolução da união estável, há uma pauta mínima prevista no art. 733, CPC, e que deve constar na escritura pública, mas os requerentes podem prever outras cláusulas consensuais que se ajustem à sua realidade.[465]

O art. 733, CPC, não exige a assinatura de ambos os requerentes,[466] bastando que estejam representados por advogado ou defensor público, ou seja, não há necessidade de comparecimento pessoal dos conviventes ou cônjuges no ato de lavratura da escritura.[467] Não mais subsiste a necessidade de se aguardar qualquer lapso temporal para a separação ou o divórcio, aplicando-se aqui os mesmos critérios já assinalados quando do exame do procedimento judicial.

De acordo com o Enunciado nº 571 das Jornadas de Direito Civil, "se

---

escrituras públicas de separação e divórcio consensuais". Contra essa publicidade, CHRISTIANO CASSETTARI. *Divórcio, extinção de união estável e inventário por escritura pública*. 8ª ed. São Paulo: Atlas, 2017, p. 104-109.

465 Resolução nº 35/2007 do Conselho Nacional de Justiça: "Art. 44. É admissível, por consenso das partes, escritura pública de retificação das cláusulas de obrigações alimentares ajustadas na separação e no divórcio consensuais".

466 Para a separação e o divórcio de brasileiros no exterior, exige-se a assinatura do cônjuge, conforme dispõe a Lei de Introdução às Normas do Direito Brasileiro: "Art. 18. Tratando-se de brasileiros, são competentes as autoridades consulares brasileiras para lhes celebrar o casamento e os mais atos de Registro Civil e de tabelionato, inclusive o registro de nascimento e de óbito dos filhos de brasileiro ou brasileira nascido no país da sede do Consulado. § 1º As autoridades consulares brasileiras também poderão celebrar a separação consensual e o divórcio consensual de brasileiros, não havendo filhos menores ou incapazes do casal e observados os requisitos legais quanto aos prazos, devendo constar da respectiva escritura pública as disposições relativas à descrição e à partilha dos bens comuns e à pensão alimentícia e, ainda, ao acordo quanto à retomada pelo cônjuge de seu nome de solteiro ou à manutenção do nome adotado quando se deu o casamento. § 2º É indispensável a assistência de advogado, devidamente constituído, que se dará mediante a subscrição de petição, juntamente com ambas as partes, ou com apenas uma delas, caso a outra constitua advogado próprio, não se fazendo necessário que a assinatura do advogado conste da escritura pública".

467 Resolução nº 35/2007 do Conselho Nacional de Justiça: "Art. 36. O comparecimento pessoal das partes é dispensável à lavratura de escritura pública de separação e divórcio consensuais, sendo admissível ao(s) separando(s) ou ao(s) divorciando(s) se fazer representar por mandatário constituído, desde que por instrumento público com poderes especiais, descrição das cláusulas essenciais e prazo de validade de trinta dias".

comprovada a resolução prévia e judicial de todas as questões referentes aos filhos menores ou incapazes, o tabelião de notas poderá lavrar escrituras públicas de dissolução conjugal". Ou seja: a incapacidade dos filhos somente impedirá o procedimento extrajudicial se houver questões pendentes que lhe atinjam. Não haverá intervenção do Ministério Público, não só por se tratar de procedimento extrajudicial, mas sobretudo por não haver interesses de incapazes.

Assim como no procedimento judicial, não é necessária a observância de qualquer prazo prévio para que se obtenha a separação,[468] o divórcio ou a dissolução da união estável.

Os requerentes devem fornecer os documentos necessários e suficientes para a lavratura do ato,[469] como documentos pessoais de identificação, certidão de casamento,[470] documentos dos bens, além das cláusulas do acordo que cons-

---

468 Nesse particular a Resolução nº 35/2007 do Conselho Nacional de Justiça deve ser lida sem a alínea *a* do art. 47: "Art. 47. São requisitos para lavratura da escritura pública de separação consensual: a) um ano de casamento; b) manifestação de vontade espontânea e isenta de vícios em não mais manter a sociedade conjugal e desejar a separação conforme as cláusulas ajustadas; c) ausência de filhos menores não emancipados ou incapazes do casal; d) inexistência de gravidez do cônjuge virago ou desconhecimento acerca desta circunstância; e e) assistência das partes por advogado, que poderá ser comum".

469 Resolução nº 35/2007 do Conselho Nacional de Justiça: "Art. 33. Para a lavratura da escritura pública de separação e de divórcio consensuais, deverão ser apresentados: a) certidão de casamento; b) documento de identidade oficial e CPF/MF; c) pacto antenupcial, se houver; d) certidão de nascimento ou outro documento de identidade oficial dos filhos absolutamente capazes, se houver; e) certidão de propriedade de bens imóveis e direitos a eles relativos; e f) documentos necessários à comprovação da titularidade dos bens móveis e direitos, se houver. Art. 34. As partes devem declarar ao tabelião, no ato da lavratura da escritura, que não têm filhos comuns ou, havendo, que são absolutamente capazes, indicando seus nomes e as datas de nascimento. Parágrafo único. As partes devem, ainda, declarar ao tabelião, na mesma ocasião, que o cônjuge virago não se encontra em estado gravídico, ou ao menos, que não tenha conhecimento sobre esta condição".

470 Registre-se que é possível também o restabelecimento da sociedade conjugal por meio de escritura pública, na forma da Resolução nº 35/2007 do Conselho Nacional de Justiça: "Art. 48. O restabelecimento de sociedade conjugal pode ser feito por escritura pública, ainda que a separação tenha sido judicial. Neste caso, é necessária e suficiente a apresentação de certidão da sentença de separação ou da averbação da separação no assento de casamento. Art. 49. Em escritura pública de restabelecimento de sociedade conjugal, o tabelião deve: a) fazer constar que as partes foram orientadas sobre a necessidade de apresentação de seu traslado no registro civil do assento de casamento, para a averbação devida; b) anotar o restabelecimento à margem da escritura pública de separação consensual, quando esta for de sua serventia, ou, quando de outra, comunicar o restabelecimento, para a anotação necessária na serventia competente; e c) comunicar o restabelecimento ao juízo da separação judicial, se for o caso. Art. 50. A sociedade conjugal não pode

tarão na escritura.[471] A presença dos cônjuges é dispensável.[472]

Também no procedimento extrajudicial não é necessária a partilha para sua homologação, embora seja recomendável que seja desde logo e em conjunto efetivada, presumindo-se a permanência dos bens em condomínio.[473] Caso não haja bens a partilhar, esse fato deve ser objeto de declaração expressa na escritura pública. Os alimentos podem ser objeto de renúncia expressa,[474] não sendo presumida em caso de silêncio.[475]

Havendo omissão sobre a fixação de alimentos, deve o tabelião provocar a manifestação expressa para que o pensionamento, ainda que transitório, ou a renúncia conste na escritura. Acerca da conhecida polêmica sobre a possibilidade de se impor a prisão do devedor de alimentos fixados em títu-

---

ser restabelecida com modificações. Art. 51. A averbação do restabelecimento da sociedade conjugal somente poderá ser efetivada depois da averbação da separação no registro civil, podendo ser simultâneas".

471 Compilando diversos atos normativos estaduais, além da já referida Resolução nº 35/2007 do Conselho Nacional de Justiça, Christiano Cassettari arrola informações necessários, sem prejuízo de outras que sejam exigidas no caso concreto: 1) certidão de casamento atualizada dos cônjuges, 2) documento de identidade e CPF, 3) pacto antenupcial, se houver, 4) certidão de nascimento ou outro documento oficial dos filhos, 5) certidão de propriedade de bens imóveis e direitos a eles relativos se for feita a partilha, ou declaração de inexistência de bens a partilhar, 6) documentos que comprovem a propriedade de bens móveis se for feita a partilha, ou declaração de inexistência de bens a partilhar, 7) declaração de que os bens será partilhados posteriormente, se for o caso, 8) comprovante do pagamento do imposto de transmissão *inter vivos*, se for o caso, 9) no restabelecimento de sociedade conjugal, certidão de casamento com averbação da separação feita no Registro Civil, 10) identificação do(s) advogado(s) ou do Defensor Público; 11) valor da pensão alimentícia ou a renúncia ou ainda a ressalva de que haverá posterior discussão do tema; 12) declaração do cônjuge sobre o uso do nome (cf. CHRISTIANO CASSETTARI. *Divórcio, extinção de união estável e inventário por escritura pública*. 8ª ed. São Paulo: Atlas, 2017, p. 54).

472 Resolução nº 35/2007 do Conselho Nacional de Justiça: "Art. 33. Para a lavratura da escritura pública de separação e de divórcio consensuais, deverão ser apresentados: a) certidão de casamento; b) documento de identidade oficial e CPF/MF; c) pacto antenupcial, se houver; d) certidão de nascimento ou outro documento de identidade oficial dos filhos absolutamente capazes, se houver; e) certidão de propriedade de bens imóveis e direitos a eles relativos; e f) documentos necessários à comprovação da titularidade dos bens móveis e direitos, se houver. Art. 34. As partes devem declarar ao tabelião, no ato da lavratura da escritura, que não têm filhos comuns ou, havendo, que são absolutamente capazes, indicando seus nomes e as datas de nascimento. Parágrafo único. As partes devem, ainda, declarar ao tabelião, na mesma ocasião, que o cônjuge virago não se encontra em estado gravídico, ou ao menos, que não tenha conhecimento sobre esta condição".

473 CRISTIANO CHAVES DE FARIAS. *O novo procedimento da separação e do divórcio*. 2ª ed. Rio de Janeiro: Lumen Juris, 2007, p. 99-101. CRISTIANO CHAVES DE FARIAS e NELSON ROSENVALD. *Curso de direito civil*: famílias. 10ª ed. Salvador: JusPodivm, 2018, p. 442, v. 6.

lo extrajudicial,[476] o art. 911, parágrafo único, CPC, remete à aplicação do

---

474 "Recurso especial. Família. União estável. Escritura pública de reconhecimento. Alimentos. Cláusula de dispensa prévia. Alteração da situação financeira na constância da união. Ação de alimentos ajuizada após a dissolução do vínculo. Viabilidade. Irrenunciabilidade dos alimentos devidos na constância do vínculo conjugal. Nulidade da cláusula de renúncia. Recurso improvido. 1. Tendo as partes vivido em união estável por dez anos, estabelecendo no início do relacionamento, por escritura pública, a dispensa à assistência material mútua, a superveniência de moléstia grave na constância do relacionamento, reduzindo a capacidade laboral e comprometendo, ainda que temporariamente, a situação financeira da companheira, autoriza a fixação de alimentos após a dissolução da união. 2. Direito à assistência moral e material recíproca e dever de prestar alimentos expressamente previstos nos arts. 2º, II, e 7º da Lei 9.278/96 e nos arts. 1.694 e 1.724 do CC/2002. 3. São irrenunciáveis os alimentos devidos na constância do vínculo familiar (art. 1.707 do CC/2002). Não obstante considere-se válida e eficaz a renúncia manifestada por ocasião de acordo de separação judicial ou de divórcio, nos termos da reiterada jurisprudência do Superior Tribunal de Justiça, não pode ser admitida enquanto perdurar a união estável. 4. Reconhecida pelo eg. Tribunal a quo a necessidade da ex-companheira à percepção de alimentos em caráter transitório, assim como a capacidade contributiva do recorrente, a reforma do julgado quanto a estes aspectos mutáveis demandaria o reexame do conjunto fático-probatório, vedado na via do recurso especial (Súmula 7 do STJ). 5. Recurso especial parcialmente conhecido e improvido" (REsp 1178233/RJ, rel. Min. Raul Araújo, Quarta Turma, j. 6/11/2014, DJe 9/12/2014).

475 "Recurso especial. Ação de alimentos deduzida em face de ex-cônjuge. Ausência de pedido de fixação do encargo no divórcio litigioso. Impossibilidade jurídica e renúncia tácita reconhecidas na sentença de primeiro grau. Manutenção da extinção do feito, sem resolução do mérito (art. 267, VI, do CPC), pelo acórdão local. Insurgência da alimentanda. 1. Tese de violação ao art. 1.704 do Código Civil. Acolhimento. Alimentos não pleiteados por ocasião do divórcio litigioso. Requerimento realizado posteriormente. Viabilidade. Impossibilidade jurídica afastada. Renúncia tácita não caracterizada. 2. Não há falar-se em renúncia do direito aos alimentos ante a simples inércia de seu exercício, porquanto o ato abdicativo do direito deve ser expresso e inequívoco. 3. Em atenção ao princípio da mútua assistência, mesmo após o divórcio, não tendo ocorrido a renúncia aos alimentos por parte do cônjuge que, em razão dos longos anos de duração do matrimônio, não exercera atividade econômica, se vier a padecer de recursos materiais, por não dispor de meios para suprir as próprias necessidades vitais (alimentos necessários), seja por incapacidade laborativa, seja por insuficiência de bens, poderá requerê-la de seu ex-consorte, desde que preenchidos os requisitos legais. 4. Recurso especial provido, a fim de afastar a impossibilidade jurídica do pedido e determinar que o magistrado de primeiro grau dê curso ao processo" (REsp 1073052/SC, rel. Min. Marco Buzzi, Quarta Turma, j. 11/6/2013, DJe 2/9/2013). Cf. Cristiano Chaves de Farias e Nelson Rosenvald. *Curso de direito civil*: famílias. 10ª ed. Salvador: JusPodivm, 2018, p. 731-732, v. 6.

476 No Superior Tribunal de Justiça, ainda antes da vigência do atual CPC, já havia sinais de mudança de entendimento acerca da possibilidade da prisão em caso de título executivo extrajudicial: "Recurso especial. Obrigação alimentar em sentido

estrito. Dever de sustento dos pais a bem dos filhos. Execução de acordo extrajudicial firmado perante o Ministério Público. Descumprimento. Cominação da pena de prisão civil. Possibilidade. 1. Execução de alimentos lastrada em título executivo extrajudicial, consubstanciado em acordo firmado perante órgão do Ministério Público (art. 585, II, do CPC), derivado de obrigação alimentar em sentido estrito – dever de sustento dos pais a bem dos filhos. 2. Documento hábil a permitir a cominação de prisão civil ao devedor inadimplente, mediante interpretação sistêmica dos arts. 19 da Lei n. 5.478/68 e 733 do Estatuto Processual Civil. A expressão 'acordo' contida no art. 19 da Lei n. 5.478/68 compreende não só os acordos firmados perante a autoridade judicial, alcançando também aqueles estabelecidos nos moldes do art. 585, II, do Estatuto Processual Civil, conforme dispõe o art. 733 do Código de Processo Civil. Nesse sentido: REsp 1117639/MG, Rel. Ministro Massami Uyeda, Terceira Turma, julgado em 20/05/2010, DJe 21/02/2011. 3. Recurso especial provido, a fim de afastar a impossibilidade apresentada pelo Tribunal de origem e garantir que a execução alimentar seja processada com cominação de prisão civil, devendo ser observada a previsão constante da Súmula 309 desta Corte de Justiça (REsp 1285254/DF, Rel. Ministro Marco Buzzi, Quarta Turma, julgado em 04/12/2012, DJe 01/08/2013). Recurso especial. Processual civil. Execução de alimentos. Acordo referendado pela Defensoria Pública estadual. Ausência de homologação judicial. Observância do rito do artigo 733 e seguintes do Código de Processo Civil. possibilidade, na espécie. recurso especial provido. 1. Diante da essencialidade do crédito alimentar, a lei processual civil acresce ao procedimento comum algumas peculiaridades tendentes a facilitar o pagamento do débito, dentre as quais destaca-se a possibilidade de a autoridade judicial determinar a prisão do devedor. 2. O acordo referendado pela Defensoria Pública estadual, além de se configurar como título executivo, pode ser executado sob pena de prisão civil. 3. A tensão que se estabelece entre a tutela do credor alimentar *versus* o direito de liberdade do devedor dos alimentos resolve-se, em um juízo de ponderação de valores, em favor do suprimento de alimentos a quem deles necessita. 4. Recurso especial provido" (REsp 1117639/MG, rel. Min. Massami Uyeda, Terceira Turma, j. 20/5/2010, DJe 21/2/2011). Em sentido contrário, há julgado mais antigo: "*Habeas corpus*. Título executivo extrajudicial. Escritura pública. Alimentos. Art. 733 do Código de Processo Civil. Prisão civil. 1. O descumprimento de escritura pública celebrada entre os interessados, sem a intervenção do Poder Judiciário, fixando alimentos, não pode ensejar a prisão civil do devedor com base no art. 733 do Código de Processo Civil, restrito à 'execução de sentença ou de decisão, que fixa os alimentos provisionais'. 2. Habeas corpus concedido" (HC 22.401/SP, rel. Min. Carlos Alberto Menezes Direito, Terceira Turma, j. 20/8/2002, DJ 30/9/2002, p. 253). Sob a vigência do atual CPC, parece se consolidar essa tendência: "Recurso especial. Direito de família. Alimentos. Prisão civil. Regime fechado. Norma cogente. Arts. 528, § 4º, Código de Processo Civil de 2015 e 713 do Código de Processo Civil de 1973. Súmula nº 309/STJ. A plicabilidade. 1. Recurso especial interposto contra acórdão publicado na vigência do Código de Processo Civil de 1973 (Enunciados Administrativos nºs 2 e 3/STJ). 2. O princípio da paternidade responsável consta da Constituição Federal em seu art. 227, *caput*, e representa uma das facetas da dignidade humana. 3. O direito a alimentos é urgente pela mera circunstância de que visa garantir a própria sobrevivência do beneficiário, não havendo espaço para interpretação diversa. 4. A eleição do rito de execução por dívida alimentar é de livre escolha do credor, tanto na hipótese de versar sobre título

regramento utilizado para o cumprimento de sentença que fixa obrigação alimentar.

56.1. Recusa do tabelião

Caso haja recusa do tabelião em lavrar a escritura,[477] cabe procedimento de dúvida ao juízo registral, sem embargo se sempre haver a via jurisdicional para impetração do mandado de segurança, se for o caso, ou adotar alguma outra providência pertinente, ou mesmo desistir do procedimento extrajudicial e formular o pleito judicialmente.

> **Art. 734.** A alteração do regime de bens do casamento, observados os requisitos legais, poderá ser requerida, motivadamente, em petição assinada por ambos os cônjuges, na qual serão expostas as razões que justificam a alteração, ressalvados os direitos de terceiros.
>
> **§ 1º** Ao receber a petição inicial, o juiz determinará a intimação do Ministério Público e a publicação de edital que divulgue a pretendida alteração de bens, somente podendo decidir depois de decorrido o prazo de 30 (trinta) dias da publicação do edital.
>
> **§ 2º** Os cônjuges, na petição inicial ou em petição avulsa, podem propor ao juiz meio alternativo de divulgação da alteração do regime de bens, a fim de resguardar direitos de terceiros.
>
> **§ 3º** Após o trânsito em julgado da sentença, serão expedidos mandados de averbação aos cartórios de registro civil e de imóveis e, caso qualquer dos cônjuges seja empresário, ao Registro Público de Empresas Mercantis e Atividades Afins.

CPC de 1973 – sem dispositivo correspondente

57. Regime de bens no casamento

A formação de entidade familiar se baseia no afeto e produz efeitos jurí-

---

judicial, como extrajudicial (arts. 528, §§ 3º e 8º, e 911 do CPC/2015). 5. O procedimento executório relativo à coação pessoal exige que o crédito alimentar tenha prestação pecuniária limitada às últimas três prestações antecedentes ao ajuizamento da execução e às que se vencerem no curso do processo (arts. 733 do CPC/1973 e 528, § 4º, do CPC/2015 e Súmula nº 309/STJ). 6. O acórdão proferido pela Corte local destoa do art. 528, § 4º, do Código de Processo Civil de 2015 que prevê, expressamente, que, em caso de inadimplemento de prestação alimentícia, 1ª prisão será cumprida em regime fechado, devendo o preso ficar separado dos presos comuns. 7. Recurso especial provido" (REsp 1557248/MS, rel. Min. Ricardo Villas Bôas Cueva, Terceira Turma, j. 6/2/2018, DJe 15/2/2018).

477 Resolução nº 35/2007 do Conselho Nacional de Justiça: "Art. 46. O tabelião poderá se negar a lavrar a escritura de separação ou divórcio se houver fundados indícios de prejuízo a um dos cônjuges ou em caso de dúvidas sobre a declaração de vontade, fundamentando a recusa por escrito".

dicos não só na esfera subjetiva e existencial dos envolvidos, mas também gera consequências patrimoniais e econômicas. Havendo interesses econômicos envolvidos, inclusive de terceiros, o legislador disciplina uma série de situações regulando a situação patrimonial dos cônjuges e conviventes (no campo processual, temos, por exemplo, o disposto no art. 73, CPC), notadamente com a instituição do que se denomina de estatuto patrimonial do casamento ou da união estável, isto é, a disciplina do regime de bens, que inclui não só aqueles adquiridos na constância da união, mas também os bens que a antecedem. O regime patrimonial entre os cônjuges é, em regra, de livre disponibilidade,[478] inclusive podendo ser pactuado antes de celebrado o casamento (arts. 1.639 e 1.653/1.657, CC; a vigência do pactuado se dará desde a data do casamento, sendo admissível a alteração judicial do regime de bens, desde que motivada,[479] conforme o citado art. 1.639, §§ 1º e 2º). Mesmo os casamentos celebrados antes da vigência do atual Código Civil estão sujeitos à modificação judicial do regime de bens.[480]

---

478 "Inventário. Admissão do cônjuge supérstite. Regime de separação de bens. Prova. Pacto antenupcial. A certidão de casamento não é suficiente para demonstrar que o casamento foi celebrado sob o regime de separação de bens. É imprescindível tenha havido pacto antenupcial com convenção nesse sentido" (REsp 173.018/AC, rel. Min. EDUARDO RIBEIRO, Terceira Turma, j. 26/6/2000, DJ 14/8/2000, p. 164).

479 "Direito de família. Casamento celebrado na vigência do Código Civil de 1916. Regime de bens. Alteração. Necessidade de motivação. Justificativa do pedido. Enunciado nº 113 (CJF). Prejuízo comprovado. Súmula nº 7/STJ. 1. À luz da melhor interpretação do art. 1.639, § 2º, do CC/2002, são exigíveis justificativas plausíveis e provas concretas de que a alteração do regime de bens eleito para reger o matrimônio não prejudicará nenhum dos cônjuges, nem terceiros interessados. 2. Incidência do enunciado nº 113 na I Jornada de Direito Civil do Conselho da Justiça Federal: 'É admissível a alteração do regime de bens entre os cônjuges, quando então o pedido, devidamente motivado e assinado por ambos os cônjuges, será objeto de autorização judicial, com a ressalva dos direitos de terceiros, inclusive dos entes públicos, após perquirição de inexistência de dívida de qualquer natureza, exigida ampla publicidade'. 3. No caso em exame, a alteração patrimonial foi pleiteada consensualmente por ambos os cônjuges ora recorrentes com base na justificativa genérica de independência financeira e patrimonial do casal, demonstrando a ausência de violação de direitos de terceiros. 4. As instâncias ordinárias, todavia, negaram a alteração do regime patrimonial por reputarem que a mera vontade de preservação e individualização dos patrimônios dos cônjuges não configura justo motivo, requisito legal indispensável. 5. Ademais, o Tribunal de origem, visando a proteção de um dos cônjuges, assentou que a modificação 'equivaleria à doação do patrimônio a um dos interessados, exclusivamente, mascarando desta forma, uma divisão que poderia prejudicar, sim, e inclusive, a eventual prole'. 6. Rever tais conclusões demandaria o reexame de matéria fático-probatória, o que é inviável em sede de recurso especial, nos termos da Súmula nº 7/STJ. 7. Recurso especial não provido" (REsp 1427639/SP, rel. Min. RICARDO VILLAS BÔAS CUEVA, Terceira Turma, j. 10/3/2015, DJe 16/3/2015).

480 "Recurso especial. Direito civil. Direito de família. Regime matrimonial de bens.

É, portanto, matéria que se insere na autonomia privada dos cônjuges, em simetria à disponibilidade patrimonial, não mais subsistindo[481] no

---

Modificação. Casamento celebrado na vigência do código civil de 1916. Disposições transitórias do Código Civil de 2002. Conjugação do art. 1.639, § 2º, com o art. 2.039, ambos do novel diploma. Cabimento em tese da alteração de regime de bens. Inadmissibilidade que já restou afastada. Precedente jurisprudencial. Alteração subordinada à presença dos demais requisitos constantes do art. 1.639, § 2º, do CC/2002. Necessidade de remessa dos autos às instâncias ordinárias apreciação do pedido. Recurso especial conhecido a que se dá parcial provimento para, admitida a mudança de regime, com a remessa dos autos à instância de origem" (REsp 868.404/SC, rel. Min. Hélio Quaglia Barbosa, Quarta Turma, j. 12/6/2007, DJ 6/8/2007, p. 519). Enunciado nº 260 das Jornadas de Direito Civil: "A alteração do regime de bens prevista no § 2º do art. 1.639 do Código Civil também é permitida nos casamentos realizados na vigência da legislação anterior". Na doutrina, a discussão é analisada pormenorizadamente em Flávio Tartuce. *Direito civil*: direito de família. 13ª ed. São Paulo: Método, 2018, p. 141-145, v. 5.

481 É possível a modificação do regime de bens nos casamentos celebrados ainda sob a vigência do Código Civil anterior: "Civil. Casamento. Código civil de 1916. Comunhão parcial de bens. Alteração de regime. Comunhão universal. Possibilidade jurídica. I. Ambas as Turmas de Direito Privado desta Corte assentaram que o art. 2.039 do Código Civil não impede o pleito de autorização judicial para mudança de regime de bens no casamento celebrado na vigência do Código de 1916, conforme a previsão do art. 1.639, § 2º, do Código de 2002, respeitados os direitos de terceiros. II. Recurso especial não conhecido" (REsp 812.012/RS, rel. Min. Aldir Passarinho Junior, Quarta Turma, j. 2/12/2008, DJe 2/2/2009). "Direito de família. Recurso especial. Alteração de regime de bens do casamento de comunhão parcial para separação total. Omissão do acórdão recorrido. Inexistência. Partilha dos bens adquiridos no regime anterior. Possibilidade. Recurso provido. [...] 2. É possível a alteração de regime de bens de casamento celebrado sob a égide do CC de 1916, em consonância com a interpretação conjugada dos arts. 1.639, § 2º, 2.035 e 2.039 do Código atual, desde que respeitados os efeitos do ato jurídico perfeito do regime originário. 3. No caso, diante de manifestação expressa dos cônjuges, não há óbice legal que os impeça de partilhar os bens adquiridos no regime anterior, de comunhão parcial, na hipótese de mudança para separação total, desde que não acarrete prejuízo para eles próprios e resguardado o direito de terceiros. Reconhecimento da eficácia *ex nunc* da alteração do regime de bens que não se mostra incompatível com essa solução. 4. Recurso especial provido" (REsp 1533179/RS, rel. Min. Marco Aurélio Bellizze, Terceira Turma, j. 8/9/2015, DJe 23/9/2015). "Direito civil. Família. Casamento celebrado sob a égide do CC/16. Alteração do regime de bens. Possibilidade. A interpretação conjugada dos arts. 1.639, § 2º, 2.035 e 2.039, do CC/02, admite a alteração do regime de bens adotado por ocasião do matrimônio, desde que ressalvados os direitos de terceiros e apuradas as razões invocadas pelos cônjuges para tal pedido. Assim, se o Tribunal Estadual analisou os requisitos autorizadores da alteração do regime de bens e concluiu pela sua viabilidade, tendo os cônjuges invocado como razões da mudança a cessação da incapacidade civil interligada à causa suspensiva da celebração do casamento a exigir a adoção do regime de separação obrigatória, além da necessária ressalva quanto a direitos de terceiros, a alteração para o regime de comunhão parcial é permitida.

direito brasileiro a regra da imutabilidade do regime escolhido.[482]

Pode-se dizer, pois, que o regime de bens possui as seguintes características[483]: a) liberdade de pactuação, b) regra supletiva da vontade, c) mutabilidade motivada mediante autorização judicial. Caso não haja expressa convenção dos cônjuges, prevê-se como regra geral o regime da comunhão parcial de bens (art. 1.640, CC – a comunhão parcial também pode ser objeto de escolha expressa, ainda que incida igualmente no caso de silêncio).

Para a escolha do regime patrimonial do casamento, portanto, prevalece a autonomia privada, mantendo-se como regra supletiva o regime da comunhão parcial de bens, isto é, há proeminência da vontade com estabelecimento de uma regra padrão para o caso de omissão dos cônjuges e invalidade ou ineficácia da convenção. Somente nas hipóteses previstas[484] no art.

Por elementar questão de razoabilidade e justiça, o desaparecimento da causa suspensiva durante o casamento e a ausência de qualquer prejuízo ao cônjuge ou a terceiro, permite a alteração do regime de bens, antes obrigatório, para o eleito pelo casal, notadamente porque cessada a causa que exigia regime específico. Os fatos anteriores e os efeitos pretéritos do regime anterior permanecem sob a regência da lei antiga. Os fatos posteriores, todavia, serão regulados pelo CC/02, isto é, a partir da alteração do regime de bens, passa o CC/02 a reger a nova relação do casal. Por isso, não há se falar em retroatividade da lei, vedada pelo art. 5º, inc. XXXVI, da CF/88, e sim em aplicação de norma geral com efeitos imediatos. Recurso especial não conhecido" (REsp 821.807/PR, rel. Min. NANCY ANDRIGHI, Terceira Turma, j. 19/10/2006, DJ 13/11/2006, p. 261).

482 "Civil. Processual Civil. Família. Regime de Bens. Alteração. Possibilidade. Interesse Processual. Existência. Recurso Especial Provido. 1. O Código Civil de 2002 alterou o ordenamento jurídico brasileiro, modificando o sistema em relação ao princípio da imutabilidade absoluta de regime de bens permitindo a sua alteração justificada ou motivada e desde que demonstrado em procedimento de jurisdição voluntária a procedência da pretensão que deve ser manifestada por ambos os cônjuges, observados os direitos de terceiros. 2. Presente o interesse processual, apto a possibilitar a pretendida alteração de regime conjugal já que a paz conjugal precisa e deve ser preservada. 3. Recurso especial provido" (REsp 1446330/SP, rel. Min. MOURA RIBEIRO, Terceira Turma, j. 17/3/2015, DJe 27/3/2015).

483 CRISTIANO CHAVES DE FARIAS e NELSON ROSENVALD. *Curso de direito civil*: famílias. 10ª ed. Salvador: JusPodivm, 2018, p. 306-328, v. 6

484 Sobre a incidência do regime legal de separação obrigatória com base no critério etário, assim nos manifestamos em outro trabalho: "O Código Civil manteve o critério etário como justificador de hipótese de separação obrigatória de bens, diferenciando-se do regime anterior apenas por observar a igualdade da idade fixada (artigo 1.641, II). Justificando essa regra, Clovis Bevilaqua afirmava que as pessoas nessa faixa etária passaram da idade em que o casamento se realiza por impulso afetivo e, receando que interesses subalternos ou especulações pouco escrupulosas provoquem casamentos inadequados e inconvenientes, a lei impõe restrições à comunicabilidade de seus bens" (*Código Civil dos Estados Unidos do Brasil comentado.* Edição histórica, s/d. Rio de Janeiro: Rio, p. 645, v. 1, 6ª tir. Registre-se que

1.641, CC, não prevalecerá a vontade ou incidirá aquela regra supletiva, já que para as hipóteses arroladas nos incisos desse dispositivo impõe-se a incidência do regime obrigatório da separação de bens,[485] cuja mutabilidade,

---

Carvalho Santos, ao comentar o mesmo dispositivo, adere a esse entendimento: *Código Civil interpretado.* 7ª ed. Rio de Janeiro: Freitas Bastos, 1958, p. 52, v. V). Arnaldo Rizzardo, já analisando o novo Código Civil, entende que essa regra visa "prevenir situações de casamentos de pessoas com excessiva diferença de idade, quando a mais nova nada mais procura que servir-se do casamento para conseguir vantagem econômica, ou seja, participar do patrimônio do cônjuge mais idoso. O correto apresentar-se-ia excepcionar a obrigatoriedade do regime de separação se ambos os nubentes fossem maiores de 60 anos" (*Direito de família.* 4ª ed. Rio de Janeiro: Forense, 2006, p. 665). Parece-nos insubsistentes essas justificativas, não havendo mais lugar para essa limitação da capacidade dos idosos de disporem sobre o próprio patrimônio. Essa específica presunção absoluta de incapacidade pelo abstrato critério etário é incompatível com a dignidade do idoso e não encontra nenhum respaldo científico, devendo ser afastada nos casos concretos. Caso um idoso não esteja em condições de administrar os próprios bens, o próprio Código Civil oferece os meios técnicos hábeis para sua tutela, sendo intolerável a permanência de norma discriminatória e dissociada da realidade. É oportuno lembrar que a Lei 8.842/1994, que disciplina a Política Nacional do Idoso, em seu art. 10, § 1º, assegura "ao idoso o direito de dispor de seus bens, proventos, pensões e benefícios, salvo nos casos de incapacidade judicialmente comprovada". Os argumentos utilizados no passado por Bevilaqua e no presente por Rizzardo revelam apenas suposições preconceituosas, sem nenhum rigor científico. Observe-se que o raciocínio de Arnaldo Rizzardo antes transcrito ainda se mostra falho em outros aspectos, já que o dispositivo incidirá mesmo no caso de casamento de pessoas com idades muito próximas e, além disso, acredita o autor que somente jovens teriam o objetivo de aproveitar do patrimônio do cônjuge, isentando, também abstratamente, o idoso de qualquer má-fé. Trata-se, pois, de um sofisma que não consegue justificar o que é intrinsecamente injustificável (Robson Renault Godinho. *A proteção processual dos direitos dos idosos.* 2ª ed. Rio de Janeiro: Lumen Juris, 2010, p. 48-52). Síntese crítica em Paulo Lôbo. *Direito civil*: famílias. 7ª ed. São Paulo: Saraiva, 2017, p. 317-318.

485 "No regime da separação obrigatória, comunicam-se os bens adquiridos onerosamente na constância do casamento, sendo presumido o esforço comum (Súmula n. 377/STF)" (AgRg no AREsp 650.390/SP, rel. Min. João Otávio de Noronha, Terceira Turma, j. 27/10/2015, DJe 3/11/2015). "Recurso especial. Direito civil. Família. Matrimônio contraído por pessoa com mais de 60 anos. Regime de separação obrigatória de bens. Casamento precedido de longa união estável iniciada antes de tal idade. Recurso especial não provido. 1. O artigo 258, parágrafo único, II, do Código Civil de 1916, vigente à época dos fatos, previa como sendo obrigatório o regime de separação total de bens entre os cônjuges quando o casamento envolver noivo maior de 60 anos ou noiva com mais de 50 anos. 2. Afasta-se a obrigatoriedade do regime de separação de bens quando o matrimônio é precedido de longo relacionamento em união estável, iniciado quando os cônjuges não tinham restrição legal à escolha do regime de bens, visto que não há que se falar na necessidade de proteção do idoso em relação a relacionamentos fugazes por interesse

em tese, será possível se não mais subsistir a causa que deu origem ao regime legal.[486]

58. Regime de bens na união estável

Em relação à união estável, dispõe o art. 1.725, CC, que, "salvo contrato escrito entre os companheiros, aplica-se às relações patrimoniais, no que cou-

---

exclusivamente econômico. 3. Interpretação da legislação ordinária que melhor a compatibiliza com o sentido do art. 226, § 3º, da CF, segundo o qual a lei deve facilitar a conversão da união estável em casamento. 4. Recurso especial a que se nega provimento" (REsp 1318281/PE, rel. Min. MARIA ISABEL GALLOTTI, Quarta Turma, j. em 1º/12/2016, DJe 7/12/2016). Enunciado nº 261 das Jornadas de Direito Civil: "A obrigatoriedade do regime da separação de bens não se aplica a pessoa maior de sessenta anos, quando o casamento for precedido de união estável iniciada antes dessa idade". Acrescente-se, ainda, que, se por meio da vontade não pode ser eliminado o regime da separação obrigatória, nada impede que haja negócio jurídico ampliando sua abrangência, o que nada mais seria do que um regime convencional de separação obrigatória. Nesse sentido: "Recurso especial. Ação de reconhecimento e dissolução de união estável. Escritura pública de união estável elegendo o regime de separação de bens. Manifestação de vontade expressa das partes que deve prevalecer. Partilha do imóvel de titularidade exclusiva da recorrente. Impossibilidade. Insurgência da demandada. Recurso especial provido. Hipótese: Cinge-se a controvérsia a definir se o companheiro tem direito a partilha de bem imóvel adquirido durante a união estável pelo outro, diante da expressa manifestação de vontade dos conviventes optando pelo regime de separação de bens, realizada por meio de escritura pública. 1. No tocante aos diretos patrimoniais decorrentes da união estável, aplica-se como regra geral o regime da comunhão parcial de bens, ressalvando os casos em que houver disposição expressa em contrário. 2. Na hipótese dos autos, os conviventes firmaram escritura pública elegendo o regime da separação absoluta de bens, a fim de regulamentar a relação patrimonial do casal na constância da união. 2.1. A referida manifestação de vontade deve prevalecer à regra geral, em atendimento ao que dispõe os artigos 1.725 do Código Civil e 5º da Lei 9.278/96. 2.2. O pacto realizado entre as partes, adotando o regime da separação de bens, possui efeito imediato aos negócios jurídicos a ele posteriores, havidos na relação patrimonial entre os conviventes, tal qual a aquisição do imóvel objeto do litígio, razão pela qual este não deve integrar a partilha. 3. Inaplicabilidade, *in casu*, da Súmula 377 do STF, pois esta se refere à comunicabilidade dos bens no regime de separação legal de bens (prevista no art. 1.641, CC), que não é caso dos autos. 3.1. O aludido verbete sumular não tem aplicação quando as partes livremente convencionam a separação absoluta dos bens, por meio de contrato antenupcial. Precedente. 4. Recurso especial provido para afastar a partilha do bem imóvel adquirido exclusivamente pela recorrente na constância da união estável" (REsp 1481888/SP, rel. Min. MARCO BUZZI, Quarta Turma, j. em 10/4/2018, DJe 17/4/2018).

486 Enunciado nº 262 das Jornadas de Direito Civil: "A obrigatoriedade da separação de bens nas hipóteses previstas nos incs. I e III do art. 1.641 do Código Civil não impede a alteração do regime, desde que superada a causa que o impôs".

ber, o regime da comunhão parcial de bens", isto é, prevalece o pactuado, aplicando-se supletivamente o regime patrimonial que a legislação considera como padrão.[487] A modificação do regime de bens, portanto, pode se dar por

---

487 "Recurso especial. Civil e processual civil. Direito de família. Escritura pública de reconhecimento de união estável. Regime da separação de bens. Atribuição de eficácia retroativa. Não cabimento. Precedentes da terceira turma. 1. Ação de declaração e de dissolução de união estável, cumulada com partilha de bens, tendo o casal convivido por doze anos e gerado dois filhos. 2. No momento do rompimento da relação, em setembro de 2007, as partes celebraram, mediante escritura pública, um pacto de reconhecimento de união estável, elegendo retroativamente o regime da separação total de bens. 3. Controvérsia em torno da validade da cláusula referente à eficácia retroativa do regime de bens. 4. Consoante a disposição do art. 1.725 do Código Civil, "na união estável, salvo contrato escrito entre os companheiros, aplica-se às relações matrimoniais, no que couber, o regime da comunhão parcial de bens". 5. Invalidade da cláusula que atribui eficácia retroativa ao regime de bens pactuado em escritura pública de reconhecimento de união estável. 6. Prevalência do regime legal (comunhão parcial) no período anterior à lavratura da escritura. 7. Precedentes da Terceira Turma do STJ. 8. Voto divergente quanto à fundamentação. 9. Recurso especial desprovido" (REsp 1597675/SP, rel. Min. Paulo de Tarso Sanseverino, Terceira Turma, j. 25/10/2016, DJe 16/11/2016). Enunciado nº 115 das Jornadas de Direito Civil: "Há presunção de comunhão de aquestos na constância da união extramatrimonial mantida entre os companheiros, sendo desnecessária a prova do esforço comum para se verificar a comunhão dos bens". Do mesmo modo, diz-se que "a união familiar estável, por si mesma, produz automáticos efeitos patrimoniais, bastando que seja demonstrada a sua existência, presumindo-se o esforço comum e a soma de esforços, sem possibilidade de contraprova" (Cristiano Chaves de Farias e Nelson Rosenvald. *Curso de direito civil*: famílias. 10ª ed. Salvador: JusPodivm, 2018, p. 511, v. 6). Em razão disso, já se decidiu da seguinte forma: "Recurso especial. Direito patrimonial de família. União estável. Alienação de bem imóvel adquirido na constância da união. Necessidade de consentimento do companheiro. Efeitos sobre o negócio celebrado com terceiro de boa-fé. 1. A necessidade de autorização de ambos os companheiros para a validade da alienação de bens imóveis adquiridos no curso da união estável é consectário do regime da comunhão parcial de bens, estendido à união estável pelo art. 1.725 do CCB, além do reconhecimento da existência de condomínio natural entre os conviventes sobre os bens adquiridos na constância da união, na forma do art. 5º da Lei 9.278/96, Precedente. 2. Reconhecimento da incidência da regra do art. 1.647, I, do CCB sobre as uniões estáveis, adequando-se, todavia, os efeitos do seu desrespeito às nuanças próprias da ausência de exigências formais para a constituição dessa entidade familiar. 3. Necessidade de preservação dos efeitos, em nome da segurança jurídica, dos atos jurídicos praticados de boa-fé, que é presumida em nosso sistema jurídico. 4. A invalidação da alienação de imóvel comum, realizada sem o consentimento do companheiro, dependerá da publicidade conferida a união estável mediante a averbação de contrato de convivência ou da decisão declaratória da existência união estável no Ofício do Registro de Imóveis em que cadastrados os bens comuns, ou pela demonstração de má-fé do adquirente. 5. Hipótese dos autos em que não há qualquer registro no álbum imobiliário em que inscrito o

meio de manifestação de vontade dos contratantes,[488] sem necessidade de procedimento judicial obrigatório.[489] Há controvérsia sobre a aplicação do regime de separação de bens na união estável, por se tratar de regra restritiva sem a respectiva extensão legal.[490]

---

imóvel objeto de alienação em relação a copropriedade ou mesmo à existência de união estável, devendo-se preservar os interesses do adquirente de boa-fé, conforme reconhecido pelas instâncias de origem. 6. Recurso especial a que se nega provimento" (REsp 1424275/MT, rel. Min. PAULO DE TARSO SANSEVERINO, Terceira Turma, j. em 4/12/2014, DJe 16/12/2014). O art. 73, § 3º, CPC, reforça essa ideia, com todos os problemas inerentes à informalidade de algumas uniões estáveis. Sobre o tema, exame crítico em FLÁVIO TARTUCE. *Direito civil*: direito de família. 13ª ed. São Paulo: Método, 2018, p. 373-377, v. 5.

488 Em razão da possibilidade de impacto em relação a terceiros, há quem sustente que, havendo modificação consensual de regime de bens na união estável, deve ser realizada a averbação prevista no art. 167, II, nº 1, da Lei 6.015/1973 (cf. FABIO CALDAS DE ARAÚJO. *Curso de processo civil*: procedimentos especiais. São Paulo: Malheiros, 2018, p. 495-496. Tomo III).

489 CRISTIANO CHAVES DE FARIAS e NELSON ROSENVALD. *Curso de direito civil*: famílias. 10ª ed. Salvador: JusPodivm, 2018, p. 331, v. 6.

490 O Superior Tribunal de Justiça vem decidindo no sentido da aplicação do regime obrigatório: "Recurso especial. Civil e processual civil. Direito de família. Ação de reconhecimento e dissolução de união estável. Partilha de bens. Companheiro sexagenário. Art. 1.641, II, do Código Civil (redação anterior à Lei nº 12.344/2010). Regime de bens. Separação legal. Necessidade de prova do esforço comum. Comprovação. Benfeitoria e construção incluídas na partilha. Súmula nº 7/STJ. 1. É obrigatório o regime de separação legal de bens na união estável quando um dos companheiros, no início da relação, conta com mais de sessenta anos, à luz da redação originária do art. 1.641, II, do Código Civil, a fim de realizar a isonomia no sistema, evitando-se prestigiar a união estável no lugar do casamento. 2. No regime de separação obrigatória, apenas se comunicam os bens adquiridos na constância do casamento pelo esforço comum, sob pena de se desvirtuar a opção legislativa, imposta por motivo de ordem pública. 3. Rever as conclusões das instâncias ordinárias no sentido de que devidamente comprovado o esforço da autora na construção e realização de benfeitorias no terreno de propriedade exclusiva do recorrente, impondo-se a partilha, demandaria o reexame de matéria fático-probatória, o que é inviável em sede de recurso especial, nos termos da Súmula nº 7 do Superior Tribunal de Justiça. 4. Recurso especial não provido" (REsp 1403419/MG, rel. Min. RICARDO VILLAS BÔAS CUEVA, Terceira Turma, j. em 11/11/2014, DJe 14/11/2014). "Recurso especial. Dissolução de união estável. Partilha de bens. Companheiro sexagenário. Súmula 377 do STF. Bens adquiridos na constância da união estável que devem ser partilhados de forma igualitária. Necessidade de demonstração do esforço comum dos companheiros para legitimar a divisão. Prêmio de loteria (lotomania). Fato eventual ocorrido na constância da união estável. Necessidade de meação. 1. Por força do art. 258, parágrafo único, inciso II, do Código Civil de 1916 (equivalente, em parte, ao art. 1.641, inciso II, do Código Civil de 2002), ao casamento de sexagenário, se homem, ou cinquentenária, se mulher, é imposto o regime de separação obrigatória de bens (recentemente, a Lei 12.344/2010 alterou

59. Procedimento

Rompendo com a antiga regra da imutabilidade do regime de bens, o art. 1.639, § 2º, CC, dispõe que "é admissível alteração do regime de bens, mediante autorização judicial em pedido motivado de ambos os cônjuges, apurada a procedência das razões invocadas e ressalvados os direitos de terceiros".

O art. 734, CPC, portanto, visa a disciplinar o procedimento dessa mutabilidade motivada do regime de bens, necessariamente submetida ao controle jurisdicional, deixando o legislador de prever a possibilidade de mutação

---

a redação do art. 1.641, II, do CC, modificando a idade protetiva de 60 para 70 anos). Por esse motivo, às uniões estáveis é aplicável a mesma regra, impondo-se seja observado o regime de separação obrigatória, sendo o homem maior de sessenta anos ou a mulher maior de cinquenta. Precedentes. 2. A *ratio legis* foi a de proteger o idoso e seus herdeiros necessários dos casamentos realizados por interesse estritamente econômico, evitando que este seja o principal fator a mover o consorte para o enlace. 3. A Segunda Seção do STJ, seguindo a linha da Súmula n.º 377 do STF, pacificou o entendimento de que 'apenas os bens adquiridos onerosamente na constância da união estável, e desde que comprovado o esforço comum na sua aquisição, devem ser objeto de partilha' (EREsp 1171820/PR, rel. Min. Raul Araújo, Segunda Seção, j. 26/8/2015, DJe 21/9/2015). 4. Nos termos da norma, o prêmio de loteria é bem comum que ingressa na comunhão do casal sob a rubrica de 'bens adquiridos por fato eventual, com ou sem o concurso de trabalho ou despesa anterior' (CC/1916, art. 271, II; CC/2002, art. 1.660, II). 5. Na hipótese, o prêmio da lotomania, recebido pelo ex-companheiro, sexagenário, deve ser objeto de partilha, haja vista que: i) se trata de bem comum que ingressa no patrimônio do casal, independentemente da aferição do esforço de cada um; ii) foi o próprio legislador quem estabeleceu a referida comunicabilidade; iii) como se trata de regime obrigatório imposto pela norma, permitir a comunhão dos aquestos acaba sendo a melhor forma de se realizar maior justiça social e tratamento igualitário, tendo em vista que o referido regime não adveio da vontade livre e expressa das partes; iv) a partilha dos referidos ganhos com a loteria não ofenderia o desiderato da lei, já que o prêmio foi ganho durante a relação, não havendo falar em matrimônio realizado por interesse ou em união meramente especulativa. 6. Recurso especial parcialmente provido" (REsp 1689152/SC, rel. Min. Luis Felipe Salomão, Quarta Turma, j. 24/10/2017, DJe 22/11/2017). Em relação à possibilidade de se estabelecer convencionalmente o regime de separação de bens em união estável, confira-se o já citado REsp 1481888/SP, rel. Min. Marco Buzzi, Quarta Turma, j. 10/4/2018, DJe 17/4/2018. Sobre a controvérsia da separação de bens na união estável: Cristiano Chaves de Farias e Nelson Rosenvald. *Curso de direito civil*: famílias. 10ª ed. Salvador: JusPodivm, 2018, p. 514-515, v. 6; Gustavo Tepedino, Heloisa Helena Barboza e Maria Celina Bodin de Moraes. *Código Civil interpretado*. Rio de Janeiro: Renovar, 2014, p. 440, v. IV. Sobre a polêmica envolvendo a aplicação às uniões estáveis do art. 1.647, CC, vale conferir os mesmos autores, no mesmo livro citado, p. 440-441. Enunciado n. 261 das Jornadas de Direito Civil: "A obrigatoriedade do regime da separação de bens não se aplica a pessoa maior de sessenta anos, quando o casamento for precedido de união estável iniciada antes dessa idade".

extrajudicial,[491] o que revela na realidade a dificuldade de se romper efetivamente com a tradição anterior.

Mesmo permitindo a mutabilidade do regime, o legislador indica a prevalência por uma expectativa de estabilidade, razão pela qual reduz a autonomia privada nesse particular. É necessária a apresentação de razões que justifiquem a mudança pretendida, o que é bastante criticado na doutrina, havendo que considere essa exigência inconstitucional.[492]

A indicação da motivação para a mudança do regime de bens é realmente um exagero do legislador, que não conseguiu libertar-se totalmente do superado dogma da imutabilidade.

Entretanto, mormente por se tratar de um procedimento consensual e que ressalva o direito de terceiros, basta aos requerentes a indicação genérica das razões que ensejaram a formulação do pleito, sem a necessidade de descrever minuciosamente a situação patrimonial do casal e as repercussões concretas da mudança do regime dos bens. Basta, portanto, a indicação da causa remota da mudança do regime, motivando o requerimento a partir das razões genéricas que animaram a pretensão de alteração.[493]

---

491 Defendendo a mudança extrajudicial do regime de bens: Cristiano Chaves de Farias e Nelson Rosenvald. *Curso de direito civil*: famílias. 10ª ed. Salvador: JusPodivm, 2018, p. 321, v. 6.

492 Cf. Cristiano Chaves de Farias e Nelson Rosenvald. *Curso de direito civil*: famílias. 10ª ed. Salvador: JusPodivm, 2018, p. 323, v. 6.

493 Cf. Débora Vanessa Caús Brandão. *Regime de bens no Novo Código Civil*. São Paulo: 2007, p. 112-114; Renata Vilela Multedo. *Liberdade e família*: limites para a intervenção do Estado nas relações conjugais e parentais. Rio de Janeiro: Processo, 2017, p. 251-255. No Superior Tribunal de Justiça: "Direito de família. Casamento celebrado na vigência do código civil de 1916. Regime de bens. Alteração. Possibilidade. Exigências previstas no art. 1.639, § 3º, do código civil. Justificativa do pedido. Divergência quanto à constituição de sociedade empresária por um dos cônjuges. Receio de comprometimento do patrimônio da esposa. Motivo, em princípio, hábil a autorizar a modificação do regime. Ressalva de direitos de terceiros. 1. O casamento há de ser visto como uma manifestação vicejante da liberdade dos consortes na escolha do modo pelo qual será conduzida a vida em comum, liberdade essa que se harmoniza com o fato de que a intimidade e a vida privada são invioláveis e exercidas, na generalidade das vezes, em um recôndito espaço privado também erguido pelo ordenamento jurídico à condição de asilo inviolável. 2. Assim, a melhor interpretação que se deve conferir ao art. 1.639, § 2º, do CC/02 é a que não exige dos cônjuges justificativas exageradas ou provas concretas do prejuízo na manutenção do regime de bens originário, sob pena de se esquadrinhar indevidamente a própria intimidade e a vida privada dos consortes. 3. No caso em exame, foi pleiteada a alteração do regime de bens do casamento dos ora recorrentes, manifestando eles como justificativa a constituição de sociedade de responsabilidade limitada entre o cônjuge varão e terceiro, providência que é acauteladora

A modificação de regime de bens deve ser requerida por meio de petição subscrita por advogado e também assinada por ambos os cônjuges, que são os únicos legitimados para formular o requerimento, inexistência de prejuízos para terceiros,[494] cujos direitos são ressalvados, além do fato

---

de eventual comprometimento do patrimônio da esposa com a empreitada do marido. A divergência conjugal quanto à condução da vida financeira da família é justificativa, em tese, plausível à alteração do regime de bens, divergência essa que, em não raras vezes, se manifesta ou se intensifica quando um dos cônjuges ambiciona enveredar-se por uma nova carreira empresarial, fundando, como no caso em apreço, sociedade com terceiros na qual algum aporte patrimonial haverá de ser feito, e do qual pode resultar impacto ao patrimônio comum do casal. 4. Portanto, necessária se faz a aferição da situação financeira atual dos cônjuges, com a investigação acerca de eventuais dívidas e interesses de terceiros potencialmente atingidos, de tudo se dando publicidade (Enunciado n. 113 da I Jornada de Direito Civil CJF/STJ). 5. Recurso especial parcialmente provido" (REsp 1119462/MG, rel. Min. Luis Felipe Salomão, Quarta Turma, j. 26/2/2013, DJe 12/3/2013). Maior rigor pode ser verificado em Tribunais de segundo grau, com evidente repercussão na apreciação do Superior Tribunal de Justiça: "Direito de família. Casamento celebrado na vigência do Código Civil de 1916. Regime de bens. Alteração. Necessidade de motivação. Justificativa do pedido. Enunciado nº 113 (CJF). Prejuízo comprovado. Súmula nº 7/STJ. 1. À luz da melhor interpretação do art. 1.639, § 2º, do CC/2002, são exigíveis justificativas plausíveis e provas concretas de que a alteração do regime de bens eleito para reger o matrimônio não prejudicará nenhum dos cônjuges, nem terceiros interessados. 2. Incidência do enunciado nº 113 na I Jornada de Direito Civil do Conselho da Justiça Federal: 'É admissível a alteração do regime de bens entre os cônjuges, quando então o pedido, devidamente motivado e assinado por ambos os cônjuges, será objeto de autorização judicial, com a ressalva dos direitos de terceiros, inclusive dos entes públicos, após perquirição de inexistência de dívida de qualquer natureza, exigida ampla publicidade'. 3. No caso em exame, a alteração patrimonial foi pleiteada consensualmente por ambos os cônjuges ora recorrentes com base na justificativa genérica de independência financeira e patrimonial do casal, demonstrando a ausência de violação de direitos de terceiros. 4. As instâncias ordinárias, todavia, negaram a alteração do regime patrimonial por reputarem que a mera vontade de preservação e individualização dos patrimônios dos cônjuges não configura justo motivo, requisito legal indispensável. 5. Ademais, o Tribunal de origem, visando a proteção de um dos cônjuges, assentou que a modificação 'equivaleria à doação do patrimônio a um dos interessados, exclusivamente, mascarando desta forma, uma divisão que poderia prejudicar, sim, e inclusive, a eventual prole'. 6. Rever tais conclusões demandaria o reexame de matéria fático-probatória, o que é inviável em sede de recurso especial, nos termos da Súmula nº 7/STJ. 7. Recurso especial não provido" (REsp 1427639/SP, rel. Min. Ricardo Villas Bôas Cueva, Terceira Turma, j. 10/3/2015, DJe 16/3/2015). Cristiano Chaves de Farias e Nelson Rosenvald. *Curso de direito civil*: famílias. 10ª ed. Salvador: JusPodivm, 2018, p. 324, v. 6.

494 "Processo civil. Agravo interno. Razões que não enfrentam o fundamento da decisão agravada. Alteração do regime de bens. Requisitos do artigo 1639, § 2°, do CC. Exigência de certidões. Possibilidade. Enunciado n° 113, da i jornada de di-

de a alteração do regime de bens não retroagir,[495] por se tratar de senten-

reito civil. Tese do recurso especial que demanda reexame de contexto fático e probatório dos autos. Súmula nº 7/STJ. 1. As razões do agravo interno não enfrentam adequadamente o fundamento da decisão agravada. 2. Nos termos do Enunciado nº 113, da I Jornada de Direito Civil/CJF, 'é admissível a alteração do regime de bens entre os cônjuges, quando então o pedido, devidamente motivado e assinado por ambos os cônjuges, será objeto de autorização judicial, com ressalva dos direitos de terceiros, inclusive dos entes públicos, após perquirição de inexistência de dívida de qualquer natureza, exigida ampla publicidade', de modo que possível a exigência de documentos pelo Tribunal de origem. 3. A tese defendida no recurso especial demanda reexame do contexto fático e probatório dos autos, vedado pela Súmula nº 7/STJ. 4. Agravo interno a que se nega provimento" (AgInt no REsp 1379728/SP, rel. Min. MARIA ISABEL GALLOTTI, Quarta Turma, j. 8/8/2017, DJe 21/8/2017).

495 "Recurso especial. Civil e processual civil. Direito de família. Dissolução do casamento. Alteração do regime de bens. Termo inicial dos seus efeitos. 'Ex nunc'. Alimentos. Razoabilidade. Binômio necessidade e possibilidade. Conclusões alcançadas pela corte de origem. Impossibilidade de revisão na via eleita. Súmula 7/STJ. 1 – Separação judicial de casal que, após período de união estável, casou-se, em 1997, pelo regime da separação de bens, procedendo a sua alteração para o regime da comunhão parcial em 2007 e separando-se definitivamente em 2008. 2 – Controvérsia em torno do termo inicial dos efeitos da alteração do regime de bens do casamento ('ex nunc' ou 'ex tunc') e do valor dos alimentos. 3 – Reconhecimento da eficácia 'ex nunc' da alteração do regime de bens, tendo por termo inicial a data do trânsito em julgado da decisão judicial que o modificou. Interpretação do art. 1.639, § 2º, do CC/2002. 4 – Razoabilidade do valor fixado a título de alimentos, atendendo aos critérios legais (necessidade da alimentanda e possibilidade do alimentante). Impossibilidade de revisão em sede de recurso especial. Vedação da Súmula 07/STJ. 5 – Precedentes jurisprudenciais do STJ. 6 – Recurso especial parcialmente provido" (REsp 1300036/MT, rel. Min. PAULO DE TARSO SANSEVERINO, Terceira Turma, j. 13/5/2014, DJe 20/5/2014). "Direito de família. Recurso especial. Alteração de regime de bens do casamento de comunhão parcial para separação total. Omissão do acórdão recorrido. Inexistência. Partilha dos bens adquiridos no regime anterior. Possibilidade. Recurso provido. 1. Consoante dispõe o art. 535 do Código de Processo Civil, destinam-se os embargos de declaração a expungir do julgado eventuais omissão, obscuridade ou contradição, não se caracterizando via própria ao rejulgamento da causa. 2. É possível a alteração de regime de bens de casamento celebrado sob a égide do CC de 1916, em consonância com a interpretação conjugada dos arts. 1.639, § 2º, 2.035 e 2.039 do Código atual, desde que respeitados os efeitos do ato jurídico perfeito do regime originário. 3. No caso, diante de manifestação expressa dos cônjuges, não há óbice legal que os impeça de partilhar os bens adquiridos no regime anterior, de comunhão parcial, na hipótese de mudança para separação total, desde que não acarrete prejuízo para eles próprios e resguardado o direito de terceiros. Reconhecimento da eficácia 'ex nunc' da alteração do regime de bens que não se mostra incompatível com essa solução. 4. Recurso especial provido" (REsp 1533179/RS, rel. Min. MARCO AURÉLIO BELLIZZE, Terceira Turma, j. 8/9/2015, DJe 23/9/2015). Cf. CRISTIANO CHAVES DE FARIAS e NELSON ROSENVALD. *Curso de direito civil*: famílias. 10ª ed. Sal-

ça constitutiva sem disposição legal sobre sua eficácia *ex tunc*.[496]

O juízo competente observará as regras gerais do CPC, não havendo qualquer especificidade deste procedimento, cabendo ao final as providências previstas no art. 734, § 3º, CPC, o que pode ensejar a expedição de comunicação a outros juízos. A petição inicial deve ser acompanhada por documentos pessoais de identificação, certidão de casamento, pacto antenupcial, se houver, além de outros que se fizerem necessários no caso concreto, como os referentes aos bens dos cônjuges até então existentes. A prova neste tipo de procedimento é eminentemente documental, não se podendo excluir de antemão, contudo, a necessidade de eventual uso de outro meio de prova.

Ao receber a inicial, deve o juiz determinar a publicação de edital,[497]

---

vador: JusPodivm, 2018, p. 324-325, v. 6. Na nota 67 da p. 324, os autores ora citados aderem à tese da irretroatividade, mas no corpo do texto da p. 325 admitem a possibilidade de as partes requererem a retroatividade.

496 Em regra, as ações constitutivas possuem efeitos *ex nunc* (cf. Pontes de Miranda. *Tratado das ações (ações constitutivas)*. São Paulo: RT, 1972, p. 15, tomo III). No caso da modificação do regime de bens, a parte final do art. 734, *caput*, bem como da necessidade de averbações cartorárias, além do fato de inexistir lei permitindo eficácia retroativa, indica a eficácia *ex nunc*. Sobre o tema, além de julgado antes citado, confira-se esta ementa de acórdão do Superior Tribunal de Justiça: "Recurso especial. Civil e processual civil. Direito de família. Dissolução do casamento. Alteração do regime de bens. Termo inicial dos seus efeitos. 'Ex nunc'. Alimentos. Razoabilidade. Binômio necessidade e possibilidade. Conclusões alcançadas pela corte de origem. Impossibilidade de revisão na via eleita. Súmula 7/STJ. 1 – Separação judicial de casal que, após período de união estável, casou-se, em 1997, pelo regime da separação de bens, procedendo a sua alteração para o regime da comunhão parcial em 2007 e separando-se definitivamente em 2008. 2 – Controvérsia em torno do termo inicial dos efeitos da alteração do regime de bens do casamento ('ex nunc' ou 'ex tunc') e do valor dos alimentos. 3 – Reconhecimento da eficácia 'ex nunc' da alteração do regime de bens, tendo por termo inicial a data do trânsito em julgado da decisão judicial que o modificou. Interpretação do art. 1.639, § 2º, do CC/2002. 4 – Razoabilidade do valor fixado a título de alimentos, atendendo aos critérios legais (necessidade da alimentanda e possibilidade do alimentante). Impossibilidade de revisão em sede de recurso especial. Vedação da Súmula 07/STJ. 5 – Precedentes jurisprudenciais do STJ. 6 – Recurso especial parcialmente provido" (REsp 1300036/MT, rel. Min. Paulo de Tarso Sanseverino, Terceira Turma, j. 13/5/2014, DJe 20/5/2014). A eficácia sem retroatividade da sentença em nada tem a ver com a discussão sobre a possibilidade de modificação de regime de bens de casamentos celebrados antes da vigência do atual Código Civil, como já assinalado.

497 Cristiano Chaves de Farias e Nelson Rosenvald. *Curso de direito civil*: famílias. 10ª ed. Salvador: JusPodivm, 2018, p. 322-323, v. 6. Esses autores entendem que, por ser ineficaz a mudança do regime de bens em relação a terceiros, a previsão de publicação de edital é um excesso legislativo. No mesmo sentido, Fernanda Tartuce. *Comentários ao Código de Processo Civil*. Cassio Scarpinella Bueno (coord.).

conforme disposto no art. 734, § 1º, a fim de comunicar a eventuais interessados a existência do pedido de modificação do regime de bens, especialmente para resguardar o interesse de terceiros.

Como o dispositivo legal não faz menção expressa à publicação eletrônica do edital nos sítios do Conselho Nacional de Justiça ou do respectivo Tribunal, deve-se entender que se trata da regra geral de publicação por meio da imprensa oficial. Entretanto, o art. 734, § 2º, CPC autoriza que "os cônjuges, na petição inicial ou em petição avulsa, podem propor ao juiz meio alternativo de divulgação da alteração do regime de bens, a fim de resguardar direitos de terceiros" e o art. 257, II, e parágrafo único, CPC, também pode ser utilizado como parâmetro. Por se tratar de procedimento em que a publicidade é de sua essência,[498] não incidirá na espécie o disposto no art. 189, II, CPC, em cujos termos, inclusive, não consta a alteração do regime de bens.

Se é prevista essa publicidade, significa que há uma espécie de chamamento de terceiros. Logo, é possível, em tese, a existência de impugnações ao requerimento de modificação do regime de bens, inclusive com a produção as provas necessárias de acordo com o caso concreto.

Após o trânsito em julgado da sentença que modificar o regime de bens, devem ser expedidos mandados para os cartórios de registro civil e de imóveis, assim como para o registro público de empresas mercantis, caso um dos requerentes seja empresário.[499]

O juiz rejeitará o requerimento de homologação, caso não esteja presen-

---

São Paulo: Saraiva, 2017, p. 402, v. 3.

498 "Civil. Família. Matrimônio. Alteração do regime de bens do casamento (CC/2002, art. 1.639, § 2º). Expressa ressalva legal dos direitos de terceiros. Publicação de edital para conhecimento de eventuais interessados, no órgão oficial e na imprensa local. Provimento nº 24/03 da corregedoria do tribunal estadual. Formalidade dispensável, ausente base legal. Recurso especial conhecido e provido. 1. Nos termos do art. 1.639, § 2º, do Código Civil de 2002, a alteração do regime jurídico de bens do casamento é admitida, quando procedentes as razões invocadas no pedido de ambos os cônjuges, mediante autorização judicial, sempre com ressalva dos direitos de terceiros. 2. Mostra-se, assim, dispensável a formalidade emanada de Provimento do Tribunal de Justiça de publicação de editais acerca da alteração do regime de bens, mormente pelo fato de se tratar de providência da qual não cogita a legislação aplicável. 3. O princípio da publicidade, em tal hipótese, é atendido pela publicação da sentença que defere o pedido e pelas anotações e alterações procedidas nos registros próprios, com averbação no registro civil de pessoas naturais e, sendo o caso, no registro de imóveis. 4. Recurso especial provido para dispensar a publicação de editais determinada pelas instâncias ordinárias" (REsp 776.455/RS, rel. Min. Raul Araújo, Quarta Turma, j. 17/4/2012, DJe 26/4/2012).

499 Cristiano Chaves de Farias e Nelson Rosenvald. *Curso de direito civil*: famílias. 10ª ed. Salvador: JusPodivm, 2018, p. 323, v. 6.

te algum requisito legal e desde que tenha sido conferida aos requerentes a possibilidade de sanar o vício, na forma dos arts. 10 e 321, CPC, ou se houver algum problema no conteúdo da convenção, como vício de vontade, pretensão de modificar regime legalmente imutável ou tentativa de fraude a terceiros. Caso estejam presentes os requisitos de admissibilidade, notadamente se identificado o interesse recursal diante da consensualidade, será cabível o recurso de apelação. Haverá formação de coisa julgada material com o trânsito em julgado, sem prejuízo de poder haver, em tese, nova modificação posterior do regime de bens já então modificado, desde que haja alterações fáticas que permitam o ajuizamento de uma nova ação.

60. Ministério Público

O fato de se restringir o procedimento de modificação do regime de bens à via judicial, excluindo a via extrajudicial, é uma questão de política legislativa[500] e revela uma espécie de apego ao sistema anterior, criando o que pode ser denominado de mutabilidade temperada – ou restrita – do regime de bens. Esse quadro revela que a previsão expressa de intervenção do Ministério Público decorre desse excessivo zelo legislativo.[501] Entretanto, não cabe ao Ministério Público intervir em casos envolvendo direitos disponíveis de pessoas capazes, de modo que sua intervenção é incompatível com sua finalidade institucional (cf. arts. 178, 698 e 721, CPC).[502] Há quem argumente que a justificativa para a intervenção está em evitar fraude à lei ou a terceiro,[503] mas, se esses critérios forem constitucionalmente admissíveis, em todo caso em que houvesse essas possibilidades fraudulentas deveria ser estendida a intervenção do Ministério Público, o que significaria praticamente uma espécie de função interventiva universal. Somente se houver interesse público ou social ou direitos indisponíveis (art. 127 da Constituição da República) é que haverá intervenção do Ministério Público, o que significa que, como regra geral, isso não ocorrerá no presente procedimento, já que se trata de situação de consenso sobre questões patrimoniais. Há quem justifique essa intervenção com o argumento de que se trata de necessidade de resguardar direitos de terreiros.[504] Entretanto, não é função do Minis-

500 Nada impede que, no futuro, abra-se a possibilidade de também o regime de bens poder ser modificado por via extrajudicial.

501 Cf. Flávio Tartuce. *Direito civil*: direito de família. 13ª ed. São Paulo: Método, 2018, p. 140, v. 5.

502 Cristiano Chaves de Farias e Nelson Rosenvald. *Curso de direito civil*: famílias. 10ª ed. Salvador: JusPodivm, 2018, p. 322, v. 6.

503 Antonio Carlos Marcato. *Procedimentos especiais*. 16ª ed. São Paulo: Atlas, 2016, p. 361.

504 Jefferson Carús Guedes. *Comentários ao Código de Processo Civil*. Marinoni, Arenhart e Mitidiero (coord.). São Paulo: RT, 2016, p. 363-364, v. 11.

tério Público resguardar direitos patrimoniais de nenhum sujeito e, se fosse o caso de atuar sempre em que houver riscos a direitos alheios, deveria ser essa hipótese interventiva generalizada simetricamente Às demais situações, o que subverteria frontalmente o disposto no art. 127 da Constituição da República, cujo reflexo processual está no art. 178 do CPC. Ressalve-se, porém, que, como há expressa determinação legal da intimação do Ministério Público, deve ser cumprida formalmente a regra, a fim de assegurar a validade do procedimento convém que o juiz lhe dê ciência, ficando sob a análise do órgão a manifestação sobre a eventual necessidade de sua intervenção.

Seção V
Dos Testamentos e dos Codicilos

Art. 735. Recebendo testamento cerrado, o juiz, se não achar vício externo que o torne suspeito de nulidade ou falsidade, o abrirá e mandará que o escrivão o leia em presença do apresentante.

§ 1º Do termo de abertura constarão o nome do apresentante e como ele obteve o testamento, a data e o lugar do falecimento do testador, com as respectivas provas, e qualquer circunstância digna de nota.

§ 2º Depois de ouvido o Ministério Público, não havendo dúvidas a serem esclarecidas, o juiz mandará registrar, arquivar e cumprir o testamento.

§ 3º Feito o registro, será intimado o testamenteiro para assinar o termo da testamentária.

§ 4º Se não houver testamenteiro nomeado ou se ele estiver ausente ou não aceitar o encargo, o juiz nomeará testamenteiro dativo, observando-se a preferência legal.

§ 5º O testamenteiro deverá cumprir as disposições testamentárias e prestar contas em juízo do que recebeu e despendeu, observando-se o disposto em lei.

CPC de 1973 – arts 1.125, 1.126 e 1.127

61. Noções gerais

Nesta Seção uma vez mais encontra-se uma disciplina formal, minudente e atrelada a tradições passadas, em que o patrimônio particular recebe forte tutela estatal, sem que o legislador tenha se preocupado com qualquer ideia modernizadora e simplificadora do procedimento,[505] não eliminando sua obri-

505 Cf. CRISTIANO CHAVES DE FARIAS. O cumprimento de testamento no novo Código de Processo Civil e a possibilidade de adaptação procedimental (cláusula geral negocial) do inventário. *Família e sucessões*. Coleção Repercussões do Novo CPC.

gatoriedade ou contemplando a previsão de atividade extrajudicial para a abertura e o cumprimento do testamento, como se houvesse alguma ontologia atávica sobre o tema que nos mantivesse em uma espécie de câmara do tempo imutável.

A própria disciplina dos testamentos no Código Civil é extremamente formal e vinculada a formas arraigadas, misturando a solenidade do negócio jurídico com uma disciplina legal refém de tradições muito antigas.[506]

Mantém-se, pois, a previsão de procedimento prévio de jurisdição voluntária[507] – remanescendo a deslocada regra que prevê a participação do Ministério Público –, antes da abertura de inventário vinculado à sucessão testamentária, não havendo alterações procedimentais relevantes no CPC, limitando-se a discretas modificações redacionais e à não reprodução de regras heterotópicas.[508]

A atividade do juiz[509] é basicamente cartorária, semelhante à de um

---

FERNANDA TARTUCE, RODRIGO MAZZEI, SÉRGIO BARRADAS CARNEIRO (coord.). Salvador: JusPodivm, 2016.

506 Notícia histórica em OROSIMBO NONATO. *Estudos sobre sucessão testamentária.* Rio de Janeiro: Forense, 1957, p. 57-98, v. I. Sobre as formalidades históricas para abertura do testamento cerrado, PONTES DE MIRANDA. *Tratado de direito privado.* 3ª ed. São Paulo: RT, 1973, p. 125-127, tomo 59. A propósito, comentando exatamente aspectos do procedimento de "abertura" de testamento particular, PONTES DE MIRANDA já apontava nesse sentido do apego irrefletido a tradições: "Como persistem as formas mortas!" (PONTES DE MIRANDA. *Comentários ao Código de Processo Civil.* 2ª ed. Rio de Janeiro: Forense, 2008, p. 157, tomo XVI).

507 Enunciado n. 51 da I Jornada de Processo Civil do Conselho da Justiça Federal: "Havendo registro judicial ou autorização expressa do juízo sucessório competente, nos autos do procedimento de abertura, registro e cumprimento de testamento, sendo todos os interessados capazes e concordes, poderão ser feitos o inventário e a partilha por escritura pública" (trata-se de reprodução do Enunciado n. 77 da I Jornada de Prevenção e Solução Extrajudicial de Litígios e seguindo a mesma linha do Enunciado n. 600 da VII Jornada de Direito Civil, ambas também do Conselho da Justiça Federal).

508 "Os requisitos para a validade de tais testamentos, bem como as numerosas questões que suscitam, com controvérsias ainda hoje existentes, não dizem respeito à ciência processual, e, por isso, se hão de presumir conhecidos, ou deverão ser examinados nos civilistas, que disso cuidaram. Na parte procedimental tudo se resume em estabelecer normas simples, que permitam o conhecimento do documento que traduz a última vontade do testador ou providências imediatas para seu cumprimento, sem oportunidade, que seria imprópria, de maior discussão ou decisão a respeito da sua validade, da sua interpretação, ou mesmo em certas hipóteses do seu cumprimento" (JOSÉ OLYMPIO DE CASTRO FILHO. *Comentários ao Código de Processo Civil.* 4ª ed. Rio de Janeiro: Forense, 1995, p. 108, v. X). "O que interessa à lei processual é o testamento depois de morto o testador" (PONTES DE MIRANDA. *Comentários ao Código de Processo Civil.* 2ª ed. Rio de Janeiro: Forense, 2008, p. 128, tomo XVI).

509 Entende LEONARDO GRECO que o juiz tutela o interesse privado do falecido, que

tabelião,[510] limitando-se a homologar formalmente a fim de praticar ato integrador da forma do negócio jurídico unilateral, somente o apego à tradição justificando a obrigatoriedade dessa etapa jurisdicional autônoma.[511]

A finalidade do procedimento é, portanto, basicamente cartorária, isto é, limita-se a verificar a regularidade formal do testamento,[512] determinando-se

---

deve ter preservada a eficácia de suas manifestações de vontade. Em razão desse papel do juiz, defende o autor que há exceção à inércia da jurisdição, podendo o juiz instaurar de ofício o procedimento (LEONARDO GRECO. *Jurisdição voluntária moderna*. São Paulo: Dialética, 2003, p. 75).

510 Mesmo ao assinalar que o juiz não age como um "autômato", JOSÉ OLYMPIO DE CASTRO FILHO sintetiza assim a atividade exercida neste procedimento: "Numa palavra, o procedimento de abertura de testamento nada mais é, e somente é, que um procedimento para autenticação do estado em que o documento foi apresentado em juízo" (*Comentários ao Código de Processo Civil*. 4ª ed. Rio de Janeiro: Forense, 1995, p. 109, v. X).

511 O Conselho Nacional de Justiça, por meio do Provimento n. 56/2016, determina em seu art. 1º que "os Juízes de Direito, para o processamento dos inventários e partilhas judiciais, e os Tabeliães de Notas, para a lavratura das escrituras públicas de inventário extrajudicial, deverão acessar o Registro Central de Testamentos On-Line (RCTO), módulo de informação da CENSEC – Central Notarial de Serviços Compartilhados, para buscar a existência de testamentos públicos e instrumentos de aprovação de testamentos cerrados".

512 A jurisprudência, inclusive, vem relativizando a severidade formal da legislação, prevalecendo a vontade do testador em prejuízo a irregularidades de forma: "Recurso especial. Testamento particular. Confirmação. Requisitos essenciais. Assinatura de três testemunhas idôneas. Leitura e assinatura na presença das testemunhas. Inobservância. Abrandamento. Impossibilidade. Vontade do testador. Controvérsia. Reexame de provas. Inviabilidade. Súmula nº 7/STJ. 1. Cuida-se de procedimento especial de jurisdição voluntária consubstanciado em pedido de confirmação de testamento particular. 2. Cinge-se a controvérsia a determinar se pode subsistir o testamento particular datilografado formalizado sem todos os requisitos exigidos pela legislação de regência, no caso, a assinatura de pelo menos três testemunhas idôneas e a leitura e a assinatura do documento pelo testador perante as testemunhas. 3. A jurisprudência desta Corte tem flexibilizado as formalidades prescritas em lei no tocante às testemunhas do testamento particular quando o documento tiver sido escrito e assinado pelo testador e as demais circunstâncias dos autos indicarem que o ato reflete a vontade do testador. 4. No caso em apreço, o Tribunal de origem, à luz da prova dos autos, concluiu que a verdadeira intenção do testador revela-se passível de questionamentos, não sendo possível, portanto, concluir, de modo seguro, que o testamento exprime a real vontade do testador. 5. Recurso especial não provido" (REsp 1432291/SP, rel. Min. RICARDO VILLAS BÔAS CUEVA, Terceira Turma, j. 23/2/2016, DJe 8/3/2016). "Civil. Processual Civil. Recurso Especial. Testamento. Formalidades Legais Não Observadas. Nulidade. 1. Atendido os pressupostos básicos da sucessão testamentária – i) capacidade do testador; ii) atendimento aos limites do que pode dispor; e iii) lídima declaração de vontade – a ausência de umas das formalidades exigidas por lei, pode e deve ser colmatada para a preservação da vontade do testador, pois as regulações atinentes ao testamento têm

seu registro,[513] arquivamento e cumprimento. Esse contexto, porém, não deve significar exclusão absoluta de contraditório, já que nenhum procedimento pode excluir essa fundamental garantia constitucional, de modo que, se a situação concreta justificar, deve ser permitida a ampla participação de interessados.

O Código Civil prevê[514] de modo taxativo (art. 1.887, CC) testamentos ordinários (público, cerrado e particular, conforme art. 1.862, CC) e especiais (marítimo, aeronáutico e militar, conforme art. 1.886, CC), além dos codicilos (art. 1.881, CC).[515] Todas essas formas de disposição de última vontade[516] devem se submeter a esse procedimento de jurisdição voluntária, a fim de que sejam cumpridos seus termos.

---

por escopo único, a preservação da vontade do testador. 2. Evidenciada, tanto a capacidade cognitiva do testador quanto o fato de que testamento, lido pelo tabelião, correspondia, exatamente à manifestação de vontade do *de cujus*, não cabe então, reputar como nulo o testamento, por ter sido preterida solenidades fixadas em lei, porquanto o fim dessas – assegurar a higidez da manifestação do *de cujus* –, foi completamente satisfeita com os procedimentos adotados. 3. Recurso não provido" (REsp 1677931/MG, rel. Min. Nancy Andrighi, Terceira Turma, j. 15/8/2017, DJe 22/8/2017).

513 Código Civil: "Art. 1.859. Extingue-se em cinco anos o direito de impugnar a validade do testamento, contado o prazo da data do seu registro".

514 Sobre as diversas modalidades de testamentos, Pontes de Miranda dedicou um volume inteiro de seu monumental Tratado para tratar de cada uma delas, de modo que, para aquele que quiser se profundar, aqui apenas se remete ao volume 59 do seu *Tratado de direito privado* (a edição ora consultada é a 3ª, RT, 1973). Em outra obra fundamental sobre o tema, Orosimbo Nonato escreve sobre as modalidades no v. I de seus *Estudos sobre a sucessão testamentária* (Forense, 1957). No decorrer destes comentários faremos breves referências conceituais a partir de livros recentes, mas sempre deve ser feito o registro desses autores clássicos como referência para aprofundamento teórico.

515 O denominado "testamento vital", que veicula "diretivas antecipadas de vontade" relacionadas ao tratamento médico e à morte do paciente, não é uma modalidade testamentária. Na realidade, o que se denomina testamento vital é uma das espécies de diretivas antecipadas de vontade, que também inclui o mandato duradouro. Sobre o tema: Luciana Dadalto. *Testamento vital*. 3ª ed. São Paulo: Atlas, 2015.

516 É importante registrar que o art. 1.860, CC, dispõe que, "além dos incapazes, não podem testar os que, no ato de fazê-lo, não tiverem pleno discernimento", acrescentado seu parágrafo único que "podem testar os maiores de dezesseis anos". Vê-se, pois, que, ao exigir pleno discernimento para a capacidade testamentária ativa, referido dispositivo é compatível com o Estatuto da Pessoa com Deficiência, já que não se confunde incapacidade com deficiência. Há, ainda, a polêmica envolvendo a referência genérica a "incapazes", o que incluiria o pródigo, o ébrio habitual e os viciados em tóxico. Nesse contexto, discute-se se, além da incapacidade, também seria necessária a falta de pleno discernimento (cf. Cristiano Chaves de Farias e Nelson Rosenvald. *Curso de direito civil*: sucessões. 2ª ed. Salvador: JusPodivm, 2016, p. 390-391, v. 7).

62. Testamento cerrado

Em definição clássica, o testamento cerrado, também denominado secreto ou místico, é uma "carta sigilada"[517] escrita de próprio punho pelo testador ou a rogo e que se completa por instrumento público, com ato do tabelião que o aprova, na presença de testemunhas.[518] Trata-se de negócio jurídico solene, em que as formalidades exigidas pela lei no tempo ensejaram diversas polêmicas[519]. Até a abertura da sucessão, as disposições testamentárias são mantidas em segredo, mas é uma modalidade que possui o risco de extravio, já que a participação do tabelião se dá apenas como requisito formal para sua validade.[520] Trata-se de modalidade de complexa elaboração e, por isso, sujeita a questionamentos sobre sua validade,[521] não sendo muito utilizado na prática.[522]

---

517 OROSIMBO NONATO. *Estudos sobre sucessão testamentária.* Rio de Janeiro: Forense, 1957, p. 279, v. I.

518 Código Civil: "Art. 1.868. O testamento escrito pelo testador, ou por outra pessoa, a seu rogo, e por aquele assinado, será válido se aprovado pelo tabelião ou seu substituto legal, observadas as seguintes formalidades: I – que o testador o entregue ao tabelião em presença de duas testemunhas; II – que o testador declare que aquele é o seu testamento e quer que seja aprovado; III – que o tabelião lavre, desde logo, o auto de aprovação, na presença de duas testemunhas, e o leia, em seguida, ao testador e testemunhas; IV – que o auto de aprovação seja assinado pelo tabelião, pelas testemunhas e pelo testador. Parágrafo único. O testamento cerrado pode ser escrito mecanicamente, desde que seu subscritor numere e autentique, com a sua assinatura, todas as paginas. Art. 1.869. O tabelião deve começar o auto de aprovação imediatamente depois da última palavra do testador, declarando, sob sua fé, que o testador lhe entregou para ser aprovado na presença das testemunhas; passando a cerrar e coser o instrumento aprovado. Parágrafo único. Se não houver espaço na última folha do testamento, para início da aprovação, o tabelião aporá nele o seu sinal público, mencionando a circunstância no auto. Art. 1.870. Se o tabelião tiver escrito o testamento a rogo do testador, poderá, não obstante, aprová-lo".

519 OROSIMBO NONATO. *Estudos sobre sucessão testamentária.* Rio de Janeiro: Forense, 1957, p. 279-300, v. I.

520 Sobre o risco de extravio e as manifestações da doutrina, vale conferir: J. M. LEONI LOPES DE OLIVEIRA. *Direito civil*: sucessões. Rio de Janeiro: Forense, 2018, p. 514-515. Entretanto, se o risco de extravio for erigido a essa condição fundamental, seria de pouca prática o testamento particular.

521 Ainda assim o Superior Tribunal de Justiça também em relação ao testamento cerrado já relativizou a formalidade da assinatura do testador: "Testamento Cerrado. Auto de aprovação. Falta de assinatura do testador. Inexistindo qualquer impugnação à manifestação da vontade, com a efetiva entrega do documento ao oficial, tudo confirmado na presença das testemunhas numerárias, a falta de assinatura do testador no auto de aprovação é irregularidade insuficiente para, na espécie, causar a invalidade do ato. Art. 1638 do CCivil. Recurso não conhecido" (REsp 223.799/SP, rel. Min. RUY ROSADO DE AGUIAR, Quarta Turma, j. 18/11/1999, DJ 17/12/1999, p. 379).

522 CRISTIANO CHAVES DE FARIAS e NELSON ROSENVALD. *Curso de direito civil*: sucessões.

63. Procedimento

Considera-se o termo de abertura do testamento cerrado uma formalidade típica, porque "a lei supõe cerrar-se e coser-se o testamento".[523] O testamento a ser apresentado para abertura pelo apresentante – que é a quem a guarda do testamento foi confiada[524] – , regularmente assistido por quem detenha capacidade postulatória,[525] é o documento autêntico, não se admitindo certidão ou cópia pela própria natureza do testamento cerrado.[526] Por essa razão, em linguagem mais simplificada do que a redação do CPC de 1973, o art. 735, *caput*, CPC, dispõe que "o juiz, se não achar vício externo que o

---

2ª ed. Salvador: JusPodivm, 2016, p. 407-408, v. 7.

523 Pontes de Miranda. *Tratado de direito privado.* 3ª ed. São Paulo: RT, 1973, p. 123, tomo 59. Código Civil: "Art. 1.972. O testamento cerrado que o testador abrir ou dilacerar, ou for aberto ou dilacerado com seu consentimento, haver-se-á como revogado".

524 Rigorosamente, conforme dispõe o art. 1.979, CC, detentor do testamento e apresentante não se confundem necessariamente.

525 Em sentido contrário, afirma-se que "todas as formalidades deste artigo, no seu conjunto, desde a apresentação até a leitura, podem ser praticadas, pessoalmente, pelo apresentante e, se for o caso, pelo detentor, sem necessidade de assistência ou patrocínio de advogado. Na verdade, nada é requerido, postulado, em juízo, mas ocorre mero ato material imposto por lei. Nem seria justo que, pelo exercício do *munus publico*, o apresentante tivesse de arcar com o ônus de honorários de advogado, ainda que, posteriormente, viesse a ser reembolsado ou ressarcido pela herança. Se, porém, por circunstâncias que devam ser esclarecidas pelo estado em que haja aparecido o documento, houver necessidade de intervenção de advogado, aí, sim, o profissional deverá ser constituído" (Alcides de Mendonça Lima. *Comentários ao Código de Processo Civil.* São Paulo: RT, 1982, p. 226, v. XII). Também entende assim Leonardo Greco, para quem se trará de procedimento com "caráter popular", o que justificaria a ampla legitimidade ativa, a possibilidade de o juiz agir de ofício e a dispensa da capacidade postulatória (Leonardo Greco. *Jurisdição voluntária moderna.* São Paulo: Dialética, 2003, p. 77). Não nos parece, porém que tenha sido conferida capacidade postulatória ao apresentante e, caso haja hipossuficiência econômica do apresentante, poderá ser assistido por Defensor Público.

526 "No caso, como se trata de testamento cerrado, é sempre o original autêntico, não se admitindo certidão, reprodução, cópia (mesmo *xerox* autenticada...) ou outro sucedâneo. Pode acontecer que o falecido haja deixado vários testamentos – podendo um revogar o outro ou o mais novo completar o anterior. Mas cada um tem existência autônoma. Ainda que, no mínimo haja dois iguais, fato a ser verificado com a abertura respectiva, em juízo, nunca se pode saber isso antecipadamente. Ambos (ou mais) terão que ser entregues e recebidos pelo juiz, para as posteriores providências, como instrumentos independentes. Já o testamento público não exige que que, obrigatoriamente, seja encontrado o traslado ou a certidão. Mesmo que o tabelião haja entregue um ou outro ao testador, que perdeu ou destruiu, e nada seja encontrado, nada obsta que qualquer interessado extraia certidão dos livros do tabelionato e a entregue ao juiz" (Alcides de Mendonça Lima. *Comentários ao Código de Processo Civil.* São Paulo: RT, 1982, p. 218, v. XII).

torne suspeito de nulidade ou falsidade, o abrirá e mandará que o escrivão o leia em presença do apresentante".

Exigem-se, pois, as presenças do juiz, do escrivão e do apresentante,[527] a fim de que seja lavrado o respectivo termo e sejam realizadas a abertura[528] e a leitura, que a rigor é um ato público (art. 189, CPC).[529] A presença dos herdeiros não é exigida pela lei, mas, se possível, o ato deve contar com a participação e todos os interessados, com a citação dos herdeiros antes da abertura do testamento.[530]

---

527 Código Civil: "Art. 1.979. O testamenteiro nomeado, ou qualquer parte interessada, pode requerer, assim como o juiz pode ordenar, de ofício, ao detentor do testamento, que o leve a registro".

528 "A abertura do testamento cerrado – ato material, mas solene – tem, na praxe a feição ditada pelas circunstâncias: cortar as linhas que cosem o testamento, arrancar ou quebrar do lacre, desdobrar das folhas. Vulgarmente por cima dele ainda há outro invólucro, em que o testador o meteu, e talvez mesmo tenha cosido e lacrado. Se, por fora, há algum escrito, convém que o juiz leia alto. Antes de qualquer gesto para abri-lo, deve o juiz examiná-lo por fora, para verificar se está intacto e se contém vício extrínseco, que o torne suspeito de nulidade ou falsidade" (PONTES DE MIRANDA. *Comentários ao Código de Processo Civil.* 2ª ed. Rio de Janeiro: Forense, 2008, p. 129, tomo XVI).

529 A doutrina fala em "leitura para publicidade limitada", isto é, para certo número de pessoas (PONTES DE MIRANDA. *Comentários ao Código de Processo Civil.* 2ª ed. Rio de Janeiro: Forense, 2008, p. 131, tomo XVI). Entretanto, ainda que a abertura de testamentos não seja exatamente um ato concorrido, não há limitação prévia do número de pessoas por não haver segredo de justiça, salvo se as circunstâncias do ato exigirem a excepcional restrição da publicidade (art. 189, I e III, CPC).

530 "Penso que à luz da garantia constitucional do contraditório e, em observância do disposto no art. 1.105 do Código de Processo Civil [atual art. 721], deve o juiz mandar o escrivão acautelar em cartório o testamento cerrado e, antecedendo o ato de abertura, citar os herdeiros legítimos, se conhecidos, e o Ministério Público para que, juntamente com o apresentante, possam vir a participar da abertura e lavratura do respectivo auto, podendo nela intervir com postulações e observações que serão apreciadas pelo juiz e registradas. Se, ao despachar a inicial, o juiz constatar desde logo alguma violação do envelope, deverá atestá-lo no seu despacho e mandar guardá-lo em outro invólucro seguro pelo escrivão. Entre a citação dos herdeiros e do Ministério Público e a data designada para a abertura do testamento cerrado deverá mediar tempo suficiente para que estes possam dirigir-se ao juiz oferecendo exceções (impedimento, suspeição e incompetência), formulando alegações e apresentando provas que possam desaconselhar a imediata abertura do testamento, como, por exemplo, a alegação de que o testador não morreu" (LEONARDO GRECO. *Jurisdição voluntária moderna.* São Paulo: Dialética, 2003, p. 79). Concordamos com esse entendimento, mas deve ser registrado que o entendimento mais aceito é o de que se trata de integração formal de negócio jurídico, não havendo exercício de pretensão, não há citação para integração de polo passivo (nesse sentido: PONTES DE MIRANDA. *Comentários ao Código de Processo Civil.* 2ª ed. Rio de Janeiro: Forense, 2008, p. 132, tomo XVI).

Antes de realizar o ato de abertura do testamento, o juiz deverá apreciar as eventuais questões suscitadas pelos interessados, sempre observando o disposto no art. 10, CPC. Se o ato de abertura do testamento revelar herdeiros ainda não conhecidos, deverão ser citados todos, a fim de que passem a integrar o procedimento.[531]

A verificação do juiz sobre a existência de vícios externos que coloquem o testamento sob suspeição será superficial,[532] na medida em que o juiz não é perito, e se aterá a aspectos relacionados à eventual violação do documento ou qualquer outro vício extrínseco relacionado à forma determinada pelo direito material.[533] Isso não significa que é vedada a produção de prova no procedi-

---

531 Leonardo Greco. *Jurisdição voluntária moderna*. São Paulo: Dialética, 2003, p. 79.

532 "O 'cumpra-se', portanto, não importa declaração definitiva de regularidade ou perfeição do testamento, mas apenas autorização estatal para que se inicie a execução da vontade do testador" (Humberto Theodoro Júnior. *Curso de direito processual civil*. 50ª ed. Rio de Janeiro: Forense, 2016, p. 494, v. II).

533 Após afirmar que o CPC de 1973 reproduziu a expressão "suspeito de nulidade ou falsidade" por força da "lei do menor esforço", o que também ocorreu no atual CPC, José Olympio de Castro Filho observa que "ao juiz descabe [...] a apreciação de nulidade do testamento [...]. Então, para que não haja na lei palavra inútil, só se pode compreender a expressão 'se lhe não achar vício externo, que o torne suspeito de nulidade ou falsidade', como uma restrição a ato sucessivo, que o mesmo inciso determina ao juiz, quando diz que este 'mandará registrar, arquivar e cumprir'. Realmente, deixar de registrar e arquivar o testamento, ainda que contenha este o maior defeito, como, por exemplo, no testamento cerrado, apresentar-se aberto, ou faltando página ou parte dela, é evidente que o juiz não poderá deixar de fazer, pois seria absurdo que o mandasse jogar fora... Então, o defeito manifesto só pode levar, no máximo, a uma restrição na terceira providência, o cumprimento do testamento, que se fará, ou não, conforme venha a ser julgado, no juízo contencioso, se o vício observado impede, ou não, o cumprimento da vontade manifestada pelo testador no documento. Equivale a dizer: a decisão será condicional. o vício externo será anotado; para o cumprimento, aguarda-se a apreciação no juízo contencioso competente" (*Comentários ao Código de Processo Civil*. 4ª ed. Rio de Janeiro: Forense, 1995, p. 112, v. X). Em sentido semelhante e complementar: "Não poderá o juiz, isto sim, mandar cumprir o testamento, quando nele presente vício externo, que o torne suspeito de nulidade ou falsidade. O cumprimento poderá dar-se posteriormente, em decisão de natureza contenciosa" (Edson Prata. *Comentários ao Código de Processo Civil*. Rio de Janeiro: Forense, 1978, p. 157, v. 7). No mesmo sentido, Daniel Amorim Assumpção Neves: "ainda que o juiz entenda o testamento suspeito, não poderá deixar de registrá-lo e arquivá-lo, mas a ele não dará cumprimento. A declaração de falsidade ou de decretação de nulidade depende de ação própria, sendo que sobrevindo nessa ação decisão declarando a idoneidade do testamento, caberá ao juiz dar cumprimento ao testamento já registrado e arquivado" (*Novo Código de Processo Civil comentado*. 2ª ed. Salvador: JusPodivm, 2017, p. 1187). Também: Leonardo Greco. *Jurisdição voluntária moderna*. São Paulo: Dialética, 2003, p. 76. Entretanto, seguindo-se essa linha de raciocínio, o procedimento culminaria com o registro, mesmo em caso de abertura prévia do testamento cerrado, o que

mento, mas não se pode transformá-lo em um local para cognições profundas, já que não é essa a sua finalidade.

Por meio desse procedimento, manifesta-se o juiz aparente regularidade formal extrínseca e aparente inexistência de defeitos do negócio jurídico, ou de nulidades objetivamente verificáveis e que devam ser conhecidas de ofício, sem pronunciamento sobre qualquer alegado vício intrínseco ou mesmo questão formal que dependa de cognição exauriente.[534] Não se identificando irregularidades extrínsecas, será lavrado o termo de abertura, em que constarão os dados relevantes para a identificação dos presentes e para a descrição do ato[535] (art. 735, § 1º, CPC).

---

não nos parece possível, mormente diante do que consta no art. 1.972, CC. Caso seja possível constatar que a abertura se deu de modo acidental, deve constar esse fato no termo. Caso haja controvérsia sobre o tema incompatível com esse procedimento de jurisdição voluntária, deve-se reservar ao procedimento litigioso comum a resolução da questão.

534 "Não se trata, porém, de sentença declarativa. É constitutiva (integrativa de forma). Nulidades, se há, dependem de provas *aliunde*, de contenda de provas, de longo exame, que as torne, afinal, visíveis. Essas, ainda alegadas, não podem ser julgadas no rito de *apresentação, abertura e cumpra-se* que precede ao registro e ao arquivamento. Não é lugar, nem momento próprio – e o cumpra-se ou a denegação do cumpra-se não as julga: são estranhas ao poder de decidir que tem na espécie o juiz [...] Qualquer outra nulidade, das que de ofício não se pronunciam, terá de ser apreciada em ação própria, e não no processo especial da apresentação e cumpra-se dos testamentos, que é de cognição superficial. [...] O juiz, apesar de ter dado o cumpra-se e não ter suspeitado de nulidade ou falsidade, não disse na decisão que não há nulidade ou falsidade do testamento – apenas não suspeitava" (PONTES DE MIRANDA. *Comentários ao Código de Processo Civil.* 2ª ed. Rio de Janeiro: Forense, 2008, p. 135-136, tomo XVI).

535 "No auto de abertura tem-se de dizer qual a data e o lugar em que o testamento foi aberto, quem o apresentou, se o fez por si, ou a mando de outrem, quais as relações entre o apresentante e o testador, ou entre ele e os herdeiros, ou entre o guardador, o apresentante e o testador, a razão para ter havido do testador o testamento, isto é, como lhe chegou às mãos o testamento. Também do auto de abertura e leitura há de constar a data da morte, nome por inteiro, estado, naturalidade, filiação, domicílio e residência do testador. É indispensável mencionar-se se foi achado e apresentado intacto, cosido e lacrado, se os pontos estavam sem irregularidade, ou se estavam desfeitos, cortados ou forçados, se havia emendas, rasuras, rasgaduras dentro e fora do testamento, e se foram encontrados outros defeitos. São circunstâncias dignas de notas, além de outras" (PONTES DE MIRANDA. *Comentários ao Código de Processo Civil.* 2ª ed. Rio de Janeiro: Forense, 2008, p. 131, tomo XVI). Essa passagem de PONTES DE MIRANDA bem ilustra o que foi dito nas noções gerais na abertura dos comentários a esta Seção de que a atividade do juiz é a mesma de um tabelião, nada justificando a obrigatoriedade de haver essa fase prévia jurisdicional. Trata-se de atividade cartorária descritiva e exageradamente detalhada. A propósito, divergindo parcialmente do trecho antes transcrito, consideramos que tudo o que estiver comprovado documentalmente não precisa constar no termo. Exemplo:

Trata-se, pois, de formalidade consubstanciada em jurisdição necessária.

O juízo competente será o do local em que se situa o domicílio do autor da herança (art. 48, CPC),[536] não gerando necessariamente prevenção para ações futuras.[537]

Não havendo qualquer vício externo ou dúvida a ser esclarecida,[538] o juiz

---

com a apresentação da certidão de óbito, os dados ali constantes não têm que ser reproduzidos no termo, salvo se se admitir a relevância da forma independentemente do conteúdo.

536 Na doutrina, há entendimento de que não deve haver vinculação com a competência para o inventário e, por se tratar de medida urgente, o juízo competente será o do local onde estiver o apresentador do documento (cf. Humberto Theodoro Júnior. *Curso de direito processual civil.* 50ª ed. Rio de Janeiro: Forense, 2016, p. 495, v. II; Alcides de Mendonça Lima. *Comentários ao Código de Processo Civil.* São Paulo: RT, 1982, p. 221-223, v. XII; Jefferson Carús Guedes. *Comentários ao Código de Processo Civil.* Marinoni, Arenhart e Mitidiero (coord.). São Paulo: RT, 2016, p. 374, v. 11). Além de haver regra expressa fixando a competência, não há urgência que abstratamente justifique essa orientação. De todo modo, trata-se de competência relativa e que não gera prevenção.

537 "Processo civil. Recurso especial. Ação anulatória de testamento. Inventário. Competência. 1. Inexiste ofensa ao art. 535 do CPC, quando o tribunal de origem pronuncia-se de forma clara e precisa sobre a questão posta nos autos. 2. O fato da ação de abertura, registro e cumprimento de testamento ter se processado na comarca de Uberaba-MG não implica a prevenção do juízo para a ação anulatória de testamento. Afinal, trata-se de um processo de jurisdição voluntária, em que não se discute o conteúdo do testamento, limitando-se ao exame das formalidades necessárias à sua validade. 3. Nem sempre coincide a competência para conhecer do pedido de abertura registro e cumprimento de testamento e para decidir as questões relativas à sua eficácia, tais como a ação declaratória, constitutiva negativa de nulidade ou de anulação. 4. Não há conexão entre o inventário e a ação anulatória porque ausente a identidade entre os elementos objetivos das demandas. Todavia, a prejudicialidade é evidente. Com efeito, a conclusão do processo de inventário, ao final, dependerá do resultado da ação anulatória. 5. Ainda que a ação anulatória não tenha sido proposta em face do Espólio, a declaração de nulidade do testamento interessa à herança e, por isso, deve ser apreciada pelo juízo do inventário. 6. A denominada vis atrativa do inventário (art. 96 do CPC) é abrangente, sendo conveniente que todas as demais ações que digam respeito à sucessão, dentre elas o cumprimento das suas disposições de última vontade (art. 96 do CPC), também sejam apreciadas pelo juízo do inventário. 7. Não havendo prevenção do juízo que determinou o registro e cumprimento do testamento impugnado, em Uberaba-MG, remeter-lhe o processo para julgamento poderia gerar novos questionamentos acerca da sua própria competência, em franco prejuízo à duração razoável do processo. 8. Negado provimento ao recurso especial" (REsp 1153194/MS, rel. Min. Nancy Andrighi, Terceira Turma, j. 13/11/2012, DJe 21/11/2012). Entendendo haver prevenção para o inventário: Leonardo Greco. *Jurisdição voluntária moderna.* São Paulo: Dialética, 2003, p. 77.

538 "Testamento. Abertura (execução). Ministério Público (exigências). Poder geral de

determinará registrar, arquivar e cumprir o testamento,[539] devendo o testamenteiro ser intimado para assinar o termo da testamentaria,[540] salvo se não aceitar ou estiver ausente.

Embora não haja exercício de pretensão e formação de polo passivo, há atividade jurisdicional, de modo que há tecnicamente mérito[541] e, portanto, possibilidade de interposição de recurso de apelação.[542]

Não foi reproduzida a regra que constava no art. 1.127, parágrafo único, do CPC de 1973, mas, se necessária a certidão – e não bastar o acesso aos autos eletrônicos, por exemplo -, caberá ao interessado requerê-la, não sendo ato de ofício do escrivão, mas, sim, ônus do particular. Em tese, da decisão do juiz caberão recurso de apelação e, como em qualquer decisão judicial, embargos de declaração.

---

cautela. 1. No procedimento de jurisdição voluntária, ao juiz é lícito investigar livremente os fatos (Cód. de Pr. Civil, art. 1.109). 2. É lícita a exigência de certidões negativas, porque só se cumpre o testamento, 'se lhe não achar vício externo que o torne suspeito de nulidade ou falsidade' (Cód. de Pr. Civil, art.1.126). 3. Recurso especial não conhecido" (REsp 95.861/RJ, rel. Min. NILSON NAVES, Terceira Turma, j. 4/3/1999, DJ 21/6/1999, p. 149).

539 A rigor, o "cumpra-se" antecede o registro e, claro, o arquivamento, ainda que o efetivo cumprimento se dê após o registro formal e a assinatura do termo pelo testamenteiro.

540 Corretamente o CPC não mais determina a remessa de cópia do testamento "à repartição fiscal".

541 "O *cumpra-se*, introduzido pela praxe e, mais tarde, ato legal, constitui sanção judicial, para a exequibilidade do testamento, exame preliminar (cognição superficial) pelo juiz. É o conteúdo de sentença de constituição integrativa de forma. Por ele, proclama-se que 'existe' um testamento sem aparentes ou visíveis nulidades (elemento declarativo da sentença): diz-se que está regularmente feito, com as solenidades extrínsecas e sem parente nulidade ou ineficácia" (PONTES DE MIRANDA. *Comentários ao Código de Processo Civil.* 2ª ed. Rio de Janeiro: Forense, 2008, p. 135, tomo XVI).

542 PONTES DE MIRANDA. *Comentários ao Código de Processo Civil.* 2ª ed. Rio de Janeiro: Forense, 2008, p. 133, tomo XVI. LEONARDO GRECO apresenta as seguintes considerações sobre a sentença proferida nesse procedimento: "A sentença de procedência declara válido o testamento, quanto aos seus requisitos extrínsecos, e existentes todos os requisitos para o seu registro. O registro é um efeito secundário dessa sentença. A sentença não examina nem convalida qualquer cláusula do testamento que tenha conteúdo vedado pela lei. Denegado o registro, embora não haja coisa julgada, não pode ser renovado o pedido através de um outro procedimento de jurisdição voluntária. O interessado deverá propor ação declaratória de jurisdição contenciosa" (LEONARDO GRECO. *Jurisdição voluntária moderna.* São Paulo: Dialética, 2003, p. 78). Há, porém, por se tratar de sentença, a opção recursal. E a afirmação de que não há coisa julgada, mas não se pode reproduzir a demanda, devendo se valer das vias contenciosas, não nos parece correta, mas se explica pela concepção do referido autor sobre a coisa julgada na jurisdição voluntária, como apontamos no item próprio.

64. Testamenteiro

O CPC corretamente não mais veicula regras disciplinando o regime jurídico testamenteiro, que é assunto de direito material.[543] Como visto, determinando-se o registro, o cumprimento e o arquivamento do testamento, o juiz deve inti-

---

543 "As obrigações ou os deveres ou ônus que tocam ao testamenteiro, a rigor, são matéria de direito substantivo, e, assim, nem deveriam figurar na lei processual" (José Olympio de Castro Filho. *Comentários ao Código de Processo Civil*. 4ª ed. Rio de Janeiro: Forense, 1995, p. 108, v. X). O Código Civil assim regula a matéria: "Art. 1.976. O testador pode nomear um ou mais testamenteiros, conjuntos ou separados, para lhe darem cumprimento às disposições de última vontade. Art. 1.977. O testador pode conceder ao testamenteiro a posse e a administração da herança, ou de parte dela, não havendo cônjuge ou herdeiros necessários. Parágrafo único. Qualquer herdeiro pode requerer partilha imediata, ou devolução da herança, habilitando o testamenteiro com os meios necessários para o cumprimento dos legados, ou dando caução de prestá-los. Art. 1.978. Tendo o testamenteiro a posse e a administração dos bens, incumbe-lhe requerer inventário e cumprir o testamento. Art. 1.979. O testamenteiro nomeado, ou qualquer parte interessada, pode requerer, assim como o juiz pode ordenar, de ofício, ao detentor do testamento, que o leve a registro. Art. 1.980. O testamenteiro é obrigado a cumprir as disposições testamentárias, no prazo marcado pelo testador, e a dar contas do que recebeu e despendeu, subsistindo sua responsabilidade enquanto durar a execução do testamento. Art. 1.981. Compete ao testamenteiro, com ou sem o concurso do inventariante e dos herdeiros instituídos, defender a validade do testamento. Art. 1.982. Além das atribuições exaradas nos artigos antecedentes, terá o testamenteiro as que lhe conferir o testador, nos limites da lei. Art. 1.983. Não concedendo o testador prazo maior, cumprirá o testamenteiro o testamento e prestará contas em cento e oitenta dias, contados da aceitação da testamentaria. Parágrafo único. Pode esse prazo ser prorrogado se houver motivo suficiente. Art. 1.984. Na falta de testamenteiro nomeado pelo testador, a execução testamentária compete a um dos cônjuges, e, em falta destes, ao herdeiro nomeado pelo juiz. Art. 1.985. O encargo da testamentaria não se transmite aos herdeiros do testamenteiro, nem é delegável; mas o testamenteiro pode fazer-se representar em juízo e fora dele, mediante mandatário com poderes especiais. Art. 1.986. Havendo simultaneamente mais de um testamenteiro, que tenha aceitado o cargo, poderá cada qual exercê-lo, em falta dos outros; mas todos ficam solidariamente obrigados a dar conta dos bens que lhes forem confiados, salvo se cada um tiver, pelo testamento, funções distintas, e a elas se limitar. Art. 1.987. Salvo disposição testamentária em contrário, o testamenteiro, que não seja herdeiro ou legatário, terá direito a um prêmio, que, se o testador não o houver fixado, será de um a cinco por cento, arbitrado pelo juiz, sobre a herança líquida, conforme a importância dela e maior ou menor dificuldade na execução do testamento. Parágrafo único. O prêmio arbitrado será pago à conta da parte disponível, quando houver herdeiro necessário. Art. 1.988. O herdeiro ou o legatário nomeado testamenteiro poderá preferir o prêmio à herança ou ao legado. Art. 1.989. Reverterá à herança o prêmio que o testamenteiro perder, por ser removido ou por não ter cumprido o testamento. Art. 1.990. Se o testador tiver distribuído toda a herança em legados, exercerá o testamenteiro as funções de inventariante".

mar o testamenteiro para assinar o termo da testamentaria[544] (art. 735, § 3º, CPC), a fim de se iniciar efetivamente a execução das disposições de última vontade.

Conforme dispõe o art. 735, § 4º, CPC, se não houver testamenteiro nomeado ou se ele estiver ausente ou não aceitar o encargo, o juiz nomeará testamenteiro dativo, observando-se a preferência legal. Entende-se essa ausência do testamenteiro no sentido técnico do art. 22, CC.[545]

Comumente, o testador nomeia um ou mais testamenteiros e lhes outorga os poderes no tempo e no espaço. Entretanto, caso não haja testamenteiro nomeado – seja por revogação da nomeação sem nova indicação, seja pelo falecimento do testamenteiro, ausência de nomeação ou ausência do testamenteiro – ou se não houver o aceite da testamentaria, deverá ser nomeado testamenteiro dativo. Essa nomeação pelo juiz não é objeto de recorribilidade imediata, por não se enquadrar em qualquer das hipóteses do art. 1.015, CPC. O testamenteiro faz jus à percepção de uma remuneração (ou prêmio ou vintena),[546] devendo,

---

544 Corretamente o CPC não mais determina a remessa de cópia do testamento "à repartição fiscal".

545 ALCIDES DE MENDONÇA LIMA. *Comentários ao Código de Processo Civil*. São Paulo: RT, 1982, p. 227, v. XII. Sobre a polêmica acerca do significado da ausência do testamenteiro: JOSÉ OLYMPIO DE CASTRO FILHO. *Comentários ao Código de Processo Civil*. 4ª ed. Rio de Janeiro: Forense, 1995, p. 113-114, v. X.

546 Como visto, o exercício da função de testamenteiro enseja a percepção de prêmio (art. 1987, CC): "Recurso especial. Direito sucessório. Cláusula testamentária prevendo a incomunicabilidade dos bens imóveis destinados aos herdeiros. Necessidade de aditamento do testamento para a indicação de justa causa para a restrição que não foi observada pelo testador. Arts. 1.848 e 2.042 do CC. Ineficácia da disposição testamentária que afeta o testamento. Prêmio do testamenteiro. Cabimento. Recurso especial improvido. 1. Embora o autor da herança tenha deixado testamento público no qual fez inserir, como disposição única, que todos os bens imóveis deixados aos seus filhos deveriam ser gravados com cláusula de incomunicabilidade, com a vigência do CC de 2002 passou-se a exigir a indicação de justa causa para que a restrição tivesse eficácia, tendo sido concedido o prazo de 1 (um) ano após a entrada em vigor do Código, para que fosse feito o aditamento (CC, art. 1.848 c/c 2.042), o que não foi observado, no caso, pelo testador. 2. A despeito de a ineficácia da referida cláusula afetar todo o testamento, não há que se falar em afastamento do pagamento do prêmio ao testamenteiro, a pretexto de que a sua atuação no feito teria sido singela, uma vez que o maior ou menor esforço no cumprimento das disposições testamentárias deve ser considerado apenas como critério para a fixação da vintena, que poderá variar entre o mínimo de 1% e o máximo de 5% sobre a herança líquida (CC, art 1.987), mas não para ensejar a sua supressão. 3. Na hipótese, a fiel execução da disposição testamentária foi obstada pela própria inação do disponente ante a exigência da lei, razão pela qual não pode ser atribuída ao testamenteiro nenhuma responsabilidade por seu descumprimento, sendo de se ressaltar que a perda do direito ao prêmio só é admitida, excepcionalmente, em caso

ainda, prestar contas, na forma dos arts. 1.980 e 1.983, CC, e 735, § 5º, CPC.

65. Ministério Público

O testamento constitui aquilo que pode ser considerada a expressão máxima da disponibilidade patrimonial, no sentido de que há mobilização de todo um aparato estatal para assegurar que a última vontade de uma pessoa seja observada na distribuição voluntária de bens. Ou seja: o testamento é expressão da autonomia da vontade e do direito da propriedade,[547] não havendo justificativa para a intervenção do Ministério Público.

Diante do perfil constitucional do Ministério Público, não é admissível vinculá-lo à tutela de um negócio jurídico unilateral que visa a dispor dos bens de pessoa falecida, como se uma declaração de última vontade tivesse algum reflexo de incapacidade, indisponibilidade ou de interesse social, quando, na verdade, trata-se de um negócio que pressupõe a capacidade, a disponibilidade e é expressão eloquente de interesse privado.

Com a não reprodução no art. 178 do CPC da hipótese de intervenção do Ministério Público quando houver disposição de última vontade, fica ainda mais evidente a total incompatibilidade dessa previsão legal que aparece deslocada e aparentemente restou esquecida quando da elaboração do CPC.[548]

Ainda que haja algum problema relacionado à validade do testamento em

---

de sua remoção, nas situações previstas em lei (CC, art. 1.989 e CPC, art. 1.140, I e II). 4. Recurso especial improvido" (REsp 1207103/SP, rel. Min. Marco Aurélio Bellizze, Terceira Turma, j. 2/12/2014, DJe 11/12/2014).

547 Para uma leitura constitucional da sucessão testamentária: Ana Luiza Maia Nevares. *A função promocional do testamento*: tendências do direito sucessório. Rio de Janeiro: Renovar, 2009.

548 A propósito, em relação ao direito sucessório o legislador realmente não compreendeu a atuação do Ministério Público, como se pode ver na recente alteração do art. 1.815, CC, que ganhou um parágrafo segundo para lhe conferir legitimidade ativa para excluir herdeiro ou legatário na hipótese do art. 1.814, I, CC. Conferiu-se, pois, legitimidade para a denominada "ação de indignidade", que possui finalidade essencialmente privada, confundindo-se a titularidade da ação penal com a repercussão sucessória de ato criminoso, registrando, ainda, que o indigno pode ser perdoado (ou reabilitado). A legitimidade do Ministério Público para a ação de indignidade pode estar presente quando muito em caso de interesse social ou indisponível, mas não genericamente (sobre o tema, defendendo a legitimidade ativa se presente o interesse público: J. M. Leoni Lopes de Oliveira. *Direito civil: sucessões*. Rio de Janeiro: Forense, 2018, p. 240). Melhor seria prever esse caso de indignidade como efeito de condenação penal, quando sem dúvida a atuação do Ministério Público é obrigatória (sobre essa solução *de lege ferenda*: Flávio Tartuce. *Direito civil*: direito das sucessões. 11ª ed. Rio de Janeiro: Forense, 2018, p. 103-104, v. 6).

razão de incapacidade testamentária ativa ou haja herdeiro incapaz, não será este o momento oportuno para a discussão aprofundada do tema,[549] o que igualmente não justifica a intervenção do Ministério Público.

Quando da execução do testamento ou de alguma outra ação desconstitutiva do negócio em que a incapacidade esteja sendo discutida, a intervenção do Ministério Público será obrigatória. Mesmo no caso de testamentos "promocionais",[550] isto é, que veiculem cláusulas existenciais e não necessariamente apenas patrimoniais, entendemos que a intervenção do Ministério Público somente será obrigatória no processo de inventário ou alguma outra ação relacionada ao testamento, desde que haja interesse social ou indisponibilidade subjacente à causa.

De todo modo, como há expressa previsão legal, deve o juiz intimar o Ministério Público, remetendo-se-lhe os autos, que apreciará se a hipótese é ou não de intervenção, preservando-se, assim, a regularidade procedimental e, ao mesmo tempo, a autonomia institucional.

> **Art. 736.** Qualquer interessado, exibindo o traslado ou a certidão de testamento público, poderá requerer ao juiz que ordene o seu cumprimento, observando-se, no que couber, o disposto nos parágrafos do art. 735.
>
> *CPC de 1973 – art. 1.128*

66. Testamento público

O testamento público[551] é a modalidade lavrada por tabelião, ou seja, é

---

549 Se não houver necessidade de dilação probatória, há quem admita essa possibilidade no próprio procedimento de jurisdição voluntária (LEONARDO GRECO. *Jurisdição voluntária moderna*. São Paulo: Dialética, 2003, p. 76). Se for possível essa situação, a intervenção do Ministério Público será, por isso, obrigatória nesse caso. Entretanto, a falta de capacidade para testar é uma situação que em regra exige ampla dilação probatória e efetivamente deve ser discutida por via própria.

550 Cf. o livro antes referido: sobre uma leitura constitucional da sucessão testamentária: ANA LUIZA MAIA NEVARES. *A função promocional do testamento*: tendências do direito sucessório. Rio de Janeiro: Renovar, 2009. Sobre a atuação do Ministério Público a autora trata nas p. 305-311, mas, ainda que não discordemos totalmente de suas conclusões, não parece haver justificativa para a atuação do Ministério Público nesse procedimento de jurisdição voluntária especificamente, dada a formalidade e a superficialidade cognitiva das cláusulas testamentárias.

551 Código Civil: "Art. 1.864. São requisitos essenciais do testamento público: I – ser escrito por tabelião ou por seu substituto legal em seu livro de notas, de acordo com as declarações do testador, podendo este servir-se de minuta, notas ou apontamentos; II – lavrado o instrumento, ser lido em voz alta pelo tabelião ao testador e a duas testemunhas, a um só tempo; ou pelo testador, se o quiser, na presença destas

uma escritura pública e, por sua própria natureza, deve ser apresentado ao juiz, não se falando em abertura ou publicação desse tipo de disposição de última vontade.

O procedimento é o mesmo previsto para o testamento cerrado, com a simplificação que decorre da própria forma, isto é, a facilitação do exame feito pelo juiz que não se preocupará com a preservação da inviolabilidade do documento, já que o testamento público, como é intuitivo, possui conteúdo aberto.[552]

Haverá, pois, apresentação, com a respectiva lavratura do termo, entrega e cumprimento do testamento público. Diante da publicidade ínsita a esse tipo de testamento, o apresentante pode ser qualquer interessado que dele tenha ciência,[553] podendo ser determinada a exibição ou a busca e apreensão do documento, se necessário.[554]

Admite-se que o requerimento seja feito verbalmente ou por escrito, o que deve ser atribuído mais à tradição do que a regras processuais vigentes, já que, com uma visão patrimonialista atávica, a ideia é a de que o juiz deve agir de ofício para fazer cumprir disposições de última vontade.

---

e do oficial; III – ser o instrumento, em seguida à leitura, assinado pelo testador, pelas testemunhas e pelo tabelião. Parágrafo único. O testamento público pode ser escrito manualmente ou mecanicamente, bem como ser feito pela inserção da declaração de vontade em partes impressas de livro de notas, desde que rubricadas todas as páginas pelo testador, se mais de uma. Art. 1.865. Se o testador não souber, ou não puder assinar, o tabelião ou seu substituto legal assim o declarará, assinando, neste caso, pelo testador, e, a seu rogo, uma das testemunhas instrumentárias. Art. 1.866. O indivíduo inteiramente surdo, sabendo ler, lerá o seu testamento, e, se não o souber, designará quem o leia em seu lugar, presentes as testemunhas. Art. 1.867. Ao cego só se permite o testamento público, que lhe será lido, em voz alta, duas vezes, uma pelo tabelião ou por seu substituto legal, e a outra por uma das testemunhas, designada pelo testador, fazendo-se de tudo circunstanciada menção no testamento".

552 Discute-se sobre a possibilidade de livre acesso ao conteúdo do testamento público ou se haveria restrições de publicidade (cf. Cristiano Chaves de Farias e Nelson Rosenvald. *Curso de direito civil*: sucessões. 2ª ed. Salvador: JusPodivm, 2016, p. 405, v. 7). Entretanto, para fins de controle de validade do testamento e para o que interessa ao procedimento de jurisdição voluntária, a publicidade é irrestrita e inerente a essa modalidade testamentária, abreviando a cognição do juiz.

553 Entre os interessados inclui-se, também, o próprio tabelião (cf. Alcides de Mendonça Lima. *Comentários ao Código de Processo Civil*. São Paulo: RT, 1982, p. 239, v. XII).

554 Código Civil: "Art. 1.979. O testamenteiro nomeado, ou qualquer parte interessada, pode requerer, assim como o juiz pode ordenar, de ofício, ao detentor do testamento, que o leve a registro". Embora o art. 736, CPC, não reproduza a regra do art. 1.129, parágrafo único, do CPC de 1973, essas medidas decorrem do próprio sistema processual.

Caso o requerimento seja feito por meio de petição, pode ser dispensada a lavratura do termo, se todas as informações relevantes constarem documento postulatório.[555]

Caso se entenda que permanece essa função ativa do juiz, sequer será exigida a capacidade postulatória. Entretanto, parece que não há respaldo normativo para esse entendimento, razão pela qual, além da petição escrita, o sistema processual indica a necessidade de capacidade postulatória.

No que couber, aplica-se o art. 735, CPC, que veicula as regras comuns para todos os tipos de testamentos.[556]

---

555 Cf. ALCIDES DE MENDONÇA LIMA. *Comentários ao Código de Processo Civil*. São Paulo: RT, 1982, p. 240, v. XII.

556 É interessante notar que, dado o rigor legal sobre as formalidades do testamento, a doutrina apontou que nesse procedimento não haveria discricionariedade ou equidade por parte do juiz (LEONARDO GRECO. *Jurisdição voluntária moderna*. São Paulo: Dialética, 2003, p. 76). Entretanto, mesmo em relação aos testamentos públicos, há julgados no sentido da flexibilização do rigor formal, desde que preservada a vontade do testador: "Recurso especial. Ação declaratória de nulidade de testamento público. 1. Negativa de prestação jurisdicional. Não ocorrência. 2. Vício de forma. Contemporização do rigor formal do testamento, reputando-o válido sempre que encerrar a real vontade do testador, manifestada de modo livre e consciente. Exegese perfilhada pela jurisprudência do STJ. 3. Congruência entre o disposto no testamento e o real propósito de seu autor. Reconhecimento, de acordo com os elementos fáticos probatórios reunidos nos autos. 4. Reiterada atuação antijurídica da tabeliã, a quem incumbia, imediatamente, zelar pela observância dos requisitos formais. Verificação. Frustração da manifestação de última vontade encerrada no testamento público, quando esta, a partir dos elementos de prova reunidos nos autos, reflete a real intenção de seu autor. Inviabilidade. 5. Recurso especial improvido. 1. O Tribunal de origem manifestou-se expressamente sobre a petição apresentada pela demandante após a interposição de seu recurso de apelação, deixando assente que, além de os documentos a ela anexados não serem considerados novos, as circunstâncias que ensejaram a perda da delegação pela Tabeliã não se relacionam ao testamento sob comento, cuja validade se discute na presente ação. É de se constatar que a Corte de origem, no ponto, teceu fundamentação suficiente a lastrear sua convicção, afigurando-se, pois, descabida a tese de negativa de prestação jurisdicional. 2. Especificamente em relação aos testamentos, as formalidades dispostas em lei possuem por finalidade precípua assegurar a higidez da manifestação de última vontade do testador e prevenir o testamento de posterior infirmação por terceiros. Assim, os requisitos formais, no caso dos testamentos, destinam-se a assegurar a veracidade e a espontaneidade das declarações de última vontade. 2.1. Todavia, se, por outro modo, for possível constatar, suficientemente, que a manifestação externada pelo testador deu-se de forma livre e consciente, correspondendo ao seu verdadeiro propósito, válido o testamento, encontrando-se, nessa hipótese, atendida a função dos requisitos formais, eventualmente inobservados. 2.2. A jurisprudência desta Corte de Justiça (a partir do julgamento do Resp n. 302.767/PR), em adoção a essa linha de exegese, tem contemporizado o rigor formal do testamento, reputando-o válido sempre que encerrar a real vontade do

testador, manifestada de modo livre e consciente. 3. Na hipótese dos autos, sem proceder a qualquer consideração de ordem moral, especialmente porque a lei a admite, é certo que a vontade manifestada pelo autor do testamento de dispor sobre os bens disponíveis da herança, em detrimento da filha reconhecida *a posteriori* – intuito sobre o qual, como visto, nem mesmo a recorrente controverte –, restou substancialmente demonstrada, cuja verificação deu-se, de modo uníssono, pelas instâncias ordinárias com esteio nos elementos de prova reunidos nos autos. 3.1. Segundo apurado, o testador, contando com oitenta e oito anos à época da efetuação do testamento, justamente para prevenir posterior e infundada alegação de incapacidade, apresentou laudos médicos que atestavam sua plena sanidade mental. É dizer, o testador, por sua própria iniciativa, deixou comprovado, por ocasião da confecção do documento, que a manifestação acerca da destinação de seus bens, na parte disponível da herança, expressada no testamento público por ele subscrito, representava, de modo livre e consciente, verdadeiramente a sua última vontade. 3.2. O proceder adotado pelo testador revelou inequívoca preocupação em assegurar que as disposições de última vontade insertas em seu testamento fossem efetivamente observadas. Não há na lei de regência qualquer limitação (máxima) de idade para testar, tampouco exigência de que o autor do testamento comprove sua capacidade para o ato. Não obstante, o testador assim acautelou-se. Há que se pontuar, ainda, não remanescer qualquer dúvida, a considerar o laudo pericial conclusivo, acolhido pelas instâncias precedentes, de que o autor do testamento efetivamente apôs sua assinatura no documento, por ocasião de sua lavratura. Aliás, a própria adoção da forma pública do testamento revela a intenção do testador de valer-se da segurança e seriedade a ela inerente. Todas essas circunstâncias, de fato, deixaram evidenciado a congruência entre o disposto no testamento e o real propósito de seu autor. 4. Em que pese a existência de vício de forma (testemunhas instrumentárias, funcionários do cartório, que não presenciaram a lavratura do testamento, apondo as respectivas assinaturas posteriormente), a confirmar a reiterada atuação antijurídica da Tabeliã, a quem incumbia, imediatamente, zelar pela observância dos requisitos formais, inviável, na hipótese dos autos, frustrar a manifestação de última vontade encerrada no testamento público, quando esta, a partir dos elementos de prova reunidos nos autos, refletiu, indene de dúvidas, a real intenção de seu autor. 5. Recurso especial improvido" (REsp 1419726/SC, rel. Min. Marco Aurélio Bellizze, Terceira Turma, j. 9/12/2014, DJe 16/12/2014). "Civil. Processual civil. Recurso especial. Testamento. Formalidades legais não observadas. Nulidade. 1. Atendido os pressupostos básicos da sucessão testamentária – i) capacidade do testador; ii) atendimento aos limites do que pode dispor; e iii) lídima declaração de vontade – a ausência de umas das formalidades exigidas por lei, pode e deve ser colmatada para a preservação da vontade do testador, pois as regulações atinentes ao testamento tem por escopo único, a preservação da vontade do testador. 2. Evidenciada, tanto a capacidade cognitiva do testador quanto o fato de que testamento, lido pelo tabelião, correspondia, exatamente à manifestação de vontade do *de cujus*, não cabe então, reputar como nulo o testamento, por ter sido preterida solenidades fixadas em lei, porquanto o fim dessas – assegurar a higidez da manifestação do *de cujus* –, foi completamente satisfeita com os procedimentos adotados. 3. Recurso não provido" (REsp 1677931/MG, rel. Min. Nancy Andrighi, Terceira Turma, j. 15/8/2017, DJe 22/8/2017). Confira-se, ainda, o REsp 1532544/RJ, cujos termos cuidam da relação entre a prevalência vontade do testador e a impossibilidade de se considerar jacente determinada herança (a íntegra da ementa está

Como já apontamos, a intervenção do Ministério Público é incompatível com a tutela de disposições de última vontade, de modo que não haverá atuação como fiscal da ordem jurídica. Entretanto, diante de expressa determinação legal, ainda que anacrônica e em desacordo com a ordem constitucional, convém que se intime o Ministério Público a fim de assegurar a regularidade formal do procedimento, cabendo ao órgão com atribuição a análise da necessidade de sua atuação.

Art. 737. A publicação do testamento particular poderá ser requerida, depois da morte do testador, pelo herdeiro, pelo legatário ou pelo testamenteiro, bem como pelo terceiro detentor do testamento, se impossibilitado de entregá-lo a algum dos outros legitimados para requerê-la.

§ 1º Serão intimados os herdeiros que não tiverem requerido a publicação do testamento.

§ 2º Verificando a presença dos requisitos da lei, ouvido o Ministério Público, o juiz confirmará o testamento.

§ 3º Aplica-se o disposto neste artigo ao codicilo e aos testamentos marítimo, aeronáutico, militar e nuncupativo.

§ 4º Observar-se-á, no cumprimento do testamento, o disposto nos parágrafos do art. 735.

CPC de 1973 – arts. 1.130, 1.131 e 1.134

67. Testamento particular

O testamento particular[557] é aquele que possui menor segurança jurídica, com[558] razão pela qual o consideram especialmente solene, a fim de que a

transcrita em nossos comentários sobre herança jacente).

557 No direito brasileiro o testamento particular também é denominado de ológrafo ou hológrafo, usando-se as duas grafias em doutrina, com preferência pela primeira (sobre o tema: ALCIDES DE MENDONÇA LIMA. *Comentários ao Código de Processo Civil*. São Paulo: RT, 1982, p. 249-250, v. XII).

558 Código Civil: "Art. 1.876. O testamento particular pode ser escrito de próprio punho ou mediante processo mecânico. § 1º Se escrito de próprio punho, são requisitos essenciais à sua validade seja lido e assinado por quem o escreveu, na presença de pelo menos três testemunhas, que o devem subscrever. § 2º Se elaborado por processo mecânico, não pode conter rasuras ou espaços em branco, devendo ser assinado pelo testador, depois de o ter lido na presença de pelo menos três testemunhas, que o subscreverão. Art. 1.877. Morto o testador, publicar-se-á em juízo o testamento, com citação dos herdeiros legítimos. Art. 1.878. Se as testemunhas forem contestes sobre o fato da disposição, ou, ao menos, sobre a sua leitura perante elas, e se reconhecerem as próprias assinaturas, assim como a do testador, o testamento será confirmado. Parágrafo único. Se faltarem testemunhas, por morte ou

vontade do testador "domine prevaleça em toda sua extensão",[559] mas é considerada uma modalidade em desuso, exatamente em razão da potencial dificuldade em sua execução, causando insegurança no testador.[560] Por essa razão, o procedimento visa a apurar se o testador agiu livre e espontaneamente, verificando-se, ainda, sua regularidade formal.[561]

---

ausência, e se pelo menos uma delas o reconhecer, o testamento poderá ser confirmado, se, a critério do juiz, houver prova suficiente de sua veracidade. Art. 1.879. Em circunstâncias excepcionais declaradas na cédula, o testamento particular de próprio punho e assinado pelo testador, sem testemunhas, poderá ser confirmado, a critério do juiz. Art. 1.880. O testamento particular pode ser escrito em língua estrangeira, contanto que as testemunhas a compreendam".

559 Orosimbo Nonato. *Estudos sobre sucessão testamentária*. Rio de Janeiro: Forense, 1957, p. 212, v. I.

560 Alcides de Mendonça Lima. *Comentários ao Código de Processo Civil*. São Paulo: RT, 1982, p. 250, v. XII.

561 "Agravo interno no recurso especial. Testamento. Ausência de vício de vontade. Requisitos legais. Preenchimento. Validade. Finalidade do ato. Deliberação monocrática que negou provimento ao recurso. Insurgência dos autores da ação anulatória. 1. O conteúdo normativo dos dispositivos legais tidos por violados – artigos 104, 138, 145, 166, 167, 171 e seguintes do Código Civil – não foram objeto de exame pela instância ordinária, razão pela qual incide, na espécie, o enunciado da Súmula 211/STJ. 2. A jurisprudência desta eg. Corte Superior entende que, na elaboração de testamento particular, é possível sejam flexibilizadas as formalidades prescritas em lei na hipótese em que o documento foi assinado por testador e por testemunhas idôneas. Incidência da Súmula 83/STJ. Precedentes: AgRg nos EAREsp 365011/SP, Rel. Min. Marco Aurélio Belizze, DJe de 20/11/2015.; REsp 302767 / PR, Rel. Min. Cesar Asfor Rocha, DJe de 24/09/2001; REsp 753261/SP, Rel. Min. Paulo de Tarso Sanseverino, DJE de 05/04/2011. 3. Agravo interno desprovido" (AgInt no REsp 1521371/MG, rel. Min. Marco Buzzi, Quarta Turma, j. 28/3/2017, DJe 3/4/2017). "Recurso especial. Testamento particular. Pedido de confirmação, registro e cumprimento. Assinatura do testador. Requisito essencial de validade. Abrandamento. Impossibilidade. Assinatura a rogo. Inadmissibilidade. 1. Cuida-se de procedimento especial de jurisdição voluntária consubstanciado em pedido de confirmação, registro e cumprimento de testamento particular. 2. Cinge-se a controvérsia a determinar se pode subsistir o testamento particular formalizado sem todos os requisitos exigidos pela legislação de regência, no caso, a assinatura do testador. 3. A jurisprudência desta Corte tem flexibilizado as formalidades prescritas em lei no tocante às testemunhas do testamento particular quando o documento tiver sido escrito e assinado pelo testador e as demais circunstâncias dos autos indicarem que o ato reflete a vontade do testador. 4. No caso dos autos, além de o testamento não ter sido assinado pelo próprio testador, há fundada dúvida acerca da higidez da manifestação de vontade ali expressa. 5. Segundo a doutrina especializada, na confecção do testamento particular não se admite a assinatura a rogo. 6. Recurso especial não provido" (REsp 1618754/MG, rel. Min. Nancy Andrighi, rel. p/ Acórdão Min. Ricardo Villas Bôas Cueva, Terceira Turma, j. 26/9/2017, DJe 13/10/2017). "Recurso especial. Testamento particular. Confirmação. Requisitos essenciais. Assinatura de três testemunhas idôneas. Leitura e

Registre-se que, nos termos do art. 23, II, CPC, o testamento particular sempre deverá ser confirmado internamente por autoridade jurisdicional, em relação aos bens situados no país.[562]

68. Procedimento

Se a abertura é ato restrito ao testamento cerrado, as demais modalidades precisam ser apresentadas e receber o "cumpra-se",[563] dispondo o art. 737, CPC, sobre a "publicação" do testamento particular, isto é, a comunicação formal da existência do negócio jurídico e o chamamento para seu conhecimento.

---

assinatura na presença das testemunhas. Inobservância. Abrandamento. Impossibilidade. Vontade do testador. Controvérsia. Reexame de provas. Inviabilidade. Súmula nº 7/STJ. 1. Recurso especial interposto contra acórdão publicado na vigência do Código de Processo Civil de 1973 (Enunciados Administrativos nº 2 e 3/STJ). 2. Cuida-se de procedimento especial de jurisdição voluntária consubstanciado em pedido de confirmação de testamento particular. 3. Cinge-se a controvérsia a determinar se pode subsistir o testamento particular de próprio punho formalizado sem todos os requisitos exigidos pela legislação de regência, no caso, a assinatura de pelo menos três testemunhas idôneas, a leitura e a assinatura do documento pelo testador perante as testemunhas e o registro do ato em cartório conforme expressamente constante do ato. 4. A jurisprudência desta eg. Corte Superior entende que, na elaboração de testamento particular, é possível sejam flexibilizadas as formalidades prescritas em lei na hipótese em que o documento foi assinado por testador e por testemunhas idôneas. 5. Inexistência de circunstância emergencial que nos termos do art. 1.879 do CC/2002 autoriza seja confirmado pelo juiz o testamento particular realizado de próprio punho pelo testador sem a presença de testemunhas. 6. No caso em apreço, o Tribunal de origem, à luz da prova dos autos, concluiu que a verdadeira intenção do testador revela-se passível de questionamentos, não sendo possível, portanto, concluir, de modo seguro, que o testamento exprime a real vontade do testador. 7. Recurso especial não provido" (REsp 1639021/SP, rel. Min. RICARDO VILLAS BÔAS CUEVA, Terceira Turma, j. 24/10/2017, DJe 30/10/2017).

562 "Homologação de sentença estrangeira. Confirmação de testamento particular. Artigo 17 da lei de introdução às normas do direito brasileiro. Art. 23, II, do CPC/2015. Jurisdição brasileira exclusiva. Soberania nacional. 1. Caso em que a sentença estrangeira confirmou testamento particular em que o de cujus dispôs de todo o seu patrimônio, o qual incluía bens situados no Brasil. Ao lado disso, as partes interessadas não manifestaram concordância. 2. Nos termos do artigo 17 da Lei de Introdução às Normas do Direito Brasileiro, constitui requisito indispensável ao deferimento da homologação que o ato jurisdicional homologando não ofenda a 'soberania nacional'. 3. Hipótese em que o art. 23, II, do Código de Processo Civil de 2015 não admite jurisdição estrangeira. 4. Pedido de homologação indeferido" (SEC 15.924/EX, rel. Min. BENEDITO GONÇALVES, Corte Especial, j. 18/10/2017, DJe 27/10/2017).

563 Cf. PONTES DE MIRANDA. *Comentários ao Código de Processo Civil.* 2ª ed. Rio de Janeiro: Forense, 2008, p. 156, tomo XVI.

São legitimados para o requerimento de publicação o herdeiro, o legatário ou o testamenteiro, bem como o terceiro detentor do testamento, se impossibilitado de entregá-lo a algum dos outros legitimados para requerê-la.

O requerimento deverá ser formulado por petição subscrita por quem detenha capacidade postulatória, endereçando-a ao juízo competente, lembrando, como já apontado na análise do art. 735, CPC, que se trata de competência territorial fixada no art. 48, CPC, mas parte da doutrina aponta que competente é o local em que estiver o testamento.[564]

Os herdeiros que não requereram a publicação deverão ser intimados (a rigor, citados),[565] considerando-se o próprio propósito de publicidade desse procedimento.

Corretamente o CPC não mais prevê a inquirição de testemunhas, o que já era objeto de contundentes críticas doutrinárias no regime anterior[566]. Entretanto, diante do que dispõe o art. 1.878, CC, provavelmente essa prática continuará, mas não nos parece mais ser etapa obrigatória,[567] salvo se a instrução do procedimento se mostrar necessária

---

564 Alcides de Mendonça Lima. *Comentários ao Código de Processo Civil.* São Paulo: RT, 1982, p. 222-223, v. XII.

565 Cf. Pontes de Miranda. *Comentários ao Código de Processo Civil.* 2ª ed. Rio de Janeiro: Forense, 2008, p. 158. Tomo XVI.

566 "Essa inquirição das testemunhas é uma das velharias, que o Código Civil reintroduzira, matando, por bem dizer, a forma privada dos testamentos" (Pontes de Miranda. *Comentários ao Código de Processo Civil.* 2ª ed. Rio de Janeiro: Forense, 2008, p. 158, tomo XVI).

567 "Recurso especial. Testamento particular. Confirmação. Requisitos essenciais. Assinatura de três testemunhas idôneas. Leitura e assinatura na presença das testemunhas. Inobservância. Abrandamento. Impossibilidade. Vontade do testador. Controvérsia. Reexame de provas. Inviabilidade. Súmula nº 7/STJ. de testamento particular. 2. Cinge-se a controvérsia a determinar se pode subsistir o testamento particular datilografado formalizado sem todos os requisitos exigidos pela legislação de regência, no caso, a assinatura de pelo menos três testemunhas idôneas e a leitura e a assinatura do documento pelo testador perante as testemunhas. 3. A jurisprudência desta Corte tem flexibilizado as formalidades prescritas em lei no tocante às testemunhas do testamento particular quando o documento tiver sido escrito e assinado pelo testador e as demais circunstâncias dos autos indicarem que o ato reflete a vontade do testador. 4. No caso em apreço, o Tribunal de origem, à luz da prova dos autos, concluiu que a verdadeira intenção do testador revela-se passível de questionamentos, não sendo possível, portanto, concluir, de modo seguro, que o testamento exprime a real vontade do testador. 5. Recurso especial não provido" (REsp 1432291/SP, rel. Min. Ricardo Villas Bôas Cueva, Terceira Turma, j. em 23/2/2016, DJe 8/3/2016). Entendendo a manutenção da audiência para oitiva de testemunhas no atual CPC: Jefferson Carús Guedes. *Comentários ao Código de Processo Civil.* Marinoni, Arenhart e Mitidiero (coord.). São Paulo: RT, 2016, p. 388, v. 11. Também Antonio Carlos Marcato entende ser necessária a oitiva das

no caso concreto.[568] Com o chamamento dos demais herdeiros, deve-se abrir prazo para eventuais manifestações e impugnações, já que a previsão de intimação (ou citação) de interessados[569] sempre deve ser acompanha-

---

testemunhas: "sendo particular o testamento, em cuja elaboração não é exigida a participação de agente estatal, a aferição desses requisitos deve ser extremamente rigorosa, visando impedir fraudes. Então, além da constatação direta, pelo juiz, da capacidade testamentária do testador e sucessória do herdeiro e da observância dos requisitos formais da feitura do testamento (*v.g.*, inexistência de rasuras ou espaço em branco – CC, art. 1.876, § 2º), é igualmente indispensável verificar-se , com a inquirição das testemunhas testamentárias, se no momento em que testou o testador tinha pleno discernimento do ato e manifestou livremente a sua vontade" (*Procedimentos especiais*. 16ª ed. São Paulo: Atlas, 2016, p. 369).

568 "E a autenticidade, ou seja, a certeza de que o instrumento emanou de quem é o mesmo atribuído independe, rigorosamente, em muitos casos, de confirmação por testemunhas, já quem pode ser comprovada por prova pericial grafológica. Ora, se a perícia confirmar que as assinaturas do testador e das testemunhas instrumentais são verdadeiras, razão alguma existirá para deixar de ser cumprido o testamento, que é ato de vontade não das testemunhas, mas do testador" (José Olympio de Castro Filho. *Comentários ao Código de Processo Civil*. 4ª ed. Rio de Janeiro: Forense, 1995, p. 121, v. X).

569 Registre-se que o companheiro foi equiparado integralmente ao cônjuge para fins sucessórios: "Direito constitucional e civil. Recurso extraordinário. Repercussão geral. Aplicação do artigo 1.790 do Código Civil à sucessão em união estável homoafetiva. Inconstitucionalidade da distinção de regime sucessório entre cônjuges e companheiros. 1. A Constituição brasileira contempla diferentes formas de família legítima, além da que resulta do casamento. Nesse rol incluem-se as famílias formadas mediante união estável, hetero ou homoafetivas. O STF já reconheceu a 'inexistência de hierarquia ou diferença de qualidade jurídica entre as duas formas de constituição de um novo e autonomizado núcleo doméstico', aplicando-se a união estável entre pessoas do mesmo sexo as mesmas regras e mesas consequências da união estável heteroafetiva (ADI 4277 e ADPF 132, rel. Min. Ayres Britto, j. 5.5.2011). 2. Não é legítimo desequiparar, para fins sucessórios, os cônjuges e os companheiros, isto é, a família formada pelo casamento e a formada por união estável. Tal hierarquização entre entidades familiares é incompatível com a Constituição de 1988. Assim sendo, o art. 1790 do Código Civil, ao revogar as Leis nº 8.971/1994 e nº 9.278/1996 e discriminar a companheira (ou o companheiro), dando-lhe direitos sucessórios bem inferiores aos conferidos à esposa (ou ao marido), entra em contraste com os princípios da igualdade, da dignidade humana, da proporcionalidade como vedação à proteção deficiente e da vedação do retrocesso. 3. Com a finalidade de preservar a segurança jurídica, o entendimento ora firmado é aplicável apenas aos inventários judiciais em que não tenha havido trânsito em julgado da sentença de partilha e às partilhas extrajudiciais em que ainda não haja escritura pública. 4. Provimento do recurso extraordinário. Afirmação, em repercussão geral, da seguinte tese: 'No sistema constitucional vigente, é inconstitucional a distinção de regimes sucessórios entre cônjuges e companheiros, devendo ser aplicado, em ambos os casos, o regime estabelecido no art. 1.829 do CC/2002'" (RE 646721, rel. Min. Marco Aurélio, rel. p/ Acórdão Min. Roberto Barroso, Tribunal Pleno, j. 10/5/2017, DJe-204, public. 11-9-2017).

da da possibilidade de exercício do contraditório.

O testamento será confirmado se atender aos requisitos de direito material, prevendo-se, ainda, a prévia oitiva do Ministério Público, cuja participação no procedimento, entretanto, nos parece indevida, como já apontado nos comentários ao art. 735, CPC.

"Direito constitucional e civil. Recurso extraordinário. Repercussão geral. Inconstitucionalidade da distinção de regime sucessório entre cônjuges e companheiros. 1. A Constituição brasileira contempla diferentes formas de família legítima, além da que resulta do casamento. Nesse rol incluem-se as famílias formadas mediante união estável. 2. Não é legítimo desequiparar, para fins sucessórios, os cônjuges e os companheiros, isto é, a família formada pelo casamento e a formada por união estável. Tal hierarquização entre entidades familiares é incompatível com a Constituição de 1988. 3. Assim sendo, o art. 1.790 do Código Civil, ao revogar as Leis nºs 8.971/94 e 9.278/96 e discriminar a companheira (ou o companheiro), dando-lhe direitos sucessórios bem inferiores aos conferidos à esposa (ou ao marido), entra em contraste com os princípios da igualdade, da dignidade humana, da proporcionalidade como vedação à proteção deficiente, e da vedação do retrocesso. 4. Com a finalidade de preservar a segurança jurídica, o entendimento ora firmado é aplicável apenas aos inventários judiciais em que não tenha havido trânsito em julgado da sentença de partilha, e às partilhas extrajudiciais em que ainda não haja escritura pública. 5. Provimento do recurso extraordinário. Afirmação, em repercussão geral, da seguinte tese: 'No sistema constitucional vigente, é inconstitucional a distinção de regimes sucessórios entre cônjuges e companheiros, devendo ser aplicado, em ambos os casos, o regime estabelecido no art. 1.829 do CC/2002'" (RE 878.694, rel. Min. Roberto Barroso, Tribunal Pleno, j. 10/5/2017, DJe-021, public. 6-2-2018). "Recurso especial. Civil. Processual civil. Direito de família e das sucessões. União estável. Art. 1.790 do CC/2002. Inconstitucionalidade. Art. 1.829 do CC/2002. Aplicabilidade. Vocação hereditária. Partilha. Companheiro. Exclusividade. Colaterais. Afastamento. Arts. 1.838 e 1.839 do CC/2002. Incidência. 1. Recurso especial interposto contra acórdão publicado na vigência do Código de Processo Civil de 1973 (Enunciados Administrativos nºs 2 e 3/STJ). 2. No sistema constitucional vigente, é inconstitucional a distinção de regimes sucessórios entre cônjuges e companheiros, devendo ser aplicado em ambos os casos o regime do artigo 1.829 do CC/2002, conforme tese estabelecida pelo Supremo Tribunal Federal em julgamento sob o rito da repercussão geral (Recursos Extraordinários nºs 646.721 e 878.694). 3. Na falta de descendentes e ascendentes, será deferida a sucessão por inteiro ao cônjuge ou companheiro sobrevivente, ressalvada disposição de última vontade. 4. Os parentes colaterais, tais como irmãos, tios e sobrinhos, são herdeiros de quarta e última classe na ordem de vocação hereditária, herdando apenas na ausência de descendentes, ascendentes e cônjuge ou companheiro, em virtude da ordem legal de vocação hereditária. 5. Recurso especial não provido" (REsp 1357117/MG, rel. Min. Ricardo Villas Bôas Cueva, Terceira Turma, j. 13/3/2018, DJe 26/3/2018). Note-se, ainda, que pode haver situações bastante complexas, com a possibilidade de participação de herdeiros necessários que sequer existiam quando da abertura da sucessão, como filiação póstuma resultante de reprodução assistida. Sobre o tema: Guilherme Calmon Nogueira da Gama. *Herança legítima* ad tempus: tutela sucessória no âmbito da filiação resultante de reprodução assistida póstuma. São Paulo: RT, 2018.

69. Codicilo e testamentos marítimo, aeronáutico, militar e nuncupativo

O disposto no art. 737, CPC, igualmente deve ser aplicado ao codicilo[570] e aos denominados testamentos especiais ou extraordinários: marítimo, aeronáutico,[571] militar[572] e nuncupativo.[573] Também nesses casos haverá aplicação

---

570 Código Civil: "Art. 1.881. Toda pessoa capaz de testar poderá, mediante escrito particular seu, datado e assinado, fazer disposições especiais sobre o seu enterro, sobre esmolas de pouca monta a certas e determinadas pessoas, ou, indeterminadamente, aos pobres de certo lugar, assim como legar móveis, roupas ou jóias, de pouco valor, de seu uso pessoal. Art. 1.882. Os atos a que se refere o artigo antecedente, salvo direito de terceiro, valerão como codicilos, deixe ou não testamento o autor. Art. 1.883. Pelo modo estabelecido no art. 1.881, poder-se-ão nomear ou substituir testamenteiros. Art. 1.884. Os atos previstos nos artigos antecedentes revogam-se por atos iguais, e consideram-se revogados, se, havendo testamento posterior, de qualquer natureza, este os não confirmar ou modificar. Art. 1.885. Se estiver fechado o codicilo, abrir-se-á do mesmo modo que o testamento cerrado".

571 Código Civil: "Art. 1.888. Quem estiver em viagem, a bordo de navio nacional, de guerra ou mercante, pode testar perante o comandante, em presença de duas testemunhas, por forma que corresponda ao testamento público ou ao cerrado. Parágrafo único. O registro do testamento será feito no diário de bordo. Art. 1.889. Quem estiver em viagem, a bordo de aeronave militar ou comercial, pode testar perante pessoa designada pelo comandante, observado o disposto no artigo antecedente. Art. 1.890. O testamento marítimo ou aeronáutico ficará sob a guarda do comandante, que o entregará às autoridades administrativas do primeiro porto ou aeroporto nacional, contra recibo averbado no diário de bordo. Art. 1.891. Caducará o testamento marítimo, ou aeronáutico, se o testador não morrer na viagem, nem nos noventa dias subsequentes ao seu desembarque em terra, onde possa fazer, na forma ordinária, outro testamento. Art. 1.892. Não valerá o testamento marítimo, ainda que feito no curso de uma viagem, se, ao tempo em que se fez, o navio estava em porto onde o testador pudesse desembarcar e testar na forma ordinária".

572 Código Civil: "Art. 1.893. O testamento dos militares e demais pessoas a serviço das Forças Armadas em campanha, dentro do País ou fora dele, assim como em praça sitiada, ou que esteja de comunicações interrompidas, poderá fazer-se, não havendo tabelião ou seu substituto legal, ante duas, ou três testemunhas, se o testador não puder, ou não souber assinar, caso em que assinará por ele uma delas. § 1º Se o testador pertencer a corpo ou seção de corpo destacado, o testamento será escrito pelo respectivo comandante, ainda que de graduação ou posto inferior. § 2º Se o testador estiver em tratamento em hospital, o testamento será escrito pelo respectivo oficial de saúde, ou pelo diretor do estabelecimento. § 3º Se o testador for o oficial mais graduado, o testamento será escrito por aquele que o substituir. Art. 1.894. Se o testador souber escrever, poderá fazer o testamento de seu punho, contanto que o date e assine por extenso, e o apresente aberto ou cerrado, na presença de duas testemunhas ao auditor, ou ao oficial de patente, que lhe faça as vezes neste mister. Parágrafo único. O auditor, ou o oficial a quem o testamento se apresente notará, em qualquer parte dele, lugar, dia, mês e ano, em que lhe for apresentado, nota esta que será assinada por ele e pelas testemunhas. Art. 1.895. Caduca o testamento militar, desde que, depois dele, o testador esteja, noventa dias seguidos, em lugar onde possa testar na forma ordinária, salvo se esse testamento apresentar as solenidades prescritas no parágrafo único do artigo antecedente".

573 Código Civil: "Art. 1.896. As pessoas designadas no art. 1.893, estando empenha-

supletiva do art. 735, CPC, que é o regime jurídico comum ao cumprimento de todos os tipos de testamentos. Os testamentos especiais possuem a característica comum de serem elaborados em situações particularmente excepcionais e, por isso, possuem a eficácia limitada no tempo. O codicilo é uma forma "inferior ao testamento",[574] com menos solenidade, oferecendo-se como opção para disposições de última vontade que não veiculem grandes somas. Esse objeto restrito do codicilo, que o torna uma espécie de disposição de última vontade patrimonial de bagatela, por assim dizer, não pode ser fixado abstratamente, considerando-se que o pequeno valor deve ser proporcional ao acervo hereditário.[575] O codicilo não é meio apto para a constituição de uma fundação[576] nem para deserdação, mas pode ser instrumento válido para reconhecimento de paternidade.[577] Aplicam-se, portanto, ao codicilo e a essas modalidades especiais as regras previstas no art. 735, CPC, a cujos comentários nos remetemos.

Seção VI

Da Herança Jacente

Art. 738. Nos casos em que a lei considere jacente a herança, o juiz em cuja comarca tiver domicílio o falecido procederá imediatamente à arrecadação dos respectivos bens.

CPC de 1973 – art. 1.142

70. Noções gerais

A disciplina procedimental da arrecadação dos bens de herança considerada jacente[578] não foi objeto de modificações relevantes na nova codifi-

das em combate, ou feridas, podem testar oralmente, confiando a sua última vontade a duas testemunhas. Parágrafo único. Não terá efeito o testamento se o testador não morrer na guerra ou convalescer do ferimento".

574 Pontes de Miranda. *Comentários ao Código de Processo Civil.* 2ª ed. Rio de Janeiro: Forense, 2008, p. 181, tomo XVI.

575 Gustavo Tepedino, Heloisa Helena Barboza e Maria Celina Bodin de Moraes. *Código Civil interpretado.* Rio de Janeiro: Renovar, 2014, p. 711, v. IV.

576 Daniel Pires Novais Dias. *Negócio Fundacional: criação de fundações privadas.* São Paulo: Método, 2014, p. 24-25.

577 Cf. Gustavo Tepedino, Heloisa Helena Barboza e Maria Celina Bodin de Moraes. *Código Civil interpretado.* Rio de Janeiro: Renovar, 2014, p. 711, v. IV.

578 O termo "jacente" não expressa com exatidão o fenômeno que se pretende descrever e é uma reminiscência indevida da terminologia da época em que heranças jaziam, segundo a crítica de Pontes de Miranda, que, após expor a crítica histórica à expressão, sintetiza que "bens jacentes são bens de quem morreu sem alguém aparecer como sucessor" (*Comentários ao Código de Processo Civil.* 2ª ed. Rio de Ja-

cação e, por se tratar de tema clássico e bem regulado também no CC, o conjunto de regras ora analisado possui disciplina que não apresenta maiores complexidades ou novas discussões.[579] Trata-se, portanto, de um daqueles temas de jurisdição voluntária que nos dão a impressão de que a minudência da linguagem redacional mais revela um preciosismo legislativo com o zelo patrimonial que tradicionalmente anima o legislador do que uma efetiva necessidade técnica.

A regra básica da sucessão é a imediata transmissibilidade da herança aos herdeiros, conforme dispõe o art. 1.784, CC. Caso sejam desconhecidos ou inexistam herdeiros[580] (art. 1.819, CC), inclusive em razão de deserdação ou de renúncia,[581] a herança é considerada jacente,[582] submetendo-se ao procedimento especial de jurisdição voluntária para arrecadação e, permanecendo sem titularidade por cinco anos desde a abertura da sucessão, será considerada vacante.[583]

Herança jacente decorre do fato de não ser reclamada por qualquer herdeiro;[584] já a herança vacante é a situação jurídica constituída após lapso

---

neiro: Forense, 2008, p. 219 e 231. Tomo XVI).

579 Sobre o tema no CPC de 1973, com amplo exame e outras relevantes indicações bibliográficas: ALCIDES DE MENDONÇA LIMA. *Comentários ao Código de Processo Civil.* São Paulo: RT, 1982, p. 301-365, v. XII.

580 "Iniciado o inventário e, no seu curso, verificada a inexistência de herdeiro testamentário, é de considerar-se jacente a herança, nos termos do art. 1.592, II, CC, caso em que 'o juiz, em cuja comarca tiver domicílio o falecido, procederá sem perda de tempo à arrecadação de todos os seus bens' (art. 1.142, CPC). A conversão do procedimento e a nomeação do curador dá cumprimento a essa norma e atende ao princípio da economia processual, nele expressamente assentado" (REsp 147.959/SP, rel. Min. SÁLVIO DE FIGUEIREDO TEIXEIRA, Quarta Turma, j. 14/12/2000, DJ 19/3/2001, p. 111).

581 No caso da renúncia à herança, a vacância é abreviada, superando-se a fase transitória da jacência e simplificando o procedimento (Código Civil: "Art. 1.823. Quando todos os chamados a suceder renunciarem à herança, será esta desde logo declarada vacante").

582 No caso de sucessores ainda sem personalidade jurídica (estipulação de prazo para nascimento com vida e pessoa jurídica a se constituir, por exemplo), a herança será jacente até que haja possibilidade de transmissão, observados os prazos legais (GUSTAVO TEPEDINO, HELOISA HELENA BARBOZA e MARIA CELINA BODIN DE MORAES. *Código Civil interpretado.* Rio de Janeiro: Renovar, 2014, p. 610, v. IV).

583 Código Civil, art. 1.823: "Quando todos os chamados a suceder renunciarem à herança, será esta desde logo declarada vacante".

584 "Direito civil. Testamento público. Falecimento da herdeira testamentária antes da testadora. Nomeação posterior das filhas da herdeira por procuração particular. Impossibilidade. Rigor formal. Solenidade essencial. Arts. 1.592, II, 1.717 e 1.746, CC. Conversão de inventário em herança jacente. Possibilidade. Economia processual. Art. 1.142, CPC. Recurso desacolhido. I – A mitigação do rigor formal em prol da finalidade é critério que se impõe na interpretação dos textos legais. Entre-

temporal de acervo hereditário sem titularidade que será incorporado ao patrimônio público.[585]

A herança jacente, portanto, é uma situação transitória e que precede a eventual constituição de vacância.

Não havendo herdeiro legítimo ou testamentário, ou se são desconhecidos herdeiros[586] a herança é considerada jacente e os bens devem ser arrecadados, con

---

tanto, no caso dos testamentos, deve-se redobrar o zelo na observância da forma, tanto por não viver o testador no momento de esclarecer suas intenções, quanto pela suscetibilidade de fraudes na elaboração do instrumento e, consequentemente, na deturpação da vontade de quem dispõe dos bens para após a morte. II – A revogação parcial do testamento, para substituir a herdeira anteriormente nomeada e já falecida, deve dar-se pelo mesmo modo e forma do anterior (art. 1.746 do Código Civil), não tendo a procuração *ad judicia* por instrumento particular esse condão revogador. III – A capacidade para adquirir por testamento pressupõe a existência do herdeiro, ou legatário, à época da morte do testador. Tendo falecido antes o herdeiro, perde validade a cédula testamentária. IV – Na lição de Pontes, 'a nulidade dos atos jurídicos de intercâmbio ou inter vivos é, praticamente, reparável: fazem-se outros, com as formalidades legais, ou se intentam ações que compensem o prejuízo, como a ação de *in rem verso*. Não se dá o mesmo com as declarações de última vontade: nulas, por defeito de forma, ou por outro motivo, não podem ser renovadas, pois morreu quem as fez. Razão maior para se evitar, no zelo do respeito à forma, o sacrifício do fundo' (Tratado de Direito Privado, t. LVIII, 2ª ed., Rio de Janeiro: Borsoi, 1969, § 5.849, p. 283). V – Iniciado o inventário e, no seu curso, verificada a inexistência de herdeiro testamentário, é de considerar-se jacente a herança, nos termos do art. 1.592, II, CC, caso em que 'o juiz, em cuja comarca tiver domicílio o falecido, procederá sem perda de tempo à arrecadação de todos os seus bens' (art. 1.142, CPC). A conversão do procedimento e a nomeação do curador dá cumprimento a essa norma e atende ao princípio da economia processual, nele expressamente assentado" (REsp 147.959/SP, rel. Min. Sálvio de Figueiredo Teixeira, Quarta Turma, j. 14/12/2000, DJ 19/3/2001, p. 111).

585 Cf. Antonio Carlos Marcato. *Procedimentos especiais*. 16ª ed. São Paulo: Atlas, 2016, p. 379. "Até antes da declaração de vacância, qualquer interessado (herdeiro, cônjuge, credor) podia reclamar seus direitos por meio de simples habilitação no processo de arrecadação. Mas, depois do trânsito em julgado da sentença que proclamou vagos os bens arrecadados, só por ação direta. Aos herdeiros, então, caberá o uso da ação ordinária de petição de herança a ser intentada, não mais contra o espólio ou seu curador, mas sim contra o Estado. Da mesma forma, qualquer credor que tenha pretensões de haver direitos contra o falecido terá, agora, de demandar contra o Estado, a quem passou a administração da herança com a declaração de vacância. A competência, por isso mesmo, se deslocará em qualquer das duas hipóteses, para o juízo próprio da Fazenda Pública" (Humberto Theodoro Júnior. *Curso de direito processual civil*. 50ª ed. Rio de Janeiro: Forense, 2016, p. 510, v. II).

586 Código Civil: "Art. 1.819. Falecendo alguém sem deixar testamento nem herdeiro legítimo notoriamente conhecido, os bens da herança, depois de arrecadados, ficarão sob a guarda e administração de um curador, até a sua entrega ao sucessor devidamente habilitado ou à declaração de sua vacância".

servados e administrados até que haja a transferência definitiva de propriedade.

A herança jacente implica, portanto, uma situação transitória de proteção dos bens até que haja habilitação de algum sucessor ou a declaração de vacância.[587] Se os herdeiros conhecidos não aceitam a sucessão, passa-se diretamente para a vacância da herança.[588]

71. Competência

A competência para a arrecadação dos bens está definida logo no art. 738 e encontra-se de acordo com o que dispõe o art. 48, CPC. Como não há herdeiros, pode não se saber qual era o domicílio, de modo que o critério poderá ser o local do falecimento ou onde se encontram os bens, inclusive com a necessidade de arrecadação em mais de um local.

72. Legitimidade

Autoriza o dispositivo a atuação de ofício do juiz.[589] É evidente o fetiche

---

587 "Recurso especial. Ação popular. Anulação de testamento. Inadequação da via eleita. Afastamento da multa imposta. Súmula nº 98. 1. O art. 9º do Regimento Interno do STJ dispõe que a competência das Seções e Turmas é fixada em função da natureza da relação litigiosa. No caso, não obstante tratar-se de ação popular, o fato é que a relação em litígio é eminentemente de ordem privada, pois litiga-se a nulidade de um testamento. O interesse da Administração Pública é reflexo, em razão da possível conversão da herança em vacante. 2. Para que o ato seja sindicável mediante ação popular, deve ele ser, a um só tempo, nulo ou anulável e lesivo ao patrimônio público, no qual se inclui 'os bens e direitos de valor econômico, artístico, estético, histórico ou turístico'. Com efeito, mostra-se inviável deduzir em ação popular pretensão com finalidade de mera desconstituição de ato por nulidade ou anulabilidade, sendo indispensável a asserção de lesão ou ameaça de lesão ao patrimônio público. 3. No caso, pretende-se a anulação de testamento por suposta fraude, sendo que, alegadamente, a herança tornar-se-ia jacente. Daí não decorre, todavia, nem mesmo em tese, uma lesão aos interesses diretos da Administração. Isso porque, ainda que se prosperasse a alegação de fraude na lavratura do testamento, não se teria, por si só, uma lesão ao patrimônio público, porquanto tal provimento apenas teria o condão de propiciar a arrecadação dos bens do falecido, com subsequente procedimento de publicações de editais. 4. A jacência, ao reverso do que pretende demonstrar o recorrente, pressupõe a incerteza de herdeiros, não percorrendo, necessariamente, o caminho rumo à vacância, tendo em vista que, após publicados os editais de convocação, podem eventuais herdeiros se apresentarem, dando-se início ao inventário, nos termos dos arts. 1.819 a 1.823 do Código Civil. 5. 'Embargos de declaração manifestados com notório propósito de prequestionamento não têm caráter protelatório' (Súmula nº 98). 6. Recurso especial parcialmente conhecido e, na extensão, provido" (REsp 445.653/RS, rel. Min. LUIS FELIPE SALOMÃO, Quarta Turma, j. 15/10/2009, DJe 26/10/2009).

588 Código Civil: "Art. 1.823. Quando todos os chamados a suceder renunciarem à herança, será esta desde logo declarada vacante".

589 Note-se que o novo CPC não mais repete a regra que permitia ao juiz a instauração

patrimonialista que remonta a outra época, na medida em que não se mostra adequado nos dias de hoje conceber o juiz como uma figura arrecadadora de bens privados, como se fosse uma espécie de substituto do ente estatal ou dos supostos e desconhecidos herdeiros. A atuação de ofício do juiz é excepcional e não se presta à tutela de interesses subjetivos individualizados, mesmo que potencialmente beneficiem a fazenda pública. Parece-nos, portanto, heterodoxa essa previsão e que não mais deve subsistir no ordenamento jurídico[590].

A urgência que se vê no advérbio "imediatamente" (ou no CPC de 1973, em que se usava a expressão "sem perda de tempo") visa a revelar a relevância de resguardar o valor patrimonial dos bens, mas essa providência deve ser adotada pelos interessados.[591]

Na realidade, deve-se entender que o juiz procederá à arrecadação a partir do requerimento de algum interessado, ou seja, deferirá as medidas necessárias para preservar o valor do bem.[592]

Há quem considere, com base na regra geral do art. 720, CPC, a Defensoria Pública como legitimada, sob o argumento de que há interesse do Estado em sentido amplo na preservação da herança, visando à entrega dos bens e

---

de ofício de inventário. Ainda assim, há quem defenda essa atuação do juiz mesmo diante da ausência de autorização legal: FABIO CALDAS DE ARAÚJO. *Curso de processo civil*: procedimentos especiais. São Paulo: Malheiros, 2018, p. 224-225, tomo III.

590 A justificativa clássica para essa atuação de ofício revela uma função privada e patrimonial do juiz que não mais deve subsistir: "No caso, o juiz age de ofício, porque há um interesse público, na conservação dos bens que, aberta a sucessão, podem caber à Fazenda Pública. Depois é uma medida de polícia judiciária, a evitar que os bens, ao desamparo, sejam furtados" (ALFREDO DE ARAÚJO LOPES DA COSTA. *A administração pública e a ordem jurídica privada (jurisdição voluntária)*. Belo Horizonte: Bernardo Álvares, 1961, p. 322). Defendendo essa iniciativa oficial: FABIO CALDAS DE ARAÚJO. *Curso de processo civil*: procedimentos especiais. São Paulo: Malheiros, 2018, p. 500-501, tomo III.

591 "A jacência, em si, não justifica a instauração do procedimento, pois os legitimados podem e devem pedir a abertura de inventário no prazo de dois meses desde a abertura de sucessão. O traspassamento desse prazo pode ser um indício da inexistência de herdeiros, a justificar a iniciativa de outros legitimados" (JEFFERSON CARÚS ARAÚJO. *Comentários ao Código de Processo Civil*. MARINONI, ARENHART e MITIDIERO (coord.). São Paulo: RT, 2016, p. 395, v. 11).

592 "Assim sendo, não se pode afirmar que o juiz tenha legitimação para iniciar o procedimento, sob pena admitir-se o absurdo de ele requerer a providência para si próprio! O juiz tem o poder de proceder à arrecadação e de tomar as demais medidas consequentes, como a nomeação do curador, logo que souber do fato", acrescentado que tal comunicação pode ser dada por qualquer interessado, "direto ou indireto" (ALCIDES DE MENDONÇA LIMA. *Comentários ao Código de Processo Civil*. São Paulo: RT, 1982, p. 305-306, v. XII).

defesa dos necessitados.[593] É comum essa ideia de que a jacência é um estado temporário que visa potencialmente a beneficiar a coletividade.[594] Entretanto,

---

593 ANTONIO CARLOS MARCATO. *Procedimentos especiais*. 16ª ed. São Paulo: Atlas, 2016, p. 379.

594 "Recurso especial. Procedimento de inventário. Testamento público. Herdeira pré-morta. Quota-parte. Conversão em herança jacente. Impossibilidade. Interpretação do testamento. Princípio da soberania da vontade do testador. Aplicabilidade. Recurso especial desprovido. Insurgência do município. Hipótese: A *quaestio iuris* a ser enfrentada diz respeito à determinação do método interpretativo adequado para as disposições testamentárias controversas, em atenção ao princípio da soberania da vontade do testador, disposto no art. 1.899 do Código Civil. 1. Na existência de cláusula testamentária duvidosa, que remete a interpretações distintas, deve-se compreendê-la de modo que melhor se harmonize com a vontade manifestada pelo testador, em atenção ao princípio da soberania da vontade desse, insculpido nos artigos 112 e 1.899 do Código Civil. 2. Quanto à aplicação do princípio da soberania da vontade do testador na interpretação dos testamentos pode-se determinar as seguintes premissas: a) naquelas hipóteses em que o texto escrito ensejar várias interpretações, deverá prevalecer a que melhor assegure a observância da vontade do testador; b) na busca pela real vontade do testador, deve ser adotada a solução que confira maior eficácia e utilidade à cláusula escrita; c) para poder aferir a real vontade do testador, torna-se necessário apreciar o conjunto das disposições testamentárias, e não determinada cláusula que, isoladamente, ofereça dúvida; e d) a interpretação buscada deve ser pesquisada no próprio testamento, isto é, a solução deve emergir do próprio texto do instrumento. 3. O instituto da herança jacente foi desenvolvido para proteger o patrimônio do *de cujus* de eventuais abusos de terceiros, destinando-o à coletividade, na pessoa do Estado. Em assim sendo, a *mens legis* que orienta o instituto é de considerá-lo como a *ultima ratio*, isto é, considerar a ocorrência da jacência em última análise quando, de nenhuma outra forma, for possível atribuir a herança a quem de direito. 4. Na presente hipótese, a interpretação teleológica do testamento de acordo com a real vontade do testador, em observância dos artigos 112 e 1.899 do Código Civil, conduz à conclusão de que a testadora objetivamente desejava que todo seu patrimônio, à exceção das duas obras legadas ao MAM/RJ, fosse repartido entre sua irmã e os sobrinhos de seu marido e que, em consequência, a previsão de substituição recíproca escrita na parte final da disposição testamentária viesse à abranger à irmã pré-morta, sem que houvesse modificação no texto das últimas vontades. 5. Dessa forma, em razão da interpretação conjunta das disposições testamentárias combinada com a aplicação do princípio da soberania da vontade do testador associada às peculiaridades do caso concreto, em que a testadora foi interditada após a feitura do testamento, de modo que ficou inviabilizada qualquer alteração deste a fim de adequar-se à nova situação fática, conclui-se pela inexistência de herança jacente na hipótese, devendo a quota-parte da herdeira pré-morta reverter ao demais herdeiros testamentários 6. Não houve demonstração de dissídio jurisprudencial, diante da ausência de similitude fática entre os acórdãos, de maneira que inviável o inconformismo apontado pela alínea c do permissivo constitucional. 7. Recurso especial desprovido" (REsp 1532544/RJ, Rel. Min. MARCO BUZZI, Quarta Turma, j. 8/11/2016, DJe 30/11/2016).

ainda que seja correta essa ideia, não se pode confundir patrimônio público com o denominado interesse público primário, como corretamente fica claro no parágrafo único do art. 178, CPC. Não é porque determinado patrimônio integrará a fazenda pública que se pode considerar, *prima facie*, que há legitimidade do Ministério Público ou da Defensoria Pública.[595]

De todo modo, a finalidade primordial do procedimento é preservar o patrimônio para eventuais sucessores, com a transferência subsidiária para a Fazenda Pública.

O destino primário da jacência não é a vacância, mas, sim, a transferência dos bens para os sucessores.

Sem dúvida há legitimidade da própria Fazenda Pública, restando evidente sua pertinência com o requerimento diante da perspectiva da posterior vacância. Vislumbra-se, ainda, a legitimidade do possuidor de bem da herança, mas que não ostente a qualidade de herdeiro, a fim de preservar seu valor.

> **Art. 739.** A herança jacente ficará sob a guarda, a conservação e a administração de um curador até a respectiva entrega ao sucessor legalmente habilitado

---

595 "Recurso especial. Ação popular. Anulação de testamento. Inadequação da via eleita. Afastamento da multa imposta. Súmula nº 98. 1. O art. 9º do Regimento Interno do STJ dispõe que a competência das Seções e Turmas é fixada em função da natureza da relação litigiosa. No caso, não obstante tratar-se de ação popular, o fato é que a relação em litígio é eminentemente de ordem privada, pois litiga-se a nulidade de um testamento. O interesse da Administração Pública é reflexo, em razão da possível conversão da herança em vacante. 2. Para que o ato seja sindicável mediante ação popular, deve ele ser, a um só tempo, nulo ou anulável e lesivo ao patrimônio público, no qual se inclui 'os bens e direitos de valor econômico, artístico, estético, histórico ou turístico'. Com efeito, mostra-se inviável deduzir em ação popular pretensão com finalidade de mera desconstituição de ato por nulidade ou anulabilidade, sendo indispensável a asserção de lesão ou ameaça de lesão ao patrimônio público. 3. No caso, pretende-se a anulação de testamento por suposta fraude, sendo que, alegadamente, a herança tornar-se-ia jacente. Daí não decorre, todavia, nem mesmo em tese, uma lesão aos interesses diretos da Administração. Isso porque, ainda que se prosperasse a alegação de fraude na lavratura do testamento, não se teria, por si só, uma lesão ao patrimônio público, porquanto tal provimento apenas teria o condão de propiciar a arrecadação dos bens do falecido, com subsequente procedimento de publicações de editais. 4. A jacência, ao reverso do que pretende demonstrar o recorrente, pressupõe a incerteza de herdeiros, não percorrendo, necessariamente, o caminho rumo à vacância, tendo em vista que, após publicados os editais de convocação, podem eventuais herdeiros se apresentarem, dando-se início ao inventário, nos termos dos arts. 1.819 a 1.823 do Código Civil. 5. 'Embargos de declaração manifestados com notório propósito de prequestionamento não têm caráter protelatório' (Súmula nº 98). 6. Recurso especial parcialmente conhecido e, na extensão, provido" (REsp 445.653/RS, rel. Min. Luis Felipe Salomão, Quarta Turma, j. 15/10/2009, DJe 26/10/2009).

ou até a declaração de vacância.

§ 1º Incumbe ao curador:

I – representar a herança em juízo ou fora dele, com intervenção do Ministério Público;

II – ter em boa guarda e conservação os bens arrecadados e promover a arrecadação de outros porventura existentes;

III – executar as medidas conservatórias dos direitos da herança;

IV – apresentar mensalmente ao juiz balancete da receita e da despesa;

V – prestar contas ao final de sua gestão.

§ 2º Aplica-se ao curador o disposto nos arts. 159 a 161.

CPC de 1973 – arts. 1.143 e 1.144

73. Administração da herança jacente

Há semelhança entre os procedimentos dos bens de ausente e de herança jacente, porque, como em ambos não há titular do patrimônio para assumir a gestão dos bens, é necessária a nomeação de curador para sua guarda e administração. No caso da herança jacente, essa curadoria é temporalmente limitada até a respectiva entrega ao sucessor legalmente habilitado ou até a declaração de vacância. Se a herança jacente gera uma situação de transitoriedade, durante esse tempo há que se confiar a administração dos bens a um terceiro, a fim de que seja preservado seu valor. Ao contrário do que ocorria no art. 1.173 do CPC de 1973, cuja redação em essência não é muito diversa do dispositivo ora comentado, não se reproduz a regra sobre o destino da herança considerada jacente. Essa omissão é correta e deve ser reservada ao direito material a disciplina sobre a titularidade dos bens, que hoje é regulada pela Lei 8.049/1990.[596]

596 Independentemente da data do óbito, a vigência da lei no momento da constituição a vacância é que define o destino da herança: "Agravo Regimental no Recurso Especial. Civil. Sucessão. Herança jacente. Estado/Município. Princípio da *saisine* ao ente público. Inaplicabilidade. Momento da vacância que não se confunde com o da abertura da sucessão ou da morte do *de cujus*. Declaração de vacância após a vigência da Lei 8.049/90. Legitimidade para suceder do Município. Recurso improvido. 1. O agravante não trouxe qualquer subsídio capaz de afastar os fundamentos da decisão agravada. 2. Não se aplica o princípio da *saisine* ao ente público para a sucessão do bem jacente, pois o momento da vacância não se confunde com o da abertura da sucessão ou da morte do de cujus. 3. O Município é o sucessor dos bens jacentes, pois a declaração judicial da vacância ocorreu após a vigência da Lei 8.049/90. 4. Agravo regimental improvido" (AgRg no REsp 1099256/RJ, rel. Min. MASSAMI UYEDA, Terceira Turma, j. 17/3/2009, DJe 27/3/2009).

74. Curador

A função de curador se assemelha à inventariança, inclusive na representação processual (arts. 75, VI, e 739, § 1º, I, CPC), é exercida por um curador, cuja remuneração, na forma dos arts. 739, § 2º, e 160, CPC, bem como sua responsabilidade é regulada nos arts. 739, § 2º, e 161, CPC, estendendo-se ao curador o regime jurídico aplicável ao depositário ou administrador.

O curador deve ser alguém estranho a eventuais discussões sobre a herança, podendo recair a função sobre um curador oficial do juízo, caso exista nos quadros do respectivo Tribunal.

Embora o CPC não mencione expressamente, é da natureza formal da curatela – assim como no caso da inventariança – a assinatura de termo de compromisso.[597] A duração da função do curador é variável, mas limitada, encerrando-se com o aparecimento de sucessor habilitado ou com a constituição da vacância da herança.

O art. 739, § 1º, reserva seus incisos para descrever as obrigações do curador relacionadas à guarda, conservação e administração da herança: representar a herança em juízo ou fora dele, com intervenção do Ministério Público; ter em boa guarda e conservação os bens arrecadados e promover a arrecadação de outros porventura existentes; executar as medidas conservatórias dos direitos da herança; apresentar mensalmente ao juiz balancete da receita e da despesa; prestar contas ao final de sua gestão.

A representação em juízo já consta do art. 75, VI, CPC e a repetição da regra é um excesso de zelo didático, reproduzindo-se o dispositivo equivalente do CPC de 1973, inclusive com a mistura indevida da referência ao Ministério Público, cuja função não guarda qualquer relação com a curatela. Essa representação cabe ao curador precisamente em virtude da situação transitória em que um conjunto de bens e direitos está acéfalo. Caso o curador não possua capacidade postulatória, deverá conferir mandato a quem a detenha.

A previsão do inciso II é mero reforço do *caput* e se relaciona com a es-

597 Alcides de Mendonça Lima. *Comentários ao Código de Processo Civil.* São Paulo: RT, 1982, p. 310, v. XII. Mendonça Lima sugere a aplicação de um regime padrão para a função de curador e, por isso, defende que pode ser exigido ao curador da herança jacente o depósito de fiança (*Comentários ao Código de Processo Civil.* São Paulo: RT, 1982, p. 312, v. XII). Entende-se a preocupação do referido autor, mas, ainda que se concorde em tese com a ideia, as imensas dificuldades práticas para encontrar um curador idôneo que aceite o encargo podem dificultar essa prática sugerida. Sabe-se, porém, que, em casos de heranças com valores vultosos, assim como ocorre em outros casos de curatela, encontra-se mais facilmente alguém disposto a assumir o encargo e a garantia pode incidir com mais força, inclusive para fins de percepção da correspondente remuneração.

sência da curatela de herança jacente. A adoção de "medidas conservatórias", além de também integrar as funções já antecipadas no *caput*, inclui especificamente os direitos no interesse da herança, como os relacionados a obrigações e contratos.

Os dois últimos incisos referem-se ao controle da atividade do curador, prescrevendo que haja a apresentação mensal de balancetes e, por fim, a prestação de contas. Esse controle é comum a qualquer função de curatela e se justifica pelo fato de a atividade ser exercida por alguém que não detém a titularidade dos direitos e que deve zelar para preservá-los. A prestação de contas obrigatoriamente deve ser realizada ao final, mas nada impede que o juiz determine a apresentação incidental de contas, caso haja razões que justifiquem a medida.

O curador, como já antecipado no início deste item, fará jus à remuneração que será fixada[598] "levando em conta a situação dos bens, ao tempo do serviço e às dificuldades de sua execução" (art. 160, CPC), sendo-lhe permitido inclusive a contratação de prepostos, na forma do art. 160, parágrafo único, CPC. Em contrapartida ao direito à remuneração, há a responsabilidade do curador "pelos prejuízos que, por dolo ou culpa, causar à parte, perdendo a remuneração que lhe foi arbitrada, mas tem o direito a haver o que legitimamente despendeu no exercício do encargo" (art. 161, CPC).

75. Ministério Público

Como já foi exposto nos comentários ao art. 721, CPC, a jurisdição voluntária não é um território descolado no tempo e no espaço em que o Ministério Público exerceria suas funções em desacordo com os arts. 127 e 129 da Constituição da República, em que pese haver remanescentes ecos de uma superada tradição que foi mantida no novo CPC nesse particular, forçando um liame entre a atividade de fiscal da ordem jurídica e a defesa de direitos eminentemente patrimoniais. A herança jacente é um desses exemplos, em que a tutela de um patri-

598 "Processual civil. Civil. Recurso especial. Interdição. Remuneração do curador. Fixação judicial. Necessidade. Retenção de rendas do interdito. Possibilidade. 1. O curador tem direito de receber remuneração pela administração do patrimônio do interdito, à luz do disposto no art. 1.752, *caput*, do CC-02, aplicável ao instituto da curatela, por força da redação do art. 1.774 do CC-02. 2. Afigura-se, no entanto, indevida a fixação realizada pelo próprio curador e a consequente retenção de rendas do interdito. 3. A remuneração do curador deverá ser requerida ao Juiz que a fixará com comedição, para não combalir o patrimônio do interdito, mas ainda assim compensar o esforço e tempo despendidos pelo curador no exercício de seu múnus. 4. Recurso especial não provido" (REsp 1205113/SP, rel. Min. NANCY ANDRIGHI, Terceira Turma, j. 6/9/2011, DJe 14/9/2011).

mônio recebe uma proeminência incompatível[599] com os balizamentos que contemporaneamente delineiam a atividade finalística do Ministério Público. A previsão do art. 739, § 1º, I, segunda parte, CPC, portanto, somente é compatível com a Constituição se lida em conformidade com seus arts. 127 e 129 e com os arts. 176, 177, 178 e 721, CPC. Ao Ministério Público não cabe a defesa de questões patrimoniais ou de direitos disponíveis, de modo que é injustificada sua atuação em casos de herança jacente se inexistir alguma hipótese do art. 178, CPC. A jacência é uma situação transitória em que uma herança tem seu destino indefinido e, enquanto permanecer essa incerteza acerca da titularidade dos bens e direitos, previu-se um procedimento para sua preservação. Em suma, trata-se de procedimento que visa à tutela de uma herança, nada mais do que isso. O fato de potencialmente o acervo hereditário ser destinado à Fazenda Pública não justifica, por si só, a intervenção do Ministério Público, como corretamente dispõe o art. 178, parágrafo único, CPC. Para que a atuação do Ministério Público em procedimento de herança jacente encontrasse coerência no sistema, teremos que ter presente alguma das seguintes hipóteses: a) o Ministério Público intervém em todas as situações de jurisdição voluntária; b) o Ministério Público intervém em todos os casos em que o processo tratar de direitos hereditários; c) o Ministério Público intervém em todos os casos em que a Fazenda Pública integra o processo (o que nem é rigorosamente o caso da herança jacente). Como se sabe, em nenhuma das três hipóteses a resposta é positiva, de modo que é no mínimo extravagante apontar que deve prevalecer a previsão isolada do art. 739, § 1º, I, segunda parte, CPC. Ressalve-se, porém, que há determinação expressa de intervenção do Ministério Público, o que, numa interpretação literal e conservadora do *caput* do art. 178, quando se refere a "hipóteses previstas em lei",[600] corresponde a uma hipótese legal de atuação como fiscal da ordem jurídica. Sendo assim, a intimação do Ministério Público é obrigatória, cabendo ao órgão a decisão sobre o cabimento ou não de sua intervenção.

76. Destino da herança vacante

Ao contrário do que ocorria no art. 1.173 do CPC de 1973, cuja redação em essência não é muito diversa do dispositivo ora comentado, não se reproduz

599 Mesmo a previsão da administração de herança jacente como procedimento jurisdicional é criticável, com ênfase na atuação de ofício e conferindo ao juiz uma participação ativa para cuidar de um patrimônio originalmente privado e que o fato de poder se tornar público em nada deve interferir, já que não se lhe é dada a mesma iniciativa em todos os casos em que o patrimônio público está em discussão.

600 Lembre-se de que o art. 129, IX, da Constituição da República, faz a óbvia referência de que qualquer atribuição do Ministério Público deve ser conferida por lei, "desde que compatíveis com suas finalidades".

a regra sobre o destino da herança jacente e posteriormente considerada em estado de vacância. Essa omissão é correta e deve ser reservada ao direito material a disciplina sobre a titularidade dos bens, que hoje é regulada pela Lei 8.049/1990.[601]

Art. 740. O juiz ordenará que o oficial de justiça, acompanhado do escrivão ou do chefe de secretaria e do curador, arrole os bens e descreva-os em auto circunstanciado.

§ 1º Não podendo comparecer ao local, o juiz requisitará à autoridade policial que proceda à arrecadação e ao arrolamento dos bens, com 2 (duas) testemunhas, que assistirão às diligências.

§ 2º Não estando ainda nomeado o curador, o juiz designará depositário e lhe entregará os bens, mediante simples termo nos autos, depois de compromissado.

§ 3º Durante a arrecadação, o juiz ou a autoridade policial inquirirá os moradores da casa e da vizinhança sobre a qualificação do falecido, o paradeiro de seus sucessores e a existência de outros bens, lavrando-se de tudo auto de inquirição e informação.

§ 4º O juiz examinará reservadamente os papéis, as cartas missivas e os livros domésticos e, verificando que não apresentam interesse, mandará empacotá-los e lacrá-los para serem assim entregues aos sucessores do falecido ou queimados quando os bens forem declarados vacantes.

§ 5º Se constar ao juiz a existência de bens em outra comarca, mandará expedir carta precatória a fim de serem arrecadados.

§ 6º Não se fará a arrecadação, ou essa será suspensa, quando, iniciada, apresentarem-se para reclamar os bens o cônjuge ou companheiro, o herdeiro ou o testamenteiro notoriamente reconhecido e não houver oposição motivada do curador, de qualquer interessado, do Ministério Público ou do representante da Fazenda Pública.

CPC de 1973 – arts. 1.145, 1.147, 1.148, 1.149, 1.150 e 1.151

---

601 "Agravo Regimental no Recurso Especial. Civil. Sucessão. Herança jacente. Estado/Município. Princípio da *saisine* ao ente público. Inaplicabilidade. Momento da vacância que não se confunde com o da abertura da sucessão ou da morte do *de cujus*. Declaração de vacância após a vigência da Lei 8.049/90. Legitimidade para suceder do Município. Recurso improvido. 1. O agravante não trouxe qualquer subsídio capaz de afastar os fundamentos da decisão agravada. 2. Não se aplica o princípio da *saisine* ao ente público para a sucessão do bem jacente, pois o momento da vacância não se confunde com o da abertura da sucessão ou da morte do *de cujus*. 3. O Município é o sucessor dos bens jacentes, pois a declaração judicial da vacância ocorreu após a vigência da Lei 8.049/90. 4. Agravo regimental improvido" (AgRg no REsp 1099256/RJ, rel. Min. MASSAMI UYEDA, Terceira Turma, j. 17/3/2009, DJe 27/3/2009).

77. Arrolamento e descrição dos bens

Nomeado o curador para a gestão dos bens e tendo entre suas obrigações a devida prestação de contas, há que se estabelecer um parâmetro básico de controle do acervo patrimonial a partir do arrolamento e da descrição em auto circunstanciado dos bens arrecadados.[602]

O arrolamento e a descrição serão realizados por auxiliares do juízo, em companhia do curador, se já nomeado, a fim de documentar, de modo suficientemente detalhado para posterior controle, o acervo patrimonial encontrado e o estado de conservação em que se encontram os bens.[603] Ainda que o dispositivo ora comentado não tenha feito referência, é de imperiosa relevância o arrolamento – além da descrição e do exame – das correspondências e plataformas eletrônicas, além dos equipamentos de comunicação que serão arrecadados.

Caso haja bens em outras comarcas, deve haver a necessária comunicação (art. 740, § 5º, CPC) entre os juízos a fim de que o arrolamento e a arrecadação ocorram "imediatamente", o que também pode ser objeto de cooperação entre juízos (art. 69, CPC).

Em que pese a crítica que será feita no item seguinte acerca do disposto no art. 740, §§ 3º e 4º, CPC, há que se ter a cautela de garantir a privacidade no exame de pertences e documentos pessoais, que deverão ser examinados reservadamente. A destruição dos bens que não apresentem interesse a partir da vacância deve ser vista igualmente com cautela, ficando a cargo do destinatário essa avaliação que não necessariamente se baseia em critérios objetivos

---

602 "Ambos os atos, que podem um anteceder o outro são feitos sob a forma de *auto de arrolamento e arrecadação circunstanciados*; subsequentemente ao arrolamento, em geral, ocorrerá a arrecadação, ato próprio de apossamento dos bens. O *auto circunstanciado* (art. 484) opõe-se ao *termo circunstanciado* (art. 620 do CPC) como texto escrito pelo escrivão ou do chefe de secretaria (art. 159 do CPC), descritivo dos atos e diligências realizadas na residência do autor da herança jacente ou nos demais locais onde possam ser identificados, arrolados e arrecadados seus bens. A norma não mais se refere à residência do morto porquanto esta indicação de local específico não contemplava a amplitude de possibilidades, visto que o ato pode se estender à residência, local de trabalho, locais de lazer ou mesmo a abrigo, casa de idosos, empresa, comércio, indústria, propriedade rural ou outros locais nos quais se possa identificar bens ou direitos do autor da herança jacente. Desta forma o local do arrolamento e da arrecadação é aquele ou aqueles, quaisquer que sejam, nos quais se encontram os bens ou nos quais se possam realizar tais atos" (Jefferson Carús Guedes. *Comentários ao Código de Processo Civil.* marinoni, arenhart e mitidiero (coord.). São Paulo: RT, 2016, p. 411, v. 11).

603 Como bem diz Mendonça Lima, "não basta apenas arrolar, sem arrecadar; como não basta apenas arrecadar, sem arrolar" (*Comentários ao Código de Processo Civil.* São Paulo: RT, 1982, p. 319, v. XII). Arrolamento e arrecadação são atos complementares.

e incontroversos. Pode acontecer de algum documento, por exemplo, possuir interesse cultural ou histórico e essa avaliação não deve ser unilateral e açodada por parte do juiz. A manutenção da privacidade do autor da herança deve conviver com a possibilidade de haver valor nos pertences pessoais que transcendam a individualidade subjetiva almejada pela regra.

Nesse contexto, afigura-se adequada a manifestação da Fazenda Pública antes da destruição, que o CPC prevê que seja por incineração,[604] ainda com o raciocínio de que a privacidade do autor da herança estaria depositada em objetos e papeis, desconsiderando as plataformas eletrônicas, que igualmente devem ser apagadas de modo definitivo, caso inexista interesse na preservação.

78. Atuação do juiz

O *caput* do art. 740 não mantém a ênfase na pessoa do juiz para a arrecadação dos bens como fazia o art. 1.145 do CPC de 1973, mas a leitura de seus parágrafos indica que o CPC ainda reserva ao juiz o anômalo e heterodoxo papel de investigador patrimonial, atribuindo-lhe a função de comparecer ao local da arrecadação dos bens, inquirir pessoas e examinar, reservadamente, os papéis cartas missivas e livros domésticos.[605] Como ocorre em outros procedimentos especiais de jurisdição voluntária, uma vez mais cabe o registro de que estamos em uma espécie de túnel do tempo processual, em que o legislador sequer se deu ao trabalho de contemplar os arquivos e documentos em plataformas eletrônicas. Ao menos no art. 740, § 6º, CPC atentou-se para a necessidade de incluir a figura do companheiro, revelando alguma atualização do texto.

Note-se que a referência à presença do juiz feita no art. 740, § 1º, CPC há certa incongruência com o *caput*, que não mais exige a presença pessoal do juiz. De todo modo, a previsão de acionamento da autoridade policial também é heterodoxa, já que não se trata de matéria com repercussão penal e essa função cartorária e administrativa deve ser realizada pelos auxiliares do juízo.

Nesse sentido, portanto, a previsão do art. 740, §§ 3º e 4º, CPC (basicamente reproduzidas da legislação processual anterior), aproxima-se do absurdo ao prescrever uma investigação judicial ou policial, incluindo a oitiva de vizinhos, para certificação do acervo patrimonial do autor da herança. Não há

604 O dispositivo legal ainda fala em "queimados", apesar da antiga crítica doutrinária a essa terminologia (cf. EDSON PRATA. *Comentários ao Código de Processo Civil*. Rio de Janeiro: Forense, 1978, p. 219, v. 7; MENDONÇA LIMA. *Comentários ao Código de Processo Civil*. São Paulo: RT, 1982, p. 325, v. XII).

605 WAMBIER e TALAMINI veem nessa presença do juiz uma manifestação específica de inspeção judicial (LUIZ RODRIGUES WAMBIER e EDUARDO TALAMINI. *Curso avançado de processo civil*. 16ª ed. São Paulo: RT, 2018, p. 292, v. 4).

paralelo no CPC de outro assunto que tenha recebido tamanha preocupação do legislador e é difícil encontrar justificativa para essa inquisitorial e heterodoxa previsão.[606]

O que se deve entender dessa regra é que os auxiliares do juízo e o curador presentes ao ato indagarão às pessoas que encontrarem sobre eventual informação relevante sobre o conteúdo da herança ou a existência de sucessores notoriamente conhecidos, na linguagem do art. 1.819, CC, sem qualquer tom investigativo, mas, sim, de mera certificação, se o contexto fático assim recomendar.

79. Nomeação de depositário *ad hoc*

A descrição, o arrolamento e a arrecadação são atos que procedimentalmente sucedem a nomeação do curador. Entretanto, pode acontecer de o juiz ainda não haver encontrado alguém apto ou disposto para assumir o encargo e, a fim de evitar o prolongamento do abandono dos bens e proceder imediatamente a sua preservação, deverá ser nomeado depositário para o ato, até que sobrevenha a regular e necessária nomeação do curador (art. 740, § 2º, CPC).

80. Causas impeditivas ou suspensivas da arrecadação

O art. 740, § 6º, CPC dispõe que "não se fará a arrecadação, ou essa será suspensa, quando, iniciada, apresentarem-se para reclamar os bens o cônjuge ou companheiro, o herdeiro ou o testamenteiro notoriamente reconhecido e não houver oposição motivada do curador, de qualquer interessado, do Ministério Público ou do representante da Fazenda Pública".

Se a herança jacente é uma situação provisória de um acervo de bens sem herdeiros, somente se deve prosseguir com o procedimento se persistir esse quadro.

Ou seja: havendo possibilidade séria e real de haver herdeiro que aceita a

---

606 MENDONÇA LIMA, comentando regra equivalente do CPC de 1973, afirma que a maior inquisitoriedade é inerente à jurisdição voluntária e o juiz sempre terá essa faculdade de pesquisar os fatos relevantes (*Comentários ao Código de Processo Civil*. São Paulo: RT, 1982, p. 330-331, v. XII). Primeiro, chama a atenção que o autor considere ser uma "faculdade" do juiz a "necessária inquisitoriedade", conferindo uma abertura interpretativa que não é exatamente compatível com o dispositivo legal ou com a premissa por ele adotada. Em segundo lugar, não há qualquer relação ontológica entre jurisdição voluntária e inquisitoriedade. Em terceiro lugar, essa colheita de informações faria com que o juiz passasse a ostentar a condição de testemunha, impedindo-o de julgar. Em quarto lugar, o juiz nem sequer deve estar presente no momento da arrecadação. Em quinto lugar, essa atribuição investigativa, quase com ares de arqueólogo, não encontra paralelo em nenhuma outra passagem do CPC e sequer se aproxima dos denominados poderes instrutórios concedidos ao juiz.

herança, não há razão para que se prossiga com os efeitos da jacência, que somente incidem no caso de "falta de assunção da posse imediata"[607] da herança. Caso haja reclamação dos bens, portanto, pelo cônjuge, companheiro, herdeiro ou testamenteiro notoriamente reconhecido, não se iniciará a arrecadação ou, caso já tenha sido iniciada, será frustrada a atividade, suspendendo-a até que se resolva a manifestação que potencialmente pode encerrar a jacência. A finalidade do procedimento da herança jacente é preservar a herança até que encontre seu legítimo destinatário, ou seja, os sucessores ou, sendo considerada vacante, a Fazenda Pública.[608]

Se comparecem os sucessores no decorrer do procedimento, há consequências procedimentais óbvias; se esse comparecimento se dá antes de iniciada ou durante a arrecadação, essa fase será necessariamente afetada, portanto.

A segunda parte do dispositivo legal, porém, evidencia que não basta a reclamação de algum sucessor, condicionando o impedimento ou a suspensão da arrecadação à ausência de oposição motivada do curador, de qualquer interessado, do Ministério Público ou do representante da Fazenda Pública. Será instaurado portanto um incidente para resolução da questão controvertida e prejudicial à continuidade do estado de jacência da herança.

Aquele que reclamar a herança deverá desde logo provar documentalmente sua condição e, a partir de então, o curador, o Ministério Público[609] e a Fazenda Pública direta e potencialmente beneficiária da posterior vacância deverão ser intimados.[610]

Formulada a oposição motivada, deverá ser concedida ao reclamante a possibilidade de se manifestar, inclusive apresentando provas.

Ao final, o juiz decidirá o mérito do incidente, desafiando a interposição do recurso de agravo de instrumento (art. 1.015, II, CPC), salvo se a decisão

---

607 PONTES DE MIRANDA. *Comentários ao Código de Processo Civil*. 2ª ed. Rio de Janeiro: Forense, 2008, p. 219, tomo XVI.

608 "Se houver bens em municípios diversos, cada um deles deverá ser intimado da arrecadação no respectivo território, porque a cada um deles corresponderá a arrecadação da respectiva herança vacante, nos termos do art. 1.822 do novo Código Civil" (LEONARDO GRECO. *Jurisdição voluntária moderna*. São Paulo: Dialética, 2003, p. 140).

609 Como já afirmado, a intervenção do Ministério Público só ocorrerá se presente alguma causa do art. 178, CPC. Entretanto, como há determinação expressa do dispositivo, deverá haver intimação do Ministério Público, ainda que o órgão entenda não ser caso de sua atuação.

610 Vislumbrando interesses tributários de outros entes como legitimadores para essa oposição: LEONARDO GRECO. *Jurisdição voluntária moderna*. São Paulo: Dialética, 2003, p. 140. JEFFERSON CARÚS GUEDES. *Comentários ao Código de Processo Civil*. MARINONI, ARENHART e MITIDIERO (coord.). São Paulo: RT, 2016, p. 417-418. Vol. 11.

for a referida no art. 743, § 1º, CPC, coincidindo o julgamento da habilitação com a vacância, quando então será cabível o recurso de apelação.[611]

Art. 741. Ultimada a arrecadação, o juiz mandará expedir edital, que será publicado na rede mundial de computadores, no sítio do tribunal a que estiver vinculado o juízo e na plataforma de editais do Conselho Nacional de Justiça, onde permanecerá por 3 (três) meses, ou, não havendo sítio, no órgão oficial e na imprensa da comarca, por 3 (três) vezes com intervalos de 1 (um) mês, para que os sucessores do falecido venham a habilitar-se no prazo de 6 (seis) meses contado da primeira publicação.

§ 1º Verificada a existência de sucessor ou de testamenteiro em lugar certo, far-se-á a sua citação, sem prejuízo do edital.

§ 2º Quando o falecido for estrangeiro, será também comunicado o fato à autoridade consular.

§ 3º Julgada a habilitação do herdeiro, reconhecida a qualidade do testamenteiro ou provada a identidade do cônjuge ou companheiro, a arrecadação converter-se-á em inventário.

§ 4º Os credores da herança poderão habilitar-se como nos inventários ou propor a ação de cobrança.

CPC de 1973 – art. 1.152, 1.153 e 1.154

81. Publicação de editais

A publicação de editais visa a dar ciência a eventuais sucessores e convocá-los para a necessária habilitação.

O procedimento da herança jacente possui a finalidade primordial de entregar os bens aos sucessores do autor da herança e a lógica das suas fases centra-se nessa possibilidade.

Realizada, pois, a arrecadação, passa-se à fase da publicidade do ato e do chamamento de eventuais sucessores.

A arrecadação só se iniciará e se concluirá com a ausência de reclamação dos sucessores, o que faz com que, arrecadados os bens, abra-se nova oportunidade para que haja habilitação. Como os sucessores são desconhecidos, a comunicação editalícia é a única alternativa possível.

Se no dispositivo anterior houve esquecimento da tecnologia ao disciplinar a arrecadação dos bens, a forma de comunicação prevista no art. 741, CPC, privi-

611 Para Mendonça Lima, caberia sempre recurso de apelação por se tratar de sentença (*Comentários ao Código de Processo Civil.* São Paulo: RT, 1982, p. 335, v. XII), mas não nos parece que seja essa a natureza da decisão, se não houver a coincidência temporal prevista no art. 743, § 1º, CPC, como fica claro, aliás, na parte final desse dispositivo.

legiou, corretamente, a publicação do edital por meio da internet, a partir do sítio do tribunal a que estiver vinculado o juízo e da plataforma de editais do Conselho Nacional de Justiça, que deverão se adequar administrativa e tecnicamente para que não só seja elaborado o respectivo espaço para a divulgação das comunicações, mas também para que seja de fácil visualização e acesso para os utentes.

Caso se identifique a existência de sucessor ou testamenteiro em local certo, será feita a citação, sem prejuízo da expedição dos editais (art. 741, § 1º, CPC). Não respondendo à citação, será considerado que o sucessor recusou a herança ou que o testamenteiro não aceitou o encargo, prosseguindo-se o procedimento para a vacância.

Os prazos previstos são processuais, mas, como não são fixados em dias, a contagem será em dias corridos.[612]

Como a finalidade dos editais é possibilitar que os sucessores ou testamenteiro identifiquem a herança, nos editais devem constar elementos suficientes para que seja possível essa identificação de modo claro e determinado, a partir dos dados pessoais do autor da herança (nome, filiação, local do óbito), local dos bens, descrição dos bens etc. Por ser a publicação eletrônica, não mais haverá o problema do custo do edital, de modo que o arquivo eletrônico contendo a descrição e o arrolamento dos bens facilmente subsidiará as publicações.

Se o falecido for estrangeiro, também será necessária a comunicação direta e formal à autoridade consular de seu país de origem (art. 741, § 2º, CPC), caso mantenha alguma representação diplomática no território brasileiro.[613]

Havendo herdeiros, as respectivas habilitações seguirão os termos dos arts. 687 a 692, CPC, com participação da Fazenda Pública e, se for o caso, do Ministério Público.

A publicação do primeiro edital possui o relevante efeito de marcar o prazo previsto no art. 743, CPC.

82. Conversão em inventário

Admitida a habilitação pelo reconhecimento da condição de herdeiro ou da qualidade de testamenteiro ou comprovada a identidade do cônjuge ou companheiro, a arrecadação será convertida em inventário (art. 741, § 3º, CPC).

A rigor, não persistindo a situação de jacência, não há interesse no pros-

---

612 O art. 219, CPC, é expresso ao afirmar que somente os prazos fixados em dias serão computados apenas os dias úteis. Como no art. 741, CPC, os prazos são fixados em meses, a contagem se dá em dias corridos, a partir da publicação.

613 ALCIDES DE MENDONÇA LIMA. *Comentários ao Código de Processo Civil*. São Paulo: RT, 1982, p. 341, v. XII.

seguimento do procedimento de jurisdição voluntária. Se há sucessor ou testamenteiro, as providências e os procedimentos são outros, de modo que cabe às partes as providências necessárias para a instauração do inventário, que, inclusive, pode se dar extrajudicialmente.

Essa conversão, portanto, significa a extinção do procedimento de herança jacente, ainda que com remessa para o juiz competente (caso não seja o mesmo juízo o competente) a partir do requerimento do interessado.

Haverá, pois, encerramento do procedimento de arrecadação, com a prestação de contas do curador e o pagamento das despesas necessárias, incluindo a remuneração pela curatela, podendo-se iniciar o inventário judicial ou extrajudicial paralelamente, mas há que se fazer o registro técnico de que o procedimento de herança jacente deve ser regularmente extinto.

83. Direito dos credores

Independentemente de a herança ser jacente, ultimando-se o procedimento de arrecadação, ou de haver conversão em inventário, há que se resguardar o direito dos credores, que não pode ser prejudicado pela ausência de eventuais sucessores ou testamenteiro.

O disposto no art. 741, § 4º, CPC, portanto, independe de haver ocorrido a hipótese do parágrafo anterior. Trata-se de regra autônoma que resguarda[614], em qualquer caso, o direito dos credores, que podem se habilitar no procedimento de arrecadação ou buscar a satisfação do crédito por meio de ação autônoma, citando-se o curador.

A habilitação dos credores em nada interfere no procedimento de arrecadação em si, que somente será interrompido ou suspenso no caso de relação formulada por sucessor ou testamenteiro.

Art. 742. O juiz poderá autorizar a alienação:

I – de bens móveis, se forem de conservação difícil ou dispendiosa;

II – de semoventes, quando não empregados na exploração de alguma indústria;

III – de títulos e papéis de crédito, havendo fundado receio de depreciação;

IV – de ações de sociedade quando, reclamada a integralização, não dispuser a herança de dinheiro para o pagamento;

V – de bens imóveis:

a) se ameaçarem ruína, não convindo a reparação;

614 "O destino do patrimônio não pode lesar os credores do morto, cuja obrigação se transmite a quem for contemplado com os bens" (Alcides de Mendonça Lima. *Comentários ao Código de Processo Civil.* São Paulo: RT, 1982, p. 346, v. XII).

b) se estiverem hipotecados e vencer-se a dívida, não havendo dinheiro para o pagamento.

§ 1º Não se procederá, entretanto, à venda se a Fazenda Pública ou o habilitando adiantar a importância para as despesas.

§ 2º Os bens com valor de afeição, como retratos, objetos de uso pessoal, livros e obras de arte, só serão alienados depois de declarada a vacância da herança.

CPC de 1973 – arts. 1.155 e 1.156

84. Alienação de bens

O procedimento referente à herança jacente possui suas fases e atos inspirados em uma lógica linear: os bens e direitos que compõem uma herança não aceita ou reclamada devem ser preservados até que sobrevenha algum sucessor ou testamenteiro e, caso permaneça sem a sucessão ordinária, será declarada a vacância, destinando-se o acervo para a Fazenda Pública.

Em síntese, o procedimento visa à preservação, conservação e administração transitórias de uma herança enquanto não se define seu destino. A partir dessa percepção do procedimento, todos os desdobramentos seguem essa lógica e os atos processuais são previstos para que se atinja a finalidade de a herança ser entregue a seu legítimo destinatário preservando seu valor.

Decorre desse quadro a possível necessidade de alienar bens que integram a herança com a finalidade de preservá-la, o que desde logo sinaliza para o critério a ser utilizado: a alienação deve se dar em benefício da própria herança.

O exame das hipóteses previstas no dispositivo legal facilmente revela a correção desse critério e também mostra que a transitoriedade da jacência fundamenta também a necessidade de alienação. Em consequência da necessidade de administrar e preservar o patrimônio arrecadado, pode haver hipóteses em que se torna necessária a alienação de bens para evitar a depreciação ou for inútil, onerosa ou difícil a conservação.

Dentro dessa perspectiva, caso as hipóteses legais não contemplem todas as hipóteses, pode-se considerar a extensão da autorização judicial para outras situações em que a alienação se mostre necessária,[615] desde que balizada pelo critério e pela finalidade antes referida.

A alienação de bens no curso do procedimento, entretanto, é excepcional e deve ser controlada pelo juiz a fim de que não se frustre, ao final, a finalidade da herança jacente.

615 Cf. ALCIDES DE MENDONÇA LIMA. *Comentários ao Código de Processo Civil*. São Paulo: RT, 1982, p. 349, v. XII.

A legitimidade para o requerimento é de qualquer interessado que ingresse no procedimento, especialmente a Fazenda Pública e o curador, podendo, ainda, ser formulado, por exemplo, por alguém que afirme ostentar a qualidade de sucessor ou testamenteiro ou ainda o credor habilitado.[616]

Caso o juiz tome conhecimento de alguma das hipóteses em que seja necessária a alienação, pode determiná-la de ofício,[617] no exercício de seu poder de cautela.

Em todo caso, havendo requerimento de um dos interessados ou a possibilidade de determinação de ofício, devem ser ouvidos os demais integrantes do procedimento. Isso significa que ao menos o curador ou a Fazenda Pública deverá se manifestar sobre o requerimento ou determinação de alienação.

Remarque-se que o juiz, mesmo agindo de ofício, deve submeter sua iniciativa à manifestação das partes (arts. 9º e 10, CPC), salvo se houver excepcional urgência (art. 9º, parágrafo único, I, CPC).

Há quem considere necessária a tramitação do incidente de alienação em autos apartados, a fim de evitar tumulto procedimental,[618] mas tal providência deve ficar a cargo da condução do juiz de acordo com o caso concreto, já que pode haver casos em que o requerimento seja formulado de modo singelo, com a anuência de todos, sem necessidade de desdobramento procedimental.

Como toda alienação determinada judicialmente, deve ser precedida da regular avaliação, salvo se o valor do bem for aferível de modo objetivo por meio de fonte segura (exemplo, cotação de ações de sociedade ou de títulos de crédito).

A alienação dos bens móveis, excetuados os mencionados no art. 743, § 2º, CPC, poderão ser alienados se forem de conservação difícil, isto é, que pode levar a seu desgaste ou que nao disponha das condiçoes ideias para preservar o bem, por exemplo, ou dispendiosa, não compensando economicamente a manutenção do bem. Esses critérios relacionados à conservação podem ser aplicados a outros bens além dos móveis, considerando-se a finalidade da alienação.[619]

A alienação dos semoventes recebe a restrição legal do uso em atividade

616 Cf. Alcides de Mendonça Lima. *Comentários ao Código de Processo Civil*. São Paulo: RT, 1982, p. 351, v. XII.

617 Alcides de Mendonça Lima. *Comentários ao Código de Processo Civil*. São Paulo: RT, 1982, p. 349, v. XII.

618 Alcides de Mendonça Lima. *Comentários ao Código de Processo Civil*. São Paulo: RT, 1982, p. 349, v. XII.

619 Alcides de Mendonça Lima. *Comentários ao Código de Processo Civil*. São Paulo: RT, 1982, p. 351, v. XII.

industrial, mas não há exata e direta ligação entre essa vinculação a uma atividade e a necessidade de alienação, apontando-se na doutrina a necessidade de relativizar essa restrição no caso concreto.[620]

Como o critério para a excepcional alienação é a preservação do valor da herança, caso não haja prejuízo na manutenção do bem, não haverá que se falar em "venda", para usar a palavra utilizada no art. 742, § 1º, CPC. Por essa razão, caso a Fazenda ou o habilitando (ou já habilitado, mas ainda não extinto o procedimento e pendentes outras habilitações) adiantem o numerário para quitar as despesas, não haverá alienação ou, se já deferida, será sustada.

Trata-se de direito potestativo do habilitando e da Fazenda, bastando o adiantamento da importância para fazer frente às despesas.

Caso posteriormente for indeferida a habilitação ou a Fazenda não receber a herança, aquele que adiantou a verba se tornará credor da herança jacente ou do espólio.

O art. 742, § 2º, CPC, aponta os bens excluídos da alienação incidental: bens com valor de afeição, como retratos, objetos de uso pessoal, livros e obras de arte. Esses bens somente serão alienados depois de declarada a vacância da herança ou, caso haja sucessores ou testamenteiro, essa alternativa dependerá de resoluções no curso do inventário ou será reservada à autonomia privada dos herdeiros.

Com efeito, a ordem natural da herança jacente é a entrega integral do acervo hereditário ao destinatário. Excepcionalmente, por questões relacionadas à higidez do patrimônio, pode ser autorizada a alienação judicial, salvo dos bens reputados pelo legislador de cunho afetivo e sentimental, que presumivelmente interessarão aos herdeiros em razão de laços sentimentais.

Caso a herança seja considerada vacante, poderá haver a alienação, considerando-se o não aparecimento dos herdeiros, ainda que haja um lapso temporal entre a vacância e a efetiva incorporação dos bens pela Fazenda.

Há, portanto, uma inalienabilidade temporária, que durará apenas o tempo da jacência, com observância do prazo de um ano previsto no art. 743, CPC, a fim de preservar a coerência do sistema.

A redação do dispositivo deixa claro que o rol do parágrafo segundo é apenas exemplificativo e não poderia ser de outra forma, já que abstratamente é impossível considerar as possibilidades de bens de afeição. A decisão sobre a alienação será sobre o mérito de um incidente e, nessa perspectiva, caberá agravo de instrumento (art. 1.015, II, CPC).

---

620 JOSÉ OLYMPIO DE CASTRO FILHO. *Comentários ao Código de Processo Civil*. 4ª ed. Rio de Janeiro: Forense, 1995, p. 149, v. X; ALCIDES DE MENDONÇA LIMA. *Comentários ao Código de Processo Civil*. São Paulo: RT, 1982, p. 352, v. XII.

Art. 743. Passado 1 (um) ano da primeira publicação do edital e não havendo herdeiro habilitado nem habilitação pendente, será a herança declarada vacante.

§ 1º Pendendo habilitação, a vacância será declarada pela mesma sentença que a julgar improcedente, aguardando-se, no caso de serem diversas as habilitações, o julgamento da última.

§ 2º Transitada em julgado a sentença que declarou a vacância, o cônjuge, o companheiro, os herdeiros e os credores só poderão reclamar o seu direito por ação direta.

CPC de 1973 – arts. 1.157 e 1.158

85. Herança vacante

O dispositivo veicula regra que disciplina o momento em que a herança será considerada vacante e, com isso, passará a integrar o patrimônio do ente público.

Se a herança jacente constitui uma situação transitória em que o patrimônio é arrecadado e preservado e aguarda-se a habilitação de sucessores ou de testamenteiro, há que se fixar um prazo para que seja certificada a ausência das referidas habilitações e se considere vacante a herança, transferindo-se a posse dos bens para a Fazenda Pública, preparando-se para a definitiva incorporação.

Caso esteja pendente de apreciação alguma habilitação, a sentença apreciará em conjunto essas questões, já que a vacância somente poderá ser constituída se não for acolhida alguma habilitação.

Se a vacância pressupõe a ausência de sucessores, que são os destinatários primários da herança jacente, há necessidade de prévio indeferimento de todas as habilitações requeridas.

A contagem do prazo de um ano – em dias corridos, já que, na forma do disposto no art. 219, CPC, o prazo não foi fixado em dias – inicia-se a partir da publicação do primeiro edital, na forma do art. 741, CPC. Caso tenha havido citação certa (art. 741, § 1º, CPC), o prazo será contado de acordo com o art. 231, I, II, III, V e VI, CPC.[621]

Inexistindo habilitação pendente ou deferida – ou nem sequer habilitação formulada –, o procedimento da herança jacente caminha para a situação de vacância, transferindo-se os bens para a Fazenda Pública, cuja incorporação definitiva se dará após o prazo previsto no art. 1.822, CC.

621 "Seria, em verdade, autêntica cilada processual fazer a citação pessoal do sucessor ou testamenteiro e depois dizer-lhe que o prazo que lhe foi assinalado para comparecer em juízo correu a partir do edital, que ignorava e de que lhe não foi dada a notícia" (José Olympio de Castro Filho. *Comentários ao Código de Processo Civil.* 4ª ed. Rio de Janeiro: Forense, 1995, p. 145, v. X).

Até o trânsito em julgado da sentença, será possível o requerimento de habilitação, assegurando-se o direito do herdeiro sem ainda a necessidade de "ação direta".

Após o aperfeiçoamento da vacância com o trânsito em julgado, somente será possível pleitear qualquer direito relacionado à herança por meio de outra "ação direta" (art. 743, § 2º, CPC), sendo que, o art. 1.822, parágrafo único, CC, exclui definitivamente os colaterais da sucessão.

Em síntese, são estes os efeitos da "declaração"[622] de vacância: a) exclusão dos colaterais da sucessão (art. 1,822, parágrafo único, CC); b) os bens passam a integrar o patrimônio público; c) demais herdeiros e credores não poderão mais se habilitar no processo da arrecadação e deverão se valer de "ação direta" para reclamar seus direitos. Um ponto de extrema relevância precisa ser esclarecido: somente poderão se valer da "ação direta" aqueles sucessores que não foram objeto de decisão anterior indeferindo a habilitação.[623]

No caso de decisão de mérito do incidente ou da sentença, há coisa julgada que impede a discussão na futura ação direta.[624]

Há condição resolutiva prevista no art. 1.822, CC, para que o bem se torne público, de modo que somente após cinco anos da abertura da sucessão os bens serão incorporados ao patrimônio da Fazenda Pública,[625]

---

622 A lei usa o verbo "declarar", mas, a rigor, há cumulações objetivas no procedimento de herança jacente e constitui-se nova situação jurídica com a vacância. Sobre o tema, mas entendendo que se trata de sentença mandamental, PONTES DE MIRANDA. *Comentários ao Código de Processo Civil.* 2ª ed. Rio de Janeiro: Forense, 2008, p. 254-256, tomo XVI.

623 "Processo civil. Recurso especial. Interposição sob a égide do CPC/1973. Direito sucessório. Ação de petição de herança. Anterior ajuizamento de ação de investigação de paternidade. Prescrição. Termo inicial. Falta de prequestionamento. Deficiência de fundamentação. 1. A petição de herança objeto dos arts. 1.824 a 1.828 do Código Civil é ação a ser proposta por herdeiro para o reconhecimento de direito sucessório ou a restituição da universalidade de bens ou de quota ideal da herança da qual não participou. 2. A teor do art.189 do Código Civil, o termo inicial para o ajuizamento da ação de petição de herança é a data do trânsito em julgado da ação de investigação de paternidade, quando, em síntese, confirma-se a condição de herdeiro. [...]" (REsp 1475759/DF, rel. Min. JOÃO OTÁVIO DE NORONHA, Terceira Turma, j. 17/5/2016, DJe 20/5/2016).

624 "Aparentemente, pelo dispositivo em foco, os interessados indicados poderiam ser os mesmos que tentaram habilitar-se e não tiveram acolhido seus respectivos pedidos (menos, é claro, os credores). Entretanto, a sentença que rechaçou a pretensão faz coisa julgada material, obstando a renovação" (ALCIDES DE MENDONÇA LIMA. *Comentários ao Código de Processo Civil.* São Paulo: RT, 1982, p. 364, v. XII).

625 Código Civil: "Art. 1.822. A declaração de vacância da herança não prejudicará os herdeiros que legalmente se habilitarem; mas, decorridos cinco anos da abertura da sucessão, os bens arrecadados passarão ao domínio do Município ou do Distrito

que passará a ostentar todos os direitos sobre eles.[626]

Como o ente público não é um sucessor legítimo, somente adquire a titularidade dos bens a partir da situação de vacância,[627] o que enseja três possíveis situações em relação à possibilidade de usucapião[628]: a) aberta a sucessão do proprietário do bem usucapiendo quando ainda não implementado o período aquisitivo, mas vindo a sê-lo antes da sentença declaratória de vacância, o bem caberá ao usucapeinte[629]; b) se já declarada a vacância antes da implementação do prazo legal para aquisição pelo particular, o bem passará para o domínio público, não se aperfeiçoando o usucapião; c) implementados os requisitos do usucapião antes da abertura da sucessão do proprietário do bem usucapiendo, a declaração de vacância não afetará o direito do usucapiente, ainda que a sentença proferida em favor deste seja posterior àquela declaração[630].

Federal, se localizados nas respectivas circunscrições, incorporando-se ao domínio da União quando situados em território federal".

626 "Civil. Herança jacente e vacante. Ação reintegratória. O ente público tem legitimidade para ajuizar ação reintegratória atinente a bem que adjudicou em processo de herança vacante. Recurso não conhecido" (REsp 111.560/SP, rel. Min. CESAR ASFOR ROCHA, Quarta Turma, j. 15/8/2000, DJ 2/10/2000, p. 170).

627 "Usucapião. Herança jacente. O bem integrante de herança jacente só é devolvido ao Estado com a sentença de declaração da vacância, podendo, até ali, ser possuído *ad usucapionem*. Precedentes. Recursos não conhecidos" (REsp 253.719/RJ, rel. Min. RUY ROSADO DE AGUIAR, Quarta Turma, j. 26/9/2000, DJ 27/11/2000, p. 169). "Agravo regimental. Agravo de instrumento. Sucessão. Ausência de herdeiros. Domínio dos bens. Momento da declaração de vacância. Precedentes. Decisão agravada mantida. I – É entendimento consolidado neste Superior Tribunal de Justiça que os bens jacentes são transferidos ao ente público no momento da declaração da vacância, não se aplicando, desta forma, o princípio da saisine. II – A agravante não trouxe qualquer argumento capaz de modificar a conclusão alvitrada, a qual se mantém por seus próprios fundamentos. Agravo improvido" (AgRg no Ag 851.228/RJ, rel. Min. SIDNEI BENETI, Terceira Turma, j. 23/9/2008, DJe 13/10/2008). "Não se aplica o princípio da saisine ao ente público para a sucessão do bem jacente, pois o momento da vacância não se confunde com o da abertura da sucessão ou da morte do *de cujus*. O Município é o sucessor dos bens jacentes, pois a declaração judicial da vacância ocorreu após a vigência da Lei 8.049/90" (AgRg no REsp 1099256/RJ, rel. Min. MASSAMI UYEDA, Terceira Turma, j. 17/3/2009, DJe 27/3/2009).

628 ANTONIO CARLOS MARCATO. *Procedimentos especiais*. 16ª ed. São Paulo: Atlas, 2016, p. 385.

629 "Agravo regimental. Agravo de instrumento. Herança jacente. Usucapião. Falta de argumentos novos, mantida a decisão anterior. Matéria já pacificada nesta Corte. Incidência da súmula 83.I – Não tendo a parte apresentado argumentos novos capazes de alterar o julgamento anterior, deve-se manter a decisão recorrida. II – O bem integrante de herança jacente só é devolvido ao Estado com a sentença de declaração da vacância, podendo, até ali, ser possuído *ad usucapionem*. Incidência da Súmula 83/STJ. Agravo improvido (AgRg no Ag 1212745/RJ, rel. Min. SIDNEI BENETI, Terceira Turma, j. 19/10/2010, DJe 3/11/2010).

630 "Civil. Usucapião. Herança jacente. O Estado não adquire a propriedade dos

Seção VII

Dos Bens dos Ausentes

Art. 744. Declarada a ausência nos casos previstos em lei, o juiz mandará arrecadar os bens do ausente e nomear-lhes-á curador na forma estabelecida na Seção VI, observando-se o disposto em lei.

CPC de 1973 – art. 1.160

86. Noções gerais

A disciplina do procedimento para arrecadação dos bens dos ausentes traz poucas modificações em relação à legislação processual anterior, contribuindo para isso o fato de ser um procedimento pouco utilizado na prática.[631]

A compreensão do procedimento para a arrecadação dos bens dos ausentes pressupõe a disciplina da ausência no Código Civil, que, em seu art. 22, dispõe que se uma pessoa desaparecer[632] do seu domicílio[633] sem dela haver notícia, se não houver deixado representante ou procurador a quem caiba administrar-lhe os bens, o juiz, a requerimento de qualquer interessado ou do Ministério Público, declarará a ausência, e nomear-lhe-á curador, acrescentando o art. 23, CC, que idêntica situação ocorrerá quando o ausente deixar mandatário que não queira ou não possa exercer ou continuar o mandato, ou possuir poderes insuficientes[634].

---

bens que integram a herança jacente, até que seja declarada a vacância, de modo que, nesse interregno, estão sujeitos à usucapião. Recurso especial não conhecido" (REsp 36.959/SP, rel. Min. ARI PARGENDLER, Terceira Turma, j. em 24/4/2001, DJ 11/6/2001, p. 196).

631 GUSTAVO TEPEDINO, HELOISA HELENA BARBOZA e MARIA CELINA BODIN DE MORAES. *Código Civil interpretado*. Rio de Janeiro: Renovar, 2004, p. 66, v. I. Já em 1982, mas citando doutrina mais antiga, MENDONÇA LIMA afirmava que "a vida hodierna torna praticamente impossível ou muito difícil que alguém com patrimônio que mereça ser preservado, com a arrecadação, visando à possível sucessão, fique inteiramente desaparecido, pela ignorância do local onde esteja e mais falta de notícias, a ponto de exigir-se a declaração de ausência. [...] Apesar de serem quase nulas as situações de ausência, contudo, pela relevância da matéria e pela importância da solução, o legislador é minucioso em suas normas, para garantir o possível retorno do desaparecido ou, então, resguardar os direitos sucessórios dos eventuais interessados" (ALCIDES DE MENDONÇA LIMA. *Comentários ao Código de Processo Civil*. São Paulo: RT, 1982, p. 370-371, v. XII).

Tecnicamente, o instituto da ausência se preocupa com a repercussão patrimonial[635] em circunstâncias específicas de desaparecimento do domicílio, consistindo em instituto com tendência de reduzida aplicação prática.[636]

Não é correto, portanto, pensar primordialmente no aspecto subjetivo da ausência, isto é, sob a perspectiva da pessoa desaparecida (que pode sequer possuir bens), mas, sim, na tutela de seu patrimônio.[637]

Em síntese, o Código Civil prevê que, desaparecendo uma pessoa, os respectivos bens devem ser tutelados (curadoria dos bens do ausente); persistindo a ausência, os herdeiros são favorecidos (sucessão provisória); consolidada legalmente a ausência, há a entrega definitiva dos bens aos herdeiros (su-

---

632 Embora a ausência possa constituir hipótese de morte presumida, não como confundir os conceitos, que são bem delineados no direito positivo brasileiro. Por isso, as hipóteses previstas no art. 7º, CC, não podem ser consideradas como desaparecimento para fins de ausência. Assim como também não é caso tecnicamente de ausência o que está previsto no art. 88 da Lei 6.015/1973 (Lei dos Registros Públicos): "Poderão os Juízes togados admitir justificação para o assento de óbito de pessoas desaparecidas em naufrágio, inundação, incêndio, terremoto ou qualquer outra catástrofe, quando estiver provada a sua presença no local do desastre e não for possível encontrar-se o cadáver para exame. Parágrafo único: Será também admitida a justificação no caso de desaparecimento em campanha, provados a impossibilidade de ter sido feito o registro nos termos do artigo 85 e os fatos que convençam da ocorrência do óbito" (cf. Wanderlei de Paula Barreto e outros. *Comentários ao Código Civil brasileiro*. Arruda Alvim, Thereza Alvim (coord.). Rio de Janeiro: Forense, 2005, p. 223, v. I).

633 Diverge a doutrina sobre o uso técnico do conceito de domicílio para configurar a ausência, inclinando-se boa parte da doutrina para o entendimento de que se deve entender a situação como "não presença na residência". Para quem entende que deve ser observado o rigor conceitual do domicílio, alega-se que a ausência enseja estado de incapacidade, argumento esse que não mais pode ser utilizado. Além disso, argumenta-se que o critério da residência pode gerar insegurança (cf., sobre essa discussão e a defesa da posição mais rigorosa: José Olympio de Castro Filho. *Comentários ao Código de Processo Civil*. 4ª ed. Rio de Janeiro: Forense, 1995, p. 156-157, v. X; João Paulo Lucena. *Comentários ao Código de Processo Civil*. São Paulo: RT, 2000, p. 235-239, v. 15. Com posição intermediária, Mendonça Lima. *Comentários ao Código de Processo Civi*. São Paulo: RT, 1982, p. 369-370, v. XII).

634 Na definição de Pontes de Miranda, ausente "é a pessoa de que se ignora o domicílio, dela não se tendo notícias, e cujos bens ficam em desamparo" (*Tratado de direito privado*. 4ª ed. São Paulo: RT, 1983, p. 372, tomo IX).

635 "A declaração de ausência não altera a capacidade do ausente, mas simplesmente confere aos bens abandonados um regime especial de sua administração" (J. M. Leoni Lopes de Oliveira. *Direito civil*: sucessões. Rio de Janeiro: Forense, 2018, p. 84).

636 Gustavo Tepedino, Heloisa Helena Barboza e Maria Celina Bodin de Moraes. *Código Civil interpretado*. Rio de Janeiro: Renovar, 2004, p. 66, v. I.

637 Cf. Superior Tribunal de Justiça: REsp 1016023/DF, rel. Min. Nancy Andrighi, Terceira Turma, j. 27/5/2008, DJe 20/6/2008).

cessão definitiva); regressando o ausente, os bens lhe serão devolvidos.[638]

São, portanto, pressupostos para a incidência do procedimento especial de arrecadação de bens: 1) o desaparecimento da pessoa de seu domicílio;[639] 2) ausência de notícias da pessoa desaparecida; 3) a existência de bens; 4) ausência de gestor desses bens.[640] Não é qualquer desaparecimento que significa tecnicamente a ausência, mas, sim, um *desaparecimento qualificado do domicílio*, em que não há notícias do desaparecido, restando dúvida inclusiva sobre sua sobrevivência.[641]

Embora a função precípua desse procedimento seja a tutela patrimonial, não se pode perder de vista que a situação jurídica da ausência pode assumir relevância mesmo em casos de falta de patrimônio, quando, então, os familiares igualmente possuem carência de proteção jurídica e a formalização da ausência pode auxiliar na produção de efeitos no âmbito das relações jurídicas familiares, previdenciárias, entre outras.[642] Pode haver, portanto, interesse

---

638 Para essa síntese e também para um resumo da evolução do tratamento legislativo da matéria, com outras indicações bibliográficas: ANTÓNIO MENEZES CORDEIRO. *Tratado de direito civil*: parte geral – pessoas. 3ª ed. Coimbra: Almedina, 2011, p. 441-449, tomo IV.

639 Dependendo das circunstâncias do caso concreto, deve-se conferir amplitude conceitual à referência ao "domicílio" (ALCIDES DE MENDONÇA LIMA. *Comentários ao Código de Processo Civil*. São Paulo: RT, 1982, p. 369, v. XII).

640 HUMBERTO THEODORO JÚNIOR. *Curso de direito processual civil*. 5ª ed. Rio de Janeiro: Forense, 2016, p. 513, v. II. Observe-se que, no caso de ausente que deixou representante ou procurador com poderes para a administração dos bens e os exerce efetivamente, não será necessária a nomeação de curador, já que os bens não estão abandonados; entretanto, em havendo circunstâncias objetivas ou temporais que justifiquem, pode ser requerida a declaração de ausência e abertura de sucessão provisória, com posterior conversão, se for o caso, em definitiva, sem a necessidade de prévia nomeação de curador (cf. J. M. LEONI LOPES DE OLIVEIRA. *Direito civil*: sucessões. Rio de Janeiro: Forense, 2018, p. 87-89).

641 "Contudo, não é qualquer afastamento do domicílio que induz ausência, ainda que permaneça incomunicável por algum tempo, em viagem a local de difícil acesso, ou até no exterior, com maior razão se essas ausências são costumeiras e tidas como normais pelos familiares ou procuradores. A ausência, para justificar o desencadeamento do longo e complexo procedimento que culminará com a sucessão definitiva do ausente, há de ser tal que gere não só a ignorância quanto ao local onde possivelmente se encontre a pessoa desaparecida, como também infunda nos parentes dúvidas a respeito de estar a pessoa ainda viva" (WANDERLEI DE PAULA BARRETO e outros. *Comentários ao Código Civil brasileiro*. ARRUDA ALVIM; THEREZA ALVIM (coord.). Rio de Janeiro: Forense, 2005, p. 223, v. I). Cf., ainda, GUSTAVO TEPEDINO, HELOISA HELENA BARBOZA e MARIA CELINA BODIN DE MORAES. *Código Civil interpretado*. Rio de Janeiro: Renovar, 2004, p. 66, v. I.

642 NELSON NERY JUNIOR e ROSA MARIA DE ANDRADE NERY. *Código de Processo Civil comentado*. 16ª ed. São Paulo: RT, 2016, p. 1707; GUSTAVO TEPEDINO, HELOISA HE-

jurídico na obtenção da sentença constitutiva de ausência, que será devidamente registrada.[643]

87. Representante legal ou convencional

O art. 23, CC, prevê que também se constituirá a ausência e será nomeado curador se o representante legal ou convencional do ausente não puder ou não quiser praticar os atos necessários para o cumprimento do mandato ou ainda no caso de insuficiência de poderes.

Essa situação pode ocorrer nas hipóteses de extinção do mandato (art. 682, CC), na situação de ausência do próprio procurador, além da hipótese de poderes insuficientes.[644] O que deve ser aferido nessas hipóteses é a possibilidade de melhor e de suficiente tutela dos bens pelo curador. Sempre que a nomeação do curador for mais abrangente e melhor preservar os bens do ausente, deverá prevalecer essa situação jurídica sobre a manutenção apenas formal de um representante que não cumpre efetivamente a função de cuidar plenamente do patrimônio.[645]

88. Poderes e obrigações do curador

A função do curador está vinculada à administração dos bens do ausente, de modo que a extensão de seus poderes e de suas obrigações necessariamente dependerá das necessidades do caso concreto, isto é, da dimensão patrimonial existente, razão pela qual o art. 24, CC, dispõe que o juiz os fixará conforme as circunstâncias, aplicando-se, no que for possível, o disposto a respeito dos tutores e curadores.

Os poderes e obrigações encontram no aspecto funcional seus balizamentos, devendo ser suficientes para a preservação do patrimônio para a devolução para o ausente ou para entrega aos seus sucessores. De todo modo, os parâmetros que devem ser observados são aqueles destinados aos tutores e curadores,

---

lena Barboza e Maria Celina Bodin de Moraes. *Código Civil interpretado*. Rio de Janeiro: Renovar, 2004, p. 67, v. I. Cf. Superior Tribunal de Justiça: REsp 1016023/DF, rel. Min. Nancy Andrighi, Terceira Turma, j. 27/5/2008, DJe 20/6/2008).

643 Cf. art. 29, VI, da Lei 6.015/1973, que, assim como os arts. 9º, IV, e 22 e 23, CC, e o art. 744, CPC, qualifica a sentença como "declaratória", mas o tema não é tão singelo e me parece preponderar o efeito constitutivo (cf. Pontes de Miranda. *Tratado das ações (ações constitutivas)*. São Paulo: RT, 1972, p. 35-37. *Comentários ao Código de Processo Civil*. 2ª ed. Rio de Janeiro: Forense, 2008, p. 261-263, tomo XVI).

644 Gustavo Tepedino, Heloisa Helena Barboza e Maria Celina Bodin de Moraes. *Código Civil interpretado*. Rio de Janeiro: Renovar, 2004, p. 73, v. I.

645 Cf. J. M. Leoni Lopes de Oliveira. *Direito civil*: sucessões. Rio de Janeiro: Forense, 2018, p. 87-89.

cabendo ao juiz justificar o estabelecimento de outros que deles se afastem. Incluem-se nesses parâmetros a prestação de compromisso e caução, arrecadação, inventário e administração dos bens (art. 1.741, CC), conservação dos bens (art. 1.747, II, CC), representação do ausente (art. 1.741, II, CC), além de outras que se mostrem necessárias.[646]

A prestação de contas (art. 1.755, CC) é uma obrigação que se impõe pela própria natureza da função da curadoria dos bens do ausente.

89. Ausência e morte presumida

O procedimento para a constituição da ausência possui três etapas e exige tempo razoavelmente longo de duração, mas não consolida ao final uma situação de morte presumida, que somente poderá ser estabelecida com a abertura da sucessão definitiva (art. 37, CC).

A ausência não se confunde, portanto, com a morte presumida.[647] O ausente é considerado apenas desaparecido até a abertura da sucessão definitiva, quando, então, passa a ser considerado morto. Ao contrário da legislação de outros países,[648] o CC brasileiro não prevê a morte presumida do ausente como consequência automática da consolidação legal da ausência (arts. 6º e 7º, CC).

Assim como não é um efeito automático e necessário da ausência, a morte presumida não tem na ausência seu pressuposto inexorável e pode ser considerada também não só nas hipóteses previstas no art. 7º, CC, mas também em leis especiais, como nos Decretos-leis 3.577/1941, 4.819/1942 e 5.782/1943 e nas Leis 6.880/1980, 8.213/1991 e 9.140/1995. Há, portanto, morte presumida com ou sem decretação da ausência.[649]

90. Legitimidade

O art. 22, CC, atribui a qualquer interessado e ao Ministério Público a

646 GUSTAVO TEPEDINO, HELOISA HELENA BARBOZA e MARIA CELINA BODIN DE MORAES. *Código Civil interpretado*. Rio de Janeiro: Renovar, 2004, p. 74-75, v. I.

647 Código Civil: "Art. 6º A existência da pessoa natural termina com a morte; presume-se esta, quanto aos ausentes, nos casos em que a lei autoriza a abertura de sucessão definitiva"; "Art. 37. Dez anos depois de passada em julgado a sentença que concede a abertura da sucessão provisória, poderão os interessados requerer a sucessão definitiva e o levantamento das cauções prestadas"; "Art. 38. Pode-se requerer a sucessão definitiva, também, provando-se que o ausente conta oitenta anos de idade, e que de cinco datam as últimas notícias dele".

648 Cf. ANTÓNIO MENEZES CORDEIRO. *Tratado de direito civil*: parte geral – pessoas. 3ª ed. Coimbra: Almedina, 2011, p. 441-449, tomo IV.

649 Cf. JOSÉ CARLOS MOREIRA ALVES. Efeitos jurídicos da morte. IV Jornada de Direito Civil. Brasília: Conselho da Justiça Federal, 2007, p. 17-27. Disponível em: <www.cjf.jus.br>. Acesso em: 3/11/2016.

iniciativa para iniciar o procedimento. Tradicionalmente exigia-se a presença de interesse patrimonial para se aferir a legitimidade para o pedido de ausência, mas paulatinamente foi-se abrandando essa vinculação ao patrimônio e há tendência para o alargamento do rol de legitimados, inclusive com a possibilidade de se iniciar o procedimento de ofício pelo juiz.[650]

Deve ser objeto de críticas a legitimidade conferida ao Ministério Público, já que o ausente não é incapaz e a tutela é meramente patrimonial, incompatível com o perfil constitucional, como já registramos nos comentários ao procedimento da herança jacente.

Salvo se conferirmos ao juiz o papel de zelar pelo interesse patrimonial de terceiros, o que o aproximaria de uma espécie de substituto processual, também sua atuação de ofício deve ser desconsiderada, não havendo razão para que se lhe confira esse poder de iniciativa.

91. Competência

A competência é do foro em que o ausente mantinha o último domicílio conhecido (art. 49, CPC, combinado com os arts. 71 e 72, CC), aplicando-se, caso necessário, as regras subsidiárias do art. 48, CPC.[651] Caso a constituição judicial da ausência se limite a fins previdenciários federais, a competência será da Justiça Federal.[652] Para o objetivo principal deste pro-

650 Gustavo Tepedino, Heloisa Helena Barboza e Maria Celina Bodin de Moraes. *Código Civil interpretado.* Rio de Janeiro: Renovar, 2004, p. 68, v. I.

651 Cf., julgado do Superior Tribunal de Justiça, com referência a artigos do CPC de 1973: "Processual civil. Conflito de competência. Ação de declaração de ausência. Domicílio do ausente. Incerteza. Art. 94, § 2º, do CPC. Domicílio das autoras. Foro competente. 1. As ações em que o ausente figurar como réu serão processadas perante o juízo do seu último domicílio, nos termos do art. 97 do CPC. 2. Sendo este, entretanto, incerto, aplica-se o disposto no art. 94, § 2º, do CPC, que prevê seja o ausente demandado no local em que se encontrar ou no foro do domicílio do autor. 3. Conflito de competência conhecido para fixar a competência do Juízo de Direito da 1ª Vara de Família e Sucessões de Goiânia-GO" (CC 139.482/MG, rel. Min. Moura Ribeiro, Segunda Seção, j. 27/5/2015, DJe 2/6/2015).

652 "Conflito negativo de competência. Justiça Federal e Estadual. Ação declaratória de ausência. Inexistência de bens para arrecadar. Fins previdenciários. Competência do Juízo Federal. Outros eventuais direitos a serem postulados perante juízo próprio. Conquanto fundamentado o pedido inicial nas disposições dos arts. 1.160 e ss. do CPC, o ausente não deixou quaisquer bens para serem arrecadados, pretendendo a autora, com a declaração de ausência do marido, auferir benefícios previdenciários, dentre outros que cita, tais como depósitos fundiários e verbas porventura pertencentes ao desaparecido. Não havendo bens a arrecadar, dispensando-se, por consequência, o procedimento previsto nos arts. 1.159 e ss. do CPC, o ideal é seguir a

cedimento, isto é, a arrecadação dos bens do ausente, competente será a Justiça Estadual.

92. Ministério Público

Somente haverá intervenção do Ministério Público como fiscal da ordem jurídica, caso se identifique alguma hipótese descrita no art. 178, CPC (art. 721, CPC).

Não há legitimidade ativa para o Ministério Público no procedimento para arrecadação de bens de ausentes, cuja índole é eminentemente patrimonial,[653] em que pese o disposto no art. 22, CC.

---

tônica já manifestada por este Órgão colegiado em hipótese similar, na qual o i. Min. Relator, Eduardo Ribeiro, ao julgar o CC 20.120/RJ, DJ de 5/4/1999, entendeu que 'não se justifica a instauração desse processo [o previsto no CPC], que se reveste, aliás, de certa complexidade, a propósito de hipotéticos bens ou direitos. E o recebimento da pensão previdenciária ficaria postergado. Ocorre que, para essa, a lei contém previsão específica, como se verifica do disposto no artigo 78 da Lei 8.213/91'. Dessa forma, com a necessária emenda da inicial, fundamentando-se o pedido adequadamente, poderá a autora perseguir sua pretensão na esfera da Justiça Federal, unicamente no tocante ao recebimento de benefícios previdenciários. Delimitada a competência, portanto, da Justiça Federal em ação declaratória de ausência para fins de recebimento de benefícios previdenciários. Quanto a outros possíveis direitos, poderá a autora pleiteá-los no juízo próprio, de acordo com seu interesse. Conflito negativo de competência conhecido para estabelecer a competência do o Juízo Federal da 1ª Vara de Bragança Paulista – SJ/SP, para conhecer do pedido de declaração de ausência para fins unicamente previdenciários" (CC 86.809/SP, rel. Min. NANCY ANDRIGHI, Segunda Seção, j. 12/9/2007, DJ 20/9/2007, p. 218). Note-se que, caso o processo não envolva diretamente interesse que justifique a competência federal, o processo deverá ser ajuizado na Justiça Estadual: "Conflito de Competência. Ação de Declaração de Ausência. Pensão. Justiça Estadual. 1 – Consignado pelo Juízo Federal a não existência de interesse da União na causa, por qualquer de seus entes (art. 109, I da CF/88), a eventual e futura necessidade de o INSS figurar no polo passivo da demanda (ação de ausência proposta pela mulher contra o marido) não tem força para deslocar a competência para a Justiça Federal. A competência, em razão das partes, decorre da situação fática e atual da lide e não de futura e incerta alteração. 3 – Conflito de competência conhecido para declarar competente o Juízo de Direito da 5ª Vara Cível de Niterói – RJ" (CC 89.185/RJ, rel. Min. FERNANDO GONÇALVES, Segunda Seção, j. 27/2/2008, DJe 5/3/2008).

653 Há julgado do Superior Tribunal de Justiça em que se considerou presente interesse social na preservação dos bens de ausente, com o que não se concorda, embora seja uma interessante fonte para análise do tema: "Direito civil e processual civil. Ausência. Curadoria dos bens do ausente. Comprovação de propriedade em nome do desaparecido. Desnecessidade. A nova tônica emprestada pela CF/88 ao CC/02, no sentido de dar ênfase à proteção da pessoa, na acepção humana do termo, conjugada ao interesse social prevalente, deve conciliar, no procedimento especial de

93. Sentença constitutiva

A sentença deve ser registrada no Registro Civil de Pessoas Naturais, conforme o art. 9º, IV, CC, e arts. 29, VI, e 94 da Lei 6.015/1973. A rigor, na forma do disposto no *caput* e no parágrafo único do art. 104 da Lei 6.015/1973, serão objeto de registro a "declaração" de ausência (assim como sua cessação em caso de aparecimento ausente) e a abertura de sucessão provisória. Como desse procedimento decorre uma nova situação jurídica, trata-se de sentença constitutiva.[654]

94. Nomeação do curador

Se é possível a constituição de ausência de pessoa sem patrimônio, a nomeação de curador exige a existência de bens. Essa curadoria específica é destinada aos bens do ausente e não à sua pessoa. Trata-se de curadoria aos bens do ausente e não se confunde com a curadoria especial prevista no art. 72, II, CPC. Aplica-se neste particular o disposto na Seção anterior dedicada

---

jurisdição voluntária de declaração de ausência, os interesses do ausente, dos seus herdeiros e do alcance dos fins sociais pretendidos pelo jurisdicionado que busca a utilização do instituto. Resguarda-se, em um primeiro momento, os interesses do ausente, que pode reaparecer e retomar sua vida, para, após as cautelas legalmente previstas, tutelar os direitos de seus herdeiros, porquanto menos remota a possibilidade de efetivamente ter ocorrido a morte do desaparecido. A preservação dos bens do ausente constitui interesse social relevante, que busca salvaguardar direitos e obrigações tanto do ausente quanto dos herdeiros que permaneceram à deriva, durante longo período de incertezas e sofrimentos causados pelo abrupto afastamento de um ente querido. Essa incerteza gerada pelo desaparecimento de uma pessoa, deve ser amparada pelo intérprete da lei como necessidade de adoção de medidas tendentes a proteger o ausente e sua família, quanto aos direitos e obrigações daí decorrentes. Se o ausente deixa interessados em condições de sucedê-lo, em direitos e obrigações, ainda que os bens por ele deixados sejam, a princípio, não arrecadáveis, há viabilidade de se utilizar o procedimento que objetiva a declaração de ausência. O entendimento salutar para a defesa dos interesses do ausente e de seus herdeiros deve perpassar pela afirmação de que a comprovação da propriedade não é condição *sine qua non* para a declaração de ausência nos moldes dos arts. 22 do CC/02 e 1.159 do CPC. Acaso certificada a veracidade dos fatos alegados na inicial, por todos os meios de prova admitidos pela lei processual civil, considerada não apenas a propriedade como também a posse na comprovação do acervo de bens, deve o juiz proceder à arrecadação dos bens do ausente, que serão entregues à administração do curador nomeado, fixados seus poderes e obrigações, conforme as circunstâncias e peculiaridades do processo. Recurso especial provido" (REsp 1016023/DF, rel. Min. Nancy Andrighi, Terceira Turma, j. 27/5/2008, DJe 20/6/2008).

654 Pontes de Miranda. *Tratado das ações (ações constitutivas)*. São Paulo: RT, 1972, p. 35-39. Pontes de Miranda. *Comentários ao Código de Processo Civil*. 2ª ed. Rio de Janeiro: Forense, 2008, p. 261-262, tomo XVI.

à herança jacente, cabendo ao curador as obrigações previstas no art. 739, CPC. Como a presença do curador ao ato de arrecadação é alvitrada no art. 740, CPC, ainda que não obrigatória, conforme seu parágrafo segundo, preferencialmente a nomeação do curador deve se dar antes da arrecadação. Embora não se confundam as curadorias do ausente e da herança jacente, o art. 744, CPC, restabeleceu a remissão que constava no art. 438, CC-16, e que não havia sido reproduzida no CC em vigor. Optou-se, portanto, pela unidade legislativa para o tratamento de situações distintas, mas com finalidades semelhantes de preservação patrimonial.[655] A nomeação do curador observará o rol do art. 25, CC.[656] Cessará a curadoria se o ausente comparecer pessoalmente ou por meio de procurador,[657] extinguindo-se o processo, com averbação da respectiva sentença no Registro Civil, conforme art. 104 da Lei 6.015/1964. Caso haja certeza da morte do ausente, haverá inventário e partilha dos bens.

Art. 745. Feita a arrecadação, o juiz mandará publicar editais na rede mundial de computadores, no sítio do tribunal a que estiver vinculado e na plataforma de editais do Conselho Nacional de Justiça, onde permanecerá por 1 (um) ano, ou, não havendo sítio, no órgão oficial e na imprensa da comarca, durante 1 (um) ano, reproduzida de 2 (dois) em 2 (dois) meses, anunciando a arrecadação e chamando o ausente a entrar na posse de seus bens.

§ 1º Findo o prazo previsto no edital, poderão os interessados requerer a abertura da sucessão provisória, observando-se o disposto em lei.

§ 2º O interessado, ao requerer a abertura da sucessão provisória, pedirá a citação pessoal dos herdeiros presentes e do curador e, por editais, a dos ausentes para requererem habilitação, na forma dos arts. 689 a 692.

§ 3º Presentes os requisitos legais, poderá ser requerida a conversão da sucessão provisória em definitiva.

§ 4º Regressando o ausente ou algum de seus descendentes ou ascendentes para requerer ao juiz a entrega de bens, serão citados para contestar o pedido os sucessores provisórios ou definitivos, o Ministério Público e o representante da Fazenda Pública, seguindo-se o procedimento comum.

---

655 Sobre a disciplina do tema no CC: GUSTAVO TEPEDINO, HELOISA HELENA BARBOZA e MARIA CELINA BODIN DE MORAES. *Código Civil interpretado*. Rio de Janeiro: Renovar, 2004, p. 69, v. I.

656 Enunciado 97 das Jornadas de Direito Civil: "No que tange à tutela especial da família, as regras do Código Civil que se referem apenas ao cônjuge devem ser estendidas à situação jurídica que envolve o companheiro, como, por exemplo, na hipótese de nomeação de curador dos bens do ausente (art. 25 do Código Civil)".

657 O novo CPC não reproduziu a regra que constava no art. 1.162 do CPC de 1973, mas a lógica é a mesma para a cessação da curadoria, ainda que inexista regra expressa (cf. J. M. LEONI LOPES DE OLIVEIRA. *Direito civil*: sucessões. Rio de Janeiro: Forense, 2018, p. 96).

CPC de 1973 – arts. 1.161, 1.163, 1.164 e 1.168

95. Publicação de editais

O chamamento do ausente recebeu aprimoramento na redação do artigo ora comentado, quando comparado com a disciplina do CPC de 1973, havendo expressa disciplina sobre o modo da publicação dos editais,[658] privilegiando-se a divulgação eletrônica e tornando subsidiária a publicação por meio de imprensa oficial, quando, além do período de um ano fixado também para as publicações eletrônicas, haverá renovação bimestral do edital.

Acerca do conteúdo e do limite subjetivo dos editais permanecem atuais as críticas que já eram apontadas pela doutrina:[659] os editais devem descrever os bens arrecadados, pela própria finalidade do procedimento, e não podem se limitar a convocar apenas o ausente, mas também seus sucessores ou herdeiros.

Como os editais são instrumentos de chamamento e de comunicação de fatos específicos, seu conteúdo deve ser o suficiente para essas finalidades, isto é, devem ser dirigidos claramente a todos os interessados e veicular dados básicos para a individualização e identificação do acervo patrimonial. Os Tribunais e o Conselho Nacional de Justiça devem destinar espaço próprio e de fácil visualização e acesso em que ficarão publicados os editais pelo tempo determinado no dispositivo legal. Caso inexista sítio eletrônico do Tribunal local, haverá necessidade de publicação na imprensa da comarca, preferencialmente na cidade em que se situa o domicílio do ausente, e em órgão oficial. Como os prazos não são fixados em dias, suas contagens são contínuas e não em dias úteis.

96. Sucessão provisória

Não comparecendo o ausente, seu procurador ou representante, qualquer interessado[660] pode requerer a abertura da sucessão provisória, cuja peculiari-

---

658 Para a crítica ao dispositivo do CPC de 1973: José Olympio de Castro Filho. *Comentários ao Código de Processo Civil.* 4ª ed. Rio de Janeiro: Forense, 1995, p. 158-159, v. X.

659 Cf. José Olympio de Castro Filho. *Comentários ao Código de Processo Civil.* 4ª ed. Rio de Janeiro: Forense, 1995, p. 159, v. X.

660 Os interessados para essa finalidade estão arrolados no Código Civil: Art. 26. Decorrido um ano da arrecadação dos bens do ausente, ou, se ele deixou representante ou procurador, em se passando três anos, poderão os interessados requerer que se declare a ausência e se abra provisoriamente a sucessão. Art. 27. Para o efeito previsto no artigo anterior, somente se consideram interessados: I – o cônjuge não

dade é sua natureza precária, podendo ser extinta no caso de o ausente reaparecer.[661]

Note-se que o CPC disciplinou tema de modo diverso do que consta no art. 26, CC,[662] já que a regra prevista no art. 745, § 1º, CPC, autoriza a abertura da sucessão provisória assim que encerrado o prazo de um ano previsto no edital.[663]

haja representante ou mandatário do ausente, comprovada a vigência da representação ou do mandato no triênio previsto no art. 26, CC, a abertura de sucessão provisória será indeferida, até que se escoe o prazo legal e o ausente não compareça ou não se tenha certeza de sua morte.[664]

Possuem legitimidade para o requerimento de abertura da sucessão provisória da sucessão, respectivamente, o cônjuge ou o companheiro,[665] os her-

---

separado judicialmente; II – os herdeiros presumidos, legítimos ou testamentários; III – os que tiverem sobre os bens do ausente direito dependente de sua morte; IV – os credores de obrigações vencidas e não pagas.

661 Humberto Theodoro Júnior. *Curso de direito processual civil.* 5ª ed. Rio de Janeiro: Forense, 2016, p. 515, v. II.

662 Código Civil: "Art. 26. Decorrido um ano da arrecadação dos bens do ausente, ou, se ele deixou representante ou procurador, em se passando três anos, poderão os interessados requerer que se declare a ausência e se abra provisoriamente a sucessão".

663 Em sentido contrário, Jefferson Carús Guedes: "Conforme o § 1º do art. 745, 'findo o prazo previsto no edital, poderão os interessados requerer a abertura da sucessão provisória' induzindo-se a pensar que logo após o transcurso do prazo do edital e do prazo para intervir se poderia abrir a sucessão provisória. A parte final do dispositivo, contudo, remete à observância do que 'disposto em lei'; que, se supõe, tratar da lei civil (CC/2002, art. 26). Dessa forma, só será possível o pedido de abertura da sucessão provisória, ainda que publicados os editais, nos termos do art. 745 do CPC/2015, caso tenham transcorrido, concomitantemente, os prazos previstos no art. 26 do CC/2002. O artigo (art. 26) prevê dois prazos distintos: a) um ano da arrecadação, se o ausente não houver deixado representante ou procurador, e b) três anos, se houver deixado qualquer um destes" (*Comentários ao Código de Processo Civil.* Marinoni, Arenhart e Mitidiero (coord.). São Paulo: RT, 2016, p. 453, v. 11). Parece-nos, porém, que a referência ao disposto em lei na parte final do art. 745, § 1º, CPC, diz respeito à disciplina em si da sucessão provisória, isto é, seus efeitos patrimoniais e beneficiários, e não à fixação do prazo processual.

664 Antonio Carlos Marcato. *Procedimentos especiais.* 16ª ed. São Paulo: Atlas, 2016, p. 390-391.

665 Enunciado 97 das Jornadas de Direito Civil: "No que tange à tutela especial da família, as regras do Código Civil que se referem apenas ao cônjuge devem ser estendidas à situação jurídica que envolve o companheiro, como, por exemplo, na hipótese de nomeação de curador dos bens do ausente (art. 25 do Código Civil)". Sobre o companheiro como curador e a interpretação correta ao art. 25, CC, cf. Gustavo Tepedino, Heloisa Helena Barboza e Maria Celina Bodin de Moraes. *Código Civil interpretado.* Rio de Janeiro: Renovar, 2004, p. 75-77, v. I.

deiros arrolados no art. 1.784, CC, quem tiver sobre os bens do ausente direito subordinado à condição de morte (como nos casos dos arts. 547 e 1.951, CC), o credor de obrigações vencidas e não pagas (art. 27, CC).

Subsidiariamente, no caso de omissão dos legitimados ordinários, indica-se na doutrina a possibilidade prevista no art. 720, CPC, ou seja, há quem considere que, não havendo interessados, o Ministério Público e a Defensoria teriam legitimidade, por força do art. 720, CPC,[666] o que não nos parece correto por ser incompatível com suas funções constitucionais, como já registramos nos comentários ao procedimento da herança jacente.

Na petição de abertura da sucessão provisória, o interessado também pedirá a citação pessoal do curador e dos herdeiros presentes, isto é, os residentes na comarca em que se dará a sucessão, e, por edital, dos ausentes, isto é, dos residentes em outras comarcas e os que se encontrem em local incerto e desconhecido, para requerem habilitação.[667]

Caso haja requerimento de habilitação, será observado o procedimento previsto nos arts. 689 a 692, CPC, o que significa que os requerentes deverão comprovar a qualidade de herdeiros no prazo de cinco dias, encerrando-se por sentença que autorizará a retomada do curso da sucessão provisória (art. 692, CPC), que somente poderá ser rigorosamente iniciada após cento e oitenta dias depois de publicada a decisão que determinou sua abertura pela imprensa, sem prejuízo que, logo após seu trânsito em julgado, proceda-se à abertura do testamento ou ao inventário e partilha dos bens, na forma do art. 28, CC.[668]

Esse lapso temporal de cento e oitenta dias após a publicação da decisão na imprensa se refere à imissão dos herdeiros na posse dos bens do ausente, que, ainda assim, será condicionada à caução, se for o caso (art. 30, CC),[669] e

---

666 Antonio Carlos Marcato. *Procedimentos especiais*. 16ª ed. São Paulo: Atlas, 2016, p. 391. Apontando inutilidade em se abrir sucessão provisória caso não haja interessados, José Olympio de Castro Filho. *Comentários ao Código de Processo Civil*. 4ª ed. Rio de Janeiro: Forense, 1995, p. 163-164, v. X.

667 Cf. Humberto Theodoro Júnior. *Curso de direito processual civil*. 5ª ed. Rio de Janeiro: Forense, 2016, p. 515, v. II.

668 "Art. 28. A sentença que determinar a abertura da sucessão provisória só produzirá efeito cento e oitenta dias depois de publicada pela imprensa; mas, logo que passe em julgado, proceder-se-á à abertura do testamento, se houver, e ao inventário e partilha dos bens, como se o ausente fosse falecido. § 1º Findo o prazo a que se refere o art. 26, e não havendo interessados na sucessão provisória, cumpre ao Ministério Público requerê-la ao juízo competente. § 2º Não comparecendo herdeiro ou interessado para requerer o inventário até trinta dias depois de passar em julgado a sentença que mandar abrir a sucessão provisória, proceder-se-á à arrecadação dos bens do ausente pela forma estabelecida nos arts. 1.819 a 1.823".

669 "Art. 30. Os herdeiros, para se imitirem na posse dos bens do ausente, darão garan-

ao fim do inventário e partilha.[670] Note-se que, na forma do art. 29, CC,[671] antes da partilha poderão os bens móveis sujeitos à deterioração ou extravio ser convertidos em bens imóveis ou títulos da União. Se o ausente aparecer e ingressar no processo e requerer a entrega dos bens, cessará a sucessão provisória.[672] Com a determinação da abertura da sucessão provisória por sentença, haverá abertura ou cumprimento do testamento se existente ou se realizará o inventário e a partilha dos bens do ausente.[673] Na forma do art. 104, parágra-

---

tias da restituição deles, mediante penhores ou hipotecas equivalentes aos quinhões respectivos. § 1º Aquele que tiver direito à posse provisória, mas não puder prestar a garantia exigida neste artigo, será excluído, mantendo-se os bens que lhe deviam caber sob a administração do curador, ou de outro herdeiro designado pelo juiz, e que preste essa garantia. § 2º Os ascendentes, os descendentes e o cônjuge, uma vez provada a sua qualidade de herdeiros, poderão, independentemente de garantia, entrar na posse dos bens do ausente".

670 HUMBERTO THEODORO JÚNIOR. *Curso de direito processual civil.* 5ª ed. Rio de Janeiro: Forense, 2016, p. 516, v. II.

671 Art. 29, CC: "Antes da partilha, o juiz, quando julgar conveniente, ordenará a conversão dos bens móveis, sujeitos a deterioração ou a extravio, em imóveis ou em títulos garantidos pela União".

672 Art. 36, CC: "Se o ausente aparecer, ou se lhe provar a existência, depois de estabelecida a posse provisória, cessarão para logo as vantagens dos sucessores nela imitidos, ficando, todavia, obrigados a tomar as medidas assecuratórias precisas, até a entrega dos bens a seu dono". Art. 33, parágrafo único, CC: "Se o ausente aparecer, e ficar provado que a ausência foi voluntária e injustificada, perderá ele, em favor do sucessor, sua parte nos frutos e rendimentos".

673 "Após o transcurso do prazo de publicação da sentença (180 dias) a ordem procedimental, para o seu cumprimento, deve obedecer os detalhes indicados no direito material, como, por exemplo: a conversão, caso assim julgue conveniente o juiz, de bens móveis em títulos, a fim de lhes preservar (deterioração ou extravio), nos termos do art. 29 do CC/2002; a necessidade de apresentação de garantias (penhor ou hipoteca), na medida do quinhão respectivo, para imissão dos herdeiros na posse dos bens do ausente, conforme art. 30 do CC/2002; a exclusão do daquele que não puder prestar garantia e a manutenção da administração dos bens que lhe cabiam, pelo curador ou outro herdeiro (art. 30, § 1.º, do CC/2002; a posse dos bens do ausente, independentemente de garantia pelo ascendente, descendente e cônjuge/companheiro, uma vez provada sua condição como tal (art. 30, § 2.º, do CC/2002); a possibilidade de alienação ou hipoteca dos bens imóveis do ausente, apenas quando o ordene o juiz e para fins de preservação, conforme art. 31 do CC/2002; a representação ativa e passiva do ausente pelos interessados empossados nos bens, quanto ás ações pendentes e as que futuramente forem movidas, nos termos do art. 32 do CC/2002; o direito a todos os frutos e rendimentos dos bens do ausente, respeitada a capitalização da metade destes aos outros sucessores, bem como o dever de prestar contas ao juiz (art. 33 do CC/2002); a perda, em favor do sucessor, da parte dos frutos e rendimentos que caberiam ao ausente, caso este não demonstre ausência involuntária e justificada (art. 33, parágrafo único, do CC/2002); a possibilidade do excluído da posse provisória querer que lhe seja entregue a metade dos frutos e rendimentos do quinhão que lhe tocaria, caso justifique falta de meios (art.

fo único, da Lei de Registros Públicos, será registrada a abertura da sucessão provisória.

97. Conversão em sucessão definitiva

Permanecendo a situação de ausência, haverá conversão da sucessão provisória em definitiva se houver certeza da morte do ausente[674] ou se decorrer o prazo de dez anos após o trânsito em julgado da sentença que determinou a abertura da sucessão provisória (art. 37, CC) ou, ainda, se o ausente for octogenário, seu desaparecimento sem notícias superar o prazo de cinco anos (art. 38, CC).[675] Ocorrendo uma dessas hipóteses, a ausência definitiva será constituída por sentença, que também ensejará a abertura da sucessão definitiva.

Além da abertura da sucessão definitiva, a constituição da situação jurídica da ausência definitiva acarreta a morte presumida prevista no art. 6º, CC, como já adiantado, bem como a possibilidade de o ausente, caso reapareça, receber os bens ainda existentes, no estado em que se encontrarem, em razão da propriedade resolúvel prevista no art. 1.359, CC, além das demais consequências previstas no art. 39, CC, razão pela qual há quem denomine essa fase de sucessão "quase definitiva", "pré-definitiva", "transitória" ou "intermediária".[676]

A sucessão definitiva pode ser requerida por todos aqueles que poderiam requerer a provisória, além daqueles que, por causa superveniente, demonstra-

---

34 do CC/2002); a abertura da sucessão em favor dos herdeiros ao tempo em que se provar a época exata do falecimento do ausente (art. 35 do CC/2002)" (Jefferson Carús Guedes. *Comentários ao Código de Processo Civil.* Marinoni, Arenhart e Mitidiero (coord.). São Paulo: RT, 2016, p. 456, v. 11).

674 A certeza da morte, a rigor, não se refere à conversão da sucessão provisória em definitiva. Na realidade, cessando a dúvida sobre a ausência, cessa também a sucessão provisória. Haverá, pois, abertura da sucessão definitiva, conforme o art. 35, CC.

675 Nessa hipótese prevista no art. 38, CC, há manifestação doutrinária no sentido de que se pode requerer diretamente a sucessão definitiva, sem necessidade de anterior procedimento para verificação da ausência e de abertura de sucessão provisória (Gustavo Tepedino, Heloisa Helena Barboza e Maria Celina Bodin de Moraes. *Código Civil interpretado.* Rio de Janeiro: Renovar, 2004, p. 100, v. I). Sobre a polêmica envolvendo a contagem do prazo de cinco anos e a autonomia do critério etário, havendo, por exemplo, quem sustente a cumulação dos critérios, o que significaria que o art. 38, CC, somente incidiria quando o ausente já contasse com oitenta e cinco anos: Wanderlei de Paula Barreto e outros. *Comentários ao Código Civil Brasileiro.* Arruda Alvim e Thereza Alvim (coord.). Rio de Janeiro: Forense, 2005, p. 286-288, v. I.

676 Cf. Gustavo Tepedino, Heloisa Helena Barboza e Maria Celina Bodin de Moraes. *Código Civil interpretado.* Rio de Janeiro: Renovar, 2004, p. 96, v. I.

rem interesse na abertura da sucessão, apontando a doutrina que o Ministério Público está excluído dessa legitimidade por vincular sua atuação à transferência dos bens ao poder público.

Na realidade, como já adiantamos, o Ministério Público não possui legitimidade sequer para a abertura da sucessão provisória, já que não lhe cabe a tutela patrimonial do ente público. Como a ausência definitiva implica morte presumida, outros efeitos decorrem dessa situação, como a dissolução do matrimônio (art. 1.571, § 1º, CC),[677] sem prejuízo do prévio uso do divórcio direto, já que o lapso temporal exigido para essa modalidade de morte presumida é bastante amplo.[678]

Se houver filhos menores do ausente, o poder familiar passará a ser exercido exclusivamente pelo outro genitor (art. 1.631, CC) ou, se for o caso, por tutor a ser nomeado (art. 1.728, I). De acordo com os arts. 74, III, e 78 da Lei 8.213/1991, a morte presumida enseja a percepção de benefício previdenciário pelos dependentes do ausente.

98. Regresso do ausente

O art. 745, § 4º, CPC, deve ser cotejado com o art. 36, CC, que, em síntese, dispõe que, se o ausente aparecer e ingressar no processo e requerer a entrega dos bens, cessará a sucessão provisória.[679] Com efeito, se a certeza da

---

677 Código Civil: "Art. 1.571. A sociedade conjugal termina: [...] § 1º O casamento válido só se dissolve pela morte de um dos cônjuges ou pelo divórcio, aplicando-se a presunção estabelecida neste Código quanto ao ausente".

678 Há quem defenda que, com base na parte final do art. 28, CC, já na fase provisória pode haver a dissolução do vínculo conjugal prevista no art. 1571, § 1º, CC: WANDERLEI DE PAULA BARRETO e outros. *Comentários ao Código Civil brasileiro*. ARRUDA ALVIM e THEREZA ALVIM (coord.). Rio de Janeiro: Forense, 2005, p. 242, v. I. No mesmo sentido: CRISTIANO CHAVES DE FARIAS e NELSON ROSENVALD. *Curso de direito civil*: parte geral. 15ª ed. Salvador: JusPodivm, 2017, p. 413-414, v. 1.

679 Síntese sobre o regresso do ausente bem formulada por CRISTIANO CHAVES DE FARIAS e NELSON ROSENVALD: "A questão varia de acordo com o momento do seu regresso. Se o ausente reaparece na primeira fase (antes da sucessão provisória) nada acontecerá, uma vez que não decorreu qualquer efeito. Regressando na segunda fase, durante a sucessão provisória, receberá os bens no estado em que deixou, podendo levantar a caução prestada, na hipótese de ter ocorrido depreciação ou perecimento. Se houve melhoria, deverá indenizar os possuidores de boa-fé. Se o retorno ocorrer na terceira fase, já aberta a sucessão definitiva, receberá os bens no estado em que estão ou o que se sub-rogou em seu lugar. Porém, se o regresso ocorrer depois do prazo de dez anos da sentença que declarou aberta a sucessão definitiva, não haverá mais qualquer direito ao recebimento dos bens" (CRISTIANO CHAVES DE FARIAS e NELSON

morte afeta a sucessão provisória, afastando a dúvida sobre o estado de ausência (art. 35, CC), também o aparecimento do ausente deve provocar o mesmo efeito, na medida em que igualmente cessa o estado de incerteza até então existente. Entretanto, a fim de que se certifique do regresso do ausente, será instaurado procedimento com essa finalidade.

A prova da existência do ausente não precisa necessariamente ser atual, bastando que seja suficiente para afetar o prazo exigido para a abertura da sucessão provisória. Pode ocorrer, porém, que posteriormente o ausente não venha retomar a pose dos bens ou haja novo lapso temporal que autorize nova sucessão provisória, dando ensejo a novo procedimento para a administração dos bens do ausente.

Deve-se, também, ler esse parágrafo juntamente com o disposto no art. 39, CC: "Regressando o ausente nos dez anos seguintes à abertura da sucessão definitiva, ou algum de seus descendentes ou ascendentes, aquele ou estes haverão só os bens existentes no estado em que se acharem, os sub-rogados em seu lugar, ou o preço que os herdeiros e demais interessados houverem recebido pelos bens alienados depois daquele tempo. Parágrafo único.[680] Se, nos dez anos a que se refere este artigo, o ausente não regressar, e nenhum interessado promover a sucessão definitiva, os bens arrecadados passarão ao domínio do Município ou do Distrito Federal, se localizados nas respectivas circunscrições, incorporando-se ao domínio da União, quando situados em território federal". A etapa da sucessão definitiva prevê o prazo de dez anos para que se reclamem os bens que se encontravam até então como uma espécie de propriedade resolúvel.[681]

Ultrapassado esse prazo de dez anos da sucessão definitiva, nenhum outro direito poderá ser reclamado pelo ausente em relação aos bens partilhados.[682]

Se houver contestação, segue-se o rito comum; se não houver, decide-se de plano.[683]

A referência ao "procedimento comum" remete à terminologia adotada no Livro I, Título I, na Parte Especial, do CPC, não havendo justificativa plausível para que não se prossiga com base nas normas específicas de jurisdi-

---

Rosenvald. *Curso de direito civil*: parte geral. 15ª ed. Salvador: JusPodivm, 2017, p. 412, v. 1).

680 Sobre as polêmicas decorrentes do parágrafo único do art. 39, CC: Gustavo Tepedino, Heloisa Helena Barboza e Maria Celina Bodin de Moraes. *Código Civil interpretado*. Rio de Janeiro: Renovar, 2004, p. 102-104, v. I.

681 Não se trata de propriedade resolúvel nos termos do art. 1.359, CC, por ser oponível apenas contra os sucessores.

682 Humberto Theodoro Júnior. *Curso de direito processual civil*. 5ª ed. Rio de Janeiro: Forense, 2016, p. 517, v. II.

683 Humberto Theodoro Júnior. *Curso de direito processual civil*. 5ª ed. Rio de Janeiro: Forense, 2016, p. 517, v. II.

ção voluntária, permanecendo atuais, portanto, as críticas já lançadas pela doutrina.[684]

99. Bens de ausentes dos denominados "Súditos do Eixo"

O direito brasileiro possui uma situação peculiar envolvendo bens de ausentes e que é pouco tratada na doutrina. Em síntese, por meio do Decreto-lei 4.166/1942,[685] foram confiscados os bens situados no Brasil pertencentes a cidadãos

---

684 JOSÉ OLYMPIO DE CASTRO FILHO. *Comentários ao Código de Processo Civil*. 4ª ed. Rio de Janeiro: Forense, 1995, p. 173, v. X. Com fundamento na potencial litigiosidade da matéria, entendendo que o procedimento da jurisdição voluntária poderia ser "impróprio ou desaconselhável se surge algo que leva à contenciosidade", PONTES DE MIRANDA considerou correta a referência ao então procedimento ordinário (*Comentários ao Código de Processo Civil*. 2ª ed. Rio de Janeiro: Forense, 2008, p. 285, tomo XVI). Esse argumento é rebatido por CASTRO FILHO na referência indicada no início desta nota.

685 "Art. 1º Os bens e direitos dos súditos alemães, japoneses e italianos, pessoas físicas ou jurídicas, respondem pelo prejuízo que, para os bens e direitos do Estado Brasileiro, e para a vida, os bens e os direitos das pessoas físicas ou jurídicas brasileiras, domiciliadas ou residentes no Brasil, resultaram, ou resultarem, de atos de agressão praticados pela Alemanha, pelo Japão ou pela Itália". O Supremo Tribunal Federal, ao interpretar a anistia prevista no art. 8º dos Atos das Disposições Constitucionais Transitórias, que abrange violações de direitos por motivações políticas entre 1946 e 1988, entendeu, por maioria, que a devolução de bens confiscados pelas ditaduras não está abrangido no texto ("Não há determinação constitucional ou legal para ressarcimento de valores confiscados, inclusive em circunstâncias de enriquecimento ilícito, que são as que teriam ensejado os fatos aqui alcançados. O texto do art. 8º do Ato das Disposições Constitucionais Transitórias, bem como o texto da lei que o regulamenta (Lei nº 10.559/02) não fazem referência a atos de confisco. Trata-se de normas excepcionais, não se admitindo ampliação interpretativa, como quer a recorrente. O art. 8º do ADCT é regra que contempla situações especiais e que, por isso, tem alcance limitado a particularidades, não se prestando a pulverização casuística que dependeria de conjunturas que escaparam ao constituinte. Não há como se atribuir excesso de significado em significante que é limitado. No caso presente, não se justifica a aplicação do art. 8º do ADCT, porquanto não há previsão para ressarcimento ou indenização decorrente de confisco, isto é, admitindo-se que se possa reabrir a discussão em torno do referido confisco. A regra do art. 8º do ADCT é de interpretação restritiva. O intérprete deve contemplar tão somente as situações lá descritas, às quais não se subsumem às pretensões do falecido autor. Não se trata de restrição casuística, dado que a limitação do alcance do benefício da anistia é de caráter geral. Os mecanismos de ressarcimento não alcançam indenizações por confisco nem devolução de bens outrora confiscados. O art. 8º do ADCT apenas assegura promoções e indenizações pertinentes a carreiras de servidores públicos civis e militares. Não há como se criar jurisprudencialmente situação que autorize devolução de bens confiscados ou eventual pagamento de indenização mediante interpretação extensiva, de resto vedada por norma de alcance restrito, em decorrência da excepcionalidade que marca sua natureza. Assente-se que o

com origem japonesa, italiana e alemã, conhecidos como "Súditos do Eixo" (abrangendo bens de pessoas físicas e jurídicas), para fins de indenizar o Brasil com despesas referentes à 2ª Guerra Mundial. Sucessivos atos normativos liberaram parcialmente os bens confiscados e estabeleceram prazos para que fossem reclamados, passando a considerar como "bens vagos" aqueles que não fossem objeto de requerimento de restituição no período determinado, entendendo-se que os bens diferentes de dinheiro (moeda corrente), depositados por força do Decreto-lei nº 4.166, de 1942, cuja restituição não tenha sido requerida na oportunidade própria, têm a natureza de bens de ausentes, sendo regidos pelas disposições do CC e do CPC. Verifica-se, pois, que uma situação de exceção criada legislativamente há mais de setenta anos, no decorrer do Estado Novo e em plena 2ª Guerra Mundial, ainda perdura.[686] E não raro se veem manifestações no sentido de que a matéria é

---

mecanismo cogitado pelo art. 8º da ADCT, regulamentado pela Lei nº 10.559/02, não prevê devolução de bens confiscados ou pagamento de indenizações pelo confisco de bens, com valores apurados em eventual liquidação de sentença" (RE 368090-ED, rel. Min. Gilmar Mendes, Segunda Turma, j. 19/2/2013, Acórdão Eletrônico DJe-074 – trechos do voto do relator).

686 "Administrativo. Bens dos súditos do eixo. Segunda guerra mundial. Depósito legal. Decreto-lei nº 4.166/42. Restituição. Lei nº 6.122/74. Requerimento. Ausência. Incorporação dos valores ao patrimônio da união. Prescrição da pretensão de cobrança. 1. Trata-se de ação de cobrança ajuizada por viúva contra o Banco do Brasil S/A e a União, na qualidade de meeira e herdeira dos bens de seu falecido marido. Afirma que, em março de 1942, por ocasião da Segunda Guerra Mundial, foi editado o Decreto-Lei nº 4.166/42 que continha várias determinações e restrições contra o patrimônio das pessoas de cidadania alemã, italiana ou japonesa. 2. Afirma que seu marido, cidadão alemão, possuía conta bancária no Banco Alemão Transatlântico e que parte dos valores depositados em sua conta foram retidos e entregues ao Banco do Brasil, nos termos do artigo 2º do decreto. Sustenta que tais valores permanecem bloqueados, muito embora a legislação posterior já houvesse determinado a devolução. 3. O Tribunal Regional Federal da 4ª Região reconheceu a prescrição da pretensão de cobrança. No recurso especial, a recorrente sustenta a existência de condição suspensiva que obstaria a fluência do prazo prescricional. 4. A exigência de 'ordem do Governo Federal' contida no artigo 2º, § 2º , do Decreto 4.166/42 foi derrogada pelas leis posteriores (Lei nº 1.224/50, os Decretos 44.409/58, 59.076/66 e 59.661/66 e a Lei nº 6.122/74) que estabeleceram um procedimento administrativo próprio mediante simples habilitação perante a agência bancária para o recebimento dos valores, inexistindo qualquer condição suspensiva. 5. A imprescritibilidade do direito de cobrança, por decorrer da violação de direitos fundamentais, não pode ser apreciada no recurso especial. Demandaria profundo estudo dos princípios constitucionais, notadamente no que se refere ao Estado de Sítio e a suspensão das garantias constitucionais. Além de verificar a amplitude da Lei Constitucional nº 5/1942 que alterou os artigos 122 e 166 da Constituição de 1937, estabelecendo, em síntese, a possível flexibilização do direito de propriedade dos estrangeiros. 6. Não se aplica ao caso a Lei nº 2.313/54, que disciplina os depósitos voluntários e regulares em instituição bancária. O caso dos

considerada como de atribuição do Ministério Público por se referir a "bens de ausentes". É desnecessário registrar a completa transformação do perfil institucional do Ministério Público da década de 1940 para o período atual, pós-Constituição de 1988, assim como esta não é a sede adequada para considerações acerca da própria transformação do Estado Democrático de Direito brasileiro, mormente se comparado com aqueles períodos históricos. Entretanto, vale registrar que, entre as múltiplas e profundas transformações por que passou o Ministério Público, três aspectos são fundamentais para delimitar as premissas adotadas: 1) o Ministério Público deve promover o interesse social; b) ao Ministério Público cabe a tutela de direitos individuais indisponíveis; c) o interesse patrimonial do Estado por si só é insuficiente para ensejar a intervenção do Ministério Público (art. 127 da Constituição da República e arts. 178 e 721, CPC). Cabe assinalar que o caráter patrimonial é da essência da ausência, lembrando que PONTES DE MIRANDA se referia a tal instituto "quando pessoas de que não se tem notícia possuem bens em desamparo", tendo por finalidade "resguardar, em favor dos herdeiros, os bens do ausente", podendo "ser equiparada àquelas presunções que permitem que se proceda à arrecadação".[687] Restariam, portanto, as centenas de outras "ausências" que ainda permanecem, com o patrimônio vinculado à União. Entretanto, além do problema da patrimonialidade antes referido, há que se considerar também que não é o Ministério Público o legitimado único e sequer o que detém as melhores ou mínimas condições de iniciar qualquer procedimento referente à ausência. Há que se estabelecer, ao menos no atual estágio da evolução institucional, que a legitimidade do Ministério Público em casos desse jaez é subsidiária e somente se justifica, quando muito, em caso de absoluta inexistência de interessados. O fato de se tratar de um procedimento especial de jurisdição voluntária poderia ensejar a aplicação direta do art. 720, CPC, que confere genericamente legitimidade ao Ministério Público e à Defensoria Pública, mas, além de essa legitimidade obriga-

autos retrata depósito necessário ou legal e contém normatização específica sobre a prescrição, que deve ser aplicada, inclusive por expressa determinação do Código Civil (artigo 1.283/1916 e art. 648/2002). Apenas subsidiariamente poderiam ser aplicadas as normas de depósito voluntário. 7. Na espécie, o direito subjetivo à restituição surgiu com as normas que determinaram a devolução, notadamente a Lei n. 6.122/74, que previa requerimento administrativo no prazo decadencial de 6 meses para a devolução. Após tal lapso, impossibilitada a Administração restituir voluntariamente, já que os bens foram incorporados ao patrimônio da União (artigos 3º, 4º e 5º), ocorreu a violação do direito e o surgimento da pretensão de cobrança em face da União. Ultrapassados cinco anos, previstos no artigo 4º da Lei nº 6.122/74 e no artigo 1º do Decreto 20.910/32 fica consumada a prescrição. 8. Recurso especial não provido" (REsp 446.944/SC, rel. Min. CASTRO MEIRA, Segunda Turma, j. 15/12/2009, DJe 2/2/2010).

687 PONTES DE MIRANDA. *Tratado de direito privado*. 4ª ed. São Paulo: RT, 1983, p. 368, 369 e 371, tomo IX.

toriamente dever guardar pertinência com as atribuições institucionais (exemplo: ninguém sustenta que o Ministério Público tem legitimidade para ajuizar uma ação de divórcio consensual, também um procedimento de jurisdição voluntária), há que se verificar a sistemática de cada capítulo específico do respectivo título do Código. Nesse particular, cabe lembrar que a doutrina aponta que o juiz também é um legitimado para iniciar o procedimento de arrecadação dos bens de ausentes,[688] mas não se imaginaria a situação em que o Judiciário se arvorasse na condição de iniciar os procedimentos referentes aos "ausentes" listados pela Fazenda Nacional, por absoluta desnecessidade ante outros legitimados e a total inexistência de elementos mínimos para qualquer iniciativa nesse sentido, além da incompatibilidade de funções. No caso do Ministério Público, além de ser incompatível com sua função constitucional a assunção de um movimento sistemático para coonestar uma situação jurídica de exceção, há o componente do caráter exclusivamente patrimonial da questão, e a existência de ao menos um interessado direto que também é legitimado: a própria Fazenda Nacional ou o Banco do Brasil, que, à época, recebeu os bens confiscados, enquadram-se perfeitamente no conceito de "interessados", que sempre recebeu uma interpretação elástica e desde a codificação anterior abrangia genericamente os "credores".[689] Além disso, eventuais herdeiros são os legitimados por excelência. Acrescente-se, também, que possivelmente diversos daqueles sujeitos que tiveram bens confiscados, em virtude do tempo decorrido, já que estamos falando de uma situação ocorrida há setenta anos, já estejam falecidos. Além de, em regra, inexistirem informações sobre a existência de herdeiros e sobre a certeza da morte dos cidadãos confiscados, dois outros dados fundamentais devem ser assinalados: em primeiro lugar, há que se saber o domicílio do "ausente", já que não é a situação dos bens que fixa a competência territorial nesse particular (o fato de o Banco do Brasil do então Distrito Federal ser o arrecadador não é suficiente para essa comprovação); em segundo lugar, há a competência da Justiça Federal, ao menos pela necessária intervenção prevista no art. 5º da Lei 9.469/1997. Esse imenso patrimônio arrecadado há décadas ainda não recebeu o devido encaminhamento procedimental, não cabendo ao Ministério Público ou à Defensoria Pública essa iniciativa.

Seção VIII
Das Coisas Vagas

Art. 746. Recebendo do descobridor coisa alheia perdida, o juiz mandará lavrar o respec-

688 Cf. detalhado exame doutrinário: Mendonça Lima. *Comentários ao Código de Processo Civil*. São Paulo: RT, 1982, p. 373, v. XII.

689 Assim já pontuava Clóvis Beviláqua (*Código Civil dos Estados Unidos do Brasil*. Edição Histórica. Rio de Janeiro: Editora Rio, s. d., p. 941).

tivo auto, do qual constará a descrição do bem e as declarações do descobridor.

§ 1º Recebida a coisa por autoridade policial, esta a remeterá em seguida ao juízo competente.

§ 2º Depositada a coisa, o juiz mandará publicar edital na rede mundial de computadores, no sítio do tribunal a que estiver vinculado e na plataforma de editais do Conselho Nacional de Justiça ou, não havendo sítio, no órgão oficial e na imprensa da comarca, para que o dono ou o legítimo possuidor a reclame, salvo se se tratar de coisa de pequeno valor e não for possível a publicação no sítio do tribunal, caso em que o edital será apenas afixado no átrio do edifício do fórum.

§ 3º Observar-se-á, quanto ao mais, o disposto em lei.

CPC de 1973 – arts. 1.170 e 1.171

100. Noções gerais

Prosseguindo com a preocupação com a estruturação procedimental de forma de tutela do patrimônio de terceiros, característica de alguns procedimentos especiais de jurisdição voluntária, há nesta Seção a previsão de regras que disciplinam o destino da coisa perdida pelo dono e descoberta por alguém.[690] A função primordial do procedimento é possibilitar ao descobridor o cumprimento da obrigação imposta pelo art. 1.233, CC, segundo o qual aquele que achar coisa alheia perdida deve restituí-la ao dono ou legítimo possuidor. Por se tratar de coisa perdida[691] – e, em princípio, não de coisa abandonada[692] –, não há perda da propriedade do dono, razão pela qual surge a obrigação de restituição do descobridor.[693] Caso o descobridor não encontre o dono, após diligenciar nesse

690 Em doutrina e na legislação utilizam-se para designar aquele que encontra coisa perdida cujo proprietário se desconhece os termos "inventor", "achador" e "descobridor" (sobre essa nomenclatura: Gustavo Tepedino. *Comentários ao Código Civil.* São Paulo: Saraiva, 2011, p. 288, v. 14). Nestes comentários, será utilizada a nomenclatura que consta no art. 746, isto é, "descobridor".

691 Para fins do procedimento, não importa se se trata de coisa perdida ou esquecida, assim como é irrelevante se o dono tem ciência da perda ou foi negligente (cf. Pontes de Miranda. *Tratado de direito privado.* 4ª ed. São Paulo: RT, 1983, p. 190-191, tomo 15). Para a caracterização das coisas vagas, o "elemento diferenciador" é a "ignorância de quem seja o titular do direito aos bens ou à posse dos bens" (Pontes de Miranda. *Comentários ao Código de Processo Civil.* 2ª ed. Rio de Janeiro: Forense, 2008, p. 287, tomo XVI).

692 "Se o dono comparece e comunica que abandonara o bem, deu-se a derrilicção, o que se ignorava; e o achador tem a ocupação da coisa [...]. É a ele que o juiz tem de entregar" (Pontes de Miranda. *Comentários ao Código de Processo Civil.* 2ª ed. Rio de Janeiro: Forense, 2008, p. 292, tomo XVI).

693 Se há descobertas cotidianas, o fato é que se trata de procedimento pouco utilizado. Acham-se coisas perdidas em meios de transporte, nas vias e logradouros públicos

sentido, deverá entregar a coisa achada à autoridade competente.[694] Registre-se, portanto, que somente se o descobridor recolher a coisa perdida. Se não a recolher, essas obrigações, além da responsabilização prevista no art. 1.235, CC, não se lhe impõem.[695] Os direitos e deveres decorrem, pois, do apossamento pelo descobridor. A opção legislativa foi pela simplificação da disciplina desta Seção,[696] excluindo a previsão de regras heterotópicas e reservando para o direito material a complementação do regramento da matéria.[697]

101. Finalidade do procedimento

Trata-se de atividade jurisdicional necessária, já que somente por meio do procedimento ora comentado o descobridor pode livrar-se da obrigação de restituir a coisa alheia até então perdida.

---

etc., mas o fato é que ou permanecem nos locais sem qualquer providência ou são apropriadas ilicitamente, havendo até mesmo a tradição de tais coisas serem entregues em seções de "achados e perdidos", inclusive em repartições públicas e nos Correios. Não é incomum encontrarem-se em estabelecimentos comerciais cláusulas estipulando que as coisas neles perdidas não poderão ser reclamadas após certo prazo. Alguns prestadores de serviços, como oficinas, também estipulam que, caso a coisa deixada para ser reparada não seja reclamada em até determinado período, será alienada para o ressarcimento do serviço que, afinal, foi prestado. A rigor, se se considerar que a coisa não foi abandonada (art. 1.275, III, CC), haveria que ser restituída ao dono, na forma do procedimento próprio de jurisdição voluntária. O direito de retenção não autoriza alienação e a adesão aos termos do estabelecido pela prestadora deve ser expressa (cf. César Fiuza. *O direito civil e o Novo CPC*. Belo Horizonte: D'Plácido, 2016, p. 283-284).

694 A obrigação do descobridor é entregar a coisa à autoridade judiciária ou policial; a partir daí a autoridade pública dará continuidade ao procedimento, remetendo-o ao juiz competente.

695 Marco Aurelio S. Viana. *Comentários ao Novo Código Civil*. 4ª ed. Rio de Janeiro: Forense, 2013, p. 121, v. XVI. Discute-se se o descobridor responde pelos prejuízos causados ao proprietário ou possuidor legítimo apenas em caso de dolo, como está expresso no art. 1.235, CC, ou também em caso de "culpa grave". No sentido de ser apenas em caso de dolo: Gustavo Tepedino. *Comentários ao Código Civil*. São Paulo: Saraiva, 2011, p. 296-297, v. 14; Marco Aurelio S. Viana. *Comentários ao Novo Código Civil*. 4ª ed. Rio de Janeiro: Forense, 2013, p. 123-124, v. XVI. Admitindo responsabilização também em caso de culpa: Silvio de Salvo Venosa. *Código Civil comentado*. São Paulo: Atlas, 2003, p. 231, v. XII.

696 Registre-se que, na forma do disposto nos arts. 547 e 548, I, CPC, não ação de consignação em pagamento, "se ocorrer dúvida sobre quem deva legitimamente receber o pagamento, o autor requererá o depósito e a citação dos possíveis titulares do crédito para provarem o seu direito", e, "não comparecendo pretendente algum, converter-se-á o depósito em arrecadação de coisas vagas".

697 Cf. Roberto P. Campos Gouveia Filho. *Breves comentários ao Novo Código de Processo Civil*. Wambier, Didier Jr., Talamini e Dantas (coord.). 3ª ed. São Paulo: RT, 2016, p. 1916.

O procedimento é subsidiário em relação à arrecadação dos bens de ausentes ou referente à herança jacente. Medida judicial com múltiplas funções, portanto: a) exoneratória: procedimento judicial necessário para que o descobridor se exonere da obrigação compulsória de restituir a coisa ao legítimo dono ou, caso seja coisa sem dono, à autoridade competente; b) restituitória: por meio de procedimento editalício, eventuais interessados são citados para que a coisa seja restituída àquele que comprovar ser o legítimo dono; c) atributiva: caso o dono não queira a coisa, o descobridor pode adjudicá-la; d) ressarcitória e remuneratória: se o dono optar pela restituição da coisa, deverá restituir as despesas efetuadas com a descoberta, guarda, transporte e conservação da coisa, além de ser devida remuneração ao descobridor; por fim, caso não haja ou não se apresente o legítimo dono, a coisa passa para o patrimônio público, que a alienará para cobrir as despesas com o ressarcimento e a remuneração do descobridor, incorporando eventual saldo ao erário.[698] Em síntese, o procedimento visa a regular a arrecadação, a conservação e a restituição de coisa alheia móvel encontrada ao dono ou legítimo possuidor, exonerando-se o descobridor dessa obrigação e assegurando-lhe o ressarcimento e a recompensa devidos. Além disso, livra o descobridor de eventual processo penal pela prática do crime de apropriação de coisa achada (art. 169, parágrafo único, II, CP).

Caso não se encontre o dono ou legítimo possuidor, a titularidade do bem passará ao Município que o alienará em hasta pública ou o abandonará em favor de quem o encontrou. O descobridor pode entregar a coisa à autoridade policial da circunscrição territorial em que a encontrou, quando, então, o procedimento se iniciará também a partir desse ato.

102. Competência

Não havendo regra expressa fixando a competência, devem ser aplicadas as regras gerais previstas na Parte Geral do CPC. O juízo competente deve ser aquele do local onde for encontrada a coisa. Se o objetivo do procedimento é restituir a coisa perdida ao dono, é intuitivo considerar que a manutenção da coisa onde foi perdida facilitará possível restituição, aplicando-se, assim, o art. 46, § 2º, CPC, por ser o domicílio do dono desconhecido. Caso seja conhecido o domicílio do dono, em razão das peculiaridades do caso, aplica-se a regra geral do art. 46, CPC.

103. Ciência da Fazenda Pública e de demais interessados

Não foi reproduzida a regra prevista no art. 1.772 do CPC de 1973, que

698 Cf. ROBERTO P. CAMPOS GOUVEIA FILHO. *Breves comentários ao Novo Código de Processo Civil*. WAMBIER, DIDIER JR., TALAMINI e DANTAS (coord.). 3ª ed. São Paulo: RT, 2016, p. 1914-1915.

tratava da necessidade de o Ministério Público e a Fazenda Pública serem cientificados. No caso do Município em cujo território a coisa foi encontrada, sua citação (e não mera notificação) é necessária em virtude do seu liame com a causa, conforme o art. 1.237, CC, dispensando-se a citação ou intimação do Estado e da União, salvo a presença de alguma peculiaridade que justifique, no caso concreto, a necessária cientificação. A previsão da publicidade por edital ou por meio eletrônico é suficiente para cientificar abstratamente os eventuais necessários. Trata-se de procedimento eminentemente editalício, no sentido de que é formado para tornar público que coisa alheia perdida foi encontrada, de modo que os potenciais interessados se submetem ao regime ordinário de comunicação que lhe é ínsito. Por conta dessa finalidade, o conteúdo do edital deve ser suficiente para comunicar de modo claro e individualizado o que foi encontrado, o local e a data, além de outras circunstâncias e características que se afigurarem úteis para efetivamente tornar pública a descoberta.

104. Intimação do Ministério Público

Já a atuação do Ministério Público insere-se na regra geral do art. 721, CPC. Em princípio, não haverá sua intervenção e, portanto, será desnecessária sua intimação, já que se trata de procedimento que tutela direito disponível. Somente a eventual participação de incapazes ou algum outro fato de interesse público, como a descoberta de coisa móvel com inegável relevância histórico-cultural, justificará a intervenção do Ministério Público.

105. Coisa produto de crime

No CPC de 1973, o art. 1.176 dispunha que, havendo fundada suspeita de que a coisa havia sido criminosamente subtraída, a autoridade policial deveria converter a arrecadação em inquérito, transferindo a competência para a restituição da coisa ao juiz criminal. Se a suspeita de ter havido ocorrer antes da entrega do bem para arrecadação, caberá à autoridade policial a instauração de inquérito, na forma dos arts. 5º e 6º, I, CPP; caso a coisa já estiver arrecada, caberá ao juiz ou ao membro do Ministério Público, caso atue, remeter cópia dos autos para a autoridade policial, sem que isso signifique extinção do processo ou sua "conversão". Nessa hipótese, a questão criminal será prejudicial, prosseguindo-se o procedimento caso não se conclua pela prática criminosa.

106. Objeto

Somente as coisas móveis corpóreas que não se vinculem a ausente ou à herança serão arrecadadas como coisas vagas. Coisa perdida abrange aquela que não tem ou nunca teve dono, aquela sem dono aparente e também aquela que foi abandonada. É indiferente a causa para fins desse procedimento.[699]

107. Descobridor e posse da coisa

O descobridor passa a ter a posse imprópria da coisa podendo se tornar proprietário por meio da aquisição da coisa perdida (arts. 1.234 e 1.237, CC)[700]. Caso mais de uma pessoa encontre a coisa, haverá obrigação indivisível de restituição, reservando-se para ação própria a discussão sobre o pioneiro descobridor, caso se divirja sobre o ponto.

108. Instauração do procedimento

Para que se inicie o procedimento é irrelevante que a coisa encontrada tenha efetivamente dono ou não. É necessário que aparentemente a coisa não tenha dono, isto é, não haja marcas, sinais ou outra identificação de alguém individualizado que possa ostentar a qualidade de dono. O desconhecimento de eventual dono[701] da coisa é essencial para o cabimento do procedimento, independentemente da confirmação posterior de efetiva titularidade e também sem que importe a forma como se deu a descoberta, configurando posse justa ou injusta.[702] O ato inaugural do procedimento é o auto de lavratura da arrecadação em que constará a narrativa do descobridor. A rigor, inexiste petição inicial e a lavratura do auto traduz o impulso necessário para iniciar o procedimento.

109. Depositário

Para nomeação do depositário, deverá ser observado o disposto no art.

---

699 ROBERTO P. CAMPOS GOUVEIA FILHO. *Breves comentários ao Novo Código de Processo Civil*. WAMBIER, DIDIER JR., TALAMINI e DANTAS (coord.). 3ª ed. São Paulo: RT, 2016, p. 1918.

700 "A descoberta não é diretamente modo de aquisição da propriedade porque obriga o descobridor a fazer achar o verdadeiro proprietário ou possuidor. Entretanto, poderá o seu procedimento, em determinados casos, implicar a aquisição da propriedade. Isso não a converte em modo de aquisição que, neste caso, será a lei, mas a aproxima muito desta categoria, de modo a permitir seu tratamento ao lado desta" (LUCIANO DE CAMARGO PENTEADO. *Direito das coisas*. 3ª ed. São Paulo: RT, 2014, p. 319).

701 Não necessariamente o proprietário, entendendo-se como "dono" qualquer um que teve a posse legítima da coisa. Cf., ROBERTO P. CAMPOS GOUVEIA FILHO. *Breves comentários ao Novo Código de Processo Civil*. WAMBIER, DIDIER JR., TALAMINI e DANTAS (coord.). 3ª ed. São Paulo: RT, 2016, p. 1918.

702 ROBERTO P. CAMPOS GOUVEIA FILHO. *Breves comentários ao Novo Código de Processo Civil*. WAMBIER, DIDIER JR., TALAMINI e DANTAS (coord.). 3ª ed. São Paulo: RT, 2016, p. 1919-1920.

840, CPC, nada impedindo que o próprio descobridor receba esse encargo, caso o aceite e não haja riscos de deterioração ou perdimento da coisa.[703]

110. Editais e coisa julgada

A fim de salvaguardar os direitos do dono da coisa, o juiz determinará seu depósito e, posteriormente, dará publicidade da situação por meio de editais publicados eletronicamente e, de modo subsidiário, pela imprensa oficial.

Para que seja alcançada a devida publicidade, o edital deverá conter elementos mínimos que possibilitem a identificação da coisa pelo seu dono, como a descrição detalhada do bem, o local e a data onde foi encontrado e o nome do descobridor.

Como já mencionado, trata-se de procedimento editalício, no sentido de que só se justifica se potencialmente for possível encontrar o dono, o que significa que o pressuposto para a instauração do procedimento é o desconhecimento do eventual dono da coisa descoberta. Por essa razão fala-se na natureza editalícia deste procedimento, servindo para, por ficção jurídica, citar quaisquer interessados pela coisa achada.[704] Por assumir a publicação do edital função essencial do procedimento, há que se registrar que, ao contrário do que dispunha o CPC de 1973, o dispositivo atual prevê a publicação editalícia apenas uma vez, por meio eletrônico e, subsidiariamente, por meio de diário oficial e de publicação na imprensa local.

Vê-se, pois, que a regra do art. 1.236, CC, deve ser lida a partir desses novos parâmetros, em que a publicação tradicional por meio da imprensa assume caráter subsidiário. No caso de coisa de pouco valor, caso não seja possível a publicação eletrônica, o edital será afixado no átrio do fórum.[705]

Não há parâmetros exatos para fixar o que seja "coisa de pequeno valor",[706] existindo inclusive a possibilidade de algo que à primeira vista

---

703 Roberto P. Campos Gouveia Filho. *Breves comentários ao Novo Código de Processo Civil*. Wambier, Didier Jr., Talamini e Dantas (coord.). 3ª ed. São Paulo: RT, 2016, p. 1920.

704 Roberto P. Campos Gouveia Filho. *Breves comentários ao Novo Código de Processo Civil*. Wambier, Didier Jr., Talamini e Dantas (coord.). 3ª ed. São Paulo: RT, 2016, p. 1920.

705 Em princípio, como todos os Tribunais possuem sítios eletrônicos, não haverá caso em que seja necessária a afixação do edital no fórum, salvo alguma pane eletrônica generalizada incomum. Entretanto, especialmente em comarcas pequenas, pode ser mais útil a afixação do edital no átrio do fórum, razão pela qual não se deve excluir essa alternativa mesmo sendo possível a publicação eletrônica, coexistindo as duas modalidades, se assim for mais útil para a localização do dono ou sucessores.

706 O CPC utiliza a expressão "pequeno valor" nos arts. 535, § 3º, II, 632 e 910, além do art. 746, § 2º. Não há necessidade de exata vinculação de critérios entre todas essas hipóteses, podendo haver atos normativos específicos que fixem esses valores.

seja considerado sem muito valor posteriormente ser considerado como de valor cultural ou conter alguma outra característica que o valorize, quando, então, deverão ser publicados os editais.

Há que se examinar se essa característica procedimental repercute sobre a formação da coisa julgada contra todos os fictamente citados, isto é, se eventual interessado que não tenho participado do processo não poderá posteriormente, em ação própria, discutir a titularidade da coisa.

Em suma, forma-se coisa julgada de que a coisa arrecadada não tem dono[707] ou, em caso contrário, poderá posteriormente ser discutida a propriedade do bem.

Para a compreensão desse tema, há que se verificar, primeiramente, o objeto do procedimento. Como antes mencionado, o procedimento de arrecadação de coisas vagas visa à restituição do bem ao dono ou legítimo possuidor (art. 1.233, CC), recebendo o restituidor uma recompensa e, se houve despesas com a coisa, indenização, salvo se o dono não resolver abandoná-lo (art. 1.234, CC).

Não integra o pedido, pois, a declaração de inexistência de dono do bem.

Além disso, há o problema da legitimidade das partes para a configuração da coisa julgada e, ao menos na hipótese de o juiz instaurar de ofício o procedimento (para quem entende possível essa iniciativa), não se poderá falar em coisa julgada que impeça posterior reivindicação do bem.

Por fim, ainda que o procedimento editalício não seja, por si só, incompatível com a formação da coisa julgada material, há a peculiaridade de a arrecadação das coisas vagas não permitir, por definição,[708] a individualização e

---

Entretanto, os parâmetros devem surgir do próprio ordenamento jurídico e certa uniformidade pode ser extraída do exame dessas hipóteses. De todo modo, dois critérios podem ser apontados desde logo, para a finalidade da não publicação editalícia: 1) se o valor da coisa for inferior ou igual à despesa com a publicação (o que só faz sentido se houver necessidade de publicação por meio da imprensa oficial), conforme o art. 1.236, CC, ou às despesas necessárias para sua entrega ao dono; 2) se a coisa for avaliada em valor inferior a sessenta salários mínimos, em analogia com a previsão das leis dos juizados especiais (adaptam-se, aqui, os critérios sugeridos por José Olympio de Castro Filho. *Comentários ao Código de Processo Civil.* 4ª ed. Rio de Janeiro: Forense, 1995, p. 177, v. X; Edson Prata. *Comentários ao Código de Processo Civil.* Rio de Janeiro: Forense, 1978, p. 284, v. 7).

707 Entendendo assim, Roberto P. Campos Gouveia Filho. *Breves comentários ao Novo Código de Processo Civil.* Wambier, Didier Jr., Talamini e Dantas (coord.). 3ª ed. São Paulo: RT, 2016, p. 1920-1921.

708 No decorrer do procedimento, o dono pode vir a ser conhecido e, então, haverá chamamento de pessoa certa. Mas o procedimento é concebido essencialmente para situações em que se desconhece o dono ou legítimo possuidor. Afinal, se a coisa é

identificação prévias do dono ou legítimo possuidor. Nesse contexto, o edital é, por assim dizer, "*urbi et orbi*", sem destinatários definidos.

Por tudo isso, há formação de coisa julgada material, sim, mas sobre a eventual restituição do bem, a exoneração das obrigações do descobridor e a condenação à recompensa e à indenização, e não sobre a absoluta existência de proprietário.[709]

111. Comparecimento de interessados

Citados por edital, os eventuais interessados devem comparecer no prazo assinalado no art. 1.237, CC, isto é, em sessenta dias, sob pena de preclusão, podendo se valer dos meios probatórios permitidos por lei para a comprovação da titularidade do bem ou da posse. Comparecendo ao menos um interessado, exonera-se o descobridor de qualquer encargo, com a respectiva remuneração e o devido ressarcimento (art. 1.234, CC), mediante prova, e, após a instrução, restitui-se a coisa àquele que comprovar ser o dono ou a considera como de ninguém (*res nullius*), por meio de presunção absoluta. A entrega da coisa ao dono é a finalidade do procedimento, mas sua presença em juízo reivindicando o bem deve se dar por meio de petição subscrita por quem tenha capacidade postulatória, ouvindo-se, se for o caso, o Ministério Público e a Fazenda Pública, com posterior decisão por meio de sentença, impugnável por recurso de apelação.

112. Recompensa e direito de retenção

A recompensa[710] prevista no art. 1.234, CC, não inferior a cinco por cento do valor da coisa, será devida ao descobridor, conforme os parâmetros estabelecidos no parágrafo único daquele artigo, salvo se se tratar de possuidor de má-fé, quando fará jus apenas ao ressarcimento de eventuais despesas com a conservação da coisa,[711] ou de quem a encontre por dever de ofício ou convenção.[712] Discute-se sobre a possibilidade de o descobridor reter a coisa até

---

vaga, o dono é desconhecido.

709 O abandono da coisa também pode ser objeto de pronunciamento judicial no procedimento de arrecadação de coisas vagas, podendo haver coisa julgada também nesse sentido.

710 A recompensa devida ao descobridor também é denominada de *achádego* ou *alvíssaras* (cf. Gustavo Tepedino. *Comentários ao Código Civil.* São Paulo: Saraiva, 2011, p. 292, v. 14).

711 Roberto P. Campos Gouveia Filho. *Breves comentários ao Novo Código de Processo Civil.* Wambier, Didier Jr., Talamini e Dantas (coord.). 3ª ed. São Paulo: RT, 2016, p. 1924.

712 Gustavo Tepedino. *Comentários ao Código Civil.* São Paulo: Saraiva, 2011, p. 292, nota 750, v. 14.

que receba a indenização e a eventual recompensa, havendo quem sustente a exclusividade da via judicial para a cobrança, por não haver previsão legal autorizando a retenção, e outros para quem a retenção é possível por ser garantia do ressarcimento ao possuidor de boa-fé,[713] e por se assemelhar a atividade do descobridor com a do gestor de negócios.[714] Registre-se que a recompensa será devida tanto para a descoberta espontânea quanto para a fortuita. Caso o dono resolva abandonar a coisa descoberta, não caberá a ele o pagamento de qualquer recompensa ou indenização, por se tratar de obrigação facultativa,[715] podendo o descobridor, se for o caso, assumir a propriedade do bem. Caso tenha havido promessa de recompensa pelo dono, a questão deverá ser resolvida de acordo com o regramento desse específico negócio jurídico (arts. 854/860, CC). Também se o dono da coisa contratou especificamente alguém para encontrá-la, o caso se resolverá de acordo com o negócio jurídico estabelecido.[716]

113. Destino da coisa

Declarada a vacância, o Município passa a ter o direto de levar a coisa à hasta pública e transferir ao erário o saldo remanescente. Não prevê o art. 1.237, CC, a possibilidade de o Município ficar com a coisa em si, optando por não aliená-la. Nada impede que o próprio descobridor arremate a coisa em leilão, havendo apenas a peculiaridade de abatimento no preço do crédito por ele adquirido em razão de sua descoberta. Caso o dono compareça e declare não mais desejar permanecer com a coisa, haverá o negócio jurídico unilateral da derrelicção (abandono da coisa, transfigurando-se a coisa perdida em *res derelicta*), conforme a parte final do *caput* do art. 1.234, CC. Na forma do art. 1.237, CC, o descobridor passa a ter o direito à coisa, ocorrendo a ocupação prevista no art. 1.263, CC.[717] É preciso reforçar um esclarecimento importante: como

---

713 Gustavo Tepedino, Heloisa Helena Barboza e Maria Celina Bodin de Moraes. *Código Civil interpretado*. 2ª ed. Rio de Janeiro: Renovar, 2014, p. 522, v. III; Silvio de Salvo Venosa. *Código Civil comentado*. São Paulo: Atlas, 2003, p. 232, v. XII.

714 Gustavo Tepedino. *Comentários ao Código Civil*. São Paulo: Saraiva, 2011, p. 293-294, v. 14.

715 Gustavo Tepedino. *Comentários ao Código Civil*. São Paulo: Saraiva, 2011, p. 294-295, v. 14.

716 Silvio de Salvo Venosa. *Código Civil comentado*. São Paulo: Atlas, 2003, p. 231, v. XII.

717 Orlando Gomes. *Direitos reais*. 21ª ed. Rio de Janeiro: Forense, 2012, p. 193-194; Gustavo Tepedino. *Comentários ao Código Civil*. São Paulo: Saraiva, 2011, p. 295, v. 14; Luciano de Camargo Penteado. *Direito das coisas*. 3ª ed. São Paulo: RT, 2014, p. 319. Pontes de Miranda já afirma se tratar de aquisição de propriedade em virtude de lei, mas aponta os seguintes destinos da coisa achada: "Ou o dono ou

a coisa perdida tem dono (a rigor, portanto, não se trata de "coisa vaga"), não há aquisição de propriedade pelo simples fato da descoberta, ou seja, quem encontra a coisa alheia móvel não adquire sua propriedade somente pelo simples fato de tê-la encontrado. Somente ocorrendo os fatos antes descritos é que pode haver aquisição da propriedade pelo descobridor. O abandono decorre de manifestação de vontade, distinguindo-se, assim, essencialmente da perda. É, portanto, negócio jurídico, sem que seja necessária para sua configuração a expressa manifestação de vontade, bastando que se possa extrair de seu comportamento a finalidade inequívoca do abandono.[718] Cumpre assinalar que o não aparecimento do dono não significa abandono,[719] ou seja, o fato de o dono não ser encontrado não configura presunção de que se está diante de *res derelicta*.[720] O art. 1.237, CC, prevê que a recompensa e a indenização serão devidas, mas não se transfere a coisa ao descobridor, salvo se o Município a abandonar, conforme disposto no parágrafo único do referido artigo.

Seção IX
Da Interdição

Art. 747. A interdição pode ser promovida:

I – pelo cônjuge ou companheiro;

---

possuidor legítimo aparece e recebe a coisa achada; ou não aparece, e prossegue o processo de pós-destinação; ou o dono, que se fez conhecer, antes do edital ou comparecendo a juízo, derrelínque a coisa, que o achador pode ocupar, ou não; ou ocupa a coisa, então derrelicta, o Estado; ou há o ato do Estado de pagamento das despesas e recompensas, para ficar com a coisa (em sub-rogação real dos remanescentes); ou o achador solve as despesas e presta o valor da coisa, assentindo o Estado; ou a coisa perece, ou se torna de tão exíguo valor que o Estado, assentindo o achador, a destrói ou derrelínque. A aquisição a propriedade em qualquer das espécies acima mencionadas é *ex nunc*, e não *ex tunc*, a partir do achamento ou de qualquer outro fato posterior" (*Tratado de direito privado*. 4ª ed. São Paulo: RT, 1983, p. 183 e 207, tomo 15). Essas alternativas devem ser cotejadas com as regras previstas no art. 1.137, CC.

718 Gustavo Tepedino. *Comentários ao Código Civil*. São Paulo: Saraiva, 2011, p. 295, v. 14. Entendendo se tratar de ato-fato jurídico: Pontes de Miranda. *Tratado de direito privado*. 4ª ed. São Paulo: RT, 1983, p. 30-34, tomo 15. *Tratado de direito privado*. 4ª ed. São Paulo: RT, 1983, p. 133, tomo 14.

719 "De facto, no achamento a coisa móvel não é *nullius*. É uma coisa perdida, isto é, uma coisa que saiu do poder do anterior proprietário casualmente, independentemente da vontade deste. Por isso, a coisa perdida mantém-se na propriedade do titular anterior, até que se constitua um novo direito" (António Menezes Cordeiro. *Direitos reais*. Lisboa: Lex, 1993, p. 487).

720 Gustavo Tepedino. *Comentários ao Código Civil*. São Paulo: Saraiva, 2011, p. 299, v. 14.

II – pelos parentes ou tutores;

III – pelo representante da entidade em que se encontra abrigado o interditando;

IV – pelo Ministério Público.

Parágrafo único. A legitimidade deverá ser comprovada por documentação que acompanhe a petição inicial.

CPC de 1973 – art. 1.177

114. O processo de interdição e o Estatuto da Pessoa com Deficiência

Em 7 de julho de 2015 foi publicada a Lei 13.146, instituindo a "Lei Brasileira de Inclusão da Pessoa com Deficiência (Estatuto da Pessoa com Deficiência), destinada a assegurar e a promover, em condições de igualdade, o exercício dos direitos e das liberdades fundamentais por pessoa com deficiência, visando à sua inclusão social e cidadania" (a base dessa lei é a Convenção sobre os Direitos das Pessoas com Deficiência e seu Protocolo Facultativo, ratificados pelo Congresso Nacional por meio do Decreto Legislativo 186, de 9 de julho de 2008, e promulgados pelo Decreto 6.949, de 25 de agosto de 2009). Trata-se de uma lei bastante complexa, com diversas repercussões em outras searas, incluindo a processual civil – como no processo de interdição, no procedimento do art. 245 do novo CPC, na capacidade para testemunhar, entre outras – e que certamente exigirá reflexões e análises mais detidas. O presente tópico, portanto, visa apenas ao registro do impacto legislativo sobre o tema das capacidades, especialmente em razão das alterações que afetam o Código Civil e, necessariamente, o Código de Processo Civil, já que há intrínseca imbricação entre o direito material e o processual nesse particular. No art. 2º do Estatuto consta importante definição: "considera-se pessoa com deficiência aquela que tem impedimento de longo prazo de natureza física, mental, intelectual ou sensorial, o qual, em interação com uma ou mais barreiras, pode obstruir sua participação plena e efetiva na sociedade em igualdade de condições com as demais pessoas", sendo que no art. 6º já se encontram as primeiras repercussões sobre a alteração no regramento da capacidade: "a deficiência não afeta a plena capacidade civil da pessoa, inclusive para: I – casar-se e constituir união estável; II – exercer direitos sexuais e reprodutivos; III – exercer o direito de decidir sobre o número de filhos e de ter acesso a informações adequadas sobre reprodução e planejamento familiar; IV – conservar sua fertilidade, sendo vedada a esterilização compulsória; V – exercer o direito à família e à convivência familiar e comunitária; e VI – exercer o direito à guarda, à tutela, à curatela e à adoção, como adotante ou adotando, em igualdade de oportunidades com as demais pessoas". Nota-se que o legislador, após anunciar que a deficiência não afeta a plena capacidade civil, exemplifica espécies de atos jurídicos que poderão ser praticados sem restrições envolvendo a disciplina da capacidade, o que é reforçado no art. 13, ao resguardar a relevância do consentimento da pessoa com deficiência: "a pessoa com deficiência somente será atendida sem seu consentimento prévio, livre e esclarecido em casos de risco de morte e de emergência em saúde, resguardado seu superior interesse e adotadas as salvaguardas legais cabíveis". Após os arts. 79 e 83 reforçarem a inexistência de distinção envolvendo a capacidade da pessoa com deficiência, as seguintes regras são estabelecidas: "Art. 84. A pessoa com deficiência tem assegurado o direito ao exercício de sua capacidade legal em igualdade de condições com as demais pessoas. § 1º Quando necessário, a pessoa com deficiência será submetida à curatela, conforme a lei. § 2º É facultado à pessoa com deficiência a adoção de processo de tomada de decisão apoiada. § 3º A definição de curatela de pessoa com deficiência constitui medida protetiva extraordinária, proporcional às necessidades e às circunstâncias de cada caso, e durará o menor tempo possível. § 4º Os curadores são obrigados a prestar, anualmente, contas de sua administração ao juiz, apresentando o balanço do respectivo ano. Art. 85. A curatela afetará tão somente os atos relacionados aos direitos de natureza patrimonial e negocial. § 1º A definição da curatela não alcança o direito ao próprio corpo, à sexualidade, ao matrimônio, à privacidade, à educação, à saúde, ao trabalho e ao voto. § 2º A curatela constitui medida extraordinária, devendo constar da sentença as razões e motivações de sua definição, preservados os interesses do curatelado. § 3º No caso de pessoa em situação de institucionalização, ao nomear curador, o juiz deve dar preferência a pessoa que tenha vínculo de natureza familiar, afetiva ou comunitária com o curatelado. Art. 86. Para emissão de documentos oficiais, não será exigida a situação de curatela da pessoa com deficiência. Art. 87. Em casos de relevância e urgência e a fim de proteger os interesses da pessoa com deficiência em situação de curatela, será lícito ao juiz, ouvido o Ministério Público, de oficio ou a requerimento do interessado, nomear, desde logo, curador provisório, o qual estará sujeito, no que couber, às disposições do Código de Processo Civil". Esse novo regramento das capacidades culmina com os arts. 114 e 123 do Estatuto, em que são previstas diversas alterações no Código Civil, entre as quais: 1) limitação da incapacidade absoluta aos menores de 16 anos, revogando as demais hipóteses do art. 3º; 2) alteração do art. 4º, II e III, para incluir entre os relativamente incapazes aqueles que, por causa transitória ou permanente, não puderem exprimir sua vontade, excluindo-se as expressões "discernimento reduzido" e "excepcionais, sem desenvolvimento mental completo"; 3) previsão no art. 228, § 2º, no sentido de que a pessoa com deficiência poderá testemunhar em igualdade de condições com as demais pessoas; 4) capacidade da pessoa com deficiência mental ou intelectual em idade núbil para contrair matrimônio, ainda que expressando sua vontade por meio do responsável ou curador (art. 1.550, § 2º); 5) diversas alterações em artigos referentes ao processo de interdição, todos eles objeto de expressa revogação no art. 1.072, II, do novo CPC, sem que tenha havido qualquer modificação nessa norma, o que exigirá especial esforço hermenêutico para a compatibilização das regras; 6) entre as novas regras de interdição, a vontade e as preferências do interditando serão consideradas para a nomeação do curador, podendo haver curatela compartilhada, e é instituída a "tomada de decisão apoiada", no art. 1.783-A, em cujo § 6º consta que, "em caso de negócio jurídico que possa trazer risco ou prejuízo relevante, havendo divergência de opiniões entre a pessoa apoiada e um dos apoiadores, deverá o juiz, ouvido o Ministério Público, decidir sobre a questão".

Em brevíssima síntese, a incapacidade absoluta, a partir da vigência do Estatuto da Pessoa com Deficiência, será restrita aos menores de 16 anos; todos aqueles que possuem deficiência são plenamente capazes; será relativamente incapaz apenas quem não puder exprimir sua vontade.

Nota-se, pois, que o Estatuto tem como premissa a plena capacidade da pessoa com deficiência, e alterando-se o Código Civil, excepcionalmente considera que mesmo aquelas pessoas que, por deficiência definitiva, não conseguem expressar qualquer reação ou manifestar vontade serão consideradas relativamente incapazes e, portanto, serão assistidas para a prática de atos processuais e não representadas.

Isso implica também que a interdição não mais se baseará em um estado de incapacidade absoluta para constituir uma pessoa na situação jurídica de curatela, o que significa que, para fins processuais, a presença do curador será apenas para a assistência ao relativamente incapaz.

Não se elimina o procedimento de interdição, cujo fundamento é algum grau de incapacidade, mas exclui-se de seu efeito automático a representação por curador para a prática de todos e quaisquer atos,[721] na medida em que não mais se prevê a deficiência – independentemente de sua causa, extensão, grau ou efeito – como hipótese de incapacidade absoluta.

Em resumo, a partir da vigência do Estatuto da Pessoa com Deficiência, para fins do art. 71, somente o menor de 16 anos deverá ser representado em juízo; todos os demais incapazes serão assistidos; as pessoas com deficiência

---

721 Sobre a necessidade de se modularem os efeitos da interdição, ou melhor, sobre a possibilidade de curatela parcial: Célia Barbosa Abreu. *Curatela e interdição civil*. 2ª ed. Rio de Janeiro: Lumen Juris, 2014, *passim*. Para uma crítica ainda mais antiga: Pontes de Miranda. *Tratado de direito privado*. 4ª ed. São Paulo: RT, 1983, p. 317-318, tomo 9; veja-se, ainda, do mesmo autor: *Tratado de direito privado*. 4ª ed. São Paulo: RT, 1983, p. 208-209, tomo 1.

terão plena capacidade em juízo, salvo se, por causa transitória ou permanente, não puderem exprimir sua vontade, ainda assim com diversos balizamentos à atuação do curador.

Trata-se de mudança legislativa radical que afeta muitos quadrantes do ordenamento jurídico, com problemas de direito intertemporal e, certamente, ensejará problemas práticos diante de fatos graves que não são raros, como aqueles em que a pessoa não possui qualquer capacidade cognitiva e de expressão, mas que será considerada relativamente capaz (exemplos: pessoa em estado de coma profundo ou com grave patologia cerebral que impede qualquer atividade cognitiva ou manifestação de vontade; nessas situações, será difícil imaginar como se dará a assistência – e não representação – para atos jurídicos, o que poderá situações incontornáveis, com a realidade fática se impondo para que se resguardem os direitos de uma pessoa que, afinal, aparentemente poderá se ver desprotegida por força de uma lei aparentemente protetiva).

Por opção de política legislativa, amenizou-se o regime de incapacidades, que sempre foi uma situação jurídica justificada para a proteção de pessoa especialmente vulnerável. Para fins destes comentários ao processo de interdição, basta esse tópico para registrar e anunciar as novidades que repercutem sobre a capacidade, esperando que a nova normatização seja eficaz na tutela das pessoas com deficiência e não acabe por agravar a vulnerabilidade.

Há evidente mudança de enfoque sobre o papel da interdição,[722] que não se segue mais a lógica do tudo ou nada, como se tudo se resolvesse no binômio absoluto da capacidade/incapacidade, devendo-se empreender uma modulação da incapacidade.[723]

Entretanto, o Estatuto da Pessoa com Deficiência, ao trabalhar com a impossibilidade de se estabelecer incapacidade absoluta e também sem fornecer parâmetros para a referida modulação da curatela, apresenta lacunas que podem redundar em déficit protetivo de pessoas vulneráveis.[724]

722 "O esquema tradicional das interdições, com a equiparação do maior a um menor incapaz e com a sua colocação sob tutela, tem vindo a ser alterado nos diversos países. Em sua substituição têm surgido os institutos do maior protegido (França) ou do acompanhamento (Alemanha), mais flexíveis e harmonizados. [...] A medida radical da interdição tem conotações discriminatórias e surge, por vezes, deslocada. Aliás, ela foi desviada, em certas conjunturas históricas recentes, do seu objetivo romântico, que era a tutela do pupilo. Na fórmula usada pelo nacional-socialismo, a interdição era o 'meio de luta da comunidade contra os associais espiritualmente anormais'" (António Menezes Cordeiro. *Tratado de direito civil*: parte geral – pessoas. 3ª ed. Coimbra: Almedina, 2011, p. 489, tomo IV).

723 Anderson Schreiber. *Manual de direito civil contemporâneo.* São Paulo: Saraiva, 2018, p. 109.

724 Cf. análise crítica em Anderson Schreiber. *Manual de direito civil contemporâneo.* São

115. O Estatuto da Pessoa com Deficiência, a lei de desinstitucionalização e a excepcionalidade da interdição

A história normativa recente envolvendo a pessoa com deficiência e a saúde mental indica que o binômio interdição/internação[725] não é a solução

---

Paulo: Saraiva, 2018, p. 116, valendo transcrever os seguintes trechos: "Seu problema mais grave, permita-se a crítica de fundo, foi que, ao procurar executar a passagem do sujeito à pessoa, acabou cedendo ao peso excessivo da concretização, a ponto de operar uma reforma limitada à situação do deficiente, introduzida sem uma preocupação sistemática e abrangente, O efeito disso é uma reforma tão restrita no regime de incapacidades que gera um resultado fraturado, em que os conceitos tradicionais do direito civil foram excepcionados de modo casuístico, sem uma efetiva e necessária reformulação. O excesso de preocupação com a terminologia – há passagens do estatuto que parecem inspiradas unicamente no intuito de evitar expressões como 'deficiente', 'interdição' etc. – talvez tenha tirado o foco de questões centrais, de maior relevância, que não poderiam ter deixado de ser enfrentadas por uma reforma real e efetiva, como, por exemplo, os critérios e o modo de avaliação do discernimento da pessoa para fins de curatela e a própria modulação dos efeitos da curatela, que se apresenta do texto do Estatuto como diretriz, mas sem parâmetros úteis àqueles que têm, diariamente, a tarefa de julgar pleitos de interdição. Ao agir dessa forma, em vez de valorizar o dado concreto da realidade, o Estatuto acabou por criar outro sistema abstrato e formal, no qual agora a pessoa com deficiência 'é sempre capaz', ingressando, mais uma vez, no revelho modelo do tudo ou nada". Isso leva a situações artificiais que devem ser aceitas pela doutrina, como a que redundou em enunciado aprovado na VIII Jornada de Direito Civil do Conselho da Justiça Federal, realizado em 27 de abril de 2018: "Admite-se a possibilidade de outorga ao curador de poderes de representação para alguns atos da vida civil, inclusive de natureza existencial, e serão especificados na sentença, desde que comprovadamente necessários para proteção do curatelado em sua dignidade". O Estatuto da Pessoa com Deficiência é claro ao limitar a curatela apenas para atos patrimoniais, mas isso evidentemente é tão artificial quanto o referido enunciado, já que há situações em que simplesmente é impossível permitir a prática de tais atos por quem está com o discernimento completamente comprometido. Ou seja: para amenizar a vulnerabilidade criada pela lei sob o pretexto de proteger a pessoa com deficiência, conviveremos na prática forense com esses artificialismos que decorrem de uma espécie de estado de necessidade hermenêutico. Vários problemas e soluções nessa linha são apontados em Flávia Balduino Brazzale. *A pessoa com deficiência e a ruptura no regime das incapacidades*. Belo Horizonte: Arraes, 2018. Confira-se, também: Maurício Requião. *Estatuto da Pessoa com Deficiência, incapacidade e interdição*. Salvador: JusPodivm, 2016, p. 162-163

725 Sobre a internação determinada no processo de interdição, bem sintetizou o tema no plano do direito positivo Fredie Didier Jr.: "A Lei 10.216/2001 regula a internação do portador de transtorno mental. Os parâmetros daquela lei devem ser observados pelo juiz e pelo curador. A internação pode ser voluntária, involuntária ou compulsória. No caso do interdito, interessam as internações involuntária e compulsória. A internação involuntária é aquela feita a pedido de terceiro, que pode ser o curador, e independentemente da vontade do interdito; a internação compulsória é aquela determinada pelo órgão jurisdicional (art. 6.º, parágrafo único, II e

principal – e muito menos consequência automática – para a pessoa com deficiência mental ou intelectual.

Com o intuito de garantir uma proteção especial às pessoas com deficiência e assegurar-lhes uma participação efetiva na vida comunitária, a Organização das Nações Unidas – ONU promulgou a Convenção sobre os Direitos da Pessoa com Deficiência (CDPD) e seu protocolo facultativo, no ano de 2007. No Brasil, o documento teve a sua aprovação por meio do Decreto n.186/2008, com quórum qualificado de três quintos, nas duas casas do Congresso Nacional, em dois turnos, conforme instrui o art. 5º, § 3º, da Constituição Federal, logrando alcançar a hierarquia de norma constitucional. Por

III, Lei 10.216/2001). Primeiramente, é preciso notar que toda internação é medida excepcional, somente indicada quando os 'recursos extra-hospitalares se mostrarem insuficientes' (art. 4.º da Lei 10.216/2001). A internação pressupõe a existência de laudo médico, que descreva, circunstanciadamente, os motivos que a justificam (art. 6.º, Lei 10.216/2001). A internação é um meio, não um fim: com ela, busca-se a reinserção social do paciente (art. 4.º, § 1.º, Lei 10.216/2001) ou, na linguagem do CPC, a 'autonomia do interdito'. A internação será estruturada de forma a oferecer assistência integral à pessoa portadora de transtornos mentais, incluindo serviços médicos, de assistência social, psicológicos, ocupacionais, de lazer, e outros (art. 4.º, § 2.º, Lei 10.216/2001). Veda-se a internação de pacientes portadores de transtornos mentais em instituições com características asilares, que são aquelas desprovidas dos recursos mencionados no § 2.º do art. 4.º e que não assegurem aos pacientes os direitos enumerados no parágrafo único do art. 2.º da mesma lei (art. 4.º, § 3.º, Lei 10.216/2001). O curador pode pedir a *internação involuntária* do interdito; essa internação somente será autorizada por médico devidamente registrado no Conselho Regional de Medicina do Estado onde se localize o estabelecimento em que o interdito se internará (art. 8.º, Lei 10.216/2001). A *internação involuntária* será comunicada, pelo responsável técnico do estabelecimento, em setenta e duas horas, ao Ministério Público estadual – procedimento semelhante deve ser observado no caso de alta médica do paciente (art. 8.º, § 1.º, Lei 10.216/2001). A *internação compulsória* é aquela determinada pelo juízo competente, que levará em conta as condições de segurança do estabelecimento, quanto à salvaguarda do paciente, dos demais internados e funcionários (art. 9.º, Lei 10.216/2001). O juízo competente pode ser o juízo cível da interdição – pode ser também o juízo penal, no caso de aplicação de medida de segurança. O STJ já reconheceu a possibilidade de a internação compulsória ser determinada no âmbito do processo de interdição, observado todo o regramento já examinado (STJ, HC 135.271-SP, 3ª T., rel. Min. Sidnei Beneti, j. em 17.12.2013, v.u., *DJe* 04.02.2014). Nesse mesmo julgamento, o STJ aceitou a utilização de *habeas corpus* como meio de impugnação da decisão judicial que, no âmbito cível, determinada a *internação compulsória*. Se a internação for determinada em tutela provisória, cabe agravo de instrumento" (Fredie Didier Jr. Da interdição. *Breves comentários ao Novo Código de Processo Civil*. 3ª ed. Wambier, Didier Jr., Talamini e Dantas (coord.). São Paulo: RT, 2016, p. 1945-1946). Confira-se, ainda, a densa abordagem do tema em Fábio de Holanda Monteiro. *A internação psiquiátrica compulsória na perspectiva dos direitos humanos e fundamentais*. Porto Alegre: Prismas, 2016.

cautela adicional e para evitar eventuais prejuízos ante as divergentes interpretações desse dispositivo constitucional, o Presidente da República ratificou e promulgou a Convenção por meio do Decreto Presidencial 6.949/2009, cumprindo o rito de ratificação dos tratados em geral. Esse quando normativo, complementado pelas Leis 7.853/1989 e 10.216/2001 e pelo Estatuto da Pessoa com Deficiência, revela que, na realidade, a interdição e a internação,[726] ao menos no plano normativo, constituem a última *ratio*[727] diante de um quadro

---

726 Sobre diversos aspectos relacionados à internação relacionada ao transtorno mental, incluindo o aspecto histórico: *Transtorno mental e perda de liberdade*. Reinaldo Ayer de Oliveira, Quirino Cordeiro e Mauro Gomes Aranha de Lima. São Paulo: Conselho Regional de Medicina do Estado de São Paulo, 2013 (foi consultada a edição impressa que contém os estudos publicados no referido livro; registre-se, porém, que é possível obter o acesso integral e gratuito à publicação por meio da versão digitalizada disponível em <www.cremesp.org.br>).

727 Registre-se que a internação indevida nessas hipóteses pode ser discutida pela via do *habeas corpus*: "*Habeas corpus*. Ação civil de interdição cumulada com internação compulsória. Possibilidade. Necessidade de parecer médico e fundamentação na Lei n. 10.216/2001. Existência na espécie. Exigência de submeter o paciente a recursos extra-hospitalares antes da medida de internação. Dispensa em hipóteses excepcionais 1. A internação compulsória deve ser evitada, quando possível, e somente adotada como última opção, em defesa do internado e, secundariamente, da própria sociedade. É claro, portanto, o seu caráter excepcional, exigindo-se, para sua imposição, laudo médico circunstanciado que comprove a necessidade de tal medida. 2. A interdição civil com internação compulsória, tal como determinada pelas instâncias inferiores, encontra fundamento jurídico tanto na Lei n. 10.216/2001 quanto no artigo 1.777 do Código Civil. No caso, foi cumprido o requisito legal para a imposição da medida de internação compulsória, tendo em vista que a internação do paciente está lastreada em laudos médicos. 3. Diante do quadro até então apresentado pelos laudos já apreciados pelas instâncias inferiores, entender de modo diverso, no caso concreto, seria pretender que o Poder Público se portasse como mero espectador, fazendo prevalecer o direito de ir e vir do paciente, em prejuízo de seu próprio direito à vida. 4. O art. 4º da Lei n. 10.216/2001 dispõe: 'A internação, em qualquer de suas modalidades, só será iniciada quando os recursos extra-hospitalares se mostrarem insuficientes'. Tal dispositivo contém ressalva em sua parte final, dispensando a aplicação dos recursos extra-hospitalares se houver demonstração efetiva da insuficiência de tais medidas. Essa é exatamente a situação dos autos, haja vista ser notória a insuficiência de medidas extra-hospitalares, conforme se extrai dos laudos invocados no acórdão impugnado. 5. É cediço não caber na angusta via do *habeas corpus*, em razão de seu rito célere e desprovido de dilação probatória, exame aprofundado de prova no intuito de reanalisar as razões e motivos pelos quais as instâncias inferiores formaram sua convicção. 6. O documento novo consistente em relatório do Subcomitê de Prevenção da Tortura e outros Tratamentos ou Penas Cruéis, Desumanos ou Degradantes (SPT) da Organização das Nações Unidas (ONU) não pode ser apreciado por esta Corte sob pena de supressão de instância. 7. A internação compulsória em sede de ação de interdição, como é o caso dos autos, não tem caráter penal, não devendo ser comparada à medida de segurança ou à medida socioeducativa à que esteve submetido no passado o paciente em face do cometimento de atos infracionais análogos a homicídio e estupro. Não se ambiciona nos presentes

de deficiência que afete o discernimento. Mesmo quando essas medidas se mostram adequadas para o caso concreto, não deve ser a regra a interdição total[728] e não pode ser adotada a situação da "residência psiquiátrica", em que o paciente permanece por décadas dentro da instituição, sem qualquer tentativa de reabilitação ou reinserção familiar. As situações envolvendo a saúde mental não raro são dramáticas para a própria pessoa e seus familiares e a história é pródiga em exemplos de como a essas situações geraram situações ignominiosas no decorrer dos séculos.[729]

---

autos aplicar sanção ao ora paciente, seja na espécie de pena, seja na forma de medida de segurança. Por meio da interdição civil com internação compulsória resguarda-se a vida do próprio interditando e, secundariamente, a segurança da sociedade. 8. Não foi apreciada pela Corte de origem suspeição ou impedimento em relação à perícia, questionamento a respeito da periodicidade das avaliações periciais, bem como o pedido de inserção do paciente no programa federal De Volta Para Casa. A jurisprudência do Superior Tribunal de Justiça consolidou o entendimento de que não se conhece de *habeas corpus* cuja matéria não foi objeto de decisão pela Corte de Justiça estadual, sob pena de indevida supressão de instância (HC 165.236/SP, Rel. Ministro Moura Ribeiro, Quinta Turma, julgado em 5/11/2013, DJe 11/11/2013; HC 228.848/SP, Rel. Ministra Maria Thereza de Assis Moura, Sexta Turma, julgado em 24/10/2013, DJe 04/11/2013). 9. Ordem denegada" (HC 169.172/SP, rel. Min. Luis Felipe Salomão, Quarta Turma, j. 10/12/2013, DJe 5/2/2014).

728 Célia Barbosa Abreu. *Curatela e interdição civil*. 2ª ed. Rio de Janeiro: Lumen Juris, 2014, *passim*. Ainda: Maria de Fátima Freire Sá e Diogo Luna Moureira. *A capacidade dos incapazes*: saúde mental e uma releitura da teoria das incapacidades no direito privado. Rio de Janeiro: Lumen Juris, 2011.

729 Alguns livros não jurídicos são fundamentais para conferir alguma noção sobre o problema: Daniela Arbex. *Holocausto brasileiro – genocídio*: 60 mil mortos no maior hospício do Brasil. São Paulo: Geração, 2013; Michel Foucault. *História da loucura na Idade Clássica*. 10ª ed. José Teixeira Coelho Neto (trad.). São Paulo: Perspectiva, 2014. Nesse clássico livro, Michel Foucault inicia com referências históricas acerca dos "leprosários", que também no Brasil ilustram bem o drama das residências psiquiátricas e da segregação compulsória. Em reportagem publicada n'*O Globo* de 29 de março de 2018, p. 28, noticiou-se que a "colônia do Piratingui", criada em 1937 para abrigar pacientes com hanseníase, tornou-se praticamente uma minicidade, chegando a abrigar mais de cinco mil pessoas e ainda restam cento e oitenta famílias vivendo ali, sem qualquer outra perspectiva e prestes a serem desalojadas; segundo a mesma reportagem, ainda restam vinte e sete colônias semelhantes em funcionamento no país. Em razão do tratamento segregacionista, os pacientes com hanseníase foram reconhecidos por lei como lesados e passaram a fazer jus a uma pensão com valor fixo, que, com os anos, hoje equivale somente a quase metade do salário mínimo (Lei 11.520/2007). Feito esse destaque, voltemos a outras referências sobre o tratamento de "loucos" no Brasil: Pedro Gabriel Delgado. *As razões da tutela*: psiquiatria, justiça e cidadania do louco no Brasil. Rio de Janeiro: Te Corá, 1992. *Cidadania e loucura*: políticas de saúde mental no Brasil. Silvério Almeida Tundis e Nilson do Rosário Costa (org.). Petrópolis: Vozes, 1987; Alexandre Zarias. *Negócio público e interesses privados*: a interdição civil e os dramas de família. São Paulo: HUCITEC, 2005. *Epidemiologia da saúde mental no Brasil*.

Mesmo como medida excepcional, temporária e adequada às reais necessidades do curatelado, o processo de interdição continuará a ser bastante utilizado na prática, já que apenas por meio de provimento jurisdicional pode ser constituída a situação de incapacidade que enseja o regime de curatela. Trata-se, portanto, de ação constitutiva necessária visando ao estabelecimento de uma situação de curatela, por meio de procedimento autônomo[730] de jurisdição voluntária,[731] cujos contornos serão examinados nos itens seguintes.

116. Noções sobre a capacidade civil

Não há exata e exauriente vinculação entre pessoa e capacidade, que é um conceito mais amplo do que a personalidade civil.[732] Sujeito de direito é

MARCELO FEIJÓ DE MELO, ANDREA DE ABREU FEIJÓ DE MELLO e ROBERTO KOHN (org.). Porto Alegre: Artmed, 2007; MARIA BERNADETTE DE MORAES MEDEIROS. *Interdição civil*: proteção ou exclusão. São Paulo: Cortez, 2007. Essa autora pesquisou o tema da institucionalização das pessoas consideradas doentes, mas também realizou pesquisa com dados do Ministério Público do Estado do Rio Grande do Sul e com dados de processos judiciais, resultando em estudo bastante rico. Com abordagem jurídica, vale conferir, além das obras coletivas sobre o Estatuto da Pessoa com Deficiência citadas ao longo das notas seguintes: MAURÍCIO REQUIÃO. *Estatuto da Pessoa com Deficiência, incapacidade e interdição.* Salvador: JusPodivm, 2016, capítulo 4.

730 "Não se admite interdição incidental, decretada no âmbito de outro processo (inventário, por exemplo). A interdição somente pode ser decretada após um procedimento instaurado com esse objetivo" (FREDIE DIDIER JR. Da interdição. *Breves comentários ao Novo Código de Processo Civil.* 3ª ed. WAMBIER, DIDIER JR., TALAMINI e DANTAS (coord.). São Paulo: RT, 2016, p. 1927).

731 É conhecida a controvérsia sobre a natureza do procedimento de jurisdição voluntária, não sendo necessária ou útil a reprodução de controvérsias que se encontram nos livros clássicos sobre o tema. Por ser questão atinente à política legislativa, parece-nos supérflua a reconstrução da temática, bastando registrar o seguinte: "A ação de interdição deve tramitar pelo procedimento especial de jurisdição voluntária. Trata-se de procedimento especial *obrigatório*: o demandante não pode optar pelo procedimento comum para pleitear a interdição. 'Não se interdita sem a forma processual inserta em lei' (Francisco Cavalcanti Pontes de Miranda. *Comentários ao Código de Processo Civil.* 2. ed. Rio de Janeiro: Forense, 2008, t. XVI, p. 315). Isso porque o procedimento é estruturado para proteger o *interditando*, pessoa que, sendo verdadeiras as afirmações do autor, está em situação de vulnerabilidade. É caso de jurisdição voluntária, pois o demandante não tem de afirmar a existência de controvérsia em torno do poder de interditar. Isso não quer dizer que seja impossível a existência de controvérsia a respeito do assunto; exatamente por isso e não por acaso, o interditando será citado para apresentar a sua resposta" (FREDIE DIDIER JR. Da interdição. *Breves comentários ao Novo Código de Processo Civil.* 3ª ed. WAMBIER, DIDIER JR., TALAMINI e DANTAS (coord.). São Paulo: RT, 2016, p. 1927).

732 "É indiscutível que a titularidade de um direito pressupõe a capacidade jurídica do titular, uma vez que somente pode adquirir direito quem a tenha. Entretanto, a pura

aquele que pode ser titular de situação jurídica, o que significa que nem todo sujeito de direito é uma pessoa. A personalidade leva à capacidade, mas não a esgota. Pode-se ter capacidade sem ter personalidade, mas sempre que houver personalidade haverá capacidade jurídica.[733] Com efeito, a capacidade jurídica é a base sobre a qual se estruturam as demais capacidades específicas. Isso significa que é possível a existência integral da capacidade jurídica, atribuindo-se-lhe todas as capacidades específicas (como a pessoa física plenamente capaz), ou possuí-la parcialmente. Trata-se de uma questão de disciplina legislativa, de onde, aliás, decorrem todos os atributos e limitações das capacidades. A aquisição de direitos não implica necessariamente o seu exercício, que está relacionado com as capacidades específicas. Há, também, uma distinção que se torna útil ante os termos do Estatuto da Pessoa com Deficiência: "enquanto a personalidade tende ao exercício de situações existenciais, a capacidade diz respeito ao exercício das relações patrimoniais".[734]

A ideia fundamental de que a capacidade é a regra foi ampliada, reforçada e aprofundada com o advento do Estatuto da Pessoa com Deficiência, com expressa alteração dos arts. 3º e 4º, CC, além da criação de regramento próprio dele decorrente.[735] Acresça a esse o quadro a total desvinculação entre incapa-

---

titularidade do direito não implica a capacidade de poder exercê-lo. É possível ter direito ser poder exercê-lo. Para que o titular do direito o possa exercer, é essencial que tenha outra capacidade que se refira, especificamente, a seu exercício. [...] Essa relação de dependência implica que não possa haver capacidade específica ou não houver capacidade jurídica. A recíproca, porém, não é verdadeira, pois é possível ter-se capacidade jurídica sem que se tenha outra capacidade específica qualquer. [...] Como consequência, qualquer ente, mesmo que não seja pessoa, a quem o ordenamento jurídico haja imputado uma capacidade específica, há de ser considerado titular de capacidade jurídica, portanto, um sujeito de direito. [...] A capacidade jurídica constitui, como se vê, a mais importante de todas as capacidades, considerando que de todas elas é o fundamento inexcludível" (Marcos Bernardes de Mello. *Teoria do fato jurídico*: plano da eficácia – primeira parte. São Paulo: Saraiva, 2003, p. 95, 96 e 98). "A capacidade de agir é estado pessoal. Ser capaz é qualificação atribuída pelo direito às pessoas em geral, sendo que, em relação aos seres humanos, nem todos a têm. Diz-se incapaz aquele a quem as normas negam a capacidade de praticar, pessoalmente, ato jurídico *lato sensu* válido. A incapacidade, na verdade, constitui exceção à regra da capacidade donde se conclui que todos são capazes, excetos os declarados em lei incapazes" (Marcos Bernardes de Mello. *Teoria da fato jurídico*: plano da validade. 8ª ed. São Paulo: Saraiva, 2008, p. 24).

733 Marcos Bernardes de Mello. *Teoria do fato jurídico*: plano da eficácia – primeira parte. São Paulo: Saraiva, 2003, p. 125-131.

734 Cristiano Chaves de Farias e Nelson Rosenvald. *Curso de direito civil*: famílias. 10ª ed. Salvador: JusPodivm, 2018, p. 924, v. 6.

735 O regramento das capacidades no direito brasileiro, a rigor, já havia sido alterado desde a incorporação, por meio dos decretos próprios, da Convenção sobre os Direitos das Pessoas com Deficiência, mas apenas com o advento da Lei 13.146/2015

cidade e deficiência.[736] Se a incapacidade afeta a plena aptidão para a prática de

---

efetivamente se passou a considerar modificado o sistema legal. Para um breve histórico das convenções internacionais pertinentes ao tema e os impactos no direito positivo brasileiro mesmo antes do advento do Estatuto da Pessoa com Deficiência: ANDRACI LUCAS VELTRONI ATIQUE e ALEXANDRE LUCAS VELTRONI. A pessoa portadora de deficiência e a educação no Brasil. *Direitos humanos*: grupos vulneráveis. FLÁVIA PIOVESAN e MARIA GARCIA (org.). São Paulo: RT, 2011, p. 912-923, v. IV; CÉLIA BARBOSA ABREU, *Primeiras linhas sobre a interdição após o Novo Código de Processo Civil.* Curitiba: CRV, 2015, p. 43-69. Ao longo das notas seguintes serão fornecidas outras fontes bibliográficas sobre o tema. Crítica ao sistema de capacidades nos moldes em que determinado pelo Estatuto da Pessoa com Deficiência em FELIPE QUINTELLA MACHADO DE CARVALHO. A teoria das capacidades no direito brasileiro: de Teixeira de Freitas e Clovis Bevilaqua ao Estatuto da Pessoa com Deficiência. *A teoria das incapacidades e o Estatuto da Pessoa com Deficiência.* FABIO QUEIROZ PEREIRA, LUÍSA CRISTINA DE CARVALHO MORAIS e MARIANA ALVES LARA (org.). 2ª ed. Belo Horizonte: D'Plácido, 2018, p. 17-33; BRUNELLO STANCIOLI e FABIO QUEIROZ PEREIRA. Princípios que regem as incapacidades e o Estatuto da Pessoa com Deficiência. *A teoria das incapacidades e o Estatuto da Pessoa com Deficiência.* FABIO QUEIROZ PEREIRA, LUÍSA CRISTINA DE CARVALHO MORAIS e MARIANA ALVES LARA (org.). 2ª ed. Belo Horizonte: D'Plácido, 2018, p. 85-94; MARIANA ALVES LARA e FABIO QUEIROZ PEREIRA. Estatuto da Pessoa com Deficiência: proteção ou desproteção. *A teoria das incapacidades e o Estatuto da Pessoa com Deficiência.* FABIO QUEIROZ PEREIRA, LUÍSA CRISTINA DE CARVALHO MORAIS e MARIANA ALVES LARA (org.). 2ª ed. Belo Horizonte: D'Plácido, 2018, p. 95-124. Para uma visão mais favorável aos termos do Estatuto: CRISTIANO CHAVES DE FARIAS, ROGÉRIO SANCHES CUNHA e RONALDO BATISTA PINTO. *Estatuto da Pessoa com Deficiência comentado.* 2ª ed. Salvador: JusPodivm, 2016. Amplo panorama, também com enfoque predominantemente favorável na coletânea coordenado por JOYCEANE BEZERRA DE MENEZES: *Direito das pessoas com deficiência psíquica e intelectual nas relações privadas: convenções sobre os direitos da pessoa com deficiência e lei brasileira de inclusão.* Rio de Janeiro: Processo, 2016.

736 Em termos bastante contundentes, PAULO LÔBO entende o seguinte: "A capacidade legal da pessoa com deficiência não se confunde com a capacidade civil não se confunde com a capacidade civil, nem com as hipóteses de incapacidade e relativa, estas especificadas no arts. 3º e 4º do Código Civil. São duas modalidades de capacidade jurídica que transitam paralelamente, sem se confundirem: a capacidade civil geral, prevista no Código Civil, e a capacidade geral, prevista no Estatuto da Pessoa com Deficiência. A pessoa com deficiência não é absolutamente incapaz ou relativamente incapaz. É dotada de capacidade legal irrestrita para os atos jurídicos não patrimoniais e de capacidade legal restrita para os atos jurídicos patrimoniais, para os quais fica sujeita a curatela temporária e específica, sem interdição, ou a tomada de decisão apoiada. A pessoa com deficiência é regulada por lei especial, não se lhe aplicando as regras gerais do Código Civil concernentes às incapacidades absolutas e relativas. Não lhe é aplicável o inciso III do art. 4º do Código Civil, porque não se enquadra na espécie ali configurada de incapacidade relativa aos que, 'por causa transitória ou permanente, não puderem exprimir sua vontade', pois a pessoa com deficiência pode exprimir sua vontade, que é tutelada pela legislação especial, sem imputação de invalidade. Consequentemente, não pode ser reinserida como relativamente incapaz, o que seria afrontoso da capacidade legal que lhe foi

atos jurídicos, chega a ser intuitiva a percepção de que a pessoa com deficiência não é por definição incapaz, como resta claro no atual quadro normativo,[737] como sintetizado no art. 6º do Estatuto da Pessoa com Deficiência.

O atual contorno normativo das incapacidades reserva somente ao menor de dezesseis anos a incapacidade absoluta, passando todos os demais casos a configurar incapacidade relativa. Ou seja: o critério médico anteriormente utilizado pelo Código Civil para a configuração da incapacidade absoluta foi suplantado pelo critério objeto da faixa etária.[738] Não há mais, portanto, no sentido jurídico, pessoas maiores absolutamente incapazes.

Não havendo mais incapacidade absoluta, mesmo nos casos em que a pessoa definitivamente não possa expressar sua vontade[739], o resultado do processo de interdição será a incapacidade relativa, atingindo as restrições apenas patrimoniais e ainda assim apenas alguns desses atos (arts. 4º, II, III e IV, e 1.772, CC e arts. 84, § 3º, e 85, *caput*, e §1º, do Estatuto da Pessoa com Deficiência). Sendo assim, os atos jurídicos praticados pela pessoa submetida à curatelada necessitarão de assistência, mas serão apenas anuláveis. Além disso,

---

atribuída pela lei especial. Assim, não há que se falar mais de 'interdição' ou 'interditado', que, em nosso direito, sempre teve por finalidade vedar o exercício, pela pessoa com deficiência mental ou intelectual, de todos os atos da vida civil [...]. Cuida-se, apenas, de curatela específica, para determinados atos de natureza patrimonial" (Paulo Lôbo. *Direito civil*: famílias. 7ª ed. São Paulo: Saraiva, 2017, p. 422).

737 Cf. Cristiano Chaves de Farias e Nelson Rosenvald. *Curso de direito civil*: famílias. 10ª ed. Salvador: JusPodivm, 2018, p. 929, v. 6. Em outro trecho, Cristiano Farias e Nelson Rosenvald esclarecem que "o conceito de deficiência (relembre-se: centrado na existência de uma menos valia de longo prazo, física, psíquica ou sensorial, independente de sua gradação) não tangencia, sequer longinquamente, uma incapacidade para a vida civil. A pessoa com deficiência desfruta, plenamente, dos direitos civis, patrimoniais e existenciais. Já o incapaz, por seu turno, é um sujeito cuja característica elementar é a impossibilidade de autogoverno. Assim a proteção dedicada pelo sistema jurídico a um incapaz há de ser mais densa, vertical, do que aquela deferida a uma pessoa com deficiência, que pode exprimir sua vontade" (p. 934).

738 Cristiano Farias e Nelson Rosenvald. *Curso de direito civil*: famílias. 10ª ed. Salvador: JusPodivm, 2018, p. 940, v. 6.

739 Como a ideia de "definitivo" pode ser cambiante em virtude de progressos científicos, não é possível afirmar de antemão todas as hipóteses absoluta de impossibilidade de manifestação da vontade, mas se sabe que, ao menos na atual quadra da ciência terapêutica, há situações que é impossível a autodeterminação da pessoa, cuja impossibilidade de discernimento ou manifestação simples de vontade é comprometida ou impossibilitada desde o nascimento, sem qualquer prognóstico de cura. E como já mencionada essa opção legislativa pode levar a um déficit protetivo que exigirá, na prática, a imposição dos efeitos da incapacidade absoluta sem que se possa reconhecê-la, forçando um jogo de palavras e um contorcionismo argumentativo que poderiam ter sido evitados.

correrão normalmente os prazos de prescrição e decadência, salvo entre os curadores e curatelados durante essa relação (art. 197, III, CC).

Não há dúvidas, portanto, de que o Estatuto da Pessoa com Deficiência significou fundamental mudança de paradigma do instituto da curatela, mas também pode haver criado déficits protetivos[740] relevantes, na medida em que o esquema ideal pode não se adequar a situações fáticas que, infelizmente, não se submetem aos contornos jurídicos práticos da impossibilidade da manifestação da vontade. Há que se questionar inclusive como se dará a limitação da curatela apenas aos atos patrimoniais e negociais,[741] permitindo-se a autodeterminação de situações existenciais nesses casos extremos, em que simplesmente inexiste manifestação de vontade ou discernimento.[742]

Diante desse quadro, a doutrina vem se manifestando no sentido de se manter a proteção conferida aos absolutamente incapazes mesmo em se tratando de relativamente incapazes.[743]

---

740 Análise crítica sobre o caráter protetivo da incapacidade em MAURÍCIO REQUIÃO. *Estatuto da Pessoa com Deficiência, incapacidade e interdição*. Salvador: JusPodivm, 2016, p. 76-81.

741 Sobre a limitação da curatela aos atos negociais: CRISTIANO CHAVES DE FARIAS e NELSON ROSENVALD. *Curso de direito civil*: famílias. 10ª ed. Salvador: JusPodivm, 2018, p. 958-961, v. 6.

742 Nessas hipóteses, há entendimento de que seria necessário o requerimento de alvarás, como no caso de esterilização forçada (cf. CRISTIANO CHAVES DE FARIAS e NELSON ROSENVALD. *Curso de direito civil*: famílias. 10ª ed. Salvador: JusPodivm, 2018, p. 961. Vol. 6).

743 CRISTIANO CHAVES DE FARIAS e NELSON ROSENVALD. *Curso de direito civil*: famílias. 10ª ed. Salvador: JusPodivm, 2018, p. 953-954 e 957, v. 6. Na p. 958 os autores citam um julgado do TJSP nesse sentido, mas não conseguimos acessá-lo pelo sítio do Tribunal, razão pela qual não será transcrita a ementa e apenas faremos referência ao número da apelação cível citada no livro: 0307037-84.2009.8.26.0100. O mesmo julgado é citado por ROLF MADALENO. *Direito de família*. 8ª ed. Rio de Janeiro: Forense, 2018, p. 1283-1284. "Em decorrência, tem se afirmado que não mais existe a interdição total, o que se teria, em realidade, seria uma 'curatela de maior extensão' para os casos graves, tais como o de uma pessoa idosa ou jovem em estágio avançado de Alzheimer ou o de alguém em coma. Isto parece um eufemismo, eis que em tais situações estes indivíduos terão que ser representados, sem mencionar que a Lei 13.146/2015 não revogou o art. 9º do Código Civil, o qual no seu inciso III faz menção ao registro da interdição 'absoluta' ou relativa" (CÉLIA BARBOSA ABREU. A curatela sob medida: notas interdisciplinares sobre o estatuto da pessoa com deficiência e o novo CPC. *Revista Aquila*. Rio de Janeiro: Núcleo de Publicações da Universidade Veiga de Almeida Edição 17, julho/dezembro 2017, p. 39. Disponível em: <ojs.uva.br/index.php?journal=revistaaquila>. Acesso em: 28 de março de 2018). Defendendo o mesmo efeito prático da incapacidade absoluta nesses casos: IARA ANTUNES DE SOUZA. Reflexões sobre os impactos do Estatuto da Pessoa com Deficiência no direito das famílias: curatela e casamento. *A*

117. Terminologia

O uso da palavra "interdição" é polêmico, especialmente após a vigência do Estatuto da Pessoa com Deficiência (Lei 13.146/2015, também denominada Lei Brasileira de Inclusão da Pessoa com Deficiência), já que carrega forte carga repressora e limitadora daquele que poderá se encontrar em situação de curatela.[744] Entretanto, optamos pela manutenção do termo tradicional por ser assim tratado no Código de Processo Civil, no cotidiano forense e no próprio Estatuto, quando, por meio do art. 114, alterou os arts. 1.771 e 1.772, parágrafo único, do Código Civil,[745] que também se vale de "interdição" nos arts. 9º,

---

teoria das incapacidades e o Estatuto da Pessoa com Deficiência. FABIO QUEIROZ PEREIRA, LUÍSA CRISTINA DE CARVALHO MORAIS e MARIANA ALVES LARA (org.). 2ª ed. Belo Horizonte: D'Plácido, 2018, p. 208-209; ANTÓNIO PINTO MONTEIRO. Um breve olhar sobre a reforma das incapacidades. *A teoria das incapacidades e o Estatuto da Pessoa com Deficiência.* FABIO QUEIROZ PEREIRA, LUÍSA CRISTINA DE CARVALHO MORAIS e MARIANA ALVES LARA (org.). 2ª ed. Belo Horizonte: D'Plácido, 2018, p. 323-324; LUIZ CLÁUDIO CARVALHO DE ALMEIDA. A Interdição a partir da Lei Brasileira de Inclusão da Pessoa com Deficiência (Estatuto da Pessoa com Deficiência). *Revista do Ministério Público do Estado do Rio de Janeiro nº 59,* janeiro/março de 2016, p. 181. Lembre-se do já mencionado e recém-aprovado enunciado na VIII Jornada de Direito Civil do Conselho da Justiça Federal, realizado em 27 de abril de 2018: "Admite-se a possibilidade de outorga ao curador de poderes de representação para alguns atos da vida civil, inclusive de natureza existencial, e serão especificados na sentença, desde que comprovadamente necessários para proteção do curatelado em sua dignidade".

744 A bibliografia sobre o tema é ampla, especialmente na área não jurídica; para não nos alongarmos, apenas três referências, uma jurídica, uma da área psiquiátrica e outra da área de Serviço Social, respectivamente: CÉLIA BARBOSA ABREU. *Curatela e interdição civil.* 2ª ed. Rio de Janeiro: Lumen Juris, 2014; Pedro Gabriel Delgado. *As razões da tutela*: psiquiatria, justiça e cidadania do louco no Brasil. Rio de Janeiro: Te Corá, 1992; MARIA BERNADETTE DE MORAES MEDEIROS. *Interdição civil*: proteção ou exclusão. São Paulo: Cortez, 2007. Nas obras sistemáticas de Direito Civil, nota-se majoritariamente a opção apenas da palavra "curatela", com a exclusão de "interdição" e suas variações, como no seguinte excerto: "não há que se falar mais de 'interdição' ou 'interditado', que, em nosso direito, sempre teve por finalidade vedar o exercício, pela pessoa com deficiência mental ou intelectual, de todos os atos da vida civil [...]. Cuida-se, apenas, de curatela específica, para determinados atos de natureza patrimonial" (PAULO LÔBO. *Direito civil*: famílias. 7ª ed. São Paulo: Saraiva, 2017, p. 422). Confira-se, ainda, LUIZ CLÁUDIO CARVALHO DE ALMEIDA. A Interdição a partir da Lei Brasileira de Inclusão da Pessoa com Deficiência (Estatuto da Pessoa com Deficiência). *Revista do Ministério Público do Estado do Rio de Janeiro nº 59,* janeiro/março de 2016, p. 176.

745 "O excesso de preocupação com a terminologia – há passagens do estatuto que parecem inspiradas unicamente no intuito de evitar expressões como 'deficiente', 'interdição' etc. – talvez tenha tirado o foco de questões centrais, de maior relevância [...]" (ANDERSON SCHREIBER. *Manual de direito civil contemporâneo.* São Paulo: Saraiva, 2018, p. 116). Cf., ainda, FREDIE DIDIER JR. Da interdição. *Breves comentários*

674, 682, II, 814, parte final, 974, § 2º, 1.759. 1.775, parte final, e 1.782, assim como foi mantido o título "Dos Interditos" da Seção I que se inicia com o art. 1.767.

118. Problemas de direito intertemporal

O processo legislativo brasileiro produziu mais um fenômeno que causa perplexidade: tramitando paralelamente, os projetos de CPC e do Estatuto da Pessoa com Deficiência[746] foram publicados com poucos meses de diferençam as com distintos períodos de vacância para as respectivas vigências, com regras antagônicas entre eles precisamente na parte envolvendo a interdição. Cotejando-se o art. 1.072, II, CPC, com o art. 114 do Estatuto da Pessoa com Deficiência, constata-se que os arts. 1.768 a 1.773 foram revogados pelo primeiro e modificados pelo segundo.

O Estatuto da Pessoa com Deficiência foi publicado em 7 de julho de 2015, com vacância de cento e oitenta dias para entrar em vigor. Já o CPC foi publicado em 17 de março de 2015, com vacância de um ano para sua entrada em vigor. Sendo assim, o Estatuto entrou em vigor no dia 3 de janeiro de 2016 e o CPC, em 18 de março do mesmo ano.[747]

Sendo assim, embora o CPC tenha sido objeto de alteração específica no período de *vacatio*,[748] trata-se de lei posterior no tempo, de modo que estaria

---

ao Novo Código de Processo Civil. 3ª ed. WAMBIER, DIDIER JR., TALAMINI e DANTAS (coord.). São Paulo: RT, 2016, p. 1929-1930). Confira-se a relevante abordagem de FERNANDO DA FONSECA GAJARDONI: GAJARDONI, DELLORE, ROQUE e OLIVEIRA JR. *Processo de conhecimento e cumprimento de sentença*: comentários ao CPC de 2015. São Paulo: Método, 2016, p. 1290-1294. Assim como as considerações de BRUNA LIMA DE MENDONÇA. Proteção, liberdade e responsabilidade: uma interpretação axiológico-sistemática da (in)capacidade de agir e da instituição curatela. *O Código Civil e o Estatuto da Pessoa com Deficiência*. HELOISA HELENA BARBOZA, BRUNA LIMA DE MENDONÇA e VITOR DE AZEVEDO ALMEIDA JUNIOR (coord.). Rio de Janeiro: Processo, 2017, p. 46-47.

746 Sobre a tramitação do Estatuto da Pessoa com Deficiência, cuja origem remota é um projeto de lei de 2003, com posterior substituição em 2006, vale anotar que o texto final do projeto foi elaborado em 2013 e sua tramitação final ocorreu de modo célere no próprio ano de 2015. Cf. GUSTAVO PEREIRA LEITE RIBEIRO. O itinerário legislativo do Estatuto da Pessoa com Deficiência. *A teoria das incapacidades e o Estatuto da Pessoa com Deficiência*. FABIO QUEIROZ PEREIRA, LUÍSA CRISTINA DE CARVALHO MORAIS e MARIANA ALVES LARA (org.). 2ª ed. Belo Horizonte: D'Plácido, 2018.

747 A data exata da vigência do CPC foi objeto de controvérsias, com a maior parte da doutrina fixando o dia 18 de março de 2016 como data inicial, o que foi até objeto de "enunciado administrativo" do Superior Tribunal de Justiça. O certo é que a vigência do CPC foi posterior à entrada em vigor do Estatuto da Pessoa com Deficiência.

748 Lei 13.256, de 4 de fevereiro de 2016.

revogado aquilo que é incompatível com o disposto do Estatuto da Pessoa com Deficiência. O CPC regulou completamente o tema da interdição e entrou em vigor posteriormente, de modo que os critérios da anterioridade e da especialidade estariam em favor da prevalência das regras codificadas e, portanto, essas disposições do Estatuto, que alteraram os arts. 1.768, 1.769, 1.771 e 1.772, CC, ficaram em vigor por apenas dois meses e meio.[749]

Outra interpretação possível é considerar exatamente o contrário: como o CPC já era uma lei válida em março de 2015, apenas com sua eficácia postergada, o Estatuto da Pessoa com Deficiência é que deve ser considerado lei posterior, e o fato de o CPC ter sido alterado[750] durante o período de vacância confirmaria essa tese. Portanto, a parte final do art. 1.072, II, em relação aos artigos do CC alterados pelo Estatuto, não produziu seus efeitos e foi revogada durante a vacância por lei posterior.[751]

---

749 Bruna Lima de Mendonça. Proteção, liberdade e responsabilidade: uma interpretação axiológico-sistemática da (in)capacidade de agir e da instituição curatela. *O Código Civil e o Estatuto da Pessoa com Deficiência*. Heloisa Helena Barboza, Bruna Lima de Mendonça e Vitor de Azevedo Almeida Junior (coord.). Rio de Janeiro: Processo, 2017, p. 50-54.

750 A Lei 13.256, de 4 de fevereiro de 2016, em seu art. 1º estabelece que "esta lei altera a Lei nº 13.105, de 16 de março de 2015 (Código de Processo Civil)" e, em seu art. 4º, dispõe que "esta Lei entra em vigor no início da vigência da Lei nº 13.105, de 16 de março de 2015 (Código de Processo Civil)". Ou seja: durante a *vacatio* alterou-se o CPC por lei específica, o que revela que apenas a eficácia estava pendente. Essa lei modificadora, entretanto, dispôs sobre sua vigência postergada para "o início da vigência" do CPC. Ainda que a redação possa ser considerada estranha, a intenção foi evidentemente fazer com que coincidissem as vigências, de modo que o CPC fosse "lido" já com essas alterações. Em razão disso, houve coincidência das eficácias, o que pode servir de argumento para aqueles que defendem que a questão intertemporal se resolve pelo critério da eficácia, mas sem dúvida fica difícil explicar o fato de que uma lei foi modificada por outra, com ambas em *vacatio*, mas sem sucessão válida no tempo. A título de ilustração, lembre-se de que o Código Penal de 1969 (Decreto-lei 1.004-1969) tinha como previsão de vigência o dia 1º de janeiro do ano seguinte, depois modificada para 1º de agosto do mesmo ano (Lei 5.573/1969), em seguida transferida para 1º de janeiro de 1972 (Lei 5.597/1970), depois para 1º de janeiro de 1973 (Lei 5.749/1971), que logo passou para 1º de janeiro de 1974 (Lei 5.857/1972), após, para 1º de julho de 1974 (Lei 6.016/1973) e, por fim, para a data que entrasse em vigor o novo Código de Processo Penal (Lei 6.063/1974), que ainda tramita nos dias de hoje, até que sobreveio a Lei 6.578/1978, que revogou tudo isso, e o Código publicado, modificado várias vezes, jamais entrou em vigor.

751 "Em termos de direito intertemporal, portanto, a lei posterior é a que é promulgada no momento futuro e não a que produz efeitos posteriormente. O período de *vacatio legis* é estipulado apenas para que haja tempo suficiente para que a lei seja aplicada corretamente, sem maiores sobressaltos, e não para representar o tratamento da matéria no tempo em que a lei entrar em vigor. Tanto é assim que é extremamente comum que haja a revogação da lei antes de sua entrada em vigor, como,

Há, ainda, uma terceira possibilidade interpretativa que vem ganhando força na doutrina, no sentido de que os dispositivos se complementam e deles devem ser extraídas as regras que reforçam a proteção da pessoa com deficiência.[752]

---

aliás ocorreu com alguns dispositivos do próprio Código de Processo Civil que foram revogados pela Lei nº 13.256/2016. [...] deve-se observar que, se ao final do período de *vacatio legis* de uma lei já estiver em vigor uma outra, nascida em momento posterior a ela e que regule a mesma matéria (no todo ou em parte), tudo aquilo que foi regulado pela norma nascida posteriormente é que prevalecerá. A entrada em vigor da primeira norma somente poderá produzir os efeitos que lhe foram inicialmente programados, vale dizer, de revogar as leis que eram incompatíveis com ela no momento de seu nascimento. De resto, seria ilógico imaginar que o legislador pudesse pretender revogar uma lei inexistente ao tempo da promulgação de uma determinada norma, o que demonstra que a lei não pode ter o efeito de revogar leis supervenientes a ela. Tem-se, portanto, que as disposições incluídas nos arts. 1.768 a 1.772 do Código Civil pela Lei nº 13.146/2015 estão em vigor e não foram revogadas pelo CPC/2015. A revogação feita pelo art. 1.072 do CPC não atinge as posteriores alterações efetivadas pela Lei nº 13.146/2015" (FERNANDO FONTOURA DA SILVA CAIS. *Comentários ao Código de Processo Civil*. JOSÉ ROBERTO F. GOUVÊA, LUIS GUILHERME A. BONDIOLI e JOÃO FRANCISCO N. DA FONSECA (coord.). São Paulo: Saraiva, 2017, p. 184-186, v. XXI). Assim também RAFAEL VIEIRA DE AZEVEDO. *A capacidade civil da pessoa com deficiência no direito brasileiro*. Rio de Janeiro: Lumen Juris, 2017, p. 109-121. O Supremo Tribunal Federal já julgou nesse sentido ao menos em uma oportunidade, o que não significa necessariamente que tal critério será mantido, dada a profunda instabilidade da jurisprudência daquele Tribunal e a data do julgado cuja ementa ora se transcreve: "'Habeas corpus' – delito de estupro praticado contra criança de três anos de idade – crime hediondo – alegado erro na dosimetria da pena – inocorrência – decisão fundamentada – inaplicabilidade do art. 263 da Lei nº 8.069/90 (estatuto da criança e do adolescente) – vigência imediata da Lei nº 8.072/90 (lei dos crimes hediondos) – possibilidade jurídica de revogação, ainda que tácita, de lei que se acha em período de 'Vacatio legis' – Doutrina – Jurisprudência – Pedido indeferido" (HC 72435, rel. Min. CELSO DE MELLO, Primeira Turma, j. 12/9/1995, DJe-152 – public. 14-8-2009). Igualmente o Superior Tribunal de Justiça: "*Habeas corpus*. Atentado violento ao pudor. Lei 8.069/90 e Lei 8.072/90. Revogação do parágrafo único do artigo 214 do código penal. Posterior edição da Lei 9.281/96. Irrelevância. 1. A Lei dos Crimes Hediondos (Lei 8.072/90) revogou o parágrafo único do artigo 214 do Código Penal, durante a *vacatio legis* do Estatuto da Criança e do Adolescente (Lei 8.069/90), que o introduzira. Precedentes do STJ. 2. 'A lei posterior revoga a anterior quando expressamente o declare, quando seja com ela incompatível ou quando regule inteiramente a matéria de que tratava a lei anterior' (Lei de Introdução ao Código Civil, artigo 2º, parágrafo 2º). 3. Lei posterior não é a que entra em vigor após outra, mas, sim, a que existe posteriormente à outra, já que não se confundem existência e incidência. 4. Ordem denegada" (HC 14.203/RJ, rel. Min. HAMILTON CARVALHIDO, Sexta Turma, j. 18/9/2001, DJ 13/5/2002, p. 232).

752 FREDIE DIDIER JR. Da interdição. *Breves comentários ao Novo Código de Processo Civil*. 3ª ed. WAMBIER, DIDIER JR., TALAMINI e DANTAS (coord.). São Paulo: RT, 2016, p. 1932; LEONARDO FARIA SCHENK. *Comentários ao Código de Processo* Civil. ANTONIO

Parece-nos que, na prática, será majoritária a interpretação que harmoniza ambas as leis, ainda que, tecnicamente, devesse preponderar a manutenção das regras constantes do Estatuto não só em virtude de, rigorosamente, tratar-se de lei posterior,[753] mas sobretudo em razão da força de emenda constitucional que recai sobre a Convenção da Pessoa com Deficiência, cujas normas estão em consonância com o que foi concretizado pelo Estatuto da Pessoa com Deficiência,[754] que, a propósito, em seu art. 121, parágrafo único,[755] dispõe que "prevalecerá a norma mais benéfica à pessoa com deficiência".

De todo modo, independentemente da solução a ser dada a essa questão intertemporal, o procedimento de jurisdição voluntária para a constituição de situação e curatela (o processo de interdição) permanecerá como etapa necessária e, portanto, devem ser analisados todos os seus demais termos.

119. Tomada de Decisão Apoiada

Como já mencionado, o Estatuto da Pessoa com Deficiência, em seu art. 84, § 3º, faculta à pessoa que possui algum tipo de deficiência a opção pela Tomada de Decisão Apoiada (TDA), desde que, evidentemente, não

---

do Passo Cabral e Ronaldo Cramer (coord.). 2ª ed. Rio de Janeiro: Forense, 2016, p. 1065; Cristiano Chaves de Farias e Nelson Rosenvald. *Curso de direito civil*: famílias. 10ª ed. Salvador: JusPodivm, 2018, p. 964, v. 6; Cristiano Chaves de Farias, Rogério Sanches Cunha e Ronaldo Batista Pinto. *Estatuto da Pessoa com Deficiência comentado.* 2ª ed. Salvador: JusPodivm, 2016, p. 329; Fabio Caldas de Araújo. *Curso de processo civil*: procedimentos especiais. São Paulo: Malheiros, 2018, p. 517-519, tomo III. Essa ideia foi acolhida no Enunciado 680 do Fórum Permanente dos Processualistas Civis: "Admite-se pedido de autointerdição e de levantamento da própria interdição a partir da vigência do Estatuto da Pessoa com Deficiência".

753 Se se acolher a ideia de que o critério deve ser fixado a partir da existência e validade da lei, evidentemente; se o critério preponderante for o da eficácia, prevalecerá o CPC.

754 Nesse sentido: Joyceane Bezerra de Menezes. O direito protetivo após a Convenção sobre os Direitos da Pessoa com Deficiência, o novo CPC e o Estatuto da Pessoa com Deficiência. *Direito das pessoas com deficiência psíquica e intelectual nas relações privadas.* Joyceane Bezerra de Menezes (org.). Rio de Janeiro: Processo, 2016, p. 520; Célia Barbosa Abreu. A curatela sob medida: notas interdisciplinares sobre o Estatuto da Pessoa com Deficiência e o novo CPC. *Direito das pessoas com deficiência psíquica e intelectual nas relações privadas.* Joyceane Bezerra de Menezes (org.). Rio de Janeiro: Processo, 2016, p. 561.

755 "Art. 121. Os direitos, os prazos e as obrigações previstos nesta Lei não excluem os já estabelecidos em outras legislações, inclusive em pactos, tratados, convenções e declarações internacionais aprovados e promulgados pelo Congresso Nacional, e devem ser aplicados em conformidade com as demais normas internas e acordos internacionais vinculantes sobre a matéria. Parágrafo único. Prevalecerá a norma mais benéfica à pessoa com deficiência".

haja impossibilidade de expressão da vontade. Ou seja: a TDA é uma possibilidade facultada à pessoa com deficiência plenamente capaz. Note-se, portanto, que a opção pela TDA não afeta formalmente a capacidade da pessoa, cujos atos jurídicos independem de assistência. Trata-se de medida protetiva da pessoa capaz, mas que, em razão de alguma limitação ou vulnerabilidade que não interfira em sua manifestação de vontade, opta pelo auxílio de apoiadores para a prática de determinados atos.

O art. 1.783-A, CC,[756] regula minuciosamente a TDA, cabendo chamar a atenção para os seguintes pontos[757]: 1) a opção pelo tomada de decisão apoiada não implica qualquer grau de incapacidade; 2) a rigor, somente a pessoa com deficiência plenamente capaz pode optar pelo procedimento da TDA;[758]

---

756 "Art. 1.783-A. A tomada de decisão apoiada é o processo pelo qual a pessoa com deficiência elege pelo menos 2 (duas) pessoas idôneas, com as quais mantenha vínculos e que gozem de sua confiança, para prestar-lhe apoio na tomada de decisão sobre atos da vida civil, fornecendo-lhes os elementos e informações necessários para que possa exercer sua capacidade. § 1º Para formular pedido de tomada de decisão apoiada, a pessoa com deficiência e os apoiadores devem apresentar termo em que constem os limites do apoio a ser oferecido e os compromissos dos apoiadores, inclusive o prazo de vigência do acordo e o respeito à vontade, aos direitos e aos interesses da pessoa que devem apoiar. § 2º O pedido de tomada de decisão apoiada será requerido pela pessoa a ser apoiada, com indicação expressa das pessoas aptas a prestarem o apoio previsto no *caput* deste artigo. § 3º Antes de se pronunciar sobre o pedido de tomada de decisão apoiada, o juiz, assistido por equipe multidisciplinar, após oitiva do Ministério Público, ouvirá pessoalmente o requerente e as pessoas que lhe prestarão apoio. § 4º A decisão tomada por pessoa apoiada terá validade e efeitos sobre terceiros, sem restrições, desde que esteja inserida nos limites do apoio acordado. § 5º Terceiro com quem a pessoa apoiada mantenha relação negocial pode solicitar que os apoiadores contra-assinem o contrato ou acordo, especificando, por escrito, sua função em relação ao apoiado. § 6º Em caso de negócio jurídico que possa trazer risco ou prejuízo relevante, havendo divergência de opiniões entre a pessoa apoiada e um dos apoiadores, deverá o juiz, ouvido o Ministério Público, decidir sobre a questão. § 7º Se o apoiador agir com negligência, exercer pressão indevida ou não adimplir as obrigações assumidas, poderá a pessoa apoiada ou qualquer pessoa apresentar denúncia ao Ministério Público ou ao juiz. § 8º Se procedente a denúncia, o juiz destituirá o apoiador e nomeará, ouvida a pessoa apoiada e se for de seu interesse, outra pessoa para prestação de apoio. § 9º A pessoa apoiada pode, a qualquer tempo, solicitar o término de acordo firmado em processo de tomada de decisão apoiada. § 10. O apoiador pode solicitar ao juiz a exclusão de sua participação do processo de tomada de decisão apoiada, sendo seu desligamento condicionado à manifestação do juiz sobre a matéria. § 11. Aplicam-se à tomada de decisão apoiada, no que couber, as disposições referentes à prestação de contas na curatela".

757 Cf. amplamente: CRISTIANO CHAVES DE FARIAS e NELSON ROSENVALD. *Curso de direito civil*: famílias. 10ª ed. Salvador: JusPodivm, 2018, p. 946-951, v. 6.

758 Há entendimento no sentido de que todos os legitimados para a curatela podem

3) não se trata, portanto, de processo de interdição, mas, sim, de procedimento de jurisdição voluntária específico, com aplicação supletiva das disposições gerais; 3) o pedido de tomada de decisão apoiada será formulado pelo interessado, constando termo com os limites do apoio a ser oferecido e os compromissos dos apoiadores, que deverão ser expressamente indicados, incluindo o prazo de vigência do acordo e o respeito à vontade, aos direitos e aos interesses da pessoa que devem apoiar; 4) recebido o pedido, o juiz constituirá equipe multisciplinar para ouvir o interessado e as pessoas que prestarão o apoio, podendo ser determinada perícia; 5) prevê-se a intervenção do Ministério Público, mas há aqui três questões a se discutir: 5.1) por se tratar de capacidade plena somente deve haver intervenção do Ministério Público se se tratar de TDA que envolva direitos indisponíveis, isto é, o apoio pleiteado se dê para a prática de atos jurídicos que envolvam direitos indisponíveis, não havendo necessidade de intervenção automática em todos os casos; 5.2) entretanto, seguindo a linha de pensamento já exposta em outras passagens deste livro, quando há regra expressa prevendo a intervenção do Ministério Público, a intimação será obrigatória, ainda que não haja efetiva atuação no processo; 5.3) o momento procedimental previsto para o pronunciamento do Ministério Público é prematuro, parecendo-nos que se deva intimá-lo para participar da oitiva, mas sua manifestação deverá ser posterior a esse ato, já que serão colhidos os elementos necessários para a análise completa dos fatos; 6) o pedido será julgado por sentença, sendo cabível o recurso de apelação; 7) havendo dissenso entre os apoiadores, poderá haver suprimento judicial do apoio; 8) se, no decorrer do procedimento, for constatada incapacidade do interessado poderá ser convertido o processo em interdição, com as adaptações procedimentais necessárias, incluindo a intervenção obrigatória do Ministério Público e, se for o caso, as adaptações subjetivas e objetivas;[759] 9) o apoiador poderá ser

---

requerer o TDA: Cristiano Chaves de Farias e Nelson Rosenvald. *Curso de direito civil*: famílias. 10ª ed. Salvador: JusPodivm, 2018, p. 949-950, v. 6), o que não parece correto, já que se trata de pessoa plenamente capaz cuidando de direito próprio e personalíssimo, sendo necessário seu ato volitivo para que incida esse específico regime jurídico.

759 Em sentido contrário: Jefferson Carús Guedes. *Comentários ao Código de Processo Civil*. Marinoni, Arenhart e Mitidiero (coord.). São Paulo: RT, 2016, p. 474, v. 11. Assim se pronuncia o referido autor: "Não são nem fungíveis, nem conversíveis entre si a *interdição* e *tomada de decisão apoiada*, em que pese a complementariedade ou a característica comum de procedimentos de jurisdição voluntária; podem ser prejudiciais entre si, mas a improcedência de um pode abrir espaço à propositura de outro, consideradas as razões da rejeição do pedido em cada caso. Entretanto o processamento simultâneo dos procedimentos (de *interdição* e de *tomada de decisão apoiada*) pode motivar a reunião e o julgamento conjunto de processos mesmo sem ocorrência de conexão ou continência (arts. 55 e 56), para a preservação da coerên-

destituído, por meio de procedimento próprio ou, se possível, simples petição; 10) a qualquer tempo, a pessoa apoiada pode desistir da TDA; 11) o apoiador pode pedir ao juiz sua exclusão também a qualquer tempo; 12) os apoiadores deverão prestar contas anualmente; 13) deve ser aplicado o disposto no art. 755, § 3º, CPC, ao regime da TDA.[760]

Do mesmo modo que o procedimento de TDA pode redundar em processo de interdição, se identificada hipótese de incapacidade, o processo de interdição pode ser convertido em procedimento de TDA,[761] se constatada a plena capacidade, desde que o interessado se manifeste expressamente nesse

---

cia decisória (art. 55, § 3º). A coexistência desses institutos, portanto, aumenta o leque de possibilidades que o deficiente físico ou mental tem em promover atos de guarda e de tomada de decisões, restando ao deficiente ou às próprias pessoas que o circundam optar pela forma mais adequada ao caso concreto. Em face disso, não há que se falar em impossibilidade de coexistência desses institutos, mas sim de harmonia"; na nota de rodapé nº 948, na mesma página citada, prossegue: "Improvável que se cogite de conexão (art. 55) entre os dois procedimentos de *interdição* e de *tomada de decisão apoiada*, visto possuírem causas de pedir que são diversas e pedidos também diferentes; a continência não se revela possível, pela mesma razão final da diferença entre pedidos nos dois procedimentos e pela diversidade de 'partes'. Mesmo assim, havendo coincidência temporal de procedimentos de *interdição* e de *tomada de decisão apoiada,* envolvendo a mesma pessoa pode ser justificável a reunião de processos de modo a prevenir o 'risco de prolação de decisões conflitantes ou contraditórias caso [sejam] decididos separadamente' (art. 55, § 3º)".

760 DIEGO ESTEVES, ELISA COSTA CRUZ e FRANKLYN ROGER ALVES SILVA. As consequências materiais e processuais da Lei Brasileira de Inclusão da Pessoa com Deficiência e o papel da Defensoria Pública na assistência jurídica das pessoas com deficiência. *Revista de Processo nº 258*. São Paulo: RT, agosto de 2016, p. 304.

761 "Tomada de Decisão Apoiada – Decisão que deferiu, liminarmente, *curatela* provisória ao requerente – Inconformismo deste – Alegação de que suas restrições limitam-se a aspectos físicos causados por males associados à diabete, não sendo ele um incapaz, de forma que a *curatela* lhe é medida desproporcional – Acolhimento – Atestado médico trazido pelo requerente aos autos e estudo psicossocial realizado pelos setores técnicos auxiliares do juízo indicam estar o requerente com suas faculdades cognitivas integralmente preservadas, sofrendo apenas de limitação de locomoção e de visão, além de restrições decorrentes do analfabetismo – Quadro do requerente que se afasta da incapacidade civil que enseja a interdição – *Deficiência* que importa apenas em limitações no exercício do autogoverno – Constatada, ademais, existência de relação de afeto e mútua confiança entre o requerente e as duas pessoas indicadas como apoiadoras, sua companheira e sua filha – Evidenciada a probabilidade do direito invocado, de forma a afastar a *curatela* provisória e permitir a nomeação das indicadas como apoiadoras provisoriamente, até o desfecho da demanda, nos termos do art. 300 do Código de Processo Civil – Contexto fático que, a princípio, compatibiliza-se com as previsões do art. 1.783-A do Código Civil – Recurso provido" (TJSP, Agravo de Instrumento nº 2049735-75.2017.8.26.0000, rel. RUI CASCALDI, public. 18/9/2017).

sentido, sempre com as adaptações procedimentais necessárias.

120. Curatela ao nascituro

Nos termos do art. 1.779, CC, "dar-se-á curador ao nascituro, se o pai falecer estando grávida a mulher, e não tendo o poder familiar", acrescentando-se no parágrafo único que, "se a mulher estiver interdita, seu curador será o do nascituro". Trata-se de hipótese de rara incidência, na medida em que requer a trágica combinação envolvendo gravidez, ausência de poder familiar e morte do suposto pai.[762] Se se trata de nascituro, ainda não há que se falar em poder familiar em relação a ele. Por isso, somente se pode pensar em hipótese envolvendo a prévia interdição,[763] como se extrai do parágrafo único antes transcrito, mas ainda assim não se pode considerar que haverá definitividade dessa situação, diante da temporariedade da curatela, ou, ainda, na perda anterior de poder familiar em relação a outros filhos, supondo-se a extensão dessa situação. O falecimento do suposto pai por si só em nada interfere no poder familiar da genitora, de modo que deve haver a conjugação daquelas hipóteses. Dada a finalidade da regra, equipara-se à situação do pai falecido quando o suposto genitor for desconhecido ou ausente. Há também quem considere a incapacidade paterna uma outra condição passível de curatela,[764] o que nos parece de difícil compatibilidade com os termos do Estatuto da Pessoa com Deficiência. Trata-se de curatela temporária e, com o nascimento com vida, deverá o menor ser colocado em família substituta. Não se trata, portanto, de curatela decorrente de processo de interdição, nos moldes previstos no CPC, mas, sim, de nomeação de curador específico e temporário até que seja possível a tutela ou será hipótese de uma espécie de curatela por arrastamento, por assim dizer, no caso do parágrafo único.[765]

---

762 Cf. J. M. Leoni Lopes de Oliveira. *Direito civil*: família. Rio de Janeiro: Forense, 2018, p. 687.

763 A interdição da genitora não afeta automática e necessariamente o poder familiar, conforme se depreende dos arts. 6º e 85 do Estatuto da Pessoa com Deficiência.

764 Cf. J. M. Leoni Lopes de Oliveira. *Direito civil*: família. Rio de Janeiro: Forense, 2018, p. 688.

765 "A curatela dos interditos constitui uma modalidade especial de curatela, que não se confunde com inúmeras figuras assim também denominadas pela legislação civil, a exemplo da curatela ou curadoria dos bens do ausente (art. 22 do CC), da curadoria instituída em favor de menor indicado herdeiro em testamento (art. 1.800 do CC), da curatela dos bens da herança jacente (art. 1.819 do CC), da curatela dos filhos do curatelado (art. 1.778 do CC), da curatela do nascituro da interditanda (art. 1.779 do CC), ou pela legislação processual, como no caso da curadoria especial (art. 72 do CPC) e da curadoria do citando enfermo não interditado (art. 245 do CPC), entre outras. Assim, como se pode notar, todo interdito é curatelado, mas

121. Sujeitos processuais na interdição

Considerando-se as peculiaridades do processo de interdição, mais importante do que extremar os conceitos de partes e terceiros é fixar a ideia de que os sujeitos processuais devem ser considerados a partir da noção plena do contraditório.[766] Deve-se fixar, pois, a ideia de sujeitos dos processos, em que se incluem o juiz o autor e réu, além dos auxiliares permanentes da justiça, os sujeitos probatórios (testemunhas, peritos e assistentes técnicos), os terceiros, o Ministério Público e demais postulantes.[767]

Com efeito, se em seu formato mínimo a conformação subjetiva do processo pode se apresentar de modo bastante singelo, é cada vez mais comum a observação de situações que apresentam variada complexidade no aspecto subjetivo, fazendo com que os estáticos conceitos tradicionais não sejam suficientes para enquadrar hipóteses que se apresentam.[768] É possível, por exemplo, que o processo se instaure e extinga com o envolvimento apenas do autor e do juiz.[769]

---

nem todo curatelado é interdito" (LEONARDO FARIA SCHENK. *Comentários ao Código de Processo Civil.* ANTONIO DO PASSO CABRAL e RONALDO CRAMER (coord.). 2ª ed. Rio de Janeiro: Forense, 2016, p. 1064). Cf, ainda, ALCIDES DE MENDONÇA LIMA. *Comentários ao Código de Processo Civil.* São Paulo: RT, 1982, p. 429-430, v. XII

766 Cf. NICOLA PICARDI. *Audiatur et altera pars*: as matrizes histórico-culturais do contraditório. *Jurisdição e processo.* CARLOS ALBERTO ALVARO DE OLIVEIRA (org.). Luís Alberto Reichelt (trad. do texto citado). Rio de Janeiro: Forense, 2008; ANTONIO DO PASSO CABRAL. *Nulidades no processo moderno*: contraditório, proteção da confiança e validade *prima facie* dos atos processuais. Rio de Janeiro: Forense, 2009. Audiatur et Altera Pars: *Il contraddittorio fra principio e regola.* MAURIZIO MANZIN e FEDERICO PUPPO (org.). Milano: Giuffrè, 2008. Confira-se também o trabalho de HUMBERTO THEODORO JÚNIOR e DIERLE JOSÉ COELHO NUNES: Uma dimensão que urge reconhecer ao contraditório no direito brasileiro: sua aplicação como garantia de influência, de não surpresa e de aproveitamento da atividade processual. *Revista de Processo nº 168.* São Paulo: RT, fevereiro de 2009. Mais recentemente, entre outras referências bibliográficas, especialmente após a vigência no novo CPC: HUMBERTO THEODORO JÚNIOR, DIERLE NUNES, ALEXANDRE MELO FRANCO BAHIA e FLÁVIO QUINAUD PEDRON. *Novo CPC*: fundamentos e sistematização. 2ª ed. Rio de Janeiro: Forense, 2015, itens 2.1 e 2.2.

767 LEONARDO GRECO. *Instituições de processo civil.* 5ª ed. Rio de Janeiro: Forense, 2015, p. 239, v. 1.

768 Cf. LEONARDO GRECO. *Instituições de processo civil.* 5ª ed. Rio de Janeiro: Forense, 2015, p. 515, v. 1. Nesse sentido, por exemplo, além da intervenção prevista para a interdição de que nos ocuparemos oportunamente, temos a segunda parte do art. 1698 do Código Civil ainda causa grande controvérsia. Para FREDIE DIDIER JR., trata-se de litisconsórcio facultativo passivo simples ulterior, mediante iniciativa do autor ou do Ministério Público, caso intervenha no processo (Cf. *Curso de direito processual civil.* 18ª ed. Salvador: JusPodivm, 2016, p. 542-549, v. 1).

769 Embora em situações limitadíssimas, há a possibilidade em tese de o juiz iniciar de ofício eventual procedimento, mas sempre em referência a uma situação jurídica

Mas as complexidades podem ser inúmeras, como a presença de litisconsortes (inclusive com ingresso superveniente),[770] a intervenção de terceiros, os denominados litígios de massa, e os casos aptos a ensejar a formação de precedentes vinculativos. Afinal, é da natureza de um processo democrático sua aptidão para acomodação de pessoas que dele querem e devem participar. Participação e complexidade subjetiva constituem uma relevante dimensão desse fenômeno e não necessariamente se encaixam nas clássicas e estáticas posições constantes dos polos ativo e passivo ou nas figuras de terceiros delineadas na doutrina.

---

alheia, de modo que, ainda que se considere possível essa atuação judicial heterodoxa, a rigor não se deve pensar em processo em que se figure apenas o juiz. Em relação à existência necessária de réu, é plenamente possível que o processo se dê apenas entre autor e juiz, seja porque se está diante de uma "jurisdição necessária" (e a jurisdição voluntária é pródiga em situações assim), seja porque nem sequer seja possível ou útil a formação do polo passivo, o que não afeta, contudo, a formação de um processo jurisdicional sem réu. No caso da interdição, temos ainda a hipótese da autointerdição, que se examinará em item próprio.

770 "A realidade é que a diferença entre uma e outra teoria – de um lado, a de Chiovenda; de outro, a de Liebman – tem pouca relevância prática; no ordenamento vigente, de acordo com as posições colhidas da maioria da doutrina, restringe-se basicamente às figuras do *amicus curiae* e da *assistência simples*, na medida em que outros sujeitos que vêm participar do processo, depois da propositura da demanda originária, estão de todo modo envolvidos em uma demanda ou são pela própria lei equiparados a litisconsortes, como é o caso da assistência litisconsorcial. [...] O tema estudado neste trabalho, contudo, torna novamente relevante a diferença entre as duas teorias: quando o juiz convoca um terceiro para participar do processo, por meio da intervenção *iussu iudicis*, não é adequado afirmar, como se verá adiante, que ele proponha uma demanda em face desse terceiro. Assim, esse sujeito terá amplas possibilidades de participação no processo e em alguma media sujeitar-se-á às suas repercussões, de modo que, tal como se passa com a assistência simples, não teria sentido considerá-lo terceiro mesmo depois da intervenção. Definitivamente há grande diferença entre aqueles que participam do processo, ainda que não sejam os titulares da situação jurídica nele discutida, mas ostentam interesse de grau menor suficiente para permitir sua participação, e aqueles que jamais ingressaram no processo. Nesse ponto, é de duvidosa utilidade qualificar como terceiro sujeito interessado que está dentro do processo. De outro lado, é de se reconhecer que a lei, ao utilizar o vocábulo 'parte', nem sempre se refere a fatos que digam respeito ao assistente ou a atos que este possa praticar. Não há dúvida de que a demanda originária e outras demandas apresentadas ao longo do processo são relevantes para definir quem seja parte; mas o contraditório mostra-se ainda mais relevante, pois é elemento estruturante do próprio processo e permite que os sujeitos interessados dele participem adequadamente (por meio de poderes, faculdades, ônus e deveres)" (Lia Carolina Batista Cintra. *Intervenção de terceiro por ordem do juiz*: a intervenção *iussu iudicis* no processo civil. São Paulo: RT, 2017, p.55-57). Sobre os vários problemas envolvendo o litisconsórcio unitário, com enfoque moderno e ampla pesquisa: Elie Pierre Eid. *Litisconsórcio unitário*: fundamentos, estrutura e regime. São Paulo: RT, 2016.

No processo de interdição, como será visto nos itens seguintes, podemos chegar a uma configuração constante dos seguintes sujeitos processuais (uma espécie de formação subjetiva necessária): legitimado ativo (podendo haver litisconsórcio), juiz, legitimado passivo (que também pode ser legitimado ativo, em caso de "autointerdição"), Ministério Público, curador, curador especial e perito(s). Esses sujeitos estariam presentes necessariamente em todos os processos de interdição, caso se considerem, como parece que se encaminham doutrina e jurisprudência, que a perícia é prova essencial e que sempre haverá curador especial. Além dos sujeitos necessários, o CPC, além da representação por advogado do interditando, se o nomear, ainda faculta a intervenção prevista no art. 752, § 3º (necessariamente por meio de advogado), prevê o acompanhamento de especialista para a entrevista,[771] quando também poderão ser ouvidas pessoas próximas e parentes (art. 751, §§ 2º e 4º).

O procedimento de jurisdição é de jurisdição estatal necessária e autônomo, de modo que a situação de curatela somente pode ser constituída por decisão jurisdicional e por meio de procedimento próprio (isto é, não há procedimento incidental de interdição). Toda interdição, portanto, necessariamente será jurisdicional, mas isso não significa que possa ser iniciada de ofício. Mesmo em se tratando de jurisdição voluntária, em que tradicionalmente se considera haver maior inquisitoriedade, a iniciativa para instauração do procedimento não pode ser jamais judicial.[772]

Sem embargo dessa ressalva – talvez desnecessária –, o papel do Juiz como sujeito processual é de especial importância, não só em razão da finalidade do processo de interdição, mas sobretudo porque a legislação lhe confere atividades específicas para esse tipo de procedimento, menos o poder de iniciá-lo de ofício.

Antes de examiná-las, porém, cabe registrar que talvez o mais importante papel do Juiz no decorrer do procedimento seja precisamente o de desconcentrar poderes, ampliando ao máximo o contraditório e admitindo a participação plena dos interessados, a fim de que se esclareçam as circunstâncias

771 Considerando-se que a situação de curatela decorrente do processo de interdição deve ser excepcional e na medida das necessidades do interditando (art. 84 do Estatuto da Pessoa com Deficiência), o art. 1.771, CC, prevê que o juiz seja acompanhado por "equipe multidisciplinar".

772 Registre-se que o Estatuto da Pessoa com Deficiência autoriza a nomeação de ofício de curador provisório, explicitando o que já decorria do art. 749, parágrafo único, CPC: "Art. 87. Em casos de relevância e urgência e a fim de proteger os interesses da pessoa com deficiência em situação de curatela, será lícito ao juiz, ouvido o Ministério Público, de oficio ou a requerimento do interessado, nomear, desde logo, curador provisório, o qual estará sujeito, no que couber, às disposições do Código de Processo Civil".

que talvez justifiquem a limitação da capacidade naquele caso concreto. Nesse contexto, a entrevista do interditando, a produção da prova pericial e a admissão dos intervenientes, além de designações de audiências quando necessárias para o esclarecimento da causa, são atos fundamentais a serem exercidos no processo de interdição.

122. Legitimidade ativa

O art. 747, CPC, cuida basicamente da legitimidade ativa para a promoção da interdição,[773] com preferência para aqueles que mantêm vínculo que indicam proximidade com o interditando ou curatelando, isto é, o cônjuge ou companheiro, os parentes ou tutores e o representante de entidade no caso de pessoa que estela abrigada em instituição de longa permanência, com o Ministério Público funcionando como legitimado subsidiário em condições específicas, como se verá em item próprio.

O critério fundamental para qualquer questão envolvendo o processo de interdição é sua função protetiva para o interditando, de modo que também não escapa desse parâmetro a necessidade de se aferir a legitimidade ativa no caso concreto. Ou seja: se aquele que possui aptidão abstrata para promover a interdição possui concreta condição de atuar em defesa do interditando ou curatelando, nesse sentido de que a situação de curatela, por mais limitadora que seja, será constituída em benefício de quem dela necessita.

Em síntese, também na admissão do legitimado ativo há que se balizar pelo critério do melhor interesse do interditando, o que pode significar a exclusão casuística de algum legitimado ativo, como o cônjuge ou algum outro parente que com ele esteja em litígio.[774]

Pela mesma razão, havendo algum fato que afete o vínculo jurídico com o interditando ou curatelando, a legitimidade também não deve ser reconhecida, como no caso de destituição do poder familiar de um genitor ou da separação de

773 Cf. o Enunciado 57 da Jornada de Direito Processual Civil do Conselho da Justiça Federal: "Todos os legitimados a promover a curatela, cujo rol deve incluir o próprio sujeito a ser curatelado, também o são para realizar o pedido do seu levantamento".

774 "Curatela. Interdição. Nomeação de curadores. Cônjuge. Havendo litígio entre o interditando e aquele que a lei estabelece como possível curador, não pode ser obedecida a ordem legal, por exigência natural das coisas. Estando a mulher litigando com o marido em ação de divórcio, não deve ser nomeada curadora provisória dele. Art. 454 do CCivil. Recurso não conhecido" (REsp 138.599/SP, rel. Min. Ruy Rosado de Aguiar, Quarta Turma, j. 8/10/1997, DJ 10/11/1997, p. 57796). Ainda que a legitimidade ativa e a função de curador não se confundam, normalmente o requerente recebe a nomeação para o encargo. Entretanto, o mesmo raciocínio utilizado no julgado ora citado deve ser estendido à legitimidade ativa, já que a promoção da interdição vincula-se ao caráter protetivo.

fato, quando, a rigor, não existe mais o vínculo conjugal[775] (cf. art. 1.775, CC).[776]

Houve ampliação dos legitimados ao se referir o inciso segundo aos "parentes", o que, à míngua de restrição legal, deve ser compreendido o conceito legal, isto é, os parentes consanguíneos, em linha reta e colateral, e os afins (arts. 1.591 a 1.595, CC).[777]

A previsão do tutor como legitimado ativo se dá em virtude de a interdição poder incidir em tese sobre a situação jurídica de criança e adolescente, já que as causas da incapacidade são distintas. Evidentemente, tutela e curatela não se confundem e o tutor somente será legitimado no caso de haver prévia constituição da situação de tutela.

As instituições ou entidades de atendimento ou acolhimento não raro são o único e último refúgio de pessoas em situação de curatela,[778] de modo que é uma previsão útil e consentânea com a realidade social[779] a possibilidade de o representante possuir legitimidade ativa.[780]

---

775 Cf.: "O entendimento desta Corte é no sentido de admitir o reconhecimento da união estável mesmo que ainda vigente o casamento, desde que haja comprovação da separação de fato dos casados, havendo, assim, distinção entre concubinato e união estável, tal como reconhecido no caso dos autos. Precedentes. Súmula 83/STJ" (AgRg no AREsp 597.471/RS, rel. Min. HUMBERTO MARTINS, Segunda Turma, j. 9/12/2014, DJe 15/12/2014).

776 "Art. 1.775. O cônjuge ou companheiro, não separado judicialmente ou de fato, é, de direito, curador do outro, quando interdito".

777 O art. 1.768, II, CC, cuja redação era semelhante à que consta no art. 747, I e II, CPC, foi revogado pelo Estatuto da Pessoa com Deficiência, mas remanesce a disposição ora comentada, como visto no tópico sobre o problema de direito intertemporal.

778 Estatuto da Pessoa com Deficiência: Art. 85, § 3º: "No caso de pessoa em situação de institucionalização, ao nomear curador, o juiz deve dar preferência a pessoa que tenha vínculo de natureza familiar, afetiva ou comunitária com o curatelado".

779 "Como forma de resolver grave problema social, atribui-se legitimidade ao representante da pessoa jurídica que administra a entidade onde está abrigado o interditando. É comum que pessoas com algum tipo de deficiência mental sejam abandonadas pela família; muita vez essas pessoas têm direitos que precisam ser exercidos ou protegidos; a nomeação de um curador, representante do interdito, é indispensável para isso. A possibilidade de a entidade onde está abrigado o interditando poder pedir a interdição é, então, uma técnica para proteger o vulnerável. A entidade é legitimada para a interdição, mas isso não implica que o seu dirigente se torne o curador do interdito – a designação para a curatela deve seguir o disposto em lei" (FREDIE DIDIER JR. Da interdição. *Breves comentários ao Novo Código de Processo Civil.* 3ª ed. WAMBIER, DIDIER JR., TALAMINI e DANTAS (coord.). São Paulo: RT, 2016, p. 1931).

780 JEFFERSON CARUS GUEDES aponta que deveria a lei processual contemplar a legitimidade da família substituta em caso de acolhimento familiar, previsto no art. 19, § 1º, do Estatuto da Criança e do Adolescente (JEFFERSON CARUS GUEDES. *Comen-*

Embora taxativa, a ordem dos legitimados não é preferencial[781] nem excludente – em tese, é possível haver litisconsórcio, como em casos em que se pretende curatela compartilhada ou mesmo em reunião de ações de interdição ajuizadas autonomamente em face uma mesma pessoa –, cabendo a ressalva de que sempre o critério do melhor interesse do interditando deverá ser observado, o que pode excluir algum legitimado no caso concreto, e também que a lei pode limitar a legitimidade, como no caso do Ministério Público.

Na forma do parágrafo único do art. 747, o legitimado ativo deverá comprovar sua condição por meio de documentos que acompanham a petição inicial. Trata-se de requisito indispensável para a admissibilidade da ação, de modo que a legitimidade deve vir comprovada documentalmente a fim de possibilitar o controle pelo juiz. Essa prova documental poderá ser a certidão de casamento, o contrato de convivência ou outros documentos que comprovem a união estável, caso não haja registro público, a relação de parentesco, a condição de tutor, bem como a comprovação de que se trata de representante de entidade em que se encontra abrigado o interditando. No caso do Ministério Público, a documentação deve conter prova da incapacidade do interditando que justifica sua interdição e da omissão dos demais legitimados, o que pode ser obtido por meio de procedimento administrativo prévio. Em casos excepcionais, em que a urgência seja insuperável, pode ser postergada a juntada de documentos essenciais para a comprovação da legitimidade, o que, contudo, deve ser sanado no menor prazo possível. Essa

---

tários ao Código de Processo Civil. Marinoni, Arenhart e Mitidiero (coord.). São Paulo: RT, 2016, 482, v. 11). Entretanto, por força do art. 92 do Estatuto da Criança e do Adolescente, bem como do art. 747, III, CPC, pode-se estender essa legitimidade em caso de acolhimento familiar, se as circunstâncias do caso indicarem a preservação do melhor interesse do menor.

781 "Recurso especial. Civil. Processo civil. Ação de interdição. Legitimidade ativa. Ordem legal. Taxativa. Não prioritária. Negativa de prestação jurisdicional. Inexistência. Prequestionamento. Ausente. Súmula nº 282/STF. 1. Cinge-se a controvérsia a saber se a ordem prevista nos arts. 1.177 do Código de Processo Civil e 1.768 do Código Civil é exclusiva ou preferencial na fixação da legitimidade ativa para a propositura da ação de interdição. 2. A enumeração dos legitimados é taxativa, mas não preferencial, podendo a ação ser proposta por qualquer um dos indicados, haja vista tratar-se de legitimação concorrente. 3. A interdição pode ser requerida por quem a lei reconhece como parente: ascendentes e descendentes de qualquer grau (art. 1.591 do Código Civil) e parentes em linha colateral até o quarto grau (art. 1.592 CC). 4. A ação visa a curatela, que é imprescindível para a proteção e amparo do interditando, resguardando a segurança social ameaçada ou perturbada pelos seus atos. 5. A existência de outras demandas judiciais entre as partes por si só não configura conflito de interesses. Tal circunstância certamente será considerada quando e se julgada procedente a interdição for nomeado curador. 6. Recurso especial não provido" (REsp 1346013/MG, rel. Min. Ricardo Villas Bôas Cueva, Terceira Turma, j. 13/10/2015, DJe 20/10/2015).

documentação refere-se ao controle da legitimidade ativa e a ela deve ser acrescida toda a prova documental necessária para a instrução do processo de interdição, o que revela a complexidade de que deve se revestir a petição inicial do processo de interdição e o rigor com que deve ser apreciada sua admissibilidade. Em caso de irregularidade na petição inicial, aplica-se o disposto no art. 321, CPC.

Como na jurisdição voluntária costuma-se atribuir ao juiz poderes de iniciativa, convém registrar que no processo de interdição não se abre a possibilidade de decretação de ofício pelo juiz, cuja inércia é a regra e somente pode ser excepcionada por regra expressa.[782]

123. Autointerdição[783]

O Estatuto da Pessoa com Deficiência alterou o art. 1.768, IV, CC,[784] passando a prever a possibilidade de a própria pessoa promover o "processo que define os termos da curatela", caso se entenda que está vigente esse dispositivo, lembrando a questão de direito intertemporal antes examinada.[785]

---

782 Isso evidentemente não se confunde com a possibilidade de se nomear de ofício curador provisório, o que, além de expressamente autorizado por lei, pressupõe o ajuizamento da ação por um dos legitimados.

783 Com essa expressão, estamos nos referindo à legitimidade ativa do próprio interditando para o processo jurisdicional de interdição. Na doutrina, há estudo sobre a possibilidade de se firmar negócio jurídico atípico de autocuratela para a administração patrimonial da pessoa com deficiência, com uma espécie de mandato permanente, e como forma de expressão da autonomia do sujeito. Trata-se, portanto, de algo totalmente diverso do que aqui será tratado (sobre o tema sob o aspecto negocial: THAIS CÂMARA MAIA FERNANDES COELHO. *Autocuratela*. Rio de Janeiro: Lumen Juris, 2016; ANA CAROLINA BROCHADO TEIXEIRA, ANNA CRISTINA DE CARVALHO RETTORE e BEATRIZ DE ALMEIDA BORGES E SILVA. Reflexões sobre a autocuratela na perspectiva dos planos do negócio jurídico. *A teoria das incapacidades e o Estatuto da Pessoa com Deficiência*. FABIO QUEIROZ PEREIRA, LUÍSA CRISTINA DE CARVALHO MORAIS e MARIANA ALVES LARA (org.). 2ª ed. Belo Horizonte: D'Plácido, 2018, p. 157-202).

784 "Art. 1.768. O processo que define os termos da curatela deve ser promovido: [...] IV – pela própria pessoa". Todos os demais incisos que constavam no referido artigo foram revogados.

785 Como visto, tende a doutrina a considerar que os dispositivos devem conviver harmonicamente: "O CPC não prevê a possibilidade de o interditando promover a própria interdição. Sucede que, atendendo a antiga sugestão doutrinária (Alcides de Mendonça Lima. *Comentários ao Código de Processo Civil*. Ed. RT, 1982, v. XII, p. 436), o Estatuto da Pessoa com Deficiência (Lei n. 13.146/2015) previu essa possibilidade, ao alterar o art. 1.768 do Código Civil. O art. 1.768 do Código Civil havia sido revogado pelo CPC-2015 (art. 1.072, II), pois o regramento da legitimidade para a propositura da ação interdição passou a estar no art. 747 do CPC. Mas agora a Lei n. 13.146/2015, ignorando a revogação do dispositivo pelo CPC,

Trata-se de possibilidade consentânea com a nova feição que o tema recebeu a partir do novo regramento sobre a capacidade civil. Com efeito, se à primeira vista pode soar estranho que uma pessoa tenha discernimento para requerer a constituição de uma medida que pressupõe a impossibilidade de expressar sua vontade, o fato é que, de acordo com o referido Estatuto, as situações existenciais não são afetadas pela deficiência, de modo que é correta a previsão legal, que, aliás, já era alvitrada por doutrina na codificação anterior.[786] Trata-se, portanto, de legitimidade para requerimento de interdição por qualquer motivo, não sendo restrita à deficiência física,[787] intelectual ou mental que afete a expressão da vontade.

---

acrescenta-lhe um inciso (art. 1.768, IV, Código Civil), para permitir a promoção da interdição pelo próprio interditando – legitimando a autointerdição, portanto. Não há essa previsão no art. 747, CPC. O artigo alterado será revogado a partir de 18 de março de 2016. O que, então, fazer? Parece que a melhor solução é considerar que a revogação promovida pelo CPC levou em consideração a redação da época, em que não aparecia a possibilidade de autointerdição – é preciso fazer a fotografia daquele momento. A Lei 13.146/2015 claramente quis instituir essa nova hipótese de legitimação, até então não prevista no ordenamento – e, por isso, não pode ser considerada como 'revogada' pelo CPC. O CPC não poderia revogar o que não estava previsto. Assim, será preciso considerar que há um novo inciso ao rol do art. 747 do CPC, que permite a promoção da interdição pela 'própria pessoa'. A possibilidade de a própria pessoa pedir a sua interdição ratifica a natureza constitutiva da sentença de interdição: a pessoa, que é capaz, pede para ficar sujeita a um regime de curatela. Evidentemente, a autointerdição somente poderá ser admitida se proposta por pessoa que possua o mínimo de discernimento, como os portadores de Síndrome de Down e do Mal de Alzheimer. É preciso que a pessoa esteja em condições de expressar a sua vontade. Inadmissível aceitar autointerdição de uma pessoa em coma, por exemplo" (Fredie Didier Jr. Da interdição. *Breves comentários ao Novo Código de Processo Civil.* 3ª ed. Wambier, Didier Jr., Talamini e Dantas (coord.). São Paulo: RT, 2016, p. 1932).

786 "A pessoa pode perceber que não esteja em seu perfeito juízo e completo discernimento, mesmo em fases alternadas. A outorga de procuração a terceiro não resolveria, pois, a qualquer momento, poderia revogá-la. E pode haver o interesse manifesto de, definitivamente (pelo menos enquanto dure a anomalia psíquica), ser resguardada a própria pessoa e, máxime, seu patrimônio, com a nomeação de curador pelo juiz. Embora a lei não o mencione, entendemos possível, porque ninguém velará mais por si do que o próprio interessado" (Alcides de Mendonça Lima. *Comentários ao Código de Processo Civil.* São Paulo: RT, 1982, p. 436, v. XII).

787 A hipótese que era prevista no art. 1.780, CC, embora fosse caso de curatela judicial, não se tratava de processo de interdição, por não afetar a capacidade desse específico curatelado, de modo que seu procedimento era o de jurisdição voluntária comum (cf. Fredie Didier Jr. Da interdição. *Breves comentários ao Novo Código de Processo Civil.* 3ª ed. Wambier, Didier Jr., Talamini e Dantas (coord.). São Paulo: RT, 2016, p. 1929). Esse dispositivo, contudo, foi revogado pelo art. 123, VII, do Estatuto da Pessoa com Deficiência e a situação da deficiência física, desde que impeça a manifestação da vontade, insere-se no regramento geral do referido Estatuto. Mantém-se, todavia, a

A possibilidade de a própria pessoa requerer sua interdição, entretanto, apresenta algumas peculiaridades, o que motivou até mesmo o veto expresso de parte da doutrina acerca dessa possibilidade,[788] agora superada com a alte-

---

peculiar hipótese de curatela do nascituro no art. 1779, CC (cf. CRISTIANO CHAVES DE FARIAS e NELSON ROSENVALD. *Curso de direito civil*: famílias. 10ª ed. Salvador: JusPodivm, 2018, p. 980-982, v. 6). Ainda que a personalidade não encerre toda a categoria de sujeitos de direitos, cabendo à legislação a atribuição de capacidades também a outros entes, não há dúvida de sua importância, razão pela qual se deve precisar o início e fim especificamente da pessoa física. Diz-se que a personalidade inicia-se a partir do nascimento com vida e termina com a morte, natural ou presumida. Reserva-se, assim, à concepção apenas o papel de fato jurídico que assegura os direitos do nascituro (MARCOS BERNARDES DE MELLO. *Teoria do fato jurídico*: plano da eficácia – primeira parte. São Paulo: Saraiva, 2003, p. 147-149). Essa é uma decorrência da interpretação literal do art. 2º do CC, cuja redação não resolve definitivamente a polêmica da origem da personalidade, mormente em relação ao nascituro. Além dessa concepção natalista, há ainda quem sustente a personalidade do nascituro (cf., REsp 1415727/SC, rel. Min. LUIS FELIPE SALOMÃO, Quarta Turma, DJe 29/9/2014), problema que não pode ser ignorado e que ora se registra como importante tema para a configuração da personalidade, com repercussões sobre a caracterização da capacidade. Note-se que grassa na doutrina intensa polêmica inclusive sobre o conceito de nascituro, notadamente sobre a inclusão do embrião no âmbito da proteção jurídica, mesmo antes da implantação uterina. Como as hipóteses de incapacidades devem ser excepcionais, sobretudo a incapacidade de ser parte, por se tratar de decorrência direta da garantia de acesso à tutela jurisdicional, é mais apropriado tratar o tema a partir da situação jurídica que se quer protegida, não se afastando aprioristicamente a capacidade de ser parte do embrião e, evidentemente, do nascituro em seu conceito mais tradicional. Embora o nascituro seja sem dúvida um incapaz processual, parece-nos mais adequado atribuir-lhe personalidade, mas, inegavelmente, não se lhe pode negar a capacidade de ser parte. Problema que pode ser de complexa solução é o que decorre de sua evidente incapacidade processual, isto é, quem deverá representá-lo em juízo, considerando-se as possibilidades decorrentes de métodos de reprodução e das espécies de filiação, o que pode, por exemplo, abalar o critério preponderante da "mãe grávida", que é utilizado pela Lei 11.804/2008 (cf. GUILHERME CALMON NOGUEIRA DA GAMA. *A nova filiação*: o biodireito e as relações parentais. Rio de Janeiro: Renovar, 2003; GUILHERME DE OLIVEIRA. *Critério jurídico da paternidade*. Coimbra: Almedina, 2003. Mesmo na adoção pode haver particularidades advindas da filiação socioafetiva: REsp 1448969/SC, rel. Min. MOURA RIBEIRO, Terceira Turma, DJe 3/11/2014).

788 EDSON PRATA. *Comentários ao Código de Processo Civil*. Rio de Janeiro: Forense, 1978, p. 300, v. 7. LEONARDO GRECO, por sua vez, apontava que essa proibição de autointerdição era paradoxal em um sistema que trabalhava com legitimação extraordinária (*Jurisdição voluntária moderna*. São Paulo: Dialética, 2003, p. 111 – nessa mesma página, o autor entendia não guardar coerência com o sistema não conferir a possibilidade de a interdição ser iniciada de ofício pelo juiz, o que continua vedado no novo Código, a nosso ver com razão, já que não se deve atribuir legitimidade extraordinária a quem deve julgar e há colegitimados suficientes para a tutela dos direitos do interditando). Com postura restritiva mesmo após o Estatuto da Pessoa

ração legislativa.[789] Se a própria pessoa admite a necessidade de interdição, logo, da existência de uma incapacidade relativa, há necessidade de imediata regularização procedimental, nomeando-se curador provisório que passará a assistir o autor.[790]

---

com Deficiência: Antonio Carlos Marcato. *Procedimentos especiais*. 16ª ed. São Paulo: Atlas, 2016, p. 411.

789 Ressalve-se, também, que, sob o aspecto processual, há o já citado problema temporal no caso, já que o Estatuto da Pessoa com Deficiência promoveu várias alterações em artigos do Código Civil que foram revogados com a vigência do atual CPC (art. 1072, II, CPC). Parece-nos que a opção pela convivência normativa das regras se afigura possível, considerando-se as peculiaridades dos processos legislativos que caminharam paralelamente, o que causou previsíveis transtornos (cf. Fredie Didier Jr. Da interdição. *Breves comentários ao Novo Código de Processo Civil*. 3ª ed. Wambier, Didier Jr., Talamini e Dantas (coord.). São Paulo: RT, 2016, p. 1932; Fabio Caldas de Araújo. *Curso de processo civil*: procedimentos especiais. São Paulo: Malheiros, 2018, p. 519, tomo III). Essa ideia foi acolhida no Enunciado 680 do Fórum Permanente dos Processualistas Civis: "Admite-se pedido de autointerdição e de levantamento da própria interdição a partir da vigência do Estatuto da Pessoa com Deficiência". Entendendo possível a autointerdição em razão da finalidade própria do instituto da interdição: J. M. Leoni Lopes de Oliveira. *Direito civil*: família. Rio de Janeiro: Forense, 2018, p. 693-694.

790 Essa questão da capacidade processual do interditando, quando já nomeado curador provisório, ou mesmo na sentença, é complexa e há precedente do STJ no sentido de que deve ser preservado o mandato outorgado antes da constituição da incapacidade: "Recurso especial. Civil e processual civil. Ação de interdição. Efeitos da sentença de interdição sobre as procurações outorgadas pelo interditando a seus advogados no próprio processo. Negativa de seguimento à apelação apresentada pelos advogados constituídos pelo interditando. Não ocorrência da extinção do mandato. A sentença de interdição possui natureza constitutiva. Efeitos *ex nunc*. Inaplicabilidade do disposto no art. 682, II, do CC ao mandato concedido para defesa judicial na própria ação de interdição. Necessidade de se garantir o direito de defesa do interditando. Renúncia ao direito de recorrer apresentada pelo interditando. Ato processual que exige capacidade postulatória. Negócio jurídico realizado após a sentença de interdição. Nulidade. Atos processuais realizados antes da negativa de seguimento ao recurso de apelação. Preclusão. 1. A sentença de interdição tem natureza constitutiva, pois não se limita a declarar uma incapacidade preexistente, mas também a constituir uma nova situação jurídica de sujeição do interdito à curatela, com efeitos *ex nunc*. 2. Outorga de poderes aos advogados subscritores do recurso de apelação que permanece hígida, enquanto não for objeto de ação específica na qual fique cabalmente demonstrada sua nulidade pela incapacidade do mandante à época da realização do negócio jurídico de outorga do mandato. 3. Interdição do mandante que acarreta automaticamente a extinção do mandato, inclusive o judicial, nos termos do art. 682, II, do CC. 4. Inaplicabilidade do referido dispositivo legal ao mandato outorgado pelo interditando para atuação de seus advogados na ação de interdição, sob pena de cerceamento de seu direito de defesa no processo de interdição. 5. A renúncia ao direito de recorrer configura ato processual que exige capacidade postulatória, devendo ser praticado por advogado. 6. Nulidade do negócio jurídico realizado pelo interdito após a sen-

Além disso, há outras repercussões processuais que podem ser assim sintetizadas, todas elas a partir da premissa básica de que somente a pessoa que possa exprimir sua vontade pode formular o pedido de autointerdição[791]: 1) o fato de se tratar de autointerdição possui consequências procedimentais, como ausência de intimação para impugnação, mas não elimina a necessidade de ampla instrução da causa, com a necessidade de juntada de prova documental, incluindo o laudo médico anexado à inicial, e da realização de entrevista,[792] já que a regra do direito brasileiro é a capacidade e a situação de curatela é excepcional e deve ser adequada às circunstâncias do caso; 2) não se pode considerar a petição inicial como confissão, já que não se enquadra exatamente nos termos do art. 389, CPC, e, o mais importante, refere-se a direito indisponível (art. 392, CPC); 3) o fato de se tratar de autointerdição, entretanto, possui consequências acerca do comportamento da parte, de modo que, por exemplo, a necessidade de nomeação de curador provisório se torna evidente diante dessa situação, o que não impede, por si só, que seja sugerida na inicial quem deve exercer a função de curador; 4) a entrevista do interditando ou curatelando é obrigatória, já que se trata de momento procedimental em que o juiz e, em tese, um especialista ou equipe multidisciplinar avaliarão as condições pessoais do interditando, tratando-se de relevante etapa instrutória; 5) na autointerdição mostra-se ainda mais conveniente a ampliação subjetiva da entrevista, na forma do art. 751, § 4º, CPC; 6) não haverá polo passivo, de

---

tença de interdição. 7. Preclusão da matéria relativa aos atos processuais realizados antes da negativa de seguimento ao recurso de apelação. 8. Doutrina e jurisprudência acerca do tema. 9. Recurso especial parcialmente provido" (REsp 1251728/PE, rel. Min. Paulo de Tarso Sanseverino, Terceira Turma, j. 14/5/2013, DJe 23/5/2013). Entretanto, no caso da autointerdição, já há manifestação desde a origem sobre a própria incapacidade e não se trata aqui, a rigor, de direito de defesa.

791 Luiz Rodrigues Araújo e Eduardo Talamini. *Curso avançado de processo civil.* 16ª ed. São Paulo: RT, 2018, p. 314, v. 4.

792 "A inspeção judicial preliminar serve, também, para rejeitar demandas absurdas ou claramente fraudulentas – que podem ser muito frequentes na autointerdição, até mesmo com propósito de obtenção de benefício previdenciário (art. 40 da Lei n. 13.146/2015). A inspeção consistirá em uma entrevista, na qual o juiz perguntará ao interditando acerca de sua vida, negócios, bens, vontades, preferências, laços familiares e afetivos, e sobre o que mais lhe parecer necessário para convencimento quanto a sua capacidade para prática de atos da vida civil, devendo ser reduzidas a termo as perguntas e respostas. Essa entrevista é imprescindível para a delimitação da interdição, que será feita na sentença, nos termos do art. 755. Note que se a lei fala em entrevista, não mais em *interrogatório*, como no CPC/1973, do interditando, palavra que carrega consigo forte conotação inquisitorial, sem destacar o aspecto dialógico e cooperativo que essa inspeção-entrevista deve ter" (Fredie Didier Jr. Da interdição. *Breves comentários ao Novo Código de Processo Civil.* 3ª ed. Wambier, Didier Jr., Talamini e Dantas (coord.). São Paulo: RT, 2016, p. 1935-1936).

modo que inexistirá citação e prazo para impugnação, devendo haver apenas a intimação para o comparecimento à entrevista; 7) na autointerdição desde logo o interditando deverá estar acompanhado por advogado,[793] ou de defensor público,[794] não se impondo a presença de curador especial; 8) na autointerdição, portanto, não haverá a intervenção prevista no art. 752, § 3º, CPC, cujo pressuposto é a ausência de advogado, de modo que a participação será limitada precisamente na situação em que talvez seja mais necessária a participação de outros interessados, a fim de ampliar a possibilidade de esclarecimento e compreensão do quadro fático; 9) o interesse recursal do interditando se limitará aos termos da curatela e à nomeação do curador, não podendo recorrer da própria constituição da curatela; 10) as despesas do processo serão suportadas integralmente pelo interditando, aplicando-se a primeira parte do art.

---

793 Sobre a capacidade do interditando para conferir mandato a advogado: "Recurso especial. Civil e processual civil. Ação de interdição. Efeitos da sentença de interdição sobre as procurações outorgadas pelo interditando a seus advogados no próprio processo. Negativa de seguimento à apelação apresentada pelos advogados constituídos pelo interditando. Não ocorrência da extinção do mandato. A sentença de interdição possui natureza constitutiva. Efeitos *ex nunc*. Inaplicabilidade do disposto no art. 682, II, do CC ao mandato concedido para defesa judicial na própria ação de interdição. Necessidade de se garantir o direito de defesa do interditando. Renúncia ao direito de recorrer apresentada pelo interditando. Ato processual que exige capacidade postulatória. Negócio jurídico realizado após a sentença de interdição. Nulidade. Atos processuais realizados antes da negativa de seguimento ao recurso de apelação. Preclusão. 1. A sentença de interdição tem natureza constitutiva, pois não se limita a declarar uma incapacidade preexistente, mas também a constituir uma nova situação jurídica de sujeição do interdito à curatela, com efeitos *ex nunc*. 2. Outorga de poderes aos advogados subscritores do recurso de apelação que permanece hígida, enquanto não for objeto de ação específica na qual fique cabalmente demonstrada sua nulidade pela incapacidade do mandante à época da realização do negócio jurídico de outorga do mandato. 3. Interdição do mandante que acarreta automaticamente a extinção do mandato, inclusive o judicial, nos termos do art. 682, II, do CC. 4. Inaplicabilidade do referido dispositivo legal ao mandato outorgado pelo interditando para atuação de seus advogados na ação de interdição, sob pena de cerceamento de seu direito de defesa no processo de interdição. 5. A renúncia ao direito de recorrer configura ato processual que exige capacidade postulatória, devendo ser praticado por advogado. 6. Nulidade do negócio jurídico realizado pelo interdito após a sentença de interdição. 7. Preclusão da matéria relativa aos atos processuais realizados antes da negativa de seguimento ao recurso de apelação. 8. Doutrina e jurisprudência acerca do tema. 9. Recurso especial parcialmente provido" (REsp 1251728/PE, rel. Min. Paulo de Tarso Sanseverino, Terceira Turma, j. 14/5/2013, DJe 23/5/2013).

794 Cf. Diego Esteves, Elisa Costa Cruz e Franklyn Roger Alves Silva. As consequências materiais e processuais da Lei Brasileira de Inclusão da Pessoa com Deficiência e o papel da Defensoria Pública na assistência jurídica das pessoas com deficiência. *Revista de Processo nº 258*. São Paulo: RT, agosto de 2016, p. 310.

88, CPC, sem prejuízo de situações em que incida a gratuidade de justiça.

124. Legitimidade passiva

Legitimado passivo será sempre uma pessoa natural e a nova redação do art. 1.767, CC, dispõe que estão sujeitos à curatela aqueles que, por causa transitória ou permanente, não puderem exprimir sua vontade, os ébrios habituais, os viciados em tóxico e os pródigos. Note-se que foi superada qualquer referência à deficiência mental ou qualquer outra designação estereotipada que não raro era utilizada pela legislação e o critério definidor da primeira hipótese de pessoa sujeita à curatela é a impossibilidade de exprimir a vontade, por causa transitória ou permanente.[795] Os sujeitos passivos do procedimento de inter-

795 Essa drástica mudança legislativa, entre vários impactos, atinge a ideia que orientou o entendimento do Superior Tribunal de Justiça quando julgou possível a interdição de "sociopata": "Processual civil. Civil. Recurso especial. Interdição. Curatela. Psicopata. Possibilidade. 1. Ação de interdição ajuizada pelo recorrente em outubro de 2009. Agravo em recurso especial distribuído em 07/10/2011. Decisão determinando a reautuação do agravo em recurso especial publicada em 14/02/2012. Despacho determinando a realização de nova perícia psiquiátrica no recorrido publicado em 18/12/2012. 2. Recurso especial no qual se discute se pessoa que praticou atos infracionais equivalentes aos crimes tipificados no art. 121, § 2º, II, III e IV (homicídios triplamente qualificados), dos quais foram vítimas o padrasto, a mãe de criação e seu irmão de 03 (três) anos de idade, e que ostenta condição psiquiátrica descrita como transtorno não especificado da personalidade (CID 10 - F 60.9), esta sujeito à curatela, em processo de interdição promovido pelo Ministério Público Estadual. 3. A reincidência criminal, prevista pela psiquiatria forense para as hipóteses de sociopatia, é o cerne do presente debate, que não reflete apenas a situação do interditando, mas de todos aqueles que, diagnosticados como sociopatas, já cometeram crimes violentos. 4. A psicopatia está na zona fronteiriça entre a sanidade mental e a loucura, onde os instrumentos legais disponíveis mostram-se ineficientes, tanto para a proteção social como a própria garantia de vida digna aos sociopatas, razão pela qual deve ser buscar alternativas, dentro do arcabouço legal para, de um lado, não vulnerar as liberdades e direitos constitucionalmente assegurados a todos e, de outro turno, não deixar a sociedade refém de pessoas, hoje, incontroláveis nas suas ações, que tendem à recorrência criminosa. 5. Tanto na hipótese do apenamento quanto na medida socioeducativa – ontologicamente distintas, mas intrinsecamente iguais – a repressão do Estado traduzida no encarceramento ou na internação dos sociopatas criminosos, apenas postergam a questão quanto à exposição da sociedade e do próprio sociopata à violência produzida por ele mesmo, que provavelmente, em algum outro momento, será replicada, pois na atual evolução das ciências médicas não há controle medicamentoso ou terapêutico para essas pessoas. 6. A possibilidade de interdição de sociopatas que já cometeram crimes violentos deve ser analisada sob o mesmo enfoque que a legislação dá à possibilidade de interdição – ainda que parcial – dos deficientes mentais, ébrios habituais e os viciados em tóxicos (art. 1767, III, do CC-02). 7. Em todas essas situações o indivíduo tem sua capacidade civil crispada,

de maneira súbita e incontrolável, com riscos para si, que extrapolam o universo da patrimonialidade, e que podem atingir até a sua própria integridade física sendo também *ratio* não expressa, desse excerto legal, a segurança do grupo social, mormente na hipótese de reconhecida violência daqueles acometidos por uma das hipóteses anteriormente descritas, tanto assim, que não raras vezes, sucede à interdição, pedido de internação compulsória. 8. Com igual motivação, a medida da capacidade civil, em hipóteses excepcionais, não pode ser ditada apenas pela mediana capacidade de realizar os atos da vida civil, mas, antes disso, deve ela ser aferida pelo risco existente nos estados crepusculares de qualquer natureza, do interditando, onde é possível se avaliar, com precisão, o potencial de autolesividade ou de agressão aos valores sociais que o indivíduo pode manifestar, para daí se extrair sua capacidade de gerir a própria vida, isto porque a mente psicótica não pendula entre sanidade e demência, mas há perenidade etiológica nas ações do sociopata. 9. A apreciação da possibilidade de interdição civil, quando diz respeito a sociopatas, pede, então, medida inovadora, ação biaxial, com um eixo refletindo os interesses do interditando, suas possibilidades de inserção social e o respeito à sua dignidade pessoal, e outro com foco no coletivo – ditado pelo interesse mais primário de um grupo social: a proteção de seus componentes –, linhas que devem se entrelaçar para, na sua síntese, dizer sobre o necessário discernimento para os atos da vida civil de um sociopata que já cometeu atos de agressão que, in casu, levaram a óbito três pessoas. 10. A solução da querela, então, não vem com a completa abstração da análise da capacidade de discernimento do indivíduo, mas pela superposição a essa camada imediata da norma, da mediata proteção do próprio indivíduo e do grupo social no qual está inserido, posicionamento que encontrará, inevitavelmente, como indivíduo passível de interdição, o sociopata que já cometeu crime hediondo, pois aqui, as brumas da dúvida quanto à existência da patologia foram dissipadas pela violência já perpetrada pelo indivíduo. 11. Sob esse eito, a sociopatia, quando há prévia manifestação de violência por parte do sociopata, demonstra, inelutavelmente, percepção desvirtuada das regras sociais, dos limites individuais e da dor e sofrimento alheio, condições que apesar de não infirmarem, *per se*, a capacidade do indivíduo gerenciar sua vida civil, por colocarem em cheque a própria vida do interditando e de outrem, autorizam a sua curatela para que ele possa ter efetivo acompanhamento psiquiátrico, de forma voluntária ou coercitiva, com ou sem restrições à liberdade, a depender do quadro mental constatado, da evolução – se houver – da patologia, ou de seu tratamento. 12. Recurso especial provido" (REsp 1306687/MT, rel. Min. Nancy Andrighi, Terceira Turma, j. 18/3/2014, DJe 22/4/2014). Em que pese a importância do julgado, há que se considerar que o sociopata não é desprovido de discernimento nem impossibilitado de expressar sua vontade e, ainda que se considere que se trata de situação que mereça interdição, pensamos que não se encontra respaldo legal para essa medida, o que ilustra mais uma lacuna provocada pelo Estatuto da Pessoa com Deficiência (cf., sobre a importância e pertinência do referido julgado: Célia Barbosa Abreu. *Primeiras linhas sobre a interdição após o Novo Código de Processo Civil*. Curitiba: CRV, 2015, p. 39 e 56; Bruna Lima de Mendonça. Proteção, liberdade e responsabilidade: uma interpretação axiológico-sistemática da (in)capacidade de agir e da instituição curatela. *O Código Civil e o Estatuto da Pessoa com Deficiência*. Heloisa Helena Barboza, Bruna Lima de Mendonça e Vitor de Azevedo Almeida Junior (coord.). Rio de Janeiro: Processo, 2017, p. 43-46; como contraponto: Flávio Tartuce. *Direito civil*: direito de família. 13ª ed. Rio de Janeiro: Forense,

dição são os que se enquadram, em tese, na condição de relativamente incapazes de acordo com a nova redação do art. 4º, II, III e IV,[796] CC, já que a incapacidade absoluta, como já visto, ficou reservada exclusivamente aos menores de 16 anos (art. 3º, CC).[797] O efeito da interdição, se constituída a situação de curatela, formalmente será a incapacidade relativa provisória, de modo que o legitimado passivo somente poderá ser aquele sobre o qual puder recair tal estado jurídico.

Se a interdição é medida excepcional e a regra é a plena capacidade da pessoa (cf. arts. 6º, 84 e 85 do Estatuto da Pessoa com Deficiência), o procedimento de interdição deve ser todo orientado no sentido da preservação do melhor interesse do interditando, o que significa a constituição da curatela na exata medida de suas necessidades e, também, a não constituição de curatela se a medida não for estritamente necessária. Ou seja: o processo de interdição deve ser conduzido para ser aferida a excepcional necessidade de se impor uma situação de curatela e também para evitar que alguém que dela não necessite acabe por recebê-la. Nesse contexto, o interditando deve ser citado para duas finalidades: 1) a primeira refere-se à função mesma da citação, isto é, comu-

---

2018, p. 693-694, v. 5.).

796 "Art. 1.767, CC: Estão sujeitos a curatela: I – aqueles que, por causa transitória ou permanente, não puderem exprimir sua vontade; II – os ébrios habituais e os viciados em tóxico; [...] V – os pródigos". Em razão da própria finalidade do processo de interdição, não há interesse no ajuizamento da ação em face de criança ou adolescente, em razão da incapacidade absoluta ou relativa já existente. Entretanto, conhecendo-se os labirintos da burocracia brasileira, não é de todo possível que algum regramento exija a decretação de interdição para algum fim específico, fazendo surgir, assim, o interesse de agir. Na doutrina anterior ao CPC em vigor, já se sustentava a possibilidade de se interditar o relativamente incapaz (cf. EDUARDO SÓCRATES CASTANHEIRA SARMENTO. *A interdição no direito brasileiro.* 2ª ed. Rio de Janeiro: Lumen Juris, 2008, p. 18). "Apelação. Interdição de menor. Extinção do processo sem resolução do mérito. Apelo do autor. Consistência do inconformismo. Interditando que, nada obstante absolutamente incapaz para os atos da vida civil em razão da menoridade civil, padece da Síndrome de Rubinstein Taybi, associada à *deficiência* mental grave. Possibilidade de interdição. *Curatela* que visa a proteger pessoas cuja incapacidade independe da idade. Precedentes desta Câmara e Tribunal. Sentença anulada, com retorno dos autos à Vara de origem, para regular prosseguimento do feito e realização da instrução probatória. Recurso Provido" (TJSP, Apelação nº 1014405-78.2015.8.26.0008, rel. VIVIANI NICOLAU, public. 12/7/2016). Evidentemente, se se tratar de pessoa emancipada, há interesse em eventual ação de interdição.

797 Como visto na nota anterior, a possibilidade de interdição de menor é assunto controvertido, já que a incapacidade em razão da idade atingiria o interesse em se constituir a curatela. Entretanto, o caso concreto pode revelar esse interesse e o fato de o tutor ser legitimado reforça essa possibilidade de interdição de menor, já que a tutela é instituto exclusivo para a proteção de crianças e adolescentes.

nicar o conteúdo do processo e possibilitar o contraditório, que abrange não só o prazo para oferecimento de eventual contestação a partir da entrevista (art. 752, CPC), mas também a ciência desde logo do ajuizamento da ação e de seus termos; 2) além disso, será o interditando citado para comparecer à audiência em que será entrevistado pelo juiz (art. 751, CPC). Essa entrevista insere-se nessa ampla formação de um conjunto probatório que embasará ou não a constituição da curatela, ou seja, trata-se de ato que integra a cognição das circunstâncias concretas que balizarão o processo de interdição. O mandado de citação deverá ser acompanhado de cópia da petição inicial, não se aplicando o art. 695, § 1º, CPC, por sua incompatibilidade com esse procedimento. Pode-se configurar a situação prevista no art. 245, CPC, quando, então, o curador não poderá ser a mesma pessoa que ajuizou a ação. No caso de autointerdição, evidentemente não haverá citação do interditando, que, contudo, deverá ser intimado para a entrevista.

Examinemos as hipóteses previstas no art. 1.767 do Código Civil.

A) *Impossibilidade de manifestar a vontade por motivo transitório ou permanente*

Como já visto ao tratarmos das incapacidades, o art. 4º, I, CC, considera relativamente incapazes "aqueles que, por causa transitória ou permanente, não puderem exprimir sua vontade", o que delimita a legitimidade passiva para a ação de interdição, conforme o art. 1.767, I, CC. As causas transitórias referem-se a hipóteses em que persiste prognóstico concreto de restabelecimento pleno da possibilidade de manifestar vontade, que, temporariamente, estará afetada por alguma doença, lesão ou outra causa por ventura capaz de estabelecer tal quadro. Não há relação direta e necessária com deficiência mental ou intelectual, já que a causa para a situação de curatela não está na doença ou no estado psíquico, mas na impossibilidade de manifestação da vontade "qualificada pelo discernimento".[798]

798 "Isso porque a pessoa que transmite a sua vontade tem de ter um mínimo de compreensão e discernimento acerca dos efeitos do ato de autonomia privada. Nos casos em que são relevantes os efeitos do ato praticado, ao se examinar a capacidade de determinada pessoa (com deficiência ou não), deve-se analisar não só a sua capacidade de exteriorizar uma vontade, mas a sua capacidade de exprimir uma vontade qualificada pelo discernimento, entendido como o fator que nos faz capazes de avaliar as consequências de nossos atos e ter consciência da correlata responsabilidade advinda de sua prática. Assim, não só quando a pessoa não tenha condições de exprimir uma vontade consciente e responsável – repita-se, qualificada pelo discernimento – pode vir a sofrer restrições em sua capacidade de agir, com base na nova dicção do art. 4º, III, do Código Civil" (Bruna Lima de Mendonça. Proteção, liberdade e responsabilidade: uma interpretação axiológico-sistemática da (in)capacidade de agir e da instituição curatela. *O Código Civil e o Estatuto da Pessoa com Deficiência*. Heloisa Helena Barboza, Bruna Lima de Mendonça e Vitor de Azevedo Almeida Junior (coord.). Rio de Janeiro: Processo, 2017, p. 40).

Como já afirmamos em mais de uma passagem, inexiste relação automática[799] e de causa e efeito entre incapacidade e deficiência,[800] mas é inegável que deter-

799 "Assim, o fato de um sujeito possuir transtorno mental de qualquer natureza não faz com que ele, automaticamente, se insira no rol incapazes. É um passo importante na busca pela promoção de igualdade dos sujeitos portadores de transtorno mental, já que se dissocia o transtorno da necessária incapacidade. Mas é também uma grande mudança em todo o sistema das incapacidades, que merece cuidadosa análise. A mudança apontada não implica, entretanto, que o portador de transtorno mental não possa vir a ter a sua capacidade limitada para a prática de certos atos. Mantém-se a possibilidade de que venha ele a ser submetido ao regime de curatela. O que se afasta, repise-se, é a sua condição de incapaz. É possível que, por exemplo, o transtorno que possui faça com que transitória ou permanentemente não possa exprimir sua vontade, o que faria com que viesse a figurar como incapaz por força do art. 4º, III. Mas a incapacidade decorreria não do *status* de portador de transtorno mental como antes, e sim da impossibilidade em exprimir a vontade, que pode decorrer de outras causa, como, por exemplo, o estado de coma" (MAURÍCIO REQUIÃO. *Estatuto da Pessoa com Deficiência, incapacidade e interdição*. Salvador: JusPodivm, 2016, p. 162). Há, portanto, distinção entre curatela e incapacidade (cf. CRISTIANO CHAVES DE FARIAS e NELSON ROSENVALD. *Curso de direito civil*: famílias. 10ª ed. Salvador: JusPodivm, 2018, p. 956, v. 6).

800 "Na infinita maioria das hipóteses, o surdo-mudo tem condições de manifestar sua vontade, salvo se além da surdo-mudez não puder exprimir sua vontade ainda que temporariamente. Portanto, no sistema do atual CC o surdo-mudo, ao atingir dezoito anos de idade, é pessoa capaz. Mas pode acontecer que o surdo-mudo não tenha recebido educação específica e, como consequência, não consiga manifestar sua vontade. Somente nessa hipótese surge a questão de saber onde enquadrar o surdo-mudo dentro das regras de incapacidade, a fim de proteger sua pessoa e seus bens. Nessa hipótese a interdição deve ser provisória, estabelecendo os limites dela, bem como a determinação expressa ao curador de proporcionar ao surdo-mudo educação específica a fim de poder manifestar sua vontade, e como resultado, levantar-se a interdição. Aí está o ponto central de uma possível interdição do surdo-mudo: proporcionar a ele o ingresso em estabelecimento apropriado, a fim de educá-lo, com o objetivo de recobrar sua capacidade" (J. M. LEONI LOPES DE OLIVEIRA. *Direito civil*: família. Rio de Janeiro: Forense, 2018, p. 682-683). Veja-se interessante julgado do STJ antes mesmo da vigência do Estatuto da Pessoa com Deficiência: "Direito civil. Pessoa com deficiência. Ação individual. Processo de jurisdição voluntária. Pedido de homologação de acordo extrajudicial. Legitimidade do MP para recorrer. Acordo aceito pelo deficiente físico. Autonomia da vontade. 1. O acordo celebrado por deficiente físico, ainda que abrindo mão de tratamento particular de saúde em troca de pecúnia, não pode ser impugnado pelo MP sob o pálio do art. 5º da Lei 7.853/89. O fato da deficiência física não tira da pessoa sua capacidade civil e sua aptidão para manifestar livremente sua vontade. 2. Já basta ao deficiente a violência decorrente de sua limitação física. Não é admissível praticar uma segunda violência, tratando-o como se fosse relativamente incapaz, a necessitar de proteção adicional na prática de atos ordinários da vida civil, proteção essa que chegue ao extremo de contrariar uma decisão que ele próprio tomou acerca dos rumos de sua vida. 3. O argumento de que 'o direito à saúde é indisponível' e que, portanto, não pode haver sua redução a um quociente monetário, é equivocado. Qualquer pessoa pode optar por receber tratamento particular, pagando o preço correspondente, ou valer-se

minados tipos de deficiências podem ensejar essa hipótese de interdição, mas porque estará afetada a manifestação da vontade.[801] Já a impossibilidade permanente relaciona-se com alguma causa física ou psíquica que não indique prognóstico de superação. Note-se que preferimos falar em indicação de prognóstico, porque a evolução da ciência pode fazer com que algumas situações hoje consideradas permanentes recebam evolução no tratamento, tornando impossível a fixação dessas hipóteses de incapacidade. É indiferente, para fins de interdição, se a impossibilidade de manifestação de vontade é congênito ou foi decorrente de algum evento em determinada fase da vida. Em qualquer situação, a incapacidade será relativa, conforme as alterações legislativas advindas a partir da vigência do Estatuto da Pessoa com Deficiência.

B) *Ébrios habituais e viciados em tóxico*

Manteve-se a referência aos ébrios habituais e viciados em tóxico, o que é ao mesmo tempo equivocado e incompleto. O equívoco se dá porque, se o critério passa a ser a possibilidade de manifestação da vontade, a causa passa a ser irrelevante e o vício em substâncias lícitas ou ilícitas não é um modo único e diverso de afetar o discernimento. Além disso, esses vícios se enquadram no conceito mais amplo de transtorno mental,[802] não havendo razão para a discriminação legal.[803] A habitualidade capaz de alterar o discernimento da

---

da saúde pública. No acordo objeto de homologação, o deficiente físico não renunciou a um tratamento de saúde. Apenas optou pelo tratamento na rede pública. 4. Recurso especial improvido" (REsp 1105663/SP, rel. Min. Nancy Andrighi, Terceira Turma, j. 4/9/2012, DJe 27/9/2012).

801 "Frise-se à exaustão: o divisor de águas da capacidade para a incapacidade de uma pessoa com deficiência não mais reside nas características da pessoa, mas no fato de se encontrar em uma situação que as impeça, por qualquer motivo, de expressar a sua vontade. Prevalece o critério da impossibilidade de o cidadão maior tomar decisões de forma esclarecida e autônoma sobre a sua pessoa ou bens ou de adequadamente as exprimir ou lhes dar execução" (Cristiano Chaves de Farias e Nelson Rosenvald. *Curso de direito civil*: famílias. 10ª ed. Salvador: JusPodivm, 2018, p. 944, v. 6).

802 Sobre a complexidade da definição de "transtorno mental": Luciana Barbosa Musse. *Novos sujeitos de direito*: as pessoas com transtorno mental na visão da bioétia e do biodireito. Rio de Janeiro: Elsevier/Campus Jurídico, 2008. Confira-se ainda a discussão a partir da noção de "sofrimento mental": Anna Flávia Magalhães de Caux Barros. *Diálogos entre direito e sofrimento mental*: um debate sobre identidade e alteridade. Belo Horizonte: Arraes, 2017.

803 "O art. 114 [do Estatuto da Pessoa com Deficiência] altera também o art. 4º do CC/2002, nos incisos II e III. Neste particular, necessário chamar a atenção para o fato de que, se a *mens legislatoris* era também a de afastar o estigma sobre as pessoas com transtorno mental, não faz sentido a manutenção dos ébrios habituais e dos viciados em tóxico no dispositivo, como relativamente incapazes. Afinal, não se tem dúvida de que esses, de acordo com a CID 10 (Classificação Internacional de Doenças) e o DSM – 5 (Manual Diagnóstico e Estatístico de Transtornos Mentais)

pessoa que consome produtos lícitos ou ilícitos que alteram a realidade pode justificar também a situação de curatela. Isso significa, evidentemente, que o uso por si só dessas substâncias não é suficiente para justificar a restrição da capacidade, sendo necessária a habitualidade que afete o discernimento. Questão interessante está na possibilidade de se interditar pessoas que usam de modo abusivo e habitual substâncias lícitas que não sejam bebidas alcoólicas, mas que igualmente afetam o discernimento e possuem efeitos tão ou mais devastadores, como medicamentos sem ou em desacordo com prescrições médicas.[804] Se se entender que não se pode interpretar de modo extensivo a regra que restringe a capacidade,[805] há aparente lacuna legal, já que o dispositivo é expresso ao limitar a substâncias ilícitas e a bebidas alcoólicas a possibilidade de interdição, sendo que é evidente a existência de um grave quadro fático em que pessoas fazem uso abusivo de substâncias originalmente lícitas que afetam a manifestação de vontade. Talvez se pudesse considerar que, a partir do momento em que uma substância lícita passa a ser utilizada em desacordo com o regramento (exemplo: medicamento controlado consumido sem a devida prescrição médica ou em doses não prescritas), seria o caso de enquadrar como vício em tóxico.[806] Entretanto, todas essas hipóteses somente terão relevância se afetado o discernimento, de modo que o problema pode ser resolvido com a hipótese do art. 1.767, I, CC.

C) *Pródigo*

Mesmo com a reforma legislativa das capacidades, manteve-se o pródigo como relativamente incapaz, o que justifica a pertinente crítica doutrinária, na medida em que há visível dificuldade em se delimitar a prodigalidade na prática.[807] A prodigalidade refere-se à incapacidade de administração

---

são portadores de transtorno mental" (CÉLIA BARBOSA ABREU. A curatela sob medida: notas interdisciplinares sobre o estatuto da pessoa com deficiência e o novo CPC. *Revista Aquila*. Rio de Janeiro: Núcleo de Publicações da Universidade Veiga de Almeida Edição 17, julho/dezembro 2017, p. 39. Dsponível em: <ojs.uva.br/index.php?journal=revistaaquila>. Acesso em: 28 de março de 2018).

804 CRISTIANO CHAVES DE FARIAS e NELSON ROSENVALD. *Curso de direito civil*: famílias. 10ª ed. Salvador: JusPodivm, 2018, p. 941, v. 6.

805 Lembre-se uma vez mais de que o STJ já permitiu enfoque ampliativo no REsp 1306687/MT, rel. Min. NANCY ANDRIGHI, Terceira Turma, j. 18/3/2014, DJe 22/4/2014, para fins de interditar o "sociopata".

806 A Lei 11.343/2006, em seu art. 1º, parágrafo único, dispõe que "para fins desta Lei, consideram-se como drogas as substâncias ou os produtos capazes de causar dependência, assim especificados em lei ou relacionados em listas atualizadas periodicamente pelo Poder Executivo da União". Sendo assim, caso se considere "tóxico" o que está complementado em outras normas, há que se ter essa integração nromativa.

807 PONTES DE MIRANDA. *Tratado de direito privado*. 4ª ed. São Paulo: RT, 1983, p. 318, tomo 9; CRISTIANO CHAVES DE FARIAS e NELSON ROSENVALD. *Curso de direito civil*:

do próprio patrimônio e é uma das dimensões decorrentes do patrimônio mínimo que deve assegurar a sobrevivência digna da pessoa e da família[808]. Os contornos conceituais da prodigalidade não são fornecidos pela lei, mas a doutrina indica que se trata de conduta que possa levar perigo injustificado ao patrimônio do pródigo e de sua família.[809] Há também quem considere a necessidade de o pródigo possuir cônjuge, companheiro ou herdeiro,[810] revelando, assim, uma finalidade protetiva a um núcleo familiar.[811] Trata-se, de todo modo, de forte intervenção estatal na gestão de patrimônio privado, o que soa heterodoxo, sobretudo se considerarmos que se trata de uma hipótese que vem sobrevivendo aos séculos e que é reproduzida aparentemente por uma postura passiva e acrítica do legislador, que, em matéria de jurisdição voluntária, parece repousar em uma espécie de câmara do tempo hermética. Nos termos do art. 1.782, CC, "a interdição do pródigo só o privará de, sem curador, emprestar, transigir, dar quitação, alienar, hipotecar, demandar ou ser demandado, e praticar, em geral, os atos que não sejam de mera administração". Com o Estatuto da Pessoa com Deficiência, a rigor parece ser essa a regra da situação de curatela, independentemente da causa, o que, como visto, pode gerar situações heterodoxas na prática no caso de outras incapacidades que não a do pródigo. Especificamente em relação ao pródigo, até mesmo em razão da causa e da finalidade dessa incapacidade, apenas os atos patrimoniais ensejarão assistência.

125. Competência

O CPC não fixou de modo claro a competência para o processo de in-

---

famílias. 10ª ed. Salvador: JusPodivm, 2018, p. 942, v. 6; J. M. Leoni Lopes de Oliveira. *Direito civil*: família. Rio de Janeiro: Forense, 2018, p. 685-687; Pontes de Miranda. *Tratado de direito privado*. 4ª ed. São Paulo: RT, 1983, p. 318, tomo 9.

808 Pontes de Miranda. *Tratado de direito privado* . 4ª ed. São Paulo: RT, 1983, p. 327-328, tomo 9.

809 J. M. Leoni Lopes de Oliveira. *Direito civil*: família. Rio de Janeiro: Forense, 2018, p. 684.

810 J. M. Leoni Lopes de Oliveira. *Direito civil*: família. Rio de Janeiro: Forense, 2018, p. 684.

811 "Pródigo é aquele que gasta, desmesurada e insensatamente, o que tem, de modo que poderá ser levado à miséria. A prodigalidade visa mais à proteção da família do que à do patrimônio individual. Por isso, somente constitui causa de incapacidade se o pródigo é casado, ou tem descendentes ou ascendentes, ou, ainda, se mantém uma união estável" (Marcos Bernardes de Mello. *Teoria da fato jurídico*: plano da validade. 8ª ed. São Paulo: Saraiva, 2008, p. 30). Entendendo que a proteção é da dignidade do próprio titular do patrimônio, já que a proteção da família está nos arts. 549 e 1.845, CC: Cristiano Chaves de Farias e Nelson Rosenvald. *Curso de direito civil*: famílias. 10ª ed. Salvador: JusPodivm, 2018, p. 942, v. 6.

terdição, permanecendo a lacuna normativa criticada há décadas pela doutrina, mas o critério fundamental que inspira esse tema, isto é, o melhor interesse do interditando ou curatelando, também aqui deve ser utilizado.[812] Isso significa que, em princípio, o domicílio do interditando[813] deve ser o foro competente

---

812 "Conflito negativo de competência interdição. Curatela. Ação de prestação de contas. Princípio do melhor interesse do incapaz. Mitigação do princípio da *perpetuatio jurisdictionis* (art. 87 do CPC). Inaplicabilidade. Hipótese em que a interdita já é falecida. Conflito conhecido. 1. O Superior Tribunal de Justiça firmou entendimento de que nos processos que envolvam curatela deve prevalecer o interesse da pessoa interditada em detrimento de quaisquer outras questões, podendo ser mitigado, inclusive, o princípio da *perpetuatio jurisdictionis*, previsto no art. 87 do CPC, segundo o qual a competência se define no momento da propositura da ação, sendo irrelevantes as modificações do estado de fato ou de direito ocorridas posteriormente, salvo quando suprimirem o órgão judiciário ou alterarem a competência em razão da matéria ou da hierarquia. 2. Referido entendimento tem como pressuposto o melhor acesso do juiz ao interdito, zelando por seus interesses, consoante dispõe o princípio do melhor interesse do incapaz. Em demandas desse jaez é recomendável, no curso da instrução probatória, o contato direto do magistrado com o curatelado, para que o julgador possa extrair de forma mais acurada conclusões acerca de toda situação que circunda o exercício do *munus* da curatela, salvaguardando toda e qualquer necessidade do interditado. 3. A hipótese comporta solução diversa, tendo em vista que a ação de prestação de contas pela curadora foi manejada após o falecimento da interdita, circunstância que recomenda a manutenção da regra de estabilização da lide insculpida no art. 87 do CPC, e a observância do art. 919 do CPC. 4. Conflito conhecido para declarar competente o suscitado, o d. Juízo de Direito da Primeira Vara Cível, Família, Sucessões, Infância e Juventude de Itapaci – GO" (CC 134.097/DF, rel. Min. RAUL ARAÚJO, Segunda Seção, j. 28/10/2015, DJe 5/11/2015). "Processo civil. Conflito negativo de competência. Ação de interdição. Substituição do curador. Melhor interesse do incapaz. Princípio do juízo imediato. Foro de domicílio do interdito. Competência do juízo suscitado. 1. Irrelevante, na espécie, a discussão acerca da incidentalidade ou autonomia do pedido de substituição de curador, pois em ambos os casos a conclusão a que se chega é a mesma. 2. Em se tratando de hipótese de competência relativa, o art. 87 do CPC institui, com a finalidade de proteger a parte, a regra da estabilização da competência (*perpetuatio jurisdictionis*), evitando-se, assim, a alteração do lugar do processo, toda a vez que houver modificações supervenientes do estado de fato ou de direito. 3. Nos processos de curatela, as medidas devem ser tomadas no interesse da pessoa interditada, o qual deve prevalecer diante de quaisquer outras questões, devendo a regra da *perpetuatio jurisdictionis* ceder lugar à solução que se afigure mais condizente com os interesses do interditado e facilite o acesso do Juiz ao incapaz para a realização dos atos de fiscalização da curatela. Precedentes. 4. Conflito conhecido para o fim de declarar a competência do Juízo de Direito da 11ª Vara de Família e Sucessões de São Paulo-SP (juízo suscitado), foro de domicilio do interdito e da requerente" (CC 109.840/PE, rel. Min. NANCY ANDRIGHI, Segunda Seção, j. 9/2/2011, DJe 16/2/2011).

813 Registre-se que o art. 80 do Estatuto do Idoso prevê o domicílio do idoso como critério de competência absoluta, caso se trata de curatela de pessoa idosa, sem que,

para a interdição, podendo haver alterações dessa regra geral dependendo das circunstâncias do caso concreto.

Mesmo em se tratando de competência relativa, entende-se que não há preclusão para o interditando questioná-la, em virtude de sua vulnerabilidade.[814]

> **Art. 748.** O Ministério Público só promoverá interdição em caso de doença mental grave:
>
> **I** – se as pessoas designadas nos incisos I, II e III do art. 747 não existirem ou não promoverem a interdição;
>
> **II** – se, existindo, forem incapazes as pessoas mencionadas nos incisos I e II do art. 747.
>
> *CPC de 1973 – art. 1.178*

126. Ministério Público

Nos processos de interdição, o Ministério Público atuará sempre como fiscal da ordem jurídica, às vezes como legitimado ativo e nunca como curador especial.

Essa é a síntese de sua atuação, não havendo mais espaço para o insistente equívoco em épocas passadas sobre a natureza de sua participação no processo. O art. 752, §§ 1º e 2º, CPC, é didático ao separar as funções de fiscal da ordem jurídica e a de curador especial, de modo que no processo de interdição, sob o aspecto funcional, não há qualquer peculiaridade envolvendo a atuação do Ministério Público.

Caso o Ministério Público seja autor, será desnecessária a atuação de outro órgão como fiscal da ordem jurídica, não havendo previsão para essa dupla e distinta atuação. Na realidade, atuando como legitimado ativo o órgão do Ministério Público concentra também a função de fiscal da ordem jurídica[815].

---

evidentemente, confundam-se ambas as situações.

814 "A ação de interdição deve ser proposta no foro do domicílio do interditando. A competência territorial é relativa. Sucede que a não alegação da incompetência relativa, pelo interditando, não implica a prorrogação da competência. É que a prorrogação voluntária da competência, neste caso, é negócio processual tacitamente celebrado. A situação de possível vulnerabilidade do interditando impede a celebração de negócios processuais que lhe desfavoreçam. Exatamente por isso, se o interditando não apresentar resposta, não há preclusão do direito de alegar a incompetência relativa; o curador especial poderá fazê-lo, assim como o cônjuge, companheiro ou parente sucessível que se tenha tornado assistente" (Fredie Didier Jr. Da interdição. *Breves comentários ao Novo Código de Processo Civil.* 3ª ed. Wambier, Didier Jr., Talamini e Dantas (coord.). São Paulo: RT, 2016, p. 1939).

815 Em sentido contrário, Fredie Didier Jr. Da interdição. *Breves comentários ao Novo Código de Processo Civil.* 3ª ed. Wambier, Didier Jr., Talamini e Dantas (coord.). São Paulo: RT, 2016, p. 1938. Sobre a desnecessidade de atuação de mais de um

Como legitimado ativo, o Ministério Público possui atuação subsidiária e restrita, já que sua legitimidade encontra limitações normativas,[816] mesmo se se tratar de pessoa idosa, por força do art. 74, II, do Estatuto do Idoso.[817]

O *caput* do art. 748, CPC, mantém uma linguagem que não encontra paralelo no CC, revelando uma vez mais a falta de diálogo normativo com o Estatuto da Pessoa com Deficiência. Realmente, não se utiliza mais a expressão "doença mental grave",[818] que é uma espécie de versão amena da lamentável expressão "loucura furiosa" utilizada no art. 448, I, do CC de 1916, e, especialmente, da "anomalia psíquica" do art. 1.178, I, CPC de 1973. De acordo com o art. 2º do Estatuto da Pessoa com Deficiência, "considera-se pessoa com deficiência aquela que tem impedimento de longo prazo de natureza física, mental, intelectual ou sensorial, o qual, em interação com uma ou mais barreiras, pode obstruir sua participação plena e efetiva na sociedade em igualdade de condições com as demais pessoas".

Caberá ao médico ou à equipe multidisciplinar qualificar a deficiência mental como grave para fins de legitimidade do Ministério Público, o que deve ser aferido em procedimento administrativo preparatório ou a partir de documentação médica privada do interditando, caso a urgência do caso impe-

---

membro do Ministério Público: EMERSON GARCIA. *Ministério Público*: organização, atribuições e regime jurídico. 6ª ed. São Paulo: Saraiva, 2017, p. 503-505. O Superior Tribunal de Justiça também já decidiu nesse sentido: "O Ministério Público é uno como instituição, pelo que o fato de o mesmo ser parte do processo dispensa sua presença como fiscal da lei, porquanto defendendo os interesses da coletividade, através da ação civil pública, de igual modo atua na custódia da lei" (REsp 1042223/SC, rel. Min. LUIZ FUX, Primeira Turma, j. 16/12/2008, DJe 19/2/2009).

816 Em sentido contrário, entendendo haver ampla legitimidade com base no art. 1.769, CC: CRISTIANO CHAVES DE FARIAS e NELSON ROSENVALD. *Curso de direito civil*: famílias. 10ª ed. Salvador: JusPodivm, 2018, p. 966-967, v. 6; LUIZ CLÁUDIO CARVALHO DE ALMEIDA. A interdição a partir da Lei Brasileira de Inclusão da Pessoa com Deficiência (Estatuto da Pessoa com Deficiência). *Revista do Ministério Público do Estado do Rio de Janeiro nº 59*, janeiro/março de 2016, p. 186.

817 "Art. 74. Compete ao Ministério Público: [...] II – promover e acompanhar as ações de alimentos, de interdição total ou parcial, de designação de curador especial, em circunstâncias que justifiquem a medida e oficiar em todos os feitos em que se discutam os direitos de idosos em condições de risco". Essa parte final do dispositivo deixa claro que deve ser cotejado com o art. 43 do mesmo Estatuto. Nesse sentido: VITOR FONSÊCA. O Ministério Público e ação de interdição no novo CPC. *Ministério Público*. ROBSON RENAULT GODINHO e SUSANA HENRIQUES DA COSTA (coord.). 2ª ed. Salvador: JusPodivm, 2017, p. 265.

818 JOSÉ FRANCISCO SEABRA MENDES JÚNIOR. A atuação do MP na curatela diante das alterações decorrentes do novo CPC e do Estatuto da Pessoa com Deficiência. *Reflexões sobre o Novo Código de Processo Civil*. CLÁUDIO BARROS SILVA e LUCIANO DE FARIA BRASIL (org.). Porto Alegre: Livraria do Advogado, 2016, p. 338-339.

ça melhor avalição prévia documentada em procedimento próprio.

O fato é que, se a deficiência mental grave é condição específica para a legitimidade do Ministério Público, deve haver algum elemento de prova já na petição inicial. Situação interessante ocorrerá se, no decorrer da instrução, for constatada que a deficiência efetivamente existe, mas não em grau grave. Ou seja: é necessária a situação e curatela, mas não constitui uma hipótese de legitimidade do Ministério Público. Nesse caso, com base no disposto no art. 748, se as pessoas designadas nos incisos I, II, e III do art. 747, CPC, existirem, deverão se intimadas para assumir o polo ativo; se não comparecerem, o processo deverá ser extinto. Se não existirem tais pessoas ou forem incapazes, o processo será extinto por perda de legitimidade ativa. Não será caso de improcedência, porque, a rigor, haverá grau de deficiência apta para constituir a incapacidade relativa, mas não por meio de ação ajuizada pelo Ministério Público. Por se tratar de jurisdição voluntária, pode haver quem sustente a manutenção do processo com base na inaplicabilidade da legalidade estrita. Entretanto, por política legislativa optou-se por restringir a legitimidade do Ministério Público em um assunto que envolve a capacidade de uma pessoa e a extensão da legitimidade ativa contra a lei nessa seara é uma arbitrariedade que não deve ser tolerada. O legislador processual entendeu que somente em caso de deficiência mental grave deve incidir plenamente o aparato protetivo estatal, que inclui a legitimidade do Ministério Público. Lembre-se, ainda, de que há a possibilidade da autointerdição que é plenamente aplicável em grau moderado ou leve de deficiência, optando o legislador por confiar à própria pessoa a tutela de sua situação jurídica, de modo que pode o próprio interditando ou curatelando assumir o polo ativo, o que pode ser feito até mesmo em audiência com o juiz e o promotor de justiça, quando lhe será informada a situação.

Verifica-se, pois, que a legitimidade ativa do Ministério Público prevista no art. 748 do CPC é subsidiária[819] e supletiva, restrita a quatro requisitos: a) doença mental grave;[820] b) inexistência ou incapacidade dos outros legitimados

---

819 Leonardo Faria Schenk. *Comentários ao Código de Processo Civil.* Antonio do Passo Cabral e Ronaldo Cramer (coord.). 2ª ed. Rio de Janeiro: Forense, 2016, p. 1066-1067; Bruna Lima de Mendonça. Proteção, liberdade e responsabilidade: uma interpretação axiológico-sistemática da (in)capacidade de agir e da instituição curatela. *O Código Civil e o Estatuto da Pessoa com Deficiência.* Heloisa Helena Barboza, Bruna Lima de Mendonça e Vitor de Azevedo Almeida Junior (coord.). Rio de Janeiro: Processo, 2017, p. 54-55.

820 Em interpretação ampliativa, há quem sustente que se deve ler "vulnerabilidade grave" para fins de legitimidade do Ministério Público: Célia Barbosa Abreu. *Primeiras linhas sobre a interdição após o Novo Código de Processo Civil.* Curitiba: CRV, 2015, p. 151.

arrolados no art. 747, CPC; c) inércia desses legitimados; d) inércia do próprio interditando (art. 1.768, IV, CC).

Há, entretanto, o problema de direito intertemporal envolvendo o art. 1.769, CC, que foi alterado pelo Estatuto da Pessoa com Deficiência para utilizar a expressão "deficiência mental ou intelectual", mas aparentemente foi revogado pelo art. 1.072, II, CPC.[821] Como já foi visto, há forte tendência doutrinária no sentido da convivência dessas normas, que devem ser acomodadas harmonicamente visando à melhor tutela dos interesses da pessoa com deficiência.[822] Nesse sentido, há manifestações doutrinárias favoráveis à am-

---

821 Entende FREDIE DIDIER JR. que, não obstante o problema de direito intertemporal, prevalece o disposto no art. 1.769, CC, a cujos termos deve se adequar o art. 748, CPC (Da interdição. *Breves comentários ao Novo Código de Processo Civil.* 3ª ed. WAMBIER, DIDIER JR., TALAMINI e DANTAS (coord.). São Paulo: RT, 2016, p. 1931-1932). No mesmo sentido, FABIO CALDAS DE ARAÚJO. *Curso de processo civil*: procedimentos especiais. São Paulo: Malheiros, 2018, p. 517-520, tomo III.

822 Em relação à legitimidade do Ministério Público e a harmonização legislativa: JOSÉ FRANCISCO SEABRA MENDES JÚNIOR. A atuação do MP na curatela diante das alterações decorrentes do novo CPC e do Estatuto da Pessoa com Deficiência. *Reflexões sobre o Novo Código de Processo Civil.* CLÁUDIO BARROS SILVA e LUCIANO DE FARIA BRASIL (org.). Porto Alegre: Livraria do Advogado, 2016, p. 346-348. Sintetiza o problema FREDIE DIDIER JR.: "O Ministério Público também pode pedir a interdição. Mas essa legitimidade não é universal: para o CPC, o Ministério Público somente poderia pedir a interdição em caso de doença mental grave. Sucede que há, também aqui, um problema de direito intertemporal com a Lei n. 13.146/2015. O art. 1.769 do Código Civil foi revogado pelo CPC (art. 1.072, II), pois o regramento da legitimidade do Ministério Público para a propositura da ação interdição passou a estar no art. 748 do CPC. O CPC, no particular, havia inovado, ao exigir que o Ministério Público somente pudesse propor a ação de interdição em caso de doença mental grave (exigência que consta do *caput* do art. 748 do CPC) – pelo Código Civil, o caso de doença mental grave era um dos casos em que o Ministério Público poderia promover a ação, tanto que aparecia em um dos incisos do art. 1.769 do Código Civil. A Lei n. 13.146/2015, nesse ponto, não percebeu a mudança promovida pelo CPC-2015 e manteve a estrutura do Código Civil, alterando apenas a redação do inciso I do art. 1.769: em vez de 'doença mental grave', 'deficiência mental ou intelectual'. A diferença é evidente e, nesse caso, parece mais adequado considerar que houve revogação tácita do CPC-2015, no ponto, pela Lei n. 13.146/2015. A legitimidade do Ministério Público para a ação de interdição deve observar o comando do Estatuto da Pessoa com Deficiência. Assim, por exemplo, a princípio, não pode o Ministério Público pedir a interdição em razão da prodigalidade. Além disso, a legitimidade do Ministério Público é subsidiária; o Ministério Público somente é legitimado se não houver, ou, havendo, forem incapazes os demais legitimados. No caso de existirem outros legitimados capazes, o Ministério Público deve, antes de promover a interdição, expedir *recomendação* (art. 6.º, XX, LC 95/1993) para que promovam a interdição; se não o fizerem, surge a legitimidade do Ministério Público" (FREDIE DIDIER JR. Da interdição. *Breves comentários ao Novo Código de Processo Civil.* 3ª ed. WAMBIER, DIDIER JR., TALAMINI e DANTAS (coord.). São Paulo: RT, 2016, p. 1931-1932).

pliação da legitimidade do Ministério Público, superando-se as restrições que se extraem do art. 748, CPC.[823] A fonte normativa infraconstitucional da legitimidade ativa do Ministério Público seria, portanto, o art. 114 do Estatuto da Pessoa com Deficiência, na parte em que conferiu nova redação ao art. 1.769, CC, que passou a dispor que "o Ministério Público somente promoverá o processo que define os termos da curatela: I – nos casos de deficiência mental ou intelectual; II – se não existir ou não promover a interdição alguma das pessoas designadas nos incisos I e II do artigo antecedente;[824] III – se, existindo, forem menores ou incapazes as pessoas mencionadas no inciso II". Essa harmonização normativa efetivamente parece ser a melhor solução para a fixação da legitimidade ativa do Ministério Público que, nem por isso, será ampla e universal, mas, sim, permanecerá subsidiária. Com efeito, não deve ser o Ministério Público o legitimado primeiro ou principal para as ações constituidoras de curatela. Aqueles que convivem com o interditando ou ele próprio no caso de autointerdição é que devem ser os atores principais desse específico procedimento, mantendo-se na esfera subjetiva próxima essa legitimidade ativa.[825] Nesse contexto, a legitimidade ativa do Ministério Público

---

823 Cristiano Chaves de Farias e Nelson Rosenvald. *Curso de direito civil*: famílias. 10ª ed. Salvador: JusPodivm, 2018, p. 966-967, v. 6; Célia Barbosa Abreu. *Primeiras linhas sobre a interdição após o Novo Código de Processo Civil*. Curitiba: CRV, 2015, p. 151; José Francisco Seabra Mendes Júnior. A atuação do MP na curatela diante das alterações decorrentes do novo CPC e do Estatuto da Pessoa com Deficiência. *Reflexões sobre o Novo Código de Processo Civil*. Cláudio Barros Silva e Luciano de Faria Brasil (org.). Porto Alegre: Livraria do Advogado, 2016, p. 342-351. Alécio Silveira Nogueira. O Ministério Público como órgão agente e o novo CPC. *Ministério Público*. Robson Renault Godinho e Susana Henriques da Costa. 2ª ed. Salvador: JusPodivm, 2017, p. 388-398. Nesse sentido, Alécio Nogueira é bastante direto: nos casos que legitimam a atuaçao do Ministério Público com órgão agente, não há muito o que discorrer: a única forma de restringi-la a *doença mental grave* seria sustentar que *apenas* a previsão do art. 748 do novo CPC estaria em vigor, mas não há futuro nisso; a posição é frágil, dissociada na nova realidade jurídica, e é bastante claro que o Estatuto da Pessoa com Deficiência se empenha em proteger aquelas pessoas que, pelo menos em algum grau, apresentem deficiência mental ou intelectual, não sendo uma posição institucional coerente do Ministério Público fugir desse compromisso – até porque o art. 79, § 3º, da citada lei o convoca, junto com a Defensoria Pública, a tomar "as medidas necessárias à garantia dos direitos previstos nesta Lei" (ob. cit., p. 394).

824 Note-se que no inciso II do art. 1768, CC, não se faz menção ao companheiro como legitimado ativo, mas deve ser feita interpretação no sentido de abrangê-lo, não só por força da Constituição, mas também pelo que consta no art. 747, I, CPC.

825 "Mesmo com a amplitude do art. 1.768 do CC (de certa forma repristinado pelo Estatuto da Pessoa com Deficiência), nossa posição é a de que a legitimidade do Ministério Público só ocorre diante de algum tipo *relevante* de deficiência mental, que possa aproximar-se do conceito de *doença grave* do art. 748 do novo CPC (por

somente se fará presente se existentes estas situações cumulativamente: a) deficiência mental ou intelectual;[826] b) inexistência ou incapacidade dos outros legitimados arrolados no art. 747, CPC; c) inércia desses legitimados; d) inércia do próprio interditando (art. 1.768, IV, CC).

Em relação ao pródigo, discute-se a legitimidade ativa do Ministério Público – e necessariamente essa discussão afetará também sua atuação como fiscal da ordem jurídica nesses casos –, já que se trata de interdição apenas e tão somente para fins patrimoniais. Com efeito, segundo o art. 1.782, CC, "a interdição do pródigo só o privará de, sem curador, emprestar, transigir, dar quitação, alienar, hipotecar, demandar ou ser demandado, e praticar, em geral,

---

implicar prejuízo considerável na autonomia e no juízo crítico do indivíduo). Da mesma forma, a iniciativa para o ajuizamento da ação de curatela não seria automática: é necessário, senão imprescindível, que se busquem, num procedimento administrativo instaurado para esse propósito, os parentes do futuro curatelando para trazê-los à responsabilidade e incitá-los a propor eles próprios a ação de curatela. A legitimidade subsidiária do Ministério Público não significa que aqueles mais próximos da pessoa necessitada possam lavar as mãos e entregar o caso ao Promotor de Justiça; esse tipo de omissão pode até caracterizar abandonos tipificados, e devemos deixar isso claro a quem não cumpre seus deveres familiares de assistência e amparo, valores que também devem ser incentivados pelo Ministério Público" (ALÉCIO SILVEIRA NOGUEIRA. O Ministério Público como órgão agente e o novo CPC. *Ministério Público*. ROBSON RENAULT GODINHO e SUSANA HENRIQUES DA COSTA. 2ª ed. Salvador: JusPodivm, 2017, p. 394-395).

826 Como já apontado, há quem sustente que se deve ler "vulnerabilidade grave" para fins de legitimidade do Ministério Público: CÉLIA BARBOSA ABREU. *Primeiras linhas sobre a interdição após o Novo Código de Processo Civil*. Curitiba: CRV, 2015, p. 151. Já ALÉCIO NOGUEIRA entende que somente algum tipo "relevante" de doença mental autoriza a legitimidade do Ministério Público: "É interessante notar que entre a *doença mental grave* e a *deficiência mental ou intelectual* existe um amplo espectro de – recuperemos o termo do art. 1.178 do CPC de 73 – *anomalias psíquicas* que, não sendo *graves*, não atrairiam a atuação do Ministério Público. Depressões, por exemplo, bipolaridades ou transtornos de personalidade dos mais variados graus. Contudo, os drogaditos e alcoolistas podem não escapar da ideia de gravidade, dependendo de seu estado mental – embora não sejam portadores de *doença metal* em sentido estrito. Aliás, é bom lembrar que o Ministério Público também é legitimado subsidiário (de forma implícita, em decorrência do disposto no art. 8º, § 1º, da lei, bom que se diga) para a propositura do pedido de internação psiquiátrica com base na Lei nº 10.216, de 6 de abril de 2001. De outro lado, curiosa é a situação do pródigo: relacionado no art. 4º, IV, do CC como relativamente incapaz, em princípio, por cuidar-se de transtorno de personalidade e não de doença mental grave ou de deficiência mental ou intelectual, não teria o Ministério Público legitimidade para propor a ação de curatela em seu favor – também por sua natureza, ao menos num primeiro momento, estritamente patrimonial" (O Ministério Público como órgão agente e o novo CPC. *Ministério Público*. ROBSON RENAULT GODINHO e SUSANA HENRIQUES DA COSTA. 2ª ed. Salvador: JusPodivm, 2017, p. 395, nota 56).

os atos que não sejam de mera administração". Por atingir apenas esse aspecto negocial, isto é, a disponibilidade de direitos, há dúvida sobre a legitimidade do Ministério Público. Entretanto três argumentos nos parecem insuperáveis no sentido de se reconhecer, sim, a legitimidade do Ministério para promover a interdição dos pródigos: a) o efeito da interdição é uma situação de incapacidade, de modo que isso por si só justifica a atuação do Ministério Público; b) com a interdição, inexistirá mais a disponibilidade absoluta dos bens, o que faz com que não se esteja exatamente diante de uma questão envolvendo direitos disponíveis; c) o Estatuto da Pessoa com Deficiência é bastante contundente ao dispor, em seu art. 85, que "a curatela afetará tão somente os atos relacionados aos direitos de natureza patrimonial e negocial",[827] de modo que a coerência interpretativa deve fazer com que se dispense tratamento uniforme a todas essas hipóteses para intervenção do Ministério Público, o que inclui também a legitimidade para os casos envolvendo os ébrios habituais e os viciados em tóxico.[828] De todo modo, há que se registrar que, pela leitura do art. 748, CPC, essa legitimidade não está expressa. Entendendo-se, porém, pela legitimidade também nesse caso, igualmente será subsidiária e limitada à presença de alguma deficiência mental ou intelectual identificada pelo meio técnico hábil, fazendo com que, a rigor, a legitimidade recaia na regra geral.

Registre-se, ainda, que a natureza da legitimidade do Ministério Público é ordinária, ou seja, não se trata de substituição processual e sua atuação decorre diretamente da compatibilidade com suas funções constitucionais.

Art. 749. Incumbe ao autor, na petição inicial, especificar os fatos que demonstram a incapacidade do interditando para administrar seus bens e, se for o caso, para praticar atos da vida civil, bem como o momento em que a incapacidade se revelou.

Parágrafo único. Justificada a urgência, o juiz pode nomear curador provisório ao interditando para a prática de determinados atos.

CPC de 1973 – art. 1.180

827 Sobre o alcance desses limites: Cristiano Chaves de Farias e Nelson Rosenvald. *Curso de direito civil*: famílias. 10ª ed. Salvador: JusPodivm, 2018, p. 958-961, v. 6.

828 Cf. nesse sentido: José Francisco Seabra Mendes Júnior. A atuação do MP na curatela diante das alterações decorrentes do novo CPC e do Estatuto da Pessoa com Deficiência. *Reflexões sobre o Novo Código de Processo Civil*. Cláudio Barros Silva e Luciano de Faria Brasil (org.). Porto Alegre: Livraria do Advogado, 2016, p. 340-342. Contra a legitimidade do Ministério Público, com percucientes críticas sobre a interdição do pródigo: J. M. Leoni Lopes de Oliveira. *Direito civil*: família. Rio de Janeiro: Forense, 2018, p. 684-687 e 693.

127. Petição inicial

A individualização fática das circunstâncias que fundamentam a promoção da interdição se torna ainda mais relevante na medida em que a situação de curatela deve ser excepcional, limitada no tempo e proporcional ao caso concreto (art. 84, § 3º, do Estatuto da Pessoa com Deficiência). O *caput* do art. 749, CPC, deixa claro que a incapacidade para administrar os bens não afeta necessariamente a capacidade para a prática dos atos da vida civil, regra que deve ser cotejada com o disposto no art. 85 do Estatuto da Pessoa com Deficiência. A indicação do momento em que a incapacidade se revelou é necessária apenas para especificar a situação concreta e contribuir para o alcance da curatela a ser definida, mas não se trata de dado fundamental por ser constitutiva a sentença que resultará do processo,[829] lembrando que a interdição gera somente a incapacidade relativa. Ou seja: a incapacidade pretérita, embora relevante para a caracterização de um quadro contínuo, não produzirá efeitos relevantes no processo, cujo objeto é o quadro presente apresentado pelo interditando. Qualquer outra consequência jurídica prévia à sentença judicial de interdição deverá ser objeto de prova em ação própria.[830] Além disso, não se pode desconsiderar a dificuldade

829 LEONARDO FARIA SCHENK. *Comentários ao Código de Processo Civil*. ANTONIO DO PASSO CABRAL e RONALDO CRAMER (coord.). 2ª ed. Rio de Janeiro: Forense, 2016, p. 1067.

830 "[...] 2.1. Sem adentrar na discussão doutrinária, e até jurisprudencial, acerca da natureza da sentença de interdição civil, se constitutiva ou se declaratória, certo é que a decisão judicial não cria o estado de incapacidade. Este é, por óbvio, preexistente ao reconhecimento judicial. Nessa medida, reputar-se-ão nulos os atos e negócios jurídicos praticados pelo incapaz anteriores à sentença de interdição, em se comprovando que o estado da incapacidade é contemporâneo ao ato ou negócio a que se pretende anular. Em relação aos atos e negócios jurídicos praticados pessoalmente pelo incapaz na constância da curadoria, estes afiguram-se nulos, independente de prova. 2.2. Transportando-se o aludido raciocínio à hipótese dos autos, em que se pretende o reconhecimento do estabelecimento de união entre as partes litigantes, a constatação do estado de absoluta incapacidade do demandado durante o período de convivência em que a suposta relação teria perdurado enseja a improcedência da ação. 2.3. Sobressai dos autos, a partir do que restou apurado na presente ação, assim como na ação de interdição, que a enfermidade mental incapacitante do recorrente, cujo diagnóstico há muito fora efetuado, não é apenas contemporânea à suposta relação estabelecida entre os litigantes, mas também anterior a ela, circunstância consabida por todos os familiares do demandado, e, especialmente, pela demandante. 2.4. Nesse contexto, encontrando-se o indivíduo absolutamente inabilitado para compreender e discernir os atos da vida civil, também estará, necessariamente, para vivenciar e entender, em toda a sua extensão, uma relação marital, cujo propósito de constituir família, por tal razão, não pode ser manifestado de modo voluntário e consciente.[...]" (REsp 1414884/RS, rel. Min. MARCO AURÉLIO BELLIZZE, Terceira Turma, j. 3/2/2015, DJe 13/2/2015).

prática, em determinados casos, de se definir esse marco inicial.[831] A narrativa dos fatos relevantes para caracterização das circunstâncias que justificam o pedido de interdição deve ser acompanhada de provas documentais, como laudos médicos e psicológicos, receituários, exames etc. Aplicam-se à petição inicial do processo de interdição, assim como em qualquer outro procedimento de jurisdição voluntária, os dispositivos referentes à petição inicial previstos no CPC, com os acréscimos exigidos especificamente.

128. Interdição e cumulação de pedidos

Por se tratar de procedimento especial *obrigatório*, não é possível cumular ao pedido de interdição outro pedido. O pedido de interdição não pode tramitar pelo procedimento comum; por isso é inaplicável a regra decorrente do § 2º do art. 327 do CPC.[832] Note-se que também não é possível cumular o pedido de Tomada de Decisão Apoiada (TDA), que, além de procedimento específico, pressupõe a capacidade plena do interditando. O que pode ocorrer, como já assinalado no item próprio, é a constatação, no decorrer do procedimento de interdição, de que se trata de situação que pode se encaixar em Tomada de Decisão Apoiada, sendo admissível, em tese, com as devidas adaptações, ser convertido o procedimento, em razão da flexibilização permitida pelo CPC, que inclusive pode ser negocial, já que os negócios processuais são plenamente possíveis quando firmados para fortalecer a posição do vulnerável, cabendo acrescentar, nesse particular, que, se for o caso de TDA, não haverá incapacidade do requerente.

129. Limites da interdição

A excepcionalidade, a individualidade e a provisoriedade passam a ser as características essenciais da interdição, sendo que, nos casos em que se fizer necessária a constituição de curatela, a incapacidade será temporária e preferencialmente parcial, na medida da vulnerabilidade da pessoa individualizada. O uso dessa expressão "pessoa individualizada" certamente não é elegante e passa a ideia de truísmo, mas a utilizamos para reforçar a ideia de que o processo de interdição necessariamente será artesanal, no sentido de que não significa apenas a constituição de uma incapacidade absoluta, mas, sim, de mais

831 CÉLIA BARBOSA ABREU. *Primeiras linhas sobre a interdição após o Novo Código de Processo Civil.* Curitiba: CRV, 2015, p. 171.

832 FREDIE DIDIER JR. Da interdição. *Breves comentários ao Novo Código de Processo Civil.* 3ª ed. WAMBIER, DIDIER JR., TALAMINI e DANTAS (coord.). São Paulo: RT, 2016, p. 1928.

uma medida protetiva[833] na exata medida das necessidades do curatelado e pelo tempo que se fizer necessária.[834]

---

833 A relação entre proteção jurídica e incapacidade foi sintetizada por CARLOS ALBERTO DA MOTA PINTO em conhecida passagem: "o interesse determinante das incapacidades é o interesse do próprio incapaz" (*Teoria geral do direito civil*. 3ª ed. Coimbra: Coimbra, 1991, p. 220). No Código Civil, por exemplo, temos diversos exemplos dessa proteção normativa, como os arts. 166, I, 181, 198, I, 208, 310, 928, parágrafo único, e 1.691, além de todos relacionados à tutela e curatela. No CPC, temos exemplos nos arts. 50, 72, I, 178, II, 245, 610, 698, 699 e 733, além do regramento da interdição. Acresçam-se a esses exemplos os dispositivos dos Estatutos da Criança e do Adolescente e da Pessoa com Deficiência, com a ressalva de que deficiência e incapacidade não são conceitos correlatos, evidentemente. A pessoa com deficiência é capaz, conforme o art. 6º do Estatuto da Pessoa com Deficiência, fazendo jus a diversas outras medidas para o pleno exercício da cidadania. Caso se enquadre em situação que legalmente justifique a curatela, isto é, na impossibilidade de exteriorização da vontade, será caso de processo jurisdicional de interdição. Repita-se, portanto, que inexiste mais um suposto critério médico-legal para a caraterização de incapacidade absoluta, que agora se fixa apenas na objetividade do critério etário (cf. CRISTIANO CHAVES DE FARIAS e NELSON ROSENVALD. *Curso de direito civil*: parte geral e LINDB. 5ª ed. Salvador: JusPodivm, 2017, p. 343-350; dos mesmos autores: CRISTIANO CHAVES DE FARIAS e NELSON ROSENVALD. *Curso de direito civil*: famílias. 10ª ed. Salvador: JusPodivm, 2018, p. 955-958, v. 6.).

834 Cf. CÉLIA BARBOSA ABREU. *Curatela e interdição civil*. 2ª ed. Rio de Janeiro: Lumen Juris, 2014, *passim*. Em estudo posterior, a autora sintetizou a ideia que acabou por se consagrar no Estatuto da Pessoa com Deficiência: "fala-se, assim, numa flexibilização da curatela, que passaria a ser uma medida protetiva personalizada, adequada às reais necessidades do maior incapaz. [...] Flexibilizar a curatela é aplicá-la, como medida protetiva, a todos que dela necessitem e na proporção que precisem" (CÉLIA BARBOSA ABREU. *Primeiras linhas sobre a interdição após o Novo Código de Processo Civil*. Curitiba: CRV, 2015, p. 22 e 37). Essa denominada flexibilização da curatela foi aplicada pela primeira vez pelo Superior Tribunal de Justiça em julgado paradigmático sob vários aspectos, mas cuja situação fática pode não se enquadrar nos novos termos legais da curatela, já que se considerou a "sociopatia" como passível de interdição: REsp 1306687/MT, rel. Min. NANCY ANDRIGHI, Terceira Turma, j. 18/3/2014, DJe 22/4/2014. Por sua importância, esse julgado será examinado oportunamente, quando será transcrita sua ementa. Para registro histórico, o art. 30 do Decreto-Lei nº 891/1938 já previa a interdição parcial de toxicômanos (cf. CÉLIA BARBOSA ABREU. *Primeiras linhas sobre a interdição após o Novo Código de Processo Civil*. Curitiba: CRV, 2015, p. 52). Também a Lei de Registros Públicos, no art. 92, item 6º, já mencionava a interdição parcial. A título de curiosidade, dizia PONTES DE MIRANDA que, "atendendo a que os fracos de espírito, os que sofrem de perturbações mentais, não podem reger, reta e convenientemente, sua pessoa e seus bens, a lei manda gerir o patrimônio do incapaz. A interdição do louco é, portanto, benefício da lei, embora prive o indivíduo do exercício pessoal de seus direitos. Como em todas as instituições tutelares, se não é, *in casu*, legítima por sua finalidade que é a proteção da pessoa e dos bens do interdito, a curatela por insanidade mental torna-se medida condenável, opressiva e manifestamente arbitrária. Fomos iniciador de movimento contra o sistema apriorístico do Código Civil, que a todos os perturbados dava a única e simplista denomina-

Já adiantamos que, embora o Estatuto da Pessoa com Deficiência tenha mudado o paradigma das incapacidades, há situações fáticas em que é impossível colher qualquer tipo de manifestação da vontade, o que pode ensejar o quadro de uma pessoa que desde o nascimento, e sem qualquer prognóstico de cura médica, não consiga exprimir sua vontade em nenhum modo ou circunstância, e ainda assim não seja legalmente considerada absolutamente incapaz, por exemplo. Nesses casos, há que se considerar a possibilidade e a necessidade de se constituir a interdição total diante do quadro fático posto, mas deve-se reconhecer que essa possibilidade parece vedada pelo Estatuto da Pessoa com Deficiência.[835] Entretanto, excluir a possibilidade de a curatela

---

ção de 'loucos', com a conseqüência de uma só figura de curatela: a dos loucos, absolutamente incapazes. Já em 1917, com franqueza, escrevíamos: 'A doutrina firmada pelo Código Civil, sobre antiquada, é de maus resultados práticos. Não admite graus à incapacidade do insano: o profissional médico dirá apenas, sem outras considerações intermediárias, se o curatelando é ou não é incapaz. A loucura, aos olhos da lei, quaisquer que sejam sua etiologia e seus sintomas, tem como consequência necessária a incapacidade jurídica da pessoa. Assim, os profissionais, a que a lei acomete a missão de informar o juiz das situações psicopáticas do argüído de incapacidade, devem pautar suas observações médico-legais pelo único quesito que a lei implicitamente formula: o estado mental do indivíduo exclui, ou não, sua capacidade jurídica? Para o médico, o simples distúrbio, ainda que parcial e limitado, da inteligência pode ser tido como estado de alienação mental. Juridicamente, porém, esse diagnóstico não basta para que se interdite a pessoa. O juiz, ao informar-se das situações psíquicas do curatelando, terá de indagar principalmente do fato da incapacidade jurídica, e não somente do simples estado anormal da mente do insano. Os loucos de todo gênero estão, legalmente, sujeitos à curatela, que se trate de dementes, de fracos de espírito (imbecis), de dipsómanos (impulsão irresistível a beber), quer se diagnostique a demência afásica, a fraqueza mental senil, degeneração, psicastenia, psicose tóxica (morfinismo, cocainismo, alcoolismo), psicose autotóxica (esgotamento, uremia etc), psicose infectuosa (delírios pós-infecciosos etc.), paranoia, demência arteriosclerótica, demência sifilítica etc., uma vez que a moléstia altere o uso vulgar de suas faculdades, tornando-o incapaz de exercer normalmente os atos da vida civil [...]", acrescentando que "o Decreto n. 25.559, de 3 de julho de 1934, acentuando o que se fizera no Decreto n. 14.969, de 3 de setembro de 1921, que se referiu à Lei n. 4.294, de 6 de julho de 1921, veio atender ao que pedíramos em 1917" (*Tratado de direito privado*. 4ª ed. São Paulo: RT, 1983, p. 317-318, tomo 9; veja-se, ainda, do mesmo autor: *Tratado de direito privado*. 4ª ed. São Paulo: RT, 1983, p. 208-209, tomo 1).

835 Vale reproduzir algumas referências nesse sentido que já utilizamos em nota anterior: "Em decorrência, tem se afirmado que não mais existe a interdição total, o que se teria, em realidade, seria uma 'curatela de maior extensão' para os casos graves, tais como o de uma pessoa idosa ou jovem em estágio avançado de Alzheimer ou o de alguém em coma. Isto parece um eufemismo, eis que em tais situações estes indivíduos terão que ser representados, sem mencionar que a Lei n. 13.146/2015 não revogou o art. 9º do Código Civil, o qual no seu inciso III faz menção ao registro da interdição 'absoluta' ou relativa" (Célia Barbosa Abreu. A curatela sob medida: notas interdisciplinares sobre o estatuto da pessoa com deficiência e o novo CPC.

abranger atos existenciais[836] (ou não patrimoniais) ou excepcionalmente, ser

---

Revista Aquila. Rio de Janeiro: Núcleo de Publicações da Universidade Veiga de Almeida Edição 17, julho/dezembro 2017, p. 39. Disponível em: <ojs.uva.br/index.php?journal=revistaaquila>. Acesso em: 28 de março de 2018). Defendendo o mesmo efeito prático da incapacidade absoluta nesses casos: IARA ANTUNES DE SOUZA. Reflexões sobre os impactos do Estatuto da Pessoa com Deficiência no direito das famílias: curatela e casamento. *A teoria das incapacidades e o Estatuto da Pessoa com Deficiência*. FABIO QUEIROZ PEREIRA, LUÍSA CRISTINA DE CARVALHO MORAIS e MARIANA ALVES LARA (org.). 2ª ed. Belo Horizonte: D'Plácido, 2018, p. 208-209; ANTÓNIO PINTO MONTEIRO. Um breve olhar sobre a reforma das incapacidades. *A teoria das incapacidades e o Estatuto da Pessoa com Deficiência*. FABIO QUEIROZ PEREIRA, LUÍSA CRISTINA DE CARVALHO MORAIS e MARIANA ALVES LARA (org.). 2ª ed. Belo Horizonte: D'Plácido, 2018, p. 323-324; LUIZ CLÁUDIO CARVALHO DE ALMEIDA. A Interdição a partir da Lei Brasileira de Inclusão da Pessoa com Deficiência (Estatuto da Pessoa com Deficiência). *Revista do Ministério Público do Estado do Rio de Janeiro nº 59*, janeiro/março de 2016, p. 181; CRISTIANO CHAVES DE FARIAS e NELSON ROSENVALD. *Curso de direito civil*: famílias. 10ª ed. Salvador: JusPodivm, 2018, p. 957, v. 6. Esses autores, entretanto, defendem que para os atos existenciais não pode haver limitações, salvo se ocorrer por meio de decisão em processo específico visando a uma determinada providência, como a esterilização forçada (mesma obra citada, p. 958-961). Lembre-se do já mencionado e recém-aprovado enunciado na VIII Jornada de Direito Civil do Conselho da Justiça Federal, realizado em 27 de abril de 2018: "Admite-se a possibilidade de outorga ao curador de poderes de representação para alguns atos da vida civil, inclusive de natureza existencial, e serão especificados na sentença, desde que comprovadamente necessários para proteção do curatelado em sua dignidade".

836 "Recurso especial. Ação de reconhecimento de união estável. 1. Alegação de relação duradoura, contínua, notória, com propósito de constituir família supostamente estabelecida entre pessoa absolutamente incapaz, interditada civilmente, e a demandante, contratada para prestar serviços à família do requerido. 2. Enfermidade mental incapacitante, há muito diagnosticada, anterior e contemporânea ao convívio das partes litigantes. Verificação. *Intuitu familiae*. Não verificação. Manifestação do propósito de constituir família, de modo deliberado e consciente pelo absolutamente incapaz. Impossibilidade. 3. Regramento afeto à capacidade civil para o indivíduo contrair núpcias. Aplicação analógica à união estável. 4. Recurso especial provido. 1. Controverte-se no presente recurso especial sobre a configuração de união estável entre o demandado, pessoa acometida de esquizofrenia progressiva, cujo diagnóstico fora constatado já no ano de 1992, e que, em ação própria, ensejou a declaração judicial de sua interdição (em 24.5.2006), e a demandante, contratada, em 1985, pelos pais do requerido para prestar serviços à família. Discute-se, nesse contexto, se, a despeito do estreitamento do convívio entre as partes, que se deu sob a mesma residência, na companhia dos pais do requerido, por aproximadamente vinte anos, seria possível inferir o propósito de constituir família, pressuposto subjetivo para a configuração da união estável. 2. Ressai evidenciado dos autos que a sentença de interdição, transitada em julgado, reconheceu, cabalmente, ser o ora recorrente absolutamente incapaz de discernir e compreender os atos da vida civil, o que, por consectário legal, o torna inabilitado, por si, de gerir sua pessoa, assim como seu patrimônio, nos termos do artigo 3º, II, da lei substantiva civil 2.1. Sem adentrar na discussão doutrinária, e até jurisprudencial, acerca da natureza da sentença de interdição civil, se constitutiva ou se decla-

uma "curatela total" pode significar um déficit protetivo incompatível com o próprio sistema de proteção da pessoa com deficiência. A curatela total, portanto, deve ser excepcional, com toda a necessidade de fundamentação inerente às decisões judiciais, mas com a peculiaridade de haver sólidos e contundentes elementos técnicos que deverão embasar necessariamente a sentença a ser proferida. Pode ocorrer, pois, uma rebelião fática contra os contornos legislativos abstratos.

Não há dúvidas de que a legislação em vigor determina que haja uma radical mudança do processo serial para o processo artesanal em matéria de curatela. A finalidade do processo é a não interdição, mas, se ocorrer, que dure o tempo necessário e tenha a abrangência apta a amenizar a vulnerabilidade da pessoa com deficiência.

130. Curador provisório

A nomeação de curador provisório é uma medida urgente específica do

---

ratória, certo é que a decisão judicial não cria o estado de incapacidade. Este é, por óbvio, preexistente ao reconhecimento judicial. Nessa medida, reputar-se-ão nulos os atos e negócios jurídicos praticados pelo incapaz anteriores à sentença de interdição, em se comprovando que o estado da incapacidade é contemporâneo ao ato ou negócio a que se pretende anular. Em relação aos atos e negócios jurídicos praticados pessoalmente pelo incapaz na constância da curadoria, estes afiguram-se nulos, independente de prova. 2.2. Transportando-se o aludido raciocínio à hipótese dos autos, em que se pretende o reconhecimento do estabelecimento de união entre as partes litigantes, a constatação do estado de absoluta incapacidade do demandado durante o período de convivência em que a suposta relação teria perdurado enseja a improcedência da ação. 2.3. Sobressai dos autos, a partir do que restou apurado na presente ação, assim como na ação de interdição, que a enfermidade mental incapacitante do recorrente, cujo diagnóstico há muito fora efetuado, não é apenas contemporânea à suposta relação estabelecida entre os litigantes, mas também anterior a ela, circunstância consabida por todos os familiares do demandado, e, especialmente, pela demandante. 2.4. Nesse contexto, encontrando-se o indivíduo absolutamente inabilitado para compreender e discernir os atos da vida civil, também estará, necessariamente, para vivenciar e entender, em toda a sua extensão, uma relação marital, cujo propósito de constituir família, por tal razão, não pode ser manifestado de modo voluntário e consciente. 3. Especificamente sobre a capacidade para o estabelecimento de união estável, a lei substantiva civil não dispôs qualquer regramento. Trata-se, na verdade, de omissão deliberada do legislador, pois as normas relativas à capacidade civil para contrair núpcias, exaustivamente delineadas no referido diploma legal, são in totum aplicáveis à união estável. Assim, aplicando-se analogicamente o disposto no artigo 1.548, I, do Código Civil, afigurar-se-ia inválido e, por isso, não comportaria o correlato reconhecimento judicial, o suposto estabelecimento de união estável por pessoa acometida de enfermidade mental, sem ostentar o necessário discernimento para os atos da vida civil. 4. Recurso provido, restabelecendo-se a sentença de improcedência" (REsp 1414884/RS, rel. Min. Marco Aurélio Bellizze, Terceira Turma, j. 3/2/2015, DJe 13/2/2015).

processo de interdição, antecipando-se um dos efeitos da tutela pleiteada,[837] cabendo recurso de agravo de instrumento, se for o caso (art. 1.015, I, CPC). O art. 87 do Estatuto da Pessoa com Deficiência[838] prevê que a nomeação de curador provisório seja efetivada inclusive de ofício e que o Ministério Público seja sempre previamente ouvido, destoando, assim, da disciplina geral da tutela provisória no CPC. É importante registrar, na linha do afirmado no item anterior, que a urgência que fundamenta a nomeação de curador provisório é aquela que se faz presente a partir dos fatos narrados na inicial, isto é, contemporaneamente ao ajuizamento da ação, independentemente de a causa da incapacidade ser recente ou não. Ou seja: mesmo naqueles casos em que a incapacidade se revela há anos, mas somente agora se procurou formalizar judicialmente a situação, poderá ser nomeado curador provisório se houver justificada urgência. Em regra, consideradas a natureza e a gravidade de um processo de interdição, alguma necessidade prática inadiável se faz presente, de modo que a nomeação de curador provisório decorre do que pode ser denominado de urgência extremada,[839] que acaba por preponderar na prática para

---

837 "Permite-se a concessão de tutela provisória satisfativa (antecipada) no processo de interdição, para que se nomeie curador provisório para a prática de determinados atos. Não se trata de uma interdição provisória, mas, sim, de uma curatela provisória; o réu ainda permanece como interditando; ainda não é interdito. Embora o parágrafo único do art. 749 apenas mencione a urgência como pressuposto dessa tutela provisória satisfativa, é preciso que haja o mínimo de prova da incapacidade, ainda que documental, para a concessão dessa medida (art. 750, CPC). A previsão é importantíssima, sobretudo para casos de incapacidade total, como quando o interditando está em coma, por exemplo. A regra também consagra, expressamente, um caso de tutela provisória em ação constitutiva" (FREDIE DIDIER JR. Da interdição. *Breves comentários ao Novo Código de Processo Civil.* 3ª ed. WAMBIER, DIDIER JR., TALAMINI e DANTAS (coord.). São Paulo: RT, 2016, p. 1934).

838 "Art. 87. Em casos de relevância e urgência e a fim de proteger os interesses da pessoa com deficiência em situação de curatela, será lícito ao juiz, ouvido o Ministério Público, de ofício ou a requerimento do interessado, nomear, desde logo, curador provisório, o qual estará sujeito, no que couber, às disposições do Código de Processo Civil".

839 Como demonstrado por EDUARDO JOSÉ DA FONSECA COSTA, na prática forense se veem situações bem mais complexas, em que, por vezes, a probabilidade assume papel decisivo para o convencimento, ainda que a urgência não se faça presente com a devida intensidade; ou, ainda, que a urgência seja tão eloquente que a probabilidade acabe sendo ignorada; isto é, a presença "forte" de um requisito pode compensar a presença "fraca" de outro, como pautas móveis de compensações mútuas, o que possibilita as seguintes combinações: a) tutela pura de "evidência" extremada, b) tutela pura de perigo extremado; c) tutela de "evidência" extremada e perigo não extremado, d) tutela de perigo extremado e "evidência" não extremada, e) tutela de "evidência" e de perigo extremados, f) tutela de "evidência" e de perigo não extremados, g) tutela de "evidência" de extremidade presumida, h) tutela pura

a concessão da decisão liminar. Diante da urgência, normalmente o indicado para ser o curador provisório será o próprio legitimado ativo, se possível.[840]

Art. 750. O requerente deverá juntar laudo médico para fazer prova de suas alegações ou informar a impossibilidade de fazê-lo.

CPC de 1973 – sem dispositivo correspondente

131. Juntada de laudo médico

O art. 750, CPC, é de um truísmo admirável: se a causa de pedir se basear em fato médico, a juntada de documento com a inicial é obrigatória, salvo alguma impossibilidade que deve ser declinada pelo requerente. A rigor, não há qualquer peculiaridade no processo de interdição que justifique a um dispositivo legal como esse, na medida em que existe a regra geral do art. 320, CPC, com a peculiaridade de que o laudo médico não é indispensável para o ajuizamento da ação,[841] salvo, como visto, no caso de o Ministério Público ser o legitimado ativo, em virtude de seu estreito campo de atuação nesse particular, cujo balizamento se dá, efetivamente, por meio de diagnóstico médico do interditando.[842] Assinale-se, ainda, que a documentação técnica disponível não seja médica, mas, sim de outros especialistas aptos a cuidar do interditan-

---

de perigo de extremidade presumida. O discurso da urgência extremada pode significar uma flexibilização nos critérios de sua concessão. Essa espécie de pressão argumentativa pode ser expressão de real necessidade e decorrer da própria natureza das coisas, exigindo ao exame imediato para não tornar irreversível a situação fática. Não raro, nos processos de interdição também estará presente aquilo que se denominou de evidência extremada. Sobre o tema: Eduardo José da Fonseca da Costa. *O direito vivo das liminares.* São Paulo: Saraiva, 2011.

840 Se o legitimado ativo for o Ministério Público, jamais o Promotor de Justiça poderá ser nomeado curador, diante da absoluta incompatibilidade com o exercício de suas funções.

841 Comentando o art. 283 do CPC de 1973, cuja redação é a mesma do atual art. 320, Calmon de Passos assinalava que "a indispensabilidade do documento pode derivar da circunstância de que, sem ele, não há a pretensão deduzida em juízo. Isso porque é da substância do ato o documento, ou dele deriva a especialidade do procedimento. [...] Ao lado de documentos dessa natureza, outros existem que não são da substância do ato jurídico, mas, apenas, em relação a ele, ou em relação aos fatos simples, têm força probante. Esses documentos não são indispensáveis para a prova do fundamento fático da demanda, que pode vir a ser aceito como verdadeiro pelo magistrado, em apoio em provas de outra natureza: testemunhal, pericial, indiciária etc." (José Joaquim Calmon de Passos. *Comentários ao Código de Processo Civil.* 9ª ed. Rio de Janeiro: Forense, 2005, p. 198, v. III).

842 No caso de se entender que a legitimidade do Ministério Público está balizada de acordo com o CPC, sem a ampliação aparentemente conferida pelo Código Civil, como já apontado no item próprio.

do dentro de seu quadro concreto, como psicólogos, assistentes sociais, fisioterapeutas, fonoaudiólogos etc. Não se trará de um procedimento necessariamente médico, mas técnico, sem monopólio de conhecimento.

Com efeito, além de outras áreas do conhecimento serem relevantes para a caracterização da situação do interditando, inexistindo monopólio do conhecimento médico, o fato a se provar para que se configure a situação de curatela não passa por qualquer preclusão nesse momento, de modo que a prova pericial ainda será realizada, assim como poderão ser requeridos pelo Ministério Público ou pelo juiz a juntada de documentos.

Diante desse quadro, caso a inicial não seja acompanhada por documentos, não há que se falar em indeferimento – salvo, como já mencionado, se o autor for o Ministério Público, sempre com a oportunidade prevista no art. 321, CPC –, podendo o autor ser instado a se manifestar sobre a produção de prova documental, caso seja omisso na petição inicial.

Não é demais assinalar que a regra é que os processos de interdição atinjam pessoas desamparadas e hipossuficientes, não sendo raro encontrar hipóteses em que inexistam laudos médicos atualizados ou até satisfatórios. Diante dessa penúria existencial, não há como se sobrepor uma exigência formal diante de situações de extrema dificuldade, em que a efetiva verificação da situação fática se dará no decorrer da instrução do processo, quando, talvez, o interditando vá ter contato com um médico depois de muitos anos, na oportunidade da realização da perícia.

Evidentemente, se houver histórico documental suficiente,[843] deve o autor anexar à inicial todo o acervo probatório de que dispuser, a fim, inclusive, de possibilitar a nomeação de curador provisório.

A propósito, a falta de prova documental poderá impossibilitar o indeferimento ou a não nomeação de curador provisório, mas não atingirá a admissibilidade da petição inicial.

Pode o juiz determinar a intimação do autor para que se manifeste expressamente sobre a não juntada de laudo médico, caso não haja justificativa expressa na inicial desacompanhada de tal documento (art. 321, CPC), mas tal providência somente se afigura imprescindível para fins de deferimento de curador provisório, já que nãos e trata de requisito essencial para a demanda.[844]

---

843 E o CPC conta com a existência desse acervo médico também no art. 245, § 3º.

844 Parecendo entender o contrário, isto é, de que se trata de requisito essencial: JEFFERSON CARÚS GUEDES. *Comentários ao Código de Processo Civil.* MARINONI, ARENHART e MITIDIERO (coord.). São Paulo: RT, 2016, p. 496-497, v. 11. Também FREDIE DIDIER JR., que afirma ser uma "espécie de 'justa causa' para a propositura da ação de interdição" (FREDIE DIDIER JR. *Breves comentários ao Código de Processo Civil.* WAMBIER, DIDIER JR., TALAMINI e DANTAS (coord.). 3ª ed. São Paulo: RT, 2016, p. 1934-1935.

Art. 751. O interditando será citado para, em dia designado, comparecer perante o juiz, que o entrevistará minuciosamente acerca de sua vida, negócios, bens, vontades, preferências e laços familiares e afetivos e sobre o que mais lhe parecer necessário para convencimento quanto à sua capacidade para praticar atos da vida civil, devendo ser reduzidas a termo as perguntas e respostas.

§ 1º Não podendo o interditando deslocar-se, o juiz o ouvirá no local onde estiver.

§ 2º A entrevista poderá ser acompanhada por especialista.

§ 3º Durante a entrevista, é assegurado o emprego de recursos tecnológicos capazes de permitir ou de auxiliar o interditando a expressar suas vontades e preferências e a responder às perguntas formuladas.

§ 4º A critério do juiz, poderá ser requisitada a oitiva de parentes e de pessoas próximas.

CPC de 1973 – art. 1.181

132. Citação do interditando

Se a interdição é medida excepcional e a regra é a plena capacidade da pessoa (cf. arts. 6º, 84 e 85 do Estatuto da Pessoa com Deficiência), o procedimento de interdição deve ser todo orientado no sentido da preservação do melhor interesse do interditando, o que significa a constituição da curatela na exata medida de suas necessidades e, também, a não constituição de curatela se a medida não for estritamente necessária. Ou seja: o processo de interdição deve ser conduzido para ser aferida a excepcional necessidade de se impor uma situação de curatela e também para evitar que alguém que dela não necessite acabe por recebê-la.

Nesse contexto, o interditando deve ser citado pessoalmente (art. 247, CPC) para duas finalidades: 1) a primeira refere-se à função mesma da citação, isto é, comunicar o conteúdo do processo e possibilitar o contraditório, que abrange não só o prazo para oferecimento de eventual contestação a partir da audiência, mas também a ciência desde logo do ajuizamento da ação e de seus termos; 2) além disso, será o interditando citado para comparecer à audiência em que será entrevistado pelo juiz. Essa entrevista insere-se nessa ampla formação de um conjunto probatório que embasará ou não a constituição da curatela, ou seja, trata-se de ato que integra a cognição das circunstâncias concretas que balizarão o processo de interdição. O mandado de citação deverá ser acompanhado de cópia da petição inicial, não se aplicando o art. 695, § 1º, CPC, por sua incompatibilidade com esse procedimento. Pode-se configurar a situação prevista no art. 245, CPC, quando, então, o curador não poderá ser a mesma pessoa que ajuizou a ação. No caso de autointerdição, evidentemente não haverá citação do interditando, que, contudo, deverá ser intimado para a entrevista.

133. Não incidência de segredo de justiça

A regra que incide sobre os atos estatais de quaisquer espécies é a publicidade, permitindo a Constituição, no caso dos atos judiciais, a restrição das informações de modo excepcional (art. 93, IX), dispondo o CPC no art. 189 em quais situações é permitido o segredo de justiça [845].

No caso do processo de interdição, não há regra automática sobre a incidência de sigilo[846], por não haver expressa referência no rol do art. 189, CPC, dependendo de determinação judicial devidamente fundamentada nesse sentido. Como a regra é a publicidade, caso não haja decisão determinando o sigilo, os atos processuais são públicos como quaisquer outros.

No caso da interdição, há interesse público na ciência de que determinada pessoa passou à condição de curatelado, ainda que determinados atos do processo possam justificar sigilo parcial, o que, convém repetir, depende de avalição e determinação judicial. Note-se que, na realidade, a publicidade é inerente à interdição, conforme o art. 755, § 3º, CPC, que dispõe que a sentença será "inscrita no registro de pessoas naturais e imediatamente publicada na rede mundial de computadores, no sítio do tribunal a que estiver vinculado o juízo e na plataforma de editais do Conselho Nacional de Justiça, onde permanecerá por 6 (seis) meses, na imprensa local, 1 (uma) vez, e no órgão oficial, por 3 (três) vezes, com intervalo de 10 (dez) dias, constando do edital os nomes do interdito e do curador, a causa da interdição, os limites da curatela e, não sendo total a interdição, os atos que o interdito poderá praticar autonomamente".

Não, há, portanto, segredo de justiça automático nos processos de interdição.

134. Manifestações do interditando antes da entrevista

Considerando as graves repercussões que o ajuizamento da ação de interdição por si só pode provocar na vida do interditando, pode ser necessário o endereçamento de petição ao juiz antes mesmo da entrevista, alegando as matérias cognoscíveis de ofício, mas que, até então, não foram consideradas. Na realidade, essa não é uma característica específica do processo de interdição e qualquer matéria que pode ser conhecida de ofício pode ser levada antecipadamente ao juiz, a fim de ser apreciada a questão o quanto antes. Entretanto, neste procedimento há algumas

---

845 Cf., para o sistema anterior, EGAS DIRCEU MONIZ DE ARAGÃO. *Comentários ao Código de Processo Civil.* 10ª ed., v. 2. Rio de Janeiro: Forense, 2005, p. 18.

846 Ainda assim, entende sempre correr sob segredo de justiça o processo de interdição JOÃO PAULO LUCENA. *Comentários ao Código de Processo* Civil. São Paulo: RT, 2000, p. 306, v. 15.

peculiaridades que justificam a menção expressa a essa possibilidade, como a repercussão da ação em seu cotidiano, o fato de se tratar de jurisdição voluntária e, por isso, gerar a indevida sensação de que se trará de "um processo à parte", sem as mesmas garantias dos demais que recebem o rótulo de "contenciosos", mas especialmente por ser exigida a existência de justa causa para sua admissibilidade. Sendo assim, antes mesmo da entrevista pode o interditando suscitar a inépcia da inicial, nulidades processuais, incompetência do juízo etc.[847]

135. Entrevista

O juiz deverá entrevistar o interditando "minuciosamente acerca de sua vida, negócios, bens, vontades, preferências e laços familiares e afetivos e sobre o que mais lhe parecer necessário para convencimento quanto à sua capacidade para praticar atos da vida civil, devendo ser reduzidas a termo as perguntas e respostas".

Trata-se, portanto de um ato que se aproxima tanto do interrogatório quanto da inspeção judicial, cabendo ao juiz formular o maior número de perguntas possível para contribuir para a determinação do grau de curatela a ser eventualmente constituída.

Na entrevista também poderá ser avaliada a possibilidade, se presentes os requisitos, de se converter o procedimento para o de tomada de decisão apoiada.[848]

Pode o interditando não comparecer ao ato, frustrando essa fase instrutória. Nesse caso, há que se verificar se não se trata da hipótese prevista no parágrafo primeiro, quando, então, o interditando deverá ser ouvido no local em que estiver,[849] não podendo ser conduzido à presença forçadamente do juiz.[850]

---

847 LEONARDO GRECO. *Jurisdição voluntária moderna*. São Paulo: Dialética, 2003, p. 115; LEONARDO FARIA SCHENK. *Comentários ao Código de Processo Civil*. ANTONIO DO PASSO CABRAL e RONALDO CRAMER (coord.). 2ª ed. Rio de Janeiro: Forense, 2016, p. 1070.

848 FERNANDO GAJARDONI. *Processo de conhecimento e cumprimento de sentença*: comentários ao CPC de 2015. GAJARDONI, DELLORE, ROQUE e DUARTE. São Paulo: Método, 2016, p. 1301.

849 A lei processual prevê a entrevista e, depois, pode ser necessária ainda uma audiência. Ou seja: em tese, poderá haver dois deslocamentos do interditando ao fórum. Entretanto, há que se ter em mente que na imensa maioria das vezes o curatelando é hipossuficiente economicamente e o deslocamento ao fórum pode significar uma imensa dificuldade, além de poder haver no caso concreto dificuldades de locomoção decorrentes da deficiência e cuidados médicos. É bem verdade que o juiz, o promotor de justiça e o defensor público podem se deslocar ao local em que reside o interditando, mas aqui também há algumas circunstâncias a serem consideradas: a) a residência pode se dar em local muito distante da sede do fórum (há comarcas com imensa extensão territorial no país, algumas delas com difíceis acessos entre os municípios); b) esses deslocamentos significam todo o cancelamento de pauta do dia e necessitam de algum planejamento logístico; c) há locais em que esse deslocamento não será possível por questões de segurança (na cidade do Rio de Janeiro

Também é possível que o interditando compareça ao ato e nada responda por impossibilidade de comunicação decorrente de alguma deficiência ou causa médica, mas nesse caso a frustração verbal da entrevista será frustrada, mas não seu caráter instrutório, já que a impossibilidade de compreensão das perguntas ou de verbalização por qualquer meio será de grande relevância para a constituição da curatela.

Dispõe o parágrafo segundo que a entrevista poderá ser acompanhada por especialistas, sendo que o art. 1.771, CC, determina que o juiz seja assistido por equipe multidisciplinar.[851]

Além do problema de direito intertemporal já mencionado antes decorrente de alterações efetuadas pelo Estatuto da Pessoa com Deficiência, temos aqui duas observações: 1) a natureza instrutória desse ato faz com que seja absolutamente necessário o apoio de peritos para auxiliar o juiz, a fim de que se extraia da entrevista efetivamente um documento relevante para o processo, explorando todas as potencialidades desse encontro pessoal, que pode ser bastante complexo a depender das circunstâncias. Se quisermos algo além da documentação da "impressão pessoal do juiz"[852] – que, de resto, é no mínimo bastante questionável, já que o subjetivismo incidental do julgador é irrelevante processualmente e juiz não é testemunha e processo não comporta opinião leiga –, a partir de

---

há muitos locais assim e certamente isso ocorre em outros municípios); d) em razão da miséria em que vivem muitos dos interditando, não será possível o uso de tecnologia para a oitiva à distância. Esses fatores exemplificativos ilustram as dificuldades procedimentais com que se depara a realidade forense e muitas outras poderiam ser apontadas. Portanto, sem prejuízo da efetivação de atos essenciais, a flexibilização procedimental deve servir exatamente para possibilitar a adaptação a situações variadas, a fim de se atingir a finalidade protetiva da curatela.

850 Essa orientação que agora está prevista em lei já era preconizada por doutrina clássica: cf. ALFREDO DE ARAÚJO LOPES DA COSTA. *A administração pública e a ordem jurídica privada (jurisdição voluntária)*. Belo Horizonte: Bernardo Álvares, 1961, p. 265-266.

851 Embora deficiência não se confunda com incapacidade, o disposto no art. 2º do Estatuto da Pessoa com Deficiência pode ser útil para conferir parâmetros à análise da equipe multidisciplinar, que, claro, deverá dirigir o enfoque para o que efetivamente importa para fins de interdição: "Art. 2º Considera-se pessoa com deficiência aquela que tem impedimento de longo prazo de natureza física, mental, intelectual ou sensorial, o qual, em interação com uma ou mais barreiras, pode obstruir sua participação plena e efetiva na sociedade em igualdade de condições com as demais pessoas. § 1º A avaliação da deficiência, quando necessária, será biopsicossocial, realizada por equipe multiprofissional e interdisciplinar e considerará: I – os impedimentos nas funções e nas estruturas do corpo; II – os fatores socioambientais, psicológicos e pessoais; III – a limitação no desempenho de atividades; e IV – a restrição de participação".

852 Cf. JOSÉ OLYMPIO DE CASTRO FILHO. *Comentários ao Código de Processo Civil*. 4ª ed. Rio de Janeiro: Forense, 1995, p. 188, v. X.

indagações prosaicas acerca da moeda corrente, do dia da semana e outras desse jaez, é fundamental o apoio técnico; 2) entretanto, é notório que a carência de pessoal especializado constitui um ponto sensível no imenso déficit estrutural que atinge o Judiciário e não é incomum que em diversas comarcas simplesmente inexistam equipes multidisciplinares aptas a auxiliar o juízo, mesmo que por meio de convênios com entidades ou trabalho altruístico. Diante desse quadro, o tom peremptório da regra do CC pode encontrar óbice fático intransponível, o que não significa que a legislação não deva trabalhar com preceitos contrafáticos. Entretanto, a desejada equipe multidisciplinar pode ser uma realidade ainda distante em muitas comarcas e isso não pode significar nulidade do ato, sob pena de se inviabilizar a providência que melhor preservará o interesse do interditando, que pode ser a constituição da curatela.

Dentro do possível, portanto, o juiz deverá contar com o apoio técnico disponível, ainda que seja apenas um profissional da área médica, psicológica ou de assistência social, por exemplo.

O parágrafo terceiro do artigo ora comentado assegura, durante a entrevista, o emprego de recursos tecnológicos capazes de permitir ou de auxiliar o interditando a expressar suas vontades e preferências e a responder às perguntas formuladas, o que vai ao encontro ao disposto nos arts. 3º, III, 74, 79 e 80 do Estatuto da Pessoa com Deficiência. Ainda com a finalidade de possibilitar ao juiz um quadro mais completo sobre a situação do interditando, o parágrafo quarto autoriza que, a critério do juiz, seja realizada a oitiva de parentes e de pessoas próximas do interditando.

Entende-se, em geral, que a entrevista é ato obrigatório,[853] não constituindo faculdade do juiz, mas circunstâncias concretas podem justificar a dispensa do ato.[854]

---

853 "A inspeção judicial preliminar prevista neste art. 751 é prova necessária: o procedimento da ação de interdição impõe a realização deste meio de prova. Somente em situações excepcionais, como nos casos em que o interditando está em coma, é possível dispensá-la, a partir da concretização do princípio da adequação do processo de jurisdição voluntária, decorrente do art. 723, parágrafo único, CPC" (Fredie Didier Jr. Da interdição. *Breves comentários ao Novo Código de Processo Civil.* 3ª ed. Wambier, Didier Jr., Talamini e Dantas (coord.). São Paulo: RT, 2016, p. 1936).

854 Entendendo ser obrigatória a entrevista: Alfredo de Araújo Lopes da Costa. *A administração pública e a ordem jurídica privada (jurisdição voluntária).* Belo Horizonte: Bernardo Álvares, 1961, p. 266; Humberto Theodoro Júnior. *Curso de direito processual Civil.* 50ª ed. Rio de Janeiro: Forense, 2016, p. 533, v. II; Leonardo Greco. *Jurisdição voluntária moderna.* São Paulo: Dialética, 2003, p. 113-114); Edson Prata. *Comentários ao Código de Processo Civil.* Rio de Janeiro: Forense, 1978, p. 308, v. 7; Leonardo Faria Schenk. *Comentários ao Código de Processo Civil.* Antonio do Passo Cabral e Ronaldo Cramer (coord.). 2ª ed. Rio de Janeiro: Forense, 2016,

Um ponto que não encontra regra expressa é a participação do Ministério Público como fiscal da ordem jurídica na entrevista,[855] já que, se for o autor da ação, sua intimação para o ato é imprescindível em razão da posição processual ocupada. Já como fiscal da ordem jurídica, não há dúvidas de que sua intervenção é obrigatória, seja por força do art. 178, II, CPC, seja por

---

p. 1070. Posição menos radical, mas preponderantemente a favor da imprescindibilidade do interrogatório (agora o CPC trata como "entrevista"): JOSÉ OLYMPIO DE CASTRO FILHO. *Comentários ao Código de Processo* Civil. 4ª ed. Rio de Janeiro: Forense, 1995, p. 188-189, v. X; ALCIDES DE MENDONÇA LIMA. *Comentários ao Código de Processo Civil*. São Paulo: RT, 1982, p. 451, v. XII. Em sentido contrário, entendendo que excepcionalmente a entrevista pode não ser realizada, FERNANDO DA FONSECA GAJARDONI observa que "diante do estado de saúde física e mental do curatelando, mediante motivação idônea, e em caráter absolutamente excepcional, poderá o juiz dispensar a entrevista do art. 751 do CPC/2015, quando, exemplificativamente, o oficial de justiça, ao proceder a citação, já constatar o estado vegetativo do incapaz. O respeito à dignidade do incapaz é muito maior na supressão do ato do que na tentativa, certamente frustrada, de sua oitiva" FERNANDO GAJARDONI. *Processo de conhecimento e cumprimento de sentença*: comentários ao CPC de 2015. GAJARDONI, DELLORE, ROQUE e DUARTE. São Paulo: Método, 2016, p. 1302). Assim também FREDIE DIDIER JR.: "A inspeção judicial preliminar prevista neste art. 751 é prova necessária: o procedimento da ação de interdição impõe a realização deste meio de prova. Somente em situações excepcionais, como nos casos em que o interditando está em coma, é possível dispensá-la, a partir da concretização do princípio da adequação do processo de jurisdição voluntária, decorrente do art. 723, parágrafo único, CPC" (Da interdição. *Breves comentários ao Novo Código de Processo Civil*. 3ª ed. WAMBIER, DIDIER JR., TALAMINI e DANTAS (coord.). São Paulo: RT, 2016, p. 1936). "Interdição. Sentença de procedência. Inexistência de interrogatório. Laudo pericial que atestou de maneira objetiva e peremptória ser o interditando pessoa inapta a praticar os atos de vida civil. Elementos dos autos que demonstram que o interditando está sob cuidados da irmã há mais de dez anos, não possuindo bens ou renda significativa. Concordância dos familiares acerca do pedido, em duas ocasiões diferentes. Inexistência de citação pessoal do interditando, tendo em vista sua flagrante incapacidade. Inexistência de prejuízo quanto ao julgamento da demanda em virtude da não realização do interrogatório judicial previsto no art. 1.181 do CPC, que, de resto, seria inócuo e apenas prolongaria ainda mais a presente causa. Interrogatório somente se faz necessário se persistir no espírito do magistrado alguma dúvida quanto ao estado ou grau de incapacidade do interditando, hipótese esta não verificada no caso em tela. *Interdição* que, salvo em caso de flagrante fraude, tem por escopo proteger o interditando. Recurso improvido" (TJSP, Apelação nº 0006719-94.2007.8.26.0020, rel. FRANCISCO LOUREIRO, public.17/3/2016).

855 Sobre a necessidade dessa intimação na vigência CPC anterior: JOSÉ OLYMPIO DE CASTRO FILHO. *Comentários ao Código de Processo* Civil. 4ª ed. Rio de Janeiro: Forense, 1995, p. 188, v. X. No atual CPC: FREDIE DIDIER JR. Da interdição. *Breves comentários ao Novo Código de Processo Civil*. 3ª ed. WAMBIER, DIDIER JR., TALAMINI e DANTAS (coord.). São Paulo: RT, 2016, p. 1936; ANTONIO CARLOS MARCATO. *Procedimentos especiais*. 16ª ed. São Paulo: Atlas, 2016, p. 414.

conta do art. 752, § 1º, CPC. Entretanto, o problema está no momento em que deve ocorrer essa intervenção, isto é, a partir de qual ato procedimental deve ocorrer a intimação para sua atuação, já que o art. 179, I, CPC, dispõe que "nos casos de intervenção como fiscal da ordem jurídica, o Ministério Público terá vista dos autos depois das partes, sendo intimado de todos os atos do processo". Essa regra significa, ordinariamente, que a intervenção só se dê após o prazo da resposta do réu[856] ou réplica no procedimento comum, ainda que na prática não seja incomum se ver intimação para que o Ministério Público se manifeste, por exemplo, sobre o pedido de tutela antecipada, o que é equivocado tecnicamente. A própria redação do art. 752, CPC, revela que a sistemática adotada é a mesma já prevista como regra geral no art. 179, I, CPC, ao dispor sobre a intervenção em um parágrafo do artigo que trata do prazo para a impugnação do pedido de interdição. Parece, portanto, de acordo com a sistemática prevista no CPC, que a intimação do Ministério Público para o ato da entrevista, como fiscal da ordem jurídica, não é obrigatória, ainda que se mostre conveniente para a instrução do processo e seja usual na prática. Caso se entenda que, com a previsão do art. 87 do Estatuto da Pessoa com Deficiência, o Ministério Público intervirá no processo de interdição sempre antes da nomeação de curador provisório, antecipando-se, portanto, o momento processual em que se dá sua atuação, há que se reconhecer inevitavelmente a necessidade de sua participação em todos os atos do processo desde então, inclusive da entrevista. Entretanto, sendo um ato instrutório, com a entrevista recebendo a amplitude e a relevância conferidas pela lei e pela prática forense, parece-nos que se lhe deva conferir a possibilidade de ampla participação, assim como de todos os sujeitos interessados.[857]

Com efeito, a entrevista é um ato processual que concentra diversas possibilidades, tanto de defesa quanto de prova, não podendo ser considerado um ato privativo do juiz, como se no processo houvesse campo para instrução secreta. Mesmo à época em que se debatia sobre o alcance do contraditório na jurisdição voluntária, já se considerava que o processo de interdição exigia ampla participação precisamente em razão da sua finalidade e da averiguação

856 Cf. Antônio Cláudio da Costa Machado. *A intervenção do Ministério Público no processo civil brasileiro*. 2ª ed. São Paulo: Saraiva, 1998, p. 441.

857 "Como ato probatório essencial do processo de interdição, não podem o requerente, o advogado do requerido e o Ministério Público ou o curador à líder ser privados de assistirem e participarem desse exame, exercendo não o direito de reperguntas, mas também fazendo observações que o juiz deverá consignar no respectivo termo, tudo igual como em qualquer inspeção judicial" (Leonardo Greco. *Jurisdição voluntária moderna*. São Paulo: Dialética, 2003, p. 113-114). Também apontando a necessidade de amplo contraditório na entrevista: José Maria Rosa Tesheiner. *Jurisdição voluntária*. Rio de Janeiro: Aide, 1992, p. 97-98.

fática necessária[858]. Trata-se, portanto, de ato que deve contar com a participação de todos os interessados já identificados nessa fase do processo.

Por fim, registre-se que, além de a doutrina majoritária se manifestar pela imprescindibilidade da entrevista, o Superior Tribunal de Justiça também assim se pronunciou em julgado recente e em termos enfáticos: "Processual civil e civil. Recurso especial. Ação de interdição. Ausência de interrogatório. Ausência de nomeação de curador à lide. Inviabilidade. Nulidade. A ação de interdição é o meio através do qual é declarada a incapacidade civil de uma pessoa e nomeado curador, desde que fique demonstrada a incapacidade para praticar os atos da vida civil do interditando. A questão que exsurge nesse recurso é julgar se a ausência de nomeação de curador à lide e de interrogatório do interditando dão ensejo à nulidade do processo de interdição. A participação do Ministério Público como *custos legis* em ação de interdição não supre a ausência de nomeação de curador à lide, devido à antinomia existente entre as funções de fiscal da lei e representante dos interesses do interditando. O interrogatório do interditando é medida que garante o contraditório e a ampla defesa de pessoa que se encontra em presumido estado de vulnerabilidade. São intangíveis as regras processuais que cuidam do direito de defesa do interditando, especialmente quando se trata de reconhecer a incapacidade e restringir direitos. Recurso especial provido para nulificar o processo".[859]

---

858 Cf. Francesco Carnelutti. *Diritto e processo*. Napoli: Morano, 1958, p. 393-395.

859 REsp 1686161/SP, rel. Min. Nancy Andrighi, Terceira Turma, j. 12/9/2017, DJe 15/9/2017. Em seu voto, a relatora teceu as seguintes considerações: "Via de regra, esta Corte exige a demonstração de prejuízo gerado por supressão de ato processual previsto em lei para que fique consubstanciada a nulidade. Entretanto, tal entendimento não é aplicável à hipótese específica da ausência de nomeação de curador à lide em processo de interdição, devido à vulnerabilidade presumida do interditando e à gravidade da declaração e constituição de estado de incapacidade. Não é admissível que seja suprimida, em ação de interdição, medida que visa ampliar a proteção do interditando. Assim, considero a ausência de nomeação de curador à lide vício insanável cuja consequência é a nulidade absoluta do processo de interdição. [...] É importante que o juiz proceda ao exame pessoal por meio de interrogatório, ainda que não possua conhecimentos que permitam a elaboração de um diagnóstico. Isso, pois o exame pessoal não visa só a definição do estado biológico do interditando, mas, principalmente, a verificação de seus laços afetivos, suas condições materiais e cognitivas, a forma como se relaciona e se comporta em sociedade e, principalmente, sua opinião acerca da interdição e sua relação com quem se pretende curador. Tanto é importante o interrogatório, que o Novo Código de Processo Civil reformou o instituto, que passou a ser chamado de 'entrevista', ampliando os temas a serem perquiridos pelo juiz quando do exame pessoal, para que o interditando, sujeito de direito mais importante da demanda, seja melhor compreendido e ressignificado. O exame a ser feito mediante interrogatório em audiência pessoalmente pelo juiz não é, portanto, mera formalidade. Ao contrário, é medida que garante a participação e a própria

Art. 752. Dentro do prazo de 15 (quinze) dias contado da entrevista, o interditando poderá impugnar o pedido.

§ 1º O Ministério Público intervirá como fiscal da ordem jurídica.

§ 2º O interditando poderá constituir advogado, e, caso não o faça, deverá ser nomeado curador especial.

§ 3º Caso o interditando não constitua advogado, o seu cônjuge, companheiro ou qualquer parente sucessível poderá intervir como assistente.

CPC de 1973 – art. 1.182

136. Impugnação

A alocação do processo de interdição entre os procedimentos de jurisdição voluntária é controvertida precisamente porque se trata de uma situação em que não raro pode haver controvérsia formal entre as partes.[860]

---

defesa do interditando no processo. Aliás, é também medida de humanização do trabalho judicial, que poderá, com habilidade e dedicação, conhecer de fatos que o processo oculta ou omite. A respeito da relativização de regras processuais em ação de interdição, com base no art. 1109, do CPC/73, já afirmei na ocasião do julgamento do REsp 623047/RJ, de minha relatoria, Dje 07/03/2005, que intangíveis são as regras processuais que cuidam do direito de defesa da parte requerida, especialmente quando se trata de ação de interdição, de caráter indisponível e que privará o interditando da administração da sua vida. Não se extrai do art. 1.109 do CPC, portanto, autorização para que o juiz deixe de praticar os atos processuais inerentes ao procedimento, máxime quando se tratar daquele que representa o direito de defesa da parte requerida. Assim, é nula a decisão que declara a interdição sem proceder antes ao interrogatório do interditando. Assim, cuidando de ação de interdição para decidir acerca do estado da requerida, nuançada pela gravidade das consequências dessa declaração, não se admite a supressão de nenhum ato processual componente do procedimento, porque sempre destinados à proteção do interditando, máxime a inerente vulnerabilidade, aliás que se presume". Pode-se apontar esse entendimento como desdobramento de julgado mais antigo: "Processo civil. Recurso especial. Interdição. Supressão do prazo de impugnação previsto no art. 1.182 do CPC com fundamento no art. 1.109 do mesmo diploma legal. Inviabilidade. O art. 1.109 do CPC abre a possibilidade de não se obrigar o juiz, nos procedimentos de jurisdição voluntária, à observância do critério de legalidade estrita, abertura essa, contudo, limitada ao ato de decidir, por exemplo, com base na equidade e na adoção da solução mais conveniente e oportuna à situação concreta. Isso não quer dizer que a liberdade ofertada pela lei processual se aplique à prática de atos procedimentais, máxime quando se tratar daquele que representa o direito de defesa do interditando. Recurso especial provido" (REsp 623.047/RJ, rel. Min. NANCY ANDRIGHI, Terceira Turma, j. 14/12/2004, DJ 7/3/2005, p. 250).

860 Cf. o registro histórico da discussão em ALFREDO DE ARAÚJO LOPES DA COSTA. *A administração pública e a ordem jurídica privada (jurisdição voluntária)*. Belo Horizonte: Bernardo Álvares, 1961, p. 249-259.

Se a potencial litigiosidade não é estranha à jurisdição voluntária, na interdição essa característica é mais ressaltada, razão pela qual é clássica a polêmica sobre a litigiosidade da interdição[861]. Trata-se, no entanto, de questão de política legislativa e no direito brasileiro optou-se há décadas por essa previsão.

A previsão da impugnação do pedido, portanto, decorre dessa contraposição potencial entre as pretensões, homenageando-se, ainda, a prevalência da regra da capacidade sobre a excepcionalidade da situação de curatela.

A impugnação, a propósito, servirá não só para fulminar integralmente o pedido de interdição, mas pode assumir, também, a importante função de balizar a curatela a ser constituída, contribuindo para que a interdição seja ajustada sob medida ao caso concreto. Evidentemente, nos casos de autointerdição, não será possível o oferecimento de impugnação, não havendo sequer integração do polo passivo.

O prazo para a impugnação foi ampliado no CPC para quinze dias úteis, a contar da intimação realizada no ato da entrevista. Como o interditando ainda não pode ser considerado incapaz antes da sentença, deve ser livre seu poder de nomeação de advogado para oferecimento de defesa.[862]

Evidentemente, pode ser o caso de incidência do art. 245, CPC, ou mesmo de já haver sido nomeado curador provisório, em virtude do quadro fático apresentado no caso concreto, de modo que o interditando deverá ser assistido processualmente, nesses casos. De todo modo, não há efeitos da revelia e o não oferecimento da impugnação não dispensará a instrução suficiente da causa, inclusive com a possibilidade de produção de provas pelo interditando (art. 349, CPC).

Pela natureza do processo de interdição, não incidem os efeitos da revelia.[863]

---

861 Cf. Giuseppe Chiovenda. *Instituições de direito processual civil*. J. Guimarães Menegale (trad.). São Paulo: Saraiva, 1965, p. 21-22, v. II.

862 Cf. REsp 1251728/PE, rel. Min. Paulo de Tarso Sanseverino, Terceira Turma, j. 14/5/2013, DJe 23/5/2013; Diego Esteves, Elisa Costa Cruz e Franklyn Roger Alves Silva. As consequências materiais e processuais da Lei Brasileira de Inclusão da Pessoa com Deficiência e o papel da Defensoria Pública na assistência jurídica das pessoas com deficiência. *Revista de Processo nº 258*. São Paulo: RT, agosto de 2016, p. 299. Sobre a oportunidade de o interditando se pronunciar sobre a causa e constituir provas: "[...] Improsperável a alegação de inépcia da petição inicial se o pedido de interdição encontra-se devidamente fundamentado, inclusive com respaldo em laudos médicos, o que justifica o prosseguimento do feito, com vistas à aferição da saúde mental do interditando, o qual, cumpre ressaltar, tem não apenas interesse, mas também o direito de provar que pode gerir sua própria vida, administrar seus bens e exercer sua profissão" (RMS 22.679/RS, rel. Min. Sidnei Beneti, Terceira Turma, j. 25/3/2008, DJe 11/4/2008).

137. Ministério Público

A presença de um incapaz como parte enseja a intervenção obrigatória do Ministério Público como fiscal da ordem jurídica, sob pena de nulidade, em ocorrendo prejuízo (arts. 178, II, e 279, CPC).

Note-se que a atuação do Ministério Público não elimina a necessidade de o incapaz ser assistido ou representado, já que sua participação se dará na condição de fiscal da ordem jurídica, cabendo-lhe, inclusive, zelar pela adequada observância da atuação dos representantes legais.

A intervenção do Ministério Público se dá precisamente em razão da presença do incapaz, não podendo significar em nenhum momento a diminuição de sua proteção jurídica.

O que deve ser bem compreendido é a impossibilidade de o Ministério Público exercer a função de curador especial após a Constituição da República de 1988. A função do Ministério Público no processo se dá apenas de três maneiras: como legitimado ordinário, nos casos em que defende situação jurídica própria, como legitimado extraordinário e como fiscal da ordem jurídica. Não há possibilidade de atuar como curador especial, de modo que a revogação do equivocado art. 1.770, CC, pelo art. 1.072, II, CPC, foi medida legislativa acertada para que não se perpetuassem confusões nessa seara. Na realidade, o Ministério Público deve zelar pela nomeação de curador especial nos procedimentos em que intervier e tal providência for exigida, como corretamente dispõe o art. 74, II, do Estatuto do Idoso, mas não pode ele exercer essa função por ser ela incompatível com suas atividades institucionais e finalísticas. Nem mesmo na ausência da Defensoria Pública deverá o Ministério Público exercer a curadoria especial, devendo a nomeação recair sobre outra pessoa, preferencialmente um advogado dativo. Se a curadoria especial tiver lugar em hipóteses pre

---

863 Entende-se que a vulnerabilidade e o estado de incapacidade impedem os efeitos da revelia. Há que se refletir, porém, acerca desse quadro, já que não há mais incapacidade absoluta a partir da decretação da interdição e somente os atos patrimoniais são afetados, praticamente equiparando-se os efeitos entre a pessoa que não consegue exprimir sua vontade com os pródigos (cf. art. 85 do Estatuto da Pessoa com Deficiência e art. 1.782, CC). Não se trataria, a rigor, de direitos indisponíveis, especialmente porque a incapacidade relativa nem sequer estará constituída. Pode-se cogitar que há "incapacidade provisória" no caso de nomeação de curador provisório, quando, então, não haveria que se falar em efeitos da revelia. De todo modo, caso se entenda que sempre haverá nomeação de curador especial quando não houver advogado constituído, não haverá que se falar em efeitos da revelia. Por fim, é possível ainda a incidência do art. 121, parágrafo único, combinado com o art. 752, § 3º, CPC.

vistas no art. 178, CPC, ou em alguma outra situação prevista legalmente para sua atuação, haverá necessidade de intervenção do Ministério Público na condição de fiscal da ordem jurídica, o que, como já afirmado, não exclui a necessidade de nomeação de curador especial, havendo, pois, uma dupla tutela do contraditório justificada por questões de política legislativa.

Em suma, o Ministério Público, sendo o caso, deve conviver com o curador especial, mas não exerce essa função. O STJ cometeu grave equívoco nesse sentido, ao entender que era desnecessária a nomeação de curador especial ao interditando, por haver intervenção obrigatória do Ministério Público.[864] Confundiu-se a atuação como fiscal da ordem jurídica com a integração de capacidade processual do curador especial.[865] O art. 752,

864 "A designação de curador especial tem por pressuposto a presença do conflito de interesses entre o incapaz e seu representante legal. No procedimento de interdição não requerido pelo Ministério Público, quem age em defesa do suposto incapaz é o órgão ministerial e, portanto, resguardados os interesses interditando, não se justifica a nomeação de curador especial (REsp 1099458/PR, Rel. Ministra Maria Isabel Gallotti, Quarta Turma, julgado em 02/12/2014, DJe 10/12/2014). 3. No tocante à invocação do art. 3º Lei 8.906/1994 e do art. 4º da Lei Complementar n. 80/1994 – que elenca as funções institucionais da Defensoria – são impertinentes para a solução da controvérsia, pois, como observado na decisão ora agravada, a designação de curador especial – atividade institucional, que pode ser exercida pela Defensoria Pública – tem por pressuposto a presença de conflito de interesses entre o incapaz e seu representante legal" (AgInt nos EDcl no REsp 1604162/SP, rel. Min. LUIS FELIPE SALOMÃO, Quarta Turma, j. 14/2/2017, DJe 20/2/2017).

865 Situação peculiar – e inconfundível com o que aqui se expõe – consiste na atuação do Ministério Público como legitimado ativo e a desnecessidade de nomeação automática de curador especial. Não perceber essa diferença é o mesmo que não entender a distinção entre substituição processual e fiscalização da ordem jurídica. Não se nomeia curador especial sob o pretexto de equilibrar um contraditório que está plenamente estabelecido, sem que incida nenhuma daquelas hipóteses antes mencionadas. Nesses casos, o Ministério Público é quem figura como autor, na tutela de direitos indisponíveis, não havendo necessidade de nomeação de curador especial, já que inexistirá conflito de interesses entre o curatelando e seu representante legal. Essa controvérsia se instaurou em diversos casos envolvendo a destituição de poder familiar, em que a Defensoria Pública passou a atuar na condição de curador especial sem inclusive prévia nomeação judicial, incidindo em duplo equívoco. O CPC não possui regra expressa sobre o tema e a polêmica que se instaurou deveria ter sido suficiente para animar regramento específico. No entanto, esse entendimento sobre a desnecessidade de nomeação de curador especial decorre do sistema e vem sendo acolhido pelo STJ (AgRg no Ag 1369745/RJ, rel. Min. PAULO DE TARSO SANSEVERINO, 3.ª T., *DJe* 16/4/2012; AgRg no Ag 1415049/RJ, rel. Min. MARIA ISABEL GALLOTTI, 4.ª T., *DJe* 17/5/2012; AgRg no Ag 1410673/RJ, rel. Min. MARCO BUZZI, 4.ª T., *DJe* 29/10/2014; AgRg no REsp 1478366/RJ, rel. Min. LUIS FELIPE SALOMÃO, 4.ª T., *DJe* 11/12/2014; AgRg no REsp 1416820/RJ, rel. Min. MARIA ISABEL GALLOTTI, 4.ª T., *DJe* 5/2/2015; REsp 1370537/RJ, rel. Min. JOÃO

CPC, corrige esse equívoco ao extremar a função do Ministério da atuação do curador especial.[866]

138. Curador especial

O art. 72 do CPC reproduz em essência o texto correspondente do CPC de 1973, com aperfeiçoamento redacional e correção técnica do parágrafo único. Como já mencionado, há incapacidades que tocam de maneira específica a legislação processual. Nesse sentido, o curador especial é

Otávio de Noronha, 3.ª T., *DJe* 10/3/2015).

866 Cf. Fredie Didier Jr. Da interdição. *Breves comentários ao Novo Código de Processo Civil.* 3ª ed. Wambier, Didier Jr., Talamini e Dantas (coord.). São Paulo: RT, 2016, p. 1938-1939. Assim também Fernando da Fonseca Gajardoni: Gajardoni, Dellore, Roque e Oliveira Jr. *Processo de conhecimento e cumprimento de sentença*: comentários ao CPC de 2015. São Paulo: Método, 2016, p. 1303. O próprio STJ resolveu a questão adequadamente em julgado mais recente: "Civil. Processual civil. Recurso especial. Impossibilidade de exercício de curadoria especial pelo Ministério Público. *Munus* exercido pela Defensoria Pública. [...] Diante da incompatibilidade entre o exercício concomitante das funções de *custos legis* e de curador especial, cabe à Defensoria Pública o exercício de curadoria especial nas ações de interdição. Precedentes" (REsp 1651165/SP, rel. Min. Nancy Andrighi, Terceira Turma, j. 19/9/2017, DJe 26/9/2017). Mas ainda há sinalização de que a questão não está adequadamente compreendida: "Agravo interno. Processual civil. Legitimidade do *parquet* estadual para interpor recurso em face de decisão de ministro de tribunal superior. Reconhecimento. Intervenção do ministério público em feito de interdição. Designação de curador especial. Tem por pressuposto a presença de conflito de interesses entre o incapaz e seu representante legal. No procedimento de interdição não requerido pelo Ministério Público, quem age em defesa do suposto incapaz é o órgão ministerial.1. A Corte Especial, por ocasião do julgamento dos EREsp 1.327.573/RJ, revendo sua jurisprudência, por maioria, redatora do acórdão a Ministra Nancy Andrighi, perfilhou entendimento acerca da possibilidade de atuação, no âmbito do STJ, paralela do MP estadual – que atua, nos feitos oriundos da Justiça estadual, na pessoa do Procurador-Geral, como parte e o MPF como fiscal da lei. 2. A designação de curador especial tem por pressuposto a presença do conflito de interesses entre o incapaz e seu representante legal. No procedimento de interdição não requerido pelo Ministério Público, quem age em defesa do suposto incapaz é o órgão ministerial e, portanto, resguardados os interesses interditando, não se justifica a nomeação de curador especial (REsp 1099458/PR, Rel. Ministra Maria Isabel Gallotti, Quarta Turma, julgado em 02/12/2014, DJe 10/12/2014). 3. No tocante à invocação do art. 3º Lei 8.906/1994 e do art. 4º da Lei Complementar n. 80/1994 – que elenca as funções institucionais da Defensoria – são impertinentes para a solução da controvérsia, pois, como observado na decisão ora agravada, a designação de curador especial – atividade institucional, que pode ser exercida pela Defensoria Pública – tem por pressuposto a presença de conflito de interesses entre o incapaz e seu representante legal. 4. Agravo interno não provido" (AgInt nos EDcl no REsp 1604162/SP, rel. Min. Luis Felipe Salomão, Quarta Turma, j. 14/2/2017, DJe 20/2/2017).

um representante processual *ad hoc* para suprimento de uma incapacidade processual, não guardando nenhuma relação com o direito material em disputa, e suas funções são protetivas, eminentemente defensivas. Note-se que o curador especial não é parte. Trata-se apenas de um representante processual que visa a regularizar a relação processual por meio de integração de capacidade em situações bem específicas, no intuito de preservar em alguma medida o equilíbrio do contraditório. Basicamente, deve o curador especial oferecer contestação, produzir provas e interpor recursos. É atividade tipicamente processual que visa a restaurar um contraditório deficiente, ao menos formalmente, já que existe a autorização para formular defesa genérica (art. 341, parágrafo único, CPC). O curador especial, no desempenho dessa função protetiva de esfera jurídica, com a finalidade de equilibrar o contraditório, deve ser obrigatoriamente nomeado pelo juiz, ainda que de ofício. Por ser uma atividade tipicamente processual, sem nenhuma repercussão de direito material, sua função cessa com o término do processo. No caso de processo de interdição, deve ser examinada a hipótese da regra geral do art. 72, I, CPC, isto é, nomeação de curador especial ao incapaz que não tenha representante legal ou cujos interesses colidirem com aquele. Trata-se de hipótese de suprimento de capacidade processual e não material, não dispensando a intervenção do Ministério Público, como bem estabelecido no art. 752, § 2º, CPC. Como já assinalado no item anterior, o Ministério Público não atua no processo para integrar a capacidade, mas, sim, como fiscal da ordem jurídica. Se uma das funções do curador especial está no reforço do contraditório e da proteção da esfera jurídica do incapaz, a subtração de sua atuação em virtude da atuação do Ministério Público na verdade levaria a um déficit protetivo. O parágrafo único do art. 72, CPC, é uma adequação à evolução normativa após a edição do Código anterior, especialmente à disciplina constitucional do Ministério Público, afastando-o definitivamente da possibilidade de ser curador especial, e das Leis Complementares 80/1994 e 132/2009, que dispõem sobre a Defensoria Pública e a erigem à condição de curador especial por excelência. Nas localidades em que ainda não houver Defensoria Pública devidamente instalada, a curadoria especial recairá sobre advogado idôneo. Não há necessidade de o curador ser advogado, mas, como para praticar atos no processo é necessária a capacidade postulatória, não faz sentido prático que a nomeação recaia sobre outra pessoa que terá que contratar profissional habilitado, já que são inconfundíveis os graus de incapacidade e o curador especial somente supre a incapacidade processual. A colisão de interesses entre o incapaz e seu representante legal deve ser apreciada no caso concreto, mas, em linhas gerais, ocorrerá ordinariamente nos processos de interdição em que tenha sido nomeado curador provisório. Caso não haja curador provisório, pode-se vislumbrar a inexistência desse conflito, já que pode haver outro representante legal para tutelar o interesse do curatelando.

Verifica-se, pois, que a nomeação de curador especial não é automática e obrigatória em qualquer hipótese, como aparentemente decorre da leitura isolada do art. 752, § 2º, CPC, que dispõe que "o interditando poderá constituir advogado, e, caso não o faça, deverá ser nomeado curador especial". A não constituição de advogado não enseja, por si só, a nomeação de curador especial, sob pena de se generalizar essa técnica protetiva sem que haja o necessário suporte fático.[867] No caso de não constituição de advogado, o sistema já prevê a compensação garantidora de não incidirem os efeitos da revelia (art. 345, II, CPC), de modo que não se mostra necessária essa nomeação abstrata e automática.[868] Registre-se que a falta de nomeação de curador especial nesses casos não se dará por haver a necessária intervenção do Ministério Público, mas, sim, por não estar presente a hipótese legal justificadora. Do contrário, teríamos a regra da nomeação automática de nomeação de curador especial em processo de interdição, cuja essência é protetiva, sem que houvesse a incidência do art. 72, CPC, e sem qualquer análise do caso concreto, podendo, haver, inclusive, casos em que a Defensoria Pública fosse nomeada para a defesa de pessoa que não seja necessitada economicamente (pense-se, por exemplo, em caso de prodigalidade em que o interditando possui patrimônio e opta por não constituir advogado ou mesmo de um interditando que possua condições econômicas que afastem a atuação da Defensoria Pública). A fase da entrevista, com a possibilidade de convocação de familiares, inclu-

867 Em sentido contrário: Diego Esteves, Elisa Costa Cruz e Franklyn Roger Alves Silva. As consequências materiais e processuais da Lei Brasileira de Inclusão da Pessoa com Deficiência e o papel da Defensoria Pública na assistência jurídica das pessoas com deficiência. *Revista de Processo nº 258*. São Paulo: RT, agosto de 2016, p. 299, nota 30. Os referidos autores apresentam uma nova interpretação para a função do curador especial na hipótese de incapacidade, atuando com respeito à autonomia preservada pela pessoa com deficiência (ob. cit., p. 306-308),

868 Entendendo que sempre será necessária a nomeação de curador especial, Fredie Didier Jr., para quem a "curatela especial não decorre da incapacidade do interditando, que pode ou não existir (perceba que o interditando ainda não foi interditado), mas, sim, do fato de ele não ter apresentado resposta – essa situação é considerada como apta à designação do curador especial, independentemente da constatação da incapacidade do interditando" (Da interdição. *Breves comentários ao Novo Código de Processo Civil*. 3ª ed. Wambier, Didier Jr., Talamini e Dantas (coord.). São Paulo: RT, 2016, p. 1939). Também entende que a ausência de constituição de advogado por si só enseja a nomeação de curador especial, cuja participação cessará imediatamente se constituído advogado: Leonardo Faria Schenk. *Comentários ao Código de Processo Civil*. Antonio do Passo Cabral e Ronaldo Cramer (coord.). 2ª ed. Rio de Janeiro: Forense, 2016, p. 1071.

sive, é relevante até mesmo para a verificação de específica situação concreta de conflito de interesses que justifique, de acordo com a previsão processual, a nomeação de curador especial. Outro ponto que reforça essa desnecessidade de nomeação automática de curador especial está no parágrafo terceiro do art. 752, CPC, a seguir analisado.

Situação peculiar consiste na atuação do Ministério Público como legitimado ativo e a desnecessidade de nomeação automática de curador especial. Não perceber essa diferença é o mesmo que não entender a distinção entre substituição processual e fiscalização da ordem jurídica. Não se nomeia curador especial sob o pretexto de equilibrar um contraditório que está plenamente estabelecido, sem que incida nenhuma daquelas hipóteses antes mencionadas. Nesses casos, o Ministério Público é quem figura como autor, na tutela de direitos indisponíveis, não havendo necessidade de nomeação de curador especial, já que inexistirá conflito de interesses entre o curatelando e seu representante legal.[869]

139. Intervenção de terceiros e jurisdição voluntária

A possibilidade de haver intervenção de terceiros em procedimentos de jurisdição voluntária está mais na compatibilidade legislativa do que em qualquer investigação sobre a natureza especial do procedimento. Isso significa que se trata de questão de política legislativa, não guardando qualquer relação com a especificidade da jurisdição voluntária em si. Aprioristicamente, não há nada que impeça a ampliação subjetiva em procedimentos de jurisdição voluntária – e é de ampliação subjetiva que se trata em regra a intervenção de terceiros –, ainda que não seja comum esse tipo de intervenção. Como se verá ao tratarmos do procedimento de interdição[870], pode haver situações complexas que exijam – ou ao menos contemplem a possi-

869 Essa controvérsia se instaurou em diversos casos envolvendo a destituição de poder familiar, em que a Defensoria Pública passou a atuar na condição de curador especial sem inclusive prévia nomeação judicial, incidindo em duplo equívoco. O CPC não possui regra expressa sobre o tema e a polêmica que se instaurou deveria ter sido suficiente para animar regramento específico. No entanto, esse entendimento sobre a desnecessidade de nomeação de curador especial decorre do sistema e vem sendo acolhido pelo STJAgRg no Ag 1369745/RJ, rel. Min. Paulo de Tarso Sanseverino, 3.ª T., *DJe* 16/4/2012; AgRg no Ag 1415049/RJ, rel. Min. Maria Isabel Gallotti, 4.ª T., *DJe* 17/5/2012; AgRg no Ag 1410673/RJ, rel. Min. Marco Buzzi, 4.ª T., *DJe* 29/10/2014; AgRg no REsp 1478366/RJ, rel. Min. Luis Felipe Salomão, 4.ª T., *DJe* 11/12/2014; AgRg no REsp 1416820/RJ, rel. Min. Maria Isabel Gallotti, 4.ª T., *DJe* 5/2/2015; REsp 1370537/RJ, rel. Min. João Otávio de Noronha, 3.ª T., *DJe* 10/3/2015.

870 Cf. parecer de Arruda Alvim publicado ainda no início da vigência do CPC anterior: Assistência. *Revista de Processo nº 6*. São Paulo: RT, abril-junho de 1977, p. 227-235.

bilidade – a ampliação do contraditório, seja por meio de integração por assistência litisconsorcial[871], ou por outra figura interventiva que se afigure adequada ao caso concreto. Ainda assim, na doutrina se encontra a afirmação geral de que só haveria intervenção de terceiros em casos de efetivo litígio, não sendo compatível se se tratar realmente de jurisdição voluntária[872]. No caso de processo de interdição, o CPC previu expressamente uma espécie de intervenção de terceiros, como será examinado no item seguinte[873].

139.1. A intervenção prevista no art. 752, § 3º, CPC

Para que haja intervenção de terceiro como assistente em determinado processo exige-se a presença de "interesse jurídico".[874] O art. 752, § 3º,

---

871 A natureza da assistência litisconsorcial é motivo de antiga controvérsia: sobre o tema, com citação de bibliografia complementar: Lia Carolina Batista. *Assistência no processo civil brasileiro.* Dissertação de mestrado. São Paulo: Faculdade de Direito da Universidade de São Paulo, 2012. Inédito, capítulo 5, especialmente p. 74-92 (disponível em: <www.teses.usp.br>); Lia Carolina Batista Cintra. *Intervenção de terceiro por ordem do juiz*: a intervenção *iussu iudicis* no processo civil. São Paulo: RT, 2017, p. 137-140; Elie Pierre Eid. *Litisconsórcio unitário*: fundamentos, estrutura e regime. São Paulo: RT, 2017, p. 204-214. E ainda: Genacéia da Silva Alberton. *Assistência litisconsorcial.* São Paulo: RT, 1994; Thereza Alvim. *Direito processual de estar em juízo.* São Paulo: RT, 1996; Heitor Vitor Mendonça Sica. Notas críticas ao sistema de pluralidade de partes no processo civil brasileiro. *Revista de Processo nº 200.* São Paulo: RT, outubro de 2011, p. 13-70; Araken de Assis. *Processo civil brasileiro.* São Paulo: RT, 2015, p. 618-624, v. II, tomo I.

872 Lia Carolina Batista. *Assistência no processo civil brasileiro.* Dissertação de mestrado. São Paulo: Faculdade de Direito da Universidade de São Paulo, 2012. Inédito, p. 109 (disponível em: <www.teses.usp.br>). Admitindo assistência simples em procedimentos de jurisdição voluntária: Ubiratan de Couto Maurício. *Assistência simples no direito processual civil.* São Paulo: RT, 1983, p. 79-83. Cf., também, Jefferson Carús Guedes. *Comentários ao Código de Processo Civil.* Marinoni, Arenhart e Mitidiero (coord.). São Paulo: RT, 2016, p. 92-93, 139-140 e 223-224, v. 11.

873 A possibilidade de litígio é comum nos procedimentos de jurisdição voluntária e não nos parece ser esse o melhor critério para considerar que se trata ou não de processo contencioso, mas não é aqui a sede própria para essa discussão. Em todo caso, a intervenção ora tratada pressupõe a ausência de litígio, na medida em que a sua condição é a não constituição de advogado (ou nomeação de Defensor Público).

874 O conceito de interesse jurídico é o ponto mais tormentoso e controvertido no estudo da assistência, limitando-se o Código de Processo Civil, em seu art. 119, a dispor que poderá intervir como assistente o terceiro que tiver interesse jurídico em que a sentença seja favorável a uma delas (para uma descrição histórica sobre a exigência de interesse para essa intervenção no direito processual brasileiro: Lia Carolina Batista. *Assistência no processo civil brasileiro.* Dissertação de mestrado. São Paulo: Faculdade de Direito da Universidade de São Paulo, 2012. Inédito, capítulo 2; no mesmo trabalho, especialmente no item 5.4, há profundo exame do conceito de interesse jurídico, incluindo referências de direito comparado – disponível em: <www.teses.usp.br>). Arruda

ALVIM afirma que a esfera jurídica do assistente simples poderá ser afetada de duas formas: 1) se a própria decisão do processo alcançar relação jurídica sua com quem deseja assistir, como uma prejudicial; 2) se a justiça da decisão operar efeitos de fato na esfera jurídica do assistente simples. Esclarece esse autor que, para o interesse do terceiro ser considerado jurídico, "deve, do processo entre outras pessoas, poder resultar influência benéfica ou contrária, prejudicial ou indireta, no conflito de interesses, atual ou potencial, que tem ele com a parte a quem deseja assistir" (Assistência. *Revista de Processo nº 6*, São Paulo: RT, abril/junho de 1977, p. 229). Em outra obra, ARRUDA ALVIM destaca que o interesse jurídico justificador do ingresso do assistente simples deve ser aferido em função de a sentença poder afetar ou não esse terceiro (*Manual de direito processual civil*. 7ª ed. São Paulo: RT, 2001, p. 120, v. 2. O mesmo entendimento foi adotado em estudo escrito com TERESA ARRUDA ALVIM: *Assistência-Litisconsórcio. Repertório de jurisprudência e doutrina*. São Paulo: RT, 1986, p. 13). MOACYR AMARAL SANTOS não fornece uma noção tão completa, mas é correto em sua abordagem, ao afirmar que "o assistente intervém fundado no interesse jurídico, que tem, de que a sentença não seja proferida contra o assistido, porque proferida contra este poderia influir desfavoravelmente na sua situação jurídica" (*Primeiras linhas de direito processual civil*. 17ª ed. São Paulo: Saraiva, 1995, p. 51, 2º vol). Nessa mesma linha, encontramos as seguintes abordagens: a) CÂNDIDO RANGEL DINAMARCO, que observa que "o interesse que legitima a assistência é sempre representado pelos reflexos jurídicos que os resultados do processo possam projetar sobre a esfera de direitos do terceiro. Esses possíveis reflexos ocorrem quando o terceiro se mostra titular de algum direito ou obrigação cuja existência ou inexistência depende do julgamento da causa pendente, ou vice-versa. [...] É de prejudicialidade a relação entre a situação jurídica do terceiro e os direitos e obrigações versados na causa pendente. Ao afirmar ou negar o direito do autor, de algum modo o juiz estará colocando premissas para a afirmação ou negação do direito ou obrigação de terceiro – e daí o interesse deste em ingressa" (*Instituições de direito processual civil*. 4ª ed. São Paulo: Malheiros, 2004, p. 387, v. II); b) CELSO AGRÍCOLA BARBI, que escreve que "o interesse é jurídico quando, entre o direito em litígio e o direito que o credor quer proteger com a vitória daquele, houver uma relação de conexão ou de dependência, de modo que a solução do litígio pode influir, favorável ou desfavoravelmente, sobre a posição jurídica de terceiro" (*Comentários ao Código de Processo Civil*. 9ª ed. Rio de Janeiro: Forense, 1994, p. 174, v. I); c) OVÍDIO BAPTISTA DA SILVA, para quem "dá-se intervenção adesiva simples quando terceiro ingressa no processo com a finalidade de auxiliar uma das partes em cuja vitória tenha interesse, uma vez que a sentença contrária à parte coadjuvada prejudicaria um direito seu, de alguma forma ligada ao direito do assistido" (*Curso de processo civil*. 4ª ed. São Paulo: RT, 1998, p. 273, v. 1); d) DANIEL COLNAGO RODRIGUES afirma que, no caso da assistência simples, "o terceiro tem interesse jurídico que, posto seja diferente do interesse da parte, encontra-se em relação de dependência com esse, podendo se apresentar de dois modos: quando o resultado do processo puder implicar eficácia constitutiva favorável ou contrária ao interesse do assistente; e quando o resultado o resultado do processo puder autorizar uma das partes a promover ação regressiva contra o terceiro. [...] Seja na modalidade simples, seja na modalidade litisconsorcial, a assistência não se conforma com interesse que não seja jurídico. Interesses meramente moral, altruísta, afetivo, ou mesmo econômico, não legitimam a assistência (*Intervenção de terceiros*. São Paulo: RT, 2017, p. 69); e) LUIZ RODRIGUES WAMBIER e EDUARDO TALAMINI consideram que "há a perspectiva de o assistente simples sofrer efeitos reflexos da decisão desfavorável ao assistido, que atingiriam negativamente sua esfera jurídica. O assistente simples tem um interesse jurídico próprio, que não está diretamente posto em disputa no processo, mas que apenas pode ser preservado na medida em que a sentença seja favorável ao assistido. [...] O interesse jurídico do assistente simples pode apresentar-se de dois modos: (1º) o resultado do processo poderá implicar uma eficácia constitutiva (ou desconstitutiva) favorável ou contrária ao interesse (à posição jurídico-material) do assistente; (2º) o resultado do processo poderá autorizar uma das partes a promover ação regressiva contra o terceiro – hipótese em que esse assiste aquela parte que o poderia demandar regressivamente" (*Curso avançado de processo civil.* 16ª ed. São Paulo: RT, 2016, p. 355); f) Vicente Greco Filho, anotando que "a qualidade de jurídico do interesse que legitima a assistência simples decorre da potencialidade de a sentença a ser proferida repercutir, positiva ou negativamente, na esfera jurídica do terceiro" (*Da intervenção de terceiros.* São Paulo: Saraiva, 1986, p. 74); g) Cássio Scarpinella Bueno afirma que o interesse jurídico do assistente simples "deve ser dedutível da probabilidade atual ou iminente de que possa a decisão a ser proferida no processo em que pretende intervir vir a afetar sua esfera jurídica enquanto fato eficaz" (*Partes e terceiros no processo civil brasileiro*, São Paulo: Saraiva, 2003, p. 138); h) Genacéia da Silva Alberton, que entende que "o assistente não reclama direito próprio, mas tem interesse pessoal na sorte da pretensão de uma das partes, ficando sua situação processual dependente da parte coadjuvada" (*Assistência litisconsorcial.* São Paulo: RT, 1994, p. 27); i) Daniel Ustárroz afirma que o "interesse reside na circunstância de que, caso seu assistido saia vitorioso, o assistente afastará parcela ou a totalidade de efeitos reflexos que sentença favorável ao adversário do assistido poderia ter sobre seu patrimônio jurídico" (*A intervenção de terceiros no processo civil brasileiro.* Porto Alegre: Livraria do Advogado, 2004, p. 37). Todos esses posicionamentos, embora não sejam plenamente coincidentes, seguem uma linha em comum, já que, basicamente, limitam-se a expressar que o interesse jurídico consiste na possibilidade de o assistente ser atingido desfavoravelmente em sua situação jurídica. Entretanto, José Frederico Marques acatou a definição de Moacyr Lobo da Costa, que entendia que "sempre que o terceiro seja titular de uma relação jurídica, cuja consistência prática ou econômica dependa da pretensão de uma das partes do processo, ele deve ser admitido a intervir na causa, para atuar no sentido de que a seja favorável à pretensão da parte a que aderiu. Não se trata, evidentemente, de interesse prático ou econômico, que não legitima a intervenção. Deve existir uma relação jurídica, entre o terceiro e a parte, cuja consistência prática ou econômica dependa da pretensão dessa parte na lide, e possa ser afetada pela decisão da causa" (*Manual de direito processual civil.* 2ª ed. São Paulo: Saraiva, 1974, p. 271, v. 1). Vê-se, aqui, um conceito restritivo que vamos encontrar em outros doutrinadores e na jurisprudência (exemplos do Superior Tribunal de Justiça: AgRg no AREsp 392.006/PR, rel. Min. Mauro Campbell Marques, Segunda Turma, j. 5/11/2013, DJe 12/11/2013; AgInt no REsp 1568723/SC, rel. Min. Herman Benjamin, Segunda Turma, j. 8/11/2016, DJe 17/11/2016), que passa a vincular o interesse jurídico a uma necessária relação jurídica entre o terceiro e a parte, o que nos parece equivocado. Merece registro, também, pela influência que seu pensamento exerce ainda hoje no Brasil, o posicionamento de Alberto dos Reis, que entendia ser necessário o seguinte, para que restasse configurado o interesse jurídico: a) que derive de relação jurídica em que figure como parte o candidato à assistência; b) que esta relação seja conexa com a relação jurídica litigiosa, devendo tal conexão consistir num laço de prejudicialidade ou dependência (*Código de Processo Civil anotado.* 3ª ed.-reimpressão. Coimbra: Coimbra Editora, 1982, p. 467, v. 1). Parece-nos que, neste particular, assiste razão a Helio Tornaghi, quando corretamente afirma que não se exige qualquer relação jurídica entre o assistente e as partes principais do processo, bastando que os efeitos reflexos da sentença tragam prejuízo ou vantagem para o interesse jurídico do assistente (*Comentários ao Código de Processo Civil*. São Paulo: RT, 1974, p. 224, v. I). TORNAGHI, entretanto, entende que há interesse jurídico na hipótese em que um credor pretende ingressar em processo em face de seu devedor, a fim de ver preservado o patrimônio deste, com o que, acompanhando a doutrina majoritária, não concordamos). NELSON NERY JUNIOR e ROSA MARIA DE ANDRADE NERY, do mesmo modo, afirmam que "há interesse jurídico do terceiro quando a relação jurídica da qual seja titular possa ser reflexamente atingida pela sentença que vier a ser proferida entre assistido e parte contrária. Não há necessidade de que o terceiro tenha, efetivamente, relação jurídica com o assistido, ainda que isso ocorra na maioria dos casos" (*Código de Processo Civil comentado*. 16ª ed. São Paulo: RT, 2016, p. 586). Esse também é o entendimento de LEONARDO GRECO (*Instituições de processo civil*. 5ª ed. Rio de Janeiro: Forense, 2015, p. 476-477, v. I) e, um pouco mais restritivo, de FREDIE DIDIER JR. (*Curso de direito processual civil*. 18ª ed. Salvador: JusPodivm, 2016, p. 488, com adesão em nota de rodapé nº 9, na mesma página, citada, ao entendimento do Superior Tribunal de Justiça que desvincula o interesse da relação jurídica, mas no corpo do texto o citado autor parece afirmar que há relação entre ambas situações), com o Superior Tribunal de Justiça decidindo nesse sentido ao menos em uma oportunidade (REsp 1143166/RJ, rel. Min. NANCY ANDRIGHI, Terceira Turma, j. 16/12/2010, DJe 3/11/2011). Em dois estudos específicos sobre assistência simples, encontramos uma preferência pela casuística, evitando os autores a elaborar um conceito prévio de interesse jurídico: em seu trabalho, UBIRATAN DE COUTO MAURÍCIO afirma, inicialmente, que não se pode aplicar ao direito brasileiro o mesmo conceito de interesse jurídico fornecido pelo direito português, que acabou por consagrar fórmula de admissibilidade mais ampla, possibilitando a assistência em caso de haver apenas interesse de fato. Segundo este autor, "a circunstância do terceiro que pretende intervir como assistente simples ser titular da relação jurídica com a parte a qual deseja assistir, não quer dizer que, por si só, já esteja configurado interesse jurídico. O que é relevante para caracterizá-lo são os efeitos reflexos emergentes da sentença que, faticamente, poderão repercutir na esfera jurídica do terceiro, mesmo que não haja relação jurídica entre ele e a parte que pretende assistir, pois esta poderá existir e juridicamente não ser atingida pelos efeitos indiretos emanados da sentença proferida entre as partes" (*Assistência simples no direito processual civil*. São Paulo: RT, 1983, p. 59-60). Em dissertação sobre o tema, JOÃO LUÍS MACEDO DOS SANTOS considera um importante parâmetro para a verificação da existência do interesse jurídico o entendimento retirado de julgamento do Supremo Tribunal Federal, segundo o qual deve partir-se da hipótese de vitória da parte contrária para indagar se dela adviria prejuízo juridicamente relevante (*Assistência no processo civil brasileiro*. Dissertação de mestrado. PUC-SP, 2001, p. 82. Inédito). Esse breve e exemplificativo panorama doutrinário é suficiente para demonstrarmos a fluidez conceitual de *interesse jurídico*. De todo modo, as posições doutrinárias fornecem relevantes subsídios para a identificação concreta do interesse jurídico. A definição apriorística cabal do que seja interesse jurídico é extremamente difícil, como concluíram estes dois autores por último citados, de modo que em cada caso concreto é que será melhor verificado o conceito e o estudo de LIA CAROLINA BATISTA revela de modo irretorquível a fragilidade existente entre os conceitos e os exemplos apresentados pela doutrina, a partir de exame minucioso também da casuística (*Assistência no Processo Civil Brasileiro*. Dissertação de mestrado. São Paulo: Faculdade de Direito da Universidade de São Paulo, 2012. Inédito, item 5.4). Essa dificuldade doutrinária se transfere para a jurisprudência, como fica evidente no seguinte excerto de um acórdão do Supremo Tribunal Federal, em que se procurava diferenciar o interesse jurídico do mera-

CPC, dispõe que, caso o interditando não constitua advogado para defendê-lo, o seu cônjuge, companheiro ou qualquer parente sucessível poderá intervir como assistente.

Note-se, primeiramente, que no dispositivo legal não se qualifica essa espécie de assistência nem mesmo se aponta expressamente a necessidade de interesse jurídico, que, aparentemente, é presumido pela lei e decorre da simples relação familiar com o interditando (valendo lembrar que relação familiar não significa necessariamente presença de interesse jurídico). O único requisito para essa assistência está no fato de o interditando não constituir advogado, o que significa que, em caso de autointerdição, quando necessariamente o autor deverá ir a juízo assistido por alguém com capacidade postulatória, essa intervenção não será cabível. Ou seja: talvez na hipótese em que o contraditório mais deveria ser ampliado simplesmente não terá lugar essa hipótese interventiva.

Além disso, decorre do sistema que somente poderá intervir como assis-

---

mente econômico: "Não há como pôr em linha delimitada, estanque, um e outro: o interesse econômico penetra na vida jurídica assumindo sua legitimidade quando encontra na lei a expressão formal. E o interesse jurídico não é simples fórmula vazia, sem conteúdo, exprimindo muitas vezes, na maioria, um interesse econômico. Dizer até onde se estende um ou onde outro principia é tarefa que os doutos ainda não cumpriram; distinguir o domínio de um ou de outro não conseguiram ainda os estudiosos, oscilando em sentidos diversos, conforme a linha de pensamento, que sustentam, e a própria ideologia, a que servem" (rel. Min. Oscar Corrêa. 1ª Turma. A.I. 89.977, j. 24/319/83, *apud* Arruda Alvim. *Assistência-Litisconsórcio. Repertório de jurisprudência e doutrina*. São Paulo: RT, 1986, p. 124). Como corretamente observa Leonardo Greco, "o que a doutrina qualifica como mero interesse prático muitas vezes também deve ser considerado um interesse jurídico. Defendo, assim, uma compreensão mais elástica do conceito de interesse jurídico, pois não é preciso que a relação jurídica do terceiro com o assistido possa ser diretamente atingida, sacrificada pela decisão da causa, para que aquele se caracterize; o direito do assistente pode não ser diretamente atingido, pode sobreviver plenamente íntegro, mas se sua eficácia ou seu exercício sofrer qualquer limitação prática estará caracterizado o seu interesse jurídico em intervir. [...] Então, parece-me que toda vez em que, por qualquer razão, a decisão da causa puder comprometer a essência do direito de terceiro ou o seu exercício prático, evidencia-se o interesse jurídico, porque, na realidade, o Estado de Direito não protege direitos somente no seu aspecto abstrato, mas, sim, na medida em que eles outorgam aos seus titulares o gozo de bens que têm conteúdo e valor no mundo real" (*Instituições de processo civil*. 5ª ed. Rio de Janeiro: Forense, 2015, p. 476-477, v. I). Em trabalho anterior, defendemos a possibilidade de o interesse institucional ser uma dimensão do interesse jurídico (Robson Renault Godinho. O Ministério Público como assistente simples: o interesse institucional como expressão do interesse jurídico. Fredie Didier Jr. e Teresa Arruda Alvim Wambier (org.). *Aspectos polêmicos e atuais sobre os terceiros no processo e assuntos afins*. São Paulo: RT, 2004, p. 817-860; sobre interesse institucional: Cassio Scarpinella Bueno. Amicus curiae *no processo civil brasileiro*: um terceiro enigmático. São Paulo: Saraiva, 2006, p. 500-511 e 642-646).

tente aquele que não é autor da interdição, já que há parcial coincidência entre os róis dos arts. 747 e 752, § 3º, CPC. Também aquele que estiver desempenhando a função de curador provisório não poderá intervir por incompatibilidade funcional. Há também a possibilidade de mais de um interveniente, por haver colegitimidade interventiva, com a ressalva de que quem for autor da ação não pode intervir, salvo se houver migração de polo em caso de coautoria ou desistência[875] da ação com posterior assunção de outro legitimado.

Autorizada a intervenção, deve ser verificado o regime jurídico aplicável ao interveniente, se da assistência simples ou da assistência litisconsorcial ou, ainda, algum outro regime próprio.

A distinção entre assistência "simples" e assistência litisconsorcial é igualmente polêmica e a bibliografia antes referida sobre o conceito de interesse jurídico para a intervenção como assistente também versa sobre o tema, não sendo necessário inventariar novamente todos os pronunciamentos doutrinários.[876]

Para os fins deste trabalho, parte-se da ideia de que o assistente qualificado é o litisconsorte facultativo que não integrou originalmente o processo, ou seja, a assistência litisconsorcial é hipótese de litisconsórcio unitário facultativo ulterior.[877] Já na assistência simples, não há essa integração da mesma relação jurídica, de modo que a possibilidade de atuação no

---

875 Sobre a possibilidade de desistência da ação de interdição: "Há quem defenda que o autor não pode *desistir* do pedido de interdição, porque a interdição é procedimento especial que serve à proteção dos interesses do interditando. Se assim for, no caso de o autor abandonar a ação, deveria o órgão jurisdicional proceder à sucessão processual, intimando o Ministério Público para assumir a posição processual ativa (Francisco Cavalcanti Pontes de Miranda. *Comentários ao Código de Processo Civil*. 2. ed. Rio de Janeiro: Forense, 2008, t. XVI, p. 299) – à semelhança do que ocorre com a ação popular (art. 9.º, Lei 4.717/1965). A posição mais adequada, porém, é a intermediária: a desistência da interdição depende de fundamentação: havendo justificativa, autoriza-se a homologação da desistência; não havendo, cabe ao juiz prosseguir na instrução, promovendo a sucessão processual" (Fredie Didier Jr. Da interdição. *Breves comentários ao Novo Código de Processo Civil*. 3ª ed. Wambier, Didier Jr., Talamini e Dantas (coord.). São Paulo: RT, 2016, p. 1933).

876 Cf. Lia Carolina Batista. *Assistência no processo civil brasileiro*. Dissertação de mestrado. São Paulo: Faculdade de Direito da Universidade de São Paulo, 2012. Inédito, item 5.4.2.

877 Fredie Didier Jr. *Curso de direito processual civil*. 18ª ed. Salvador: JusPodivm, 2016, p. 496. Também nesse sentido: Daniel Amorim Assumpção Neves. *Manual de direito processual civil*. 9ª ed. Salvador: JusPodivm, 2017, p. 344-346. Araken de Assis aponta diferenças entre assistência litisconsorcial e litisconsórcio ulterior, mas admite que se trata de questão residual (*Processo civil brasileiro*. São Paulo: RT, 2015, p. 618-624, v. II, tomo I).

processo é mais restrita, ainda que possa figurar como substituição processual (art. 212, parágrafo único, CPC).

Na doutrina, encontramos manifestações em ambos os sentidos: "Não sendo constituído advogado pelo interditando e sendo a ele designado curador especial, o seu cônjuge, companheiro ou qualquer parente sucessível (art. 1.829 do CC) poderá intervir como assistente do interditando. Nesse caso o interesse jurídico decorre de presunção legal absoluta, de forma que o simples fato de o terceiro provar que é cônjuge, companheiro ou parente sucessível do interditando que terá direito de ingressar como assistente. Trata-se de assistência litisconsorcial, criando-se entre o terceiro que ingressa no processo nos termos do § 3º do art. 752 do Novo CPC e o interditando um litisconsórcio unitário".[878] Há entendimento de que se trata de assistência simples[879], como o de Leonardo Faria Schenck, que, contudo, considera que, "a rigor, a constituição de advogado pelo interditando não impede que os membros da família intervenham como assistentes (art. 119, parágrafo único). O caráter protetivo e existencial da interdição e os seus reflexos nas relações familiares autorizam e mesmo aconselham essa intervenção em defesa da pessoa e dos interesses do incapaz"[880]. Nelson Nery Junior e Rosa Maria de Andrade Nery observam que o atual Código não mais veicula a regra que antes constava no art. 1.182, § 3º, CPC-73[881], e a intervenção como assistente não autoriza que se escolha o defensor para o interditando, cuja atuação defensiva ficará a cargo do curador especial[882].

Sobre o tema, assim se manifesta Fredie Didier Jr.: "Caso o interdi-

---

878 Daniel Amorim Assumpção Neves. *Novo Código de Processo Civil comentado*. 2ª ed. Salvador: JusPodivm, 2017, p. 1212.

879 Assim também Fernando da Fonseca Gajardoni, que condiciona a intervenção à não nomeação de advogado (Gajardoni, Dellore, Roque e Oliveira Jr. *Processo de conhecimento e cumprimento de sentença*: comentários ao CPC de 2015. São Paulo: Método, 2016, p. 1303).

880 *Comentários ao Novo Código de Processo Civil*. 2ª ed. Antonio do Passo Cabral e Ronaldo Cramer (coord.). Rio de Janeiro: Forense, 2016, p. 1072.

881 "Qualquer parente sucessível poderá constituir-lhe advogado com os poderes judiciais que teria se nomeado pelo interditando, respondendo pelos honorários".

882 *Código de Processo Civil comentado*. 16ª ed. São Paulo: RT, 2016, p. 1715. Os autores apenas apontam que as pessoas arroladas no art. 752, § 3º, CPC, poderão intervir como assistentes, sem especificar a "modalidade" da assistência. André Pagani de Souza igualmente apenas se refere à possível "assistência", sem outras considerações (*Comentários ao Código de Processo Civil*. Cassio Scarpinella Bueno (coord.). São Paulo: Saraiva, 2017, p. 428). Assim também Rafael Vieira de Azevedo, Roberto P. de Albuquerque Júnior e Venceslau Tavares Costa Filho (*Novo Código de Processo Civil comentado*. Ribeiro, Gouveia Filho, Pantaleão e Gouveia (coord.). São Paulo: Lualri, 2017, p. 565, tomo II.

tando não constitua advogado para defendê-lo, o seu cônjuge, companheiro ou qualquer parente sucessível poderá intervir como assistente. Atribui-se a esses sujeitos uma legitimação extraordinária condicionada à não constituição pelo interditando de um representante judicial. Há, aqui, presunção legal absoluta de interesse jurídico, que autoriza a assistência: o cônjuge/companheiro ou parente sucessível tem legitimidade para intervir como assistente do interditando pelo fato de ele não ter constituído voluntariamente um advogado. A provável maior fragilidade do interditando é o que justifica a intervenção. Trata-se de regra que serve como reforço à garantia do contraditório do interditando. Obviamente, a assistência somente poderá ocorrer nos casos em que a interdição for promovida por sujeito distinto daquele que pretende ser o assistente – pelo Ministério Público, por exemplo. Trata-se de assistência litisconsorcial, tornando-se o interveniente litisconsorte unitário do interditando, ainda que como legitimado extraordinário; no caso, o regime jurídico da assistência simples seria de pouca utilidade, pois o interditando pode encontrar-se, realmente, em uma situação que impeça a livre manifestação da sua vontade – na assistência simples, a atuação do assistente subordina-se à vontade do assistido".[883]

Não nos parece, porém, que essa hipótese de intervenção se encaixe nos conceitos clássicos de assistência, mais parecendo uma figura atípica que visa à ampliação do contraditório com a finalidade de contribuir para a defesa do interditando, sem que se trate de litisconsorte ou sequer que haja interesse jurídico nos moldes clássicos. Há sem dúvida uma previsão de sujeitos processuais fundamentalmente com base no estabelecimento de um contraditório reforçado.[884]

---

883 Da interdição. *Breves comentários ao Novo Código de Processo Civil*. 3ª ed. WAMBIER, DIDIER JR., TALAMINI e DANTAS (coord.). São Paulo: RT, 2016, p. 1939. Também em seu *Curso de direito processual civil*. 18ª ed. Salvador: JusPodivm, 2016, p. 488. Esse entendimento parece ter recebido a adesão de HUMBERTO THEODORO JÚNIOR. *Curso de direito processual civil*. 50ª ed. Rio de Janeiro: Forense, 2016, p. 534, v. II.

884 Em interessante acórdão do TJRJ, o fundamento para a admissão de recurso de terceiro em processo de interdição foi precisamente a relação entre o sujeito processual e o contraditório necessário para o caso: "Apelação. Prestação de contas. Curadoria. Intervenção de terceiro. Possibilidade. O reconhecimento da personalidade jurídica implica no reconhecimento de uma proteção avançada e fundamental a toda e qualquer pessoa humana, existindo determinados grupos de pessoas que, por motivos diversos incapacitantes, como a falta de discernimento ou enfermidade, não podem exercer determinados atos patrimoniais sem a assistência ou representação de terceiro. Nessa esteira, surge a curatela, encargo imposto a uma pessoa natural para cuidar e proteger uma pessoa maior de idade que não pode se autodeterminar patrimonialmente por conta de uma incapacidade. É, portanto, uma forma de proteção a alguém

---

que, embora maior de idade, não possui plena capacidade jurídica, pois falta-lhe capacidade de fato. Portanto, a curatela é o encargo público, imposto por lei, através do procedimento previsto no art. 1.177 e seguintes do CPC73, artigos 747 a 758 do Novo Código de Processo Civil, a alguém para reger e defender uma pessoa e administrar os bens de maiores que, por si sós, não estão em condições de fazê-lo, em regra, em razão de enfermidade ou deficiência mental. A curatela aproxima-se da tutela, medida vocacionada à proteção integral de uma criança ou adolescente que encontra-se alheia ao poder familiar, espécies de múnus público imposto a alguém para a proteção de outrem, sendo indivisíveis e, de ordinário, gratuitos, além de decorrentes de decisão judicial. Sendo institutos protetivos de incapazes, aplicam-se à curatela as disposições gerais da tutela, *ex vi* do art. 1.774, do CC. É cabível a intervenção de terceiros na ação de curatela, através, por exemplo, da assistência. Isso porque o cônjuge ou companheiro ou qualquer parente sucessível do curatelando pode ter interesse em atuar no procedimento, apresentando argumentos e impugnações. É facultado, inclusive, aos interessados, ao próprio interditando, seus familiares, ao requerente e ao MP, a indicação de assistente técnico para acompanhar a perícia obrigatória realizada a fim de demonstrar a condição pessoal do curatelando. Com a decretação da interdição, cabe ao curador adotar as providências necessárias para que o incapaz conquiste sua autonomia, recupere plenamente a sua capacidade, além de garantir o direito à convivência familiar e comunitária, como prevê o art. 1.777 do Código Civil. Para tanto, a autoridade do curador estende-se à pessoa e aos bens do curatelado e dos incapazes que estejam sob a guarda e responsabilidade dele, como dispõe o art. 757 do Novo Código Civil. Trata-se de uma extensão da curatela sobre os incapazes que estão sob a responsabilidade do curatelado, medida que pode ser limitada pelo juízo. Exercendo a administração patrimonial dos bens pertencentes ao curatelado, o curador assume o dever ético e jurídico de prestar contas, comprovando a sua probidade e lisura e assegurando a proteção do incapaz. Cuida-se, portanto, de uma obrigação indeclinável e imperativa, não havendo possibilidade de sua isenção, tanto é assim, e aqui lembre-se que aplicam-se à curatela as disposições sobre a tutela, que o legislador determinou que mesmo os pais do pupilo tenham dispensado a prestação de contas, no ato da instituição da tutela na hipótese de tutela documenta ou testamentária, os tutores são obrigados a prestar contas da sua administração, ex vi do art. 1.755 do Código civil. A prestação de contas deve ser apresentada, obrigatoriamente, de forma bianual, quando cessada a curatela ou tutela ou toda vez que o juiz entender conveniente, como dispõe o art. 1.757 do Código Civil, subsistindo a obrigação mesmo com o término do encargo, no caso da tutela, pelo atingimento da maioridade ou emancipação, *ex vi* do art. 1.758, do mesmo diploma legal. Importante frisar, ainda, que por força do que dispõem os artigos 1.756 e 1.757 c/c 1.774 do Código Civil, há dois tipos de prestação de contas a que estão obrigados o tutor ou curador. O primeiro deles está previsto no art. 1.756 do Código Civil, do qual se extrai que o tutor ou curador devem, ao final de cada ano de administração, apresentar balanço das atividades, com o resumo das receitas e das despesas de forma contábil. Independentemente da apresentação do balanço anual – o qual pode ser juntado no próprio processo – como já mencionado, também compete ao tutor e ao curador a apresentação da prestação de contas de forma bianual, ou quando o administrador deixa o encargo ou a qualquer momento, se assim requer o juízo. Referida prestação de contas deve ser apresentada na forma mercantil, em conformidade com o artigo 917 do CPC73, art. 553 do Novo Código Civil, e em autos apartados. A expressão 'forma mercantil' utilizada pelo legislador não significa que o tutor ou o curador devem apresentar balanços ou livros contábeis. Exige-se, apenas, a demonstração, clara e inequívoca, do saldo inicial, dos recebimentos, pagamentos e, consequentemente, do saldo final, devidamente acompanhado de documentos que comprovem cada um dos lançamentos. Note-se, ainda, que o juízo competente para a prestação de contas é o próprio juízo que deferiu a tutela ou curatela, devendo o pedido ser distribuído por dependência e apenso aos autos principais, permitindo assim melhor compreensão dos fatos. Apresentadas as contas, o juízo deverá ouvir eventuais interessados e o Ministério Público, como fiscal da ordem jurídica, e poderá determinar a realização de perícia se julgar conveniente. *In casu*, o apelante, irmão do apelado, filho da curatelada, pleiteou o seu ingresso no feito a fim de opinar na prestação de contas ofertada pelo curador, seu irmão, porquanto requereu outrora, inclusive, a sua remoção diante da má gestão dos recursos da interditada. (doc. 263, 266) Ora, ao estabelecer o princípio da proteção judiciária, dispondo que 'a lei não excluirá da apreciação do Poder Judiciário lesão ou ameaça a direito' (art.5º, XXXV, da CRFB), a Constituição eleva a nível constitucional os direitos de ação e defesa, face e verso da mesma medalha, dando a esses direitos conteúdos, assegurados durante todo o procedimento e indispensáveis ao correto exercício da jurisdição. Mas não é só. O contraditório é o direito de influência na tomada de decisão e a da não surpresa, não apenas o direito de mera informação e reação contra os atos do processo. Por isso, o contraditório há de ter dupla destinação: as partes e o juiz, afinal, se o contraditório garante que as partes influenciem a decisão, ele gera para o juiz o dever de zelar pelo próprio contraditório, permitindo a manifestação ativa das partes, o que Leonardo Greco chama de contraditório participativo. Não é por outro motivo que o legislador de 2015, no Novo Código de Processo Civil, trouxe para tal diploma legal os direitos fundamentais processuais, a fim de garantir a sua maior aplicabilidade e efetividade. Uma vez compreendido como garantia que as partes têm de participar do procedimento, de modo que o resultado obtido seja fruto de intenso debate e efetiva participação dos interessados, não é compatível com o modelo constitucional que o juiz decida de forma solitária, em qualquer grau de jurisdição, suscitando fundamento a respeito do qual não se tenha dado às partes oportunidade de se manifestar, mesmo sobre matéria a qual se deva decidir de ofício, como prevê o art. 10 do Novo Código de Processo Civil. Finalmente, a vedação ao comportamento contraditório, *nemo venire contra factum proprium*, expressão da boa-fé objetiva, orienta não só a interpretação da postulação, mas também a sentença, devendo também o órgão jurisdicional se comportar de acordo com a boa-fé objetiva. Nesse sentido, foram elaborados os enunciados 375 e 376 do Fórum Permanente de Processualistas, quando da análise do art. 5º do Novo Código de Processo Civil. Ora, como bem pontou o recorrente, a prestação de contas objeto da presente demanda fora deferida pela magistrada após o requerimento formulado nos autos do processo de interdição pelo ora apelante (fls. 85/104 do Processo nº 0067510-05.2012.8.19.0002), o que, por óbvio, gera a legítima expectativa na sua participação no processo de exame das referidas contas. A despeito disso, o juízo a quo, sem sequer analisar a petição apresentada pelo apelante nesses autos (doc. 263, 266), prolatou a sentença vergastada, o que não pode subsistir. A decisão judicial deve ser construída a partir de um debate travado entre os sujeitos participantes do processo, um verdadeiro processo comparticipativo, policêntrico, na nomenclatura utilizada pelo Exmo. Des. Alexandre Câmara, conduzido não só o juiz, mas por diversos sujeitos, todos igualmente importantes na construção do resultado da atividade processual. Apenas decisões edificadas de forma compaticipativa por todos os sujeitos do contraditório são constitucionalmente legítimas e, consequentemente,

Nesse particular, aproxima-se da figura interventiva prevista no art. 206 do Estatuto da Criança e do Adolescente,[885] cuja finalidade é protetiva e sem exata vinculação com as figuras clássicas.[886]

> **Art. 753.** Decorrido o prazo previsto no art. 752, o juiz determinará a produção de prova pericial para avaliação da capacidade do interditando para praticar atos da vida civil.
>
> **§ 1º** A perícia pode ser realizada por equipe composta por expertos com formação multidisciplinar.
>
> **§ 2º** O laudo pericial indicará especificadamente, se for o caso, os atos para os quais haverá necessidade de curatela.
>
> *CPC de 1973 – art. 1.183,* caput

140. Prova pericial

Embora a regra no processo civil brasileiro seja a da liberdade dos meios de prova, há necessária e estreita vinculação entre o fato probando e a prova a ser produzida. Se o que deve ser provado depende de conhecimentos técnicos ou científicos (arts. 156 e 464, § 1º, I, CPC), necessariamente deverá o processo ser instruído por meio de provas aptas a fornecer esse tipo de conhecimento. Não se trata aqui de eventual resquício de prova legal,[887] mas, sim, de admissibilidade um meio de prova pertinente e adequado para o fato a ser provado.

No caso da interdição, há evidente necessidade de pronunciamento técnico e científico sobre as condições do curatelando, sobretudo para determinar a individualização das condições de curatela, de modo que não é exagero afirmar que o processo de interdição baseia-se sobretudo na produção de prova pericial,[888] ainda que por meio de laudos técnicos apresen-

---

compatíveis com o Estado Democrático de Direito. Por todas essas razões, impõe-se a cassação do decisum, a fim de que seja oportunizada a manifestação do apelante enquanto terceiro interessado sobre as contas apresentadas pelo apelado" (TJRJ, Apelação nº 0080158-80.2013.8.19.0002. rel. Des. Renata Machado Cotta, j. 27/4/2016).

885 "Art. 206. A criança ou o adolescente, seus pais ou responsável, e qualquer pessoa que tenha legítimo interesse na solução da lide poderão intervir nos procedimentos de que trata esta Lei, através de advogado, o qual será intimado para todos os atos, pessoalmente ou por publicação oficial, respeitado o segredo de justiça".

886 Daniel Colnago Rodrigues. *Intervenção de terceiros*. São Paulo: RT, 2017, p. 180-185.

887 Como se verá no decorrer do item, há quem considere, sim, tratar-se de perícia necessária e, nesse sentido, ser prova legal.

888 Os problemas decorrentes da prova científica (sobre o tema: Alexandre Freitas Câmara. A valoração da perícia genética: está o juiz vinculado ao resultado do "exame de ADN"? *Provas: aspectos atuais do direito probatório*. Daniel Amorim Assumpção

NEVES (coord.). São Paulo: Método, 2009; UGO RICCI, CARLO PREVIDERÈ, PAOLO FATTORINI e FABIO CORRADI. *La Prova del DNA per la Ricerca della Verità*: aspetti giuridici, biologici e probabilistici. Milano: Giuffrè, 2006; GIOVANNI COMANDÉ e GIULIO PONZANELLI (org.). *Scienza e Diritto nel Prisma del Diritto Comparato*. Torino: G. Giappichelli, 2004; MICHELE TARUFFO. El juicio prognóstico del juez entre ciência privada y prueba cintífica. *Sobre las Fronteras*: escritos sobre la justicia civil. Beatriz Quintero (trad.). Bogotá: Temis, 2006, p. 303-317. La prueba científica. *La Prueba*. Laura Manríquez e Jordi Ferrer Beltrán (trad.). Madrid: Marcial Pons, 2008, p. 277-295. Ciencia y proceso. *Páginas sobre Justicia Civil*. Maximiliano Aramburo Calle (trad.). Madrid: Marcial Pons, 2009, p. 455-480; ORESTE DOMINIONI. *La Prova Penale Scientifica*: gli strumenti scientifico-tecnici nuovi o controversi e di elevata specializzazione. Milano: Giuffrè, 2005; CARLOTTA CONTI (a cura di). *Scienza e Processo Penale*: nuove fronteire e vecchi pregiudizi. Milano: Giuffrè, 2011; CARMEN VÁZQUEZ (dir.). *Estándares de Prueba y Prueba Científica*: ensayos de epistemologia jurídica. Madrid: Marcial Pons, 2013; CARMEN VÁZQUEZ. *De la Prueba Científica a la Prueba Pericial*. Madrid: Marcial Pons, 2015; LUÍS FERNANDO MANZANO. *Prova pericial*: admissibilidade e assunção da prova científica e técnica no processo brasileiro. São Paulo: Atlas, 2011; PAULA BEZERRA DE MENEZES. *Novos rumos da prova pericial*. Rio de Janeiro: 7 Letras, 2014. DIOGO ASSUMPÇÃO REZENDE DE ALMEIDA. *A prova pericial no processo civil*: o controle da ciência e a escolha do perito. Rio de Janeiro: Renovar, 2011; MURILO TEIXEIRA AVELINO. *O controle judicial da prova técnica e científica*. Salvador: JusPodivm, 2017; DANILO KNIJNIK. *Prova pericial e seu controle no direito processual brasileiro*. São Paulo: RT, 2017) são muito diversos e com maior complexidade no atual período, não podendo o quadro contemporâneo ser comparado com época recente (MICHELE TARUFFO. La scienza nel processo: problemi e prospettive. *Revista de Processo nº 248*. São Paulo: RT, outubro de 2015, p. 416; MIRJAN R. DAMASKA. *El Derecho Probatorio a La Deriva*. Joan Picó i Junoy (trad.). Madrid: Marcial Pons, 2015, p. 146). De todo modo, permanece no direito brasileiro a ideia sintetizada na ementa a seguir transcrita, independentemente do grau de confiabilidade da prova produzida e da incapacidade (ou impossibilidade) e o juiz confrontar o trabalho científico: "No ordenamento jurídico pátrio, o magistrado é livre para apreciar motivadamente as provas produzidas no processo, dando-lhes o valor que bem entender. No sistema de valoração de provas adotado pelo CPC, não há precedência de um tipo de prova sobre outro, como na idade média, período no qual as provas possuíam valores pré-estabelecidos" (AgRg no REsp 1459124/CE, rel. Min. HERMAN BENJAMIN, Segunda Turma, j. 18/9/2014, DJe 10/10/2014). É conhecida a preocupação doutrinária de que haja "delegação de jurisdição ao perito", já que, por inexistirem pesos preestabelecidos para as provas produzidas, não há vinculatividade hierárquica da prova científica, não podendo considerar a sentença como mera atividade de homologação do laudo pericial. De outro lado, há que se registrar que, em nome do "livre" convencimento, não pode o juiz simplesmente desprezar a conclusão do perito – valendo-se da tradicional ideia, que enseja uma retórica perniciosa e autossuficiente de que o juiz é o "perito dos peritos", como se essa onipotência fosse possível –, pelo simples fato de que não detém conhecimento sobre o objeto da perícia. Caso haja dúvidas sobre a conclusão, mesmo após laudos críticos dos assistentes técnicos, cabe ao juiz requisitar esclarecimentos, sempre intimando as partes para que tenham ciência do ato, e, se for o caso, determinar nova perícia, igualmente submetendo-a ao contraditório. O que não é possível é desqualificar a conclusão pericial ou desprezá-la

tados pelo requerente e sem prejuízo dos fatos identificados quando da fase de entrevista ou de outras provas que se mostrarem pertinentes. A figura do perito foi objeto de regramento específico no Código de Processo Civil (arts. 156/158) e, juntamente com as regras referentes à prova pericial, possui papel bastante relevante no processo de interdição.

Especialmente com as disposições do Estatuto da Pessoa com Deficiência, o processo de interdição não mais pode ser serial, mas, sim, artesanal, ou seja, de acordo com as capacidades[889] e necessidades do interditando.

Nesse contexto, assume substancial relevância a prova técnica (não necessariamente ou apenas médica), a fim de que se dimensionem os limites da curatela.

Não há espaço, portanto, para quesitações padronizadas e, muito menos, laudos lacônicos e impessoais, como se fosse integrante de uma cadeia de produção de incapacidades.

A produção da prova técnica deve ser levada a sério, sob pena de se frustrarem todos os progressos que podem ser obtidos com a vigência do Estatuto da Pessoa com Deficiência.

Dentro dessa expectativa de aferição personalizada das capacidades, não pode ser ignorada a dificuldade prática de realização de perícias, mormente se o caso envolver equipes multidisciplinares. Os custos inerentes à prova técnica não podem ser abstraídos quando se pensa seriamente sobre o tema[890], de modo que a necessidade de aferição técnica deve se amoldar à realidade fática, razão pela qual desde logo antecipamos que não se pode confundir a necessidade de prova técnica com a imprescindibilidade de produção de prova pericial no decorrer do processo de interdição.

Ou seja: o que é imprescindível no processo de interdição é a existência de prova técnica e não necessariamente a realização de perícia.

---

889 E o uso de "capacidades" aqui é significativo para remarcar que a incapacidade é relativa e a curatela deve ser sob medida e não *prêt-à-porter.* Como bem assinalam Chaves e Rosenvald, há "necessária distinção entre incapacidade e curatela. Ao reconhecer a incapacidade relativa de uma pessoa (nos tipos legais previstos no art. 4º, II, III e IV, do Estatuto Civil), o juiz deverá conferir-lhe uma curatela proporcional às suas necessidades e vocacionada à sua dignidade. A extensão da curatela necessariamente deve ser proporcional à necessidade de proteção" (Cristiano Chaves de Farias e Nelson Rosenvald. *Curso de direito civil*: famílias. 10ª ed. Salvador: JusPodivm, 2018, p. 956, v. 6).

890 O art. 88 do Estatuto do Idoso dispõe que "nas ações de que trata este Capítulo, não haverá adiantamento de custas, emolumentos, honorários periciais e quaisquer outras despesas" e seu parágrafo único prevê que "não se imporá sucumbência ao Ministério Público". Se se tratar de idoso em situação e curatela, portanto, incidirão tais regras.

A produção de prova pericial não é uma fase obrigatória do procedimento. Não há que se confundir a necessidade de conhecimentos técnicos ou científicos com a determinação de prova pericial nos moldes dos arts. 464 a 480, CPC.

Caso haja no processo elementos técnicos suficientes para comprovar as condições pessoais do curatelando e fornecer elementos que possibilitem a individualização da curatela, essa fase da produção da prova pericial poderá ser dispensada por não ser necessária,[891] conforme, aliás, dispõe o art. 472, CPC. A prova só deve ser produzida no processo se for pertinente, adequada e necessária. Se aquilo que for objeto de prova pericial já estiver comprovado por outros documentos técnicos, a prova pericial a ser determinada pelo juízo não atenderá àqueles requisitos de admissibilidade e, portanto, não deverá ser produzida.

A própria prova de justa causa exigida para a admissibilidade da ação (arts. 749/750, CPC) pode se mostrar suficiente em determinados casos, já que não é raro que, no momento em que se opte pelo ajuizamento da ação, já exista um longo histórico de consultas e exames variados, formado um acervo suficiente para fornecer os elementos necessários para a constituição da situação de curatela, que pode ser reforçado por meio da ampliação do contraditório (arts. 751, §§ 2º, 3º e 4º, e 752, § 3º, CPC). Além disso, simplesmente o interditando pode recusar-se a ser examinado, valendo-se da autonomia que lhe é conferida pelo próprio Estatuto da Pessoa com Deficiência, o que necessariamente fará com que o processo se defina a partir do acervo probatório constante dos autos independentemente da realização formal da perícia.

A recusa do interditando a submeter à perícia é um problema complexo, sem dúvida, mas o primeiro ponto a se fixar para tentar resolvê-lo é fixar a obrigatoriedade ou a facultatividade da perícia.

Se a prova pericial for obrigatória, há que se definir as providências possíveis em caso de recusa do interditando em comparecer à perícia ou mesmo permitir que ingressem em seu domicílio para examiná-lo.[892]

---

891 "Civil e processual. Interdição. Laudo art. 1.183 do CPC. Não realização. Nulidade. Não ocorrência. 1. Constatado pelas instâncias ordinárias que o interditando, por absoluta incapacidade, não tem condições de gerir sua vida civil, com amparo em laudo pericial (extrajudicial) e demais elementos de prova, inclusive o interrogatório de que trata o art. 1181 do Código de Processo Civil, a falta de nova perícia em juízo não causa nulidade, porquanto, nesse caso, é formalidade dispensável (art. 244 do CPC). 2. Recurso especial não conhecido" (REsp 253.733/MG, rel. Min. FERNANDO GONÇALVES, Quarta Turma, j. 16/3/2004, DJ 5/4/2004, p. 266).

892 "Outro ponto a esclarecer é o seguinte: o que ocorrerá se o interditando, citado, não comparecer ao interrogatório. Se o interditando estiver impossibilitado de vir

Como se trata de direitos indisponíveis, não parece possível resolver o problema com base na presunção que se extrai dos arts. 231 e 232, CC,[893] do mesmo modo que não há efeitos da revelia no processo de interdição.

Além disso, a regra é a capacidade civil plena e não há como se presumir a incapacidade.

Entretanto, há outros dados que devem ser considerados para a visão mais completa de todo esse quadro: a) se a interdição deve ser necessária e adequada às condições específicas do interditando (curatela "sob medida"), é fundamental que se obtenham as informações técnicas suficientes para se aferir os limites da curatela; b) se o interditando for idoso, o art. 17, parágrafo único, do Estatuto do Idoso[894] restringe sua vontade para optar pelo tratamento de saúde mais favorável, o que pode ser utilizado como reforço legal para não considerar a manifestação volitiva para fins de perícia; c) já o Estatuto da Pessoa com Deficiência assegura em seus arts. 6º e 85, *caput*, e § 1º, a plena capacidade civil para decisões existenciais, mas ao mesmo tempo atribui ao Estado, nos arts. 7º, 8º, 10 e 26, o dever de assegurar a efetivação de seus direitos, sendo que nos arts. 11, 12 e 13[895] há a prevalên-

---

à presença do juiz, este deverá ir ao seu encontro, intimando todos os interessados do dia, hora e local em que realizará o interrogatório. Se, embora apto a deslocar-se até a sede do juízo, o interditando não comparecer, não incorrerá no efeito da revelia, nem da confissão ficta, porque a sua capacidade é um direito absolutamente indisponível. Por outro lado, sem o interrogatório e sem o exame pericial, não pode prosseguir a interdição. São duas provas obrigatórias, indispensáveis, sem as quais ninguém pode ser privado da sua capacidade" (LEONARDO GRECO. *Jurisdição voluntária moderna*. São Paulo: Dialética, 2003, p. 114-115).

893 Entendendo em sentido contrário e extraindo presunção dessa recusa: CÉLIA BARBOSA ABREU. *Primeiras linhas sobre a interdição após o Novo Código de Processo Civil*. Curitiba: CRV, 2015, p. 137.

894 "Art. 17. Ao idoso que esteja no domínio de suas faculdades mentais é assegurado o direito de optar pelo tratamento de saúde que lhe for reputado mais favorável. Parágrafo único. Não estando o idoso em condições de proceder à opção, esta será feita: I – pelo curador, quando o idoso for interditado; II – pelos familiares, quando o idoso não tiver curador ou este não puder ser contactado em tempo hábil; III – pelo médico, quando ocorrer iminente risco de vida e não houver tempo hábil para consulta a curador ou familiar; IV – pelo próprio médico, quando não houver curador ou familiar conhecido, caso em que deverá comunicar o fato ao Ministério Público".

895 "Art. 11. A pessoa com deficiência não poderá ser obrigada a se submeter a intervenção clínica ou cirúrgica, a tratamento ou a institucionalização forçada. Parágrafo único. O consentimento da pessoa com deficiência em situação de curatela poderá ser suprido, na forma da lei. Art. 12. O consentimento prévio, livre e esclarecido da pessoa com deficiência é indispensável para a realização de tratamento, procedimento, hospitalização e pesquisa científica. § 1º Em caso de pessoa com

cia da vontade da pessoa com deficiência mesmo em situação de curatela, o que fornece um indicativo de que, salvo se decretada a curatela provisória, antes de tal situação não há sequer a possibilidade de contornar as referidas regras.

Vê-se, pois, que se trata de um quadro complexo, em que convivem a autonomia da vontade (relativa ou plena) do interditando e a necessidade de o Estado protegê-lo, assumindo a prova técnica um papel bastante especial nesse tipo de procedimento. Se se considerar desnecessária a produção de prova pericial, aplicando-se o art. 472, CPC, o problema só existirá se não houver elementos probatórios suficientes nos autos. Já se a perícia foi uma etapa necessária do processo, o problema existirá sempre em caso de recusa, independentemente do acervo probatório dos autos.

De todo modo, é possível que haja essa situação – que, evidentemente, não será a regra, especialmente se considerarmos que boa parte dos processos de interdição envolvem pessoas que se submetem à perícia ou não possuem condições de se opor a qualquer medida que lhe é imposta, além do fato de que a hipossuficiência econômica implica a simplificação do empenho em se adotar a prática de visita domiciliar, mormente em grandes centros – e é necessário resolvê-la de alguma forma, o que se mostra bastante difícil ou até impossível abstratamente.

A realização da perícia à força pode redundar apenas em um ato formal, sem a necessária profundidade que se espera do exame, frustrando, assim, a finalidade da prova pericial, já que há forte possibilidade de o interditando não colaborar com a realização de exames.

Como antes já ressaltado, o novo perfil da interdição exige que a perícia e a entrevista sejam atos personalizados e não meramente formais (na realidade, sempre deveria ter sido assim, mas se sabe que na prática havia uma padronização de quesitos e laudos, não raro ocorrendo apenas uma conversa informal e superficial entre o perito e o interditando), o que faz com que o exame deva ser efetivamente adequado ao caso concreto, com a

---

deficiência em situação de curatela, deve ser assegurada sua participação, no maior grau possível, para a obtenção de consentimento. § 2º A pesquisa científica envolvendo pessoa com deficiência em situação de tutela ou de curatela deve ser realizada, em caráter excepcional, apenas quando houver indícios de benefício direto para sua saúde ou para a saúde de outras pessoas com deficiência e desde que não haja outra opção de pesquisa de eficácia comparável com participantes não tutelados ou curatelados. Art. 13. A pessoa com deficiência somente será atendida sem seu consentimento prévio, livre e esclarecido em casos de risco de morte e de emergência em saúde, resguardado seu superior interesse e adotadas as salvaguardas legais cabíveis".

participação do interditando (quando isso for possível, evidentemente, mas só haverá essa resistência quando presente algum grau volitivo, de modo que o interditando, em tese, estará em condições de se submeter ativamente à perícia) para que se obtenham os dados necessários para uma curatela individualizada. A autorização de invasão domiciliar para um exame forçado[896] não parece ser a medida mais adequada, nesse contexto, não só por violar a autonomia do interditando, mas por se afigurar contraproducente, salvo se se tratar de medida necessária para a salvaguarda da saúde do interditando, o que não será por meio de ingresso do perito, mas, sim, de atendimento médico adequado de urgência. É possível cogitar a utilização de outras medidas de apoio para a efetivação da ordem judicial (art. 139, IV, CPC), mas sempre tendo como referência a ideia do menor dano possível ao interditando, respeitando sua autonomia e considerando que a curatela é medida protetiva e não punitiva.

Em suma, defende-se que o art. 472, CPC, pode ser aplicável ao procedimento de jurisdição voluntária, assim como pode ser útil ao processo que especialistas sejam ouvidos em audiência especial para essa finalidade, ainda que sem produção formal de laudo pericial (art. 464, § 3º, CPC). Ou seja, o sistema de produção da prova pericial é aplicável ao procedimento de interdição, não havendo razão para que se exclua aprioristicamente o art. 472, CPC (já que, evidentemente, não é possível produzir prova pericial ignorando os dispositivos específicos dos arts. 464 a 480, CPC). Entretanto, deve ser ressalvado que esse entendimento não é majoritário.[897]

---

896 Na edição de 29/3/2.018, na capa de seu "Segundo Caderno", o jornal *O Globo* noticiou que foi determinado judicialmente o arrombamento da porta do imóvel em que residia o músico João Gilberto para realização de perícia, já que o curatelando teria se recusado a receber intimações

897 Entendendo ser necessária a perícia na interdição: Pontes de Miranda. *Comentários ao Código de Processo Civil.* 2ª ed. Rio de Janeiro: Forense, 2008, p. 308-309, tomo XVI; Edson Prata. *Comentários ao Código de Processo Civil.* Rio de Janeiro: Forense, 1978, p. 314, v. 7; José Olympio de Castro Filho. *Comentários ao Código de Processo* Civil. 4ª ed. Rio de Janeiro: Forense, 1995, p. 190-194, v. X; João Paulo Lucena. *Comentários ao Código de Processo Civil.* São Paulo: RT, 2000, p. 309, v. 15; Leonardo Greco. *Jurisdição voluntária moderna.* São Paulo: Dialética, 2003, p. 114-115; Eduardo Sócrates Castanheira Sarmento. *A Interdição no direito brasileiro.* 2ª ed. Rio de Janeiro: Lumen Juris, 2008, p. 78-79; Célia Barbosa Abreu. *Primeiras linhas sobre a interdição após o Novo Código de Processo Civil.* Curitiba: CRV, 2015, p. 133-134; Nelson Nery Junior e Rosa Maria de Andrade Nery. *Código de Processo Civil comentado.* 16ª ed. São Paulo: RT, 2016, p. 1715; André Pagani de Souza. *Comentários ao Código de Processo Civil.* Cassio Scarpinella Bueno (coord.). São Paulo: Saraiva, 2017, p. 429; Murilo Teixeira Avelino. *O controle judicial da prova técnica e científica.* Salvador: JusPodivm, 2017, p. 153; Rafael Vieira de Azevedo, Roberto P. de Albuquerque Júnior e Venceslau Tavares Costa Filho.

O processo de interdição, portanto, necessita de conhecimentos técnicos e científicos, que, em regra, mas não necessariamente, serão fornecidos por meio de perícia a ser determinada nos moldes do art. 753, com aplicação complementar dos arts. 464 a 480, todos do CPC.[898] Determinada a

---

Novo Código de Processo Civil comentado. RIBEIRO, GOUVEIA FILHO, PANTALEÃO e GOUVEIA (coord.). São Paulo: Lualri, 2017, p. 565, tomo II; LEONARDO FARIA SCHENK. *Comentários ao Código de Processo Civil*. ANTONIO DO PASSO CABRAL e RONALDO CRAMER (coord.). 2ª ed. Rio de Janeiro: Forense, 2016, p. 1073; BRUNA LIMA DE MENDONÇA. Proteção, liberdade e responsabilidade: uma interpretação axiológico-sistemática da (in)capacidade de agir e da instituição curatela. *O Código Civil e o Estatuto da Pessoa com Deficiência*. HELOISA HELENA BARBOZA, BRUNA LIMA DE MENDONÇA e VITOR DE AZEVEDO ALMEIDA JUNIOR (coord.). Rio de Janeiro: Processo, 2017, p. 57; LUIZ RODRIGUES WAMBIER e EDUARDO TALAMINI. *Curso avançado de processo civil*. 16ª ed. São Paulo: RT, 2018, p. 317, v. 4. Posição menos radical, mas preponderantemente a favor da imprescindibilidade da perícia: ALCIDES DE LIMA. *Comentários ao Código de Processo Civil*. São Paulo: RT, 1982, p. 454 e 458-459, v. XII. Acolhendo as ponderações de MENDONÇA LIMA: JOSÉ MARIA ROSA TESHEINER. *Jurisdição voluntária*. Rio de Janeiro: Aide, 1992, p. 98. Como se verá na nota seguinte, o Superior Tribunal de Justiça sinaliza que a perícia pode ser excepcionalmente dispensada.

898 A favor da possibilidade excepcional da dispensa da perícia: FERNANDO GAJARDONI. *Processo de conhecimento e cumprimento de sentença*: comentários ao CPC de 2015. GAJARDONI, DELLORE, ROQUE e DUARTE. São Paulo: Método, 2016, p. 1.305; FREDIE DIDIER JR. Da interdição. *Breves comentários ao Novo Código de Processo Civil*. 3ª ed. WAMBIER, DIDIER JR., TALAMINI e DANTAS (coord.). São Paulo: RT, 2016, p. 1941; HUMBERTO THEODORO JÚNIOR. *Curso de direito processual civil*. 50ª ed. Rio de Janeiro: Forense, 2016, p. 535, v. II. Assim também o Superior Tribunal de Justiça: "Civil e processual civil. Recurso especial. Embargos de declaração. Omissões. Não ocorrência. Violação ao art. 437 do CPC/73. Não ocorrência. Interdição. Laudo do art. 1.183 do CPC/73. Realização sem a forma e o conteúdo exigidos. Divergência sobre a existência de incapacidade do interditando, bem como sobre a sua extensão. Nulidade reconhecida. 1- Ação distribuída em 18/3/1997. Recurso especial interposto em 18/8/2015 e atribuído à Relatora em 26/6/2017. 2- O propósito recursal, além de determinar se houve negativa de prestação jurisdicional, é definir se deveria ter sido deferida a realização de segunda perícia e, ainda, se o exame realizado por médico psiquiatra nomeado como perito pelo Juízo, mas não reduzido a termo com forma e conteúdo de laudo pericial, atende à regra prevista no art. 1.183 do CPC/73, especialmente diante de divergência entre o relatório médico e o interrogatório do interditando. 3- Devidamente analisada e discutida a questão relacionada ao art. 437 do CPC/73, e fundamentado suficientemente o acórdão recorrido, não há que se falar em violação do art. 535, II, do CPC/73. 4- Inexistência de decisão acerca da aplicação do art. 9º, I, do CPC/73. Ausência de prequestionamento. Aplicação da Súmula 211/STJ. 5- Não há que se falar em violação ao art. 437 do CPC/73 quando o acórdão local indica fundamentadamente os motivos que formaram a sua convicção e declina os motivos pelos quais entendeu ser desnecessária a realização da segunda perícia. 6- O laudo pericial não pode ser subs-

perícia, deverá ser facultado o acompanhamento por assistente técnico, não só por ser um direito inerente a esse meio de prova (art. 465, § 1º, II, CPC),

---

tituído por mero relatório médico, especialmente quando há divergência entre o conteúdo do relatório em confronto com os demais elementos de prova produzidos no processo. 7- Nas hipóteses de interdição, é imprescindível que o exame médico resulte em laudo pericial fundamentado, no qual deverão ser examinadas todas as circunstâncias relacionadas à existência da patologia do interditando, bem como a sua extensão e limites. Inteligência do art. 1.183, 'caput', do CPC/73. 8- Recurso especial parcialmente conhecido e, nessa parte, provido, para anular a sentença e determinar a realização de novo laudo pericial. (REsp 1685826/BA, Rel. Ministra Nancy Andrighi, Terceira Turma, julgado em 19/09/2017, DJe 26/09/2017). Em seu voto, a Relatora explicita o entendimento que nos parece ser o mais adequado: 'A jurisprudência do STJ já se posicionou no sentido de que a constatação da incapacidade por meio de laudo pericial extrajudicial e por intermédio de outros meios de prova, inclusive o interrogatório do interditando, torna despicienda a realização de nova perícia, porquanto se trata, na hipótese, de formalidade dispensável e que não acarreta nulidade' (REsp 253.733/MG, Quarta Turma, DJ 05/04/2004). Naquele julgado, constata-se que o interditando já havia sido periciado pelo INSS na fase pré-processual, dispensando-se apenas a renovação do exame e da prova pericial em juízo (que seria realizada pelo próprio INSS), inclusive porque as demais provas colacionadas aos autos (inclusive o interrogatório previsto no art. 1.181) eram uníssonas no sentido de reconhecer a incapacidade absoluta do interditando. Ocorre que a situação examinada neste recurso é substancialmente distinta, na medida em que, além de não ter sido produzido laudo pericial (ou seja, não foram respondidos os quesitos ofertados pelas partes), também há contradição entre o interrogatório judicial (segundo o qual o Interditando conseguiu responder aos questionamentos que lhe foram dirigidos, ainda que com dificuldades) e o relatório médico do perito do juízo (segundo o qual o Interditando sequer reúne condições de pronunciar palavras). O laudo pericial, portanto, é indispensável na hipótese, seja porque há divergência na prova colhida nas instâncias ordinárias, seja porque apenas o laudo pericial poderá identificar, precisamente, a extensão, a gravidade e a eventual reversibilidade da incapacidade do Interditando, o que, inclusive, consta expressamente da quesitação adicional formulada pelo recorrente. Não se pode olvidar que a interdição é medida grave e excepcional, somente justificável nas hipóteses em que se faça comprovadamente necessária e, ainda assim, na medida exata e nos limites da incapacidade que for aferida em relação ao interditando. Essa exigência, já implicitamente existente na vigência do CPC/73, fica ainda mais clara após a nova legislação processual, por força do art. 753, § 2º, do CPC/2015, que estabelece que 'o laudo pericial indicará especificadamente, se for o caso, os atos para os quais haverá a necessidade de curatela'. Trata-se de dispositivo que melhor disciplina a questão e que permite aferir, inclusive, se seria admissível a conversão do procedimento de interdição para o procedimento de tomada de decisão apoiada previsto no art. 1.783-A do Código Civil". A questão, portanto, é da suficiência e adequação de prova técnica, mas não necessariamente da produção de prova pericial. Ou seja: aplica-se o art. 472, CPC, ao procedimento de interdição, assim como lhe são aplicáveis todos os dispositivos relacionados à prova pericial e ao perito.

mas também diante da controvérsia que pode ser instaurada a partir da impugnação do pedido.

O fato de a perícia poder ser realizada por equipe composta por expertos com formação multisdisciplinar (art. 753, § 1º, CPC) é um truísmo normativo, na medida em que a perícia deve ser adequada ao objeto da prova.

Assim, se necessário mais de um especialista conhecimento técnico ou científico, deverá ser determinada a perícia que abranja tais áreas, nomeando-se peritos com a formação pertinente, em que pese ser possível antever as dificuldades práticas para a efetivação dessa prática, seja por falta de especialistas em determinadas comarcas, seja em razão do custo da perícia, sabendo-se que a gratuidade de justiça ou o adiamento ou parcelamento dos custos não é suficiente para assegurar uma prova qualitativamente satisfatória.

Trata-se de regra que se harmoniza com o disposto no art. 1.771, CC, e pode suprir eventual déficit de conhecimento que tenha ocorrido na entrevista por falta de especialista (art. 751, § 2º, CPC).

Também a disposição sobre o conteúdo do laudo, que deverá indicar especificadamente, se for o caso,[899] os atos para os quais haverá necessidade de curatela, é desnecessária, na medida em que o laudo deve refletir os quesitos e, consequentemente, o objeto de prova (art. 473, CPC). Diante do art. 85 do Estatuto da Pessoa com Deficiência e 1.772, CC, necessariamente a prova pericial deverá versar sobre a necessidade e o alcance da curatela.

Acerca do laudo pericial devem se manifestar todos os interessados, que, inclusive, deverão ter prévia ciência da data e local da perícia, na forma dos arts. 474 e 477, § 1º, CPC.

Independentemente da discussão sobre a imprescindibilidade ou não da produção da produção da prova pericial no decorrer do procedimento de interdição, há que se considerar que, se o conhecimento técnico ou

899 "A expressão 'se for o caso' deve receber uma interpretação lógica, finalista, sistemática e, evidentemente, em conformidade com os valores constitucionais. Ou seja, sendo o caso de decretação da interdição, necessariamente deverá o laudo especificar os atos para os quais recairá a curatela. A especificação prevista na norma surge aí como um dever a ser exigido do perito, para toda e qualquer hipótese em que se entenda cabível a decretação da medida, diante de um quadro de incapacidade. Logo, os casos levados ao perito variarão conforme ocorra ou não uma situação de incapacidade e, neste caso, de acordo com a sua extensão. Se a especificação é a dos atos para os quais existe uma incapacidade, inexistindo esta, não existe nada a ser especificado, nenhum ato que a traduza ou revele. Assim, o único caso em que o perito estará dispensado das referidas especificações, será naquele em que se conclua pela plena capacidade do interditando" (CÉLIA BARBOSA ABREU. *Primeiras linhas sobre a interdição após o Novo Código de Processo Civil*. Curitiba: CRV, 2015, p. 132).

científico é necessário,[900] não poderá o juiz desprezar a prova técnica ou científica existente e muito menos decidir em desacordo com seu conteúdo.

Deve, sim, o juiz – e os demais sujeitos processuais – zelar pela designação de perito qualificado, para que se confeccione um laudo pericial adequado (cf. art. 473, CPC), a partir de quesitos pertinentes. É muito complexa a discussão sobre a valoração e a apreciação da prova pelo juiz e a bibliografia anteriormente indicada sobre prova científica possui referências importantes para uma iniciação no tema, mas o fato é que, por questões epistemológicas, não pode o juiz decidir uma causa que depende de conhecimentos específicos contrariando a prova técnica ou científica.

A não vinculatividade ao laudo pericial significa apenas que novos esclarecimentos, nova perícia ou novas provas técnicas devem ser produzidas, mas jamais desconsideradas ou contrariadas em seu conteúdo sem que haja contraprovas igualmente técnicas ou científicas.[901] Como bem observa Fredie Didier Jr., "não pode o juiz simplesmente ignorar a perícia, transformando-se em perito".[902]

---

900 Note-se que outras provas, incluindo as orais, podem ser necessárias para aferir circunstâncias relevantes para a extensão da curatela (cf. art. 754, CPC).

901 Lopes da Costa narra episódio pessoal em sua carreira de magistrado em que se deparou com laudo que aparentemente não fazia sentido, o que fez com que consultasse "livros de anatomia e fisiologia", há que "quando o defeito da escultura é muito grande, o sapateiro também pode descobri-lo". Identificada a possível incongruência dos peritos (lembrando que no sistema do CPC de 1939 havia a necessidade de dois peritos), foi convertido o julgamento em "diligência" e os peritos assumiram o equívoco e elaboraram novo laudo (Alfredo de Araújo Lopes da Costa. *A administração pública e a ordem jurídica privada (jurisdição voluntária)*. Belo Horizonte: Bernardo Álvares, 1961, p. 274-275, defendendo já nessa ocasião a obrigatoriedade de se dar vista do laudo aos interessados). Ou seja: ainda que enveredando por conhecimentos que lhe eram estranhos, ao menos Lopes da Costa não incorreu no equívoco de se ver como o *peritus peritorum*, expressão equivocada que expressa uma indesejada onipotência judicial, como neste julgado: "O magistrado não está adstrito ao laudo pericial, podendo firmar sua convicção com base na narrativa dos autos e em outros documentos a eles acostados, afinal, ele é sempre o perito dos peritos, ou o 'peritus peritorum'" (RHC 120052, rel. Min. Ricardo Lewandowski, Segunda Turma, j. 3/12/2013, DJe-023, 3/2/2014).

902 Da interdição. *Breves comentários ao Novo Código de Processo Civil*. 3ª ed. Wambier, Didier Jr., Talamini e Dantas (coord.). São Paulo: RT, 2016, p. 1941. Entendendo que deve ser determinada nova perícia, como efeito da regra de que "o juiz não está adstrito ao laudo": Pontes de Miranda. *Comentários ao Código de Processo Civil*. 2ª ed. Rio de Janeiro: Forense, 2008, p. 312-313, tomo XVI. Lembre-se de conhecida passagem de José Olympio de Castro Filho sobre o tema: "inadmissível será o juiz desprezar o laudo pericial para opor à opinião justificada do técnico ou do cientista, que ele próprio escolheu, o seu próprio entendimento de ignorante ou leigo na ciência do especialista. A experiência mostra que, via de regra, em seme-

Registre-se, por fim, que o perito, na realidade, é um importante sujeito processual (cf. arts. 156 a 158, 466, 473, § 3º, 477, § 2º e 482, CPC) no procedimento de interdição e sua participação deve ser aproveitada efetivamente pelas partes como mais uma dimensão do contraditório, ampliando-se e aprofundando-se o debate, não só por meio de designações de assistentes, mas também de quesitos adequados, pedidos de esclarecimentos, controle dos requisitos para nomeação e confecção do laudo e, também, eventual oitiva em audiência especial para esclarecimentos orais, como desdobramento da perícia complexa e não apenas em caso de perícia simplificada.[903]

Art. 754. Apresentado o laudo, produzidas as demais provas e ouvidos os interessados, o juiz proferirá sentença.

CPC de 1973 – art. 1.183, caput*, segunda parte*

141. Fase instrutória

O art. 754 aparentemente expressa apenas a possibilidade de outras provas serem produzidas no processo, além da pericial ou dos documentos técnicos ou científicos anexados.[904] Entretanto, seria desnecessária essa previsão, já que, como antes mencionado, a prova técnica ou científica é fundamental no pro-

---

lhante arbitrariedade judicial se escondem muitas vezes a vaidade ou o exibicionismo de sabe-tudo, senão influências exteriores, de natureza diversa, a que cumpri por fim. Na realidade, se não quer aceitar o laudo pericial, por este ou aquele motivo, cabe ao juiz, por força do disposto no art. 437 [atual art. 480], determinar nova perícia, com o mesmo ou outro perito [se se tratar de segunda perícia, não pode ser o mesmo perito; o primeiro perito apenas poderá complementar e esclarecer a própria perícia, conforme o atual art. 477, § 2º]" (*Comentários ao Código de Processo Civil.* 4ª ed. Rio de Janeiro: Forense, 1995, p. 193, v. X – as observações entre colchetes são nossas).

903 Essa visão do perito como sujeito processual foi bem observada por MURILO TEIXEIRA AVELINO em estudo específico e realmente se trata de uma questão relevante e pouco explorada, com especial repercussão em processo de interdição (cf. *O controle judicial da prova técnica e científica.* Salvador: JusPodivm, 2017, item 6.1).

904 "O art. 754 dispõe que, entregue o laudo e produzidas as demais provas, o juiz proferirá sentença. O dispositivo dá a entender que, após a perícia, outras provas podem ser produzidas – provas orais, por exemplo. A regra é estranha e merece alguma reflexão. É que a incapacidade é fato que somente pode ser comprovado por prova técnica; já há documentação trazida pelo autor da interdição e já houve a inspeção judicial preliminar; com a perícia, a instrução se encerra. Instrução complementar deve restringir-se à segunda perícia, caso o juiz não aceite a primeira, ou a colheita de prova oral que sirva para esclarecer os limites da curatela e a gradação da interdição ou para auxiliar o perito na elaboração do seu laudo" (FREDIE DIDIER JR. Da interdição. *Breves comentários ao Novo Código de Processo Civil.* 3ª ed. WAMBIER, DIDIER JR., TALAMINI e DANTAS (coord.). São Paulo: RT, 2016, p. 1941).

cesso de interdição, mas pode não ser o único meio probatório necessário, especialmente para fixar o exato limite da curatela.

Na realidade o art. 754, mais do que veicular a ideia de liberdade probatória em seu sentido positivo, isto é, de produção de provas, serve para autorizar também a não produção de provas, o que é necessário diante da previsão de audiência de instrução e julgamento que havia no CPC de 1973. Ou seja: o que o art. 754, CPC, prevê, na realidade, é a facultatividade da audiência para produção de prova oral. É necessário o devido contraditório sobre as provas produzidas ("ouvidos os interessados"), mas não é obrigatória a designação de audiência, atendendo-se assim antiga crítica doutrinária.[905]

> **Art. 755.** Na sentença que decretar a interdição, o juiz:
>
> **I** – nomeará curador, que poderá ser o requerente da interdição, e fixará os limites da curatela, segundo o estado e o desenvolvimento mental do interdito;
>
> **II** – considerará as características pessoais do interdito, observando suas potencialidades, habilidades, vontades e preferências.
>
> **§ 1º** A curatela deve ser atribuída a quem melhor possa atender aos interesses do curatelado.
>
> **§ 2º** Havendo, ao tempo da interdição, pessoa incapaz sob a guarda e a responsabilidade do interdito, o juiz atribuirá a curatela a quem melhor puder atender aos interesses do interdito e do incapaz.
>
> **§ 3º** A sentença de interdição será inscrita no registro de pessoas naturais e imediatamente publicada na rede mundial de computadores, no sítio do tribunal a que estiver vinculado o juízo e na plataforma de editais do Conselho Nacional de Justiça, onde permanecerá por 6 (seis) meses, na imprensa local, 1 (uma) vez, e no órgão oficial, por 3 (três) vezes, com intervalo de 10 (dez) dias, constando do edital os nomes do interdito e do curador, a causa da interdição, os limites da curatela e, não sendo total a interdição, os atos que o interdito poderá praticar autonomamente.
>
> *CPC de 1973 – arts. 1.183, parágrafo único, e 1.184*

142. Sentença

O processo de interdição enseja a constituição de situação jurídica de curatela, que deverá ser determinada de acordo com as necessidades do caso concreto. Dessa afirmação extraem-se as características essenciais da sentença de interdição: 1) sua natureza é constitutiva;[906] 2) seu efeito é *ex nunc*;[907] 3) a sentença

---

905 Edson Prata. *Comentários ao Código de Processo Civil*. Rio de Janeiro: Forense, 1978, p. 307-308, v. 7; Alcides de Mendonça Lima. *Comentários ao Código de Processo Civil*. São Paulo: RT, 1982, p. 460-462, v. XII.

enseja uma nova situação jurídica que é precisamente a sujeição à curatela; 4) como toda curatela a sentença deve se ajustar às condições pessoais do curatelado, na forma do art. 1.772, CPC, nomeando-se o respectivo curador; 5) em razão de seu conteúdo, a sentença de interdição será inscrita no registro de pessoas naturais e imediatamente publicada na rede mundial de computadores, no sítio do tribunal a que estiver vinculado o juízo e na plataforma de editais do Conselho Nacional de Justiça, onde permanecerá por 6 (seis) meses, na imprensa local, 1 (uma) vez, e no órgão oficial, por 3 (três) vezes, com

---

906 PONTES DE MIRANDA. *Comentários ao Código de Processo Civil.* 2ª ed. Rio de Janeiro: Forense, 2008, p. 297-298, tomo XVI. "Se ele [o ato jurisdicional] não cria a incapacidade, cria decerto, para o incapaz, situação jurídica nova, diferente daquela em que, até então, se encontrava. Considerar a sentença como 'declaratória do estado anterior' é fruto de um desvio de perspectiva: olha-se para a incapacidade como se fosse o objeto do pronunciamento judicial, quando ela é apenas o fundamento da decisão" (JOSÉ CARLOS BARBOSA MOREIRA. Eficácia da sentença de interdição por alienação mental. *Temas de direito processual – quarta série.* São Paulo: Saraiva, 1989, p. 186-187 – o esclarecimento entre colchetes é nosso). Exame das diversas posições em EDUARDO SÓCRATES CASTANHEIRA SARMENTO. *A interdição no direito brasileiro.* 2ª ed. Rio de Janeiro: Lumen Juris, 2008, p. 101-106. No Superior Tribunal de Justiça, há julgados nesse sentido e também no sentido de que se trata de sentença declaratória, como no REsp 1694984/MS (rel. Min. LUIS FELIPE SALOMÃO, Quarta Turma, j. 14/11/2017, DJe 1º/2/2018) e no AgInt nos EDcl no REsp 1171108/RS (rel. Min. ANTONIO SALDANHA PALHEIRO, Sexta Turma, j. 27/9/2016). Na realidade, essa suposta natureza declaratória considerada em acórdãos do STJ se refere ao termo inicial da prescrição. Note-se, pois, que não se trata de eficácia da sentença, mas de prova da incapacidade que a ela preexiste. Acrescente-se, ainda, que a prescrição não corre apenas em relação aso absolutamente incapazes, de modo que, com a mudança do Código Civil promovida pelo Estatuto da Pessoa com Deficiência, não atingirá mais o curatelado, revelando, assim, uma ampliação da vulnerabilidade provocada paradoxalmente pela lei protetiva.

907 "Quanto ao passado (o momento em que começou a anomalia psíquica), não tem eficácia a sentença de interdição, a despeito do elemento declarativo junto à força constitutiva. Isso não impede que em ação que não é a da interdição se alegue, por exemplo, que a pessoa estava louca quando assinou um cheque ou uma escritura particular ou mesmo pública" (PONTES DE MIRANDA. *Comentários ao Código de Processo Civil.* 2ª ed. Rio de Janeiro: Forense, 2008, p. 318, tomo XVI). "As sentenças constitutivas, se bem que em regra produzem efeitos somente *ex* nunc, podem, nalguns casos, podem produzi-los *ex tunc.* [...] Acontece, todavia, que o efeito próprio da sentença de interdição é absolutamente insuscetível de projetar-se para o passado. Em que consiste ele? Já o salientamos: na sujeição do incapaz à curatela. Ora, se concebe que o ordenamento dê repercussão no pretérito à privação de alguém da condição jurídica de herdeiro ou legatário, ou à desconstituição de um ato jurídico, eliminando – ao menos em certa medida – os efeitos que aquela ou este hajam porventura sentido, inconcebível seria, ao contrário, que ele pretendesse estender a curatela ao tempo anterior à sentença. A natureza das coisas repugna semelhante

conjectura. Nem vale replicar que a retroeficácia de que se cogita precisamente consistiria na invalidação de atos praticado, antes da interdição, pelo incapaz. O argumento é tecnicamente falso, porque confunde o efeito da interdição com o efeito da alienação mental. Repita-se, uma vez mais, que os atos do mentalmente alienado não são nulos em virtude da interdição, mas em virtude da incapacidade do agente, que àquele preexiste. Logo, para reconhecer a nulidade em atos anteriores, não é preciso recorrer ao expediente (inadequado) de atribuir eficácia retrooperante à sentença" (José Carlos Barbosa Moreira. Eficácia da sentença de interdição por alienação mental. *Temas de direito processual – quarta série*. São Paulo: Saraiva, 1989, p. 187-188). Nesse sentido, correta a conclusão do seguinte julgado do Superior Tribunal de Justiça: "Atos praticados pelo interditado anteriores à interdição podem ser anulados desde que provada a existência de anomalia psíquica no momento em que se praticou o ato que se quer anular" (AgInt no REsp 1591158/MG, rel. Min. Ricardo Villas Bôas Cueva, Terceira Turma, j. 15/9/2016, DJe 26/9/2016). Confira-se, ainda, recente julgado do Superior Tribunal de Justiça: "Recurso especial. Processo civil. Ação de rescisão contratual. Citação em nome de incapaz. Incapacidade declarada posteriormente. Nulidade não reconhecida. Intervenção do MP. Nulidade. Necessidade de demonstração do prejuízo. Estatuto da pessoa com deficiência. Lei n. 13.146/2015. Dissociação entre transtorno mental e incapacidade. 1. A sentença de interdição tem natureza constitutiva, caracterizada pelo fato de que ela não cria a incapacidade, mas sim, situação jurídica nova para o incapaz, diferente daquela em que, até então, se encontrava. 2. Segundo o entendimento desta Corte Superior, a sentença de interdição, salvo pronunciamento judicial expresso em sentido contrário, opera efeitos *ex nunc*. Precedentes. 3. Quando já existente a incapacidade, os atos praticados anteriormente à sentença constitutiva de interdição até poderão ser reconhecidos nulos, porém não como efeito automático da sentença, devendo, para tanto, ser proposta ação específica de anulação do ato jurídico, com demonstração de que a incapacidade já existia ao tempo de sua realização do ato a ser anulado. 4. A intervenção do Ministério Público, nos processos que envolvam interesse de incapaz, se motiva e, ao mesmo tempo, se justifica na possibilidade de desequilíbrio da relação jurídica e no eventual comprometimento do contraditório em função da existência da parte vulnerável. 5. A ausência da intimação do Ministério Público, quando necessária sua intervenção, por si só, não enseja a decretação de nulidade do julgado, sendo necessária a demonstração do efetivo prejuízo para as partes ou para a apuração da verdade substancial da controvérsia jurídica, à luz do princípio *pas de nullité sans grief*. 6. Na espécie, é fato que, no instante do ajuizamento da ação de rescisão contratual, não havia sido decretada a interdição, não havendo se falar, naquele momento, em interesse de incapaz e obrigatoriedade de intervenção do Ministério Público. 7. Ademais, é certo que, apesar de não ter havido intimação do Parquet, este veio aos autos, após denúncia de irregularidades, feito por terceira pessoa, cumprindo verdadeiramente seu mister, com efetiva participação, consubstanciada nas inúmeras manifestações apresentadas. 8. Nos termos do novel Estatuto da Pessoa com Deficiência, Lei n. 13.146 de 2015, pessoa com deficiência é a que possui impedimento de longo prazo, de natureza física, mental, intelectual ou sensorial (art. 2º), não devendo ser mais tecnicamente considerada civilmente incapaz, na medida em que a deficiência não afeta a plena capacidade civil da pessoa (conforme os arts. 6º e 84). 9. A partir do novo regramento, observa-se uma dissociação necessária e absoluta entre o transtorno mental e o reconhecimento da incapacidade, ou seja, a definição

intervalo de 10 (dez) dias, constando do edital os nomes do interdito e do curador, a causa da interdição, os limites da curatela e, não sendo total a interdição, os atos que o interdito poderá praticar autonomamente; 6) como toda sentença, é passível de recurso de apelação, sem efeito suspensivo automático quando "decreta a interdição" (art. 1.012, § 1º, VI, CPC); 7) por se tratar de ação personalíssima, no sentido de não ser transmissível, a morte do interditando ensejará a extinção do processo, sem prejuízo de eventual exigência de contas, caso tenha havido curatela; 8) a sentença deverá contar com fundamentação analítica, nos termos do art. 489, § 1º, CPC, a fim de estabelecer os limites e possibilidades da curatela, demonstrando a pertinência e a adequação à situação do curatelado,[908] na forma do disposto no próprio art. 755, II, de-

---

automática de que a pessoa portadora de debilidade mental, de qualquer natureza, implicaria na constatação da limitação de sua capacidade civil deixou de existir. 10. Recurso especial a que se nega provimento" (REsp 1694984/MS, rel. Min. LUIS FELIPE SALOMÃO, Quarta Turma, j. 14/11/2017, DJe 1º/2/2018). Registre-se que já julgado antigo do mesmo Tribunal que já apontava esse correto entendimento: "Direito de família. Casamento religioso. Efeitos civis. Interdição. Código Civil, 183, XI. Fato notório. CPC, art. 334-I. Recurso desprovido. I – Se inexistente prova da incapacidade mental do varão a época da celebração do casamento religioso, validos os efeitos civis decorrentes de posterior habilitação, máxime quando inconteste que a união perdurou por mais de trinta anos. II – Os atos anteriores a sentença de interdição são apenas anuláveis, podendo ser invalidados desde que judicialmente demonstrado, em ação própria, o estado de incapacidade a época em que praticados. III – Notórios são os fatos de conhecimento geral inconteste, a independer de prova" (AgRg no Ag 24.836/MG, rel. Min. SÁLVIO DE FIGUEIREDO TEIXEIRA, Quarta Turma, j. 13/4/1993, DJ 31/5/1993, p. 10670).

908 "A interdição pode ser total, com a retirada da capacidade civil do interdito, ou parcial, com restrições a essa mesma capacidade. O juiz deve, na sentença de interdição, fixar os limites da curatela, observando 'o estado e o desenvolvimento mental do interdito' e as 'potencialidades da pessoa' (art. 1.772, Código Civil, que, embora tenha sido revogado pelo CPC-2015 no art. 1.072, II, teve a sua redação alterada pela Lei n. 13.146/2015 – Estatuto da Pessoa com Deficiência). [...] Impõe-se, assim, a gradação da interdição. Essa regra concretiza o direito fundamental à igualdade e, também, a um tratamento digno, de que o interdito é titular. Na fundamentação da sentença, o juiz *especificará de que modo concretizou esses critérios, que são conceitos jurídicos indeterminados*, na definição dos limites da curatela, *sob pena de nulidade, por vício na motivação* (art. 489, § 1.º, II). Trata-se, enfim, de item que deve constar obrigatoriamente da fundamentação da sentença. [...] O interdito é uma pessoa com alguma deficiência cognitiva; nem sempre sofre de um transtorno mental que o incapacite completamente; basta pensar nos exemplos da interdição de toxicômano ou de portador de Síndrome de Down. Por isso, o interdito muita vez tem e revela a sua vontade e as suas preferências, além de possuir seus talentos. Tudo isso deve ser observado pelo juiz, seja na nomeação do curador, seja na definição dos limites da curatela. Essa é outra regra que concretiza o direito do interditando a ser tratado com respeito à sua singularidade e à sua dignidade. Observe, por exemplo, que o interdito pode testemunhar, ressalvado apenas os casos em que

vendo ainda haver específica fundamentação sobre a nomeação do curador. Afinal, como já afirmamos, a curatela deve ser sob medida e não *prêt-à-porter*, fazendo com que a sentença seja artesanal e não serial. Sobre os limites da curatela e, consequentemente, da sentença, sob o aspecto da extensão da curatela, remetemos ao item próprio, cabendo apenas assinalar que as circunstâncias fáticas podem excepcionalmente, autorizar a curatela total do interditando, sempre de acordo com a situação concreta individualizada.

Na sentença deverá constar a nomeação de curador, sobre o qual falaremos no item seguinte. Caso o interdito tenha pessoa incapaz sob sua guarda e responsabilidade ao tempo da sentença de interdição, a nomeação de curador também abrangerá o interesse daquela pessoa, o que, em última análise, insere-se na regra geral de assegurar o melhor interesse do curatelado.

A sentença deve dispor, também, sobre os limites da curatela, tanto em relação aos atos sobre as quais incidirá, quanto ao tempo de duração, se possível, conforme o art. 755, II, CPC, arts. 1.772 e 1.782, CC, e arts. 84, § 3º, e 85, *caput*, e §§ 1º e 2º, do Estatuto da Pessoa com Deficiência.

Além de ser inscrita no registro de pessoas naturais, dispõe o parágrafo terceiro do art. 755, CPC, que a sentença de interdição deve receber ampla divulgação na "rede mundial de computadores", na imprensa local e na imprensa oficial. Como toda sentença, é passível de recurso de apelação, que, contudo, não terá efeito suspensivo automático (art. 1.012, § 1º, VI, CPC), como já assinalado, sendo que, ao menos para este ato, o interditado mantém sua capacidade, não incidindo o art. 682, II, CC, nessa específica hipótese, para não violar o direito de defesa.[909]

---

a interdição tiver sido decretada em razão de enfermidade ou deficiência intelectual (art. 447, § 1.º, I, CPC). Na fundamentação da sentença, o juiz *especificará de que modo concretizou esses critérios, que são conceitos jurídicos indeterminados*, na designação do curador e na fixação dos limites da curatela, *sob pena de nulidade, por vício na motivação* (art. 489, § 1.º, II). Trata-se, enfim, de item que deve constar obrigatoriamente da fundamentação da sentença" (Fredie Didier Jr. Da interdição. *Breves comentários ao Novo Código de Processo Civil.* 3ª ed. Wambier, Didier Jr., Talamini e Dantas (coord.). São Paulo: RT, 2016, p. 1943).

909 Cf. Fredie Didier Jr. Da interdição. *Breves comentários ao Novo Código de Processo Civil.* 3ª ed. Wambier, Didier Jr., Talamini e Dantas (coord.). São Paulo: RT, 2016, p. 1946-1947. Entendem Fredie Didier Jr. e Leonardo Carneiro da Cunha que "a sentença de interdição não retira a capacidade processual do interditando. Assim o agora interdito tem capacidade processual para, por exemplo, recorrer da sentença. Isso significa que, para este ato, ele não precisa estar representado pelo curador que acabou de lhe ser designado" (*Curso de direito processual civil.* 13ª ed. Salvador: JusPodivm, 2016, p. 187, v. 3). Assim também o STJ no citado REsp 1251728/PE, rel. Min. Paulo de Tarso Sanseverino, Terceira Turma, j. 14/5/2013, DJe 23/5/2013.

Situação interessante pode decorrer da interposição de recurso parcial, apenas contra a nomeação de curador. Nesse caso, como não será objeto de recurso o "decreto de interdição", haverá efeito suspensivo, salvo se houver nomeação de curador provisório, incidindo o art. 1.012, § 1º, V, CPC.

Os efeitos da sentença são imediatos, incluindo as comunicações necessárias para órgãos e instituições públicos ou privados, além da intimação dos que integraram o processo. Além disso, a sentença de interdição será inscrita no registro de pessoas naturais (arts. 92 e 107, § 1º, da Lei de Registros Públicos) e imediatamente publicada na rede mundial de computadores, no sítio do tribunal a que estiver vinculado o juízo e na plataforma de editais do Conselho Nacional de Justiça, onde permanecerá por 6 (seis) meses, na imprensa local, 1 (uma) vez, e no órgão oficial, por 3 (três) vezes, com intervalo de 10 (dez) dias, constando do edital os nomes do interdito e do curador, a causa da interdição, os limites da curatela e, não sendo total a interdição, os atos que o interdito poderá praticar autonomamente. A inscrição da sentença no registro civil deve ser determinada desde logo pelo juiz no próprio ato decisório, independentemente do transcurso do prazo recursal, a fim de que se produzam os efeitos *erga omnes*.[910]

Há formação de coisa julgada, como visto nos comentários ao art. 724, CPC, constituindo-se nova situação jurídica que, contudo, será idealmente temporária, mas, exatamente por haver coisa julgada material, dependerá de processo autônomo justificado por mudança fática (art. 756, CPC). Como efeito positivo da coisa julgada material, os atos praticados pelo curatelado após a sentença de interdição podem ser anulados.[911] Por entender que há coisa julgada material, será possível o ajuizamento de ação rescisória, já que o levantamento da interdição não é uma ação exatamente com o mesmo objeto.[912]

---

910 PONTES DE MIRANDA. *Comentários ao Código de Processo* Civil. 2ª ed. Rio de Janeiro: Forense, 2008, p. 317, tomo XVI.

911 FREDIE DIDIER JR. Da interdição. *Breves comentários ao Novo Código de Processo Civil.* 3ª ed. WAMBIER, DIDIER JR., TALAMINI e DANTAS (coord.). São Paulo: RT, 2016, p. 1947; FERNANDO GAJARDONI. *Processo de conhecimento e cumprimento de sentença*: comentários ao CPC de 2015. GAJARDONI, DELLORE, ROQUE e DUARTE. São Paulo: Método, 2016, p. 1.307.

912 "O interdito tem capacidade processual para propor ação rescisória ou *querela nullitatis* da sentença de interdição, independentemente da representação pelo curador (Francisco Cavalcanti Pontes de Miranda. *Comentários ao Código de Processo Civil.* 2. ed. Rio de Janeiro: Forense, 2008, t. XVI, p. 299). Obviamente, nos casos em que simplesmente não possa manifestar a sua vontade (está em coma, por exemplo), isso não ocorrerá, simplesmente porque ele não poderá sequer constituir um advogado. De todo modo, representado pelo curador, poderá o interditando, indiscutivelmente, promover tais ações. [...] A causa de pedir da ação de levantamento da curatela é, sempre, fato *superveniente* à decretação da interdição: desaparecimento ou arrefecimento da causa da incapacidade. A ação de levantamento da curatela não serve à

Não se pode confundir interdição com inimputabilidade penal, não havendo relação de causa e efeito entre ambas as situações jurídicas.[913] A inimputabilidade penal exige procedimento próprio em processo penal específico e não é efeito automático da sentença de interdição,[914] sem prejuízo de os documentos e a própria sentença inseridos no processo civil possam ser relevantes para o processo penal para fins probatórios.

---

rescisão da sentença de interdição; assim, não pode fundar-se em fatos *anteriores* à sentença de interdição; fatos *anteriores* podem servir de fundamento de ação rescisória, desde que subsumidos às hipóteses legais de rescindibilidade (art. 966, CPC). Em sentido diverso, Pontes de Miranda entende que a ação de levantamento da curatela pode ter por fundamento o fato de 'nunca ter existido motivo para a interdição' (Francisco Cavalcanti Pontes de Miranda. *Comentários ao Código de Processo Civil*. 2. ed. Rio de Janeiro: Forense, 2008, t. XVI, p. 326)" (Fredie Didier Jr. Da interdição. *Breves comentários ao Novo Código de Processo Civil*. 3ª ed. Wambier, Didier Jr., Talamini e Dantas (coord.). São Paulo: RT, 2016, p. 1948-1949).

913 "Se alguém foi interditado, entende-se que a interdição concerne à sua capacidade para atos jurídicos *stricto sensu* e negócios jurídicos; não, para a sua capacidade de atos ilícitos absolutos. De modo que, se o interdito comete o crime, ou pratica o ato ilícito absoluto, se tem de alegar e provar que ele é incapaz delitualmente, pois a carga de constitutividade e de declaratividade, que tem a sentença de interdição, somente concerne aos atos lícitos *lato sensu*" (Pontes de Miranda. *Tratado de direito privado*. 4ª ed. São Paulo: RT, 1983, p. 213, tomo 1).

914 Fredie Didier Jr. Da interdição. *Breves comentários ao Novo Código de Processo Civil*. 3ª ed. Wambier, Didier Jr., Talamini e Dantas (coord.). São Paulo: RT, 2016, p. 1948. "*Habeas corpus*. Processual penal. Crime de tentativa de homicídio qualificado. Prisão preventiva. Fundamentação idônea. Determinado pelo STJ, nos autos do HC 23.456/PA, a submissão do paciente ao exame de insanidade mental, tal perícia até a presente data não se realizou por culpa exclusiva do paciente que, injustificada e deliberadamente, vem retardando o encerramento da instrução criminal. Garantia da ordem pública. Acusado que, em liberdade, está envolvido na prática de novo crime de homicídio, o que demonstra, indubitavelmente, a sua personalidade voltada para o crime. Precedentes do STJ. 1. O paciente, quando em liberdade, não se submeteu ao exame determinado pela Justiça Pública, retardando, assim, há mais de 03 (três) anos, injustificada e deliberadamente, o encerramento da ação penal. 2. A conclusão do laudo pericial, ora acostado aos autos, produzido no processo de interdição civil do acusado, é válido apenas em relação aos atos de sua vida civil, não sendo capaz de isentá-lo da culpabilidade penal. 3. Tal dúvida somente será solucionada após a realização correta do incidente de sanidade mental do acusado, o qual ainda não se efetivou por culpa exclusiva do paciente. 4. O novo decreto de prisão preventiva expedido em desfavor do acusado foi satisfatoriamente justificado, tendo sido motivado, a teor do disposto no 312, do Código de Processo Penal, na necessidade de se resguardar a ordem pública, em face de seu envolvimento em novo crime de homicídio durante o período em que esteve em liberdade. 5. Precedentes do STJ. 6. Ordem denegada" (HC 49.767/PA, rel. Min. Laurita Vaz, Quinta Turma, j. 7/3/2006, DJ 3/4/2006, p. 384).

143. Curador

A nomeação do curador deverá atender sempre o melhor interesse do interditando e não haverá exata coincidência entre sua nomeação e o autor da ação. Ainda que fosse desnecessário, o *caput* do art. 755, CPC, é didático ao afirmar que o curador poderá ser o requerente da interdição, esclarecendo, com isso, a inexistência de vinculação entre essas posições.

Há ao menos uma situação, inclusive, que nunca o requerente da interdição poderá ser o curador: quando o legitimado ativo for o Ministério Público. Nesses casos, sempre haverá necessidade de nomeação de pessoa distinta para o exercício da curatela. Também quando o requerente for o representante da entidade em que estiver o curatelado – para quem entende que essa legitimidade ativa ainda se mantém, como foi exposto no item próprio –, ao nomear curador, o juiz deve dar preferência a pessoa que tenha vínculo de natureza familiar, afetiva ou comunitária com o curatelado, na forma do disposto no art. 85, § 3º, do Estatuto da Pessoa com Deficiência.

O critério básico, portanto, é o melhor interesse do curatelado. Nesse contexto, os §§ 1º e 2º do art. 755, CPC, são redundantes e a ideia que deve balizar a nomeação do curador é a que está inserta no parágrafo único do art. 1.772, CC: "para a escolha do curador, o juiz levará em conta a vontade e as preferências do interditando, a ausência de conflito de interesses e de influência indevida, a proporcionalidade e a adequação às circunstâncias da pessoa".

Esse dado é relevante porque a leitura do art. 1.775, CC, pode indicar a existência de prioridades previamente fixadas para a nomeação do curador.[915] Entretanto, devem-se extrair do referido artigo apenas regras indicativas, que podem ser aplicadas de modo diverso a partir de circunstâncias do caso concreto, inclusive se necessária a substituição do curador.[916]

---

915 "Art. 1.775. O cônjuge ou companheiro, não separado judicialmente ou de fato, é, de direito, curador do outro, quando interdito. § 1º Na falta do cônjuge ou companheiro, é curador legítimo o pai ou a mãe; na falta destes, o descendente que se demonstrar mais apto. § 2º Entre os descendentes, os mais próximos precedem aos mais remotos. § 3º Na falta das pessoas mencionadas neste artigo, compete ao juiz a escolha do curador".

916 "Processo civil e direito civil. Família. Interdição e curatela. Ação de prestação de contas. Caso de extrema gravidade. Suspensão do exercício da função de curador. Possibilidade. Curador substituto. Ordem de preferência legal. Peculiaridades. Prudente arbítrio do juiz. 1. A cessação do exercício da curatela, por meio da remoção do curador, exige procedimento próprio, com observância da forma legal disposta nos arts. 1.194 a 1.198 do CPC. 2. A suspensão da curatela, prevista no art. 1.197 do CPC, pode ser determinada no bojo de outra ação, desde que esteja configurado caso de extrema gravidade que atinja a pessoa ou os bens do curatelado. 3. Admitida a existência de fatos sérios passíveis de causar dano ao patrimônio da

Deve ser relembrado, ainda, que é possível a nomeação de mais de um curador (art. 1.775-A, CC), desde que a curatela compartilhada se mostre adequada para o caso concreto.

Se houver diretivas antecipadas de vontade, pode se estabelecer situação em que o curador nomeado judicialmente tenha limitação decorrente do testamento vital ou do mandato duradouro, quando, então, haverá pessoa específica (que pode até ser, coincidentemente, em quem recaiu a condição de curador nomeado pelo juiz) para decidir sobre tratamentos e cuidados médicos.[917]

---

curatelada, deve ser mantida a decisão que determinou a suspensão do exercício da função de curador regularmente nomeado nos autos de interdição, para, somente após a apuração dos fatos, mediante o devido processo legal e ampla defesa, decidir-se pela remoção definitiva ou retorno do curador à sua função. 4. Com base no livre convencimento motivado, é o Juiz soberano na apreciação das provas, as quais são infensas à análise do STJ nesta sede recursal. 5. Nos processos de curatela, as medidas devem ser tomadas no interesse da pessoa interditada, o qual deve prevalecer diante de quaisquer outras questões. 6. Agregue-se à especial relevância dos direitos e interesses do interditado a tutela conferida às pessoas com 60 anos ou mais, que devem ter respeitada sua peculiar condição de idade. 7. Age prudentemente o Juiz que, rente aos fatos e às circunstâncias de beligerância familiar em que estiverem inseridas as partes no processo, faz recair sobre pessoa idônea e que não esteja vinculada aos interesses dos litigantes a função de curador substituto. 8. Recurso especial não provido" (REsp 1137787/MG, rel. Min. Nancy Andrighi, Terceira Turma, j. 9/11/2010, DJe 24/11/2010).

917 "A pessoa natural, em vida e lúcida, pode estabelecer 'diretivas antecipadas de vontade', consideradas como 'o conjunto de desejos, prévia e expressamente manifestados pelo paciente, sobre cuidados e tratamentos que quer, ou não, receber no momento em que estiver incapacitado de expressar, livre e autonomamente, sua vontade' (art. 1.º da Resolução 1995/2012 do Conselho Federal de Medicina). As diretivas antecipadas de vontade 'prevalecerão sobre qualquer outro parecer não médico, inclusive sobre os desejos dos familiares' (art. 2.º, § 3º, da Resolução 1995/2012 do Conselho Federal de Medicina). Neste ato, a pessoa pode indicar um representante para essas situações. Ou seja, a pessoa pode ela mesma fazer tomar as decisões antecipadas ou constituir alguém que o faça por ela, quando estiver sem condições de exprimir a sua vontade. Esse representante indicado pela pessoa decidirá sobre um aspecto relativo à existência do agora enfermo e, dessa forma, será, ao menos para isso, seu curador (percebeu o problema Mônica Aguiar. 'Modelos de autonomia e sua (in)compatibilidade com o sistema de capacidade civil no ordenamento positivo brasileiro: reflexões sobre a Resolução 1995/2012 do Conselho Federal de Medicina'. Disponível em: [www.publicadireito.com.br/artigos]. O enfermo (em coma, por exemplo) pode, porém, ser interditado. O curador designado pelo juiz, não sendo o representante indicado pelo ora interdito, não poderá decidir sobre quais os tratamentos médicos podem ou não ser ministrados ao interdito; haverá, então, uma dupla curatela, com atribuições distintas, sendo que um dos curadores foi constituído em vida pelo enfermo (art. 1.780, CC/2002), não sendo, por isso, um curador judicial. Tudo isso serve para afirmar o seguinte: havendo testamento vital, a indicação do representante pelo agora impossibilitado de

Caso o interdito tenha pessoa incapaz sob sua guarda e responsabilidade ao tempo da sentença de interdição, a nomeação de curador também abrangerá o interesse daquela pessoa, o que, em última análise, insere-se na regra geral de assegurar o melhor interesse do curatelado.

O juiz deve levar em consideração na nomeação do curador o fato de haver pessoa incapaz sob a guarda e a responsabilidade do interdito, nomeando-se pessoa que melhor atenda aos interesses do curatelado e de quem ele é guardião ao tempo da constituição da curatela (art. 755, § 2º, CPC e art. 1.778, CC). O art. 757, CPC, portanto é a especificação daquela regra, possibilitando que o juiz a excepcione, caso se descortine hipótese que melhor preserve o interesse do incapaz. Com efeito, em paralelo ao melhor interesse do curatelado, há o melhor interesse do menor, que merece prioridade absoluta (art. 227 da Constituição da República), e pode não ser atendido no caso dessa espécie de extensão da autoridade do curador, ou seja, o melhor interesse do curatelado não coincide necessariamente com o do incapaz sob sua guarda ou responsabilidade. Dentro desse quadro, observando-se a prevalência que a família natural deve ter na criação do menor (art. 19 do Estatuto da Criança e do Adolescente), caso se trate de criança ou adolescente sob a guarda do curatelado, pode-se vislumbrar o caso de haver guarda compartilhada, quando pode se mostrar inconveniente essa extensão da autoridade do curador, ou ainda a possibilidade de inserir o incapaz na família extensa ou ampliada (art. 25, parágrafo único, do Estatuto da Criança e do Adolescente), ou mesmo modificando a guarda originalmente concedida ao ora curatelado, tudo dependendo das circunstâncias do caso concreto. Note-se que, a rigor, o CPC e o CC conferem ao juiz a competência para, no processo de interdição, regular a situação jurídica da pessoa sob guarda ou responsabilidade do curatelado, que passará a ostentar a legitimidade para interpor recurso contra a sentença, no capítulo que o atinge.

Art. 756. Levantar-se-á a curatela quando cessar a causa que a determinou.

§ 1º O pedido de levantamento da curatela poderá ser feito pelo interdito, pelo curador ou pelo Ministério Público e será apensado aos autos da interdição.

§ 2º O juiz nomeará perito ou equipe multidisciplinar para proceder ao exame do interdito e designará audiência de instrução e julgamento após a apresentação do laudo.

---

exprimir a sua vontade deve ser levada em consideração pelo juiz na escolha do curador do interdito; se possível e for o melhor para a proteção dos interesses do incapaz, convém que se reúnam em uma mesma pessoa as funções de curatela para as decisões patrimoniais e a curatela para as decisões existenciais" (FREDIE DIDIER JR. Da interdição. *Breves comentários ao Novo Código de Processo Civil*. 3ª ed. WAMBIER, DIDIER JR., TALAMINI e DANTAS (coord.). São Paulo: RT, 2016, p. 1943).

§ 3º Acolhido o pedido, o juiz decretará o levantamento da interdição e determinará a publicação da sentença, após o trânsito em julgado, na forma do art. 755, § 3º, ou, não sendo possível, na imprensa local e no órgão oficial, por 3 (três) vezes, com intervalo de 10 (dez) dias, seguindo-se a averbação no registro de pessoas naturais.

§ 4º A interdição poderá ser levantada parcialmente quando demonstrada a capacidade do interdito para praticar alguns atos da vida civil.

CPC de 1973 – art. 1.186

144. Extinção ou modificação da curatela

A situação de curatela será extinta (ou "levantada", na feia opção legislativa) quando não for mais necessária, isto é, "quando cessar a causa que a determinou".

Como visto nas páginas anteriores, a curatela é excepcional e idealmente temporária, já que a regra é a plena capacidade das pessoas. Sendo assim, havendo mudança no quadro fático, não só é possível como rigorosamente necessária que se modifique a situação constituída pela coisa julgada material,[918] restabelecendo a capacidade.

Trata-se de consequência direta da excepcionalidade da curatela e também da regra geral de que a mudança do quadro fático implica a possibilidade de outra manifestação jurisdicional.

A legitimidade ativa é concorrente entre o próprio curatelado,[919] seu

918 "A curatela constituída pela sentença de interdição é uma relação jurídica permanente. Considera-se relação jurídica *permanente* aquela que 'nasce de um suporte de incidência consistente em fato ou situação que se prolonga no tempo' (Teori Albino Zavascki. *Eficácia das sentenças na jurisdição constitucional*. 2. ed. São Paulo: Ed. RT, 2012, p. 99-100). A curatela é, também, uma relação jurídica temporária: a curatela permanece apenas enquanto durar a causa da incapacidade. A sentença de interdição cuida, portanto, de uma relação jurídica de trato continuado e está apta, como qualquer outra, a tornar-se indiscutível pela coisa julgada. A coisa julgada é, porém, *rebus sic stantibus*: a curatela permanece, nos termos em que delimitados pelo juiz, mantidas as mesmas circunstâncias fático-jurídicas que a autorizaram; cessada a causa da interdição, a curatela deve ser levantada ou alterada" (Fredie Didier Jr. Da interdição. *Breves comentários ao Novo Código de Processo Civil*. 3ª ed. Wambier, Didier Jr., Talamini e Dantas (coord.). São Paulo: RT, 2016, p. 1949). Como já discorremos no item sobre a coisa julgada em jurisdição voluntária, a opinião majoritária, porém, é no sentido de que não há formação de coisa julgada material. Sobre o tema, remetemos ao que foi escrito no item próprio neste volume, onde também constam referências bibliográficas sobre o assunto.

919 Fredie Didier Jr. Da interdição. *Breves comentários ao Novo Código de Processo Civil*. 3ª ed. Wambier, Didier Jr., Talamini e Dantas (coord.). São Paulo: RT, 2016, p. 1949. Entendendo que o curatelado possui legitimidade, mas não pode conferir mandato a advogado: Alcides de Mendonça Lima. *Comentários ao Código de Proces-*

curador (no caso de curatela compartilhada, cada curador possui legitimidade própria, já que para restabelecer a capacidade não pode haver restrição que não é imposta pela lei) e o Ministério Público.[920]

Como se trata, a rigor, de um novo procedimento de jurisdição voluntária, que deve ser apensado ao processo de interdição para fins de documentação,[921] é necessária a instrução exauriente da causa, que também deve se basear em prova técnica ou científica.

A petição inicial deve expor a mudança do quadro fático que justifica a desconstituição de curatela e apresentar documentação nesse sentido, incluindo laudo médico, em simetria ao disposto no art. 750, CPC.

É possível, excepcionalmente, na linha do que defendemos quando do exame da constituição da curatela, a concessão de tutela antecipada desconstituindo-a provisoriamente,[922] cabendo recurso de agravo de instrumento, se for o caso.

A produção de prova oral não é obrigatória e dependerá do caso concreto para que se avalie sua pertinência e adequação, não sendo cogente a realização de audiência de instrução e julgamento.[923]

---

so Civil. São Paulo: RT, 1982, p. 474, v. XII; LEONARDO FARIA SCHENK. *Comentários ao Código de Processo* Civil. ANTONIO DO PASSO CABRAL e RONALDO CRAMER (coord.). 2ª ed. Rio de Janeiro: Forense, 2016, p. 1078.

920 Essa legitimidade do Ministério Público "deve ser aferida em situações de: 1) impossibilidade de o próprio interdito fazer o pedido de levantamento; ou 2) eventual conflito entre o interdito e o curador. Essa interpretação é adequada ao papel do Ministério Público quando atua, por exemplo, na remoção do curador (art. 761, CPC)" (VITOR FONSÊCA. O Ministério Público e ação de interdição no novo CPC. *Ministério Público*. ROBSON RENAULT GODINHO e SUSANA HENRIQUES DA COSTA (coord.). 2ª ed. Salvador: JusPodivm, 2017, p. 270).

921 Não se trata de fixação de competência absoluta, mas, sim, de documentação para instrução do novo processo. Como já afirmado em mais de uma oportunidade, a competência sempre é fixada com base no melhor interesse do curatelado. Nesse sentido: FERNANDO GAJARDONI. *Processo de conhecimento e cumprimento de sentença*: comentários ao CPC de 2015. GAJARDONI, DELLORE, ROQUE e DUARTE. São Paulo: Método, 2016, p. 1312. Entendendo ser competência absoluta: FREDIE DIDIER JR. Da interdição. *Breves comentários ao Novo Código de Processo Civil*. 3ª ed. WAMBIER, DIDIER JR., TALAMINI e DANTAS (coord.). São Paulo: RT, 2016, p. 1949.

922 FREDIE DIDIER JR. Da interdição. *Breves comentários ao Novo Código de Processo Civil*. 3ª ed. WAMBIER, DIDIER JR., TALAMINI e DANTAS (coord.). São Paulo: RT, 2016, p. 1950; LUIZ RODRIGUES WAMBIER e EDUARDO TALAMINI. *Curso avançado de processo civil*. 16ª ed. São Paulo: RT, 2018, p. 321, v. 4.

923 "Levantamento de interdição. Julgamento antecipado. Dispensa de novo interrogatório e da realização da audiência de instrução e julgamento. Tratando-se de questão de direito e de fato, não havendo necessidade de produzir-se prova em audiência, é permitido ao Magistrado julgar antecipadamente a lide. Em matéria de

Ainda que não haja exata simetria com o procedimento de interdição, é de todo conveniente que o juiz interrogue, ou entreviste,[924] o curatelado, a fim de bem dimensionar o substrato fático subjacente à extinção da curatela.

A competência para a ação de extinção da curatela em tese deve ser vinculada ao juízo que estabeleceu a interdição, já que o CPC prevê o apensamento dos autos.[925] Entretanto, em tema envolvendo a curatela,

---

cunho probatório, não há preclusão para o Juiz. Recurso especial não conhecido" (REsp 431.941/DF, rel. Min. Barros Monteiro, Quarta Turma, j. 1º/10/2002, DJ 25/11/2002, p. 241).

924 "Curioso notar que neste dispositivo não restou ressaltada a possibilidade de se promover uma entrevista tal qual se promove no procedimento inicial de interdição. Neste procedimento de jurisdição voluntária, vislumbra-se o uso do termo 'audiência', e não 'entrevista'. Em função disso, a natureza desse procedimento permanece controverso ou incerto, já que no procedimento originário, o juiz poderia promover interrogatório em sede de entrevista e dispensar a realização da audiência de instrução e julgamento. Ainda segundo Alcides de Mendonça Lima, a presença do juiz consiste em elemento de conveniência, não sendo esse magistrado, portanto, obrigado a promover pessoalmente o interrogatório na residência do interditado. Essa dispensa de entrevista, por sua vez, não seria aconselhável, já que poderia prejudicar a devida apreciação pelo juiz da situação atual do interdito. Prata, por sua vez, considera que o exame pessoal do juiz é imprescindível para a prossecução do procedimento, já que a ausência desse exame pessoal acarretaria nulidade absoluta do processo. A nosso ver, como o dispositivo do CPC/2015 não reduz a termo em seu texto o *exame pessoal* por parte do juiz como requisito indispensável para a prossecução do procedimento, a ausência desse mencionado *exame* prévio não necessariamente acarretaria nulidade absoluta do procedimento, até mesmo porque a presença do juiz na audiência de instrução e julgamento é imprescindível. A despeito da não obrigatoriedade do *exame* pessoal do interditado por parte do magistrado, o aconselhável é que tal *interrogatório pessoal* efetivamente aconteça, pois colaborará para a formação da convicção pessoal do juízo. Além disso, a realização do *interrogatório pessoal* em ato prévio à audiência de instrução e julgamento pode se revelar suficiente meio para o juiz proferir sentença, assim como se dá no procedimento originário de interdição. Caso tal posicionamento seja adotado, a própria noção de paralelismo processual e lógica sistemática resta fortalecida no instituto da interdição" (Jefferson Carús Guedes. *Comentários ao Código de Processo Civil.* Marinoni, Arenhart e Mitidiero (coord.). São Paulo: RT, 2016, p. 518-519, v. 11).

925 Sobre o dispositivo correspondente no CPC anterior, José Carlos Barbosa Moreira já se pronunciava nestes temos: "O art. 1.186, § 1º, do diploma processual realmente estatui que o pedido de levantamento 'será apensado aos autos de interdição'. Mas é excessiva a consequência que se pretende extrair do texto. Em primeiro lugar, não parece despropositado entender que a regra, longe de ser absoluta, tem apenas em vista *id quod plerumque accidit*, as hipóteses (mais comuns) em que o incapaz continua domiciliado no foro em que sofreu a interdição: nessas, como não se alterou o elemento determinante da competência territorial, é compreensível que tenha o requerente de dirigir-se ao mesmo juízo, tornando-se fácil a apensação dos autos. Ainda, porém, que assim não se queira pensar, nada impede, a rigor, que o

entende-se que o critério preponderante deve ser o melhor interesse do curatelado.[926]

órgão perante o qual, noutro foro, se venha a requerer o levantamento, tome a iniciativa de oficiar ao juízo de interdição para requisitar os autos desta e, ao chegarem eles, mande proceder à apensação. [...] A interpretação da lei processual sujeita-se precipuamente a considerações de conveniência prática. Sempre que possível, dentre dois entendimentos razoáveis, há de preferir-se aquele que mais facilite o atingimento do fim almejado. Forçar o interdito a voltar sempre ao foro da interdição, quando deseje requerer o levantamento desta, em muitos casos significará submetê-lo, sem qualquer vantagem, à necessidade de gastar mais tempo e mais dinheiro do que se lhe poderia razoavelmente exigir" (Levantamento de interdição. Foro competente. *Direito aplicado I (acórdãos e votos)*. 2ª ed. Rio de Janeiro: Forense, 2001, p. 29 e 31). Basta pensar nas hipóteses não raras em que o interdito encontra-se asilado em instituição distante de seu domicílio original e nem sequer coincide com o domicílio de seu curador. Além disso, com o aperfeiçoamento do processo eletrônico nos próximos anos, essa apensação de autos se dará de modo dinâmico e virtual, ainda que o dia a dia forense não permita maiores prognósticos otimistas em relação ao processamento eletrônico.

926 "Conflito negativo de competência interdição. Curatela. Ação de prestação de contas. Princípio do melhor interesse do incapaz. Mitigação do princípio da *perpetuatio jurisdictionis* (art. 87 do CPC). Inaplicabilidade. Hipótese em que a interdita já é falecida. Conflito conhecido. 1. O Superior Tribunal de Justiça firmou entendimento de que nos processos que envolvam curatela deve prevalecer o interesse da pessoa interditada em detrimento de quaisquer outras questões, podendo ser mitigado, inclusive, o princípio da *perpetuatio jurisdictionis*, previsto no art. 87 do CPC, segundo o qual a competência se define no momento da propositura da ação, sendo irrelevantes as modificações do estado de fato ou de direito ocorridas posteriormente, salvo quando suprimirem o órgão judiciário ou alterarem a competência em razão da matéria ou da hierarquia. 2. Referido entendimento tem como pressuposto o melhor acesso do juiz ao interdito, zelando por seus interesses, consoante dispõe o princípio do melhor interesse do incapaz. Em demandas desse jaez é recomendável, no curso da instrução probatória, o contato direto do magistrado com o curatelado, para que o julgador possa extrair de forma mais acurada conclusões acerca de toda situação que circunda o exercício do *munus* da curatela, salvaguardando toda e qualquer necessidade do interditado. 3. A hipótese comporta solução diversa, tendo em vista que a ação de prestação de contas pela curadora foi manejada após o falecimento da interdita, circunstância que recomenda a manutenção da regra de estabilização da lide insculpida no artigo 87 do CPC, e a observância do art. 919 do CPC. 4. Conflito conhecido para declarar competente o suscitado, o d. Juízo de Direito da Primeira Vara Cível, Família, Sucessões, Infância e Juventude de Itapaci – GO" (CC 134.097/DF, rel. Min. Raul Araújo, Segunda Seção, j. 28/10/2015, DJe 5/11/2015). "Processo civil. Conflito negativo de competência. Ação de interdição. Substituição do curador. Melhor interesse do incapaz. Princípio do juízo imediato. Foro de domicílio do interdito. Competência do juízo suscitado. 1. Irrelevante, na espécie, a discussão acerca da incidentalidade ou autonomia do pedido de substituição de curador, pois em ambos os casos a conclusão a que se chega é a mesma. 2. Em se tratando de hipótese de competência relativa, o art. 87 do CPC institui, com a finalidade de proteger a parte, a regra da estabilização da

Por se tratar de ação envolvendo pessoa incapaz – ainda que seja com o objetivo de desconstituir essa situação –, a intervenção do Ministério Público como fiscal da ordem jurídica é obrigatória.

O curador, igualmente, deverá ser ouvido para melhor instrução da causa.

Se o curatelado não for o autor, necessariamente deverá ser citado, nomeando-se, se for o caso, curador especial. Caso seja o autor, restará preservada sua capacidade processual,[927] a fim de assegurar a lógica do processo de

---

competência (*perpetuatio jurisdictionis*), evitando-se, assim, a alteração do lugar do processo, toda a vez que houver modificações supervenientes do estado de fato ou de direito. 3. Nos processos de curatela, as medidas devem ser tomadas no interesse da pessoa interditada, o qual deve prevalecer diante de quaisquer outras questões, devendo a regra da *perpetuatio jurisdictionis* ceder lugar à solução que se afigure mais condizente com os interesses do interditado e facilite o acesso do Juiz ao incapaz para a realização dos atos de fiscalização da curatela. Precedentes. 4. Conflito conhecido para o fim de declarar a competência do Juízo de Direito da 11ª Vara de Família e Sucessões de São Paulo-SP (juízo suscitado), foro de domicilio do interdito e da requerente" (CC 109.840/PE, rel. Min. Nancy Andrighi, Segunda Seção, j. 9/2/2011, DJe 16/2/2011). "Civil. Processual civil. Conflito de competência. Ação de interdição. Ação de remoção de curador. Autonomia. 1. A remoção de curador é postulada em ação autônoma (CPC, arts. 1195 a 1197), que não guarda relação de acessoriedade com a ação de interdição já finda. A circunstância de o curador nomeado ter domicílio em São Paulo, foro onde se processou a ação de interdição, não afasta a competência territorial do Juízo do Distrito Federal, onde têm domicílio a interdita e sua mãe, titular do direito de guarda, para a ação de remoção do curador. Princípio do melhor interesse do incapaz. 2. Conflito de competência conhecido, para declarar a competência do Juízo suscitado" (CC 101.401/SP, rel. Min. Maria Isabel Gallotti, Segunda Seção, j. 10/11/2010, DJe 23/11/2010). "Agravo regimental. Conflito positivo de competência. Interdição. Domicílio do interditando. I. O foro do domicílio do interditando é em regra o competente para o julgamento da interdição (art. 94 do CPC). Precedentes. II. A definição da competência em ação de interdição deve levar em conta, prioritariamente, a necessidade de facilitação da defesa do próprio interditando e a proteção de seus interesses. III. Em se tratando de duas ações de interdição, propostas por parentes diferentes em juízos distintos, o critério a ser adotado para definição da competência, há de levar em conta os interesses da interditanda, considerando-se seu domicílio o local onde ela de fato se encontra desde antes do ajuizamento das ações, de modo ininterrupto e por tempo indeterminado, priorizando-se a proteção de seus legítimos interesses. Agravo provido para declarar competente o Juízo de Direito da 1ª Vara de Família de Paraíba do Sul – RJ" (AgRg no CC 100.739/BA, rel. Min. Sidnei Beneti, Segunda Seção, j. 26/8/2009, DJe 5/10/2009).

927 José Carlos Barbosa Moreira. Eficácia da sentença de interdição por alienação mental. *Temas de direito processual – quarta série*. São Paulo: Saraiva, 1989, p. 190, nota 16; Fredie Didier Jr. Da interdição. *Breves comentários ao Novo Código de Processo Civil*. 3ª ed. Wambier, Didier Jr., Talamini e Dantas (coord.). São Paulo: RT, 2016, p. 1949. Cf., ainda: REsp 1251728/PE, rel. Min. Paulo de Tarso Sanseverino, Terceira Turma, j. 14/5/2013, DJe 23/5/2013.

interdição que considera, para fins de discussão da própria capacidade, válida a constituição de mandato a advogado.

Entende-se que a realização de perícia é obrigatória[928] (art. 756, § 2º, CPC), e realmente deve ser a regra a sua realização, mas não se pode excluir aprioristicamente a incidência do art. 472, CPC.[929]

Verificada a procedência da extinção total ou parcial (art. 756, § 4º, CPC) da situação de curatela, será proferida sentença desconstitutiva, que, após o trânsito em julgado, será publicada na forma do art. 755, § 3º, CPC, ou, não sendo possível, na imprensa local e no órgão oficial, por 3 (três) vezes, com intervalo de 10 (dez) dias, seguindo-se a averbação no registro de pessoas naturais.

Note-se que, ao se permitir o levantamento parcial da interdição, isto é, sua modificação, o procedimento de jurisdição voluntária comporta, a rigor, a rediscussão dos limites da curatela, que, com novos fatos, podem ser reduzidos, com a consequente ampliação dos atos que podem ser praticados livremente pelo curatelado.[930]

Também pode se concluir, no decorrer do processo, que o procedimento de Tomada de Decisão Apoiada seja mais adequado, o que também pode ser considerado no mesmo processo, aproveitando-se os atos praticados.

Contra a sentença proferida no processo de levantamento de interdição,

---

928 LEONARDO FARIA SCHENK. *Comentários ao Código de Processo* Civil. ANTONIO DO PASSO CABRAL e RONALDO CRAMER (coord.). 2ª ed. Rio de Janeiro: Forense, 2016, p. 1079.

929 Aparentemente, o Superior Tribunal de Justiça já decidiu nesse sentido, permitindo o julgamento antecipado do mérito para levantar a interdição: "Levantamento de interdição. Julgamento antecipado. Dispensa de novo interrogatório e da realização da audiência de instrução e julgamento. Tratando-se de questão de direito e de fato, não havendo necessidade de produzir-se prova em audiência, é permitido ao Magistrado julgar antecipadamente a lide. Em matéria de cunho probatório, não há preclusão para o Juiz. Recurso especial não conhecido" (REsp 431.941/DF, rel. Min. BARROS MONTEIRO, Quarta Turma, j. 1º/10/2002, DJ 25/11/2002, p. 241). Examinando-se o inteiro teor do acórdão, porém, não é possível assegurar se foi efetivamente esse entendimento, porque a sintética fundamentação não permite compreender com exatidão o que consta da ementa e sua extensão. Pelo que se pode depreender do relatório, não se tratou a rigor de julgamento antecipado da lide, mas de reconsideração de designação de audiência de instrução e julgamento porque já havia provas suficientes, incluindo entrevista e perícia. Portanto, mais parece ser um caso em que a ementa não representa o decidido.

930 Caso haja necessidade de ampliação de curatela inicialmente parcial, entretanto, seja necessária outra ação de interdição. Há distinção óbvia: curatela já constituída, que se quer ver extinta ou reduzida: ação de levantamento; curatela já constituída, que se quer ver ampliada: ação de interdição. Somente novos fatos podem justificar quaisquer dessas ações.

cabe recurso de apelação. Não há regra expressa no sentido do efeito suspensivo desse recurso, o que faz com que, em princípio, incida a regra geral.

Entretanto, se o art. 1.012, § 1º, VI, CPC, confere efeito imediato à sentença que decreta a interdição, necessariamente a sentença que mantém a curatela, isto é, que rejeita sua desconstituição não pode ter efeito suspensivo no sentido de que se restabelece temporariamente a capacidade plena.[931]

Na realidade, afastado o levantamento da interdição, permanece com plenos e continuados efeitos, sem solução de continuidade, a situação de incapacidade antes constituída.

Registre-se, porém, que a ação de levantamento de interdição pode ser ajuizada mesmo se pendente de julgamento o recurso de apelação, já que se trata de processo autônomo que tramitará em primeiro grau, sem prejuízo da necessária comunicação ao Tribunal.[932]

Decorre da própria situação inerente à interdição a possibilidade de nova constituição jurisdicional de incapacidade, após o levantamento de interdição, desde que sobrevenha quadro fático que autorize nova curatela.[933]

O levantamento da interdição não impede novo decreto, se houver novos fatos, portanto, a ser verificado em procedimento próprio.

Por fim, deve ser assinalado que a vigência do Estatuto da Pessoa com Deficiência não enseja o levantamento automático das curatelas constituídas anteriormente. Ou seja: não se pode considerar uma espécie de levantamento *erga omnes* das curatelas anteriores simplesmente em razão da vigência abstrata de uma nova lei, exatamente porque a situação de curatela deve ser individualizada. Mesmo aqueles que entendem haver razões para a plena capacidade

---

931 José Carlos Barbosa Moreira. Eficácia da sentença de interdição por alienação mental. *Temas de direito processual – quarta série*. São Paulo: Saraiva, 1989, p. 190, nota 16; Fredie Didier Jr. Da interdição. *Breves comentários ao Novo Código de Processo Civil*. 3ª ed. Wambier, Didier Jr., Talamini e Dantas (coord.). São Paulo: RT, 2016, p. 1950. Registre-se que o art. 85 do Estatuto do Idoso possibilita a concessão de efeito suspensivo para evitar dano irreparável ao idoso (o CPC se vale de outra sistemática procedimental hoje, mas a ideia persiste e a concessão do efeito suspensivo será de competência do Tribunal. Nesse sentido, adaptando o art. 14 da Lei da Ação Civil Pública à nova sistemática recursal, mas mantendo exatamente a ideia de que, nesses casos, o efeito suspensivo da apelação não é automático, fugindo à regra geral do art. 1.012, CPC: Fredie Didier Jr. e Hermes Zaneti Jr. *Curso de direito processual civil*: processo coletivo. 11ª ed. Salvador: Juspodivm, 2017, p. 416-417). Se se tratar de idoso interditado, portanto, incidirá tal regra.

932 Fredie Didier Jr. Da interdição. *Breves comentários ao Novo Código de Processo Civil*. 3ª ed. Wambier, Didier Jr., Talamini e Dantas (coord.). São Paulo: RT, 2016, p. 1950.

933 Fredie Didier Jr. Da interdição. *Breves comentários ao Novo Código de Processo Civil*. 3ª ed. Wambier, Didier Jr., Talamini e Dantas (coord.). São Paulo: RT, 2016, p. 1950.

automática, independentemente de qualquer outro ato, sugerem o caminho da providência jurisdicional.[934] Entretanto, parece-nos que assiste razão a quem entende ser imprescindível o ajuizamento de ação de levantamento ou modificação da curatela.[935] A constituição da situação de curatela só pode ser modificada por meio de processo jurisdicional, não se podendo desconstituir uma sentença transitada em julgado pelo advento de uma lei que, por mais que contenha dispositivos que alteram profundamente o sistema de curatelas, não pode rescindir por si só os julgados e, o mais importante, não modifica a realidade fática da permanência de pessoas sem discernimento ou com discernimento reduzido, entre outras situações. Entender de modo diverso seria subverter a lógica do próprio Estatuto da Pessoa com Deficiência com o pretexto de aplicá-lo, na medida em que ficariam ainda mais vulneráveis as pessoas com deficiência que necessitam de curatela. Assim como a constituição da curatela, sua desconstituição necessariamente deve ser individualizada. Além disso, há a questão prática envolvendo anotações registrais, que igualmente devem ser modificadas por meio de comando judicial. Em síntese, a nova lei pode justificar o ajuizamento de inúmeras ações de levantamento ou modificação de interdição, inclusive com apuração prévia de situações individualizadas pelo Ministério Público e pela Defensoria Pública, com ênfase na integração familiar, esclarecendo a possibilidade ao próprio interditado e a seu curador. Entretanto, não há que se falar em restabelecimento automático da capacidade de quem está interditado. Para a revisão da situação de curatela, sempre será necessário o procedimento jurisdicional de jurisdição voluntária.

Art. 757. A autoridade do curador estende-se à pessoa e aos bens do incapaz que se encontrar sob a guarda e a responsabilidade do curatelado ao tempo da interdição, salvo se o juiz considerar outra solução como mais conveniente aos interesses do incapaz.

CPC de 1973 – sem dispositivo correspondente

145. O curador e o incapaz sob a guarda e a responsabilidade do curatelado

Na sentença de interdição, o juiz deve levar em consideração na nomeação do curador o fato de haver pessoa incapaz sob a guarda e a responsabilida-

934 Nesse sentido, mas admitindo que "do ponto de vista prático" seja conveniente o pedido de levantamento da curatela, CRISTIANO CHAVES DE FARIAS e NELSON ROSENVALD. *Curso de direito civil*: famílias. 10ª ed. Salvador: JusPodivm, 2018, p. 951-952, v. 6.

935 FLÁVIO TARTUCE. *Direito civil*: direito de família. 13ª ed. Rio de Janeiro: Forense, 2018, p. 708-709, v. 5.

de do interdito, nomeando-se pessoa que melhor atenda aos interesses do curatelado e de quem ele é guardião ao tempo da constituição da curatela (art. 755, § 2º, CPC e art. 1.778, CC). O art. 757, CPC, portanto é a especificação daquela regra, possibilitando que o juiz a excepcione, caso se descortine hipótese que melhor preserve o interesse do incapaz. Com efeito, em paralelo ao melhor interesse do curatelado, há o melhor interesse do menor, que merece prioridade absoluta (art. 227 da Constituição da República), e pode não ser atendido no caso dessa espécie de extensão da autoridade do curador, ou seja, o melhor interesse do curatelado não coincide necessariamente com o do incapaz sob sua guarda ou responsabilidade. Dentro desse quadro, observando-se a prevalência que a família natural deve ter na criação do menor (art. 19 do Estatuto da Criança e do Adolescente), caso se trate de criança ou adolescente sob a guarda do curatelado, pode-se vislumbrar o caso de haver guarda compartilhada, quando pode se mostrar inconveniente essa extensão da autoridade do curador, ou ainda a possibilidade de inserir o incapaz na família extensa ou ampliada (art. 25, parágrafo único, do Estatuto da Criança e do Adolescente), ou mesmo modificando a guarda originalmente concedida ao ora curatelado, tudo dependendo das circunstâncias do caso concreto. Note-se que, a rigor, o CPC e o CC conferem ao juiz a competência para, no processo de interdição, regular a situação jurídica da pessoa sob guarda ou responsabilidade do curatelado, que passará a ostentar a legitimidade para interpor recurso contra a sentença, no capítulo que o atinge.

Registre-se, ainda, a já mencionada hipótese de curatela por arrastamento no caso do nascituro de curatelada (art. 1.779, parágrafo único, CC).

> **Art. 758.** O curador deverá buscar tratamento e apoio apropriados à conquista da autonomia pelo interdito.
>
> *CPC de 1973 – sem dispositivo correspondente*

146. Tratamento, apoio e autonomia do curatelado

A atuação do curador vincula-se ao melhor interesse do curatelado, de modo que deve buscar os meios possíveis para assegurar sua autonomia, nos moldes preconizados, aliás, no Estatuto da Pessoa com Deficiência, em cujos arts. 1º, 6º, 8º, 14 a 17, 18, 27, 34, 36, 37, 42, 53, 63, 74, 76 as práticas inclusivas são a nota preponderante. Ainda que não se confundam os conceitos de deficiência e de incapacidade, como já tantas vezes ressaltado nesses comentários, não há dúvidas de que o disposto no art. 758, CPC, vai ao encontro das diretrizes da política de inclusão referente às pessoas com deficiência. Lembre-se de que a regra é a plena capacidade da pessoa e a situação de curatela é um estado excepcional que, idealmente, deve ser abreviada no tempo. Há aqui a expressão da modificação funcional do curador, que não deve ser visto como aquele que apenas ampara e supre a incapacidade, mas, sim, quem, além disso, possibilita a autonomia do curatelado. Nesse sentido, não é exagerado afirmar que a função primordial do curador é extinguir a curatela.

Seção X
Das Disposições Comuns à Tutela e à Curatela

Art. 759. O tutor ou o curador será intimado a prestar compromisso no prazo de 5 (cinco) dias contado da:

I – nomeação feita em conformidade com a lei;

II – intimação do despacho que mandar cumprir o testamento ou o instrumento público que o houver instituído.

§ 1º O tutor ou o curador prestará o compromisso por termo em livro rubricado pelo juiz.

§ 2º Prestado o compromisso, o tutor ou o curador assume a administração dos bens do tutelado ou do interditado.

CPC de 1973 – arts. 1.187 e 1.188

147. Tutela e curatela

O CPC trata especificamente da tutela[936] apenas nesta Seção, não lhe

936 Estatuto da Criança e do Adolescente: "art. 36. A tutela será deferida, nos termos da lei civil, a pessoa de até 18 (dezoito) anos incompletos. Parágrafo único. O deferimento da tutela pressupõe a prévia decretação da perda ou suspensão do familiar e implica necessariamente o dever de guarda". A tutela "é o encargo conferido a alguém para dar assistência, representar e administrar a pessoa e o patrimônio de uma pessoa e o patrimônio de uma criança ou adolescente, cujos pais são mortos, declarados ausentes por decisão judicial ou destituídos do poder familiar, com o escopo de garantir a sua proteção integral" (CRISTIANO CHAVES DE FARIAS e NELSON ROSENVALD. *Curso de direito civil*: famílias. 10ª ed. Salvador: JusPodivm, 2018, p. 895, v. 6). "A tutela é instituto de proteção de menores mediante a qual é outorgada a representação, o governo e assistência dos menores de idade que carecem dos pais, seja porque um dos progenitores é incapaz e o outro é ausente; ou ambos são ausentes; ou mesmo ambos sejam incapazes; seja porque tenham sido provados do poder familiar, ou porque o exercício do poder familiar tenha sido judicialmente suspenso; ou porque tenham falecido" (ROLF MADALENO. *Direito de família*. 8ª ed. Rio de Janeiro: Forense, 2018, p. 1227). A tutela pode ser (a) documental, quando os pais, por meio de instrumento público ou particular, indicam o tutor; (b) testamentária, quando os pais nomeiam o tutor por meio dos respectivos testamentos ou documento autêntico (cf. art. 37 do ECA); (c) legítima ou legal, quando inexisten-

dispensando disciplina minudente como a dedicada à curatela, que, a propósito, foi objeto de sensíveis aperfeiçoamentos técnicos em seu regramento processual.

A justificativa para que haja uma seção com "disposições comuns" deve decorrer da unidade entre categorias, situações ou institutos, seja pelo critério estrutural, funcional, conceitual ou finalístico.

No caso da tutela e da curatela a unidade está na finalidade protetiva que lhes é ínsita, mas que restou mais tênue com a profunda modificação provocada com a edição do Estatuto da Pessoa com Deficiência,[937] não mais se podendo dizer que tais disposições comuns formalizam e documentam o exercício de funções que protegem incapazes,[938] sem a ressalva de que a

---

te nomeação voluntária anterior pelos pais no exercício do poder familiar (art. 1.731, CC); (d) dativa, hipótese subsidiária prevista nos arts. 1.732 e 1.734, CC. Quando a tutela se der a partir de nomeação voluntária dos genitores no exercício do poder familiar, entende-se que se trata de ato personalíssimo independentemente de homologação judicial, não podendo, contudo, submeter-se a condição ou termo, sendo revogável e retratável (cf. sobre todas essas questões, Cristiano Chaves de Farias e Nelson Rosenvald. *Curso de direito civil*: famílias. 10ª ed. Salvador: JusPodivm, 2018, p. 897-901, v. 6; J. M. Leoni Lopes de Oliveira. *Direito civil*: família. Rio de Janeiro: Forense, 2018, p. 659-676). Reitere-se, porém, que nem mesmo a nomeação pelos genitores ou a ordem legal incide obrigatoriamente, prevalecendo sempre o melhor interesse do menor, conforme, entre outras disposições, o art. 37, parágrafo único, do ECA, sendo recomendável, inclusive, que se ouça o menor a ser tutelado, na forma do art. 28, §§ 1º e 2º do ECA. No sentido da prevalência do melhor interesse do menor: "Civil. Recurso especial. Ordem de nomeação de tutor. Art. 409, do CC/1916. Art. 1.731 do CC/2002. Tutela em benefício do menor. A ordem de nomeação de tutor, prevista no art. 409, do Código Civil/1916 (art. 1.731 do Código Civil/2002), não inflexível, podendo ser alterada no interesse do menor. Na falta de tutor nomeado pelos pais, podem os tios serem nomeados tutores do menor, se forem os mais aptos a exercer a tutela em benefício desse. Recurso especial não conhecido" (REsp 710.204/AL, rel. Min. Nancy Andrighi, Terceira Turma, j. 17/8/2006, DJ 4/9/2006, p. 263).

937 O art. 12, § 1º, do Estatuto, por exemplo, dispõe que "em caso de pessoa com deficiência em situação de curatela, deve ser assegurada sua participação, no maior grau possível, para a obtenção de consentimento", para que seja submetida à intervenção clínica ou cirúrgica.

938 "No Brasil, a curatela é um instituto antigo que remonta às ordenações lusitanas. Seu perfil funcional sempre esteve voltado à proteção integral da pessoa maior e incapaz, confiando-se ao curador a tarefa de representá-la ou assisti-la na prática dos atos da vida civil em geral, ante à pressuposição de sua total ou parcial incapacidade de fazê-lo por si mesma. Como na estrutura do Direito Civil tradicional esses atos estavam concentrados na seara dos contratos, no regime da apropriação e no âmbito das relações familiares, os três pilares centrais do sistema privado, a atuação do curador era regulamentada em atenção aos interesses patrimoniais. Ainda que coubesse ao curador a administração da pessoa do curatelado, o exercício da

incapacidade absoluta é reservada somente os menores de dezesseis anos.[939]

Assim, a curatela passa a ser uma função destinada apenas à proteção de relativamente incapazes em assuntos patrimoniais e negociais (art. 85, Estatuto da Pessoa com Deficiência), permanecendo a tutela com a função de proteger aquele que não estiver sob o poder familiar,[940] o que, evidentemente, inclui também os absolutamente incapazes.[941]

---

curatela no plano das questões existenciais não merecia condicionamento legal específico" (JOYCEANE BEZERRA DE MENEZES. O direito protetivo no Brasil após a convenção sobre a proteção da pessoa com deficiência: impactos do novo CPC e do Estatuto da Pessoa com Deficiência. *Civilistica.com*. Rio de Janeiro, a. 4, n. 1, jan.- jun./2015, p. 2. Disponível em: <civilistica.com>). Na realidade, a curatela, a partir da compreensão conjunta da Convenção sobre os Direitos da Pessoa com Deficiência e do Estatuto da Pessoa com Deficiência, não pode mais ser considerada como instituto protetivo, mas também de apoio à pessoa. Ou seja, há relevante mudança de eixo no enfoque da curatela, que deixa de ser uma situação somente protetiva e indiferente às peculiaridades existenciais da pessoa com deficiência.

939 Estatuto da Pessoa com Deficiência: "Art. 84. A pessoa com deficiência tem assegurado o direito ao exercício de sua capacidade legal em igualdade de condições com as demais pessoas. § 1º Quando necessário, a pessoa com deficiência será submetida à curatela, conforme a lei. § 2º É facultado à pessoa com deficiência a adoção de processo de tomada de decisão apoiada. § 3º A definição de curatela de pessoa com deficiência constitui medida protetiva extraordinária, proporcional às necessidades e às circunstâncias de cada caso, e durará o menor tempo possível. § 4º Os curadores são obrigados a prestar, anualmente, contas de sua administração ao juiz, apresentando o balanço do respectivo ano. Art. 85. A curatela afetará tão somente os atos relacionados aos direitos de natureza patrimonial e negocial. § 1º A definição da curatela não alcança o direito ao próprio corpo, à sexualidade, ao matrimônio, à privacidade, à educação, à saúde, ao trabalho e ao voto. § 2º A curatela constitui medida extraordinária, devendo constar da sentença as razões e motivações de sua definição, preservados os interesses do curatelado. § 3º No caso de pessoa em situação de institucionalização, ao nomear curador, o juiz deve dar preferência a pessoa que tenha vínculo de natureza familiar, afetiva ou comunitária com o curatelado. Art. 86. Para emissão de documentos oficiais, não será exigida a situação de curatela da pessoa com deficiência".

940 Lembra LEONI DE OLIVEIRA que também nos casos de suspensão do poder familiar poderá ser constituída a tutela, caso inexista outro genitor em pleno exercício de seu poder. Acrescenta o referido o autor que no caso de ausência involuntária (e, se for o caso, de morte presumida), igualmente pode incidir a tutela (cf. J. M. LEONI LOPES DE OLIVEIRA. *Direito civil*: família. Rio de Janeiro: Forense, 2018, p. 669).

941 A tutela é espécie de família substituta e pressupõe a prévia suspensão ou perda do poder familiar (arts. 28 e 36 do Estatuto da Criança e do Adolescente) ou com o falecimento ou decretação da ausência dos pais (arts. 1.728, I, e 1.734, CC). Consequentemente, mesmo com todos os deveres inerentes à tutela (cf. arts. 1.740/1.752, CC) o tutor não exerce poder familiar (cf. sobre a finalidade e os limites da tutela: CRISTIANO CHAVES DE FARIAS e NELSON ROSENVALD. *Curso de direito civil*: famílias. 9ª ed. Salvador: JusPodivm, 2017, p. 873-875; v. 6). Observa PAULO LÔBO que o

A tutela pode ser concedida por meio de ato de vontade (art. 1.729, CC)[942] ou por decisão judicial, enquanto a curatela é constituída apenas por meio de decisão judicial, ainda que iniciado o procedimento pelo próprio curatelando (art. 1.768, IV, CC), podendo a pessoa com deficiência, por ato de vontade, eleger pessoas idôneas que o auxiliarão em regime de tomada de decisão apoiada (art. 1.783-A, CC), o que também se dará por meio de decisão judicial e se submeterá à prestação de contas da curatela (art. 1.738-A, § 11, CC), sendo que o art. 84, § 4º, do Estatuto da Pessoa com Deficiência, dispõe que "os curadores são obrigados a prestar, anualmente, contas de sua administração ao juiz, apresentando o balanço do respectivo ano". Ambas as situações referem-se, em linhas gerais, a incapacidades (registrando-se uma vez mais as profundas mudanças provocadas pelo Estatuto da Pessoa com Deficiência), sendo que a tutela vincula-se exclusivamente a uma incapacidade temporária e se constitui em modalidade de família substituta.

Tanto o Código Civil quanto o Estatuto da Criança e do Adolescente regulam a tutela, mas o regramento civilista é conservador e patrimonialista, pensado para um tempo em que a proteção integral da criança e do adolescente ainda não era norma constitucional. É importante fixar essa ideia de que a tutela tem sua disciplina principiológica no ECA,[943] que foi inclusive enxertada em

---

regramento da tutela no Código Civil é mais amplo do que no Estatuto da Criança e do Adolescente, com finalidade de proteção do menor independentemente de sua inserção em família substituta, como no caso excepcional do art. 1.733, CC (*Direito civil*: famílias. 7ª ed. São Paulo: Saraiva, 2017, p. 410).

942 Se os genitores optarem por nomear o tutor por meio de testamento, não poderão utilizar o mesmo ato, porque a legislação não admite o testamento conjuntivo. Além disso, como a tutela pressupõe a extinção do poder familiar, somente com a morte de ambos haverá a situação de tutela. Caso cada genitor nomeie um tutor diferente no respectivo testamento, não se tratará de nomeação conjunta (ou melhor, unitária), cabendo ao juiz aferir o que representa o melhor interesse do menor (Cf. PAULO LÔBO. *Direito civil*: famílias. 7ª ed. São Paulo: Saraiva, 2017, p. 411). Em todo caso, somente aquele que estiver no exercício do poder familiar poderá nomear o tutor (art. 1.730, CC). Não havendo nomeação voluntária, serão observadas as diretrizes do art. 1.731, CC, sempre com o critério preponderante do melhor interesse do menor.

943 Além da dimensão principiológica, o Estatuto da Criança e do Adolescente veicula regras muito relevantes para a tutela, inclusive em referência à nomeação do tutor (na transcrição a seguir, o esclarecimento entre colchetes não consta no original): "Art. 37. O tutor nomeado por testamento ou qualquer documento autêntico, conforme previsto no parágrafo único do art. 1.729 da Lei nº 10.406, de 10 de janeiro de 2002 – Código Civil, deverá, no prazo de 30 (trinta) dias após a abertura da sucessão, ingressar com pedido destinado ao controle judicial do ato, observando o procedimento previsto nos arts. 165 a 170 desta Lei [procedimento de colocação em família substituta]. Parágrafo único. Na apreciação do pedido, serão observados os requisitos previstos nos arts. 28 e 29 desta Lei, somente sendo deferida a

uma alteração do art. 1.734, CC, sem qualquer preocupação sistemática.

Note-se, portanto, que qualquer interpretação sobre a tutela necessariamente deverá partir do art. 227, CRFB, e das disposições do ECA, notadamente as diretrizes constantes dos arts. 28, § 3º, 29 e 37, parágrafo único, sendo a prestação de contas determinada nos arts. 1.755 e 1.756, CC.

A administração dos bens dos menores recebe especial controle e limites, devendo ser revertida em proveito do incapaz, cabendo, inclusive, exigência de contas em face dos genitores.[944] Nesse contexto, conforme disposto no art.

---

tutela à pessoa indicada na disposição de última vontade, se restar comprovado que a medida é vantajosa ao tutelando e que não existe outra pessoa em melhores condições de assumi-la".

944 "Recurso especial. Ação de prestação de contas. Demanda ajuizada pelo filho em desfavor da mãe, referente à administração de seus bens, por ocasião de sua menoridade (CC, art. 1.689, I e II). Causa de pedir fundada em abuso de direito. Pedido juridicamente possível. Caráter excepcional. Inviabilidade de restrição do acesso ao judiciário. Recurso desprovido. 1. A questão controvertida neste feito consiste em saber se, à luz do CPC/1973, o pedido formulado pelo autor, ora recorrido, de exigir prestação de contas de sua mãe, na condição de administradora de seus bens por ocasião de sua menoridade, é juridicamente possível. 2. O pedido é juridicamente possível quando a pretensão deduzida se revelar compatível com o ordenamento jurídico, seja por existir dispositivo legal que o ampare, seja por não encontrar vedação legal. Precedente. 3. O pai e a mãe, enquanto no exercício do poder familiar, são usufrutuários dos bens dos filhos (usufruto legal), bem como têm a administração dos bens dos filhos menores sob sua autoridade, nos termos do art. 1.689, incisos I e II, do Código Civil. 4. Por essa razão, em regra, não existe o dever de prestar contas acerca dos valores recebidos pelos pais em nome do menor, durante o exercício do poder familiar, porquanto há presunção de que as verbas recebidas tenham sido utilizadas para a manutenção da comunidade familiar, abrangendo o custeio de moradia, alimentação, saúde, vestuário, educação, entre outros. 5. Ocorre que esse munus deve ser exercido sempre visando atender ao princípio do melhor interesse do menor, introduzido em nosso sistema jurídico como corolário da doutrina da proteção integral, consagrada pelo art. 227 da Constituição Federal, o qual deve orientar a atuação tanto do legislador quanto do aplicador da norma jurídica, vinculando-se o ordenamento infraconstitucional aos seus contornos. Assim, o fato de os pais serem usufrutuários e administradores dos bens dos filhos menores, em razão do poder familiar, não lhes confere liberdade total para utilizar, como quiserem, o patrimônio de seus filhos, o qual, a rigor, não lhes pertence. 6. Partindo-se da premissa de que o poder dos pais, em relação ao usufruto e à administração dos bens de filhos menores, não é absoluto, deve-se permitir, em caráter excepcional, o ajuizamento de ação de prestação de contas pelo filho, sempre que a causa de pedir estiver fundada na suspeita de abuso de direito no exercício desse poder, como ocorrido na espécie. 7. Com efeito, inviabilizar, de plano, o ajuizamento de ação de prestação de contas nesse tipo de situação, sob o fundamento de impossibilidade jurídica do pedido para toda e qualquer hipótese, acabaria por cercear o direito do filho de questionar judicialmente eventual abuso de direito de

37, parágrafo único, do Estatuto da Criança e do Adolescente, a nomeação do tutor sempre deverá assegurar o melhor interesse do menor, não havendo que se falar em preponderância do ato de vontade dos genitores.

Observe-se que, em referência à curatela, o CPC já contempla esses critérios no art. 755, §§ 1º e 2º, contando ainda com o reforço das disposições do Estatuto da Pessoa com Deficiência.

148. Tutela e oitiva do menor

A nomeação do tutor sempre observará o melhor interesse do menor e, ainda que os genitores, no exercício do poder familiar, tenham indicado a pessoa com aptidão para o exercício da tutela, há verá controle jurisdicional como forma de assegurar a proteção integral da criança e do adolescente.

Com efeito, dispõe o art. 37 do ECA que o " tutor nomeado por testamento ou qualquer documento autêntico, conforme previsto no parágrafo único do art. 1.729 da Lei nº 10.406, de 10 de janeiro de 2002 – Código Civil, deverá, no prazo de 30 (trinta) dias após a abertura da sucessão, ingressar com pedido destinado ao controle judicial do ato, observando o procedimento previsto nos arts. 165 a 170 desta Lei". No parágrafo único do mesmo art. 37 constam regras fundamentais para o delineamento da tutela: "na apreciação do pedido, serão observados os requisitos previstos nos arts. 28 e 29 desta Lei, somente sendo deferida a tutela à pessoa indicada na disposição de última vontade, se restar comprovado que a medida é vantajosa ao tutelando e que não existe outra pessoa em melhores condições de assumi-la".

Note-se que, entre as regras insertas no referido dispositivo, há expressa referência ao art. 28 do ECA, o que significa a necessidade da oitiva do menor antes da nomeação do tutor, sendo que, tratando-se de maior de doze anos, o consentimento é essencial e deverá ser colhido em audiência (art. 28, § 2º, ECA).

149. Compromisso

Se a tutela[945] e a curatela são formas de proteção jurídica específica das pessoas em determinadas situações de incapacidade, é natural que haja cautelas

---

seus pais, no exercício dos encargos previstos no art. 1.689 do Código Civil, contrariando a própria finalidade da norma em comento (preservação dos interesses do menor). 8. Recurso especial desprovido" (REsp 1623098/MG, rel. Min. MARCO AURÉLIO BELLIZZE, Terceira Turma, j. 13/3/2018, DJe 23/3/2018).

945 Mesmo nos casos em que a nomeação do tutor seja extrajudicial, na forma do art. 1.729, CC, o compromisso será necessariamente judicial. Já a nomeação do curador será sempre judicial.

legais para que a administração de seus bens sirva a seus interesses e não lhes cause prejuízos.

O termo de compromisso, além da formalização da constituição do encargo, deve conter a descrição dos bens entregues sob responsabilidade, servindo também como parâmetro para a necessária prestação periódica de contas (art. 1.745, CC),[946] fixando-se os deveres do tutor (arts. 1.740, 1.741, 1.745 e 1.747, CC, com as restrições dos arts. 1.748 e 1.754, CC, e as vedações do art. 1.749, CC). Há repercussão penal específica na responsabilidade com o patrimônio do tutelado e do curatelado, conforme art. 168, § 1º, II, CP. Formalizado o compromisso, com a assinatura no prazo de cinco dias úteis, o tutor ou o curador assume a administração dos bens do tutelado ou do interditado, com a correlata obrigação de prestar contas, no caso de haver bens e rendas a administrar.[947] Por se tratar de ato de integração de um procedimento prévio em que se constitui a tutela ou a curatela, o compromisso é um incidente processual no contexto de um procedimento específico em que houve a respectiva nomeação, prescindindo-se de autos apartados para essa atividade (diferentemente com o que ocorre com a remoção do tutor e do curador, prevista no art. 761, parágrafo único, CPC).[948]

150. Efeito específico do compromisso

Como todo múnus judicial, há necessidade da formalização de compromisso para exercê-lo, que será homologado para, enfim, constituir devidamente a investidura, passando a assumir a administração dos bens do tutelado ou interditando. O compromisso deve ser formalizado mesmo nos casos da tutela testamentária e legal, além, evidentemente, da judicial e da curatela.

151. Nomeação de protutor

O art. 1.742, CC, prevê a possibilidade de o juiz nomear pessoa para

---

946 Embora o ECA não mais mencione a necessidade de o tutor prestar garantia, permanece em vigor a regra do parágrafo único do art. 1.745, CC: "Se o patrimônio do menor for de valor considerável, poderá o juiz condicionar o exercício da tutela à prestação de caução bastante, podendo dispensá-la se o tutor for de reconhecida idoneidade".

947 Não é incomum que o tutelado ou o curatelado não tenha qualquer renda ou bem o que pode ensejar, na prática, a dispensa consensual da prestação de contas, com a anuência do Ministério Público e a homologação do juiz (cf. JEFFERSON CARÚS GUEDES. *Comentários ao Código de Processo Civil.* MARINONI, ARENHART e MITIDIERO (coord.). São Paulo: RT, 2016, p. 528, v. 11).

948 JEFFERSON CARÚS GUEDES. *Comentários ao Código de Processo Civil.* MARINONI, ARENHART e MITIDIERO (coord.). São Paulo: RT, 2016, p. 529, v. 11.

auxiliar na fiscalização das atividades do tutor, a fim de reforçar a proteção do incapaz. Não se trata de tutela compartilhada ou auxílio ao tutor: o protutor auxilia o juiz na fiscalização do tutor.[949]

152. Curatela compartilhada

O art. 1.775-A, CC, dispõe que, "na nomeação de curador para a pessoa com deficiência, o juiz poderá estabelecer curatela compartilhada a mais de uma pessoa". Havendo mais de um curador, todos são abrangidos pelas disposições ora comentadas, evidentemente.

Embora não haja regra expressa sobre a possibilidade de se estabelecer tutela compartilhada,[950] há que se trabalhar sempre com a ideia do melhor interesse do menor e sua proteção integral, de modo que a nomeação de mais de uma pessoa como tutor pode, no caso concreto, mostrar-se mais adequado para aquela realidade específica.[951]

153. Responsabilidade do juiz

O art. 1.744, I e II, CC, prevê a responsabilidade do juiz na sua função de zelar pelo adequado andamento da tutela. Em que pese a preocupação legislativa, parece que a norma, além de heterodoxa, é incompatível com o sistema de responsabilidade do juiz previsto na Constituição e agora no art. 143, CPC.[952]

154. Procedimento autônomo ou incidental

O art. 759, CPC, revela em sua redação que os dispositivos desta Seção só incidem quando já há prévia nomeação de tutor ou curador. A nomeação, portanto, é pressuposto para a incidência dessas "disposições comuns", o que, evidentemente, indica a existência de procedimento prévio em que foi constituída a situação jurídica ensejadora da necessidade de haver tutor ou curador.

---

949 Crítica a essa figura em Cristiano Chaves de Farias e Nelson Rosenvald. *Curso de direito civil*: famílias. 10ª ed. Salvador: JusPodivm, 2018, p. 907-908, v. 6.

950 O art. 1.733, CC, indica a necessidade de um mesmo tutor para irmãos órfãos, mas essa regra apenas aponta para a preocupação de se preservar a unidade familiar, nada impedindo, inclusive, que haja nomeações distintas, se assim exigir o caso concreto, sempre prestigiando o melhor interesse das crianças (Cristiano Chaves de Farias e Nelson Rosenvald. *Curso de direito civil*: famílias. 9ª ed. Salvador: JusPodivm, 2017, p. 878, v. 6).

951 Cristiano Chaves de Farias e Nelson Rosenvald. *Curso de direito civil*: famílias. 10ª ed. Salvador: JusPodivm, 2018, p. 900, v. 6.

952 Em sentido semelhante: José Olympio de Castro Filho. *Comentários ao Código de Processo Civil*. 4ª ed. Rio de Janeiro: Forense, 1995, p. 204-205, v. X.

Em síntese, a disciplina do regime jurídico do tutor[953] e do curador depende da prévia nomeação,[954] que, por sua vez, obrigatoriamente se dará por meio de processo judicial,[955] o que significa a necessária existência de um procedimento prévio.

Como já haverá o procedimento em que houve a constituição da tutela ou da curatela e, consequentemente, a nomeação de tutor ou curador, não há necessidade de instauração de procedimento autônomo para que seja firmado o compromisso.

As demais questões envolvendo o tutor ou curador, em princípio, também podem ser conhecidas como incidentes nos próprios autos, não ensejando necessariamente procedimento autônomo. Entretanto, trata-se mais de tema relacionado à administração do processo do que efetivamente um problema técnico, cabendo ao juiz a análise da conveniência de instaurar procedimento próprio para evitar tumulto processual, como no caso do art. 761, parágrafo único, CPC.[956]

---

953 O art. 166 do ECA, em sua nova redação, dispensa a assistência de advogado para a colocação do menor em família substituta. Caso o requerimento de nomeação de tutor seja iniciado pelo Ministério Público, a capacidade postulatória evidentemente já estará atendida. Entretanto, caso se observe o art. 166 do ECA, será necessária ao menos a nomeação de curador especial.

954 O tutor pode ser escolhido por ato de vontade, na forma do art. 1.634, VI, CC, mas haverá necessidade de sua nomeação judicial. O curador sempre será nomeado pelo juiz, ainda que a vontade do curatelado seja levada em consideração (art. 1.772, parágrafo único, CC). Já a Tomada de Decisão Apoiada também depende de decisão judicial, mas pressupõe o consenso da pessoa com deficiência, na forma do art. 1.783-A, CC.

955 A nomeação do tutor pode ser voluntária, como visto, mas haverá necessário controle jurisdicional do ato, conforme disposto no art. 37, *caput* e parágrafo único, do Estatuto da Criança e do Adolescente.

956 Corretamente observa JEFFERSON CARÚS GUEDES que "não se trata, portanto, de um procedimento propriamente dito, ao qual correspondam autos próprios (acessório ou dependente), mas de incidente processual proposto e resolvido nos próprios autos do procedimento originário. No caso, a nomeação é feita no mesmo procedimento, a exemplo da interdição, onde se declarará a incapacidade, bem como se instituíra curador. Nomeado o curador, abrir-se-á prazo para que preste o compromisso previsto neste artigo (759). Embora a doutrina não seja clara quanto ao fato de o 'compromisso' se tratar ou não de um procedimento autônomo ou não, entende-se que o seu silêncio deva ser interpretado em favor do entendimento da prescindibilidade de autos apartados para colher o termo de compromisso, até mesmo por medida de economia processual já que pode ser feito nos autos originários. Não é este o entendimento, todavia, quando se tratar da remoção do tutor ou curador, conforme será tangenciado no art. 761, parágrafo único, que desde já é anunciado para fins de cotejamento, posto que nesta ocasião a remoção ou não do tutor ou

As prestações de contas normalmente se prolongam no tempo e, em alguns casos, às vezes se tornam complexas e controvertidas, de modo que pode ser mais interessante a existência de procedimento autônomo, com o vigilante acompanhamento do Ministério Público, que pode e deve se dar também extrajudicialmente, por meio de procedimento administrativo.

No caso da tutela, a competência será da vara especializada, quando houver, no caso de menor em situação de risco, conforme disposto no art. 148, parágrafo único, do ECA.

Em matéria de competência, cumpre sempre assinalar que o critério a ser utilizado sempre deverá prestigiar o melhor interesse do menor na tutela[957] e

---

curador demandará autos apartados para se evitar tumulto processual, na medida em que este será citado e lhe será oportunizado o devido processo legal. Após o acertamento desta questão, a cópia da decisão dele resultante deve ser juntada aos autos principais e estes autos acessórios serão arquivados" (*Comentários ao Código de Processo Civi*. Marinoni, Arenhart e Mitidiero (coord.). São Paulo: RT, 2016, p. 529, v. 11).

957 "Civil e processual civil. Recurso especial. Ação de modificação de guarda consensual. Foro de competência. Art. 147, I do ECA. Melhor interesse do menor. Guarda de menor. Indisponível. Transigível. O propósito recursal é julgar acerca da competência do juízo brasileiro para tratar da homologação de acordo extrajudicial de mudança de guarda de menor, tendo em vista que a avó paterna, a quem se visa transferir a guarda e com quem se encontra o menor, é domiciliada nos Estados Unidos. A inteligência do art. 147, inc. I, do ECA é a de que o foro competente para julgar controvérsias sobre guarda é o domicílio de quem detém a guarda de fato do infante, de forma a minimizar os impactos do litígio na vida do menor e a oferecer prestação jurisdicional a este de forma rápida e efetiva. A hipótese de acordo extrajudicial de mudança consensual de guarda sem controvérsia que demande o estabelecimento de processo litigioso possibilita a flexibilização da norma cogente, em atenção ao melhor interesse do menor. O acordo que se limita a estabelecer forma de exercício de guarda não implica em renúncia de direito, sendo passível de transação. Recurso Especial conhecido e provido, para fixar o foro de competência no Brasil e homologar o acordo de transferência de guarda" (REsp 1597194/GO, rel. Min. Nancy Andrighi, Terceira Turma, j. 15/8/2017, DJe 22/8/2017). "Conflito positivo de competência. Ações conexas de guarda, de adoção e de tutela de menor. Guarda exercida por terceiro sem relação de parentesco com o menor. Interesse no exercício da guarda manifestado pelos avós maternos da criança. Competência absoluta (Estatuto da Criança e do Adolescente, art. 147, I). Hipótese que recomenda solução diversa do entendimento consolidado na súmula 383/STJ. Atendimento do primado da preservação do interesse da criança. 1. A competência para dirimir as questões referentes à guarda e situação de menor é, em princípio, do Juízo do foro do domicílio de quem já a exerce legalmente, nos termos do que dispõe o art. 147, I, do Estatuto da Criança e do Adolescente e do enunciado da Súmula 383/STJ. 2. Em razão das peculiaridades do caso concreto, é recomendável solução diversa da preconizada pela Súmula 383/STJ,

da pessoa a ser submetida a curatela.[958]

---

segundo a qual: 'A competência para processar e julgar as ações conexas de interesse de menor é, em princípio, do foro do domicílio do detentor de sua guarda'. 3. Na hipótese, o reconhecimento da competência do Juízo do foro do domicílio de quem exerce a guarda provisória, dificultaria a defesa dos avós da criança e poderia levar à perpetuação de situação de possível irregularidade na concessão da guarda provisória à suscitante, terceiro sem relação de parentesco com o menor. Isso poderá prejudicar sobremaneira o interesse da criança, que permaneceria alijada da convivência com seus avós maternos, pessoas de poucos recursos financeiros, que também pleiteiam judicialmente a guarda do infante" (CC 128.698/MT, rel. Min. RAUL ARAÚJO, Segunda Seção, j. 12/11/2014, DJe 19/12/2014). "Conflito de competência. Guarda. Interesse do menor. Prevalência. 1. Na fixação da competência para as ações que tratem de guarda de menor, há ser observada a prevalência dos seus interesses sobre os demais bens e interesses tutelados. 2. É o foro do local da residência do menor o competente para o processamento e julgamento de ação de modificação de guarda, observadas as peculiaridades do caso concreto. 3. Precedentes jurisprudenciais" (CC 107.835/SC, rel. Min. PAULO DE TARSO SANSEVERINO, Segunda Seção, j. 22/9/2010, DJe 5/10/2010).

958 "Processo civil. Conflito negativo de competência. Ação de interdição. Substituição do curador. Melhor interesse do incapaz. Princípio do juízo imediato. Foro de domicílio do interdito. Competência do juízo suscitado. 1. Irrelevante, na espécie, a discussão acerca da incidentalidade ou autonomia do pedido de substituição de curador, pois em ambos os casos a conclusão a que se chega é a mesma. 2. Em se tratando de hipótese de competência relativa, o art. 87 do CPC institui, com a finalidade de proteger a parte, a regra da estabilização da competência (*perpetuatio jurisdictionis*), evitando-se, assim, a alteração do lugar do processo, toda a vez que houver modificações supervenientes do estado de fato ou de direito. 3. Nos processos de curatela, as medidas devem ser tomadas no interesse da pessoa interditada, o qual deve prevalecer diante de quaisquer outras questões, devendo a regra da *perpetuatio jurisdictionis* ceder lugar à solução que se afigure mais condizente com os interesses do interditado e facilite o acesso do Juiz ao incapaz para a realização dos atos de fiscalização da curatela. Precedentes. 4. Conflito conhecido para o fim de declarar a competência do Juízo de Direito da 11ª Vara de Família e Sucessões de São Paulo-SP (juízo suscitado), foro de domicilio do interdito e da requerente" (CC 109.840/PE, rel. Min. NANCY ANDRIGHI, Segunda Seção, j. 9/2/2011, DJe 16/2/2011). "Conflito negativo de competência interdição. Curatela. Ação de prestação de contas. Princípio do melhor interesse do incapaz. Mitigação do princípio da *perpetuatio jurisdictionis* (art. 87 do CPC). Inaplicabilidade. Hipótese em que a interdita já é falecida. Conflito conhecido. 1. O Superior Tribunal de Justiça firmou entendimento de que nos processos que envolvam curatela deve prevalecer o interesse da pessoa interditada em detrimento de quaisquer outras questões, podendo ser mitigado, inclusive, o princípio da *perpetuatio jurisdictionis*, previsto no art. 87 do CPC, segundo o qual a competência se define no momento da propositura da ação, sendo irrelevantes as modificações do estado de fato ou de direito ocorridas posteriormente, salvo quando suprimirem o órgão judiciário ou alterarem a competência em razão da matéria ou da hierarquia. 2. Referido entendimento tem como pressuposto o melhor acesso do juiz ao interdito, zelando por seus interesses, consoante dispõe o princípio do melhor interesse do incapaz. Em demandas desse

Caso haja necessidade de prévio procedimento judicial para constituição da tutela, algumas outras questões devem ser observadas[959]: 1) pode ser necessária a destituição de poder familiar, caso os pais estejam em local incerto ou não sabido, quando então não se tratará a rigor de procedimento de jurisdição voluntária (art. 327, § 2º, CPC); 2) em qualquer situação, deverá ser indicada na inicial, ou apurada no decorrer do procedimento, a situação patrimonial do tutelando, a fim de possibilitar efetivo controle das contas; 3) se houver guarda deferida, a competência poderá ser no domicílio do guardião (Súmula 383 do Superior Tribunal de Justiça), com a ressalva de que o melhor interesse do tutelando é o critério de ouro para quaisquer controvérsias envolvendo o procedimento; 4) antes da constituição da tutela, deverá ser elaborado estudo psicossocial do caso; 5) como já assinalado, o tutelando deverá ser ouvido no decorrer do procedimento; 6) se utilizado o art. 166 do ECA, deverá ser nomeado curador especial; 7) se o Ministério Público não for o autor da ação, sempre intervirá como fiscal da ordem jurídica; 8) o sistema recursal deverá observar as regras do Estatuto da Criança e do Adolescente.

155. A não reprodução de regras do CPC de 1973 como forma de correção

O CPC não reproduz regras ultrapassadas ou equivocadas do Código anterior, corrigindo, assim, a disciplina da matéria. O que era útil em dispositivos anteriores que não foram integralmente reproduzidos foi aproveitado nos dois parágrafos do art. 759, CPC. As demais regras decorriam da hipoteca legal – que simplesmente não é mais mencionada no CPC – e de uma equivocada concepção acerca das funções do Ministério Público.

156. Abolição da referência à hipoteca legal

Nos Códigos anteriores, o requerimento da especialização em hipoteca legal de imóveis necessários para acautelar os bens confiados à administração

jaez é recomendável, no curso da instrução probatória, o contato direto do magistrado com o curatelado, para que o julgador possa extrair de forma mais acurada conclusões acerca de toda situação que circunda o exercício do *munus* da curatela, salvaguardando toda e qualquer necessidade do interditado. 3. A hipótese comporta solução diversa, tendo em vista que a ação de prestação de contas pela curadora foi manejada após o falecimento da interdita, circunstância que recomenda a manutenção da regra de estabilização da lide insculpida no artigo 87 do CPC, e a observância do art. 919 do CPC. 4. Conflito conhecido para declarar competente o suscitado, o d. Juízo de Direito da Primeira Vara Cível, Família, Sucessões, Infância e Juventude de Itapaci – GO" (CC 134.097/DF, rel. Min. Raul Araújo, Segunda Seção, j. 28/10/2015, DJe 5/11/2015).

959 Cf. Cristiano Chaves de Farias e Nelson Rosenvald. *Curso de direito civil*: famílias. 10ª ed. Salvador: JusPodivm, 2018, p. 908-912, v. 6.

do curador ou tutor era a regra, salvo em caso de sua reconhecida idoneidade. Entretanto, a doutrina há décadas considerava a hipoteca legal uma precaução exagerada, além de ineficaz, inútil, dispendiosa e, por essas razões, fadada ao desaparecimento.[960] O CC já não mais mencionava a necessidade de especialização de hipoteca legal nos casos de tutela e curatela. Finalmente o CPC não mais contempla a especialização em hipoteca legal nesses casos nem a ela dedica procedimento específico, atendendo a décadas de críticas doutrinárias e reconhecendo seu completo desuso.

157. Atuação do Ministério Público

O CPC também situou corretamente a atuação do Ministério Público e não repetiu a regra de que lhe caberia reger a pessoa e administrar os bens do incapaz, ainda que temporariamente. Ao menos desde a Constituição da República essa função já era vedada ao Ministério Público, que somente participa do processo na condição de fiscal da ordem jurídica e de legitimado ordinário ou extraordinário, mas nunca representando alguma parte. A não reprodução dessa regra pelo CPC foi providência correta.

Por haver interesse de incapazes, a atuação do Ministério Público envolvendo a tutela e a curatela é ampla, inclusive como legitimado ativo, cujas peculiaridades em relação à curatela[961] já foram examinadas.

Art. 760. O tutor ou o curador poderá eximir-se do encargo apresentando escusa ao juiz no prazo de 5 (cinco) dias contado:

I – antes de aceitar o encargo, da intimação para prestar compromisso;

II – depois de entrar em exercício, do dia em que sobrevier o motivo da escusa.

§ 1º Não sendo requerida a escusa no prazo estabelecido neste artigo, considerar-se-á renunciado o direito de alegá-la.

§ 2º O juiz decidirá de plano o pedido de escusa, e, não o admitindo, exercerá o nomeado a tutela ou a curatela enquanto não for dispensado por sentença transitada em julgado.

CPC de 1973 – arts. 1.192 e 1.193

---

960 JOSÉ OLYMPIO DE CASTRO FILHO. *Comentários ao Código de Processo Civil.* 4ª ed. Rio de Janeiro: Forense, 1995, p. 223, v. X. Erigindo a garantia por meio de hipoteca legal como condição essencial para o exercício da tutela ou curatela, MENDONÇA LIMA. *Comentários ao Código de Processo Civil.* São Paulo: RT, 1982, p. 483-484 e 490-491, v. XII.

961 Em tese, é possível que o Ministério Público tenha legitimidade ativa para nomeação de tutor, cabendo-lhe também o ajuizamento de ações visando à suspensão ou destituição do poder familiar.

158. A obrigatoriedade do encargo

A tutela[962] e a curatela constituem múnus imposto para a proteção de incapazes ou pessoas interditadas ou em situação de curatela. Em princípio, as relações de parentesco as fundamentam (cf. art. 1.737, CC),[963] mas a solidariedade é a base que as justifica.

O CPC permanece rígido na fixação de prazos para a apresentação das escusas previstas no direito material, estabelecendo a intimação para prestar compromisso ou, depois de entrar em exercício, o dia em que sobrevier o motivo como termo inicial para a contagem dos cinco dias. Após esse prazo, haverá renúncia legal do direito de alegação das escusas. Não se trata, entretanto, rigorosamente de negócio jurídico unilateral em que se extingue uma situação jurídica ativa por meio de manifestação de vontade do titular, mas, sim, de regra de preclusão,[964] que, ainda assim, não deve ser observada com rigor absoluto, já que o interesse do incapaz tem que ser preservado, e eventuais razões de escusa, ainda que extemporâneas, devem ser consideradas para verificação da situação concreta.[965]

Caso a hipótese de escusa seja superveniente ao exercício da tutela, o prazo será contado a partir da data em que ocorreu o motivo legalmente previsto.

O exercício da tutela compreende o período de dois anos (art. 1.765, CC), podendo ser renovado por igual período sucessivamente, caso seja da vontade

---

962 Código Civil: "Art. 1.735. Não podem ser tutores e serão exonerados da tutela, caso a exerçam: I – aqueles que não tiverem a livre administração de seus bens; II – aqueles que, no momento de lhes ser deferida a tutela, se acharem constituídos em obrigação para com o menor, ou tiverem que fazer valer direitos contra este, e aqueles cujos pais, filhos ou cônjuges tiverem demanda contra o menor; III – os inimigos do menor, ou de seus pais, ou que tiverem sido por estes expressamente excluídos da tutela; IV - os condenados por crime de furto, roubo, estelionato, falsidade, contra a família ou os costumes, tenham ou não cumprido pena; V – as pessoas de mau procedimento, ou falhas em probidade, e as culpadas de abuso em tutorias anteriores; VI – aqueles que exercerem função pública incompatível com a boa administração da tutela". Esses critérios devem ser cotejados sempre com a efetiva proteção integral do tutelado (cf. Cristiano Chaves de Farias e Nelson Rosenvald. *Curso de direito civil*: famílias. 10ª ed. Salvador: JusPodivm, 2018, p. 903, v. 6).

963 "Art. 1.737. Quem não for parente do menor não poderá ser obrigado a aceitar a tutela, se houver no lugar parente idôneo, consangüíneo ou afim, em condições de exercê-la".

964 Pontes de Miranda. *Comentários ao Código de Processo Civil.* 2ª ed. Rio de Janeiro: Forense, 2008, p. 338, tomo XVI; Alcides de Mendonça Lima. *Comentários ao Código de Processo Civil.* São Paulo: RT, 1982, p. 494, v. XII.

965 José Olympio de Castro Filho. *Comentários ao Código de Processo Civil.* 4ª ed. Rio de Janeiro: Forense, 1995, p. 206, v. X.

do tutor e da conveniência do menor, sendo que, a cada dois anos, abre-se oportunidade para a exoneração imotivada.[966]

159. Hipóteses de escusas

De acordo com o art. 1.736, CC, podem escusar-se da tutela e da curatela (cf. art. 1.774, CC) as mulheres casadas, os maiores de 60 anos, aqueles que tiverem sob sua autoridade mais de três filhos, os impossibilitados por enfermidade, aqueles que habitarem longe do lugar onde se haja de exercer a tutela, aqueles que já exercerem tutela ou curatela, os militares em serviço.

Nota-se o anacronismo da norma, não só por querer especificar hipóteses abstratas em que não haveria condições do bom exercício da tutela ou curatela, mas também por serem previstas situações que não mais de mostram mais razoáveis, como a mulher casada e os maiores de 60 anos. Com efeito, não satisfeito com o anacronismo e a inconstitucionalidade da hipótese do inciso primeiro do art. 1.736 do Código Civil ("mulheres casadas"), o legislador previu, no inciso II, como hipótese de escusa da tutela o fato de ser idoso. Além de não haver nenhuma razão para excluir o idoso da condição de tutor, tendo em vista sua plena capacidade para a prática de atos da vida civil, o legislador ignorou o interesse do tutelado, que é o que deve orientar a escolha do tutor, que, dependendo do caso concreto, tenha que ser um idoso.[967] Justifica-se essa regra porque, em face da idade, e de já estarem consolidados em determinado padrão de vida, mostra-se inoportuno exigir que tais pessoas assumam este novo compromisso.[968] Não concordamos com essa justificativa, porque, como adiantamos, o exercício da tutela não deve ser aferido por razões de oportunidade, mas, sim, pela necessidade do tutelado no caso concreto.

Apenas o caso concreto revelará as condições para o exercício da tutela e, ao invés desse rol de duvidosa adequação, a diretriz para nomeação do tutor ou curador está sintetizada na redação do art. 29 do ECA: não se nomeará

966 Cristiano Chaves de Farias e Nelson Rosenvald. *Curso de direito civil*: famílias. 10ª ed. Salvador: JusPodivm, 2018, p. 913, v. 6. Lembre-se de que, no exercício da tutela, alguns atos do tutor exigem prévia autorização judicial (arts. 1748 e 1754, CC), e outros são absolutamente vedados (art. 1749, CC). Quando se exigir autorização judicial, sempre haverá intervenção do Ministério Público, por se tratar de menor.

967 Nesse sentido, breve e preciso, Nagib Slaib Filho. *Comentários ao Código Civil brasileiro*. Arruda Alvim e Thereza Alvim (coord.). Rio de Janeiro: Forense/FADISP, 2005, p. 518, v. XV.

968 Arnaldo Rizzardo. *Direito de família*. 4ª ed. Rio de Janeiro: Forense, 2006, p. 943. Carlos Roberto Gonçalves também lhe é favorável: *Direito civil brasileiro*. 2ª ed. São Paulo: Saraiva, 2006, p. 583-584, v. VI.

tutor ou curador a pessoa que revele, por qualquer modo, incompatibilidade com a natureza da medida ou não ofereça ambiente familiar adequado. Também o art. 755, § 1º, CPC, veicula critério seguro: a curatela deve ser atribuída a quem mais bem possa atender aos interesses do curatelado (e do tutelado). Além dessas hipóteses, o art. 1.737, CC, dispõe que não poderá ser obrigado a aceitar a tutela quem não for parente do menor, se houver no lugar parente idôneo, consangüíneo ou afim, em condições de exercê-la.

160. A rigidez legal e os interesses do incapaz

A previsão das escusas não se dá apenas no interesse do nomeado, mas também, e especialmente, para a proteção do tutelado ou curatelado.

Há que se estabelecer sempre como premissa que toda a disciplina desta Seção decorre da necessidade de conferir proeminência à situação jurídica dos incapazes. Por essa razão, essa rigidez do prazo ou a previsão taxativa das hipóteses de escusas, como o disposto no art. 1.739, CC, pode se revelar um desastre e ir contra a proteção do incapaz. Não é tarefa fácil encontrar um tutor ou curador, mesmo quando pode ser observada a ordem de preferência por parentesco, e a rigidez apriorística em sua admissão ou exclusão pode implicar prejuízo a quem deve ter sua esfera jurídica protegida.[969]

Por isso, a doutrina já acenava com a flexibilização legal autorizada nos casos de jurisdição voluntária, prevista no atual art. 723, parágrafo único, CPC, afastando a legalidade estrita.[970] A prévia e obrigatória oitiva do Ministério Público complementa esse reforço protetivo ao incapaz.

161. Procedimento

Para apresentar suas escusas, o nomeado deverá dirigir petição subscrita por quem tenha capacidade postulatória, no prazo assinalado e com base nas hipóteses que autorizam que se exima do encargo, ouvindo-se o Ministério público antes de ser proferida a decisão. O juízo competente é, em regra, o mesmo da nomeação, observando-se sempre o resguardo dos interesses do sujeito a que se visa a proteção por meio da tutela ou curatela.[971]

---

969 Cristiano Chaves de Farias e Nelson Rosenvald. *Curso de direito civil*: famílias. 10ª ed. Salvador: JusPodivm, 2018, p. 906, v. 6.

970 José Olympio de Castro Filho. *Comentários ao Código de Processo Civil*. 4ª ed. Rio de Janeiro: Forense, 1995, p. 206, v. X.

971 "Competência. Civil. Processual civil. Conflito de competência. Ação de interdição. Ação de remoção de curador. Autonomia. A remoção de curador é postulada em ação autônoma (CPC, arts. 1.195 a 1.197), que não guarda relação de acessoriedade com a ação de interdição já finda. A circunstância

162. Recurso

O CPC prevê a continuidade do exercício da tutela ou da curatela, se não for acolhida a escusa, enquanto pendente o recurso.

A manutenção do nomeado contrariado, enquanto não for julgado o recurso e, consequentemente, também após seu julgamento, se rejeitada a alegação de escusa, igualmente pode ir de encontro aos interesses do incapaz, incidindo-se aqui as preocupações afirmadas em item anterior.

A natureza da decisão e a consequente repercussão em matéria recursal dependerão da forma como for veiculada a pretensão de escusa.[972]

Sabe-se que o tutor ou curador pode eximir-se do encargo antes ou depois de entrar em exercício. Se for antes do compromisso, a nomeação não se aperfeiçoou; se for após, tratar-se-á de espécie de exoneração do encargo. Em ambas as situações, poderá ser formulado o pedido de escusa de forma autônoma, não havendo dúvidas de que a decisão será veiculada por meio de sentença.

Caso o pedido de escusa seja formulado incidentalmente, no decorrer do procedimento de tutela ou curatela, parece-nos que também não há dúvidas de que se tratará de decisão interlocutória o julgamento que resolver a questão "de plano". Como a cognição sobre a matéria é ampla e necessariamente a nomeação de tutor ou de curador é um capítulo essencial e obrigatório da sentença (cf. art. 755, I, CPC),

---

de o curador nomeado ter domicílio em São Paulo, foro onde se processou a ação de interdição, não afasta a competência territorial do Juízo do Distrito Federal, onde têm domicílio a interdita e sua mãe, titular do direito de guarda, para a ação de remoção do curador. Princípio do melhor interesse do incapaz. Conflito de competência conhecido, para declarar a competência do Juízo suscitado" (CC 101.401/SP, rel. Min. MARIA ISABEL GALLOTTI, Segunda Seção, j. 10/11/2010, Dje 23/11/2010).

972 Sob a vigência do CPC de 1973, havia entendimento de que se tratava de decisão interlocutória: ANTONIO CARLOS MARCATO. *Código de Processo Civil interpretado*. São Paulo: Atlas, 2004, p. 2688; CASTRO FILHO, ob. cit., p. 206; LUIZ GUILHERME MARINONI e DANIEL MITIDIERO. *Código de Processo Civil comentado*. São Paulo: RT, 2008, p. 973. Ainda que se tratasse de decisão interlocutória, caberia o recurso de agravo com base no art. 1015, II, CPC, por se tratar de mérito do incidente. Também sob o Código anterior, já havia manifestações de que se tratava de sentença: PONTES DE MIRANDA. *Comentários ao Código de Processo Civil*. 2ª ed. Rio de Janeiro: Forense, 2008, p. 338, tomo XVI; ALCIDES DE MENDONÇA LIMA. *Comentários ao Código de Processo Civil*. São Paulo: RT, 1982, p. 495, v.. XII; JOÃO PAULO LUCENA. *Comentários ao Código de Processo Civil*. São Paulo: RT, 2000, p. 344, v. 15. Já sob a vigência do novo CPC, ANTONIO CARLOS MARCATO entende que se trata de decisão irrecorrível, sem, contudo, indicar a razão (*Procedimentos especiais*. 16ª ed. São Paulo: Atlas, 2016, p. 426). Entendendo tratar sempre de sentença: JEFFERSON CARÚS GUEDES. *Comentários ao Código de Processo Civil*. MARINONI, ARENHART e MITIDIERO (coord.). São Paulo: RT, 2016, p. 533-534, v. 11.

na realidade haverá uma antecipação procedimental de uma parcela do mérito.

Pelo que será exposto no item seguinte, e considerando-se que a decisão sobre a escusa do tutor, nesse caso, aproxima-se de parcela do mérito, aplica-se na espécie o disposto no art. 1.015, II, CPC. Note-se que o entendimento contrário, no sentido de que se trata de decisão interlocutória genérica ensejaria a irrecorribilidade imediata, em virtude da mencionada taxatividade do recurso de agravo, prolongando-se uma situação de antagonismo entre tutor e tutelado ou curador e curatelado que é incompatível com os vetores normativos que prezam a proteção adequada de seus interesses.

Certamente, na fase de apelação, a questão poderá ser discutida, mas deve ser apontado que o objeto do recurso não será a situação de tutela ou de curatela, mas, sim, a nomeação do tutor ou curador, o que justifica a recorribilidade imediata e demonstra se tratar de uma interlocutória de mérito.

Caso a recusa se dê após a sentença, pode-se entender que se trata de fase de cumprimento do decidido, aplicando-se o art. 1.015, parágrafo único, CPC, mas, como visto, nem sempre o problema se dará na fase da efetivação da sentença.

Registre-se, por fim, que o controle de uma nomeação indevida de tutor ou curador, da qual discorde, por exemplo, o Ministério Público, ensejará a recorribilidade imediata por força do art. 1.015, I, CPC. Entretanto, uma escusa mal rejeitada também é uma nomeação indevida e o quadro assimétrico de recorribilidade só causará prejuízo à situação jurídica daquele que se deve efetivar a proteção.

163. Coisa julgada

A parte final do art. 760, § 2º, CPC, refere-se à sentença transitada em julgado, isto é, à coisa julgada material, formando decisão indiscutível e imutável. É conhecida a clássica e complexa discussão sobre a natureza e as características da jurisdição voluntária, entre as quais se aponta a inexistência de coisa julgada, embora seja inegável que haja estabilidade de suas decisões e a previsão do art. 1.111 do CPC de 1973 – que não foi reproduzida no novo CPC – em nada a especificava, haja vista que também na jurisdição contenciosa a coisa julgada somente se refere a uma determinada situação concreta, sem considerar modificações supervenientes que, evidentemente, moldarão um outro quadro fático ou jurídico.[973]

Também se discute se a controvérsia, como a recusa ou remoção do tuto ou curador, transforma a jurisdição voluntária em contenciosa, o que, em tese, possibilitaria a formação de coisa julgada, para aqueles que entendem que a

973 Desenvolvemos o tema de modo mais detido nos comentários ao art. 724.

jurisdição voluntária não é apta a formar coisa julgada material.[974] Por essa razão, a doutrina já criticava o uso dessa redação reproduzida na parte final do art. 760, § 2º, CPC.[975]

Na realidade, entretanto, trânsito em julgado e coisa julgada não são sinônimos: se para a formação de coisa julgada é necessário o trânsito em julgado, na forma do art. 502, CPC, nem sempre a sentença transitada em julgado gerará coisa julgada material, como no caso do art. 304, CPC.[976] Embora, não nos pareça haver qualquer problema técnico em admitir a formação de coisa julgada material na jurisdição voluntária – sem necessidade de qualquer malabarismo vernacular para conferir outros nomes para a estabilidade e a imutabilidade diante de um mesmo quadro fático e jurídico[977] –, o que se deve entender da regra ora comentada é que a situação do nomeado perdurará até que haja um pronunciamento final, após as interposições de recursos. Note-se que há ainda o problema referente à possibilidade de a decisão interlocutória possuir aptidão para coisa julgada material (cf. arts. 503 e 966, CPC), mas, como resta evidente em mais de uma passagem, o CPC a contempla como passível de veicular matéria de mérito (exemplo: art. 356, CPC).

Art. 761. Incumbe ao Ministério Público ou a quem tenha legítimo interesse requerer, nos casos previstos em lei, a remoção do tutor ou do curador.

Parágrafo único. O tutor ou o curador será citado para contestar a arguição no prazo de 5 (cinco) dias, findo o qual observar-se-á o procedimento comum.

CPC de 1973 – arts. 1.194 e 1.195

164. As hipóteses do Código Civil e do Estatuto da Criança e do Adolescente

Há pessoas que não podem ser nomeados tutores, como disposto no art.

---

974 Sobre essas questões, além do que foi comentado no item próprio deste volume: LEONARDO GRECO. *Jurisdição voluntária moderna*. São Paulo: Dialética, 2003, p. 36-39; especificamente sobre a coisa julgada na jurisdição voluntária: LUIZ EDUARDO RIBEIRO MOURÃO. *Coisa julgada*. Belo Horizonte: Fórum, 2008, p. 335-353; FREDIE DIDIER JR. *Curso de direito processual civil*. 18ª ed. Salvador: JusPodivm, 2016, p. 194-196, v. 1.

975 JOSÉ OLYMPIO DE CASTRO FILHO. *Comentários ao Código de Processo Civil*. 4ª ed. Rio de Janeiro: Forense, 1995, p. 207, v. X.

976 EDUARDO TALAMINI. *Coisa julgada e sua revisão*. São Paulo: RT, 2005, p. 32. Amplamente: ANTONIO DO PASSO CABRAL. *Coisa julgada e preclusões dinâmicas*: entre continuidade, mudança e transição de posições processuais estáveis. Salvador: JusPodivm, 2013, p. 250-270, 298-308; nas página e capítulos seguintes o autor desenvolve sua tese, cuja complexidade e densidade só comportam a presente referência nestes breves comentários.

977 Cabe lembrar aqui a conhecida passagem em que CALMON DE PASSOS critica o escamoteamento pelo batismo do fenômeno que é, em essência, coisa julgada: *Comentários ao Código de Processo Civil*. São Paulo: RT, 1984, p. 237, v. X, tomo I.

1.735, CC: aqueles que não tiverem a livre administração de seus bens; aqueles que, no momento de lhes ser deferida a tutela, se acharem constituídos em obrigação para com o menor, ou tiverem que fazer valer direitos contra este, e aqueles cujos pais, filhos ou cônjuges tiverem demanda contra o menor; os inimigos do menor, ou de seus pais, ou que tiverem sido por estes expressamente excluídos da tutela; os condenados por crime de furto, roubo, estelionato, falsidade, contra a família ou os costumes, tenham ou não cumprido pena; as pessoas de mau procedimento, ou falhas em probidade, e as culpadas de abuso em tutorias anteriores; aqueles que exercerem função pública incompatível com a boa administração da tutela.

A incapacidade de exercer a tutela prevista no art. 1.735 possui hipóteses anacrônicas, preconceituosas e de cunho patrimonialista, guardando vinculação a uma tradição incompatível com a proteção integral prevista na Constituição e especificada no ECA, que constituem as diretrizes fundamentais no tema, como já salientado no início destes comentários.

Para os fins de remoção do tutor ou curador, também pode se mostrar um critério indicativo o exame de práticas de atos vedados ou sem a devida autorização do juiz[978], além dos deveres previstos no art. 1.638, CC. O art. 1.766, CC, especifica o que consta no art. 1.735, CC, mas se valendo de conceitos abertos, o que se mostra mais consentâneo com os critérios que efetivamente devem balizar a análise do tema e que estão estampados nos arts. 22, 24 e 38 do ECA.

165. Contextualização da infração dos deveres

A infração de um dever (cf. arts. 1.740/1.751 e 1.766, CC) pode não significar a imediata necessidade da remoção do tutor ou curador. Além dos critérios antes referidos, relembre-se o disposto no art. 721, parágrafo único, CPC que autoriza a flexibilidade do regramento do caso concreto, o que, longe de significar uma discricionariedade arbitrária do juiz, está de acordo com o primordial interesse dos incapazes.[979]

166. Legitimidade

Ao Ministério Público é conferida a legitimidade em razão de sua atuação em casos de incapacidade e de situação de curatela, podendo, inclusive, assumir o polo ativo em caso de desistência do autor original, caso vislumbre interes-

978 JOSÉ OLYMPIO DE CASTRO FILHO. *Comentários ao Código de Processo Civil*. 4ª ed. Rio de Janeiro: Forense, 1995, p. 208, v. X.

979 JOSÉ OLYMPIO DE CASTRO FILHO. *Comentários ao Código de Processo Civil*. 4ª ed. Rio de Janeiro: Forense, 1995, p. 208-209, v. X.

se para prosseguir com a demanda.[980] Não se trata, porém, de substituição processual, mas de legitimação autônoma, assim como àqueles que tenham legítimo interesse, que normalmente a doutrina, com uma visão patrimonialista, exemplificava como sendo um credor.[981] Entretanto, o legítimo interesse pode decorrer de qualquer vínculo com o tutelado ou curatelado, como funcionários da entidade em que se encontre abrigado o curatelado. O critério a ser adotado para aferir o interesse deve centrar-se na pessoa do incapaz e não apenas na situação jurídica do suposto interessado.

167. Procedimento

Prevê o CPC o prazo de cinco dias[982] para a contestação, seguindo-se o procedimento comum, inclusive com a obrigatória intervenção do Ministério Público, caso não seja ele o requerente.

Trata-se de demanda autônoma, não guardando vínculo necessário com o processo anterior onde houve a nomeação do tutor ou curador.

A competência deve atender ao melhor interesse do tutelado ou curatelado.[983]

No caso de remoção de tutor, há que se atentar para as previsões dos arts.

---

980 Sobre o alcance dessa legitimidade, são adequados os seguintes critérios: "1) impossibilidade de o próprio interdito fazer o pedido de levantamento; ou 2) eventual conflito entre o interdito e o curador. Essa interpretação é adequada ao papel do Ministério Público quando atua, por exemplo, na remoção do curador (art. 761, CPC)". VITOR FONSÊCA. O Ministério Público e ação de interdição no novo CPC. *Ministério Público.* ROBSON RENAULT GODINHO e SUSANA HENRIQUES DA COSTA (coord.). 2ª ed. Salvador: JusPodivm, 2017.

981 Cf. PONTES DE MIRANDA. *Comentários ao Código de Processo Civil.* 2ª ed. Rio de Janeiro: Forense, 2008, p. 341, tomo XVI.

982 Note-se que o art. 158 do ECA prevê dez dias, o que poderia significar que não deve ser aplicado o prazo de cinco dias (nesse sentido: CRISTIANO CHAVES DE FARIAS e NELSON ROSENVALD. *Curso de direito civil*: famílias. 10ª ed. Salvador: JusPodivm, 2018, p. 921, v. 6). Entretanto, o CPC é posterior e específico ao mencionar a tutela, de modo que o prazo a ser observado é mesmo o de cinco dias, sem prejuízo de eventual ampliação pelo juiz no caso concreto.

983 "Civil. Processual civil. Conflito de competência. Ação de interdição. Ação de remoção de curador. Autonomia. 1. A remoção de curador é postulada em ação autônoma (CPC, arts. 1.195 a 1.197), que não guarda relação de acessoriedade com a ação de interdição já finda. A circunstância de o curador nomeado ter domicílio em São Paulo, foro onde se processou a ação de interdição, não afasta a competência territorial do Juízo do Distrito Federal, onde têm domicílio a interdita e sua mãe, titular do direito de guarda, para a ação de remoção do curador. Princípio do melhor interesse do incapaz. 2. Conflito de competência conhecido, para declarar a competência do Juízo suscitado" (CC 101.401/SP, rel. Min. MARIA ISABEL GALLOTTI, Segunda Seção, j. 10/11/2010, DJe 23/11/2010).

148, parágrafo único, *b*, e 164 do Estatuto da Criança e do Adolescente.

Na sentença, caso seja removido ou tutor ou curador, deverá haver intimação para a devida prestação de contas,[984] que também poderá se dar incidentalmente, na apuração da própria conduta do requerido. Também na decisão final, deverá ser nomeado novo tutor ou curador, com a necessária anotação registral. Por se tratar de sentença, será cabível o recurso de apelação.

Art. 762. Em caso de extrema gravidade, o juiz poderá suspender o tutor ou o curador do exercício de suas funções, nomeando substituto interino.

CPC de 1973 – art. 1.197

168. A suspensão do tutor ou curador

Manteve o CPC a mesma redação do dispositivo correspondente no Código anterior, sem se preocupar com a técnica utilizada agora na disciplina da

984 A exigência de contas, aliás, não deve obrigatoriamente ser extinta em caso de falecimento do tutor ou curador: REsp 1480810/ES, rel. Min. Nancy Andrighi, Terceira Turma, j. 20/3/2018, DJe 26/3/2018. Nesse sentido, o seguinte relevante precedente: "Processo civil. Recurso especial. Ação de prestação de contas. Segunda fase. Contrato de parceria pecuária. Morte do parceiro. Transmissão da obrigação aos herdeiros. Possibilidade. 1. A ação de prestação de contas (CPC, art. 914 e segs.) advém de relação jurídica da qual resulta a obrigação daquele que administra negócios ou interesses alheios, servindo para aclarar o resultado da gestão (saldo credor ou devedor), podendo ser proposta por quem tem o direito de exigi-las ou por quem tem o dever de prestá-las, tendo como característica seu caráter dúplice e predominante função condenatória. 2. 'Pode haver a transmissão entre vivos ou a causa de morte, no tocante à ação para exigir prestação de contas, como no tocante à ação para prestar contas. Pendente a 'ação', também pode ocorrer a sucessão, mesmo se concernente à execução forçada (art. 918)' (MIRANDA, Pontes de. Comentários ao código de processo civil, tomo XIII. Rio de Janeiro: Forense, 2004, p. 101-102). 3. A premissa de ser intransmissível a obrigação principal do falecido em nada afeta a obrigação transmissível de prestação de contas, devendo a excepcionalidade ser avaliada caso a caso. Na hipótese, trata-se de negócio jurídico (contrato de parceria pecuária) cuja natureza é ínsita de ser voltada a esclarecimentos e acertamento de contas, já que os bens do proprietário ficam sob a guarda e administração de outrem (parceiro). 4. 'Não é empecilho à apresentação das contas a inexistência de prova documental para uma, algumas ou todas as parcelas arroladas. Outros meios probatórios podem existir ao alcance da parte, e o próprio Código, em mais de uma oportunidade, refere-se, por exemplo, à possibilidade de perícia contábil (arts. 915, §§ 1º e 3º, 916, § 2º)'. Aliás, no inventário, há a incumbência do inventariante em exibir em cartório, a qualquer tempo, para exame das partes, os documentos relativos ao espólio (CPC, art. 991, IV), incluindo-se aí, muito provavelmente, os documentos referentes à parceria e respectivas reses. Por fim, o próprio *codex* estabelece as consequências, na segunda fase, da apresentação ou não das contas por aquele que as deve prestar. 5. Recurso especial desprovido" (REsp 1203559/SP, rel. Min. Luis Felipe Salomão, Quarta Turma, j. 25/2/2014, DJe 17/3/2014).

tutela provisória ou mesmo com a localização da regra como artigo autônomo e após a previsão da remoção, quando melhor seria se estivesse em artigo antecedente ou como parágrafo do artigo anterior.[985]

De todo modo, a previsão é relevante, na medida em que a urgência evidentemente pode se dar em casos de tutela e curatela e esse dispositivo apenas fixa a ideia de que se deve agir de pronto para evitar qualquer dano ao incapaz. Enquanto perdurar essa situação de suspensão, deverá ser nomeado um substituto provisório.

169. Atuação de ofício do juiz

Em que pese haver divergências doutrinárias sobre a atuação oficiosa do juiz em providências de urgência, aqui não há dúvidas sobre essa possibilidade, não só porque consta do próprio artigo, mas também por se tratar de procedimento em que não se observa a estrita legalidade.[986] Como já assinalamos em outras passagens destes comentários, a atuação de ofício do juiz deve sempre ser excepcional subsidiária, razão pela qual aos legitimados ordinários, notadamente o Ministério Público, é que deve recair primordialmente essa iniciativa.

---

985 Já apontava essa crítica MENDONÇA LIMA. *Comentários ao Código de Processo Civil*. São Paulo: RT, 1982, p. 505, v. XII.

986 "Processo civil e direito civil. Família. Interdição e curatela. Ação de prestação de contas. Caso de extrema gravidade. Suspensão do exercício da função de curador. Possibilidade. Curador substituto. Ordem de preferência legal. Peculiaridades. Prudente arbítrio do juiz. 1. A cessação do exercício da curatela, por meio da remoção do curador, exige procedimento próprio, com observância da forma legal disposta nos arts. 1.194 a 1.198 do CPC. 2. A suspensão da curatela, prevista no art. 1.197 do CPC, pode ser determinada no bojo de outra ação, desde que esteja configurado caso de extrema gravidade que atinja a pessoa ou os bens do curatelado. 3. Admitida a existência de fatos sérios passíveis de causar dano ao patrimônio da curatelada, deve ser mantida a decisão que determinou a suspensão do exercício da função de curador regularmente nomeado nos autos de interdição, para, somente após a apuração dos fatos, mediante o devido processo legal e ampla defesa, decidir-se pela remoção definitiva ou retorno do curador à sua função. 4. Com base no livre convencimento motivado, é o Juiz soberano na apreciação das provas, as quais são infensas à análise do STJ nesta sede recursal. 5. Nos processos de curatela, as medidas devem ser tomadas no interesse da pessoa interditada, o qual deve prevalecer diante de quaisquer outras questões. 6. Agregue-se à especial relevância dos direitos e interesses do interditado a tutela conferida às pessoas com 60 anos ou mais, que devem ter respeitada sua peculiar condição de idade. 7. Age prudentemente o Juiz que, rente aos fatos e às circunstâncias de beligerância familiar em que estiverem inseridas as partes no processo, faz recair sobre pessoa idônea e que não esteja vinculada aos interesses dos litigantes a função de curador substituto. 8. Recurso especial não provido" (REsp 1137787/MG, rel. Min. NANCY ANDRIGHI, Terceira Turma, j. 9/11/2010, DJe 24/11/2010).

170. Caso de extrema gravidade

Evidentemente não é possível definir antecipadamente o que seriam casos de extrema gravidade, mas, como já afirmado diversas vezes, sempre o critério deverá decorrer da preservação da proteção do incapaz e, ainda que se trate de curatelado, as disposições do ECA constituem um necessário parâmetro, mormente por se desvincularem da mera preocupação patrimonialista que constitui a tônica do CC. O legislador se preocupa tanto com o perigo de demora quanto com o perigo de dano e a medida de suspensão deve ser eficaz para proteger a esfera jurídica do tutelado ou curatelado.

171. Procedimento

Além das questões envolvendo a legitimidade para requerer a suspensão do tutor ou do curador e das causas que ensejam essa media de urgência, há que se ter em mente que se trata de medida de urgência a fim de resguardar os interesses do tutelado ou curatelado, de modo que, efetivada a suspensão, há que se prosseguir com o procedimento de remoção. Ou seja, a suspensão é uma medida de urgência que deve culminar na medida de remoção, se for ocaso, seguindo-se seu procedimento[987], contando com a intervenção obrigatória do Ministério Público. A rigor, portanto, essa previsão do art. 763, CPC, é um truísmo normativo, já que a tutela provisória genérica seria suficiente para assegurar a medida. Nessa medida, trata-se de decisão interlocutória, passível de recurso de agravo de instrumento (art. 1.015, I, CPC). Ao tutor ou curador interino aplicam-se os mesmos deveres inerentes à função ser exercida.

> **Art. 763.** Cessando as funções do tutor ou do curador pelo decurso do prazo em que era obrigado a servir, ser-lhe-á lícito requerer a exoneração do encargo.
>
> **§ 1º** Caso o tutor ou o curador não requeira a exoneração do encargo dentro dos 10 (dez) dias seguintes à expiração do termo, entender-se-á reconduzido, salvo se o juiz o dispensar.
>
> **§ 2º** Cessada a tutela ou a curatela, é indispensável a prestação de contas pelo tutor ou pelo curador, na forma da lei civil.
>
> *CPC de 1973 – art. 1.198*

172. Identidade com a regra anterior

Também nesse dispositivo houve reprodução do regramento do Código anterior: fixado prazo para o desempenho do múnus, a recondução fica a recondução sujeita à vontade do tutor ou curador, a partir da análise do juiz (cf.

---

987 Jefferson Carús Guedes. *Comentários ao Código de Processo Civil*. Marinoni, Arenhart e Mitidiero (coord.). São Paulo: RT, 2016, p. 539, v. 11.

arts. 1.764 e 1.765, CC). Logo, se não houver pedido de exoneração – nem existir causa que obste sua permanência –, a recondução do tutor ou curador é automática, permanecendo vinculado aos mesmos termos da investidura inicial, dispensada a assinatura de novo compromisso.

173. Atuação do Ministério Público

Embora o artigo não o diga expressamente, a intervenção do Ministério Público será obrigatória por se tratar de interesses de incapazes e de pessoas em situação de curatela, cabendo-lhe, também, se for o caso, formular o requerimento de exoneração.

174. Prazo

O parágrafo primeiro dispõe que o requerimento de exoneração deve ser formulado em até dez dias úteis seguintes à expiração do termo. Não se deve, entretanto, ler com rigor a fixação desse prazo, já que a manutenção do tutor ou curador deve se dar em benefício do tutelado ou curatelado. Sendo assim, a ressalva na parte final do parágrafo ("salvo se o juiz o dispensar") deve ser lida como reforço da flexibilização do prazo, conforme, aliás, a parte final do parágrafo único do art. 1.765, CC.

175. Competência

Em regra, será competente o mesmo juízo que nomeou o tutor ou curador, desde que não haja qualquer prejuízo ao tutelado ou curatelado, cujo interesse deve preponderar nesse procedimento.

176. Prestação de contas obrigatória

O parágrafo segundo preenche uma lacuna normativa que havia no Código anterior, embora a doutrina fosse unânime em apontar acerca da obrigatoriedade da prestação de contas final do tutor ou curador, na forma do que dispõe o CC, nos arts. 1.755/1.762, bem como o art. 553, CPC[988]. Quanto à curatela,

988 "Civil. Processual civil. Ação de prestação de contas. Falecimento da mandatária e da curadora. Intransmissibilidade da obrigação e extinção do processo sem resolução de mérito. Inocorrência. Acertamento de contas possível em virtude da existência de provas acerca dos atos que são objeto da prestação. Aplicação, ademais, da regra do art. 1.759 do Código Civil. Violação aos arts. 535, I e II, e 458, do CPC/73. Inocorrência. Acórdão adequadamente fundamentado. Incompetência do juízo. Inocorrência. Juízo universal do inventário que não examina questões de alta indagação, inclusive aquelas desde logo assim reconhecidas pela parte. Ilegitimidade passiva. Inocorrência. Partes que se beneficiaram dos atos de disposição gratuita de bens da de cujus e que serão atingidos pelo reconhecimento da nulidade das doações. Pres-

crição e decadência. Inocorrência. Fundamentos suficientes inatacados. Súmula 283/STF. Aplicação do art. 178, II, do código civil. Ausência de prequestionamento. Inexistência de erro, dolo, fraude, estado de perigo ou lesão. Atos de disposição gratuita eivados de nulidade. Revogação da doação e ausência de nulidade. Inaplicabilidade. Situação distinta, que não se confunde com a doação por mera liberalidade. Prática de atos de dilapidação patrimonial, com base em mandato e curatela, de pessoa reconhecidamente incapaz. Embargos protelatórios. Inocorrência. Exclusão da multa. 1. Ação distribuída em 05/03/2006. Recursos especiais interpostos em 13/04/2010 e atribuídos à Relatora em 25/08/2016. 2. Os propósitos recursais consistem em definir: (i) se a ação de prestação de contas deve ser extinta sem resolução de mérito em virtude do superveniente falecimento da mandatária e curadora, a quem caberia prestar as contas; (ii) se houve negativa de prestação jurisdicional ou vício de fundamentação no acórdão recorrido; (iii) se, havendo questão de alta indagação no inventário, a remessa das partes às vias ordinárias para apuração dos fatos de maior complexidade é tarefa exclusiva do magistrado ou se pode a parte, antevendo a questão de alta indagação, ajuizar desde logo uma ação autônoma em relação ao inventário; (iv) se o fato de alguns dos recorrentes não serem herdeiros da *de cujus* os torna partes ilegítimas para responder à ação de prestação de contas; (v) se ocorreu a prescrição da pretensão de anular as doações realizadas por alguns dos recorrentes em favor dos demais; (vi) se as doações realizadas poderiam ser revogadas após o falecimento da doadora ou se poderiam ser nulificadas por não excederem a parte disponível de seu patrimônio; (vii) se era devida a multa imposta aos recorrentes pela oposição de embargos de declaração reputados protelatórios. 3. O superveniente falecimento da pessoa a quem caberia prestar as contas não acarreta, obrigatoriamente, a extinção sem resolução do mérito da ação de prestação de contas, especialmente na hipótese em que fora desenvolvida, ainda na primeira fase da referida ação, atípica atividade cognitiva e instrutória, sob o crivo do contraditório e da ampla defesa, que excedeu o mero acertamento da legitimação ativa e passiva, adentrando às próprias contas que deverão ser prestadas pelos herdeiros e pelos beneficiários dos atos de disposição gratuita de bens de pessoa civilmente incapaz e que foram realizados por quem detinha o mandato e exercia a curatela. 4. Ausentes os vícios elencados no art. 535, I e II, do CPC/73, e tendo o acórdão recorrido enfrentado, detalhadamente, todas as questões relevantes para o desfecho da controvérsia, não há que se falar em negativa de prestação jurisdicional, nem tampouco em vício de fundamentação na decisão judicial. 5. O fato de o art. 984 do CPC/73 determinar ao juiz que remeta as partes às vias ordinárias se verificar a existência de questão de alta indagação não significa dizer que a parte está proibida de ajuizar ação autônoma perante o juízo cível se constatar, desde logo, a necessidade de dilação probatória incompatível com o rito especial do inventário. 6. A legitimidade de parte, que se afere *in status assertionis*, deriva da aptidão que a decisão judicial possui para atingir a esfera de bens e direitos da parte indicada na petição inicial, de modo que é legítima, para responder a ação de prestação de contas assentada em nulidade de doações, a parte que se beneficiou diretamente dos atos de disposição de bens e direitos de titularidade da civilmente incapaz. 7. Havendo fundamentação suficiente não impugnada pela parte, na hipótese, a não fluência da prescrição entre o curatelado e o curador enquanto perdurar a curatela e a não fluência da prescrição em desfavor do incapaz, é inadmissível o recurso especial. Incidência da Súmula 211/STJ. 8. Não se aplica o prazo decadencial de anulação de negócios jurídicos celebrados em erro, dolo, fraude, estado de perigo ou lesão, nem tampouco as regras que disciplinam a revogação das doações e

aplicam-se os arts. 1.781/1.783, CC, além do disposto no art. 84, § 4º, do Estatuto da Pessoa com Deficiência, que prevê a obrigatoriedade de prestação anual de contas, com apresentação de balanço. As contas devem ser prestadas em procedimento apenso aos autos em que houve a nomeação do tutor ou do curador (art. 553, CPC), nada impedindo que sejam exigidas também no decorrer no exercício da tutela ou curatela, para fins de fiscalização contábil incidental. Haverá intervenção obrigatória do Ministério Público no exame das contas, inclusive como legitimado ativo, já que, ainda que se trate de questão patrimonial, há interesse de incapaz[989] que justifica sua intervenção em todos os atos.

177. Decisão

O ato que exonera o tutor ou curador se dá por sentença, nos mesmos moldes do que ocorre com a remoção. A sentença, se possível e se necessário, também abrangerá a nomeação de uma nova pessoa para o encargo, que deverá ser intimada para prestar o compromisso. Note-se que a tutela é uma situação jurídica temporária e, além da cessação do múnus de determinado tutor, haverá a extinção da própria tutela em algum momento, seja pela superveniência da maioridade, emancipação ou morte do tutelado, seja pela inserção do menor em novo poder familiar por adoção ou reconhecimento de filiação e até mesmo por força de decisão judicial que restaure o poder familiar antes desconstituído.[990] Também a curatela é temporária e, de acordo com a disciplina empregada pelo Estatuto da Pessoa com Deficiência, em seu art. 84, § 3º, "constitui medida protetiva extraordinária, proporcional às necessidades e às circunstâncias de cada caso, e durará o menor tempo possível".

Seção XI
Da Organização e da Fiscalização das Fundações

Art. 764. O juiz decidirá sobre a aprovação do estatuto das fundações e de suas

---

as doações inoficiosas, às hipóteses que envolvem a disposição gratuita de bens de pessoa civilmente incapaz em decorrência de mandato ou curatela. 9. Ausente o manifesto intuito protelatório da parte, não se aplica multa aos embargos de declaração opostos com o propósito específico de prequestionamento. 10. Recurso especial conhecido e parcialmente provido, apenas para a exclusão da multa aplicada por embargos de declaração protelatórios" (REsp 1480810/ES, rel. Min. NANCY ANDRIGHI, Terceira Turma, j. 20/3/2018, DJe 26/3/2018).

989 Art. 1.758, CC: "Finda a tutela pela emancipação ou maioridade, a quitação do menor não produzirá efeito antes de aprovadas as contas pelo juiz, subsistindo inteira, até então, a responsabilidade do tutor".

990 CRISTIANO CHAVES DE FARIAS e NELSON ROSENVALD. *Curso de direito civil*: famílias. 10ª ed. Salvador: JusPodivm, 2018, p. 920-922, v. 6.

alterações sempre que o requeira o interessado, quando:

I – ela for negada previamente pelo Ministério Público ou por este forem exigidas modificações com as quais o interessado não concorde;

II – o interessado discordar do estatuto elaborado pelo Ministério Público.

§ 1º O estatuto das fundações deve observar o disposto na Lei 10.406, de 10 de janeiro de 2002 (Código Civil).

§ 2º Antes de suprir a aprovação, o juiz poderá mandar fazer no estatuto modificações a fim de adaptá-lo ao objetivo do instituidor.

CPC de 1973 – arts. 1.201

178. Noções gerais

As fundações de direito privado[991] possuem personalidade jurídica

---

991 As fundações públicas e aquelas que se enquadram nas Leis Complementares 108 e 109/2001, que trata das entidades fechadas de previdência privada, não se submetem ao procedimento do CPC, que é reservado para as fundações reguladas pelo Código Civil. "A distinção entre fundações públicas e privadas decorre da forma como foram criadas, da opção legal pelo regime jurídico a que se submetem, da titularidade de poderes e também da natureza dos serviços por elas prestados" (ADI 191, rel. Min. CÁRMEN LÚCIA, Tribunal Pleno, j. 29/11/2007, DJe-041). Na doutrina, aponta-se diferença entre "fundações de direito público" e "fundações públicas", que se submeteriam ao regime de direito privado. Sobre o tema: MARÇAL JUSTEN FILHO. *Curso de direito administrativo*. 9ª ed. São Paulo: RT, 2013, p. 285-286 e 312-315. Não há como confundir tais figuras com as denominadas fundações de apoio às instituições de ensino superior, que são pessoas de direito privado e se submetem às regras comuns do negócio fundacional, incluindo o velamento pelo Ministério Público estadual, conforme dispõe o art. 2º, I, da Lei 8.958/1994 (sobre o tema, amplamente, JOSÉ EDUARDO SABO PAES. *Fundações, associações e entidades de interesse social*. 8ª ed. Rio de Janeiro: Forense, 2013, p. 231-281). As denominadas fundações de apoio podem aparecer também como figuras de direito público e, na realidade, não são de tranquilo enquadramento jurídico em muitas hipóteses. Nesse contexto, não é raro que se valham de permissões legais, notadamente a Lei 10.973/2004, para constituírem verdadeiras pessoas criadas para contratações com o poder público sem licitações. O quadro é complexo e desafia permanente e atenta fiscalização, como pode ser ilustrado com a seguinte descrição: "Quando definida como pessoa jurídica de direito privado sem fins lucrativos com a finalidade de auxiliar instituições públicas de ensino superior em suas atividades de ensino, pesquisa e extensão, a fundação de apoio passa a guardar em si a comunhão entre o público e o privado. Público, pois atua no auxílio da efetivação das missões das Universidades Públicas, tendo presente na sua atuação recursos e o patrimônio público. Privado, pois seu regime jurídico é de direito privado, ou seja, segundo as regras do Código Civil Brasileiro. Uma comunhão complexa, uma vez que seu auxílio se estendeu a diversas atividades das universidades públicas, envolvendo cursos de extensão universitária, gestão de hospitais uni-

própria (art. 44, III, CC), a partir da instituição de uma dotação especial de bens por meio de escritura pública ou testamento, para fins[992] de assistência social, cultura, defesa, conservação do patrimônio histórico e artís-

---

versitários, organização de concursos e a gestão da tecnologia desenvolvida pela universidade. Tais atividades delinearam formas de atuação e características específicas às fundações de apoio, que, entre si, foram gradativamente ganhando linhas próprias. Nestes contextos, fundações de apoio são contratadas por universidades públicas, com dispensa de licitação, para que executem, ou contratem terceiros para executar, a administração de hospitais, de núcleos de pesquisa, cursos de especialização, concursos para ingresso e ascensão na universidade, dentre outras atividades menos comuns. Para isso, recebem recursos das universidades, de Agências de Fomento e da iniciativa privada para adquirir equipamentos, insumos de pesquisa, material hospitalar, contratar pessoal para trabalhar em projetos e hospitais, bem como pessoal para a realização de obras" (ALEXANDRE PACHECO SILVA. *Antes de uma fundação, um conceito*: um estudo sobre a disciplina jurídica das fundações de apoio na cooperação entre universidade e empresa. São Paulo: Escola de Direito da Fundação Getulio Vargas, Dissertação de mestrado, p. 5 (disponível em: <http://bibliotecadigital.fgv.br/>)).

992 Optou o legislador pela ampliação do rol de objetos da fundação, ao invés de adotar a "neutralidade de escopo", que seria mais interessante, permitindo fundações com "quaisquer fins, menos aqueles que lesem o 'bem comum'" (DANIEL PIRES NOVAIS DIAS. *Negócio fundacional*: criação de fundações privadas. São Paulo: Método, 2014, p. 3). Sobre a interpretação do art. 62, parágrafo único, CC, há na doutrina interpretações divergentes, prevalecendo aquela que entende que o dispositivo não abrange todas as hipóteses possíveis, de modo que sua leitura possui uma aplicação negativa: a norma legal veda a criação de fundações para fins particulares. Nesse sentido os Enunciados das Jornadas de Direito Civil: nº 8 – "A constituição de fundação para fins científicos, educacionais ou de promoção do meio ambiente está compreendida no Código Civil, art. 62, parágrafo único", nº 9 – [O art. 62, parágrafo único, CC] "Deve ser interpretado de modo a excluir apenas as fundações com fins lucrativos". Sobre o tema, amplamente: DANIEL PIRES NOVAIS DIAS. *Negócio fundacional*: criação de fundações privadas. São Paulo: Método, 2014, p. 105-114; JOSÉ EDUARDO SABO PAES. *Fundações, associações e entidades de interesse social*. 8ª ed. Rio de Janeiro: Forense, 2013, p. 369-381. Pertinente análise crítica de PAULO LÔBO: "O CC/2002 restringe os fins que podem ser utilizados. O modelo aberto anterior permitiu seu desvirtuamento, com a proliferação de fundações que encobriam fins econômicos, inclusive de participação e controle de empresas. Historicamente, as fundações surgiram como frutos de desprendimento e liberalidade de pessoas que pretenderam afetar parte de seu patrimônio a finalidades pias, caritativas, assistenciais e religiosas. O direito brasileiro não mais admite fundações criadas no interesse do instituidor, de sua família ou de sua atividade econômica" (PAULO LÔBO. *Direito civil*: parte geral. 6ª ed. São Paulo: Saraiva, 2017, p. 205). São corretas as observações e preocupações de PAULO LÔBO, mas o fato é que a atual redação do art. 62, CC, está longe de evitar a amplitude de finalidades e a realidade é que há, sim, fundações que se tornam, na prática, agentes econômicos.

tico, educação, saúde, segurança alimentar e nutricional, defesa, preservação e conservação do meio ambiente e promoção do desenvolvimento sustentável, pesquisa científica, desenvolvimento de tecnologias alternativas, modernização de sistemas de gestão, produção e divulgação de informações e conhecimentos técnicos e científicos, promoção da ética, da cidadania, da democracia e dos direitos humanos e atividades religiosas, na forma do extenso rol[993] que passou a constar no art. 62, CC, por força da Lei 13.151/2015.

Em clássica definição, a fundação é uma "universidade de bens personalizada, em atenção ao fim, que lhe dá unidade".[994] Trata-se de negócio jurídico unilateral[995] em que se afeta um patrimônio para criação de pessoa jurídica

993 Essa ampliação dos fins de uma fundação privada incluiu matérias potencialmente transindividuais, como "cidadania", "direitos humanos", "conservação do patrimônio histórico e artístico, educação, saúde, segurança alimentar e nutricional, defesa, preservação e conservação do meio ambiente e promoção do desenvolvimento sustentável". A Lei da Ação Civil Pública, por sua vez, inclui como legitimado, além da associação, a fundação (art. 5º, IV, da Lei 7.347/1985). Diante desse quadro, PAULO LÔBO defende que a fundação privada pode ser legitimada para o ajuizamento de ação coletiva vinculada à sua finalidade estatutária (PAULO LÔBO. *Direito civil*: parte geral. 6ª ed. São Paulo: Saraiva, 2017, p. 207). Embora não esteja expresso na lei, a referência à fundação no referido dispositivo parece se limitar à pública e não à privada. De todo modo, como há legitimado privado para ajuizamento de ação coletiva e desde que limitada a pertinência temática, a questão suscitada por PAULO LÔBO merece reflexão e em princípio, adesão.

994 CLOVIS BEVILAQUA. *Código Civil dos Estados Unidos do Brasil*. Edição histórica. Rio de Janeiro: Rio, sem data, p. 240, v. I. "Os bens em causa ficam ao serviço de determinado fim" (ANTÓNIO MENEZES CORDEIRO. *Tratado de direito civil*. 3ª ed. Coimbra: Almedina, 2011, p. 799, v. IV). Na síntese de BEVILAQUA, para a instituição de uma fundação devem estar presentes os seguintes requisitos: a) patrimônio composto de bens livres no momento da constituição; b) ato constitutivo ou a dotação, que deverá constar na escritura pública ou no testamento; c) declaração, nesse ato, do fim especial a que se destina a fundação; d) estatutos, que atenderão as bases deixadas pelo instituidor; e) uma administração (idem, p. 240). Cumpre salientar que, no direito brasileiro, a criação e a personificação da fundação ocorrem em momentos jurídicos distintos: "a fundação somente se personifica a partir do registro" (PONTES DE MIRANDA. *Tratado de direito privado*. 4ª ed. São Paulo: RT, 1983, p. 466, tomo 1). "A fundação é a personalização jurídica de um patrimônio ou de um conjunto de bens destinados à realização de fins definidos pelo instituidor. [...] A fundação difere, fundamentalmente, das demais pessoas jurídicas pela singularidade de não ser integrada por pessoas físicas. [...] Para que a fundação de direito privado possa ser constituída são necessários os requisitos de ato de instituição, estatuto, patrimônio destinado suficiente e registro público competente. São dois momentos distintos: o ato de instituição é de criação e o registro é de personificação" (PAULO LÔBO. *Direito civil*: parte geral. 6ª ed. São Paulo: Saraiva, 2017, p. 204).

995 PONTES DE MIRANDA. *Tratado de direito privado*. 4ª ed. São Paulo: RT, 1983, p. 453-

com objetivos específicos e previstos em lei. É, em sua origem, expressão da autonomia privada do instituidor, ao estabelecer o que pode ser denominado de negócio fundacional.[996]

Por ser uma universalidade de bens destinada a alguma finalidade prevista em lei, quando insuficientes para constituir a fundação, os bens a ela destinados serão incorporados em outra fundação que se proponha a fim igual ou semelhante, se de outro modo não dispuser o instituidor (art. 63, CC).

Ainda sobre a afetação dos bens ao fim a que se destina a fundação,[997] dispõe o art. 64, CC, que, constituída por negócio jurídico entre vivos, o instituidor é obrigado a transferir-lhe a propriedade, ou outro direito real, sobre os bens dotados, e, se não o fizer, serão registrados, em nome dela, por mandado judicial. O Código de Processo Civil não manteve a técnica legislativa adotada na codificação anterior e regulou de modo simplificado os aspectos procedimentais relacionados ao estatuto e à extinção das fundações, reservando ao Código Civil a disciplina dos aspectos relacionados à sua instituição e a seu objeto.

Há um déficit legal sobre os contornos do regramento das fundações privadas,[998] mas, para a compreensão dos dispositivos do CPC, é fundamental o cotejo com os arts. 62 a 69, CC, onde estão as normas básicas que justificam o procedimento especial ora comentado.

Essa insuficiência legislativa faz com que haja inúmeras regulamentações infralegais, normalmente editadas pelos Ministérios Públicos para organizar rotinas de trabalho, que impõem obrigações aos instituidores, como a necessidade de exame prévio ao efetivo negócio fundacional, que passa a ter um procedimento bifásico[999]: primeiro, submete-se ao Ministério Público o projeto de criação de uma fundação; depois, caso admitido o projeto, efetiva-se a escritura pública ou testamento.[1000]

454, tomo 1. ANTÓNIO MENEZES CORDEIRO. *Tratado de direito civil.* 3ª ed. Coimbra: Almedina, 2011, p. 803, v. IV. Cf. DANIEL PIRES NOVAIS DIAS. *Negócio fundacional*: criação de fundações privadas. São Paulo: Método, 2014, capítulo 7.

996 DANIEL PIRES NOVAIS DIAS. *Negócio fundacional*: criação de fundações privadas. São Paulo: Método, 2014, p. 5.

997 A rigor, não se trata de afetação do patrimônio ao fim a que se destina a fundação; há, na verdade, uma vinculação indireta da dotação especial (DANIEL PIRES NOVAIS DIAS. *Negócio fundacional*: criação de fundações privadas. São Paulo: Método, 2014, p. 89-91).

998 DANIEL PIRES NOVAIS DIAS. *Negócio fundacional*: criação de fundações privadas. São Paulo: Método, 2014, p. 6.

999 DANIEL PIRES NOVAIS DIAS. *Negócio fundacional*: criação de fundações privadas. São Paulo: Método, 2014, p. 14.

1000 A rigor, se o exame for do próprio testamento em sua fase de cumprimento, a aná-

Essa fase de exame prévio possui conteúdo variável exatamente por inexistir padrão normativo geral, mas basicamente constitui uma fase em que se analisam a viabilidade financeira, a dotação de bens e a finalidade da fundação, além de outras características relacionadas ao modo de funcionamento da pessoa jurídica e também aspectos subjetivos do instituidor. Ainda que não prevista em lei essa fase, o exame prévio possui a utilidade de fazer com que o instituidor tenha a orientação adequada das etapas que deve seguir e dos requisitos que deve observar, sem prejuízo de ser possível o controle jurisdicional de alguma exigência que se mostre inadequada.[1001] Em relação ao CPC de 1973, a nova legislação não apresenta profundas modificações, mas simplificou a regulação da matéria e excluiu regras heterotópicas, que devem efetivamente permanecer reservadas ao direito material.

179. Estatuto

O estatuto é a "norma fundamental e norteadora da organização e do funcionamento da fundação"[1002] e seu registro público confere personalidade jurídica à fundação.[1003] O procedimento de jurisdição voluntária passa a incidir apenas na fase estatutária, caso haja discordâncias, não havendo procedimento previsto para a fase prévia de criação da fundação, ainda que, se necessário, as regras de jurisdição voluntária possam ser utilizadas por analogia.

De acordo com o art. 65, CC, "aqueles a quem o instituidor cometer a aplicação do patrimônio, em tendo ciência do encargo, formularão logo, de acordo com as suas bases (art. 62, CC), o estatuto da fundação projetada, submetendo-o, em seguida, à aprovação da autoridade competente, com recurso ao juiz", acrescentando, em seu parágrafo único, que, "se o estatuto não for elaborado no prazo assinado pelo instituidor, ou, não havendo prazo, em cento e oitenta dias, a incumbência caberá ao Ministério Público". O art. 120 da Lei dos Registros Públicos aponta as disposições estatutárias obrigatórias, assim como devem ser observadas as disposições cogentes do Código Civil, sem prejuízo de que haja outras tantas disposições facultativas que se amoldem ao perfil da fundação criada.

Aprovado o estatuto, dispõe o art. 67, CC, sobre a possibilidade de sua alteração: "Para que se possa alterar o estatuto da fundação é mister que a re-

---

lise será sobre o próprio negócio fundacional e não sobre a viabilidade prévia.

1001 Daniel Pires Novais Dias. *Negócio fundacional*: criação de fundações privadas. São Paulo: Método, 2014, p. 16-22.

1002 José Eduardo Sabo Paes. *Fundações, associações e entidades de interesse social*. 8ª ed. Rio de Janeiro: Forense, 2013, p. 326.

1003 José Eduardo Sabo Paes. *Fundações, associações e entidades de interesse social*. 8ª ed. Rio de Janeiro: Forense, 2013, p. 307-308. Alcides Mendonça Lima. *Comentários ao Código de Processo Civil*. São Paulo: RT, 1982, p. 520, v. XII.

forma: I – seja deliberada por dois terços dos competentes para gerir e representar a fundação; II – não contrarie ou desvirtue o fim desta; III – seja aprovada pelo órgão do Ministério Público no prazo máximo de 45 (quarenta e cinco) dias, findo o qual ou no caso de o Ministério Público a denegar, poderá o juiz supri-la, a requerimento do interessado". Consta, ainda, no art. 68, CC que, "quando a alteração não houver sido aprovada por votação unânime, os administradores da fundação, ao submeterem o estatuto ao órgão do Ministério Público, requererão que se dê ciência à minoria vencida para impugná-la, se quiser, em dez dias".

O estatuto será submetido à aprovação do Ministério Público, cabendo recurso ao juiz em caso de alteração ou rejeição de seus termos.

Nesse exame para a aprovação do estatuto, o Ministério Público não só examina seus termos, mas também todas as regras referentes à criação, organização e funcionamento de uma fundação.[1004]

Caso entenda que devem ser alterados pontos específicos do estatuto, deverá o membro do Ministério Público especificar fundamentadamente o que precisa ser modificado, semelhante ao que dispõe a parte final do art. 321, CPC, assim como a rejeição deve ser fundamentada analogamente ao disposto no art. 489, § 1º, CPC.

Aprovado o estatuto, não haverá intervenção judicial nessa fase e o procedimento administrativo será interno e vinculado ao Ministério Público, o que, como já visto, não o exime de observar o dever de fundamentação e os demais contornos do devido processo administrativo. Com a aprovação, segue-se o necessário registro para que se aperfeiçoe formalmente a existência jurídica da fundação.[1005]

Caso sejam determinadas modificações, não havendo discordâncias por parte do requerente, novamente será submetido o estatuto já modificado para homologação e, caso finalmente aprovado, deverá seguir para posterior registro, também sem intervenção judicial.

Somente no caso de rejeição do estatuto ou discordância com a deter-

---

1004 José Eduardo Sabo Paes. *Fundações, associações e entidades de interesse social*. 8ª ed. Rio de Janeiro: Forense, 2013, p. 311 (sobre as cláusulas estatutárias obrigatórias e facultativas, vale conferir o mesmo livro nas p. 327-341).

1005 O negócio fundacional possui eficácia mesmo antes ou independentemente da criação da pessoa jurídica da fundação, como o encargo para que se elabore o estatuto, o direito ao exame da aprovação (ou, para alguns, o próprio direito à aprovação) da fundação, a possibilidade de incorporação de bens dotados insuficientes em outra fundação com fim igual ou semelhante (cf. Daniel Pires Novais Dias. *Negócio fundacional*: criação de fundações privadas. São Paulo: Método, 2014, p. 11, nota 2).

minação de alterações haverá intervenção judicial, mediante provocação do requerente, a fim de que seja suprida a provação.

Antes de decidir, deverá o juiz ouvir o Ministério Público, a fim de que se colham as razões que ensejaram a rejeição ou a determinação de alterações e também se lhe possibilite manifestar sobre as razões apresentadas pelo requerente. Além disso, por se tratar de procedimento judicial visando à aprovação de estatuto, a intervenção do Ministério Público é obrigatória.

Isto é, o fato de o Ministério Público haver atuado previamente não elimina a necessidade de sua intervenção do procedimento judicial para aprovação ou alteração do estatuto.

A intervenção do Ministério Público é obrigatória, portanto, em todo procedimento envolvendo questões estatutárias, assim como todas as questões que envolvem o estatuto lhe devem ser previamente submetidas extrajudicialmente.

Em síntese, o Ministério Público atua sempre em questões envolvendo a elaboração ou modificação de estatuto fundacional; o juiz só atuará no caso de controvérsia entre o interessado e o Ministério Público.

Pode o juiz determinar alterações, antes de suprir a aprovação, o que, na verdade, mais se aproxima de decisão interlocutória do que de mera atuação administrativa,[1006] já que não é tarefa do juiz elaborar norma estatutária, mas, sim, controlar cláusulas de acordo com a legislação de regência. Pelo novo sistema recursal, tal decisão não será passível de recorribilidade imediata por meio de recurso de agravo de instrumento. Após sua aprovação por sentença,[1007] o estatuto deverá ser registrado na forma dos arts. 114, I, 119 e 120 da Lei 6.015/1973 e do art. 45, CC.

Dispõe o parágrafo único do art. 65, CC, que o Ministério Público elaborará o estatuto da fundação, se em até cento e oitenta dias o instituidor ou a pessoa por ele indicada não o elaborou, não nos parecendo consentânea com a Constituição da República essa atribuição atípica. Com efeito, nada justifica que o Ministério Público elabore o estatuto de uma fundação, como se fosse assistente do instituidor. Havendo inércia na elaboração do estatuto, simplesmente a fundação não

---

1006 Alcides Mendonça Lima. *Comentários ao Código de Processo Civil*. São Paulo: RT, 1982, p. 519, v. XII.

1007 Antonio Carlos Marcato. *Procedimentos especiais*. 16ª ed. São Paulo: Atlas, 2016, p. 433.

se estabelecerá. De todo modo, como há essa regra expressa, ainda que seja hipótese rara na prática, há que se vislumbrar a ocorrência dessa situação e que, caso haja provocação de um interessado, ensejará o controle jurisdicional do estatuto elaborado pelo Ministério Público, a fim de que haja controle das cláusulas estabelecidas. Em suma, elaborado o estatuto pelo Ministério Público, haverá remessa para controle jurisdicional caso haja discordância, nos moldes do procedimento previsto no art. 764, CPC.[1008]

A alteração no estatuto, na forma do art. 67, CC, igualmente seguirá o procedimento do art. 764, CPC, merecendo especial atenção do Ministério Público, especialmente para alterações oblíquas ou ampliativas que mascarem modificação substancial do objetivo da fundação,[1009] não raro

1008 Entendendo que, sempre que o Ministério Público elaborar o estatuto, haverá necessária remessa para controle jurisdicional: ALCIDES DE MENDONÇA LIMA. *Comentários ao Código de Processo Civil*. São Paulo: RT, 1982, p. 521-522, v. XII. Há também entendimento de que o Ministério Público deverá elaborar o estatuto no caso de omissão ou na hipótese de o próprio instituidor assim o requerer (PONTES DE MIRANDA. *Comentários ao Código de Processo Civil*. 2ª ed. Rio de Janeiro: Forense, 2008, p. 349-350, tomo XVI).

1009 "Não é possível, por exemplo, que os administradores de uma fundação que foi criada pela vontade de um instituidor em destinar um patrimônio para a realização de cursos profissionalizantes alterem ou modifiquem suas finalidades para a proteção e defesa de espécies em extinção na Mata Atlântica. Trata-se de verdadeira cláusula pétrea e decorre do princípio da especialidade dos fins. Implícita estará, se possível tal alteração, a possibilidade de desvios ou distorções na realização da atividade fundacional [...] A alteração que vise a modificar finalidade fundacional – incluindo novas, excluindo, redefinindo ou explicitando finalidades fixadas pelo instituidor –, importa, na verdade, na criação de uma nova entidade, uma nova fundação, diversa daquela idealizada pela vontade do instituidor [...]. Observe-se que os fins devem ser imutáveis em sua essência e qualquer alteração não deve e não pode ser contrária aos fins originalmente estabelecidos na escritura. Todavia, é crível e perfeitamente admissível que, com o decorrer do tempo, existam transformações nas circunstâncias sociais em que a fundação atue, ou mesmo o próprio contexto para o qual a entidade tenha sido projetada haja sido alterado por condições supervenientes à vontade dos instituidores ou dos administradores, que provoque uma alteração de fins fundacionais. Mediante interpretação do ato fundacional, preservando-se a intenção dos instituidores, admite-se a modificação nas atividades-fim" (JOSÉ EDUARDO SABO PAES. *Fundações, associações e entidades de interesse social*. 8ª ed. Rio de Janeiro: Forense, 2013, p. 382-383).

para possibilitar contratações com o poder público,[1010-1011] inserir cláusula sobre

1010 Para a relação entre as fundações privadas e o poder público, convém esclarecer que a titulação de organização social, organização da sociedade civil, assistência social, entre outras, decorre de lei é não é algo ínsito ao regime jurídico fundacional. As fundações podem ou não se enquadrar nos requisitos exigidos por lei. Para a compreensão da matéria, são relevantes ao menos as seguintes leis, no âmbito federal, com a ressalva de que se trata de regulação fragmentada entre as diversas esferas administrativas, havendo leis estaduais e locais sobre a matéria: Leis 9.637/1998, 9.790/1999, 12.101/2009, 13.019/2014 e 13.204/2015.

1011 Sobre as contratações do poder público com organizações sociais, que, como visto, podem ou não ser fundações privadas, há relevante julgamento do Supremo Tribunal Federal: Ementa: "Ação direta de inconstitucionalidade. Constitucional. Administrativo. Terceiro setor. Marco legal das organizações sociais. Lei nº 9.637/98 e nova redação, conferida pela lei nº 9.648/98, ao art. 24, XXIV, da Lei nº 8.666/93. Moldura constitucional da intervenção do estado no domínio econômico e social. Serviços públicos sociais. Saúde (art. 199, *caput*), educação (art. 209, *caput*), cultura (art. 215), desporto e lazer (art. 217), ciência e tecnologia (art. 218) e meio ambiente (art. 225). Atividades cuja titularidade é compartilhada entre o poder público e a sociedade. Disciplina de instrumento de colaboração público-privada. Intervenção indireta. Atividade de fomento público. Inexistência de renúncia aos deveres estatais de agir. Margem de conformação constitucionalmente atribuída aos agentes políticos democraticamente eleitos. Princípios da consensualidade e da participação. Inexistência de violação ao art. 175, *caput*, da constituição. Extinção pontual de entidades públicas que apenas concretiza o novo modelo. Indiferença do fator temporal. Inexistência de violação ao dever constitucional de licitação (CF, art. 37, XXI). Procedimento de qualificação que configura hipótese de credenciamento. Competência discricionária que deve ser submetida aos princípios constitucionais da publicidade, moralidade, eficiência e impessoalidade, à luz de critérios objetivos (CF, art. 37, *caput*). Inexistência de permissivo à arbitrariedade. Contrato de gestão. Natureza de convênio. Celebração necessariamente submetida a procedimento objetivo e impessoal. Constitucionalidade da dispensa de licitação instituída pela nova redação do art. 24, XXIV, da lei de licitações e pelo art. 12, § 3º, da Lei nº 9.637/98. Função regulatória da licitação. Observância dos princípios da impessoalidade, da publicidade, da eficiência e da motivação. Impossibilidade de exigência de licitação para os contratos celebrados pelas organizações sociais com terceiros. Observância do núcleo essencial dos princípios da administração pública (CF, art. 37, *caput*). Regulamento próprio para contratações. Inexistência de dever de realização de concurso público para contratação de empregados. Incidência do princípio constitucional da impessoalidade, através de procedimento objetivo. Ausência de violação aos direitos constitucionais dos servidores públicos cedidos. Preservação do regime remuneratório da origem. Ausência de submissão ao princípio da legalidade para o pagamento de verbas, por entidade privada, a servidores. Interpretação dos arts. 37, X, e 169, § 1º, da Constituição. Controles pelo Tribunal de Contas da União e pelo Ministério Público. Preservação do âmbito constitucionalmente definido para o exercício do controle externo (CF, arts. 70, 71, 74 e 127 e seguintes). Interferência estatal em associações e fundações privadas (CF, art. 5º, XVII e XVIII). Condicionamento à adesão voluntária da entidade privada. Inexistência de ofensa à constituição. Ação direta julgada parcialmente procedente para conferir interpretação conforme aos diplomas impugnados. 1. A atuação da Corte Constitucional não pode traduzir forma de engessamento e de cristalização de um determinado modelo pré-concebido de Estado, impedindo que, nos limites constitucionalmente assegurados, as maiorias políticas prevalecentes no jogo democrático pluralista possam pôr em prática seus projetos de governo, moldando o perfil e o instrumental do poder público conforme a vontade coletiva. 2. Os setores de saúde (CF, art. 199, *caput*), educação (CF, art. 209, *caput*), cultura (CF, art. 215), desporto e lazer (CF, art. 217), ciência e tecnologia (CF, art. 218) e meio ambiente (CF, art. 225) configuram serviços públicos sociais, em relação aos quais a Constituição, ao mencionar que "são deveres do Estado e da Sociedade" e que são "livres à iniciativa privada", permite a atuação, por direito próprio, dos particulares, sem que para tanto seja necessária a delegação pelo poder público, de forma que não incide, *in casu*, o art. 175, *caput*, da Constituição. 3. A atuação do poder público no domínio econômico e social pode ser viabilizada por intervenção direta ou indireta, disponibilizando utilidades materiais aos beneficiários, no primeiro caso, ou fazendo uso, no segundo caso, de seu instrumental jurídico para induzir que os particulares executem atividades de interesses públicos através da regulação, com coercitividade, ou através do fomento, pelo uso de incentivos e estímulos a comportamentos voluntários. 4. Em qualquer caso, o cumprimento efetivo dos deveres constitucionais de atuação estará, invariavelmente, submetido ao que a doutrina contemporânea denomina de controle da Administração Pública sob o ângulo do resultado (Diogo de Figueiredo Moreira Neto). 5. O marco legal das Organizações Sociais inclina-se para a atividade de fomento público no domínio dos serviços sociais, entendida tal atividade como a disciplina não coercitiva da conduta dos particulares, cujo desempenho em atividades de interesse público é estimulado por sanções premiais, em observância aos princípios da consensualidade e da participação na Administração Pública. 6. A finalidade de fomento, *in casu*, é posta em prática pela cessão de recursos, bens e pessoal da Administração Pública para as entidades privadas, após a celebração de contrato de gestão, o que viabilizará o direcionamento, pelo Poder Público, da atuação do particular em consonância com o interesse público, através da inserção de metas e de resultados a serem alcançados, sem que isso configure qualquer forma de renúncia aos deveres constitucionais de atuação. 7. Na essência, preside a execução deste programa de ação institucional a lógica que prevaleceu no jogo democrático, de que a atuação privada pode ser mais eficiente do que a pública em determinados domínios, dada a agilidade e a flexibilidade que marcam o regime de direito privado. 8. Os arts. 18 a 22 da Lei nº 9.637/98 apenas concentram a decisão política, que poderia ser validamente feita no futuro, de afastar a atuação de entidades públicas através da intervenção direta para privilegiar a escolha pela busca dos mesmos fins através da indução e do fomento de atores privados, razão pela qual a extinção das entidades mencionadas nos dispositivos não afronta a Constituição, dada a irrelevância do fator tempo na opção pelo modelo de fomento – se simultaneamente ou após a edição da Lei. 9. O procedimento de qualificação de entidades, na sistemática da Lei, consiste em etapa inicial e embrionária, pelo deferimento do título jurídico de "organização social", para que Poder Público e particular colaborem na realização de um interesse comum, não se fazendo presente a contraposição de interesses, com feição comutativa e com intuito lucrativo, que consiste no núcleo conceitual da figura do contrato administrativo, o que torna inaplicável o dever constitucional de licitar (CF, art. 37, XXI). 10. A atribuição de título jurídico de legitimação da entidade através da qualificação configura hipótese de credenciamento, no qual não incide a licitação pela própria natureza jurídica do ato, que não é contrato, e pela inexistência de qualquer competição, já que todos os interessados podem alcançar o mesmo objetivo, de modo includente, e não excludente. 11. A previsão de competência discricionária no art. 2º, II, da Lei nº 9.637/98 no que pertine à qualificação tem de ser interpretada sob o influxo da principiologia constitucional, em especial dos princípios da impessoalidade, moralidade, publicidade e eficiência (CF, art. 37, *caput*). É de se ter por vedada, assim, qualquer forma de arbitrariedade, de modo que o indeferimento do requerimento de qualificação, além de pautado pela publicidade, transparência e motivação, deve observar critérios objetivos fixados em ato regulamentar expedido em obediência ao art. 20 da Lei nº 9.637/98, concretizando de forma homogênea as diretrizes contidas nos inc. I a III do dispositivo. 12. A figura do contrato de gestão configura hipótese de convênio, por consubstanciar a conjugação de esforços com plena harmonia entre as posições subjetivas, que buscam um negócio verdadeiramente associativo, e não comutativo, para o atingimento de um objetivo comum aos interessados: a realização de serviços de saúde, educação, cultura, desporto e lazer, meio ambiente e ciência e tecnologia, razão pela qual se encontram fora do âmbito de incidência do art. 37, XXI, da CF. 13. Diante, porém, de um cenário de escassez de bens, recursos e servidores públicos, no qual o contrato de gestão firmado com uma entidade privada termina por excluir, por consequência, a mesma pretensão veiculada pelos demais particulares em idêntica situação, todos almejando a posição subjetiva de parceiro privado, impõe-se que o Poder Público conduza a celebração do contrato de gestão por um procedimento público impessoal e pautado por critérios objetivos, por força da incidência direta dos princípios constitucionais da impessoalidade, da publicidade e da eficiência na Administração Pública (CF, art. 37, *caput*). 14. As dispensas de licitação instituídas no art. 24, XXIV, da Lei nº 8.666/93 e no art. 12, § 3º, da Lei nº 9.637/98 têm a finalidade que a doutrina contemporânea denomina de função regulatória da licitação, através da qual a licitação passa a ser também vista como mecanismo de indução de determinadas práticas sociais benéficas, fomentando a atuação de organizações sociais que já ostentem, à época da contratação, o título de qualificação, e que por isso sejam reconhecidamente colaboradoras do Poder Público no desempenho dos deveres constitucionais no campo dos serviços sociais. O afastamento do certame licitatório não exime, porém, o administrador público da observância dos princípios constitucionais, de modo que a contratação direta deve observar critérios objetivos e impessoais, com publicidade de forma a permitir o acesso a todos os interessados. 15. As organizações sociais, por integrarem o Terceiro Setor, não fazem parte do conceito constitucional de Administração Pública, razão pela qual não se submetem, em suas contratações com terceiros, ao dever de licitar, o que consistiria em quebra da lógica de flexibilidade do setor privado, finalidade por detrás de todo o marco regulatório instituído pela Lei. Por receberem recursos públicos, bens públicos e servidores públicos, porém, seu regime jurídico tem de ser minimamente informado pela incidência do núcleo essencial dos princípios da Administração Pública (CF, art. 37, *caput*), dentre os quais se destaca o princípio da impessoalidade, de modo que suas contratações devem observar o disposto em regulamento próprio (Lei nº 9.637/98, art. 4º, VIII), fixando regras objetivas e impessoais para o dispêndio de recursos públicos. 16. Os empregados das Organizações Sociais não são servidores públicos, mas sim empregados privados, por isso que sua remuneração não deve ter base em lei (CF, art. 37, X), mas nos contratos de trabalho firmados consensualmente. Por identidade de razões, também não se aplica às Organizações Sociais a exigência de concurso público (CF, art. 37, II), mas a seleção de pessoal, da mesma forma como a contratação de obras e serviços, deve ser posta em prática através de um procedimento objetivo e impessoal.

consultoria ou tornar-se prática exclusiva para a realização de concurso público e de terceirização de serviço, entre outras, que não só descaracterizam a finalidade específica de uma fundação, como também a finalidade de interesse social abstratamente considerada.

Devem ser objeto de rigorosa fiscalização as alterações que visem a modificar ou a misturar objetivos ou modificações ampliativas e genéricas, não raro com a única intenção de contratar com o poder público ou receber verba pública a partir da ampliação do escopo.

O estatuto de uma fundação não é um catálogo de disposições que podem ser alteradas livremente, como se houvesse ampla mutabilidade dos fins de uma

---

17. Inexiste violação aos direitos dos servidores públicos cedidos às organizações sociais, na medida em que preservado o paradigma com o cargo de origem, sendo desnecessária a previsão em lei para que verbas de natureza privada sejam pagas pelas organizações sociais, sob pena de afronta à própria lógica de eficiência e de flexibilidade que inspiraram a criação do novo modelo. 18. O âmbito constitucionalmente definido para o controle a ser exercido pelo Tribunal de Contas da União (CF, arts. 70, 71 e 74) e pelo Ministério Público (CF, arts. 127 e seguintes) não é de qualquer forma restringido pelo art. 4º, *caput*, da Lei nº 9.637/98, porquanto dirigido à estruturação interna da organização social, e pelo art. 10 do mesmo diploma, na medida em que trata apenas do dever de representação dos responsáveis pela fiscalização, sem mitigar a atuação de ofício dos órgãos constitucionais. 19. A previsão de percentual de representantes do poder público no Conselho de Administração das organizações sociais não encerra violação ao art. 5º, XVII e XVIII, da Constituição Federal, uma vez que dependente, para concretizar-se, de adesão voluntária das entidades privadas às regras do marco legal do Terceiro Setor. 20. Ação direta de inconstitucionalidade cujo pedido é julgado parcialmente procedente, para conferir interpretação conforme à Constituição à Lei nº 9.637/98 e ao art. 24, XXIV, da Lei nº 8.666/93, incluído pela Lei nº 9.648/98, para que: (i) o procedimento de qualificação seja conduzido de forma pública, objetiva e impessoal, com observância dos princípios do *caput* do art. 37 da CF, e de acordo com parâmetros fixados em abstrato segundo o que prega o art. 20 da Lei nº 9.637/98; (ii) a celebração do contrato de gestão seja conduzida de forma pública, objetiva e impessoal, com observância dos princípios do *caput* do art. 37 da CF; (iii) as hipóteses de dispensa de licitação para contratações (Lei nº 8.666/93, art. 24, XXIV) e outorga de permissão de uso de bem público (Lei nº 9.637/98, art. 12, § 3º) sejam conduzidas de forma pública, objetiva e impessoal, com observância dos princípios do *caput* do art. 37 da CF; (iv) os contratos a serem celebrados pela Organização Social com terceiros, com recursos públicos, sejam conduzidos de forma pública, objetiva e impessoal, com observância dos princípios do *caput* do art. 37 da CF, e nos termos do regulamento próprio a ser editado por cada entidade; (v) a seleção de pessoal pelas Organizações Sociais seja conduzida de forma pública, objetiva e impessoal, com observância dos princípios do *caput* do art. 37 da CF, e nos termos do regulamento próprio a ser editado por cada entidade; e (vi) para afastar qualquer interpretação que restrinja o controle, pelo Ministério Público e pelo TCU, da aplicação de verbas públicas" (ADI 1923, rel. Min. AYRES BRITTO, rel. p/ Acórdão Min. LUIZ FUX, Tribunal Pleno, j. 16/4/2015, Acórdão Eletrônico DJe-254).

fundação. A rigor, a alteração estatutária deve ser excepcional, justificada e guardar pertinência estrita com os objetivos da fundação (art. 67, II, CC).

Há que se atentar para a alteração do art. 67, III, CC, que permite a aprovação da alteração, por meio de suprimento judicial, no caso de omissão do Ministério Público no prazo máximo de quarenta e cinco dias. Caso haja requerimento desse suprimento judicial na forma do art. 67, III, CC, o Ministério Público deverá ser citado (de todo modo, sua intervenção no processo se dará ao menos na condição de fiscal da ordem jurídica, caso não se admita, por uma questão de tradição e não de técnica, seu posicionamento no polo passivo). De acordo com o art. 68, CC, "quando a alteração não houver sido aprovada por votação unânime, os administradores da fundação, ao submeterem o estatuto ao órgão do Ministério Público, requererão que se dê ciência à minoria vencida para impugná-la, se quiser, em dez dias". Nessa hipótese, também no procedimento judicial porventura instaurado (art. 764, CPC, e art. 67, III, CC), será citada a minoria vencida.

180. Ministério Público

A atuação do Ministério Público em relação às fundações é classicamente vinculada ao seu "velamento", que é um conceito que abrange tanto a função como órgão interveniente quanto como órgão agente.[1012]

No exercício dessa atividade, o Ministério Público poderá se valer de todos os instrumentos oferecidos pela legislação, não só na atuação como fiscal da ordem jurídica, mas também como legitimado ativo, além da cada vez mais relevante atuação extrajudicial, como inspeções, instauração de inquérito civil, celebração de termo de ajustamento de conduta, expedição de recomendação, entre outros.

As possibilidades são, portanto, bastante variadas, não sendo possível oferecer um elenco sequer próximo do exaustivo de uma espécie de tipologia de atuação judicial, mas convém registrar exemplificativamente as medidas mais comuns: a) cobrar a integralização da dotação inicial de todos os instituidores, uma vez que são responsáveis solidariamente; b) anular ato praticado pelos administradores e dirigentes que for contrário ao estatuto e à lei; c) impedir a alienação indevida de bens da fundação; d) ajuizar ações para a remoção de diretores, curadores ou dirigentes; e) exigir prestação de contas;[1013]

1012 Amplamente: José Eduardo Sabo Paes. *Fundações, associações e entidades de interesse social.* 8ª ed. Rio de Janeiro: Forense, 2013, p. 555-621.

1013 Comumente há regulamentações internas dos Ministérios Públicos que preveem o exame anual das contas das fundações, com participação de auditores externos e, não raro, com a participação de contadores e outros profissionais vinculados às

f) extinguir a fundação; g) responsabilizar dirigentes e ex-dirigentes pela prática de irregularidades na condução da vida patrimonial, econômica e financeira das instituições.[1014] Essas providências são diretamente relacionadas ao exercício da função de velamento de fundações, no sentido de que visam a preservar o patrimônio da entidade e o resguardo das atividades sociais que desenvolve em prol do interesse social, mas muitas outras possibilidades decorrem envolvendo uma fundação, e que, a rigor, não se vincula ao velamento. Exemplos: a nulidade de um contrato do poder público com uma fundação ou a atribuição de ato de improbidade a partir de fatos relacionados com uma fundação.[1015]

Como já mencionado, o Ministério Público possui especial função na aprovação dos estatutos e de suas modificações, cabendo-lhe nessas situações firme atuação para que não se desvirtuem as finalidades fundacionais e para que verdadeiras empresas de atividade econômica – não raro com especial predileção para a contratação com o poder público - não se beneficiem do fato de formalmente serem tratadas como fundação, como a possibilidade de dispensa de licitação prevista no art. 24 da Lei 8.666/1993 e do gozo de isenções ou imunidades fiscais previstas no ordenamento jurídico (como o que preveem

Promotorias de Justiça. Esses atos são relevantes e constituem importante fonte de informações sobre o desempenho das atividades das fundações. Deve ser instaurado um procedimento administrativo para fins de organização do trabalho para cada ano e para cada fundação. Caso haja aprovação ou reprovação das contas, o procedimento não será submetido ao crivo de qualquer controle externo, já que não se reexamina a ação do Promotor de Justiça, mas, sim, a omissão, quando previsto em lei, como no caso dos inquéritos civis. A partir da reprovação, pode haver instauração de inquérito civil, expedição de recomendações (como para que o poder público não firme contrato com determinada fundação) etc.

1014 José Eduardo Sabo Paes. *Fundações, associações e entidades de interesse social.* 8ª ed. Rio de Janeiro: Forense, 2013, p. 585. Cf., ainda, Antônio Cláudio da Costa Machado. *A intervenção do Ministério Público no processo civil brasileiro.* 2ª ed. São Paulo: Saraiva, 1998, p. 272-275.

1015 Lei 8.429/1992: art. 1º, parágrafo único: "Estão também sujeitos às penalidades desta lei os atos de improbidade praticados contra o patrimônio de entidade que receba subvenção, benefício ou incentivo, fiscal ou creditício, de órgão público bem como daquelas para cuja criação ou custeio o erário haja concorrido ou concorra com menos de cinquenta por cento do patrimônio ou da receita anual, limitando-se, nestes casos, a sanção patrimonial à repercussão do ilícito sobre a contribuição dos cofres públicos". Art. 2° "Reputa-se agente público, para os efeitos desta lei, todo aquele que exerce, ainda que transitoriamente ou sem remuneração, por eleição, nomeação, designação, contratação ou qualquer outra forma de investidura ou vínculo, mandato, cargo, emprego ou função nas entidades mencionadas no artigo anterior". Sobre o "terceiro setor" incluído entre os sujeitos dos atos de improbidade: Emerson Garcia e Rogério Pacheco Alves. *Improbidade administrativa.* 8ª ed. São Paulo: Saraiva, 2014, p. 327-338.

o art. 150, VI, *c*, da Constituição da República, e os arts. 9º, IV, *c*, e 12 do Código Tributário Nacional).

A fiscalização das alterações estatutárias se mostra especialmente sensível, não por ser uma conhecida manobra para descaracterizar a fundação, mas também diante da alteração do art. 68, III, CC, que passou a prever prazo próprio para manifestação do Ministério Público, valendo o silêncio, após quarenta e cinco dias, como anuência. Essas diversas funções do Ministério Público somente se justificam se for considerada a finalidade das fundações atrelada ao interesse público.

Como adiantamos quando dos comentários ao art. 721, CPC, a atuação funcional do Ministério Público não deve ser confundida com um enfoque voluntarista ou paternalista que privilegie uma fundação irregular em detrimento do interesse público, como se a razão para sua atuação estivesse no meio e não no fim, em evidente desvio de perspectiva e subversão de valores. Note-se que esse enfoque técnico decorre do próprio sistema e não se confunde com a prevalência de uma atuação repressiva,[1016] já que a atuação extrajudicial e preventiva se mostra muitas vezes mais adequada para a tutela de direitos e evita a judicialização de questões que poderiam ter sido resolvidas por meio de uma recomendação, por exemplo, antecipando-se ao potencial conflito. Como já ressaltado, para a efetiva tutela de direitos a atuação repressiva é insuficiente, o que não significa que não possua imenso espaço e relevância funcional.

O importante é assinalar que a atuação repressiva ou sancionatória não pode mais ser percebida como única possibilidade de atuação do Ministério Público, ainda que se mantenha como uma das várias possibilidades de atuação. Nesse sentido, utiliza-se doutrinariamente a terminologia *Ministério Público demandista* e *Ministério Público resolutivo*, sendo que o primeiro é aquele que entende que esgota e limita sua atuação com a propositura de ações judiciais e o segundo, que se preocupa com a efetividade do processo e a resolução dos direitos e se vale de todos os instrumentos de que dispõe para a tutela de direitos, vislumbrando a via judicial como um importante canal, mas não o único, nem o preponderante.[1017] Na realidade, a atuação preventiva deve ser o

1016 A doutrina denomina de tutela repressiva ou sancionatória aquela que tradicionalmente se contrapõe semanticamente à preventiva (José Carlos Barbosa Moreira. Tutela sancionatória e tutela preventiva. *Temas de direito processual (Segunda Série)*. São Paulo: Saraiva, 1980, p. 21-29).

1017 Essa terminologia é proposta por Marcelo Pedroso Goulart há anos e novamente referida em seu mais recente livro: *Elementos para uma Teoria Geral do Ministério Público*. Belo Horizonte: Arraes, 2013, p. 201-205 (sobre o tema, adotando expressamente a terminologia, Gregório Assagra de Almeida em seu *Direito processual coletivo*: um novo

meio por excelência da atuação do Ministério Público, mas não há dúvidas de que a adoção de práticas repressivas é necessária e, não raro, inevitável.[1018] Não se deve confundir a atuação processual do Ministério Público com o exercício de formas repressivas. Na realidade, a atuação repressiva pode se dar processual ou extraprocessualmente, assim como a atuação preventiva pode se verificar em ambos os contextos.

Em relação às fundações, mostra-se muito eficaz a atuação preventiva extrajudicial, especialmente por meio de recomendações, termos de ajustamento de conduta, exigência de contas e inspeções formais nos locais de atividade da fundação.[1019] Acerca da atuação funcional do Ministério Público em

---

ramo do direito processual. São Paulo: Saraiva, 2003, p. 510-512, e também no denso artigo Direitos Fundamentais e os principais fatores de legitimação social do Ministério Público no neoconstitucionalismo. *Teoria Geral do Ministério Público*. GREGÓRIO ASSAGRA DE ALMEIDA e JARBAS SOARES JÚNIOR (coord.). Belo Horizonte: Del Rey, 2013, item 3). A cientista política CÁTIA SILVA desenvolveu tese de doutoramento sobre o Ministério Público e trabalhou com os conceitos de "promotores de gabinete" e "promotores de fatos", nos seguintes termos: "Definirei o promotor de gabinete como aquele que, embora utilize procedimentos extrajudiciais no exercício de suas funções, dá tanta ou mais relevância à proposição de medidas judiciais e ao exame e parecer dos processos judiciais dos quais está encarregado. Mais importante, o promotor de gabinete não usa os procedimentos judiciais como meios de negociação, articulação e mobilização de organismos governamentais e não governamentais. Já o promotor de fatos, conquanto proponha medidas judiciais e realize atividades burocráticas ligadas às suas áreas, dá tanta ou mais importância ao uso de procedimentos extrajudiciais, mobilizando recursos da comunidade, acionando organismos governamentais e não governamentais e agindo como articulador político" (*Justiça em jogo*: novas facetas da atuação dos promotores de justiça. São Paulo: Edusp, 2001, p. 91).

1018 GREGÓRIO ASSAGRA DE ALMEIDA. Direitos fundamentais e os principais fatores de legitimação social do Ministério Público no neoconstitucionalismo. *Teoria Geral do Ministério Público*. GREGÓRIO ASSAGRA DE ALMEIDA e JARBAS SOARES JÚNIOR (coord.). Belo Horizonte: Del Rey, 2013, p. 46-48.

1019 Essa fiscalização presencial pode ser muito útil, mas deve ser também realizada com técnica e preparo prévio, não podendo soar como visita de cortesia ou inspeção improvisada. Nem sempre, porém, a presença pessoal do Promotor de Justiça é adequada, como nos casos em que há eleições internas de diretoria ou outras atividades deliberativas na sede da fundação, sob pena de o membro do Ministério Público tornar-se testemunha de algum ilícito, podendo afetar sua posterior atuação, ou coonestar algum procedimento, sem que perceba que sua presença apenas serve como uma espécie de atestado de idoneidade do ato, o que, evidentemente, não é sua função. Também não cabe ao Ministério Público efetuar registro de atas sem a devida regularização de acordo com as normas estatutárias nem fornecer "atestados de idoneidade" ou declarações assemelhadas, limitando-se, quando muito, a certificar situações jurídicas sob sua atribuição. Não há que se confundir função administrativa ou executiva, sempre decorrente de lei e vinculada ao exercício funcional, com uma espécie de tutela ou coadministração da fundação. Há que se evitar qualquer ato assistencialista, em que se a dimensão privada da fundação, ainda que com finalidade de interesse público, e não robustece a

matéria fundacional, dispõe o art. 66, CC, que "velará pelas fundações o Ministério Público do Estado onde situadas" e, "se funcionarem no Distrito Federal ou em Território, caberá o encargo ao Ministério Público do Distrito Federal e Territórios"; "se estenderem a atividade por mais de um Estado, caberá o encargo, em cada um deles, ao respectivo Ministério Público". Cotejando esse dispositivo com o art. 127 da Constituição e com o art. 178, CPC, o fundamento da atuação do Ministério Público, portanto, está no interesse público ou social das fundações,[1020] a fim de assegurar que a atividade social prevista no estatuto da entidade, e que beneficia uma coletividade carente específica ou que, por exemplo, aprimore o desenvolvimento da pesquisa, cultura, tecnologia, seja, de fato, desenvolvida, justificando o acompanhamento estatal de suas atividades, não só pelo Ministério Público, mas também por outros órgãos de controle, incluindo o Judiciário. A fiscalização da atividade das fundações merece especial destaque, não só para o cumprimento dos fins a que se destinam, mas também em razão de vantagens tributárias recebidas e da ativa participação em contratos administrativos, inclusive com dispensa de licitação.

Além de suas funções clássicas, assume o Ministério Público importante papel administrativo no direito fundacional,[1021] cabendo-lhe quase uma função cartorária de controle dos requisitos para a instituição da fundação e de fiscalização contínua de seu funcionamento, incluindo o aspecto contábil no exame das contas.

---

atuação finalística, podendo, na realidade, servir apenas para legitimar atos que, no futuro, poderá se deparar como um problema que enseja atuação repressiva.

1020 Na doutrina, identificam-se quatro fundamentos para a atuação do Ministério Público: Quatro fundamentos: 1) patrimônio que se torna de domínio público, em razão de sua finalidade social; 2) prestação de serviços à comunidade de forma desinteressada e em que predomina o interesse público; 3) fiscalização de sua estrutura organizacional para a consecução de seus objetivos; 4) percepção de benefícios e de isenções tributárias (JOSÉ EDUARDO SABO PAES. *Fundações, associações e entidades de interesse social.* 8ª ed. Rio de Janeiro: Forense, 2013, p. 577). AIRTON GRAZZIOLI e EDSON JOSÉ RAFAEL identificam o fundamento da intervenção no interesse social de onde, por sua vez, decorre um "interesse indisponível envolvido na constituição, administração e alcance dos objetivos sociais de uma fundação" (*Fundações privadas.* São Paulo: Atlas, 2009, p. 167). Confira-se, ainda, a tentativa de se concluir que a justificativa para atuação do Ministério Público em tema fundacional se relaciona com a indisponibilidade do direito: ANTÔNIO CLÁUDIO DA COSTA MACHADO. *A intervenção do Ministério Público no processo civil brasileiro.* 2ª ed. São Paulo: Saraiva, 1998, p. 269-272.

1021 EDSON PRATA dizia que as funções do Ministério Público relacionadas às fundações dividiam-se em orientadoras, fiscalizadoras e executivas (EDSON PRATA. *Comentários ao Código de Processo Civil.* Rio de Janeiro: Forense, 1978, p. 351, v. 7).

O CPC ainda prevê a anômala – e de discutível constitucionalidade – função de, supletivamente, elaborar o estatuto. Se o Ministério Público elaborar o estatuto, aponta-se na doutrina que deverá submetê-lo diretamente à aprovação judicial.[1022] Parece-nos, porém, que essa remessa não será automática, havendo necessidade de provocação de interessado, por discordar dos termos do estatuto elaborado.

Por essas atividades heterodoxas, poderá o Ministério Público figurar no polo passivo de ações ajuizadas precisamente para discutir os atos administrativos por ele exarados.

Entrementes, haverá o exercício de suas funções típicas, que incluem, como já ressaltado, a instauração de procedimentos e, se necessário, o ajuizamento de ações para exigir contas, afastar diretorias, extinguir fundações, apurar atos de improbidade quando for o caso, entre outras possibilidades que integram o amplo conceito de "velamento", que, insista-se, dá-se em benefício do interesse público, que não necessariamente coincidirá, por exemplo, com a manutenção de uma fundação que apresente desvio de finalidade.

Esse ponto assume especial relevância porque não é incomum que se perceba a atividade do Ministério Público como de um "tutor" ou "curador" da fundação por si só. O velamento é da atividade desenvolvida de interesse social, e, evidentemente, quando a fundação de fato implementar os meios para a atingir as finalidades estatutárias.

Não se está aqui, no campo fundacional, diante de qualquer exceção ao art. 127 da Constituição da República (no caso das fundações, também deve-se invocar em conjunto o art. 129, IX, da Constituição), de modo que o exercício dessa atividade de curadoria fundamento da atuação do Ministério Público deve ser sempre encontrado naquela sede normativa.

Como em toda atividade de que participa o Ministério Público, o assistencialismo e o voluntarismo devem ceder lugar para a técnica e para a preservação do interesse social. Na esfera processual, além da legitimidade ativa – e, de modo mais raro, da legitimidade passiva –, a atuação jurisdicional do Ministério Público também pode se dar na clássica função de fiscal da ordem jurídica, caso haja processo em que se discutam questões essencialmente relacionadas à estrutura, organização ou finalidade da fundação, como modificação de estatuto, afastamento de membro da diretoria, anulação de ata admi-

---

1022 ALCIDES DE MENDONÇA LIMA. *Comentários ao Código de Processo Civil.* São Paulo: RT, 1982, p. 521-522, v. XII. Há também entendimento de que o Ministério Público deverá elaborar o estatuto no caso de omissão ou na hipótese de o próprio instituidor assim o requerer (PONTES DE MIRANDA. *Comentários ao Código de Processo Civil.* 2ª ed. Rio de Janeiro: Forense, 2008, p. 349-350, tomo XVI).

nistrativa, alienação de patrimônio, entre outras.

Note-se que não é a simples presença de uma fundação no processo que ensejará a intervenção do Ministério Público como fiscal da ordem jurídica, mas, sim, a existência de questões relacionadas essencialmente à função de "velamento". Assim, por exemplo, questões obrigacionais, como discussão de contrato de locação ou de cobrança de mensalidade de faculdade vinculada a uma fundação não ensejarão intervenção do Ministério Público.

Em suma, para fins de intervenção como fiscal da ordem jurídica, haverá indicação expressa na lei (completando-se, assim, a referência constante no *caput* do art. 178, CPC), ou se houver hipótese que se encaixe nos incisos do art. 178, CPC. Parafraseando o que consta no parágrafo único do referido art. 178, a participação de uma fundação no processo não configura, por si só, hipótese de intervenção do Ministério Público.

Seja atuando como legitimado ativo, seja como fiscal da ordem jurídica, apenas um membro do Ministério Público atuará no processo.[1023]

Em se tratando de atividade relacionada ao velamento da fundação, a atribuição será do Ministério Público do Estado (ou, se for o caso, do Distrito Federal) em que situada a sede da fundação, conforme o já citado art. 66, CC[1024]

1023 "Esta Corte firmou entendimento no sentido de que 'é desnecessária a intervenção do Ministério Público na qualidade de *custos legis* quando atua como parte na ação civil pública' (STJ, AgRg no REsp 1.385.059/RJ, Rel. Ministro Benedito Gonçalves, Primeira Turma, DJe de 11/09/2014). Nesse sentido: STJ, AgRg no REsp 1.417.765/RJ, Rel. Ministro Moura Ribeiro, Terceira Turma, DJe de 26/06/2015; STJ, AgRg no REsp 1.342.655/RJ, Rel. Ministro Paulo De Tarso Sanseverino, Terceira Turma, DJe de 11/05/2015" (AgInt no AREsp 698.557/BA, rel. Min. Assusete Magalhães, Segunda Turma, j. 13/9/2016, DJe 27/9/2016).

1024 O Supremo Tribunal Federal julgou Ação Direta de Inconstitucionalidade que versou sobre o alcance do art. 66, CC, na fixação de atribuições do Ministério Público: "I. ADIn: legitimidade ativa: 'entidade de classe de âmbito nacional' (art. 103, IX, CF): Associação Nacional dos Membros do Ministério Público – CONAMP 1. Ao julgar, a ADIn 3153-AgR, 12.08.04, Pertence, Inf STF 356, o plenário do Supremo Tribunal abandonou o entendimento que excluía as entidades de classe de segundo grau – as chamadas 'associações de associações' – do rol dos legitimados à ação direta. 2. De qualquer sorte, no novo estatuto da CONAMP – agora Associação Nacional dos Membros do Ministério Público – a qualidade de 'associados efetivos' ficou adstrita às pessoas físicas integrantes da categoria – o que bastaria a satisfazer a antiga jurisprudência restritiva. II. ADIn: pertinência temática. Presença da relação de pertinência temática entre a finalidade institucional da entidade requerente e a questão constitucional objeto da ação direta, que diz com a demarcação entre as atribuições de segmentos do Ministério Público da União – o Federal e o do Distrito Federal. III. ADIn: possibilidade jurídica, dado que a organização e as funções institucionais do Ministério Público têm assento constitucional. IV. Atribuições do Ministério Público: matéria não sujeita à reserva absoluta de lei

– ou do Ministério Público do Estado onde se situam as suas filiais, limitado, evidentemente, às atividades desenvolvidas nesses locais, já que permanece a atribuição do Ministério Público onde se situa sua sede para o seu velamento.

---

complementar: improcedência da alegação de inconstitucionalidade formal do art. 66, caput e § 1º, do Código Civil (L. 10.406, de 10.1.2002). 1. O art. 128, § 5º, da Constituição, não substantiva reserva absoluta à lei complementar para conferir atribuições ao Ministério Público ou a cada um dos seus ramos, na União ou nos Estados-membros. 2. A tese restritiva é elidida pelo art. 129 da Constituição, que, depois de enumerar uma série de 'funções institucionais do Ministério Público', admite que a elas se acresçam a de 'exercer outras funções que lhe forem conferidas, desde que compatíveis com sua finalidade, sendo-lhe vedada a representação judicial e a consultoria jurídica de entidades públicas'. 3. Trata-se, como acentua a doutrina, de uma 'norma de encerramento', que, à falta de reclamo explícito de legislação complementar, admite que leis ordinárias – qual acontece, de há muito, com as de cunho processual – possam aditar novas funções às diretamente outorgadas ao Ministério Público pela Constituição, desde que compatíveis com as finalidades da instituição e às vedações de que nelas se incluam 'a representação judicial e a consultoria jurídica das entidades públicas'. V – Demarcação entre as atribuições de segmentos do Ministério Público – o Federal e o do Distrito Federal. Tutela das fundações. Inconstitucionalidade da regra questionada (§ 1º do art. 66 do Código Civil) –, quando encarrega o Ministério Público Federal de velar pelas fundações, 'se funcionarem no Distrito Federal'. 1. Não obstante reserve à União organizá-lo e mantê-lo – é do sistema da Constituição mesma que se infere a identidade substancial da esfera de atribuições do Ministério Público do Distrito Federal àquelas confiadas ao MP dos Estados, que, à semelhança do que ocorre com o Poder Judiciário, se apura por exclusão das correspondentes ao Ministério Público Federal, ao do Trabalho e ao Militar. 2. Nesse sistema constitucional de repartição de atribuições de cada corpo do Ministério Público – que corresponde substancialmente à distribuição de competência entre Justiças da União e a dos Estados e do Distrito Federal – a área reservada ao Ministério Público Federal é coextensiva, *mutatis mutandis* àquela da jurisdição da Justiça Federal comum e dos órgãos judiciários de superposição – o Supremo Tribunal e o Superior Tribunal de Justiça – como, aliás, já o era sob os regimes anteriores. 3. O critério eleito para definir a atribuição discutida – funcionar a fundação no Distrito Federal – peca, a um só tempo, por escassez e por excesso. 4. Por escassez, de um lado, na medida em que há fundações de direito público, instituídas pela União – e, portanto, integrantes da Administração Pública Federal e sujeitas, porque autarquias fundacionais, à jurisdição da Justiça Federal ordinária, mas que não tem sede no Distrito Federal. 5. Por excesso, na medida em que, por outro lado, a circunstância de serem sediadas ou funcionarem no Distrito Federal evidentemente não é bastante nem para incorporá-las à Administração Pública da União – sejam elas fundações de direito privado ou fundações públicas, como as instituídas pelo Distrito Federal –, nem para submetê-las à Justiça Federal. 6. Declarada a inconstitucionalidade do § 1º do art. 66 do Código Civil, sem prejuízo, da atribuição ao Ministério Público Federal da veladura pelas fundações federais de direito público, funcionem, ou não, no Distrito Federal ou nos eventuais Territórios" (ADI 2794, rel. Min. SEPÚLVEDA PERTENCE, Tribunal Pleno, j. 14/12/2006, DJ 30/3/2007, p. 68).

Entretanto, como pode haver fatos relacionados à determinada fundação que gerem plexos de atribuições distintas, não se pode excluir aprioristicamente a atuação do Ministério Público Federal para cuidar de matérias que não estejam relacionadas com essa atividade de velamento.

Na realidade, o Ministério Público Federal não possui atribuição para o que se denomina de "velamento", isto é, aquelas funções compreendidas na atuação ordinária do Ministério Público em matéria fundacional.

Nesse sentido, é esclarecedor o Enunciado 147 das Jornadas de Direito Civil: "A expressão 'por mais de um Estado', contida no § 2º do art. 66, não exclui o Distrito Federal e os Territórios. A atribuição de velar pelas fundações, prevista no art. 66 e seus parágrafos, ao Ministério Público local – isto é, dos Estados, DF e Territórios onde situadas – não exclui a necessidade de fiscalização de tais pessoas jurídicas pelo Ministério Público Federal, quando se tratar de fundações instituídas ou mantidas pela União, autarquia ou empresa pública federal, ou que destas recebam verbas, nos termos da Constituição, da LC n. 75/93 e da Lei de Improbidade".[1025]

A escassez legislativa referente à matéria fundacional, faz com que os Ministérios Público estaduais, em uma espécie de movimento compensatório,[1026] editem resoluções normativas contendo diversos deveres e obrigações. Ou seja: atos infralegais não raro inovam em matéria regulatória e preenchem as lacunas legislativas. Exemplo dessa anômala atividade legiferante é a previsão de uma fase prévia de admissibilidade para a criação de uma fundação, notadamente para análise da dotação patrimonial, idoneidade do instituidor[1027] e fi-

1025 Por exemplo, cabe ao Ministério Público Estadual o ajuizamento para extinguir determinada fundação; eventuais atos de improbidade relacionados a verbas federais recebidas por essa fundação serão de atribuição do Ministério Público Federal. A rigor, nenhuma peculiaridade há nisso e o compartilhamento de atribuições existe mesmo dentro de um mesmo Ministério Público estadual, dependendo da organização interna. Caso, por exemplo, haja uma Promotoria de Justiça com atribuição exclusiva para matérias fundacional, qualquer outra questão que extrapole a função de velamento, como ação de improbidade e ação penal, será de atribuição de outra Promotoria de Justiça. Essa situação, aliás, não é exclusiva da matéria fundacional e essa divisão de atribuições é algo bastante frequente na atuação do Ministério Público, não guardando nenhuma relação com a antiga discussão acerca da presença de mais de um órgão de execução em um mesmo procedimento. Em casos de atribuições diversas, sempre haverá multiplicidade de procedimentos e unidade de atuação.

1026 Daniel Pires Novais Dias. *Negócio fundacional*: criação de fundações privadas. São Paulo: Método, 2014, p. 6.

1027 Esse pressuposto é normalmente exigido pelas Promotorias de Justiça e recebe duras críticas de Daniel Pires Novais Dias, sobre o equívoco de confundi-lo com um crivo meramente formal sobre antecedentes criminais (*Negócio fundacional*: criação de fundações privadas. São Paulo: Método, 2014, p. 45-46).

nalidade de interesse público ou social, isto é, dos pressupostos, do conteúdo e dos requisitos do negócio fundacional.[1028] Embora não se trata de procedimento previsto em lei, é largamente utilizado e possui inegáveis vantagens práticas,[1029] como a orientação ao instituidor, evitando transtornos futuros.[1030]

O certo é que, nessa fase prévia, pode haver discordância entre o instituidor e o Ministério Público, com possibilidade de impedimento prático para a criação da fundação, razão pela qual o procedimento previsto no art. 764, CPC, deve ser aplicado também nesse caso, por força de interpretação extensiva.

Não é ocioso assinalar, nesse ponto, que a aprovação do negócio fundacional não se insere na esfera discricionária[1031] do Ministério Público, sendo vinculado o ato,[1032] se atendidos os elementos exigidos por lei, devendo ser devidamente fundamento o ato administrativo que reprovar a instituição da fundação – aplicando-se aos atos do Ministério Público o disposto no art. 489, § 1º, CPC, no caso combinado com o art. 15, CPC[1033] – e sempre passível de controle jurisdicional.

181. Decisão jurisdicional

O art. 764 prevê a atuação jurisdicional a partir do pronunciamento do

---

1028 Sobre as questões relacionadas aos pressupostos, ao conteúdo e aos requisitos do negócio fundacional, que escapam aos limites dos presentes comentários, vale conferir Daniel Pires Novais Dias. *Negócio fundacional*: criação de fundações privadas. São Paulo: Método, 2014, capítulos 2, 3 e 4.

1029 Essa fase prévia é aplicável integralmente na prática à instituição por meio de escritura pública, já que na modalidade *mortis causa* há limitações evidentes a essa admissibilidade prévia, o que não impede que, quando da confecção do testamento (lembrando que não se pode estabelecer o negócio fundacional por meio de codicilo), o Ministério Público seja procurado para orientação acerca das exigências ordinariamente feitas.

1030 Sobre o tema, Daniel Pires Novais Dias. *Negócio fundacional*: criação de fundações privadas. São Paulo: Método, 2014, p. 14-22. José Eduardo Sabo Paes. *Fundações, associações e entidades de interesse social.* 8ª ed. Rio de Janeiro: Forense, 2013, p. 305.

1031 Repita-se o que já foi falado quando do exame do juízo de equidade: a discricionariedade não significa simples expressão de ato de vontade, mas não é sem motivo que é considerada "o cavalo de Troia dentro do Estado de Direito" (a expressão entre aspas é de Hans Huber e a citação foi extraída de obra escrita por Eduardo García de Enterría e Tomás-Ramón Fernández. *Curso de direito administrativo.* José Alberto Froes Cal (trad.). Carlos Ari Sundfeld (rev.). São Paulo: RT, 2014, p. 464, v. 1.

1032 Cf. Daniel Pires Novais Dias. *Negócio fundacional*: criação de fundações privadas. São Paulo: Método, 2014, p. 145-152, em que se defende o "direito de exigir a criação da fundação".

1033 Mormente em virtude do emprego de diversos conceitos indeterminados e a necessidade de verificação de elementos concretos, como a dotação patrimonial suficiente e a relação com a finalidade da fundação.

Ministério Público: 1) reprovação total ou parcial do estatuto; 2) reprovação total ou parcial de alterações no estatuto anteriormente aprovado; 3) discordância do estatuto por ele elaborado. Ou seja: há específica previsão da via jurisdicional quando houver discordância entre o interessado e o Ministério Público, em relação aos termos do estatuto apresentado ou elaborado ou às alterações posteriormente propostas.[1034] Trata-se de disposição supérflua, na medida em que o controle jurisdicional é franqueado diante de qualquer afirmação de violação de direito, de modo que, havendo alegação de ameaça de lesão ou efetiva lesão à situação jurídica de determinado sujeito, a via jurisdicional lhe é assegurada.

Nesse contexto, negada pelo Ministério Público a aprovação de estatuto de determinada fundação nos moldes como desejado pelo interessado – que pode, inclusive, ser o próprio instituidor – é inerente ao sistema a atuação jurisdicional para resolver a questão. A peculiaridade do dispositivo, a rigor, está em seu parágrafo segundo, quando dispõe que "antes de suprir a aprovação, o juiz poderá mandar fazer no estatuto modificações a fim de adaptá-lo ao objetivo do instituidor". Prevê-se, pois, uma ação constitutiva[1035] para que seja "suprida" a aprovação do Ministério Público. Rigorosamente, não se trata de suprimento da aprovação, mas, sim, de controle jurisdicional de ato administrativo.[1036] Por essa razão, o art. 764, CPC, pode servir como parâmetro de

1034 Na doutrina, há quem defenda a ampliação dessa intervenção judicial para garantir o direito da minoria: "O estatuto que não tenha sido aprovado por unanimidade poderá ser aprovado. O art. 67, I, do CC exige quórum qualificado, e não quórum unânime. No entanto, o art. 68 procura proteger ao máximo os bens e o fim a que se destina. O dispositivo exige que a minoria vencida seja cientificada, por ocasião do oferecimento do estatuto ao Ministério Público, no prazo de 10 dias, para a impugnação. O contraditório será desenvolvido no âmbito administrativo (*interna corporis*). A minoria poderá não se conformar com a aprovação do estatuto pelo Ministério Público, o que motiva uma interpretação ampla do art. 764, II, do CPC, para abranger não só a hipótese literal do art. 65, parágrafo único, do CC (estatuto elaborado pelo Ministério Público e pela inércia do instituidor ou responsável), mas para permitir que a minoria possa impugnar, judicialmente, o estatuto encampado pelo Ministério Público, em face do quórum qualificado, mas não unânime" (Fabio Caldas de Araújo. *Curso de processo civil*: procedimentos especiais. São Paulo: Malheiros, 2018, p. 535, tomo III). Na realidade, parece-nos que não se trata de interpretação ampliativa do procedimento ora comentado, mas, sim, de assegurar o acesso à justiça à minoria, o que independe do previsto no art. 764, CPC, como já salientado. Trata-se, na verdade, de uma pretensão contra a aprovação de um estatuto que estaria em desacordo com determinado regramento, o que é suficiente para se admitir o ajuizamento de ação judicial.

1035 Pontes de Miranda. *Comentários ao Código de Processo Civil*. 2ª ed. Rio de Janeiro: Forense, 2008, p. 350, tomo XVI.

1036 Em sentido aproximado, José Olympio de Castro Filho. *Comentários ao Código de*

outros procedimentos relacionados à instituição de uma fundação, como a denominada fase prévia de aprovação pelo Ministério Público, como já mencionado.

182. Procedimento

Não havendo previsão procedimental específica, serão aplicadas as disposições gerais da jurisdição voluntária, bem como, supletivamente, as regras do procedimento comum. Proposta a ação no foro em que se situa a sede da fundação,[1037] será citado o Ministério Público, que, nesse caso, por se tratar de ato próprio por ele emitido, figurará como réu do processo, o que é uma situação incomum, embora não inédita, no processo civil.

De todo modo, a participação do Ministério Público em procedimentos envolvendo questões essencialmente fundacionais é obrigatória, como já assinalado no item próprio. Figurando no polo passivo ou intervindo como fiscal da ordem jurídico, o certo é que apenas atuará no processo um único órgão do Ministério Público.

Os efeitos da revelia não incidirão por se tratar de opção legislativa a indisponibilidade do direito, o que decorre do próprio sistema legal que reputa de interesse público "primário" a instituição e fiscalização das fundações e a pretensão veiculada no procedimento vincula-se à própria essência do direito fundacional e à atuação obrigatória do Ministério Público.

Se necessário, haverá dilação probatória, não havendo nenhum corte de cognição que decorra da especialidade do procedimento. Evidentemente, pode o instituidor desistir a qualquer tempo, antes do registro do estatuto, de prosseguir com o procedimento. A controvérsia será decidida por sentença e, portanto, será passível de interposição de recurso de apelação.

183. Outras ações relacionadas à instituição e à fiscalização das fundações privadas

O art. 764, CPC, em essência, salvo em seu parágrafo segundo, veicula regras desnecessárias, na medida em que basicamente prevê a possibilidade de controle jurisdicional de atos administrativos relacionados ao estatuto da fun-

---

Processo Civil. 4ª ed. Rio de Janeiro: Forense, 1995, p. 216-217, v. X.

1037 FABIO CALDAS DE ARAÚJO. *Curso de processo civil*: procedimentos especiais. São Paulo: Malheiros, 2018, p. 534, tomo III. Na realidade, como já dito, aplicam-se as regras comuns do CPC para esse procedimento, mas, mesmo em caso em que a instituição da fundação não esteja aperfeiçoada, a competência deverá ser no local de sua sede em perspectiva, considerando-se o próprio objetivo da intervenção jurisdicional, que só faz sentido se prestada no local em que se pretende instituir o negócio jurídico.

dação. Evidentemente, é desnecessária uma regra específica desse jaez, já que a via jurisdicional é garantida constitucionalmente. Por isso, não menos evidente é a constatação de que esse dispositivo legal não exaure as ações processuais relacionadas às fundações, seja em relação à instituição e à fiscalização, abarcando, também, sua extinção. Especialmente o Ministério Público, como visto no item próprio, utilizará de outros meios jurisdicionais – além e suas atribuições extrajudiciais – para o exercício de suas funções, a fim de preservar o interesse público e social.[1038]

1038 "Processual civil. Ação civil pública proposta pelo Ministério Publico em face de ex-dirigentes de fundação de direito privado. *Legitimatio ad causam* do *parquet*. Art. 127 da CF/88. Arts. 7.º, 200, e 201 do da Lei n.º 8.069/90. 1. O Ministério Público Estadual detém legitimidade para a propositura de ação civil pública, objetivando a responsabilização de ex-dirigentes de fundação de direito privado, instituída para a execução de programas de proteção e sócioeducativos destinados a crianças e adolescentes. 2. Deveras, o Ministério Público está legitimado a defender os interesses transindividuais, quais sejam os difusos, os coletivos e os individuais homogêneos. 3. É que a Carta de 1988, ao evidenciar a importância da cidadania no controle dos atos da administração, com a eleição dos valores imateriais do art. 37, da CF como tuteláveis judicialmente, coadjuvados por uma série de instrumentos processuais de defesa dos interesses transindividuais, criou um microssistema de tutela de interesses difusos referentes à probidade da administração pública, nele encartando-se a Ação Popular, a Ação Civil Pública e o Mandado de Segurança Coletivo, como instrumentos concorrentes na defesa desses direitos eclipsados por cláusulas pétreas. 4. A nova ordem constitucional erigiu um autêntico 'concurso de ações' entre os instrumentos de tutela dos interesses transindividuais e, a fortiori, legitimou o Ministério Público para o manejo dos mesmos. 5. O Ministério Público do Estado de Minas Gerais ajuizou ação civil pública em face de ex-dirigentes de fundação privada de assistência à criança, fundado na prática de inúmeras irregularidades, apuradas em auditoria interna, especialmente, uso indevido de verbas, além da apropriação indébita de recursos da referida entidade, no importe de R$ 81.192,47), consoante se infere dos autos. 6. *In casu*, o estatuto da fundação (fls. 49/61) revela estreme de dúvidas a sua vocação protetiva e assistencial, especialmente, pelo auxílio e assistência às crianças e famílias desamparadas, sem distinção de raça, cor, sexo e ideias políticas ou religiosas. 7. O controle engendrado pelo Ministério Público, consoante prevê os art. 26 do Código Civil/2002 e os arts. 1.199 a 1.204 do CPC, realiza-se mediante exame do balanço anual, recebido dos órgãos diretivos da Fundações, o qual possibilita, com considerável precisão, a aferição acerca da vida patrimonial, econômica e financeira da instituição fiscalizada. 8. A consecução dos objetivos finalísticos da Fundação é acompanhada pela Curadoria, a quem incumbe velar, na acepção mais ampla da palavra, qual seja, proteger, zelar e cuidar, a fim de que a fundação cumpra de forma eficiente os seus desígnios. 9. Consectariamente, a ampliação conceitual do vocábulo 'velar', inserto no art. 26 do Código Civil de 1916 e reproduzido no art. 66 do novel Código Civil de 2002, justifica-se pela proporcionalidade entre os encargos atribuídos e os meios postos à disposição para a consecução daqueles, sob pena de inocuidade do 'dever-poder' atribuído ao Ministério Público no exercício de quão importante mister. 10. À luz

Art. 765. Qualquer interessado ou o Ministério Público promoverá em juízo a extinção da fundação quando:

I – se tornar ilícito o seu objeto;

II – for impossível a sua manutenção;

III – vencer o prazo de sua existência.

CPC de 1973 – art. 1.204

184. Extinção da fundação

Como qualquer pessoa jurídica, a fundação poderá ser extinta administrativa ou judicialmente. Dispõe o art. 69, CC, que, "tornando-se ilícita, impossível ou inútil a finalidade a que visa a fundação, ou vencido o prazo de sua existência, o órgão do Ministério Público, ou qualquer interessado, lhe promoverá a extinção, incorporando-se o seu patrimônio, salvo disposição em contrário no ato constitutivo, ou no estatuto, em outra fundação, designada pelo juiz, que se proponha a fim igual ou semelhante".

Em virtude da discrepância textual entre os dois dispositivos, editou-se o Enunciado 189 do Fórum Permanente de Processualistas Civis, que conclui

---

da legislação atinente à matéria, afere-se anomalia na administração da fundação, revela-se razoável que os interessados e, especialmente, o Ministério Público, no exercício de seu mister, sejam legitimados à propositura de ações judiciais aptas à coibir eventuais ingerências, possibilitando à fundação o cumprimento de sua finalidade precípua, consoante a lei e seus estatutos, máxime pela expressa previsão de fiscalização das mencionadas entidades, inserta no art. 95 do Estatuto da Criança do Adolescente, *verbis*: 'As entidades governamentais e não governamentais referidas no art. 90 serão fiscalizadas pelo Judiciário, pelo Ministério Público e pelos Conselhos Tutelares [...]'.11. *Ad argumentandum tantum*, o direito insculpido na Constituição Federal e no Estatuto da Criança e do Adolescente, é direito indisponível, em função do bem comum, maior a proteger, derivado da própria força impositiva dos preceitos de ordem pública que regulam a matéria. 12. Outrossim, a Lei n.º 8.069/90 no art. 7.º, 200 e 201, consubstanciam a autorização legal a que se refere o art. 6.º do CPC, configurando a legalidade da legitimação extraordinária cognominada por Chióvenda como 'substituição processual', senão vejamos: 'Art. 7º A criança e o adolescente têm direito a proteção à vida e à saúde, mediante a efetivação de políticas sociais públicas que permitam o nascimento e o desenvolvimento sadio e harmonioso, em condições dignas de existência'. 'Art. 200. As funções do Ministério Público previstas nesta Lei serão exercidas nos termos da respectiva lei orgânica.' 'Art. 201. Compete ao Ministério Público: [...] V – promover o inquérito civil e a ação civil pública para a proteção dos interesses individuais, difusos ou coletivos relativos à infância e à adolescência, inclusive os definidos no art. 220, § 3º inciso II, da Constituição Federal;' 13. Recurso especial provido para reconhecer a legitimidade do Ministério Público Estadual" (REsp 776.549/MG, rel. Min. LUIZ FUX, Primeira Turma, j. 15/5/2007, DJ 31/5/2007, p. 346).

pela conjugação dos textos legais: "o art. 765 deve ser interpretado em consonância com o art. 69 do Código Civil, para admitir a extinção da fundação quando inútil a finalidade a que visa".

As causas de extinção, portanto, devem ser conjugadas e basicamente se justificam pela impossibilidade de a fundação atender ao interesse social, seja pela ilicitude ou impossibilidade do objeto, sua manutenção se tornar impossível por questões financeiras ou administrativas, quando se tornar obsoleta ou inútil ou quando for encerada a pessoa jurídica, se instituída com prazo certo.

Entre as causas de extinção, a mais complexa e com inegável potencial de litigiosidade é que se refere à ilicitude do objeto em razão do desvio de finalidade,[1039] exigindo especial atuação do Ministério Público. Há fundações que querem os benefícios – como a contratação com o poder público sem licitação e benefícios fiscais – sem as respectivas contrapartidas, isto é, opta-se por uma formalidade legal para auferir bônus financeiros, comportando, sim, como verdadeira atividade com fim econômico, frequentemente servindo apenas para firmar vultosos e longos contratos com o poder público.

Esse desvio de perspectiva, não raro por meio de alteração estatutária, deve ser firmemente fiscalizada e reprimida pelo Ministério Público. Para a extinção judicial são legitimados o Ministério Público e quaisquer outros interessados, como dirigentes, integrantes dos órgãos da fundação e credores.[1040]

Na petição inicial – e nos documentos que a acompanham – deverá haver elementos narrativos e probatórios que revelem essa pertinência subjetiva com

---

1039 "Verifica-se a ilicitude do objeto de uma fundação quando se constata que ela desenvolve e mantém suas atividades em desvio das finalidades lícitas e sociais para as quais ela foi instituída. Quando, por exemplo, ela passa a agir como verdadeira empresa comercial, auferindo lucro e colocando no mercado seus produtos e serviços de forma mercantilista, ou quando ela passa a agir em desacordo com suas normas estatutárias, dilapidando seu patrimônio, como, por exemplo, distribuindo bens de seu acervo patrimonial entre os próprios dirigentes, ou com comportamentos ilegais, como sonegação fiscal ou movimentação de recursos financeiros sem comprovação documental. A ilicitude de seu objeto ou de suas finalidades pode ocorrer em razão do próprio desvio de finalidades que acarreta a nocividade de sua mantença [...] pode ocorrer também na hipótese em que os fins ou as finalidades tornam-se ilícitas, quando, por exemplo, a atividade fundacional realizada passa a ser tipificada como crime" (José Eduardo Sabo Paes. *Fundações, associações e entidades de interesse social.* 8ª ed. Rio de Janeiro: Forense, 2013, p. 416-417). É importante considerar que o conceito de lucro não se confunde com a prática onerosa ou gratuita de serviços. O que se deve coibir é a instituição de fundação que vise ao lucro subjetivo como objetivo final, como se fosse um agente econômico empreendedor ou uma empresa.

1040 José Eduardo Sabo Paes. *Fundações, associações e entidades de interesse social.* 8ª ed. Rio de Janeiro: Forense, 2013, p. 419.

as causas que, em tese, ensejam a extinção judicial. Para a caracterização da causa que enseja a extinção da fundação, inexiste limitação procedimental para a produção de provas.

A extinção de uma fundação deve contar, obviamente, com a intervenção obrigatória do Ministério Público, caso não seja ele o autor.

No polo passivo, devem figurar a fundação e eventuais interessados.

A sentença de extinção deve ser enviada para o registro, para os fins do art. 120, V, da Lei 6.015/1973. Contra essa sentença será cabível recurso de apelação.

Extinta a fundação, o patrimônio remanescente deve ter seu destino a partir da vontade do instituidor ou o regramento estatutário e, subsidiariamente, deve ser incorporado em outra fundação que se proponha a fim igual ou semelhante.

O sistema legal aparentemente indica, portanto, que a extinção enseja a imediata transferência patrimonial da fundação, a fim de que se atenda à disposição de vontade ou aos fins semelhantes. Entretanto, há dois problemas que antecedem o exame propriamente dito da destinação do patrimônio remanescente, caso haja. O primeiro ponto a ser observado está na necessária proteção aos eventuais credores da fundação a ser extinta, inclusive a Fazenda Pública, tanto no âmbito fiscal quanto obrigacional. Não se pode pensar em transferência do patrimônio de uma fundação caso haja dívidas a serem adimplidas. A extinção da fundação, caso haja patrimônio, não significa extinção das obrigações, de modo que o procedimento deve assegurar, na medida do possível, a possibilidade de os credores receberem os valores devidos. Mesmo com as evidentes limitações procedimentais para o caso, não se assemelhando aos procedimentos de liquidação extrajudicial ou falimentar, é possível vislumbrar algumas alternativas de publicidade do processo de extinção de uma fundação que possua patrimônio, podendo, inclusive, ser alvitrada uma simetria entre sua capacidade econômica e as possibilidades de comunicação a potenciais credores.

Quanto maior o patrimônio, igualmente mais amplas as alternativas de publicação, podendo-se cogitar a publicação de edital e aviso em jornal de grande circulação, por exemplo. Na generalidade dos casos, pode-se pensar em alternativas mais singelas, como manutenção de campo próprio nas páginas oficiais na internet do Ministério Público e do Tribunal de Justiça para divulgação dos processos de extinção, intimação dos órgãos da Fazenda Pública (no âmbito municipal, estadual e federal) e também intimações específicas a partir de informações concretas obtidas no decorrer do próprio procedimento, por meio de documentos, prestações de contas e informações da própria fundação.

Há que se registrar que, ainda que os direitos dos credores possam e devam ser resguardados no decorrer do processo de extinção de uma fundação, não se pode transformar tal procedimento em campo próprio para que sejam dirimidas as potenciais controvérsias envolvendo circunstâncias da obrigação, a correta fixação do valor, entre outras, sob pena não só de descaracterizar o procedimento de jurisdição voluntária, mas sobretudo de impedir que seja resolvido o objeto principal que é a extinção das fundações.

Diante desse contexto, não se pode confundir o aviso aos eventuais credores com o chamamento para que exerçam de imediato o eventual direito de crédito, salvo, se for o caso, o bloqueio de determinado valor para garantir o crédito ou a expedição singela de alvará para a liberação de alguma quantia incontroversa, com anuência do Ministério Público. Resguardado o direito de eventuais credores, passa-se ao ponto de se verificar a existência de ato de vontade do instituidor ou de disposição estatutária regulando a extinção da fundação, quando, então, prevalecerá a autonomia privada.[1041] Caso haja disposição expressa de vontade para que o patrimônio, após a liquidação, seja transferido para outra fundação específica,[1042] somente poderá haver objeção no caso de a destinatária também estiver extinta ou figurando em processo de extinção. Em se tratando de respeito à vontade – e a norma estatutária, nesse sentido, é ato de vontade –, desde que não redunde em prática antijurídica, há que prevalecer a disposição válida, quando da extinção da fundação, o que pode significar, in-

1041 O que não se confunde com a prevalência ilimitada da vontade, sendo conhecidos os diversos balizamentos normativos existentes. A propósito, na própria teoria clássica do negócio jurídico privado já se via essa limitação da autonomia privada, como se lê, por exemplo, em Emílio Betti: "O instituto do negócio jurídico não consagra a faculdade de 'querer' no vácuo, como apraz afirmar a certo individualismo, que ainda não foi extirpado da hodierna dogmática", acrescentando que a "errônea mitologia da vontade" celebra a "omnipotência da vontade individual (a qual, de facto, no foro interno da consciência não encontra limites extrínsecos); e dessa maneira induz a desconhecer os múltiplos limites sociais e jurídicos da autonomia privada" (*Teoria geral do negócio jurídico*. Fernando Miranda (trad.). Coimbra: Coimbra, 1969, p. 107 e 118-119, tomo I). Confira-se, ainda, com profunda construção crítica, Marcos Bernardes de Mello. *Teoria do fato jurídico*: plano da validade. 7ª ed. São Paulo: Saraiva, 2006, capítulo XII. Ainda: Ana Prata. *A tutela constitucional da autonomia privada*. Coimbra: Almedina, 1982, capítulo 1. Confira-se, ainda, a evolução do conceito de autonomia privada em Marcelo Schenk Duque. *Direito privado e Constituição*: *drittwirkung* dos direitos fundamentais. Construção de um modelo de convergência à luz dos contratos de consumo. São Paulo: RT, 2013, p. 150 e segs. Registre-se, também, que a fundação não se confunde com a autonomia privada do instituidor e, tendo personalidade própria, há um desprendimento do negócio fundacional com a criação de pessoa jurídica autônoma.

1042 Inclusive uma fundação pode criar uma outra fundação (cf. Daniel Pires Novais Dias. *Negócio fundacional*: criação de fundações privadas. São Paulo: Método, 2014, p. 41).

clusive, que o patrimônio não seja destinado para nenhuma outra entidade semelhante. Efetivamente, não há que se falar em perpetuidade da afetação do patrimônio e a ressalva do art. 69, CC, é bastante indicativa dessa conclusão, embora não seja esse o entendimento majoritário na doutrina.[1043]

Entretanto, não é incomum que uma fundação amplie seu patrimônio no decorrer dos anos, devido à boa administração e também a privilégios legais que lhe são conferidos exatamente em virtude de sua finalidade que transcende – ou deveria transcender - o aspecto privado e patrimonial.

Nesse contexto, pode-se questionar a obrigatoriedade, ainda que parcial, de persistir um patrimônio afetado para fins iguais ou semelhantes que justificaram a dotação original, sob pena de enriquecimento ilícito.[1044]

Depois dessas questões, havendo patrimônio livre remanescente, passa-se ao exame do objeto da fundação, a fim de que se delimite a identidade com outra fundação ou, se inexistente alguma com igual finalidade, a semelhança. Por fim, a escolha da fundação que incorporará o patrimônio deverá observar rigorosamente a finalidade estatutária, somente se buscando fundação com fim semelhante se não houver alguma com a mesma finalidade.

O Ministério Público e demais interessados, incluindo a própria fundação, no decorrer do procedimento, deverão se manifestar antes que seja proferida a decisão em que se apontará a fundação designada para a incorporação do patrimônio. Note-se que, por força dos arts. 9º e 10, CPC, necessariamente o juiz deverá submeter às possíveis fundações aptas a receberem o patrimônio para debate, caso não sejam acolhidas ou inexistam indicações formuladas pelos interessados ou pelo Ministério Público.

Seção XII

Da Ratificação dos Protestos Marítimos e dos Processos Testemunháveis Formados a Bordo

Art. 766. Todos os protestos e os processos testemunháveis formados a bordo e lançados no livro Diário da Navegação deverão ser apresentados pelo comandante ao juiz de direito do primeiro porto, nas primeiras 24 (vinte e quatro) horas de chegada da embarcação, para sua ratificação judicial.

1043 Cf. José Eduardo Sabo Paes. *Fundações, associações e entidades de interesse social.* 8ª ed. Rio de Janeiro: Forense, 2013, p. 426-427. Ampla abordagem em Daniel Pires Novais Dias. *Negócio fundacional*: criação de fundações privadas. São Paulo: Método, 2014, capítulo 6, em que são examinados e rebatidos os argumentos restritivos à possibilidade da reversão dos bens.

1044 Daniel Pires Novais Dias. *Negócio fundacional*: criação de fundações privadas. São Paulo: Método, 2014, p. 172, nota 33.

CPC de 1973 – sem dispositivo correspondente

185. Noções gerais

O procedimento que regula a ratificação dos protestos marítimos e dos processos testemunháveis formados a bordo vincula-se diretamente a regramentos próprios do direito marítimo,[1045] veicula preceitos que encerram umas das mais "antigas precauções das leis náuticas" em diversos países[1046] e é objeto de procedimento especial em virtude das peculiaridades ínsitas aos fatos ocorridos a bordo, com nítida dificuldade probatória,[1047] além da relevância econômica e regulatória da atividade marítima e de navegação.

O comandante ou capitão da embarcação possui inúmeras funções que não raro extrapolam a estrita atividade que se lhe vincula ao nome (exemplos: arts. 496 a 498 do Código Comercial; arts. 31, 64 e 84 da Lei de Registros Públicos e art. 1.888, CC).

Nessa multiplicidade funcional, é obrigação do capitão manter a bordo ao menos os três livros determinados pelo Código Comercial: a) livro de carga (art. 502), b) livro de receita e despesa (art. 503), c) diário da navegação, em que "se assentarão diariamente, enquanto o navio se achar em algum por-

1045 O Direito Marítimo formou-se ao longo do tempo por meio de costumes e práticas mercantis, e possui origens muito antigas que se confundem com o próprio desenvolvimento comercial da navegação e conta com registros normativos remotos nos Códigos de Hamurabi e de Manu e nas Leis de Rodes. No Brasil, foi utilizada a legislação portuguesa até a edição do Código Comercial, que passou a regular a matéria com a mesma disciplina de seu congênere francês (J. C. Sampaio de Lacerda. *Curso de direito privado da navegação*: direito marítimo. Rio de Janeiro: Freitas Bastos, 1969, p. 16-22, v. 1. Sobre a disciplina processual de questões relacionadas ao direito marítimo: Nelson Cavalcante e Silva Filho. O Projeto do Novo Código de Processo Civil e o direito marítimo. *Revista de Processo nº 203*. São Paulo: RT, janeiro de 2012, p. 181-205; Mônica Pimenta Júdice. *O direito marítimo no Código de Processo Civil*. Salvador: JusPodivm, 2015).

1046 Hugo Simas. *Comentários ao Código de Processo Civil*. Rio de Janeiro: Forense, 1940, p. 263-280, v. VIII. Registre-se que, embora a previsão de procedimento para o protesto marítimo seja muito antiga e seja comum à generalidade dos países com trânsito e recebimento de embarcações, as soluções adotadas variam no tempo e no espaço, de acordo com políticas legislativas e costumes, não sendo unânime a opção pela via jurisdicional (cf. Nelson Cavalcante Silva Filho. *Comentários ao Código de Processo Civil*. Cassio Scarpinella Bueno (coord.). São Paulo: Saraiva, 2017, p. 447, v. 3).

1047 Hugo Simas lembra antiga observação de que "nada é mais suscetível de dificuldades e contestações, no comércio marítimo, que a matéria das avarias" (Hugo Simas. *Comentários ao Código de Processo Civil*. Rio de Janeiro: Forense, 1940, p. 264-265, v. VIII). Breve histórico em Mônica Pimenta Júdice. *O direito marítimo no Código de Processo Civil*. Salvador: JusPodivm, 2015, p. 29-35.

to, os trabalhos que tiverem lugar a bordo, e os consertos ou reparos do navio. No mesmo livro se assentará também toda a derrota da viagem, anotando-se diariamente as observações que os capitães e os pilotos são obrigados a fazer, todas as ocorrências interessantes à navegação, acontecimentos extraordinários que possam ter lugar a bordo, e com especialidade os temporais, e os danos ou avarias que o navio ou a carga possam sofrer, as deliberações que se tomarem por acordo dos oficiais da embarcação, e os competentes protestos" (art. 504).

Nesse contexto, todo fato extraordinário ocorrido na embarcação deve ser registrado no Diário de Bordo e, se potencialmente o fato causar danos a terceiros, "deve o comandante emitir o termo de ressalva de responsabilidade, que se denomina protesto ou processo testemunhável a bordo".[1048]

Em síntese, no diário de bordo devem ser registrados todos os fatos extraordinários, ainda que involuntários, sendo que, quando houver potencialidade para causar danos a terceiros, será emitido um termo de ressalva de responsabilidade denominado protesto ou processo testemunhável a bordo.[1049]

Atribui-se ao capitão o registro de seu juízo de valor sobre o que ocorreu

---

1048 RODRIGO MAZZEI e WERNER BRAUN RIZK. *Breves comentários ao Código de Processo Civil*. WAMBIER, DIDIER JR., TALAMINI e DANTAS (coord.). 3ª ed. São Paulo: RT, 2016, p. 1968. Prosseguem os autores, no mesmo local citado: "Se no diário de bordo devem-se registrar objetivamente os fatos, no protesto há verdadeiro juízo de valor do comandante quanto à causa daquele mesmo fato. Isto é: o comandante narra os fatos e põe a termo suas causas, e, se julgar necessário, deverá notificar imediatamente os interessados visando dar-lhes ciência do que ocorrera. A lavratura do protesto não cria nem modifica direitos. Trata-se de somente declaração unilateral (art. 408, CPC), não tendo o condão de inverter ônus *probandi*. Apenas prova que o capitão declarou a ocorrência de um fato e, ainda, o juízo de valor que exerceu sobre o mesmo".

1049 RODRIGO MAZZEI e WERNER BRAUN RIZK. *Breves comentários ao Código de Processo Civil*. WAMBIER, DIDIER JR., TALAMINI e DANTAS (coord.). 3ª ed. São Paulo: RT, 2016, p. 1968. "Motivam a anotação de um protesto marítimo, portanto, os acontecimentos de bordo que darão ensejo ao acionamento do seguro da carga ou do navio, a regulação de avaria grossa, o início de processo de reparação de danos, a justificação de uma arribada forçada ou da alteração da rota e seu consequente atraso na viagem, a imposição de sanções por parte do Poder Público em razão da perda de parte ou de toda a carga, entre outros. [...] A obrigação de o capitão fazer anotar os protestos marítimos decorre do dever de cuidado que tem com a carga que foi entregue a bordo e com o navio sob seu comando e é comum a todos os sistemas legislativos. Tanto em circunstâncias normais como em situações extraordinárias esse dever se mantém e o protesto visa demonstrar que ele, capitão, agiu razoavelmente em benefício dos bens sob sua guarda, pois se assim o fez sua conduta é justificável não importando o resultado" (NELSON CAVALCANTE SILVA FILHO. *Comentários ao Código de Processo Civil*. CASSIO SCARPINELLA BUENO (coord.). São Paulo: Saraiva, 2017, p. 447, v. 3).

a bordo, não se limitando o protesto à mera descrição de fatos, mas, sim, a veicular a apreciação subjetiva do subscritor, notificando-se imediatamente, se possível, os interessados.[1050]

186. Objetivo do procedimento

Trata-se de procedimento relacionado diretamente com os arts. 501, 504 e 505 do Código Comercial[1051] e que visa à ratificação do registro de fatos acontecidos a bordo e formalmente documentados para que tenham eficácia probatória.[1052]

Trata-se pretensão à constituição de prova, sem que o juiz esteja presentemente no momento de sua produção, ou seja, "documenta-se o exercício da pretensão à constituição de prova pelo próprio interessado".[1053]

Três fases compõem este procedimento[1054]: requerimento de ratificação

---

1050 "O protesto marítimo é ato escrito e registrado no Livro da Navegação do navio com a finalidade de comprovar acontecimentos ocorridos durante a expedição marítima que tenham relações com a própria embarcação, passageiros, tripulantes e com a carga que estava transportando. Portanto no protesto estarão discriminadas as justificativas de eventuais acidentes, assim como as circunstâncias em que eles ocorreram e seus resultados em caso de avarias (tanto no navio quanto na carga), tempestades, arribadas, que forçaram o comandante a tomar atitudes diferentes daquelas habituais e estabelecidas em contrato de transporte e que poderiam resultar ou não em dever de indenização, com o condão de afastar a responsabilidade de capitão em casos fortuitos ou de força maior" (JEFFERSON CARÚS GUEDES. *Comentários ao Código de Processo Civil.* MARINONI, ARENHART e MITIDIERO (coord.). São Paulo: RT, 2016, p. 560-561, v. 11).

1051 Na codificação processual civil anterior, aplicavam-se os arts. 725 a 729 do CPC de 1939, que se manteve vigente até a entrada em vigor do CPC atual por força do disposto no art. 1.218, VIII, do CPC de 1973, com o referido inciso VIII acrescentado Lei 6.780/1980.

1052 "Visa o protesto marítimo registrar, portanto, os fatos ocorridos durante a viagem que causaram danos aos produtos transportados para que o capitão possa provar que não contribuiu com atos ou omissões para sua ocorrência e que medidas tomadas sob suas ordens foram razoáveis na proteção dos interesses de todos envolvidos na expedição marítima e visaram minimizar prejuízos, de modo a eximir-se da responsabilidade", além de possuir também efeitos administrativos, como perante a aduana para fins de cálculos do valor devido diante de avarias sofridas pelas mercadorias (NELSON CAVALCANTE SILVA FILHO. *Comentários ao Código de Processo Civil.* CASSIO SCARPINELLA BUENO (coord.). São Paulo: Saraiva, 2017, p. 447 e 448, v. 3).

1053 PONTES DE MIRANDA. *Comentários ao Código de Processo Civil.* 2ª ed. Rio de Janeiro: Forense, 1959, p. 181-182, tomo IX.

1054 Houve simplificação formal do procedimento regulado pelo CPC, se comparado com os termos dos artigos sobre o tema que constavam no CPC de 1939 e que somente agora foram revogados. Para o sistema anterior, os comentários mais completos são os de HUGO SIMAS. *Comentários ao Código de Processo Civil.* Rio de Janeiro: Forense, 1940, p. 263-280, v. VIII.

judicial, produção de provas orais e a ratificação por sentença homologatória do protesto ou do processo testemunhável formado a bordo.[1055]

Em que pese se tratar de um procedimento simples – e que assume sede jurisdicional por opção legislativa –, assume especial importância para o direito marítimo, já que constitui uma das obrigações fundamentais do capitão e se exige a apresentação do protesto ratificado em juízo em toda averiguação formal de fato ou acidente da navegação,[1056] nos processos de apuração de sinistro junto às seguradoras, nos processos de regulação de avaria grossa, entre outros.[1057]

O protesto testemunhável formado a bordo, portanto, é o ato formal de se documentar no livro Diário de Navegação um fato especial e relevante ocorrido no decorrer da viagem e que provocará desdobramentos, submetendo-o a posterior ratificação judicial.[1058]

Se houver avaria, sinistro ou quaisquer perdas durante a navegação, deverá ser emitido o protesto marítimo ou processo testemunhável formado a bordo (art. 506 do Código Comercial), em que se registrarão as circunstâncias em que se deram os fatos e o juízo de valor do comandante sobre as causas e motivos relevantes para a ocorrência.

Por se tratar de documento essencial para avaliar de quem será a responsabilidade pelos fatos e eventuais prejuízos, sua lavratura e posterior ratificação judicial[1059] são relevantes para prevenir litígios e individualizar a responsabilidade, afastando a responsabilização do comandante ou do dono da embarcação.[1060]

1055 Antonio Carlos Marcato. *Procedimentos especiais*. 16ª ed. São Paulo: Atlas, 2016, p. 439.

1056 Os acidentes e fatos da navegação vêm arrolados nos arts. 14 e 15 da Lei 2.180/54, que dispõe sobre o Tribunal Marítimo. Cf., em doutrina: Eliane M. Octaviano Martins. *Curso de direito marítimo*. São Paulo: Manole, 2015, p. 690-780; João Vicente Campos. *Dos sinistros marítimos*. Rio de Janeiro: Forense, 1961. Para a repercussão administrativa dos fatos e acidentes da navegação, Eliane M. Octaviano Martins. *Curso de direito marítimo*. São Paulo: Manole, 2015, p. 242-361.

1057 Nelson Cavalcante e Silva Filho. O Projeto do Novo Código de Processo Civil e o direito marítimo. *Revista de Processo nº 203*. São Paulo: RT, janeiro de 2012, p. 187.

1058 Nelson Cavalcante e Silva Filho. O Projeto do Novo Código de Processo Civil e o direito marítimo. *Revista de Processo nº 203*. São Paulo: RT, janeiro de 2012, p. 184-185.

1059 O Decreto nº 6.759, de 5 de fevereiro de 2009, que regulamenta a administração das atividades aduaneiras, e a fiscalização, o controle e a tributação das operações de comércio exterior, dispõe: "Art. 664. A responsabilidade a que se refere o art. 660 pode ser excluída nas hipóteses de caso fortuito ou força maior. Parágrafo único. Para os fins de que trata o *caput*, os protestos formados a bordo de navio ou de aeronave somente produzirão efeito se ratificados pela autoridade judiciária competente".

1060 Fernando Gajardoni. *Processo de conhecimento e cumprimento de sentença*: comentários

É do interesse do capitão do navio a ratificação do protesto formado a bordo, a fim de que não lhe recaia a responsabilidade[1061] pelos danos ocorridos (art. 519, Código Comercial).

Por ser declaração unilateral do capitão do navio, o protesto não cria ou modifica direitos nem inverte o ônus da prova, apenas servindo como materialização do ato.[1062]

No caso de protesto acerca de ato voluntário, isto é, avaria grossa, o capitão deve declinar as razões das providências adotadas, bem como das respectivas consequências, emitindo-se a ata de deliberação[1063] de todos os que participaram da tomada de decisão.

O protesto, a ata de deliberação e o registro do diário de navegação são "deveres cumulativos, não suprindo um ao outro", visando-se, com a "aparente redundância" que redunda em uma sequencia cronológica, a dificultar a ocorrência de fraudes.[1064]

Com esse procedimento de jurisdição voluntária o capitão do navio se apresenta ao juiz munido e, por meio de petição instruída com os documentos necessários, visa a materializar documentalmente o que foi registrado no Diário de Bordo, a fim de que o instrumento formado em juízo substitua o livro de bordo, que seguirá com o navio, permitindo posterior uso do que for rati-

---

ao CPC de 2015. Gajardoni, Dellore, Roque e Duarte. São Paulo: Método, 2016, p. 1327.

1061 Não se deve confundir essa de responsabilidade decorrente do disposto no art. 519 do Código Comercial com o efeito deste procedimento de jurisdição voluntária. A falta de ratificação do protesto não gera, por si só, qualquer presunção de culpa, já que o procedimento em questão não cria nem modifica direitos acerca do ressarcimento de danos ou ao cumprimento de obrigações (Rodrigo Mazzei e Werner Braun Rizk. *Breves comentários ao Código de Processo Civil.* Wambier, Didier Jr., Talamini e Dantas (coord.). 3ª ed. São Paulo: RT, 2016, p. 1974-1975).

1062 "Transporte Marítimo Internacional de Cargas. Perda de container. Acidente da navegação. Protesto feito a bordo e ratificado em juízo, não prejulga outros elementos probatórios. Excludentes de responsabilidade afastadas. Adversidade climática. Fato previsível. Inevitabilidade não configurada. Risco normal da navegação. Ventos de força de 7 e 8 na escala Beaufort. Sentença Mantida. Apelo Improvido" (TJSP, Apelação 0007784-79.2009.8.26.0562, rel. Des. Ramon Mateo Júnior, 8ª Câmara Extraordinária de Direito Privado, j. 3/12/2014).

1063 A exigência de ata de deliberação não consta expressamente no CPC e pode sequer ser exigida, caso a tripulação não seja tão numerosa a ponto de se instituírem juntas deliberativas (cf. Nelson Cavalcante Silva Filho. *Comentários ao Código de Processo Civil.* Cassio Scarpinella Bueno (coord.). São Paulo: Saraiva, 2017, p. 449, v. 3).

1064 Rodrigo Mazzei e Werner Braun Rizk. *Breves comentários ao Código de Processo Civil.* Wambier, Didier Jr., Talamini e Dantas (coord.). 3ª ed. São Paulo: RT, 2016, p. 1968.

ficado.[1065] Os arts. 515 e 516 do Código Comercial determinam que para a prática de avarias grossas ou para assunção de dívidas é essencial a deliberação conjunta dos oficiais da embarcação, tendo o capitão voto de qualidade (art. 509 do Código Comercial). No regramento processual anterior, exigia-se a assinatura de todos os presentes, o que não foi reproduzido agora. Entretanto, salvo alguma impossibilidade efetiva de se colher a assinatura de algum dos presentes, é da essência do ato que todos assinem a deliberação, não cabendo ao capitão a função notarial atípica, sendo relevante, ainda, que se consolide e se ateste a existência de opiniões divergentes, se for o caso.[1066] O protesto sobre fatos involuntários é recomendável para formalizar as circunstâncias em que ocorreram fatos que causaram danos a terceiros.

187. Legitimidade

É expresso o art. 766, CPC, ao atribuir ao comandante a legitimidade[1067] para requerer a ratificação judicial do protesto, ainda que seja de outro a titularidade do direito de lavrá-lo, que, excepcionalmente, pode não ser o comandante (exemplo: art. 539 do Código Comercial). A rigor, inexistem legitimados passivos, dada a natureza de mera documentação do procedimento.

188. Competência

A competência é da Justiça Estadual[1068] do local do primeiro porto em

1065 NELSON CAVALCANTE E SILVA FILHO. O Projeto do Novo Código de Processo Civil e o direito marítimo. *Revista de Processo nº 203*. São Paulo: RT, janeiro de 2012, p. 185.

1066 RODRIGO MAZZEI e WERNER BRAUN RIZK. *Breves comentários ao Código de Processo Civil*. WAMBIER, DIDIER JR., TALAMINI e DANTAS (coord.). 3ª ed. São Paulo: RT, 2016, p. 1969.

1067 "Não se pode confundir a legitimidade para requerer a ratificação judicial do protesto com a titularidade do direito de lavrar protesto em si e registrá-lo no diário de bordo, a qual, excepcionalmente, pode ser cabível a terceiros – como ao piloto na hipótese de o comandante recusar sua orientação (art. 539, Código Comercial). No caso do falecimento do comandante, a legitimidade se transfere ao seu imediato e assim sucessivamente, conforme a cadeia de comando da embarcação" (RODRIGO MAZZEI e WERNER BRAUN RIZK. *Breves comentários ao Código de Processo Civil*. WAMBIER, DIDIER JR., TALAMINI e DANTAS (coord.). 3ª ed. São Paulo: RT, 2016, p. 1969).

1068 "Conflito de competência. Protesto marítimo. Ratificação. Matéria regida pelo ordenamento jurídico pátrio. Direito comercial. Jurisdição voluntária. Ausência de interesse de ente federal. A ação de ratificação de protesto marítimo, ainda que guarde certa correlação com as hipóteses previstas nos incisos III e IX do artigo 109 da Constituição da República, determinantes da competência da Justiça Federal, trata de feito de natureza não contenciosa, onde não se estabeleceu relação jurídica na qual figurassem os entes federais com prerrogativa de foro. Conflito conhecido para declarar a competência do juízo suscitado" (CC 59.018/PE, rel. Min. CASTRO

que atracou a embarcação,[1069] isto é, após a ocorrência dos fatos que ensejaram o protesto, a fim de privilegiar a rapidez e evitar possibilidade de fraude.[1070]

189. Prazo

O requerimento deve ser formulado no prazo decadencial[1071] de vinte e quatro horas da chegada do navio ao primeiro porto, quando o comandante, que é o legitimado para o procedimento, salvo se houver fato que impeça de forma absoluta sua presença, apresentará em juízo os protestos e processos testemunháveis formados a bordo e registrados no livro *Diário da Navegação*. O prazo de vinte e quatro horas é decadencial, a partir do momento em que for possível que o comandante se dirija ao protocolo judicial, isto é, após a permissão de desembarque de pessoas no primeiro porto de escala. Por se considerar que o prazo deve ser contado de acordo com o regramento comercial, não há suspensão ou vinculação com o horário do expediente forense, sob pena de se estender as vinte quatro horas, na prática, em vários dias.[1072]

Filho, Segunda Seção, j. 27/9/2006, DJ 19/10/2006, p. 237).

1069 "Protesto Marítimo. Transporte de carga. Mau tempo no mar. 'Contêineres' avariados. Protesto lavrado a bordo de navio. Ratificação judicial. Reconhecimento de ofício da Incompetência absoluta do juízo, por já ter o navio deixado o Porto de Santos para águas estrangeiras. Extinção do processo, sem julgamento do mérito. Alegada impropriedade da extinção, por ser o primeiro lugar de chegada da embarcação e por não ser hipótese de extinção. Acolhimento. Competência da autoridade onde, após a ocorrência, em primeiro lugar chegar o navio. Postulação, ademais, de oitiva das testemunhas por ocasião de sua próxima atracação, prevista para cerca de dois meses. Inteligência do art. 505 do Código Comercial. Recurso provido. Fixada pela lei comercial brasileira a competência do juízo do local onde o navio atracar, pela vez primeira, após a ocorrência do sinistro, avaria ou qualquer perda relativa ao próprio meio de transporte ou à carga que este transportar, para o processamento e homologação do protesto formado a bordo, a fim de que possa fazer prova da ocorrência de força maior ou de 'fortuna do mar', nos termos do artigo 102" (TJSP, Apelação 9126614-97.2000.8.26.0000, rel. Des. Vieira de Moraes, 11ª Câmara de Direito Privado, j. 17/8/2006).

1070 Rodrigo Mazzei e Werner Braun Rizk. *Breves comentários ao Código de Processo Civil*. Wambier, Didier Jr., Talamini e Dantas (coord.). 3ª ed. São Paulo: RT, 2016, p. 1969.

1071 Humberto Theodoro Júnior. *Curso de direito processual civil*. 5ª ed. Rio de Janeiro: Forense, 2016, p. 560, v. II.

1072 Rodrigo Mazzei e Werner Braun Rizk. *Breves comentários ao Código de Processo Civil*. Wambier, Didier Jr., Talamini e Dantas (coord.). 3ª ed. São Paulo: RT, 2016, p. 1970. Jorge Americano entendia que o prazo, embora contado em minutos, deveria ser suspenso no domingo ou feriado (*Comentários ao Código de Processo Civil*. 2ª ed. São Paulo: Saraiva, 1960, p. 115, v. 3. Entretanto, com a existência de plantões judiciários que tornam ininterruptos os expedientes forenses, não há razão para qualquer suspensão, sobretudo por se tratar de prazo vinculado ao direito co-

Art. 767. A petição inicial conterá a transcrição dos termos lançados no livro Diário da Navegação e deverá ser instruída com cópias das páginas que contenham os termos que serão ratificados, dos documentos de identificação do comandante e das testemunhas arroladas, do rol de tripulantes, do documento de registro da embarcação e, quando for o caso, do manifesto das cargas sinistradas e a qualificação de seus consignatários, traduzidos, quando for o caso, de forma livre para o português.

CPC de 1973 – sem dispositivo correspondente

190. Petição inicial

O comandante do navio é quem possui legitimidade para formular o re-

mercial e não se vincular ao expediente forense ordinário. Com efeito, "a proximidade entre o dia do protesto lançado no Diário de Bordo e a apresentação deste ao juiz, com vistas a não se perder detalhes do que de fato ocorreu, justificam o prazo curtíssimo desse tipo de ação. Assim, o mais recomendável é que se ingresse com o pedido dentro das primeiras 24 horas da chegada do navio ao largo da cidade onde se localiza o porto, não se aguardando sequer o navio atracar (que em alguns portos pode levar semanas), mesmo que, eventualmente, tenho o capitão que se apresentar ao juiz de plantão" (NELSON CAVALCANTE E SILVA FILHO. O Projeto do Novo Código de Processo Civil e o direito marítimo. *Revista de Processo nº 203*. São Paulo: RT, janeiro de 2012, p. 185). Acrescente-se, porém, que na prática alguns problemas poderão surgir diante de tempo tão exíguo, o que talvez possa ser minimizado por meio de facilidades de comunicações modernas, como pontua o já citado NELSON CAVALCANTE SILVA FILHO: "com a facilidade que há nas comunicações entre o navio e o armador, os termos do protesto marítimo já terão sido objeto de discussão muito antes de serem levados ao Juiz de Direito. Assim, se por um lado já não se justifica mais a existência de prazo tão exíguo com vistas em coibir a manipulação dos fatos, por outro lado sempre que houver a necessidade de se fazer a ratificação de um protesto pode-se enviar cópia dos documentos com antecedência para o agente do armador e este fazer os encaminhamentos necessários antes de o navio atracar no porto. [...] o prazo se encurtou em demasia e a prática forense demonstrará isso. Provavelmente o termo 'horas úteis' que qualificava o prazo para ajuizamento foi retirado da redação das ratificações de protesto por erro ou esquecimento do legislador, pois é um prazo muito exíguo para a instrução da inicial com todas as peças exigidas pelo código. Além disso, as primeiras horas da entrada do navio são cruciais para a operação de carga e descarga e, assim, o comandante e os tripulantes do navio estarão muito envolvidos nas tarefas necessárias ao início das operações, criando uma grande dificuldade para deixarem o navio e comparecer em Juízo" (NELSON CAVALCANTE E SILVA FILHO. *Comentários ao Código de Processo Civil*. CASSIO SCARPINELLA BUENO (coord.). São Paulo: Saraiva, 2017, p. 450, nota 738, v. 3). Em que pese a preocupação do autor a partir da realidade prática das embarcações, a ocorrência de fato extraordinária deve acarretar providências igualmente excepcionais, de modo que o comparecimento em juízo deve passar a ser a providência primordial do capitão em virtude do prazo decadencial e em decorrência de suas responsabilidades.

querimento por meio de petição inicial, conforme dispõe o art. 766, CPC, e portanto deverá ser assistido por quem tenha capacidade postulatória. Diante da concentração dos atos processuais e da exiguidade do prazo, pode ser aceita a petição inicial subscrita apenas pelo comandante, com posterior ratificação por advogado legalmente habilitado.[1073] Além da exposição fática, o requerimento deve ser acompanhado de cópias das páginas do Diário de Bordo que contenham os registros relevantes para a causa, sem prejuízo de ser determinada a apresentação do próprio livro para consulta em audiência. Além dessa prova documental, devem acompanhar a petição inicial os documentos de identificação do comandante do navio, o registro do navio, o rol de tripulantes e, se se tratar de comprovação de sinistro envolvendo cargas, o respectivo manifesto e a qualificação dos consignatários.[1074] Há exceção ao disposto no art. 192, CPC, podendo ser utilizada a língua estrangeira com tradução livre, nada impedindo que, após o protocolo da petição inicial, seja determinada a juntada de documentos oficialmente traduzidos, na forma da lei processual. Esse menor rigor formal se justifica pela celeridade e concentração de atos do procedimento.

191. Documentos

O art. 767, CPC, arrola os documentos essenciais que devem instruir a petição inicial, mas não os exaure, já que as especificidades do caso concreto podem indicar a necessidade de quaisquer outros documentos serem anexados para registrar os fatos e deliberações ocorridos a bordo. Não sendo apresentados os documentos essenciais, aplicar-se-ão os arts. 320 e 321, CPC. Havendo ata de deliberação e o respectivo registro, ambos devem ser obrigatoriamente juntados aos autos, por ser obrigatória a lavratura quando se tratar de ato voluntário. O procedimento possui a celeridade como tônica e, por isso, não se deve permitir em regra a juntada posterior de documentos, salvo se presente a hipótese prevista no art. 223, CPC. Entretanto, por se tratar de procedimento de mera certificação, essa rigidez procedimental não é absoluta e pode haver maior abertura para a justificada juntada posterior. A regra, portanto, é a da obrigatoriedade da juntada dos documentos essenciais na inicial, sob pena de seu indeferimento, até para que não haja burla do prazo decadencial de vinte e quatro horas, por meio de aditamentos à inicial ou juntada de documento essencial para sua admissibilidade. De todo modo, houve simplificação procedimental, se comparado com as exigências constantes no art. 726 do CPC de 1939.

1073 Transferindo a capacidade postulatória para o próprio capitão da embarcação, Fernando Gajardoni. *Processo de conhecimento e cumprimento de sentença*: comentários ao CPC de 2015. Gajardoni, Dellore, Roque, Oliveira Jr. (org.). São Paulo: Método, 2016, p. 1330.

1074 Antonio Carlos Marcato. *Procedimentos especiais.* 16ª ed. São Paulo: Atlas, 2016, p. 440.

Art. 768. A petição inicial deverá ser distribuída com urgência e encaminhada ao juiz, que ouvirá, sob compromisso a ser prestado no mesmo dia, o comandante e as testemunhas em número mínimo de 2 (duas) e máximo de 4 (quatro), que deverão comparecer ao ato independentemente de intimação.

§ 1º Tratando-se de estrangeiros que não dominem a língua portuguesa, o autor deverá fazer-se acompanhar por tradutor, que prestará compromisso em audiência.

§ 2º Caso o autor não se faça acompanhar por tradutor, o juiz deverá nomear outro que preste compromisso em audiência.

CPC de 1973 – sem dispositivo correspondente

192. Procedimento urgente para oitivas

O procedimento que regula a ratificação dos protestos marítimos e dos processos testemunháveis formados a bordo é concentrado e simplificado, como se depreende da própria redação do art. 768 e parágrafos, CPC, em que menciona a urgência e se dispensa a intimação de testemunhas, devendo ser evitado, por exemplo, o uso de carta precatória itinerante,[1075] notadamente pela característica ínsita de constantes deslocamentos das embarcações.

O uso de meios tecnológicos para inquirições (art. 453, § 1º, CPC), se possível, pode ser conveniente, já que a tripulação pode estar dentro do navio ou se preparando para seguir viagem, por exemplo.

O não comparecimento do autor e das testemunhas pode autorizar a

1075 Se for imprescindível, deve ser utilizado esse meio de comunicação, conforme o Enunciado 79 do Fórum Permanente de processualistas Civis: "Não sendo possível a inquirição tratada no art. 768 sem prejuízo aos compromissos comerciais da embarcação, o juiz expedirá carta precatória itinerante para a tomada dos depoimentos em um dos portos subsequentes de escala". Como bem lembra MÔNICA PIMENTA JÚDICE, a expedição dessa precatória é uma "medida excepcional, em prol do princípio da efetividade e da economia processual, porém, não se deve olvidar que se admite, na nova sistemática processual, a prática de atos processuais por meio de videoconferência ou outro recurso tecnológico de transmissão de sons e imagens em tempo real, resolvendo-se, assim, aparentemente a questão. Diante disso, vale a reflexão para que a interpretação do enunciado não desvirtue a necessidade de que o juiz promova a instrução sumariamente (no mesmo dia), porque, na grande maioria dos casos, inclusive comerciais, não se esperará a audiência por muito tempo, diante da possibilidade de carta precatória, quando então o magistrado terá a oportunidade de aguardar a devolução do mandado para somente após a conclusão reconhecer o protesto por sentença; pode ser que inclusive já exista uma ação ordinária específica que tenha produzido nova prova e de pouco valendo o procedimento especial marítimo" (*Enunciados FPPC comentados*. RAVI PEIXOTO (coord.). Salvador: JusPodivm, 2017, p. 544-545).

extinção do processo sem apreciação do mérito.[1076] Por se tratar de procedimento que possui decorre de atos de pessoas normalmente em trânsito, é comum que haja estrangeiros envolvidos e que não dominem a língua portuguesa. Pelas características do procedimento, ameniza-se o rigor formal e se permite que o autor se seja acompanhado por tradutor na audiência, quando lhe será tomado o compromisso; caso o autor não se faça acompanhar por tradutor, o juiz deverá nomear outro que preste compromisso em audiência. Essa nomeação do tradutor deve ser tão expedita quanto possível, a fim de que haja compreensão dos atos praticados, não podendo desempenhar a função aquele que também estiver arrolado como testemunha (art. 163, II, CPC).

1076 Fernando Gajardoni. *Processo de conhecimento e cumprimento de sentença*: comentários ao CPC de 2015. Gajardoni, Dellore, Roque e Oliveira Jr. (org.). São Paulo: Método, 2016, p. 1331-1332. A jurisprudência reconhece, acertadamente, ser necessária a absoluta impossibilidade da conclusão do procedimento, para que se justifique sua extinção: "Direito marítimo. Pedido de ratificação de protesto formado a bordo. Indeferimento da inicial. Impertinência dos óbices opostos e falta de oportunidade para sua regularização. Cassação da sentença, para que se prossiga como de direito. Mostrando-se impertinentes os óbices apresentados para o indeferimento da inicial, sequer sendo concedida oportunidade para sua ementa ou complementação, conforme determina o Art. 284 do CPC, Impõe-se a cassação da sentença, para que se prossiga como de direito" (TJRJ, Apelação 0111850-57.2000.8.19.0001, rel. Des. José Affonso Rondeau, j. 20/2/2001, Quinta Câmara Cível). "Ratificação de protesto marítimo. Cabimento diante da impossibilidade de colher-se o depoimento pessoal do capital, mas em face de elementos que refletem a autenticidade do documento lavrado a bordo. Oportunamente ajuizado o pedido de ratificação de protesto marítimo, nos termos do art. 505, do Código Comercial, a impossibilidade, não imputável ao requerente, de ouvir-se em instrução sumaria o capitão do navio e o pessoal da equipagem não deve inviabilizar a providencia, se elementos idôneos – escritura declaratória e tradução pública do diário de bordo, entranhados nos autos, indicam a autenticidade do documento comercial. Mormente quando o Curador de Ausentes, falando pelos interessados (CPC, art. 862, paragrafo único) concorda com o pedido e o exame da prova, no aspecto de sua valoração, fica reservado para a sede própria. Apelo provido" (TJRJ, Apelação 0002764-72.1991.8.19.0000, rel. Des. Laerson Mauro, j. 31/03/1992, Sexta Câmara Cível). Não havendo como prosseguir para atingir a finalidade do procedimento, a ausência justifica a extinção: "Protesto marítimo. Extinção do processo. Ausência de pressupostos essenciais à sua constituição. Decisão mantida. Recurso não provido". Consta na fundamentação que "o apelante apresentou a nota de protesto, mas não o Diário de Bordo, noticiando o enfrentamento de turbulências e mar bravio. Além disso, o comandante não se apresentou ao juízo, em cumprimento ao disposto no art. 727 do Código de Processo Civil de 1939. Embora seja fato notório o congestionamento existente nos portos brasileiros, o fato é que o apelante, pagando o valor correspondente, poderia ficar o tempo necessário para sua a apresentação, o que, como bem concluiu o MM. Juiz 'a quo', não pareceu ser de seu interesse" (TJSP, Apelação 9227369-85.2007.8.26.0000, rel. Des. Paulo Pastore Filho, 17ª Câmara de Direito Privado, j. 23/11/2011).

Art. 769. Aberta a audiência, o juiz mandará apregoar os consignatários das cargas indicados na petição inicial e outros eventuais interessados, nomeando para os ausentes curador para o ato.

CPC de 1973 – sem dispositivo correspondente

193. Audiência

A redação parece restringir o pregão nominal somente dos consignatários, mas deverão ser apregoados dessa forma todos aqueles identificados na inicial e na documentação que a acompanha, ainda que não signatários da carga, a fim de possibilitar a certificação do narrado pelo comandante.

A finalidade do procedimento é essa certificação e, portanto, não deve haver essa limitação procedimental rigorosa.

Não se exige a notificação de terceiros como condição para nomeação de curador, ao contrário do que dispunha o art. 728 do CPC de 1939. Os terceiros podem oferecer resistência ao que consta no protesto e fornecer testemunhas, que deverão ser ouvidas para se aferir a veracidade do narrado pelo comandante.[1077]

Não há necessidade de citação neste procedimento, já que o principal interessado é o próprio legitimado ativo, autorizando o art. 769, CPC, que outros eventuais interessados possam participar do procedimento sem qualquer outra formalidade, bastando o simples comparecimento, quando lhes será assegurada a efetiva manifestação, inclusive para que, oralmente, seja oferecida impugnação a fim de evitar para que o protesto seja ratificado, se for o caso (exemplos: alegação de que não se trata do primeiro porto após os fatos, descumprimento do prazo de vinte e quatro horas, contradição entre o registro e os depoimentos das testemunhas) e sejam apresentadas provas.[1078]

A nomeação de curador especial em regra recairá sobre a Defensoria Pública, na forma do art. 72, parágrafo único, CPC. Entretanto, a curadoria prevista no art. 769, CPC, distingue-se das hipóteses previstas no art. 72, CPC, e, o mais relevante, pode expressar situação que não revele a necessária hipossuficiência econômica a ensejar a atuação da Defensoria Pública (art. 185, CPC).[1079]

1077 RODRIGO MAZZEI e WERNER BRAUN RIZK. *Breves comentários ao Código de Processo Civil.* WAMBIER, DIDIER JR., TALAMINI e DANTAS (coord.). 3ª ed. São Paulo: RT, 2016, p. 1973.

1078 RODRIGO MAZZEI e WERNER BRAUN RIZK. *Breves comentários ao Código de Processo Civil.* WAMBIER, DIDIER JR., TALAMINI e DANTAS (coord.). 3ª ed. São Paulo: RT, 2016, p. 1973. Limitando essa participação: JEFFERSON CARÚS GUEDES. *Comentários ao Código de Processo Civil.* MARINONI, ARENHART e MITIDIERO (coord.). São Paulo: RT, 2016, p. 581, v. 11.

1079 ANTONIO CARLOS MARCATO. *Procedimentos especiais.* 16ª ed. São Paulo: Atlas, 2016,

O não comparecimento injustificado do comandante ou, no mínimo, de duas testemunhas poderá ensejar, como visto, a extinção do processo por não ser possível a realização do ato;[1080] todos os presentes, incluindo o comandante, os consignatários e outros interessados poderão formular perguntas às testemunhas, por meio dos advogados constituídos.

Art. 770. Inquiridos o comandante e as testemunhas, o juiz, convencido da veracidade dos termos lançados no Diário da Navegação, em audiência, ratificará por sentença o protesto ou o processo testemunhável lavrado a bordo, dispensado o relatório.

Parágrafo único. Independentemente do trânsito em julgado, o juiz determinará a entrega dos autos ao autor ou ao seu advogado, mediante a apresentação de traslado.

CPC de 1973 – sem dispositivo correspondente

194. Encerramento do procedimento

O procedimento de jurisdição voluntária de ratificação de protesto marítimo limita-se à certificação do que foi narrado pelo comandante, sem que haja cognição exauriente sobre a ocorrência dos fatos. Há apreciação dos requisititos de admissibilidade, bem como da aparência de veracidade daquilo que consta no protesto.

Forma-se prova acerca do que foi declarado, isto é, ratifica-se que foi prestada determinada declaração, não comprovando os fatos em relação a terceiros, havendo apenas presunção de veracidade em relação ao comandante e demais oficiais que firmaram a ata de deliberação (art. 408, CPC).[1081]

Será negada a homologação, portanto, quando não presentes os requisitos de admissibilidade ou quando forem contraditórios em relação a demais provas ou simplesmente inverossímeis os fatos narrados (art. 345, IV, CPC).

Ainda que o procedimento vise à documentação do protesto marítimo, o juiz deverá extingui-lo com a prolação de sentença que, salvo a ausência de algum requisito de admissibilidade que impeça o exame do mérito, ratificará ou não o protesto ou o processo testemunhável a bordo, dispensando-se a elaboração de relatório.

---

p. 441. Jefferson Carús Guedes. *Comentários ao Código de Processo Civil.* Marinoni, Arenhart e Mitidiero (coord.). São Paulo: RT, 2016, p. 580-581, v. 11.

1080 Antonio Carlos Marcato. *Procedimentos especiais.* 16ª ed. São Paulo: Atlas, 2016, p. 441.

1081 Rodrigo Mazzei e Werner Braun Rizk. *Breves comentários ao Código de Processo Civil.* Wambier, Didier Jr., Talamini e Dantas (coord.). 3ª ed. São Paulo: RT, 2016, p. 1974.

O artigo comentado se refere ao convencimento do juiz acerca da "veracidade dos fatos lançados no *Diário da Navegação*", mas, evidentemente, pela própria natureza do procedimento, isso não significa qualquer juízo de valor acerca dos fatos, inexistindo cognição judicial exauriente.

A sentença apenas certifica que foi prestada a declaração, formalizando o que foi documentado na ata de deliberação, com a eficácia própria da presunção de veracidade para os signatários do documento (art. 408, CPC),[1082] não inviabilizando que tal presunção seja afastada em ação autônoma.

Trata-se, como já mencionado, de procedimento destinado à mera documentação, formalizando o registro ocorrido a bordo, que, se coerente e verossímil, será ratificado por sentença. Caso haja incongruência entre os fatos narrados e os depoimentos colhidos em audiência, bem como não haja verossimilhança nos registros,[1083] o requerimento de ratificação será julgado improcedente. Encerrada a oitiva das testemunhas, duas providências possíveis: sentença homologatória de ratificação dos atos; constatada qualquer falha ou irregularidade na documentação ou não se confirmando os fatos em juízo, haverá indeferimento da ratificação. Por se tratar de sentença, em ambos os casos serão cabíveis os recursos de embargos de declaração e de apelação,[1084] sem que incida efeito suspensivo, já que, "independentemente do trânsito em julgado, o juiz determinará a entrega dos autos ao autor e ao seu advogado,

1082 Rodrigo Mazzei e Werner Braun Rizk. *Breves comentários ao Código de Processo Civil*. Wambier, Didier Jr., Talamini e Dantas (coord.). 3ª ed. São Paulo: RT, 2016, p. 1974.

1083 Hugo Simas fornece exemplo ainda atual: "Certo navio chegou ao Rio de Janeiro, após longa travessia, e o seu Capitão pediu ratificação de protesto por presunção de avaria em um grande carregamento de batatas. [...]. Constava do protesto que o navio sofrera mau tempo, com voltas de mar a invadir-lhe o convés, em determinada altura de sua derrota, o que foi confirmado pela tripulação do cargueiro. No Diário constava, realmente, a declaração 'mar grosso, invadindo o convés', mas a análise do que constava em lançamentos anteriores e posteriores demonstrara ter sido aquela declaração enxertada, com aproveitamento de espaço em branco. A carga se avariara por defeito nos aparelhos de refrigeração e, pois, vício próprio do navio" (Hugo Simas. *Comentários ao Código de Processo Civil*. Rio de Janeiro: Forense, 1940, p. 267, v. VIII).

1084 O recurso de apelação certamente será cabível em caso de não ratificação do protesto; entretanto, com a ratificação do protesto, o cabimento do recurso deve ser admitido em tese, mas, na prática, dificilmente se verá a presença do interesse recursal (cf. Nelson Cavalcante Silva Filho. *Comentários ao Código de Processo Civil*. Cassio Scarpinella Bueno (coord.). São Paulo: Saraiva, 2017, p. 451, v. 3). Admite-se o recurso de terceiro, em virtude de possível influência que o resultado do procedimento terá em esfera jurídica alheia para definição de responsabilidade (Fabio Caldas de Araújo. *Curso de processo civil: procedimentos especiais*. São Paulo: Malheiros, 2018, p. 539, tomo III).

mediante a apresentação de traslado". Caso seja interposto recurso de apelação, não haverá entrega dos autos, mas, sim, será lavrada certidão; se se tratar de processo eletrônico, igualmente não será realizada a entrega dos autos por traslado.

BIBLIOGRAFIA

ABBOUD, Georges. *Discricionariedade administrativa e judicial*. São Paulo: RT, 2014.

_____. *Jurisdição constitucional e direitos fundamentais*. São Paulo: RT, 2012.

ABREU, Célia Barbosa. *Curatela e interdição civil*. 2ª ed. Rio de Janeiro: Lumen Juris, 2014.

_____. *Primeiras linhas sobre a interdição após o Novo Código de Processo Civil*. Curitiba: CRV, 2015.

_____. A curatela sob medida: notas interdisciplinares sobre o Estatuto da Pessoa com Deficiência e o novo CPC. *Direito das pessoas com deficiência psíquica e intelectual nas relações privadas*. Joyceane Bezerra de Menezes (org.). Rio de Janeiro: Processo, 2016.

ALCALÁ–ZAMORA Y CASTILLO, Niceto. Premissas para determinar la índole de la llamada jurisdicción voluntaria. *Estudios de Teoría General e Historia del Proceso (1945-1972)*. Cidade do México: Universidad Nacional Autónoma de México, 1992, tomo I.

ALLORIO, Enrico. Ensayo polémico sobre la "jurisdicción" voluntaria. *Problemas de Derecho Procesal*. Santiago Sentis Melendo (trad.). Buenos Aires, 1963, tomo II.

ALMEIDA, Gregório Assagra de. Direitos fundamentais e os principais fatores de legitimação social do Ministério Público no neoconstitucionalismo. *Teoria Geral do Ministério Público*. Gregório Assagra de Almeida e Jarbas Soares júnior (coord.). Belo Horizonte: Del Rey, 2013.

ALMEIDA Luiz Cláudio Carvalho de. A Interdição a partir da Lei Brasileira de Inclusão da Pessoa com Deficiência (Estatuto da Pessoa com Deficiência). *Revista do Ministério Público do Estado do Rio de Janeiro nº 59*, janeiro/março de 2016.

ALVIM, Thereza. *Direito processual de estar em juízo*. São Paulo: RT, 1996.

ANDRADE, Odilon de. *Comentários ao Código de Processo Civil*. Rio de Janeiro: Forense, 1941, v. VII.

ARAÚJO, Fabio Caldas de. *Curso de processo civil*: procedimentos especiais. São Paulo: Malheiros, 2018.

ARAÚJO, José Aurélio de. *Cognição sumária, cognição exaustiva e coisa julgada*. São Paulo: RT, 2017.

ARRUDA ALVIM. *Tratado de direito processual civil*. São Paulo: RT, 1990, v. 1.

_____. Assistência. *Revista de Processo nº 6*. São Paulo: RT, abr.-jun. 1977.

ASSIS, Araken de. *Processo civil brasileiro*. São Paulo: RT, 2015, v. I.

_____. *Processo civil brasileiro*. São Paulo: RT, 2015, v. II, tomo I.

_____. *Processo civil brasileiro*. São Paulo: RT, 2015, v. II, tomo II.

AVELINO, Murilo Teixeira. *O controle judicial da prova técnica e científica*. Salvador: JusPodivm, 2017.

AZEVEDO, Rafael Vieira de. *A capacidade civil da pessoa com deficiência no direito brasileiro*. Rio de Janeiro: Lumen Juris, 2017.

_____. ALBUQUERQUE JÚNIOR, Roberto P. de; COSTA FILHO, Venceslau Tavares. *Novo Código de Processo Civil comentado*. Ribeiro, Gouveia Filho, Pantaleão e Gouveia (coord.). São Paulo: Lualri, 2017.

BARBI, Celso Agrícola. *Comentários ao Código de Processo Civil*. 9ª ed. Rio de Janeiro: Forense, 1994, v. I.

BARBOSA MOREIRA, José Carlos. Eficácia da sentença de interdição por alienação mental. *Temas de direito processual – quarta série*. São Paulo: Saraiva, 1989.

_____. Levantamento de interdição. Foro competente. *Direito aplicado I (acórdãos e votos)*. 2ª ed. Rio de Janeiro: Forense, 2001.

_____. Comentários ao Código de Processo Civil. 12ª ed. Rio de Janeiro: Forense, 2005, v. V.

_____. Mandado de segurança e condenação em honorários de advogado. *Direito processual civil (ensaios e pareceres)*. Rio de Janeiro: Borsoi, 1971.

_____. *Estudos sobre o Novo Código de Processo Civil*. Rio de Janeiro: Liber Juris, 1974.

BARRETO, Wanderlei de Paula e outros. *Comentários ao Código Civil Brasileiro*. Arruda Alvim; Thereza Alvim (coord.). Rio de Janeiro: Forense, 2005, v. I

BARROS, Anna Flávia Magalhães de Caux. *Diálogos entre direito e sofrimento mental*: um debate sobre identidade e alteridade. Belo Horizonte: Arraes, 2017.

BEVILAQUA, Clovis. *Código Civil dos Estados Unidos do Brasil*. Edição histórica. Rio de Janeiro: Rio, sem data, v. I.

BONDIOLI, Luis Guilherme Aidar. *Reconvenção no processo civil*. São Paulo: Saraiva, 2009.

BORGES, José Souto Maior. *O contraditório no processo judicial*. São Paulo: Malheiros, 1996.

BRAZZALE, Flávia Balduino. *A pessoa com deficiência e a ruptura no regime das incapacidades*. Belo Horizonte: Arraes, 2018.

BUENO, Cassio Scarpinella. *Manual de direito processual civil*. São Paulo: Saraiva, 2015.

CABRAL, Antonio do Passo. *Nulidades no processo moderno*: contraditório, proteção da confiança e validade *prima facie* dos atos processuais. Rio de Janeiro: Forense, 2009.

_____. *Coisa julgada e preclusões dinâmicas*: entre continuidade, mudança e transição de posições processuais estáveis. Salvador: JusPodivm, 2013.

_____. "Per un nuovo concetto di giurisdizione". *Revista da Faculdade Mineira de Direito*, v. 18, nº 35. Belo Horizonte, PUCMINAS, 2015 (disponível em: <periodicospucminas.com.br>).

CAHALI, Yussef Said. *Divórcio e separação*. 11ª ed. São Paulo: RT, 2005.

_____. *Honorários advocatícios*. 3ª ed. São Paulo: RT, 1997.

CAIS, Fernando Fontoura da Silva. *Comentários ao Código de Processo Civil*. José Roberto F. Gouvêa; Luis Guilherme A. Bondioli; Jão Francisco N. da Fonseca (coord.). São Paulo: Saraiva, 2017, v. XXI.

CALMON DE PASOS, José Joaquim. *Da jurisdição*. Salvador: Publicações da Universidade da Bahia, 1957.

_____. *Comentários ao Código de Processo Civil*. 9ª ed. Rio de Janeiro: Forense, 2005, v. III.

_____. *Comentários ao Código de Processo Civil*. São Paulo: Revista dos Tribunais, 1984, v. X, tomo I.

CÂMARA, Alexandre Freitas. *O novo processo civil brasileiro*. São Paulo: Atlas, 2015.

CAMPOS, Ronaldo Cunha. *Comentários ao Código de Processo Civil*. Rio de Janeiro: Forense, 1979, v. I, tomo I.

CARDOSO, José Eduardo Martins. A jurisdição voluntária e a coisa julgada. *Revista* Justitia, v. 49, n. 140, out.-dez. de 1987.

CARNEIRO, Paulo Cezar Pinheiro. *Comentários ao Código de Processo Civil*. 3ª ed. Rio de Janeiro: Forense, 2006, v. IX, tomo I.

CARNEIRO, Sérgio Barradas. "Separação judicial não existe mais". *Família e sucessões*. Coleção Repercussões do Novo CPC. Fernanda Tartuce, Rodrigo Mazzei, Sérgio Barradas Carneiro (coord.). Salvador: JusPodivm, 2016.

CARNELUTTI, Francesco. *Diritto e processo*. Napoli: Morano, 1958.

CARVALHO, Fabiano. *Ação rescisória*: decisões rescindíveis. São Paulo: Saraiva, 2010.

CARVALHO, Felipe Quintella Machado de. A teoria das capacidades no direito brasileiro: de Teixeira de Freitas e Clovis Bevilaqua ao Estatuto da Pessoa com Deficiência. *A teoria das incapacidades e o Estatuto da Pessoa com Deficiência*. Fabio Queiroz Pereira; Luísa Cristina de Carvalho Morais; Mariana Alves Lara (org.). 2ª ed. Belo Horizonte: D'Plácido, 2018.

CASSETTARI, Christiano. *Divórcio, extinção de união estável e inventário por escritura pública*. 8ª ed. São Paulo: Atlas, 2017.

CASTRO FILHO, José Olympio de. *Comentários ao Código de Processo* Civil. 4ª ed. Rio de Janeiro: Forense, 1995, v. X.

CHIOVENDA, Giuseppe. *Instituições de direito processual civil*. J. Guimarães Menegale (trad.). São Paulo: Saraiva, 1965, v. II.

CINTRA, Lia Carolina Batista. *Intervenção de terceiro por ordem do juiz*: a intervenção *iussu iudicis* no processo civil. São Paulo: RT, 2017.

_____. *Assistência no processo civil brasileiro*. Dissertação de mestrado. São Paulo: Faculdade de Direito da Universidade de São Paulo, 2012. Inédito (disponível em: <www.teses.usp.br>).

COELHO, Thais Câmara Maia Fernandes. *Autocuratela*. Rio de Janeiro: Lumen Juris, 2016.

COSTA, Eduardo José da Fonseca. *O direito vivo das liminares*. São Paulo: Saraiva, 2011.

_____. Sentença cautelar, cognição e coisa julgada: reflexões em homenagem à memória de Ovídio Baptista. *Revista de Processo*. São Paulo: RT, nº 191, jan. 2011.

COUTO E SILVA, Clóvis do. *Comentários ao Código de Processo Civil*. São Paulo: RT, 1977, v. XI, tomo I.

DADALTO, Luciana. *Testamento vital*. 3ª ed. São Paulo: Atlas, 2015.

DELGADO, Pedro Gabriel. *As razões da tutela*: psiquiatria, justiça e cidadania do louco no Brasil. Rio de Janeiro: Te Corá, 1992.

DENTI, Vittorio. La giurisdidizione volontaria revisitata. *Rivista Trimestrale di Diritto e Procedura Civile*. Milano: Giuffrè, jun. 1987.

DIAS, Daniel Pires Novais. *Negócio fundacional*: criação de fundações privadas. São Paulo: Método, 2014.

DIDIER JR., Fredie. Da interdição. *Breves comentários ao Novo Código de Processo Civil*. 3ª ed. Wambier, Didier Jr., Talamini e Dantas (coord.). São Paulo: RT, 2016.

_____. *Curso de direito processual civil*. 18ª ed. Salvador: JusPodivm, 2016, v. 1.

_____. *Pressupostos processuais e condições da ação*: o juízo de admissibilidade do processo. São Paulo: Saraiva, 2005.

_____. *Sobre a Teoria Geral do Processo, essa desconhecida*. Salvador: JusPodivm, 2012.

_____. GODINHO, Robson Renault. Questões atuais sobre as posições do Ministério Público no novo CPC. *Ministério Público*. Robson Renault Godinho; Susana Henriques da Costa (coord.). 2ª ed. Salvador: JusPodivm, 2017.

_____. CUNHA, Leonardo Carneiro da. *Curso de direito processual civil*. 13ª ed. Salvador: JusPodivm, 2016, v. 3.

_____. ZANETI JR., Hermes. *Curso de direito processual civil*: processo coletivo. 11ª ed. Salvador: Juspodivm, 2017, v. 4.

_____. CUNHA, Leonardo Carneiro da; BRAGA, Paula Sarno; OLIVEIRA, Rafael Alexandria de. *Curso de direito processual civil*. 7ª ed. Salvador: JusPodivm, 2017, v. 5.

_____. BRAGA, Paula Sarno; OLIVEIRA, Rafael Alexandria de. *Curso de direito processual civil*. 13ª ed. Salvador: JusPodivm, 2018, v. 2.

_____. CABRAL, Antonio do Passo; CUNHA, Leonardo Carneiro da. *Por uma nova Teoria dos Procedimentos Especiais*: dos procedimentos às técnicas. Salvador: JusPodivm, 2018.

DINAMARCO, Cândido Rangel. Ministério Público e jurisdição voluntária. *Fundamentos do processo civil moderno*. 3ª ed. São Paulo: Malheiros, 2000, v. I.

_____. Procedimentos especiais de jurisdição voluntária. *Fundamentos do processo civil moderno*. 3ª ed. São Paulo: Malheiros, 2000, tomo I.

_____. *A instrumentalidade do processo*. 10ª ed. São Paulo: Malheiros, 2002.

_____. *A arbitragem na Teoria Geral do Processo*. São Paulo: Malheiros, 2013.

_____. *Instituições de direito processual civil*. 9ª ed. São Paulo: Malheiros, 2017.

EID, Elie Pierre. *Litisconsórcio unitário*: fundamentos, estrutura e regime. São Paulo: RT, 2016.

ESTEVES, Diego; CRUZ, Elisa Costa; SILVA, Franklyn Roger Alves. As consequências materiais e processuais da Lei Brasileira de Inclusão da Pessoa com Deficiência e o papel da Defensoria Pública na assistência jurídica das pessoas com deficiência. *Revista de Processo nº 258*. São Paulo: RT, ago. 2016.

FABRÍCIO, Adroaldo Furtado. A coisa julgada na ação de alimentos. *Ensaios de direito processual*. Rio de Janeiro: Forense, 2003.

FARIA, Juliana Cordeiro de. *Breves comentários ao Novo Código de Processo Civil*. Teresa Wambier, Eduardo Talamini, Fredie Didier Jr., Bruno Dantas (coord.). 3ª ed. São Paulo: RT, 2016.

FARIAS, Cristiano Chaves de. *O novo procedimento da separação e do divórcio*. 2ª ed. Rio de Janeiro: Lumen Juris, 2007.

_____. O cumprimento de testamento no novo Código de Processo Civil e a possibilidade de adaptação procedimental (cláusula geral negocial) do inventário. *Família e sucessões*. Coleção Repercussões do Novo CPC. Fernanda Tartuce, Rodrigo Mazzei, Sérgio Barradas Carneiro (coord.). Salvador: JusPodivm, 2016.

_____. ROSENVALD, Nelson. *Curso de direito civil*: parte geral e LINDB. 15ª ed. Salvador: JusPodivm, 2017.

_____. *Curso de direito civil*: sucessões. 2ª ed. Salvador: JusPodivm, 2016, v. 7.

_____. CUNHA, Rogério Sanches; PINTO, Ronaldo Batista. *Estatuto da Pessoa com Deficiência comentado*. 2ª ed. Salvador: JusPodivm, 2016.

FAZZALARI, Elio. *La Giurisdizione Volontaria: profilo sistemático*. Padova: CEDAM, 1953.

_____. *Instituições de direito processual*. Elaine Nassif (trad.). Campinas: Bookseller, 2006. DENTI, Vittorio. La giurisdidizione volontaria revisitata. *Rivista Trimestrale di Diritto e Procedura Civile*. Milano: Giuffrè, jun. 1987.

FERRAZ, Cristina. *Jurisdição voluntária no processo civil*. Curitiba: Juruá, 2008.

FIUZA, César. *O direito civil e o Novo CPC*. Belo Horizonte: D'Plácido, 2016.

FONSÊCA, Vitor. O Ministério Público e ação de interdição no novo CPC. *Ministério Público*. Robson Renault Godinho; Susana Henriques da Costa (coord.). 2ª ed. Salvador: JusPodivm, 2017.

FREDERICO MARQUES. *Ensaio sobre a jurisdição voluntária*. Campinas: Millenium, 2000.

_____. *Manual de direito processual civil.* 2ª ed. Campinas: Millenium, v. I.

FREITAS, José Lebre de. *Introdução ao processo civil*: conceito e princípios gerais. 2ª ed. Coimbra: Coimbra, 2006.

GAJARDONI, Fernando da Fonseca; DELLORE, Luiz; ROQUE, André Vasconcelos; OLIVEIRA JR., Zulmar Duarte de. *Processo de conhecimento e cumprimento de sentença*: comentários ao CPC de 2015. São Paulo: Método, 2016.

GAMA, Guilherme Calmon Nogueira da. *Herança legítima* ad tempus: tutela sucessória no âmbito da filiação resultante de reprodução assistida póstuma. São Paulo: RT, 2018.

GARCIA, Emerson. *Ministério Público*: organização, atribuições e regime jurídico. 6ª ed. São Paulo: Saraiva, 2017.

_____. ALVES, Rogério Pacheco. *Improbidade administrativa.* 8ª ed. São Paulo: Saraiva, 2014.

GARCIA DE ENTERRÍA; RAMÓN FERNANDEZ, *Curso de direito administrativo.* José Roberto Froes Cal (trad.). Carlos Ari Sundfeld (rev.). São Paulo: RT, 2014, v. I.

GODINHO, Robson Renault. *A proteção processual dos direitos dos idosos.* 2ª ed. Rio de Janeiro: Lumen Juris, 2010.

_____. O Ministério Público no novo Código de Processo Civil: alguns tópicos. *Ministério Público.* Robson Renault Godinho; Susana Henriques da Costa (coord.). 2ª ed. Salvador: JusPodivm, 2017.

GOMES, Orlando. *Direitos reais.* 21ª ed. Rio de Janeiro: Forense, 2012.

GOULART, Marcelo Pedroso. *Elementos para uma Teoria Geral do Ministério Público.* Belo Horizonte: Arraes, 2013.

GOUVEIA FILHO, Roberto P. Campos. *Breves comentários ao Novo Código de Processo Civil.* Wambier, Didier Jr.; Talamini; Dantas (coord.). 3ª ed. São Paulo: RT, 2016.

GRAZZIOLI, Airton; RAFAEL, Edson José. *Fundações privadas.* São Paulo: Atlas, 2009.

GRECO, Leonardo. *Instituições de processo civil.* 5ª ed. Rio de Janeiro: Forense, 2015, v. 1.

_____. *Instituições de processo civil.* 3ª ed. Rio de Janeiro: Forense, 2015, v. II.

_____. *Jurisdição voluntária moderna.* São Paulo: Dialética, 2003.

_____. *Breves comentários ao Código de Processo Civil.* Alvim Wambier. Didier Jr. Talamini. Dantas (coord.). 3ª ed. São Paulo: RT, 2016.

_____. Cognição sumária e coisa julgada. *Revista Eletrônica de Direito Processual – REDP* (www.redp.com.br). Rio de Janeiro: UERJ, jul.-dez. 2012, v. X.

GUEDES, Jefferson Carús. *Comentários ao Código de Processo Civil.* Marinoni, Arenhart e Mitidiero (coord.). São Paulo: RT, 2016.

GUERRA FILHO, Willis Santiago. *Revista de Processo,* nº 69. São Paulo: RT, jan.-mar. 1993.

JAUERNIG, Othmar. Problemas de qualificação da jurisdição voluntária: judicatura – administração; ato estatal – negócio jurídico privado. Wanderlei de Paula Barreto (trad.). *Revista de Processo,* nº 39. São Paulo: RT, jul.-set. 1985.

JÚDICE, Mônica, Pimenta. *O direito marítimo no Código de Processo Civil.* Salvador: JusPodivm, 2015.

JUSTEN FILHO, Marçal. *Curso de direito administrativo.* 9ª ed. São Paulo: RT, 2013

LACERDA, Galeno. *Teoria Geral do Processo.* Rio de Janeiro: Forense, 2006.

LARA, Mariana Alves; PEREIRA, Fabio Queiroz. Estatuto da Pessoa com Deficiência: proteção ou desproteção. *A teoria das incapacidades e o Estatuto da Pessoa com Deficiência.* Fabio Queiroz Pereira; Luísa Cristina de Carvalho Morais; Mariana Alves Lara (org.). 2ª ed. Belo Horizonte: D'Plácido, 2018.

LEONEL, Ricardo de Barros. Novo CPC: o Ministério Público e a jurisdição voluntária. *Ministério Público.* Robson Renault Godinho; Susana Henriques da Costa (coord.). 2ª ed. Salvador: JusPodivm, 2017.

LIMA, Fernando Antônio Negreiros. *A intervenção do Ministério Público no processo civil brasileiro como* custos legis. São Paulo: Método, 2007.

LÔBO, Paulo. *Direito civil*: parte geral. 6ª ed. São Paulo: Saraiva, 2017.

_____. *Direito civil*: famílias. 7ª ed. São Paulo: Saraiva, 2017.

LOPES DA COSTA, Alfredo de Araújo. *A administração pública e a ordem jurídica privada (jurisdição voluntária)*. Belo Horizonte: Bernardo Álvares, 1961.

LUCENA, João Paulo. *Comentários ao Código de Processo Civil*. São Paulo: RT, 2000 v. 15.

_____. *Natureza jurídica da jurisdição voluntária*. Porto Alegre: Livraria do Advogado, 1996.

MACÊDO, Lucas Buril de. *Comentários ao Código de Processo Civil*. Streck, Nunes e Cunha (coord.). São Paulo: Saraiva, 2016.

MACHADO, Antônio Cláudio da Costa. *A intervenção do Ministério Público no processo civil brasileiro*. 2ª ed. São Paulo: Saraiva, 1998.

MADALENO, Rolf. *Direito de família*. 8ª ed. Rio de Janeiro: Forense, 2018.

_____. O fantasma processual da separação. *Família e sucessões*. Coleção Repercussões do Novo CPC. Fernanda Tartuce, Rodrigo Mazzei, Sérgio Barradas Carneiro (coord.). Salvador: JusPodivm, 2016.

MALUF, Carlos Alberto Dabus. *Cláusulas de inalienabilidade, incomunicabilidade e impenhorabilidade*. 4ª ed. São Paulo: RT, 2006.

MARCATO, Antonio Carlos. *Procedimentos especiais*. 16ª ed. São Paulo: Atlas, 2016.

MARINONI, Luiz Guilherme. *Teoria Geral do Processo*. São Paulo: RT, 2006.

_____. ARENHART, Sérgio Cruz; MITIDIERO, Daniel. *Novo curso de processo civil*. São Paulo: RT, 2015, v. 1.

MAZZEI, Rodrigo; RIZK, Werner Braun. *Breves comentários ao Código de Processo Civil*. Wambier, Didier Jr.; Talamini; Dantas (coord.). 3ª ed. São Paulo: RT, 2016.

MEDEIROS, Maria Bernadette de Moraes. *Interdição civil: proteção ou exclusão*. são paulo: Cortez, 2007.

MELLO, Marcos Bernardes de. *Teoria do fato jurídico*: plano da eficácia – primeira parte. São Paulo: Saraiva, 2003.

_____. *Teoria do fato jurídico*: plano da validade. 8ª ed. São Paulo: Saraiva, 2008.

MENDES JÚNIOR, José Francisco Seabra. A atuação do MP na curatela diante das alterações decorrentes do novo CPC e do Estatuto da Pessoa com Deficiência. *Reflexões sobre o Novo Código de Processo Civil*. Cláudio Barros Silva; Luciano de Faria Brasil (org.). Porto Alegre: Livraria do Advogado, 2016.

MENDONÇA LIMA, Alcides de. *Comentários ao Código de Processo Civil*. São Paulo: RT, 1982, v. XII.

MENDONÇA, Bruna Lima de. Proteção, liberdade e responsabilidade: uma interpretação axiológico-sistemática da (in)capacidade de agir e da instituição curatela. *O Código Civil e o Estatuto da Pessoa com Deficiência*. Heloisa Helena Barboza; Bruna Lima de Mendonça; Vitor de Azevedo Almeida Junior (coord.). Rio de Janeiro: Processo, 2017.

MENEZES, Joyceane Bezerra de. O direito protetivo após a Convenção sobre os Direitos da Pessoa com Deficiência, o novo CPC e o Estatuto da Pessoa com Deficiência. *Direito das Pessoas com Deficiência Psíquica e Intelectual nas Relações Privadas*. Joyceane Bezerra de Menezes (org.). Rio de Janeiro: Processo, 2016.

_____. O direito protetivo no Brasil após a convenção sobre a proteção da pessoa com deficiência: impactos do novo CPC e do estatuto da pessoa com deficiência. Civilistica.com. Rio de Janeiro, a. 4, n. 1, jan.-jun./2015, disponível em: <civilistica.com>.

MENEZES CORDEIRO, António. *Direitos reais*. Lisboa: Lex, 1993.

_____. *Tratado de direito civil*: parte geral – pessoas. 3ª ed. Coimbra: Almedina, 2011, t. IV.

MONIZ DE ARAGÃO, Egas Dirceu. *Comentários ao Código de Processo Civil*. 10ª ed. Rio de Janeiro: Forense, 2005, v. 2.

MONTEIRO, António Pinto. Um breve olhar sobre a reforma das incapacidades. *A teoria das incapacidades e o Estatuto da Pessoa Com Deficiência*. Fabio Queiroz Pereira; Luísa Cristina de Carvalho Morais; Mariana Alves Lara (org.). 2ª ed. Belo Horizonte: D'Plácido, 2018.

MONTEIRO, Fábio de Holanda. *A internação psiquiátrica compulsória na perspectiva dos direitos humanos e fundamentais*. Porto Alegre: Prismas, 2016.

MOREIRA ALVES, José Carlos. Efeitos jurídicos da morte. *IV Jornada de Direito Civil*. Brasília: Conselho da Justiça Federal, 2007, disponível em: <www.cjf.jus.br>. Acesso em: 03/11/2016.

MOURÃO, Luiz Eduardo Ribeiro. *Coisa julgada*. Belo Horizonte: Fórum, 2008.

MUSSE, Luciana Barbosa. *Novos sujeitos de direito*: as pessoas com transtorno mental na visão da bioétia e do biodireito. Rio de Janeiro: Elsevier/Campus Jurídico, 2008.

NERY, Carmen Lígia. *Decisão judicial e discricionariedade*: a sentença determinativa no processo civil. São Paulo: RT, 2014.

NERY JÚNIOR, Nelson. Intervenção do Ministério Público nos procedimentos especiais de jurisdição voluntária. *Revista de Processo,* nº 46. São Paulo: RT, abr.-jun. 1987.

_____. *Princípios do processo na Constituição Federal.* 9ª ed. São Paulo: RT, 2009.

_____. NERY, Rosa Maria de Andrade. *Código de Processo Civil comentado.* 16ª ed. São Paulo: RT, 2016.

NEVARES, Ana Luiza Maia. *A função promocional do testamento*: tendências do direito sucessório. Rio de Janeiro: Renovar, 2009.

NEVES, Celso. *Coisa julgada civil.* São Paulo: RT, 1971.

NEVES, Daniel Amorim Assumpção. *Manual de direito processual civil.* 9ª ed. Salvador: JusPodivm, 2017.

_____. *Novo Código de Processo Civil comentado.* 2ª ed. Salvador: JusPodivm, 2017.

NOGUEIRA, Alécio Silveira. O Ministério Público como órgão agente e o novo CPC. *Ministério Público.* Robson Renault Godinho; Susana Henriques da Costa. 2ª ed. Salvador: JusPodivm, 2017.

NONATO, Orosimbo. *Estudos sobre sucessão testamentária.* Rio de Janeiro: Forense, 1957, v. I e II.

OLIVEIRA, Carlos Alberto Alvaro de; LACERDA, Galeno. *Comentários ao Código de Processo Civil.* 4ª ed. Rio de Janeiro: Forense, 1999, v. VIII, tomo II.

OLIVEIRA, J. M. Leoni Lopes de. *Direito civil*: família. Rio de Janeiro: Forense, 2018.

_____. *Direito civil*: sucessões. Rio de Janeiro: Forense, 2018.

OLIVEIRA, Swarai Cervone de. *Jurisdição voluntária: perspectiva atual à luz da teoria geral e da instrumentalidade do processo civil – reflexos sobre o âmbito de aplicação da discricionariedade judicial*. São Paulo: Universidade de São Paulo, Tese de doutorado, 2011, inédito.

OLIVEIRA JUNIOR, Zulmar Duarte de. *Comentários ao Código de Processo Civil*. Lenio Streck; Dierle Nunes; Leonardo Cunha; Alexandre Freire (coord.). São Paulo: Saraiva, 2016.

PAES, José Eduardo Sabo. *Fundações, associações e entidades de interesse social*. 8ª ed. Rio de Janeiro: Forense, 2013.

PENTEADO. Luciano de Camargo. *Direito das coisas*. 3ª ed. São Paulo: RT, 2014.

PEREIRA, Rodrigo da Cunha. *Divórcio*: teoria e prática. 4ª ed. São Paulo: Saraiva, 2013.

_____. Separação judicial no CPC/2015: o lobo em pele de cordeiro. *Família e sucessões*. Coleção Repercussões do Novo CPC. Fernanda Tartuce, Rodrigo Mazzei, Sérgio Barradas Carneiro (coord.). Salvador: JusPodivm, 2016.

PICARDI, Nicola. *La Giurisdizione all'Alba del Terzo Millenio*. Milano: Giuffrè, 2007.

_____. *Audiatur et altera pars*: as matrizes histórico-culturais do contraditório. *Jurisdição e processo*. Carlos Alberto Alvaro de Oliveira (org.). Luís Alberto Reichelt (trad. do texto citado). Rio de Janeiro: Forense, 2008.

PINTO, Carlos Alberto da Mota. *Teoria geral do direito civil*. 3ª ed. Coimbra: Coimbra, 1991.

PONTES DE MIRANDA. *Tratado das ações (ações constitutivas)*. São Paulo: RT, 1972, tomo III.

_____. *Tratado de direito privado*. 4ª ed. São Paulo: RT, 1983, tomo 1.

_____. *Tratado de direito privado*. 4ª ed. São Paulo: RT, 1983, tomo 9.

_____. *Tratado de direito privado*. 4ª ed. São Paulo: RT, 1983, tomo 14.

_____. *Tratado de direito privado*. 4ª ed. São Paulo: RT, 1983, tomo 15.

_____. *Tratado de direito privado*. 3ª ed. São Paulo: RT, 1973, tomo 59.

_____. *Comentários ao Código de Processo Civil.* 5ª ed. Rio de Janeiro: Forense, 2001, tomo I.

_____. *Comentários ao Código de Processo Civil.* 2ª ed. Rio de Janeiro: Forense, 2003, tomo XII.

_____. *Comentários ao Código de Processo Civil.* 2ª ed. Rio de Janeiro: Forense, 2008, tomo XVI.

PRATA, Edson. *Comentários ao Código de Processo Civil.* Rio de Janeiro: Forense, 1978, v. 7.

_____. *Jurisdição voluntária.* São Paulo: LEUD, 1979.

REQUIÃO, Maurício. *Estatuto da Pessoa com Deficiência, Incapacidade e Interdição.* Salvador: JusPodivm, 2016.

RIBEIRO, Gustavo Pereira Leite. O itinerário legislativo do Estatuto da Pessoa com Deficiência. *A teoria das incapacidades e o Estatuto da Pessoa Com Deficiência.* Fabio Queiroz Pereira; Luísa Cristina de Carvalho Morais; Mariana Alves Lara (org.). 2ª ed. Belo Horizonte: D'Plácido, 2018.

RODRIGUES, Daniel Colnago *Intervenção de terceiros.* São Paulo: RT, 2017.

RODRIGUES JÚNIOR, Walsir Edson; NUNES, Dierle. Emenda Constitucional nº 66 e a possibilidade jurídica do pedido de separação judicial e de separação extrajudicial. Disponível em: <www.diritto.it>. Acesso em: 12/2/2017.

SÁ, Maria de Fátima Freire; MOUREIRA, Diogo Luna. *A capacidade dos Incapazes*: saúde mental e uma releitura da teoria das incapacidades no direito privado. Rio de Janeiro: Lumen Juris, 2011.

SAMPAIO de LACERDA, J. C. *Curso de direito privado da navegação*: direito marítimo. Rio de Janeiro: Freitas Bastos, 1969, v. 1.

SARMENTO, Eduardo Sócrates Castanheira. *A interdição no direito brasileiro.* 2ª ed. Rio de Janeiro: Lumen Juris, 2008.

SCHENK, Leonardo Faria. *Comentários ao Código de Processo Civil.* Antonio do Passo Cabral; Ronaldo Cramer (coord.). 2ª ed. Rio de Janeiro: Forense, 2016.

SCHREIBER, Anderson. *Manual de direito civil contemporâneo.* São Paulo: Saraiva, 2018.

SICA, Heitor Vitor Mendonça. Notas críticas ao sistema de pluralidade de partes no processo civil brasileiro. *Revista de Processo*, nº 200. São Paulo: RT, out. 2011.

_____. *Cognição do juiz na execução civil.* São Paulo: RT, 2017.

SILVA FILHO, Nelson Cavalcante e. O Projeto do Novo Código de Processo Civil e o direito marítimo. *Revista de Processo,* nº 203. São Paulo: RT, jan. 2012.

_____. *Comentários ao Código de Processo Civil.* Cassio Scarpinella Bueno (coord.). São Paulo: Saraiva, 2017, v. 3.

SILVA, Ovídio Baptista. *Comentários ao Código de Processo Civil.* São Paulo: RT, 2000, v. I.

_____. *Do processo cautelar.* 3ª ed. Rio de Janeiro: Forense, 2001.

_____. *Curso de processo civil.* 7ª ed. Rio de Janeiro: Forense, 2005, v. 1.

SILVA, Bruno Freire e. *Comentários ao Código de Processo Civil.* Antonio do Passo Cabral; Ronaldo Cramer (coord.). 2ª ed. Rio de Janeiro: Forense, 2016.

SIMAS, Hugo: *Comentários ao Código de Processo Civil.* Rio de Janeiro: Forense, 1940, v. VIII.

SOUZA, André Pagani de. *Comentários ao Código de Processo Civil.* Cassio Scarpinella Bueno (coord.). São Paulo: Saraiva, 2017.

SOUZA, Iara Antunes de. Reflexões sobre os impactos do Estatuto da Pessoa com Deficiência no direito das famílias: curatela e casamento. *A teoria das incapacidades e o Estatuto da Pessoa com Deficiência.* Fabio Queiroz Pereira; Luísa Cristina de Carvalho Morais; Mariana Alves Lara (org.). 2ª ed. Belo Horizonte: D'Plácido, 2018.

STANCIOLI, Brunello; PEREIRA, Fabio Queiroz. Princípios que regem as incapacidades e o Estatuto da Pessoa com Deficiência. *A teoria das incapacidades e o Estatuto da Pessoa com Deficiência.* Fabio Queiroz Pereira; Luísa Cristina de Carvalho Morais; Mariana Alves Lara (org.). 2ª ed. Belo Horizonte: D'Plácido, 2018.

TALAMINI, Eduardo. *Coisa julgada e sua revisão.* São Paulo: RT, 2005.

_____. Da produção antecipada da prova. *Comentários ao Novo Código de Processo Civil*. 2ª ed. Rio de Janeiro: Forense, 2016.

TARTUCE, Fernanda. *Processo civil no direito de família*. 2ª ed. São Paulo: Método, 2017.

_____. *Comentários ao Código de Processo Civil*. Cassio Scarpinella Bueno (coord.). São Paulo: Saraiva, 2017, v. 3

TARTUCE, Flávio. *Direito civil*: direito de família. 13ª ed. Rio de Janeiro: Forense, 2018, v. 5.

_____. *Direito civil*: direito das sucessões. 11ª ed. Rio de Janeiro: Forense, 2018, v. 6.

TARUFFO, Michele. Democracia y jurisdicción. *Proceso y Decisión*: lecciones mexicanas de derecho procesal. Bochichio, Valle e Alfonzo (trad.). Madrid: Marcial Pons, 2012.

_____. Leyendo a Ferrajoli: consideraciones sobre la jurisdicción. *Páginas sobre Justicia Civil*. Maximiliano Aramburo Calle (trad.). Madrid: Marcial Pons, 2009.

TEIXEIRA, Ana Carolina Brochado; RETTORE, Anna Cristina de Carvalho; SILVA, Beatriz de Almeida Borges e. Reflexões sobre a autocuratela na perspectiva dos planos do negócio jurídico. *A teoria das incapacidades e o Estatuto da Pessoa com Deficiência*. Fabio Queiroz Pereira; Luísa Cristina de Carvalho Morais; Mariana Alves Lara (org.). 2ª ed. Belo Horizonte: D'Plácido, 2018.

TEPEDINO, Gustavo. *Comentários ao Código Civil*. São Paulo: Saraiva, 2011, v. 14.

_____. BARBOZA, Heloisa Helena; MORAES, Maria Celina Bodin de. *Código Civil interpretado*. Rio de Janeiro: Renovar, 2004, v. I.

_____. *Código Civil interpretado*. Rio de Janeiro: Renovar, 2014, v. IV.

TESHEINER, José Maria Rosa. *Jurisdição voluntária*. Rio de Janeiro: Aide, 1992.

THEODORO JÚNIOR, Humberto. *Curso de direito processual* Civil. 50ª ed. Rio de Janeiro: Forense, 2016, v. II.

_____. Ainda a polêmica sobre a distinção entre a "jurisdição contenciosa" e a "jurisdição voluntária". *Revista de Processo*, nº 198. São Paulo: RT, ago. 2011.

_____. NUNES, Dierle; BAHIA, Alexandre Melo Franco; PEDRON, Flávio Quinaud. *Novo CPC*: fundamentos e sistematização. 2ª ed. Rio de Janeiro: Forense, 2015.

TORNAGHI, Hélio. *Comentários ao Código de Processo Civil*. 2ª ed. São Paulo: RT, 1976, v. I.

VALLE, Martim Della. *Arbitragem e equidade*: uma abordagem internacional. São Paulo: Atlas, 2012.

VELOSO, Zeno. *Comentários ao Código Civil*. São Paulo: Saraiva, 2003, v. 21.

VENOSA, Silvio de Salvo. *Código Civil comentado*. São Paulo: Atlas, 2003, v. XII.

VIANA. Marco Aurelio. S. *Comentários ao Novo Código Civil*. 4ª ed. Rio de Janeiro: Forense, 2013, v. XVI.

WAMBIER, Luiz Rodrigues; TALAMINI, Eduardo. *Curso avançado de processo civil*. 16ª ed. São Paulo: RT, 2016, v. 1.

_____. *Curso avançado de processo civil*. 16ª ed. São Paulo: RT, 2018, v. 4.

YARSHELL, Flávio Luiz. *Ação rescisória*: juízos rescindente e rescisório. São Paulo: Malheiros, 2005.